U0928202

珍藏本
纪念版

汉译世界学术名著丛书

十九世纪历史学与历史学家

上册

〔英〕乔治·皮博迪·古奇 著

耿淡如 译

卢继祖 高健 校

谭英华 校注

2017年·北京

G. P. Gooch
HISTORY AND HISTORIANS
In The Nineteenth Century
First Published in 1913 by Longmans, Green and Company
First published as a Beacon Paperback in 1959 by
arrangement with Longmans, Green and Company
根据美国波士顿灯塔出版社 1959 年平装本译出

汉译世界学术名著丛书
（120年纪念版·珍藏本）
出版说明

2017年2月11日，商务印书馆迎来120岁的生日。120年前，商务印书馆前贤怀揣文化救国的理想，抱持“昌明教育，开启民智”的使命，立足本土，放眼寰宇，以出版为津梁，沟通中西，为中国、为世界提供最富智慧的思想文化成果。无论世事白云苍狗，潮流左右激荡，甚至战火硝烟弥漫，始终践行学术报国之志，无改初心。

迻译世界各国学术名著，即其一端。早在20世纪初年便出版《原富》《天演论》等影响至今的代表性著作，1950年代后更致力于外国哲学和社会科学经典的译介，及至1980年代，辑为“汉译世界学术名著丛书”，汇涓为流，蔚为大观。丛书自1981年开始出版，历时三十余年，迄今已推出七百种，是我国现代出版史上规模最大、最为重要的学术翻译工程。

丛书所选之书，立场观点不囿于一派，学科领域不限于一门，皆为文明开启以来，各时代、各国家、各民族的思想与文化精粹，代表着人类已经到达过的精神境界。丛书系统译介世界学术经典，引领时代思想，为本土原创学术的发展提供丰富的文化滋养，为推动中国现代学术和现代化进程做出了突出的贡献。

为纪念商务印书馆成立120周年，我们整体推出“汉译世界学术名著丛书”120年纪念版的珍藏本，寄望既利于文化积累，又便于研读查考，同时向长期支持丛书出版的译者、编者和读者致以敬意。

两甲子后的今天，商务印书馆又站在了一个新的历史时间节点上。我们不仅要铭记先辈的身影和足迹，更须让我们的步伐充满新的时代精神。这是商务人代代相传的事业，更是与国家和民族的命运始终紧密相连的事业。我们责无旁贷，必须做好我们这代人的传承与创造，让我们的努力和成果不仅凝聚成民族文化的记忆，还能成为后来人可以接续的事业。唯此，才能不负前贤，无愧来者。

商务印书馆编辑部

2017年10月

中译本序言

I

英国著名史学家古奇(George Peabody Gooch,1873—1968年)所著《十九世纪历史学与历史学家》一书,是在西方世界享有盛誉,经久不衰的学术名著。早在1910年,古奇为《剑桥近代史》第十二卷即末卷撰写了题为《历史科学的发展》一章(第二十六章)。尔后,在此基础上,续事增修,撰成此书。这部著作于1913年初版问世后,立即博得了欧美史学界的好评。美国史学家肖特韦尔(J. T. Shotwell)誉之为"前所未有的鸿篇巨制","是对史学也是对文学的贡献"。[①] 欧洲史学名家如德国的迈尔(E. Meyer),英国的屈维廉(G. M. Trevelyan)对作者的渊博知识和所掌握的丰富文献深为折服,给以很高的评价。[②] 古奇亦由此而声誉鹊起,跻身世界第一流史学家的行列。50年代,作者对本书作了几次全面的补充、修订。新版仍然备受欢迎,有人称之为是"对历史学作出的

① 《美国历史评论》,1913年10月号,书评。

② 关于西方史学界对此书的重要评论,参见F. Eyck:*G. P. Gooch, History and Historians*(MacMillan,1982),第219—223页。

不朽贡献”。[1] 七十多年来，这部著作不断重印，并被译为西方多种文字和日文，成了研究近代西方史学必不可少的基本读物。

《十九世纪历史学与历史学家》不是一本为初学所编写的教科书，也非通俗读物，而是融会了作者对近代西方史学的心得体会、真知灼见的学术著作。全书涉及五百多位史学家，十多个国家和地区，头绪纷繁，范围辽阔。在编纂上，既非严格按照时代顺序，亦非完全依国别、地区进行分类，体裁多样，不拘一格。在叙事上，作者往往根据自己的见解来剪裁取舍，纵横驰骋，夹叙夹议，直抒胸臆，为一家之言。对一些史学上的重大事件，史学家的生平，有的略而不书，有的不具始末，使人难以一目了然，体会要领。为了方便阅读，现在先对此书主要内容作一简要介绍，然后进行评价。

全书初版二十七章，1952—1958 年增加了介绍近数十年史学新成就的《导论：近时的历史研究》一章，共二十八章，除第一章《从文艺复兴到法国革命》外，其余二十六章采取分国叙述与专题介绍相结合的方式，第二十一至二十七章全属专题范围，而分国之中亦有专题介绍。在二十六章之中，德国占七章半（第二至八章，第二十四章第一节），英国六章，法国五章，德国史学所占篇幅为全书四分之一强，居于首位。

德国部分是以兰克学派为中心，上下推溯，左右延衍来开展记述的。第二至五章从近代批判史学的先驱尼布尔和在浪漫主义思潮影响下，为拿破仑战争所激发的德意志民族文化、民族历史研究的发展两个互相联系的方面，介绍了兰克史学的背景。作者认为

① Fred. L. Hadsel：*George Peabody Gooch（1873—1968）*，载 S. W. Halperin 主编：*Essays in Modern European Historiography*（The Univ. of Chicago Press，1970），第 74 页。

尼布尔以其对早期罗马史料的考订和对罗马制度、阶级与风俗之起源的研究，“把处于从属地位的史学提高到一门庄严的独立科学”（第二章）；尼布尔并且是最先重视历史研究与爱国主义教育之联系的学者之一。浪漫主义史学最缺乏的是历史考证方法，批判史学恰恰弥补了这一缺陷。沃尔夫把语言学的方法应用于古史研究，提出史料必须通过内容和外形的验证的原则。博克搜集希腊铭文，用古代语言来考察希腊文明，为历史研究开辟了一个新方向。奥·缪勒第一次用神话学来恢复早期希腊罗马历史。格林的童话研究创立了关于条顿族起源的科学，他的语言研究则创立了历史语言研究法，以上几人都有力地促进了德国的历史研究。对德国史学一度发生过影响的法理学的历史学派，把民族生活和国家历史，法律的兴革和民族生活联系起来，强调了历史的延续性和继承性。萌芽于反拿破仑斗争时期的《德意志史料集成》这一首创的巨型史料丛刊，不仅推动了民族主义史学的发展，而且为以批判精神与考订方法整理史料树立了典范。

兰克第一次将尼布尔的原则用于研究近代历史，并在其《拉丁和条顿民族史》中提出了后来成为“客观”、批判史学旗帜的口号——“说明事情的真实情况”。他的代表作《教皇史》，把教皇制度当作一种历史现象来考察，肯定它在中世纪作为欧洲文明的伟大统一因素的作用。此书以其态度“公正”，和批判地处理史料，赢得好评，并为这一学派史学树立了基础。古奇总结兰克在史学上的成就为：他尽最大可能地把研究过去同当代的感情区别开来，描写事情的实际情况；建立了论述历史必须严格依据同时代资料的原则；通过对权威性资料之分析、鉴别、订正，开创了考证的科学；阐明了欧洲的统一性，描绘了历史戏剧中的主要角色，使近代欧洲

历史更加为人了解。对于兰克史学的缺失，也提出了评议，但认为那些缺失是消极的而非积极的。

兰克之所以蔚为一代宗师，除了他在学术上的吸引力外，还得力于长期举行学术讨论班，使其影响世代相传，并不断扩大；同时，他的学术地位也是经受了与他对立的学派和学者的抨击而成长起来的。第七章介绍了兰克的论敌利奥、罗特克、施洛塞尔与格维纳。在门人中介绍了恪遵师教继承衣钵的魏茨、吉泽布雷希特等人。

一反兰克学派的最高信条，公然声言要以史学为霍亨索伦王朝效劳的是"普鲁士学派"。达尔曼被称为这一学派的"精神之父"，而实际上使这个学派扬名世界，并影响了普鲁士政策的是德罗伊曾。背离了兰克学派的聚贝尔是这一学派的另一名主将。古奇称他是"使他们的同胞作好准备，迎接那完成于 1870 年的大转变起了很大作用"（第八章）的学派的领导人。这个学派的殿军特赖齐克的名字"代表了德国由邦联的瘫痪状态上升到 1870 年的光荣地位的过程"（第八章）。古奇对他们为政治目的而抛弃"客观、公正"原则的政治态度与方法进行了冷峻而严肃的批评。

以《蒙森和罗马史研究》为题的第二十四章高度赞扬了蒙森的史学成就，认为他对古意大利方言的研究是对历史学、人种学，以及前罗马时代意大利语言的划时代贡献。他的《罗马史》为近代世界提借了第一部关于罗马共和国的全面概述。蒙森不仅由于记述历史，而且由于解释制度，编纂铭刻和文献博得了声誉，与兰克并列为 19 世纪第一流史学家。

关于法国史学的介绍，采用了划分学派和专题两种方式。以 1789 年大革命为起点，按时间顺序，首述"浪漫主义学派"。列举了夏多勃里昂、梯叶里、米什莱等五人。认为夏多勃里昂的《基督教真髓》对于解放思想，扩大历史想象力，激发历史感起了重大作用。梯叶里的《诺曼人征服英国史》开创了一种新的、有力的编纂方法，是法国第一部高度文艺性的历史，但不同意其论点。说米什莱的著作把庄严雄壮、诗情画意同对人民的热爱结合起来，取得了艺术和历史的统一。他的书中只有一个主角，那就是人民；但由于心情太激动，感情太强烈，他对生活的看法不稳定，不全面，缺少精确性。第十章记述以基佐为首，包括米涅、梯也尔的"政治学派"。他们是以历史为武器，反对复辟王朝的战士，他们研究和编纂历史的目的是解释而非叙述，是教导而非描绘。他们既反对绝对专制，肯定大革命的必然性，又反对雅各宾主义，谴责恐怖政治及其引起的后果。

以下三章是有关法国中世纪和旧制度，大革命，拿破仑三个专题的史学。第一个专题着重介绍了古朗治在其《古代城邦》和《古代法国制度史》中所表述的罗马学派观点。作者认为入侵的法兰克人没有带来新事物，入侵不是征服，而是罗马化的日耳曼人的和平定居。本章还评述了古朗治在史学方法论上的主要观点。第十二章为法国革命专章，所收史学家按其对革命的态度，可分为基本肯定或否定，以及毁誉参半的三类。第八章介绍的聚贝尔《法国大革命时期史》即属于第二种类型。在本章中，古奇认为路易·勃朗《法国革命史》的价值，在于他第一个利用克罗克文献，为革命史研究开辟了一个丰富的资料来源，以及首先对旺代叛乱进行全面记述，成为后来研究者的先导。托克维尔在《旧制度与大革命》中提出，革命是旧制度的合乎逻辑的延续，只是加速了它的发展趋势。革命的动力来源于争取平等，但为平等而牺牲了自由。泰纳的《现

代法国的起源》以其全面否定大革命而知名。作者认为自1789年以来，法国人所想的和所做的“一半像疯子，一半像儿童”(第十二章)，大革命乃是一次瓦解，生命财产的保障已随中央政权的倾覆而荡然无存了。古奇对索勒尔的《欧洲与法国革命》评价甚高，指出作者支持1789年原则，但谴责恐怖统治；把企图颠覆祖国的逃亡者与逃避迫害的流亡者加以区别；认为对外作战是为了保卫边境，防止旧制度复辟，但做得过分了。奥拉尔的巨著《法国革命政治史》以大革命的人民主权与平等的原则为主题，指出君主政体不是由共和派而是由自己的阴谋推翻的，恐怖政策乃是出于抵御外侮和保卫革命成果的需要，1793年的领导人拯救了法国。古奇认为他的最大贡献在于对革命文献的整理和编订。

在拿破仑研究方面，梯也尔的《执政府与帝国史》实为先驱。此书是形成拿破仑传说的主要来源之一，它给拿破仑研究提供了前所未有的推动力(第十章)。路易·波拿巴的政变和普法战争使一些史学家对第二帝国的看法发生了巨大变化。梯也尔是其中之一；泰纳从对混乱和专制主义的仇恨出发，把拿破仑写得一无是处，说他生非其时，生非其地，实际上是一个文艺复兴时代的雇佣兵队长。另一方面，拿破仑的崇拜者乌松，从家庭和妇女等侧面研究这位伟人，认为皇帝代表了革命的崇高与祖国的神圣。法国民族只有在对皇帝的信仰中才能获得慰藉，达到心目中的复兴。旺达尔研究拿破仑家族，断言“雾月政变”不是摧毁自由，而是恢复秩序与繁荣；拿破仑不是窃权者，而是人民痛苦的平息者，民族团结的恢复者。

在论述英国史学的六章中，自由主义的辉格派史学所占的比重最大。哈兰是此派的第一个权威代言人。他的《英国宪政史》是第一部具有国内国际意义的英国近代史，开创了一代辉格派史学。作者认为英国自古以来存在着一部明确的宪法，是斯图亚特王朝的君主破坏了宪法，但他谴责处死国王，他不满共和国和护国政府，赞扬 1688 年革命。他的关于这一政变的评述成了辉格派政治理论的经典解释。继他而起的麦考莱早岁即以历史论文见称于世。古奇称其论文对 17 世纪 18 世纪的贡献不亚于莎士比亚戏剧对 15 世纪的贡献（第十四章，下同），但也指出他知识面狭，具有偏见，文风粗放等缺点，说他“不过是一个通晓人情的，有文化的庸人”，他成功的秘诀在于文笔，称他的代表作《英国史》是对 1688 年革命及其发动者的一篇颂歌，也是“自吉本以来英国语言中最伟大的著作”，这部著作使麦考莱成为使人们对历史发生兴趣的第一位英国作家。第十五章介绍了辉格派第三位大史学家格罗脱及其名著《希腊史》，认为此书以雅典民主政治及人民主权观念为核心，虽有偏重雅典，忽视其他城邦和忽视经济因素等缺点，仍不失为“世界上最伟大的历史著作之一”。

辉格党人用历史来论证政见，而卡莱尔则用它来进行道德说教。他的《法国革命史》既表述了作者的伦理宗教观念，同时又是一部伟大的文学作品。但作者误解了革命的性质。古奇指出，卡莱尔在《英雄与英雄崇拜》中出现的不成熟的价值学说影响和损害了他的后期著作。他的门生夫鲁德在《英国史》中发展了英雄崇拜观点，把亨利八世也当作了民族英雄。

在英国，用严密的方法进行历史考订，自牛津学派的魁首斯塔布斯始。他是引进德国史学方法用力最勤的人。他的《英国宪政史》是关于英国民族生活的第一部权威性记述，是探索英国宪法问题的第一次尝试。他的教学、研究工作以及参加《卷帙丛书》编纂的模范行动，使牛津形成了系统研究史学的中心。弗里曼则是与斯塔布斯在政治和学术上大相径庭的这一学派的另一位大师。他以历史的统一性为其史学观点的核心，认为从古希腊直至近代，欧洲的历史没有中断，这是一大贡献。被古奇列入牛津学派的格林，异军突起，以其《英国人民简史》而驰誉史坛。他不是人民史的首倡者，而是第一个用具体的历史来阐明这一观点的人。此书打破王朝体系，以各时代的主要特征来划分历史时期，对民族生活的各个方面给予同样的注意。作者同情人民的疾苦与理想，始终站在被压迫者一边，此书的出版是“史学界划时代的大事”（第十七章）。

第十八章介绍加第纳、莱基、西莱与克莱顿，而以加第纳居首位。他第一次根据大量公私档案写成的一系列英国革命史巨著，“以同等深刻的见解，说明王党与议会各自的立场”，不同意辉格派史家对詹姆士一世的评价和对王朝专制、背叛国教的指摘，论证革命的爆发是由于个人统治已不能继续；对克伦威尔有赞扬也有谴责。他的著作被认为是 19 世纪后期英国史学界最坚实而持久的成就。对于莱基，古奇称许他的《十八世纪英国史》，认为其价值可与加第纳的著作媲美。西莱的代表作《英国的扩张》是第一部研究这一课题的专著，后来成了“英帝国主义的圣经”。

英国史学部分以阿克顿与麦特兰终篇，然而着力介绍的是前者。阿克顿是自由主义者，又是虔诚的天主教徒。他的自由思想与宗教信仰互相渗透，他宣扬宗教与科学的结合。阿克顿认为历史家的责任在于揭示自由的过程。他反对新教，也反对“教皇无谬论”

和“教皇极权主义”，肯定中世纪教会在同世俗权力斗争中使个人获得自由的作用。他谴责宗教改革导致了王权神授的理论与实践，歌颂法国大革命为人类解放所作的贡献，但认为其结果使议会专制取代了君主专制。阿克顿深受兰克史学方法的熏陶，强调研究工作的科学性、客观性；但又主张历史家不仅是事实的解释者，而且是伦理和公道的捍卫者，直到弥留之际他的关于历史的伦理观点才有所改变。

Ⅱ

古奇出生于伦敦商人家庭，受教育于剑桥大学，毕业后曾赴柏林、巴黎留学。回国后，投身政治活动，但未放弃学术工作。1898年以《十七世纪英国民主思想》一文获提华尔征文奖。他是一位学者兼政治活动家，在政治上属自由党的温和派。1906、1913 年两度被选为下院议员。自 1911 年开始主编著名的自由主义月刊《当代评论》，历四十九年之久。1922—1925 年当选为英国历史协会主席，1933—1936 年任英国和平理事会主席，1935 年牛津大学赠予荣誉博士学位。古奇在史学领域有广泛的兴趣和多方面的才能。除史学史外，于英国近代外交史、思想史，以及德、法、俄等国近代史多所涉猎，撰有大量专著，其所主编的《剑桥英国外交政策史 1783—1919》，《有关大战起源的英国文献 1898—1914》，选材精审，内容详赡，富有史料价值，名重一时；但在他所有著作中最受史坛推重的是《十九世纪历史学与历史学家》这部著作。

古奇毕生生活于英国社会的上层，是 19 世纪英国自由主义培育出来的学者。他在青年时代即服膺约翰·穆勒的哲学和政治历史学说。在柏林的进修,亲炙了兰克史学的流风余韵,对之深为向往。1896 年结识了著名的自由思想家阿克顿,受其启发,他的上述获奖论文便是在后者的指点下写成的。阿克顿又是一位受德国史学训练成长的史学家,并且是在英国大力介绍这种史学的先驱者之一。他们的结交,加深了古奇对兰克史学的景慕。英国自由主义哲学与兰克史学方法,在尊重理性,不迷信权威,强调知识必须以经验为基础这些方面原有相通之处。古奇在长期的治学工作和政治生活中将二者融会贯通,形成了自己的史学体系:在政治历史观上,坚持温和的自由主义,在史学方法上,遵循兰克的道路。几十年来,不管英国和世界的形势如何风云变幻,他的史学体系没有重大变化。

典型的英国自由主义历史哲学的传统是,以个人和个人的自由意志为中心,强调个人自由(包括宗教信仰自由)和个人权利的至高无上地位;认为对于个人与社会国家的矛盾,可以调和、妥协,找出公私兼顾的中间道路。自由主义史学家坚信社会历史是一个不断的逐渐进步过程,个人、思想观念和偶然事件对历史发展能起作用,甚至是决定性作用。历史是可以认识和解释的,但社会历史运动没有什么类型或模式,没有什么必然性,对之不能作出概括和预定的结论。在历史研究和编纂中想象力和艺术表达具有重大意义,有的人甚至认为史学就是文学或艺术。兰克学派史学则以真实性、"客观性"为治史的最高准则,详尽地占有原始资料和对史料进行从外形到内容,从文字到作者的考核、鉴定,是编写历史的基本要求。他们认为研究和编写历史的目的不是为了提供政治、道德或宗教的教导,而是为了了解过去的真相。《十九世纪历史学与历史学家》一书便是在这样的思想和方法指导下写成的。

在本书初版序言中,作者揭示的写作宗旨是:“总结并估计近百年历史研究与著作的成就,溯述科学方法的发展,衡量那些导致撰写著名著作的政治、宗教与种族影响,以及分析它们对当时生活和思想上所产生的效果”。我们知道,历史乃是一个具有许多规定和关系的丰富的总体,而作为意识形态的历史学又是“随着人们的生活条件、人们的社会关系、人们的社会存在的改变而改变”[①]的。要总结史学成就和衡量其社会背景与社会效果,就不能脱离各个历史时期的社会经济条件、政治斗争形势和思想文化状况,以及它们之间的相互关联与相互作用。古奇昧于此理,拒不承认历史现象中客观存在的、内在的联系和历史发展的规律性;认为历史哲学“是一项推测的工作”(第二十七章),“探索历史的目的及其规律(如果有这种规律的话)仍在继续中”(导论),现在“还不可能制定出足以满意地解释人类演化的规律”(第二十七章)。从全书的内容来看,他既反对唯心主义的历史决定论,也反对马克思主义的历史唯物论,而其矛头首先针对历史唯物主义。他把历史唯物主义称为“马克思的经济决定论体系”,称托洛茨基的《俄国革命史》为“一部马克思主义史学名著”。在《导论》中,一则曰:在俄国,“马克思主义的障碍已使公正无私的历史研究变为瘫痪”;再则曰:“在铁幕后面,由于坚持马克思主义的解释,历史研究继续处于瘫痪状态”。十分明显,他所非难的并非苏联的史学,而是历史唯物主义。

① 马克思恩格斯:《共产党宣言》,《马克思恩格斯选集》,第一卷,第270页。

本书只字不提马克思主义在促进西方史学发展上的影响，绝口不谈历史唯物论使史学成为真正科学的伟大意义，充分反映了作者对马克思主义的无知和抵制的态度。

诚然，古奇也标榜“科学”的史学，历史的“科学研究”，但他使用的“科学”一词与马克思主义历史科学是有着本质区别的。书中赞扬尼布尔使史学变成了一门“庄严的独立科学”，兰克“创立了考证的科学”（第二章、第六章）；把由尼布尔、兰克所开创的近代德国史学这段历史称为“第二次文艺复兴时代 ”（第一章）。他往往以史料的价值与数量来衡量历史著作的高下，注意区分受过专门训练的职业史学家和业余史学家的界限等，可见古奇所宣扬的“科学”不过是兰克学派鼓吹的“科学方法”的翻版。古奇对于这位开宗创派的大师衷心仰慕，颂扬备至，甚至在兰克史学的神圣光环在其祖国已失去光辉的50年代，还在本书修订本中写道：“正是这位史学界中的歌德，使德国在欧洲赢得了学术上的至高无上地位。直到今天，他仍是我们所有人的师表”（第六章）。其崇敬之心竟是这样老而弥笃的。兰克史学奉史料可信、记事翔实为治史的最高准则，奉经验主义的方法为科学体系，实质上是把历史研究的手段和技术当作历史研究的目标，是当代西方史学家所通称的“对事实的崇拜”。遵循这种原则和方法来研究历史，就必然导致失去客观标准，不能认识历史本质，无法选择和表述事实。

步客观主义史学的后尘，古奇在比根版序言中要求历史学家，不要“忘记对读者道义上的责任”，并且大书特书道：“任何一个为自己的种族、自己的国家、自己的党派或教会大声辩护的人，是无缘进入历史女神之庙的”。然而，事实证明，任何标榜“客观”、“公正”的史学家既不是没有，也不可能完全隐瞒自己的政治立场和学

术观点。对待社会主义这一新生事物，古奇就如对马克思主义的认识一样，也是心怀疑惧的。他竟把雅各宾专政目为“社会主义的开端”（第十八章），还同意德意志帝国宪法“能抗拒掠夺性的社会主义”的说法（导论）。从全书的布局谋篇、选材立论上更无一不可看出作者的政治观点在起着支配作用。书中涉及史学家五百多人，除当代英国的C.希尔外，没有介绍其他知名的马克思主义史学家。对受过马克思主义影响的史学家，如法国的饶勒斯、英国的哈孟德夫妇和韦伯夫妇，以及经济史观创始人之一的罗哲斯等，记述极为简略，更未涉及他们的思想渊源。对于资产阶级和小资产阶级民主派著名史学家也多是按照自己的政治历史观点作出选择的。如德国部分，摒除了《伟大德国农民战争史》的作者威美尔曼，讲英国史学，提到高德温的名字，而不介绍其民主性的史学观点；对另一民主治史学家——威廉·柯贝特则连名字也未曾提到。与此形成鲜明对照的是，称向俾斯麦屈膝投降，屠杀巴黎公社的刽子手梯也尔为“老资格的爱国者”（第十三章）；说斯塔布斯这个保守成性，偏见强烈的人能对历史“作出公正的判断”（第十八章）。书中记尼布尔的青年时代，《荷马导论》问世的经过，兰克门人对其先师的回忆，麦考莱的早慧，蒙森的一生经历等等，写来历历如数家珍，不厌其烦，作者的偏爱偏好，任情取舍是跃然纸上的。

作为胜利了的资产阶级思想体系，英国自由主义史学家一般地既肯定历史上的资产阶级革命，又宣扬尊重历史传统和合法权威；既歌颂启蒙运动的反专制主义精神，又鼓吹妥协改良的道路；既承认联合民众以争取民主和自由的必要，又畏惧下层人民的激烈行动，特别是以他们为主力进行的暴力革命。他们习惯于把英

国式的君主立宪政治的发展道路视为人类历史进步的楷模，[①]用英国的政治历史经验为尺度来评价历史事件和历史著作，本书作者所持的便是这样的政治历史观点。古奇对历史变革时期人民大众的高昂激情和火热的行动，既缺乏理解也不能接受；对历史上的暴力行动和专政措施，不能明辨是非，划分正义与非正义的界限；因而在书中对英国革命者处死查理一世，威廉一世在格伦科的杀戮，雅各宾专政，拿破仑处决甘当公爵等事件，不加辨析地一概予以谴责。本书从浪漫主义的角度，把保守的夏妥布里安与富有民主精神的米什莱等量齐观。书中高度称誉米什莱在史学和文学上的成就，但一再指出，在他的《法国革命史》中，“凡是好事，都是人民干的，凡是坏事，都是别人干的。至于暴民的凶残激情，和伴随大骚动而来的仇恨与嫉怨，他几乎不曾提到”。书中还断言他“缺乏历史家所应有的某些品质”（第九章）。这里大概指的是兰克的“客观、公正”和英国自由主义者的“宽容精神”吧。古奇称奥拉尔对君主制、封建主义和国家教会的憎恶，为“明显的偏见”；因他为恐怖政策辩解，而斥之为“好战的恐怖主义者”。书中特别推崇保守派索勒尔，认为他“既不像泰纳那样痛恨革命，也不像米什莱和路易·勃朗那样，对革命怀着奔放的激情”。他的革命史“是把大革命当作国际事件第一次完备的研究，也是以大革命作为法国历史一个插曲的最公正的论断之一”（第十二章）。对于格林的《英国人民简史》，古奇借他人之口写道：“他的同情看来不是寄予秩序方面，而是寄予动乱方面”；说他“在历史课本外衣掩盖下，在政治与

① 古奇在书中多次借他国著名史学家，如尼布尔、泰纳等之口来赞美英国的政治制度和历史经验，参见第二、第十二章。

宗教方面散播了不少十分过激的见解”(第十七章)。西方史学研究者众所周知,法国王政复辟时期史学家梯叶里、基佐等人对史学理论所作的最大贡献是,他们把资产阶级和土地贵族争夺统治权的斗争,看作是理解中世纪以来的历史的钥匙,从而促进了史学思想的发展。古奇对这一史观不仅未予以全面系统的介绍,反而非难梯叶里,企图“以一个简单的公式来说明几百年的历史”“是错误的”(第九章)。梯叶里的“征服论”诚然有误,但古奇却看不见或不愿承认,这一派史家的阶级斗争学说具有开创性的意义,这不能不是作者害怕阶级斗争,特别是无产阶级革命的思想的反映。

在古奇轻视理论,反对历史概括的思想支配下,历史哲学和兰克学派以外的史学方法没有在本书占到应有的地位。书中虽也介绍了德罗伊曾、古朗治、泰纳、阿克顿等人的历史哲学和史学方法,但对其意义更为重要或至少不次于上述诸人的直接影响梯叶里等人以及实证主义史学的圣西门的社会历史观点,影响遍及欧美的黑格尔历史哲学,以至朗格诺瓦、伯恩海等人有名的史学方法著作,竟未给予介绍。还要特别指出的是,本书为法国浪漫主义史学辟了专章,而在近代西方史学中发生过重大影响的实证主义史学独付阙如。本书虽收入这一学派的代表人物多人,却未将他们和实证主义联系起来,更未能集中而系统地介绍这派史学的由来、共同特征和影响,这是本书不同于其它史学名著的独特之处。[①] 书中对泰纳和兰普雷希特着墨虽多,但未体现实证主义史学体系的本

① 先于本书的傅埃特的名著《近代历史编纂史》有《在自然科学理论和社会学说影响下的历史编纂学》一章(第六章)介绍实证主义史学;后出的汤普逊《历史编纂史》有《实证主义史学家》一章(第五十五章)。

质;对英国的巴克尔,记事简略,一掠而过;对受实证主义观点方法影响较深,著名的社会经济史家罗哲斯、坎宁安和阿什利,毫未涉及他们研究工作的重大贡献及其意义。关于莱基,着重写的是他的18世纪英国以及爱尔兰史,勒南则是作为犹太史和教会史家来介绍的。在英国自由主义史家中,不少人对实证主义史学抱着强烈的偏见,[①]古奇的这一冷漠和轻视的态度看来是踵伍前人,渊源有自的。

此外,本书不仅在叙事上如上文所述有取舍失当之处,在结构上亦有畸重畸轻的弊病,通检全书,德、法、英三国共占十七章,而包括史学素称昌盛的俄国和意大利在内的其余欧洲国家,则糅为一章,名之曰《诸小国》。在专题方面,古希腊罗马的研究既散见各章,又分别为专题,而地域远为辽阔,历史更为悠久的古代东方亦仅占一章,对于自19世纪末以来西方业已研究有素的中国和日本,几乎不着一字(仅开了一部书名)。综上所述,我们认为,根源于指导思想和方法的误差,此书既未能保持真正客观公正的态度,也没有提供有关19世纪西方史学全面而准确的图景和规律性的知识。

Ⅲ

本书对近代西方史学发展的总体认识,虽有偏颇,但由于作者

---

① 英国自由主义史学名家自麦考莱至阿克顿对实证主义史学无不力肆诋毁。阿克顿甚至称整个实证主义哲学体系为“无教养或缺乏教养的创造”,说“巴克尔的荒谬与虚伪,不是他个人,而是他那个学派的特点”。参见J. M. Robertson: Buckle and his Critics,1895,第26—28页;Acton: Historical Essays and Studies,1905,第322—323、342页。

尊重思想文化的延续性和继承性，恪守经验主义方法的传统，褒贬人物和评论事理，不从概念出发，而以事实为依归，加上他的深厚的史学修养和广博的知识，因而使得本书无论从思想观点、编纂方法和史料的考订与处理诸方面，较之前人都有所突破。书中不乏富有新意的深刻的思想，并提供了大量可资参考借鉴的史学史资料。其主要优点有三：

第一，比较重视史学流派与史学家的继承、嬗递关系及各自的特色，在一定程度上勾绘出了一些重要学派发展变化的轮廓。

在第一章中，作者指出18世纪史学结束了那个单纯汇编史料的时代，把史学的范围从记录事件扩大到论述文明，并企图把批判的标准和社会学的方法引入史学领域；同时也指出启蒙运动精神不利于历史主义的形成，这个时代所有的崇尚抽象与绝对的准则，满足于轻率的概括性论断，以及对史料缺乏批判能力等缺陷，从而揭示了19世纪史学所据以发展的基础，并预示了新的世纪所取得的成就的方面。以下几章介绍批判史学和民族主义史学在德国的兴起，二者之间的异同与联系，批判主义史学如何衍化为兰克史学，民族主义史学如何蜕变为沙文主义史学的过程，脉络通贯，层次分明。写兰克史学，突出其"客观、公正"的态度与方法，刻画他以新教徒之身，而用崇敬与宽容的笔法来评述天主教和教会的分裂；《普鲁士史》中毫未流露敌视奥地利的情绪，不触及西里西亚的主权问题；写《法国史》严词谴责圣巴托罗缪节的屠杀，而不非难亨利四世的政宗；谴责路易十四的外交政策，而不湮没其奖掖文艺的丰功。对"普鲁士学派"则侧重其运用历史为普鲁士王室效劳的特点。引聚贝尔的自我评价，说他"七分之四是政治家，七分之三是

教授”；称特赖齐克为“德意志最主观的史学家”，“最雄辩的教师，最热情的使徒，最强烈的党徒”，寥寥数语，勾勒出了这两位政客而兼史学家的基本形象，与“超然物外”的兰克形成鲜明的对照。英国史学部分，流派众多，头绪纷繁，政治上有民主与保守的分野，史学方法论上有强调考证与强调艺术性的不同，乃至个人心理气质、研究方向上千差万别，但从史学体系来看，除自成一家的卡莱尔及其门人弗鲁德外，大多属于自由主义史学的范畴，古奇写来生动具体，既有共性又有个性，无一般化之弊，给人以较为深刻的印象。

对一些著名史学家的观点、方法的形成与演变，本书也力图探源溯流，加以分析。比如在介绍聚贝尔时，就把他的史学分作两个阶段（分见两章）。早期的聚贝尔谨遵师教，但已显示出与兰克异趣的政治倾向和学术见解，1848 年欧洲革命促成了他与师门决裂。对于特赖齐克，古奇指出，在 1870 年以前他鼓吹以普鲁士为中心，尚未越出民族主义史学范围。德国统一后，日益倒退，捍卫绝对主义，宣扬弱肉强食的法则，仇视议会政治、和平主义与社会主义，煽动大日耳曼主义和对外扩张；与那位铁血宰相，声应气求，博得了“讲坛上的俾斯麦”的称号。梯也尔对待拿破仑的态度也是几经变化的。在其早期著作中歌颂他拯救了法国。经历了路易·波拿巴政变之后，梯也尔把对侄儿的仇恨迁怒于其伯父，在他笔下，拿破仑成了暴君；但是，当写到联军入侵法国时，作者再次改变态度，称自厄尔巴岛逃出来的拿破仑是和平爱好者和立宪主义者。关于卡莱尔的英雄崇拜思想，本书指出这位哲人是由早年写卑微的芸芸众生逐渐转向专为英雄伟人树碑立传的。古奇对他所师事的阿克顿的思想变化，更是烂熟于心，写来线索分明。自 1868 年

发表有关巴托罗缪节惨案的论文开始，阿克顿由是而从旧教的辩护人转变为史学家。自1870年梵蒂冈会议和1874年关于宗教问题的论战后，“信条主义”便从他著作中消失，自由主义思想有了进一步增长。本书对以上学派和史家的记述与分析有理有据，要言不烦，语多精当，对研究西方史学的人，富有启发意义。

作者对西欧诸大国史学源流、演变也多成竹在胸，注意到了各国史学思想之间的纵横联系，对研究欧洲中世纪的罗马派和日耳曼派的一些代表人物，常常提及他们之间的交互影响和各自的特色，对于全面考镜史学源流不乏参考价值。

第二，继承和维护了上升时期英国自由主义史学的一些积极的思想因素，能对某些错误或反动的观点，作出比较符合实际的评断或批判。

站在自由资产阶级立场，古奇旗帜鲜明地拥护历史上的资产阶级革命，歌颂它们的成就和历史意义，捍卫资产阶级反封建的胜利成果。在分析被马克思称为“（旧制度的）德国理论”时，[①]指出这一学派的优点在于重视历史的连续性和继承性，其危害则在于阻碍现实的创造力。这种观点只要前进一步，“就达到了拥护积弊的境界，在正统主义外衣下掩盖了古老的僭窃行为”，他称之为“顽固的保守主义”（第四章）。他的评议虽没有和德国封建势力的根深蒂固与资产阶级的软弱性联系起来，但寥寥数语，仍然击中了要害。对法国大革命的理解和评价，历来众说纷纭，因人而异。古奇在肯定卡莱尔《法国革命史》的成就时指出，此书的最大缺陷是误解了革命的性质，把它看成是纯粹破坏性的，“不知道法国革命乃

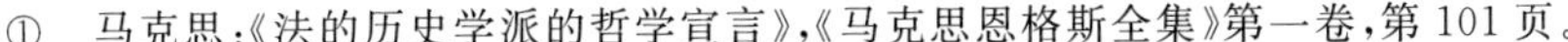

① 马克思：《法的历史学派的哲学宣言》，《马克思恩格斯全集》第一卷，第101页。

是19世纪的直接根据，在它的恐怖背后，还滋育着一种更宽广的生活种子，它作出过带有永久性的、建设性的工作，它汲取过旧制度里面的不少观念与倾向”（第十六章）。这段含义深刻的文字基本上道出了法国大革命继往开来的伟大历史意义。对聚贝尔和泰纳诬蔑诽谤大革命的著作，古奇作了义正词严的谴责。他说聚贝尔“没有认识到一个民族的激昂情感，没有看到他们任务的极端艰难，没有看到宫廷无休止的阴谋”；他的书出于民族的和王朝的偏见，“不仅贬低这幕戏的演员，同样也贬低了法国革命本身”（第八章）。对于泰纳的《现代法国的未来》，古奇在分析它在方法论上的错误之后引用哈诺托的话说：“这本书以它笼罩在绝望的气氛中的篇幅，延长了和重新发出了被征服者的哀音”（第十二章），点出了这种观点所反映的阶级实质。

古奇倾向于把1789年大革命的本质和革命中的出现的恐怖现象加以区别的观点。他反对雅各宾派的恐怖统治，但不认为这种情况根源于某些领导人的变态心理或某种思想影响。泰纳谴责雅各宾党人闭眼不见周围事实的罪行。古奇却指出泰纳本人“闭眼不见那些指导他们行动的最重要的力量”，说他忘却了一个历史家在作出批判时“必须了解这些人所面临的问题的性质”（第十二章，下同），并明确指出这些革命领导人被人逼得发狂，“不是由于卢梭，而是由于害怕失掉革命的成果”，一语破的，并显示了他与那些恶意攻击恐怖政策者的观点上的分歧。

卡莱尔社会历史思想体系的核心是“批评资本主义，憎恨民主，号召把现代的经济活动加以封建主义化”。[1] 憎恨资产阶级民

---

① 列宁：《关于帝国主义的笔记》，《列宁全集》第39卷，第592页。

主可以说是他的英雄崇拜和实力崇拜的出发点。古奇对这一思想体系,一针见血地指出,他"虽能以无比清晰的目光详察个别人物,却竟闭眼看不见群众的根本存在"。说他的全部哲学是"普通凡人只能交由他们的主子管教、惩治"(第十六章)。古奇对他一向尊敬的兰克也不免微词,认为这位大师"过多地从会议窗口来瞭望事件,而忽略了群众"(第六章)。这些评议并不能说明作者对人民群众和个人在历史上的作用已具备了科学的认识,而是反映了他对英雄史观和极权主义的反感,对资产阶级民主与自由的坚定的信念,而这种观点较之超人哲学和法西斯主义是高下有别的。

上节分析了古奇史学的经验主义方法的缺点。但也应看到,尊重事实,言必有据,是史学工作的基本要求。这种方法注意到了历史现象的多样性和复杂性,在克服从先验的原则出发,对历史进行抽象推理的弊病上,在纠正历史研究的简单化、模式化的倾向上,以及在解决具体问题和积累有用的知识方面,曾经起过有益的作用。古奇从经验主义和客观主义的原则出发评论普鲁士学派,作出了这样的总结:"如果历史主要目的是鼓励一个民族采取行动,那么,这一派史学家都应归入最伟大的史学家的行列。如果历史基本目的是揭示真实情况和解释人类的活动,那么,就没有什么理由把他们算作第一流的史学家"(第八章)。对于泰纳,古奇称他"特别喜欢公式和定义,为了公式和定义,他常牺牲真实性"(第十二章)。说他对法国大革命的判断,是在研究有关资料之前即已形成,然后才搜集资料,因而往往不惜割裂和歪曲文献,断章取义来论证自己的观点。古奇批评卡莱尔"所关心的主要是如何使他的主角生动起来"(第十六章),为此而不惜任意篡改原文,并把一些古

人的演说词加以现代化。还批评夫鲁德史学的特色是“持论不公”,“个人好恶十分强烈”(第十六章)。对自由主义史学的前辈大师麦考莱,作者也不稍宽假,说他的历史论文“主要目的在于传播某种主张”(第十四章),指的是辉格党的政见。应当说,这样一些分析批判,大体上抓着了上述史学家在方法论上的主要缺失,对于今天的史学工作者也是可引以为戒的。

古奇此书问世迄今半个多世纪了。自本世纪初,特别是二次大战后以来,西方的自由主义史学传统频频受到冲击,倒退、反动的思潮甚嚣尘上。有的人力图把史学引入神学;有人主张历史是史学家心灵活动的记录,不能得到证实和进行解释;有人把历史归结为英雄、杰出的政治家、实业家活动的记录,散播唯意志论;有人认为社会历史运动并非向前进步的过程,而是无目的的起伏或重复,对人类前途悲观,绝望。还有人对资产阶级革命的概念,提出批判,否认法国大革命的反封建性,甚至把它说成是一个神话。[①]面对当前这种混乱状态,对古奇史学观点中的积极因素,予以历史地肯定想来是符合马克思主义实事求是的精神的。

第三,提供了较为丰富而信实的事实材料和思想材料。

古奇博闻强记,治学勤奋,穷数十年之力,积累了丰富的史学史资料。本书征引和采择了有关史学名家的专著、论文、札记、日记、书牍、自传、回忆录、全集、选集、文集;同代人或后人所写的传记、回忆录、专著,权威性的论文,考古发掘报告等等,范围至为广

① 1954年5月伦敦大学法国史教授科班(A. Cobban)发表了题为《法国大革命的神话》的讲演。1978年他出版了《法国大革命》一书,此书的末章的标题是《大革命——历史和神话》。在法、美等国亦不乏持这种观点的学者。

泛，其中包括了大量的第一手资料，有的还是今已绝版的稀有文献。古奇著史，多采寓论于史的手法，记述多而评议少，征引的史实大多出于史家的原著和时人的载述，通过这样一些方式，保存和介绍了不经见的原始资料。

此书自初版至五十年代的修订，阅世四十余载。作者在修订中增补了在这段时间内，随着考古工作的进展，新档案文献的公布和发现，相关学科的发达，历史研究范围的扩大和深入所获得的新成果和新资料。这种长时期锲而不舍，孜孜以求，注意知识更新的努力，使本书经受了时间的检验。

本书在资料方面的另一优点在于它的注释。各章各节的附注实际上是本章节所涉及的学派和史家的参考文献指南。注释中所介绍的都是经过抉择，有较高学术价值的史料与史著，少而精审。古奇对他推崇的史学大家，所开目录，尤为详赡。如在兰克一章即列出了他的兄弟所撰写关于兰克青年时代的回忆录；在阿克顿一节提到了他的未刊文稿。还应当指出的是作者在附注中常常介绍文献中最有价值的部分或最佳版本，有时也就学术界有争议的问题，发抒己见，有助于初学者扩大知识领域和掌握进行研究的线索。

总之，本书在介绍 19 世纪西方史学思潮与流派的衍变，史学方法的改进，重大研究成果，史料的搜集和整理，历史知识的积累与普及诸多方面，提供了不少有用的材料。只要我们遵循历史唯物主义的教导，用批判吸收的态度进行阅读，无疑是可以从中获得较大的启发和助益的。

谭英华

目　录

灯塔版序言

有一些著名作家的著作，由于出版了廉价本而获得了许多新读者，当我看到自己的名字也排入这些作家的名单，我深感荣幸。我希望：有些读者能阅读我的书而获得某种愉快，像50年前我在编写它时所曾感到的那样。在我的著作中，《十九世纪历史学与历史学家》是我最喜欢的一部，主要因为它论述了一个具有无限趣味的题目——文化的全部戏剧性故事。正如波普[①]所说的那样，“人类的正当研究便是人”。

一个80多岁的历史学家能够以十分满意的心情来回顾各个学术研究部门在他的一生中所取得的进步。与我读书时的那些遥远日子相比，我们今天能以更广泛的知识、更清晰的见解、更冷静的头脑，来综述人类进化的过程和全部人类经验。现在，一般的学术标准确实较前提高。我们已经不那么过于自信，不那么受偏见的支配，而且不那么容易作出似是而非的概括性论断。我们的崇高理想和首要责任，是要不辜负我们读者的无限信任。兰克有一句不朽的名言：“编纂历史是一件煞费苦心的事”。任何一个为自己的种族、自己的国家、自己的党派或教会大声辩护的人，是无缘进入历史女神之庙的。如果有人要我起草历史学家

① 波普（Pope，A.，1688—1744年），英国诗人，启蒙运动思想家。——谭注

的"十诫"[①]，我将首先写到"不要忘记你们对读者的道义上的责任"。历史学家和其他人一样，也是由血肉之躯构成的人，而且作者的个性将始终隐约地流露在字里行间，但我们必须竭力保持公平，尽量了解遥远时代的生活状况以及那些我们所未曾具有的思想意识。凡是历史研究者不应该根据某一作家或某一本书来论断像宗教改革运动和法国革命这类有争议的问题，因为在涉及我们内心最深切的情感的某些领域内，要想取得完全一致，未免奢求。我所要求的也只在于：学者们不要把他们看成是竞技场上的斗士，在各自的支持者喝彩声中进行搏斗；而应该认为他们是一心一意地献身于追求真理的兄弟。在本书所述的许多历史学家中，各人在什么程度上已达到或接近于这个崇高目标，让读者自行判断吧。

人们时常谈到"历史的结论"、"历史哲学"、"历史科学"。但没有一致同意的结论，只有个别的结论；没有一致同意的哲学，只有互相矛盾的思想意识的混合；没有一致同意的科学，只有各种科学方法的应用。我们继续在热烈而又永不停止地探求真理，但斯芬克斯仍然对着我们微笑不肯吐露她的秘密。对于我们研究人类历史中所提出的各个问题，现在或将来会有最后的答案吗？如果有的话，它们还没有被找到。

G. P. 古奇

1958 年 4 月

① "十诫"是犹太教的戒条。据《旧约·出埃及记》传说是耶和华授予犹太人领袖摩西颁行的。内容是：不许拜别神；不许制造和敬拜偶像；不许妄称耶和华名；守安息日为圣日；孝敬父母，不许杀人；不许奸淫；不许偷盗；不许作假见证；不许贪恋他人财物。——谭注

第二版序言

自从第五版存书在1940年12月29日的猛烈空袭中被毁以来，本书在英国已经绝版。1949年，纽约彼得·史密斯公司曾予以重印。在本版中，原文已经修订，参考书目中亦已增加最近出版的著作。至于按照同一规模继续论述20世纪上半期历史学这项工作，只好留待年轻的行家去完成。本书的新导论仅仅是试图表明近四十年来的主要成就。

G.P.古奇

1952年1月

第一版序言

本书的目的是：总结并估价近百年中历史研究与著作的成就，描绘本行业的大师，追溯科学方法的发展，衡量那些导致撰写名著的政治、宗教与种族影响以及分析它们对当时的生活和思想所产生的影响。在任何文字中，还没有要进行这种概括研究的企图。关于近代史学的发展，只是在伯恩海姆和古斯塔夫·沃尔夫的出色手册中附带地谈到。① 朗格洛瓦所提供的不过是一个轮廓②。弗林特和莫利尼尔仅论述法国。③ 韦格勒也只限于讨论德国④，而且停留在19世纪初期。傅埃特⑤的杰作《近代史学史》于1911年出

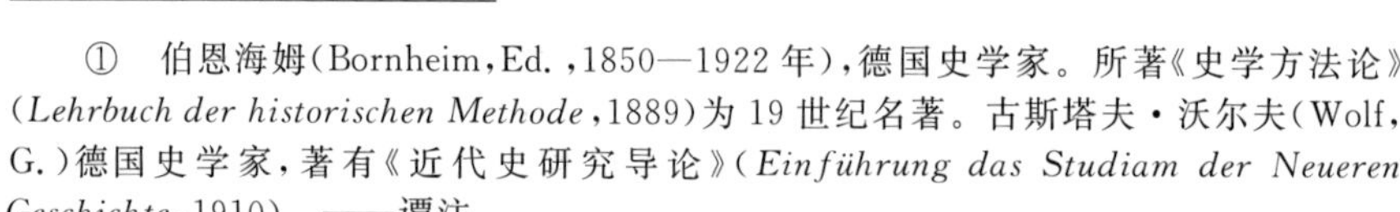

① 伯恩海姆(Bornheim,Ed.,1850—1922年)，德国史学家。所著《史学方法论》(*Lehrbuch der historischen Methode*,1889)为19世纪名著。古斯塔夫·沃尔夫(Wolf,G.)德国史学家，著有《近代史研究导论》(*Einführung das Studiam der Neueren Geschichte*,1910)。——谭注

② 朗格洛瓦(Langlois,Ch.,1863—1929年)，法国史学家，与其本国同道瑟诺博斯(Seignobos,Ch. 1854—1942)合著有《历史研究导论》(Introduction aux études historiques)。——谭注

③ 弗林特(Flint,R.,1838—1910年)，英国史学家，著有：1.《欧洲历史哲学，卷I，法兰西德意志历史哲学》(*Philosophy of History in Europe*,*Vol.I. Historical Philosophy of History in France and Germany*,1874)；2.《历史哲学史，卷I，法兰西、比利时法语区及瑞士的历史哲学》(*History of the Philosophy of History*,*Vol.I*,*Historical Philosophy in France and French Belgium and Switzerland*,1894)。莫利尼尔(Molinier,A.,1851—1904年)，法国史学家，与他人合作编有《法国历史史料》丛书，莫氏主编总论及16世纪部分四卷。——谭注

④ 韦格勒(Wegele,F.,1823—1897年)，德国史学家，撰有《人文主义以来的德国史学史》(*Geschichte der deutschen Historiagraphie Seit dem Auftreten des Humanismus*,1885)。——谭注

⑤ 傅埃特(Fueter,Ed.,1908年生)，瑞士史学家。——谭注

版；它提供了从皮特拉克直到我们时代的全面评述，但它的主要部分是叙述较早世纪，而且它的方法与目的基本上和本书不同；本书是以尼布尔作为开端的。在书本中，先详细叙述德、法和盎格鲁-撒克逊的史学的演进，而后简略地综论其他国家的史学成就。本书的最后六章，是属于国际性的，叙述那些由各国学者进行合作的研究部门，即关于古代世界面貌的恢复、教会史的探索和比较广阔的人类生活的重建。为了对这里所详细检视的范围得一鸟瞰，也许可容许我推荐《剑桥近代史》最后一卷的最后一章。[①]

G. P. 古奇

1913 年 1 月

① 这一章的标题是：《历史科学的发展》，(《剑桥近代史》，第 12 卷，第 26 章)系古奇所写的第一篇史学史专文，是本书的雏形。——谭注

ix # 导论　近时的历史研究

由于第一次世界大战的戏剧性事变，学者和研究者们都把注意力集中于近时的欧洲历史；这一情况在德国也许比在任何其他国家更甚。随着霍亨索伦帝国的崩溃，魏玛共和国的创始人大胆地决定把帝国政府的外交秘密揭露出来。弗里德里希·蒂姆承担了编写《1871—1914 年欧洲各国内阁的重大决策》一书的主要责任；他以惊人的精力完成了这项任务，并为全书五十卷增加了颇有争议的注释；因为他毫不掩饰地反对“舰队政策”，并且厌恶狡猾的比洛[①]。这项关于把德国外交秘密摊牌的决定，曾遭到某些方面的指责；反对的理由是：战胜国绝不会跟着摊牌；但编者们深信其他各国政府无法逃避这项挑战；这个信念后来获得了证实：英、法、奥、俄相继提供了它们关于第一次世界大战背景的证据。只有意大利踌躇不前。另一规模较小的外交文献是《1858—1871 年普鲁士的外交政策》。于是，终于有可能把俾斯麦外交的全部记录与他的优柔寡断的前任和铸成大错的后继者的记录进行比较[②]。

---

① 比洛(Bülow，H.，1849—1929 年)，历任德意志帝国驻外使节外交大臣，1900—1909 年任首相。——谭注

② 俾斯麦于 1862 年代自由主义者许威林任普鲁士首相。1890 年 5 月退休。卡普利维在职期间与英国达成关于东非的协议，中止俾斯麦缔造的德俄密约，减低粮食进口税遭到容克的强烈反对，于 1894 年 10 月辞职。——谭注

在两次世界大战的那些年代，德国史学界做了第三件大事，就是刊印《俾斯麦全集》的纪念版，以表示德国人在黑暗的日子里对于这个创造霍亨索伦帝国的人的感激。全书包括十九卷大型四开本；其中大部分是新内容，大批散见于各种刊物的资料是由一批专家加以分析的。格哈德·里特尔[①]编辑了书中无与伦比的自传，恢复了原来的题名《回忆与感想录》；安德烈亚斯收集了这个超人在五十多年间与人举行好几百次会谈的记录；佩特斯多夫提供了书信选集；许斯勒提供了演说选集。最沉重的负担则由孜孜不倦的蒂姆承当下来；他所编的六卷《政论集》是全书中最珍贵的部分。本书开头的大多数材料是在这位首相的指导下已发表的从法兰克福发出的公文，以及在他逝世后很久经拉施道发表的从圣彼得堡和巴黎发出的公文；编者搜集了1862—1870年间几乎从未被人探 x
索的资料。因此，俾斯麦在1866年前对待奥地利的态度出乎意外地被揭示出来。从这个老人的回忆来看，对奥战争是预先安排好的一幕戏剧，但当时的文献揭示，这是一个政治家为达到他的目的而摸索道路的结果，而在开始时，他并不相信有作战的必要。由于有了这些新资料，现在我们可以用更具有批判性的眼光来阅读这篇十分动人的政治辩解。然而，书中事实上的错误与曲解虽被发觉，但就表达这个独特的人格来说，它的价值仍然未受损伤。

由于第一次世界大战的挫败，大多数德国人增加了对于这个现实主义政治家的敬慕，因为他曾宣称："政治是量力而行的艺术，关于可能出现的事物的艺术"，并且克制自己的冒险行动以避免对方结成敌对的联盟。埃里希·马尔克斯是研究俾斯麦的权威；

① 里特尔（Gerhard Ritter，1888—1967年），德国历史学家、大学教授，著有《斯坦因的政治传记》（1931年出版）。——译者

他原来准备编写一部详尽的俾斯麦传记，但当他写到 1851 年时，就放弃了这项计划，这是很有道理的，因为书中主人公的全部事迹，只有用编写他那时代的历史这一形式才能讲述。1936 年，马尔克斯出版了他的最后一部、也是最伟大的一部著作：《德意志帝国的兴起》，书中总结了从拿破仑时代的告终到这个冷酷无情的容克地主执政这一时期的事件与趋势，并详尽地描述了帝国建立的过程。这部著作在有数的大型德国历史古典名著中占有地位，与兰克的《宗教改革时代》、特赖齐克的《十九世纪德国史》和科泽的《腓特烈大帝》媲美。在铁血宰相当政的时候，马尔克斯已经成年；现在这个七十多岁的学者的著作还保留着他少年时代的一些爱国热情。他在长期思考现有的全部证据后，作出结论说，把一个奄奄一息的德意志联盟变为一个生气勃勃的民族国家，非采用这种严厉的手段不可，而就组成一个民族国家来说，德意志人和其他民族一样，享有同等权利。

在布兰登堡的附有文献的《帝国的建立》和阿诺德·奥斯卡·迈耶的两部著作中也可以听到同样的论调。《1851—1859 年间俾斯麦在法兰克福联邦议会中对奥地利的斗争》一书利用了这位普鲁士大政治家曾与之进行无情斗争的那些奥地利代表的公文：迈耶对他的主人公的无限景仰，在他于 1943 年出版的一部大型传记中甚至显示得更加鲜明；而传记的内容由于俾斯麦家族提供了新资料，变得更为丰富。赫尔曼·昂肯编的《从 1863 至 1870 年拿破仑第三的莱茵政策》一书共三卷揭露了法皇这个阴谋家的最秘密的思想。在一篇长序中，还总结了奥地利大使里夏德·梅特涅关于拿破仑第三的野心与阴谋的惊人报告。昂肯所得出的结论是:第二帝国的法兰西是德国的一个恶邻,而俾斯麦所采取的方针是正确的。艾尔弗雷德·斯特恩在《1816—1871年间的欧洲史》第八、九、十卷中,比较心平气和地叙述了霍亨索伦帝国的缔造过程。该书是根据数十年研究外国档案的结果,并且在瑞士比较冷静的气氛中写成的。

还有两部从迥然不同的观点来论述俾斯麦时期与俾斯麦下台后的德国的巨著。其中之一,是阿德尔贝特·瓦尔的《1871—1914年间的德国史》,共四大册。它是由一位学者独立完成的最具有概括性的著作,综述了帝国及其所有组成部分的政治与文化生活,但同时它也有些像一种政治性小册子。他抱怨说,自从法国革命以来,许多欧洲国家发生了衰落现象,而且这种衰落还没有终止。物质的进步是以精神衰退的代价获得的;有机组成部分如等级制度,已让位给平等的议会民主制度。俾斯麦无与伦比的功绩不仅在于缔造德意志帝国,而且还在于给它制定了一部适当的宪法予以保卫;这部宪法既能抵抗掠夺性的社会主义,也能抗拒空谈理论的世界主义。

在德国,"俾斯麦的亲兵队"[①]并不是万事如意的。蔡库希的《德意志帝国政治史》虽然在规模和学识方面不如瓦尔的论著,但仍不失为一部具有政治论点的著作。在两次世界大战期间,当大多数德国历史学家由于被耻辱与失败所激怒而用贬低俾斯麦的后继者的办法来推崇铁血宰相的时候,蔡库希却拒绝向他顶礼膜拜。xi 他遗憾地指出,俾斯麦给霍亨索伦王朝提供了这样庞大的权力,以

① 亲兵队(Old Guard)原指拿破仑的著名卫队,全由老卫兵组成;这里指俾斯麦的拥护者们。——译者

致他必须要有一个腓特烈大帝那样的皇帝或者一个俾斯麦那样的宰相,才能谨慎地予以运用。帝国是一头重脚轻的大厦,而宰相所轻视的民主的时代精神表明获得了胜利。蔡库希对俾斯麦的垮台并不悲伤,但认为威廉二世和他的目光短浅的顾问们却一再地铸成大错,1914 年考验的时刻来到的时候,德国竟缺乏必需的制度和团结来对付严峻的考验。埃里希·艾克由于受到同样的 19 世纪的——几乎可以说是格兰斯顿式的——自由主义精神的鼓舞,撰写了动人的《俾斯麦传》三卷;他严厉地指责了俾斯麦对内对外使用的残酷方法。他后来又撰写了一部关于威廉二世统治时期的著作,也同样没有给予多少赞扬,却慨叹德国民族缺少自治能力的训练。关xii 于这位霍亨索伦王朝末代君主的外交政策,我们可以参阅昂肯的《世界大战前夕的历史》和布兰登堡的《从俾斯麦到世界大战》,后者是一部公认的杰作。在当时出版的大批传记与自传中,约翰内斯·哈勒尔的《奥伊伦贝格[①]传》和比洛的《回忆录》最为突出。后者的辩解是属于这一类型的最缺乏说服力的著作,作者原想对君主及其他敌人进行报复,不料他损害自己的名誉却甚于损害他们的名誉。

在研究俾斯麦以前时代的德国学者中,有几位人士值得颂扬。在近时关于中世纪的著作中,没有任何一部像恩斯特·坎托罗维奇对腓特烈大帝二世("世界奇人")[②]的精彩描写[③]那样获得读者

① 奥伊伦贝格,即腓力普亲王(1847—1921 年),德外交官德皇威廉二世的亲信和顾问,在当时的宫廷中是个有影响的人物。——谭注

② 腓特烈二世博学多识,有开明思想,能诗,通晓军事、外交,又是当时第一流的科学家。他深受近东文化影响,后宫拥有众多的妃嫔和一支庞大卫队,所行所为惊世骇俗,有"世界奇人"之称。——谭注

③ 《腓特烈二世皇帝传》,二卷,1931 年。——谭注

的热烈欢迎，但是戴维逊关于佛罗伦萨城早期历史的巨著[①]，却建立在更牢固的基础之上。欣策曾以撰写一部综述霍亨索伦王朝功绩的杰作[②]，来庆祝该王族进驻勃兰登堡的五百周年纪念。德尔布律克的《战术史》第四卷，从文艺复兴叙述到拿破仑时代，从而完成了他的最宏大的历史研究计划。他本人曾参加1870年的战争，并且是格奈森瑙[③]传记的作者，因此，他的权威获得了军事学家的公认。书中的论题包括军队与武器的演变、从马基雅维里[④]到克劳塞威茨[⑤]的至理名言、从古斯塔夫·阿道弗斯[⑥]到解放战争中的将领，以及具有历史意义的各次战役。德尔布吕克还说明，本书不仅为了军人而且也是为了一切历史爱好者而写的。

对于阅读过兰克的《宗教改革时代》和扬森的《日耳曼民族史》的最初几卷而受到陶冶的读者来说，研究威利·安德烈亚斯的巨著：《宗教改革前夕的德意志》，是一种乐趣；该书在新教的传统描写与天主教的传统描写之间保持了平衡的状态，前者描述了路德

① 《佛罗伦萨史》二卷，1907—1909年。——谭注

② 《霍亨索伦王族及其功业》(*Die Hohenzo-Uerns undihr Werk*)，1915年。——谭注

③ 格奈森瑙(Gneisenau，Count August，1760—1830年)，普鲁士名将，曾参加北美独立战争，耶拿之战，在1813—1814年反拿破仑战争中卓著功勋。——谭注

④ 马基雅维里，N.(1469—1527年)，著名的意大利政治思想家、历史家。著有《君主论》(旧译《霸术》)认为人君为了国家的利益可以不择手段以达到目的，统治者与其受人爱戴毋宁使人畏惧。所著《佛罗伦萨史》摈弃神话传说，以史实为依据，并试图探索历史变化的内在联系，提供政治上的经验教训。马基雅维里对军事学也有研究，撰有《兵法》七卷，曾对佛罗伦萨共和国的兵制进行改革。——谭注

⑤ 克劳塞威茨(Clauserwitz Karl，1780—1831年)，普鲁士将军，著名的军事学家。长期主持普军事学院，所著《战争论》是公认的军事学术名著。——译者

⑥ 古斯塔夫·阿道弗斯(1594—1632年)，瑞典国王在位(1611—1632)。对内改革行政司法，扶植工商，对外与丹、波、俄及日耳曼帝国武力角逐，频操胜算。三十年战争中深入德境，战死沙场。——谭注

以前时期的黑暗状况，而后者则反驳说：道德堕落发生在维滕贝格叛乱以后，而不是在它以前。卡尔·布兰迪关于查理五世统治时代的全史[①]具有同等重要性；这是以他毕生研究的成果作为基础的。施纳贝尔的《十九世纪的德意志》包括特赖齐克的杰作[②]所叙述的同一时期，但它的语调比较平和并且从一个截然不同的角度进行论述。那位“讲坛上的俾斯麦”[③]曾颂扬普鲁士并鞭挞了它的内外敌人，而这位南德天主教徒的论著与其说是一种叙述，不如说是对德国人民的政治、经济与文化生活的一种评价。他的四巨册著作叙述到革命的那一年为止。作者经过第二次世界大战这段剧烈动荡的时期以后，现任慕尼黑大学教授，继续撰写它的续篇。特别爱读他的著作的是这样一些读者，他们宁愿要施泰因而不要俾
xiii 斯麦；宁愿要南方和煦的清风而不要柏林严寒的气候。过去马克思·勒曼的《施泰因传》曾取代佩茨所编的巨著[④]和西莱所作的颂词[⑤]；同样，现在格哈德·里特尔所写的传记在很大程度上已取代了勒曼的著作；里特尔也许在活着的德国历史学家中是一位最多产的作家。

法伊特·瓦伦丁关于1848至1849年间德意志革命的巨

① 《查理五世皇帝传，一个人与一个世界帝国的成长及其命运》，1937年。——谭注

② 指《十九世纪德国史》五卷，1919—1923年。——谭注

③ 指特赖齐克，参见本书第八章第三节。——谭注

④ 马克思·勒曼(Max Lehmann，1845—1929)，德国历史家，另著有《腓特烈大帝与七年战争的起源》，佩茨所编巨著为《大臣施泰因男爵传》六卷1844—1855年。——译者

⑤ 西莱著有《施泰因的生平及其时代》(*Life and Times of Stein*)二卷，1879年。——谭注

著[①]，洋溢着一个忠实法兰克福人的自由主义精神。他曾以批判的眼光注视着普鲁士的活动。佐姆巴特所编的《近代资本主义：全欧经济生活发生以来的历史体系的概述》一书卷帙浩繁，它的最后几卷描述了18、19、20这三个世纪的情况。他关于这几个世纪的资本主义演进中的物质与心理因素所作出的分析，虽然遭到贝洛与勃伦塔诺的严峻批评，但它的范围与创见却给予人们深刻印象。马克斯·韦伯[②]在德国学术界中，除了特勒尔奇[③]外，是他那时代的一位思想最丰富、知识最渊博的学者；他的《经济通史》给人们很大的启发。本书是在这位海德尔堡大学教授在1920年死后，根据他的演讲稿和一些学生的笔记编成的。沃尔夫冈·米夏埃尔生前刚好完成了他关于18世纪英国的巨著[④]，本书第五卷是按照他的原定计划叙述到1760年为止。哈通的杰作：《德意志宪法史》现已作了修订，并已续写到魏玛共和国和纳粹独裁制度出现的时期。

第一次世界大战以后，弗里德里希·迈内克是德国史学界最引人注目的人物[⑤]。他因撰写《波颜传》[⑥]和《世界主义与民族国

① 《1848—1849年德意志革命史》(*Geschichte der deutschen Revolution von* 1848—49)二卷，1930—1931年。——谭注

② 马克斯·韦伯(1864—1920年)，德国著名的社会学家。历任柏林海德堡、慕尼黑等大学教授。其代表作有《新教伦理与资本主义精神》、《宗教社会学论文集》、《古代世界农业史》、《经济通史》等。——谭注

③ 特勒尔奇，E.(1865—1923年)德国史学家，曾任柏林大学教授、教育大臣，著有《基督教会和团体的社会学说》、《历史主义及其胜利》、《历史主义及其问题》等书。——谭注

④ 《十八世纪英国史》，五卷，1896—1945年。——谭注

⑤ 迈内克，F.(1862—1954年)，德国著名史学家，兰克史学传统继承人和发扬者，历任斯特拉斯堡、弗赖堡、柏林大学教授，二次大战后任自由柏林大学首任校长。著作甚多，其代表作有《近代史中的国家理性概念》、《历史主义的起源》、《德国的悲剧》等。——谭注

⑥ 波颜，H.(1771—1848年)，普鲁士元帅，军事学家，两任国防大臣。1808年普军制改革的领导人之一。——谭注

家》而出名，后来继续研究中世纪以来的欧洲思想。他的《国家理性观念》[①]综述了从马基雅维里直到与腓特烈大帝、黑格尔与特赖齐克这些政论家与政治家的著作中关于政治与道德的冲突。该书可以说是阿克顿为柏德出版的《君主论》一书所作的含义深远的《导论》的扩充。迪尔泰[②]由于出版了十二卷深刻的论文集，他的地位获得了承认；但在他以后，没有一个德国学者能够像迈内克那样，对各种意识形态作出如此敏锐精微的分析。他的《历史主义的起源》具有同等重要性。他综述由启蒙主义缺乏想象力的、笼统的理性主义过渡到浪漫主义运动的发生论的相对主义过程最后归结于兰克的名言，即所有的世纪在上帝面前都是平等的。迈内克为
xiv 《历史杂志》支撑门面达四十年之久，但终于被纳粹政府免去了主编职务。在这以后，他编写自传，描述他的思想演变以及和两个世代的学者与政治家的接触。另一老练的历史学家瓦尔特·格茨则集合一批有才干的专家编写了《世界史入门》，共十卷。

有几个奥地利历史学家在他们的祖国疆界内外，提高了他们的声誉。奥斯瓦尔德·雷德利希是研究中世纪史的老前辈，他继续编写学术论著直到老年。两次世界大战期间，奥地利史学著作中最重要的莫过于多普施的《从恺撒到查理大帝期间欧洲文化发展的经济社会基础》。在第一次世界大战前，他已因编著加洛林时代社会史而著称于世，现在他把研究范围上溯到恺撒和塔西佗[③]

---

① 此书全名为《近代史中的国家理性观念》(*Die Idee der staatsräson in der neueren Geschichte*)，1924 年。——译者

② 迪尔泰(Dilthey W. 1833—1911 年)，德国哲学家，精研心理学与历史哲学，企图创立与孔德社会学抗衡的“精神科学”。——译者

③ 塔西佗(约公元 55—120 年)，古罗马政治家，又是最杰出的史学家之一，著有《日耳曼尼亚志》、《罗马史》、《编年史》等，往往借历史来贬恶扬善，对帝王的残暴与宫廷的黑暗多所揭露。——谭注

时代，因而重建了中世纪文明的因素——政治制度、土地制度、阶级、教会、工业和贸易。他的解释引起了广泛的批评，因为他以热烈的口吻宣扬罗马帝国的历久不衰的影响。当时，罗马派与条顿派正在课堂里进行论战[①]，而多普施却挺身而出，成为从萨维尼与“古朗治”以来最勇猛的罗马派战将。他给我们指出一种无间断的文化连续性：日耳曼人逐渐吸收了罗马的遗产，而没有加以粗暴破坏。多普施像古朗治一样，倾向于低估“蛮族”对于中世纪文明贡献的价值，而且夸大了罗马制度的生命力。维诺格拉多夫[②]说多普施的经济学比法律学高明。

在近代史领域里，里特尔·冯·兹尔比克是阿尔内特以后最伟大的奥地利历史学家。他曾写出二部重要著作，任何研究19世纪欧洲文学史的人，都不能予以忽视。他以写成第一部最完备的梅特涅传记[③]而跃居史学家前列。这位在考尼茨[④]以后最杰出的奥地利政治家一定会欢迎这部对他表示同情的著作，因为这个保守派学者描述了梅特涅以毕生的努力来反对法国革命的民主与民族主义思想，同时鼓励一种欧洲共同体的稳固概念。然而，兹尔比克始终没有暗示梅特涅是个有创造性的人物。有些批评家虽然充

① 自18世纪以来，首先在法国学术界出现了关于法兰克王国及西欧封建制度的形成问题的两种意见。一派认为西欧封建制度来源于罗马（罗马派），另一派则认为封建制度是日耳曼各部落征服西罗马帝国的产物（条顿或日耳曼派）。之后，探讨的范围扩大到日耳曼人的社会制度中世纪城市的起源等方面，这场论战到19世纪更为广泛和深入。参见本书有关章节。——谭注

② 维诺格拉多夫（1854—1925年），英籍俄人，史学家，长期居留英国以专攻中世纪英国社会史、法制史知名，首先提出英国法的许多基本因素来源于盎格鲁-撒克逊自由人观点。——谭注

③ 《梅特涅：政治家和人》，三卷，1925—1954年。——谭注

④ 考尼茨（Kaunitz，W. N.，1711—1794年）历任三朝首辅1756年促成奥法联盟，参与七年战争和瓜分波兰，1794年策划欧洲反法联盟。——谭注

分承认这部著作的力量与学识，但抱怨说，兹尔比克归功于这位欧洲保守主义砥柱的政治思想比他实际上具备的更有系统。维克托·比布尔是兹尔比克在维也纳的同事，也是在研究 19 世纪早期奥地利史领域内的唯一对手；他在《奥帝国衰亡史》一书中，关于梅特涅的叙述却没有多少阿谀之词；他认为梅特涅只不过是一个反动
xv 成性却有才干的投机取巧之徒。兹尔比克的第二部重要著作是《德意志的统一》，书中更详细地追述了 19 世纪中期奥普争霸的史实，这在弗里容的《德意志的霸权斗争》中已作了生动的描述。但那个犹太学者没有参阅过国家档案，而兹尔比克却获准查阅《帝国密件》。在叙述部分的四卷以外，还增加了关于 1859—1866 年间奥地利对德政策的文献五卷。兹尔比克是一个爱国的奥地利人，却完全摆脱了对普鲁士的传统仇恨，并且宣扬了俾斯麦在 1879 年实行的德奥联盟中出现的那种“德意志整体”理想。纳粹党因为这个奥地利学者以友好的态度叙述了普奥间的长期争执，便邀请他担任柏林大学教授，这是很自然的，但同样自然的是，他拒绝了这个邀请。兹尔比克在晚年从事编写关于中世纪以来德意志史学的有价值的大型著作[1]。

另有两名奥地利老练学者增加了他们在第一次世界大战以前所赢得的荣誉。约瑟夫·雷德利希已开始精密地综述了 1848 年以后哈布斯堡皇朝的政治制度与宪法变革，并简要地叙述了马利亚·特利萨和约瑟夫二世的改革时代。[2] 但他的《奥地利帝国与国家问题》由于规模过于宏大，而成为一部未完成之作。[3] 他是在哈

① 《人文主义以来的德意志史学史》，共二卷，1950—1951 年。——谭注

② 《奥地利史》，共七卷，1885—1938 年。——谭注

③ 此书于 1920—1926 年出版，作者未续成。——谭注

布斯堡皇朝解体后开始写作的，所以，他是第一个利用内阁会议和其他会议记录的历史学家，而这些会议在梅特涅时代结束以后决定了帝国的内部发展。篇幅庞大的第一卷内容叙述到1861年为止，第二卷则叙述到1867年的“奥匈联合协定”。雷德利希生动地描写了巴赫、[①]施默林、[②]博伊斯特、[③]德亚克[④]及其他主要活动家。有些人认为年老的弗兰西斯·约瑟夫是个机器而不是一个人，但他们在本书里将会看到他是一个年轻暴躁的统治者，不论在举行讨论与作出决议方面他都是充分参与的。雷德利希还撰写了这位皇帝的传记，[⑤]书中，在较小的规模上继续对他加以描述，并用个人对许多政治舞台上的人物所了解的情况来丰富本书的内容。

弗里德容晚年从事于论述1848年以后的哈布斯堡帝国，[⑥]但只写到施瓦岑贝格[⑦]与巴赫的反动的十年便逝世了。他的《帝国主义时代》，在第三卷将要完成时，也由于他的死亡而中断；这一著作的价值主要在于论述巴尔干的政局，因为他同埃伦塔尔[⑧]相识，

① 巴赫，A.（1813—1893年），奥政治家，教皇极权派，历任司法大臣、内政大臣，在其任驻罗马大使期间促成奥政府与教廷订立了教务协定。——译注

② 施默林，A.（1805—1893年），1860－1865年任奥国首相。——译注

③ 博伊斯特，F.（1809—1886年），历任萨克森政府各部大臣、奥匈帝国外交大臣和首相，反对在普鲁士领导下统一德国，支持德国各小邦的独立。——译注

④ 德亚克，F.（1803—1876年），匈牙利自由派贵族，在1848年革命中拒绝与柯苏特合作，主张与奥王室妥协，1865年提出与奥地利建立二元制帝国的纲领。——译注

⑤ 《奥地利弗兰西斯·约瑟夫皇帝传》，1929年。——译注

⑥ 《争夺德国统治地位的斗争，1859—1866年》（Der Kampf und die Verherrschaft in Deutschland，1859 bis 1866），1897年。——译注

⑦ 施瓦岑贝格，F.（1800—1852年），公爵。1848年维也纳起义失败后任首相兼外交大臣，与内政大臣巴赫合作，停止施行1849年宪法，解散议会，加强王权，对匈牙利民族运动采取镇压与日耳曼化的措施。——译注

⑧ 埃伦塔尔，A. L.（1854—1912年），公爵，奥政治家、外交家，1906—1912年任奥匈帝国外交大臣。——译注

因而获得了一些内幕消息。在一群有才华的朋友中间，普里布拉
xvi 姆所写的著作最少。他编辑了《奥匈帝国的秘密条约》，包括 1876 年到第一次世界大战时的秘密条约，并附有一篇关于“三国同盟”缔结与演变的详尽的导论。这部著作揭示了俾斯麦当政时期与去职以后的欧洲的许多未经探索的角落。在年青一代所获得的成就中，最著名的是雨果·汉茨的两卷本《奥地利史》与埃贡·科蒂伯爵关于弗兰西斯·约瑟夫皇帝及其不幸的兄弟马克西米利安的传记；前一著作是对一百年来研究成果所作的非常必要的总结。

在两次大战期间，没有任何一位法国学者像老练的前外交部长阿诺托那样热情地鼓起人们对他的祖国的历史发生兴趣，他的火热的爱国情绪在三部大型的集体著作中体现出来。他给《法国殖民地史》（共六卷），撰写了一篇导言；给《法兰西民族史》（共十五卷）撰写了导言外，还编写了关于 19 世纪的最后一卷。他的第三部巨著是关于第一次世界大战的图片记录（共十五卷），其中充满着他朋友普安卡雷[①]的强烈的“恐德病”。他原来是以论述黎塞留而成名的；现在经过三十多年的中断以后，他重理旧业，在德·拉福士公爵的协作下，继续进行——虽然没有完成——那部论述黎塞留的庞大著作。[②] 他真实地宣称，他所编写的一切著作只有一个目的，即法国。在中世纪研究的领域内，任何一部著作在重要性上都不能与勒内·格鲁塞的巨著《十字军史》相提并论。关于法国早期政治与社会制度的热烈争论，原由古朗治和弗拉赫开始，而现在

① 普安卡雷（Poincaré，R.，1860—1934 年）亦译朴恩加赉或朋加来，法国政治家，1913—1920 年任总统。——谭注

② 《枢机主教黎塞留史》（*Histoire du cardinal de Richelieu*）五卷，1932—1944 年。——谭注

则遵循更坚实的路线，由费迪南·洛、马克·布洛赫[①]、珀蒂-迪塔伊[②]、阿尔方和福蒂埃继续进行着。

16世纪后半期继续比前半期吸引着更多的注意。而对卡特林·德·梅迪西[③]的兴趣也从来没有衰退。马里埃若尔编写了第一部完备的卡特林传记，而关于它的背景材料则由吕西安·罗米埃的《卡特林·德·梅迪西王国》予以补充。布罗德尔的百科全书式的著作：《腓力二世时代的地中海与地中海世界》既是一部社会学概论，又是一部政治记事之作。在论述17世纪的近代著作中，以布雷蒙神父关于波旁王朝初期教会史的巨著[④]最为重要；它可以与圣伯夫关于波尔-罗雅尔[⑤]的古典论著[⑥]并称。亨利·塞继托克维尔之后，探讨了17与18世纪法国西北各省的社会制度与经济状况，对于旧制度也同样不予赞许。他的最大努力在于编写《法兰西经济史》，书共两卷，一直叙述到1914年止，于1936年在他死后出版。德塞居尔伯爵的最后著作，是一部关于玛丽·安托 vii

① 马克·布洛赫（1886—1944年），法国著名史学家，1929年与勒费弗尔共同创办《经济与社会史年鉴》杂志，“年鉴学派”由此得名。二次大战中投身抵抗运动，为纳粹杀害。——谭注

② 珀蒂-迪塔伊（1868—1947年），法国史学家，精研中世纪法、英、尼德兰等国历史，撰有专著，以引用大量原始资料而见重于学术界。——谭注

③ 卡特林·德·梅迪西（1519—1589年），法亨利二世之后，1560—1563年摄政。在新旧教冲突中，玩弄权术，加剧矛盾。——谭注

④ 书名：《自宗教战争结束至当代法国宗教观点史》，11卷，1916—1933年。——谭注

⑤ 波尔-罗雅尔（全名：Port-Royal de Champs），在巴黎西南十七英里，原为一所西斯特先教派的女修道院，后来成为冉森教派学者的中心，以研究古典知名，这些学者就被称为波尔-罗雅尔派。在法国新旧教斗争中，此院频遭迫害，1660年所办学校被封闭，1710年，院址被拆毁。——校者

⑥ 圣伯夫（1804—1869年），法国著名文艺批评家、诗人，所著《波尔-罗雅尔史》五卷，（1840—1860年）为传世名篇。——谭注

瓦内特的也许最令人信服的描述。拉维斯一生从事编辑工作，而以集体编写的《1789—1919年间法国现代史》为最大成就，其中最大部分是由老学者塞纽博斯所作。

在两次大战期间，没有一个法国历史学家像马迪厄那样发出了巨大的热力。在摆脱他的老师奥拉尔的资产阶级激进主义以后，他以第四等级的旗手出现，他重编了饶勒斯的《社会主义史》[①]，并创立了《法国革命年鉴》。他根据孜孜不倦的研究的成果，编写了一系列关于法国革命的专著；在这些论著里，他指斥奥拉尔所崇拜的英雄丹敦不仅是一个坏的法国人，而且是一个坏人；另一方面，罗伯斯庇尔被说成是拥护平民立场的无私战士，因而热月事件被认为一场灾祸，而不是一个解救运动。马迪厄最擅长于社会史与经济史而这正是奥拉尔的最大弱点所在。马迪厄的名著：《法国革命史》是米什莱以来关于法国革命的最有权威的左派解释。在他的读者中，虽然几乎没有人会同意他所采取的马克思主义的方法，或他对一个狂想家所作的颂扬，然而，在他的许多著作中，任何一本也不能予以漠视。他于1932年逝世，此后，研究法国革命史的领导地位便由乔治·勒费弗尔继承，后者并继任他所创办的杂志的编辑，而且对于社会与经济现象，也同样感兴趣。勒费弗尔站在介乎奥拉尔与马迪厄两个敌对阵营之间的地位，因而，他能够比他们任何一方鼓起读者的更大信任。他最受欢迎的专著：《1789年的法兰西》，总结了几个世代的研究成果，就是关于从国家制宪议会的召开到妇女向凡尔赛进军这几个狂热月份的研

① 《社会主义史》是此书的简称，全名为：《社会主义的法国革命史》，共八卷，1922—1924年。——谭注

究。他还编了一部姊妹篇，题名《大恐怖》，把革命开始阶段的骚动与暴行说成是由于害怕发生饥馑、暴力抢劫和王党复仇所引起。此外，他还有一本论督政府的小书，其中所描述的情况比旺达尔的辉煌杰作所描述的更为平稳合理。勒费弗尔可以列为中央偏左派，因为他比马德兰更同情于法国革命却没有马迪厄似非而是的诡论。他从来没有忘记勒南的宝贵格言："真理不得差于毫厘。"

在弗雷德里克·马松死后，马德兰便是关于拿破仑研究的魁首。他在《通俗法国史》丛书里关于法国革命的出色描述以笔调枯燥出名，但他对于拿破仑的崇拜是毫不掩饰的。大革命像是一个不幸的，不可避免的插曲；它打断了法兰西的伟大与光荣的展示。他在这部丛书里所写的《执政政府与帝国》几卷中，向读者表明拿破仑不仅是一个富有天才的军人，而且是一个秩序的恢复者、最卓越的行政家、最大胆的改革家；尽管王朝与政府兴亡更迭，但他所 xviii 创造的改革却能保持它们的地位。马德兰在他漫长的一生的晚年从事于编写他所崇拜的英雄的传记；它是从梯也尔以来最长而又最重要的传记。[①] 全书共十六卷，所涉及的范围比他的著名的前辈所作的还要广阔，因而，也是关于法国在革命、光荣与失败的年代的一部历史。

第一次世界大战以来，关于拿破仑以后时期的法国，没有出现什么重要著作。普塔斯公平地论述了基佐；博蒙和勒努万在《民族与文明》丛书里的出色著作中，对第三共和国作了概述。乔治·絮阿雷兹编写了白里安传记，规模庞大，但未完成。[②] 它的体裁和英

① 《执政府和帝国的历史》，共十六卷，1937—1954 年。——谭注

② 按：此书已完成，共六卷，1938—1952 年出齐。——谭注

国的政治传记最为接近；作者在德国人被逐出后，由于曾经通敌而被枪决。普安卡雷颇为得意地记载了他在1912—1918年担任总理与总统期间为国家服务的经历；[①]书共十卷，包括叙事与日记两部分。达尼埃尔·阿莱维关于第三共和国初期的叙述，补充了阿诺托关于梯也尔与甘必大那十年时间的古典著作。[②] 然而，在关于近代法国的最近著作中，没有一部在重要性方面能够和他的兄弟埃利·阿莱维所编的《十九世纪英国人民史》一书相比；可惜，编写计划过于庞大，以致写了六卷后，留下了一个不完整的作品。没有一个外国人能够像埃利·阿莱维那样，不单了解近代英国人的生活与思想的各个方面，而且对英国人的性格与观点给予同情的而又有批判的分析。

两次世界大战及其后果使著述事业缓慢下来，这个情况，在英国不如在德法两国那么严重。由于《剑桥近代史》的成功，剑桥大学出版社开始了一系列大胆的出版计划——《古代史》、《中世纪史》、《英帝国史》、《印度史》、《英国政策史》[③]、《波兰史》、《英国文学史》和《欧洲经济史》。这些著作由于有外国专家撰稿并附有宝贵的参考书目，因而内容丰富；但它们主要是为研究者参考的。另一方面，赫伯特·费希尔的《欧洲史》和屈维廉的《英国史》与《英国社会史》（从乔叟时代开始），则受到国内外一般读者的热烈欢迎。

---

① 普安卡雷所著书名《为法兰西服务》（*Au service de la France*），1926—1929年。——谭注

② 《法国现代史》（*Histoire de la France contemporaine*），四卷。——谭注

③ 即 A. W. Ward 与 G. P. Gooch 主编的《剑桥英国外交政策史》（*Cambridge History of British Foreign Policy, 1783—1919年*），三卷，1922—1923年。——谭注

盎格鲁-撒克逊几个世纪终于被 R. H. 霍奇金与斯坦顿描出
了轮廓，[1]他们充分利用了考古研究和英国地名学会丰富的劳动
成果。关于诺曼时期以后的历史，最重要的著作是陶特的六卷本
《中世纪行政史散篇》和波威克的《亨利三世与爱德华勋爵》；前一 xix
书强调了作为王国的真正执行机构的英国王室的极端重要性；后
一书综述了英国 13 世纪政治与社会的全貌。霍尔兹沃思能够在
生前完成了第一部关于 1700 年以前的英国法律制度的概述。[2]
尽管有人指责库尔顿关于中世纪教会，特别关于修道院制度所作
的描写[3]过分阴暗，但没有人怀疑他对于史料具有无与伦比的知
识。同时，他作为一位教师所具有的感召力，在他的门生们的一系
列专著中铭记下来。利特尔和罗斯·格雷厄姆、戴维·诺尔斯与
切尼对英国宗教派别作了研究，而普拉克内特与海伦·卡姆也研
究了英国中世纪制度。艾琳·鲍尔的过早逝世使英国失去一位具
有像梅特兰那样富于想像力的社会历史学家。在研究外国史方
面，我们可以指出巴拉克劳对中世纪德国史的研究，乔治·希尔勋
爵的巨著:《塞浦路斯史》（叙述到 16 世纪被土耳其人征服为止）以
及史蒂文·朗西曼的生动的《十字军史》。

近时，英国方面关于宗教改革时期的研究，皮克索恩、教士梅纳德·史密斯和神父休斯的研究作出了很多贡献。艾伦的伊拉兹

① R. H. 霍奇金著有《盎格鲁-撒克逊人史》共二卷，F. M. 斯坦顿著有《盎格鲁-撒克逊时代的英国》。——译注

② 《英国法律资料与文献》（*Sources and Literature of English Law*）1925 年。——译注

③ 《五百年宗教史》（*Five Centuries of Religion*），二卷，1923—1927 年。——译注

马斯[①]通讯集的卓越版本稳步地继续刊行。波拉德除了关于16世纪的一系列专著外，又编写了沃尔西[②]的传记。晚年，他把大部时间用于建立历史研究所。尼尔所著的简明的伊丽莎白传比弗劳德的喋喋不休的指责[③]更为宽容，因而荣幸地被译成了外文。更加重要的是，尼尔关于伊丽莎白时代下议院的组织、方法与活动的详细分析和罗斯关于伊丽莎白时代英国的生动描写。[④] 托尼的《宗教与资本主义的兴起》发展了那由马克斯·韦伯在一部著名论著中所开辟的一条富有成效的研究路线。[⑤] 在弗思的后期著作中，最有价值的是关于麦考莱的《英国史》之公正分析。[⑥] 关于斯特拉福德，柏克勒夫人比哈兰与麦考莱找出了更多可以原谅的理由。维罗尼卡·韦奇伍德完成了一项艰巨的工作，即编写一部关于三十年战争的通俗易懂的著述，[⑦]书中对沉默者威廉[⑧]作了精彩的描写。基思·法伊林关于17、18世纪托利党的引人注目的著作[⑨]表明了它

① 伊拉兹马斯(1466？—1536年)，杰出的荷兰学者，有影响的人文主义思想家。——谭注

② 沃尔西，T.(1475？—1530年)，英政治家，枢机主教，亨利八世的重臣。因在国王离婚案中态度暧昧，被捕，死于赴伦敦途中。——谭注

③ 弗劳德在所著《英国史》中对伊丽莎白的人品颇有微词。——谭注

④ J.E.尼尔著有《伊丽莎白朝的下议院》(*The Elizabethan House of Commons*)(1949年)，A.L.罗斯著有《伊丽莎白时代》(*The Elizabethan Age*)二卷，(1950—1955年)。——谭注

⑤ 韦伯在所著《新教伦理与资本主义精神》(1904—1905年)中指出加尔文教对现世禁欲主义理想的追求是资本主义的主要动力之一，精神得救和商业成功共同创造了资本主义。——谭注

⑥ 指所著《麦考莱英国史评注》(*A Commentary on Macaulay's History of England*)，1937年，及主编的麦考莱《英国史》二书。——谭注

⑦ 书名《三十年战争》，1938年。——谭注

⑧ 沉默者威廉(1533—1584年)，荷兰共和国缔造者之一，第一任行政长官。——谭注

⑨ 《托利党人，1640—1714年》(*History of the Tory Party*)，1924年。——谭注

大大地背离了辉格党的传统。G. N. 克拉克关于后期斯图亚特王朝的概述[①]是《牛津英国史》中一篇卓越的成功之作。阿瑟·布赖恩特对佩皮斯[②]在海军部的劳绩，作了公平的论断。安德鲁·布朗宁所作关于丹比[③]的真实的描写在重要性上可与克里斯蒂所作的关于谢夫特斯伯利[④]和福克洛克洛夫特小姐所作的关于哈利法克斯[⑤]的描写并称。

关于女王安妮时代，现有两部巨著。乔治·屈维廉在某种意 xx
义上是站在党派斗争之上的；他的著名亲戚，[⑥]如果他曾实现他的目标，几乎是不能这样做的。《女王安妮的统治时代》可能将和加第纳的17世纪宪法斗争史同样长久地保持它的地位。同样精彩但不够公正的著作，是《马尔巴罗传》[⑦]四卷；它是由马尔巴罗最杰出的后裔所编著。作者以始终不懈的热情追述了他的英雄人物在政治与战争上的功业。在描写战役方面，温斯顿·丘吉尔正是能

① 书名《后期斯图亚特朝，1660—1714》。——校者

② 佩皮斯，S.（1633—1703年），英国军事家，政治家，1673年任海军大臣。——谭注

③ 丹比伯爵，名托马斯·奥斯朋（Thomas Osborne，1637—1712年）任财政大臣时因贪赃枉法去职。1688年再入政府以参与詹姆士二世党阴谋及受贿罢官。——谭注

④ 谢夫特斯伯利伯爵名库伯（Cooper，A. A.，1621—1683年），英国革命时任议员，初支持国王后转向革命。克伦威尔执政后，坚持国王立场反对独裁。复辟后曾任要职，后失宠，逃往荷兰。——谭注

⑤ 哈利法克斯伯爵，名蒙塔古（Montagu）（1661—1715年），英国政治家、金融家。——谭注

⑥ 指英国历史学家麦考莱（Macaulay，1800—1859年），著有《从詹姆士二世登位起的英国史》。此书记事至1702年威廉三世逝世而中断，系一未完成原定计划的著作。详见本书第十四章。——译者

⑦ 马尔巴罗公爵，名约翰·丘吉尔（1650—1722年），是温斯顿·丘吉尔的祖先，英军元帅，在西班牙王位继承战争中任英军总司令，多次挫败法军。——译者

手；而且，他那奇妙的文体使托利党与辉格党的斗争史不仅变为易读，而且有趣。屈维廉认为，托利党人以妥协性的和约来结束西班牙王位继承战争这项政策是正确的；但这个天生的战士的见解与屈维廉不同，他认为，这么多年的光荣与牺牲，竟平淡地予以了结，是一件令人遗憾的事。

没有人曾经能把英王乔治一世与乔治二世对议会的操纵叙述得真正有趣，但巴兹尔·威廉斯对查塔姆①与斯坦厄普②已予以颂扬；他还尽力描写忙于细事的纽卡斯尔③和爱好炫耀的卡特里特④。伊尔切斯特勋爵根据家庭档案讲述亨利·福克斯⑤与霍兰府邸的事迹。但纳米尔⑥的著作具有更多的挑战性。他抛弃了这项传统的见解：年轻的乔治三世在他的母亲与彪特⑦的影响下开创了一个新时代，因为他曾企图恢复某种形式的王朝专政制度，纳米尔

① 查塔姆(Chatham，William Pitt，1708—1778年)，名威廉·皮特，英王乔治二世与三世的重臣，受封查塔姆伯爵，1751—1761年任国务大臣，其子与之同名(小皮特，1783—1801，1804—1806年两任首相)，人称“老皮特”。——译者

② 斯坦厄普(Stanhope，James，1675—1721年)，英国著名将领，英王乔治一世的宠臣。——译者

③ 纽卡斯尔公爵(Duke of Newcastle)，名托马斯·佩勒姆·霍利斯(Thomas Pelham Holles，1693—1768年)，英王乔治一世与二世的大臣，属辉格党。——译者

④ 卡特里特(John Carteret，1690—1768年)，英王乔治二世的大臣。——译者

⑤ 福克斯，C. J.(1749—1806年)，乔治三世的重臣，受封霍兰勋爵，1805年任国务大臣。福克斯晚年退隐于其私人庄园霍兰邸(Holland House)，在此逝世。——校者

⑥ 纳米尔(Namier L.，1888—1960年)，向英国辉格派史学传统进行挑战的著名史学家。其最有影响的著作为：《乔治三世即位初期的政治结构》(*The Structure of Politics of the Accession of George Ⅲ*)，1929，即下文所称“开辟了一个新天地”的著作。——谭注

⑦ 彪特(Bute，J. S.，1713—1792年)，伯爵，1761—1763年任乔治三世的首相。——谭注

的证据与论点影响了所有后来的讨论;他关于18世纪的后二十五年间英国政治机构的分析还开辟了一个新天地。巴特菲尔德已分期出版了一部关于详细研究福克斯的论著:这是从约翰·罗素爵士以来没有人尝试过的。[1] 诺曼·赛克斯分析了18世纪的教会与国家的关系。英国从卡莱尔以来,除了莫尔斯·司蒂分斯[2]外,没有一位主要的学者曾企图精研法国革命的历史。但现在,J. M. 汤普森则以毫无偏袒的态度(这是法国人不可能做到的),对1789到1794年间的法国史作出了最好的英国观点的概论[3];他的罗伯斯庇尔全传,是根据其演说、论文与书信来评述其人的。关于伟大的法兰西战争的近时最重要的英文论著,包括在奥曼的巨著《半岛战争史》及福蒂斯丘的《英国陆军史》的后面诸卷中。在东欧方面,我们欢迎吉布和鲍恩合编的《伊斯兰教社会和西方》;本书就西方文明对18世纪土耳其帝国内穆斯林文化的影响,作了全面的社会学分析。

27

最近时期,在英国关于19世纪的著作中,以论述外交事务的著作比较突出。韦伯斯特关于卡斯尔雷[4]与帕麦斯顿的论著和坦 xxi

① 约翰·罗素爵士(1792—1876年),辉格党政治家,1832年议会改革运动的领袖之一,1846—1852年任首相。著有《福克斯的生平与时代》(三卷)还编辑了《福克斯的文件与信札》(四卷)。——谭注

② 莫尔斯·司蒂芬斯(1857—1919年),英国史学家,教育学家。——谭注

③ 《英国人目睹的法国革命》(*English Witnesses of the French Revolution*),1938年。——谭注

④ 卡斯尔雷子爵,名R.斯图亚特(1769—1822年)。政府大臣,1798年镇压爱尔兰起义,以后历任爱尔兰事务大臣、陆军大臣、外交大臣。韦伯斯特所著书名:《卡斯尔雷的外交政策,1815—1822》,1923年,《帕麦斯顿的外交政策,1830—1834》二卷,1951年。——谭注

珀利关于坎宁[①]的研究，都是根据国内外详尽的调查研究而编写的；所以，这项工作几乎是没有重做的必要。坦珀利关于英国与近东关系的概述[②]，在第一卷出版后，由于他的死亡而中断。该书是从论述奥斯曼帝国的衰落作为开篇，并替斯特拉特福德·坎宁[③]解脱了他强使英国参加克里米亚战争这项指责。另一部具有同等价值的论著是：塞顿-沃森关于迪斯累里与格莱斯顿两人在近东问题上敌对政策的分析，其中作者对巴尔干基督徒的毕生的同情清楚地显示出来了。塞顿-沃森的罗马尼亚史与捷克斯洛伐克史，[④]伯纳德·佩尔斯和萨姆纳的俄国史概论，[⑤]E. H. 卡尔的布尔什维克制度的详尽研究[⑥]和阿道弗斯·沃德的《1815 年以来的德国史》都是属于第一流著作。古奇的《大战以前》一书研究了大量官方刊物可反映的十位欧洲政治家的问题与活动，这些政治家在 20 世纪开首的年代里，都是上述列强的领导人。关于近时的德国政策，在惠勒-贝内特[⑦]论述布列斯特-立托夫斯克：兴登堡与慕尼黑的专著[⑧]中已有所阐明；这些著作的内容，由于作者同戏剧性事件中的

① 坎宁，G.（1770—1827 年），两任外交大臣，1827 年任首相，坚决反对拿破仑霸权，不遵照神圣同盟政策，承认西属美洲的独立。坦珀利著有《坎宁传》，1905 年，《坎宁的外交政策，1822—1827》，1925 年。——谭注

② 《英国与远东，卷一，克里米亚》，1936 年。——谭注

③ 斯特拉特福德·坎宁（1786—1880 年），英国外交家。1812 年促成布加勒斯特条约的签订，结束俄土冲突，1826 年促成俄土两国缔结和约，1842—1856 年再度出任驻土耳其大使。——谭注

④ 《罗马尼亚史，自罗马时代到统一的完成》，1934 年，《捷克与斯洛伐克史》，1943 年。——谭注

⑤ 伯纳德·佩尔斯著有《俄罗斯史》，1926 年；萨姆纳著有《俄罗斯简史》，修订本，1949 年。——谭注

⑥ 《苏维埃俄国史》六卷，1950—1960 年。——谭注

⑦⑧ 惠勒-贝内特（Wheeler-Bennett）著有：《忘却了的和约，1918 年 3 月的布

主要人物的接触而变得丰富。劳合·乔治关于第一次世界大战与和约的八卷著述①、格雷关于自己执政时期的庄严记载②和丘吉尔关于两次生死决斗的动人纪事③,无论就显示它们作者的人格,或它们所包含的资料而言,几乎都是具有同样价值的。

在涉及内政事务的领域内,没有一本论述近代的著作,在重要性方面,能同克拉彭的从近代英国经济史相比,他的官方性质著作:《英格兰银行史》可以作为它的补篇,而他的遗著:《1750年前的英国经济史》也可看作它的绪论。利普森的《英国经济史》三卷在剑桥、牛津大学中已取代坎宁安所编的教本。④哈蒙德博士及其夫人在他们所编的关于城乡劳动人民的疾苦与斗争的专著⑤中,能把狂热的情感与辛勤的研究结合在一起。英国人本来擅长于编写政治传记这一类型的著作。在很多官方的政治传记中,加文关于约瑟夫·张伯伦的纪念传记(由朱里安·艾默利续成)、格温多伦·塞西尔夫人关于她父亲的生动描述、⑥达格代尔夫人关于她

列斯特-立托夫斯克和约》(*The Forgotten Peace, Brest-Litovsk, March, 1918*),1939年。《德国二十年历史中之兴登堡》(*Hindenburg in Twenty Years of German History, 1914—34*),1936年;《慕尼黑:悲剧的序幕》(*Munich: Prologue to Tragedy*),1948年。——谭注

① 一为《战争回忆录》(*War Memoirs*)六卷,1931—1936年;一为《和约真相》(*The Truth about the Peace Treaty*)二卷,1938年。——谭注

② 格雷所著回忆录《二十五年,1892—1916年》,二卷。——谭注

③ 丘吉尔著有记第一次世界大战的专著《世界危机》四卷,《第二次世界大战回忆录》六卷及其他著作。——谭注

④ W.坎宁汉所著《英国工商业的发展》(*Growth of English Industry and Commerce*),共三卷,1910—1912年,曾风行一时。——谭注

⑤ J.L.及B.哈蒙德夫妇著有《市镇劳工》(1917年),《乡村劳工》(1920年)及《宪章运动时代》(1930年)等。——谭注

⑥ 其父名R.A.T.G.塞西尔(1830—1903年),历任印度事务大臣、外交大臣,1881年继迪斯累利为保守党领袖,1885、1895、1900年数任首相。——谭注

叔父贝尔福勋爵[1]的亲切记录，都占有崇高的地位。温斯坦利根据纽卡斯尔的文件及其他很少探索过的手稿资料完成了关于18、
xxii 19世纪剑桥大学的研究论著；[2]而查尔斯·马利特编写了第一部关于牛津大学历史的详细记载。[3] 在历史研究所主持下出版的《维多利亚时期的英国诸郡史》，目前正在缓慢地进行着。[4]

在现代美国学者中间，最引人注目的，是查尔斯·比尔德；他对广泛的社会学研究，比对在费城和华盛顿的政治斗争更感兴趣。虽然他不是一位马克思主义者，但他的全部思想却受到经济因素的巨大影响。他在关于制定宪法的论著中以及论述杰弗逊的民主思想的形成中，追述了这个因素；杰弗逊的民主思想就是支持美国内地的小农阶层来反对大西洋沿岸的资本家的。[5] 他最有雄心的著作（与他的妻子合著），是《美国文明的兴起》一书，后来，接着出版的，还有《航程中途的美国》和《美国精神》。在这些著作中，他抛弃了班克罗夫特和钱宁[6]的政治解释，而把特纳的传统[7]坚持下

① 贝尔福勋爵（Balfour, A. J., 1848—1930年），保守党人，下院领袖，1902—1905年任首相，后出长海军、外交。1917年发表宣言，主张犹太人在巴勒斯坦一定区域内定居。——谭注

② 温斯坦利著有：《十八世纪的剑桥大学》（1922年）、《改革前的剑桥》（1935年）、《维多利亚初期的剑桥》（1940年）、《维多利亚初期的剑桥》（1947年）等。——谭注

③ 《牛津大学史》，三卷，1927年。——谭注

④ 此书到1978年已出版至第二百卷。——谭注

⑤ 比尔德（Beard, C. A., 1874—1948年），美国著名历史学家，试图从经济因素来探索美国宪法产生的背景，所著《美国宪法的经济观》（*Economic Interpretation of the Constitution of the United States*），1913，体现了这一观点。——校者

⑥ 钱宁（Channing, C. A. 1856—1931年），美国史学家，著有《美利坚合众国，1765—1865》，《美国史》（六卷）等。——谭注

⑦ 特纳（Turner, F. J., 1861—1934年），美国史学中边疆学派的创始人。认为在19世纪90年代以前，美国西部存在着一条不断移动的边疆，美国历史在很大程度上是一部向西移殖的历史。——谭注

去，将他所叙述的历史，解释为开发与利用一个大陆的故事。他在晚年，对法兰克林·罗斯福的品格与外交政策进行了猛烈的攻击；[1]这是使他的朋友们感到遗憾的一个根源。在19世纪后半期，美国人对殖民时代日益采取批判的态度，可以从C. M. 安德鲁兹、乔治·比尔与J. T. 亚当斯的论著[2]中看出，而对于南方的经济制度与心理状态有更同情的理解，则也可以用乌尔里克·菲力普斯与威廉·多德（后者后来任美国驻柏林大使）的著述作为例证。詹姆斯·哈维·鲁宾逊[3]及其学派所宣扬并实践的“新史学”[4]强调指出文化与经济因素的意义。在美国，关于中世纪时期意识形态的著作中，在亨利·查尔斯·利亚的著作[5]以后，再也没有一本，在重要性方面，可以同林恩·桑代克的巨著《巫术与实验科学的历史》相比。卡尔·贝克尔关于“独立宣言”的分析，是一篇杰作。[6] D. S. 弗里曼对于华盛顿，兰德尔与阿伦·内文斯对于林

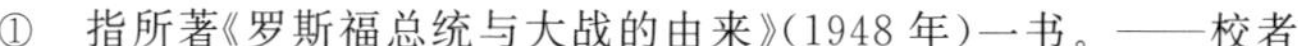

① 指所著《罗斯福总统与大战的由来》（1948年）一书。——校者

② C. M. 安德鲁兹著有《美国历史中的殖民时代》（*The Colonial Period of American History*）四卷，1934—1938年；G. 比尔著有《英国殖民制度的起源》（*The Origins of the British Colonial System, 1578—1660*），1908年；《古老的殖民制度》（*The Old Colonial System, 1660—1754*）二卷，1912年；J. T. 亚当斯著有《乡村社会，1690—1753》（*Provincial Society, 1690—1753*）。——谭注

③ U. 腓力普斯著有《美国黑奴制度》（*American Negro Slavery*），1918年；《古老南方的生活与劳动》（*Life and Labour in the Old South*），1919年；W. 多德著有《棉花王国》（*Cotton Kingdom*）、《扩张与冲突》（*Expansion and Conflict*）等书。——谭注

④ 鲁宾逊（Robinson, J. H. 1863—1936），美国“新史学”的首倡者，著有《新史学》（New History, 1912），认为历史的价值在于适应现在的需要；决定历史进程的有经济、文化等多种因素，诸因素是互相影响，互为因果的。——谭注

⑤ 利亚著有《西班牙宗教裁判所史》（四卷）、《西班牙的摩尔人：他们的改宗与被逐》等。——谭注

⑥ 《独立宣言》，1922年。——谭注

肯[①],都是有能力的解释者,而斯坦纳德·贝克对于伍德罗·威尔逊则是一个热情的崇拜者。[②] 关于南北战争时期后的美国史,奥伯霍尔策提供了详细的论述。[③] 然而,没有一部著作,在重要性上,能够与《美国名人辞典》[④]媲美。

在更广泛的世界史领域内,哈斯金斯潜心研究诺曼人;达纳·芒罗专心研究十字军运动。内夫结合着工业文明的兴起来研究中世纪末期以来的战争史。梅里曼在他那卷帙浩繁的巨著:《西班牙帝国的兴起》中,遵循着普雷斯科特的道路。科尼尔斯·里德所撰的详尽的瓦尔星汉评传,[⑤]可以列入现代最优秀的历史传记之中;切尼对于弗劳德留下的关于伊丽莎白最后十五年时期的那段空白[⑥]
xxiii 予以填补。戈特沙尔克的拉斐特传四卷(到 1789 年止)由于充满新资料,取代了所有已往关于他的传记;古利克描述了奥地利共和国的斗争。自 1950 年开始编辑,为数五十卷的杰弗逊的著作、文件与通讯全集,是对已被偶像化的《独立宣言》作者的一种有意义的颂扬,也是对美国建国史的一种具有独特意义的贡献。就我们关于 18 世纪的知识来说,我们欢迎耶鲁大学出版的 W. S. 刘易斯

① 弗里曼著有《华盛顿传》七卷,(1949—1957 年);兰达尔著有《内战与重建》(1937 年);内文斯著有《林肯的发迹》二卷(1950 年)。——谭注

② 贝克撰有《伍德罗·威尔逊,生平及其书信》(1927 年),辑有威尔逊执政时期的《国家文件》(六卷,1925—1927 年),及其他有关的专著。——谭注

③ 《内战后的美国史》五卷,1917—1937 年。——谭注

④ 《美国名人辞典》二十一卷,A. 约翰逊等主编,1928—1944 年。——谭注

⑤ 瓦尔星汉爵士(约 1530—1590 年)伊丽莎白朝大臣,在职时建立了一套特务系统。曾主持审讯苏格兰女王玛丽,后因发现与此案有牵连,被处决。里德所撰评传名《国务大臣瓦尔星汉与伊丽莎白女王的政策》,三卷,1925 年。——谭注

⑥ 《英国史:自击败西班牙无畏舰队至伊丽莎白逝世》,二卷,1914—1926 年。——谭注

编的《霍勒斯·沃波尔[①]通讯集》，它卷帙浩繁，包括沃波尔所收到的信件在内；这一版本所受到的欢迎，像最近在苏格兰与爱尔兰所发现的完整的博斯威尔[②]文稿的出版那样。在现代史领域内，最重要的著作，是那部巨型的集体著作：《世界大战的经济社会史》；本书是肖特韦尔所编，由卡内基国际和平基金委员会资助出版。关于大战的起源，西德尼·法伊首先写下了在任何文字中最公正的论著[③]；他强调指出奥俄两国对这次大灾难的特殊责任，而贝尔纳多特·施米特关于冲突的实际爆发的论著[④]，仍维护着柏林负有重大罪责的这种比较陈旧的观点。为了知道美国人对于第一次世界大战的外交的看法，我们必须转向查尔斯·西摩所编的豪斯上校[⑤]文件集四卷。但引起争论较少的，则是威廉·兰格关于霍亨索伦帝国成立后列强间的关系的学术性著作四卷。[⑥]在论述第二次世界大战的来临与进程的大批美国书籍中，以下列著作最为重要：科德尔·赫尔[⑦]卷帙浩繁的《回忆录》，由罗伯特·E. 舍伍德精巧地编辑的较有趣味的《哈里·霍普金斯[⑧]文件集》，塞缪尔·莫

① 霍勒斯·沃波尔(1717—1797年)，英国作家、诗人，其书札尤脍炙人口，为后世所珍贵。——谭注

② 博斯威尔，J.(1740—1795年)，苏格兰作家，以所著《约翰逊传》知名。其一生写作文稿曾被认为在其死后即已散佚。1920—30年，在苏格兰及都柏林附近先后为人发现，后全部由耶鲁大学购得，进行整理。——谭注

③ 《世界大战的起源》二卷，1930年。——谭注

④ 《1914年大战的爆发》，1930年。——谭注

⑤ 豪斯上校，E. M.(1858—1938年)，美外交家，威尔逊总统的密友与顾问。1917年任与盟国协调军事行动的总统特使，战后任和谈及筹建国际联盟的美代表团成员。——谭注

⑥ 指所著《1871—1890年的欧洲联盟与结盟》，《1880—1894年的法俄同盟》，《1890—1902年的帝国主义外交》(二卷)，三种四卷专著。——谭注

⑦ 赫尔，C.(1871—1955年)，美民主党人，1933—1944年任国务卿。——谭注

⑧ 哈里·霍普金斯(1890—1946)，罗斯福总统的密友和顾问。二次大战期间主持租借法案的实施，多次任总统特使，参与同盟国首脑会谈。——谭注

里森的宏伟著作:《美国海军作战史》。关于历代史学研究的发展,J. W. 汤普森作了人们从未尝试过的最全面的论述;[①]他是美国的主要中世纪史专家之一。

在欧洲较小国家或学术著作较少的国家里,也继续提供若干高质量的著作。在瑞典,我们看到赫克谢尔关于重商主义的全面研究。[②] 在荷兰,我们欢迎盖尔的《尼德兰史》,这是一部兼有热烈的爱国主义与缜密的批判精神的著作;其中第三卷已叙述到18世纪。贾皮克斯曾担任过朱丽安娜女王的历史教师;他编辑了约翰·德·威特[③]与威廉三世同他的好友本廷克通讯。在文化史领域内,突出的成绩有:休津加关于中世纪精神在法国与尼德兰的衰落的叙述;[④]他是荷兰的布克哈特,他表明:古典时代的影响在过渡到近代世界的过程中所起的作用是多么微小。在比利时,皮雷纳,即比利时最出色的历史家,完成了他精粹的历史著作,[⑤]虽然他对中世纪时期比对近代时期更为熟悉。在丹麦,艾奇·弗里伊斯借助丹麦的档案,将其晚年时光全部用于阐明俾斯麦时代复杂的施勒斯维希——霍尔施泰因问题。在意大利,两位前内阁总理。季奥利蒂与萨兰德拉,以他们似乎有理的申辩书来说明他们在第一次

① 《历史著作史》(*A History of Historical Writing*)二卷,1942年。——谭注

② 《重商主义》二卷,1934年。——谭注

③ 约翰·德·威特(1625—1672年),荷兰政治家。在执政期间与克伦威尔构和,与英国复辟王朝开战,1688年,与英国瑞典结盟反法,1672年遇刺身死,其政权为奥伦治党所取代。——谭注

④ 《中世纪的消逝》(*The Waning of the Middle Ages*),1919年。——谭注

⑤ 指他的巨著《比利时史》(*Histoire de Belgique*)六卷,1900—26年。——谭注

世界大战以前与大战时期各自的态度。[①] 老作家贝奈戴托·克罗齐[②]最初以研究那不勒斯历史而出名，后来他编写了统一的意大利的历史，[③]叙述到意大利在1915年参加第一次世界大战时止。克罗齐痛恨并蔑视墨索里尼政权；对于这个政权，他以相对地表扬那个年轻的立宪国家来进行侧面的攻击。意大利参议员路易吉·阿尔贝蒂尼，原任《新闻夜报》的主编，以受到法西斯独裁政府的压迫而退职，于是，他利用晚年余暇，编成他的三巨册著作：《1914年大战的起源》。在近时西班牙学者中间，老历史学家皮达尔继阿尔塔米拉之后，成为关于古代与中世纪西班牙文明的主要解释者；他又主编了最近出版的集体著作：《西班牙史》。对英国读者比较熟悉的历史学家，是马达里加；他虽不愿在法朗哥统治下的西班牙生活而离国他去，但他对祖国从未减弱的情感，却流露在他所编的《哥伦布传记》中，以及在他关于西班牙帝国在新世界的纪录的有力辩护中。[④] 在捷克斯洛伐克，马萨里克与贝尼斯的两部《回忆录》，对于研究第一次世界大战的人们来说，是必不可少的参考书。哈莱基·迪博斯基及其他波兰学者对《剑桥波兰史》，都曾作出有价值

① 季奥利蒂，G.（1842—1928年），在1892—1921年间五任总理。第一次大战初期，由于他的坚持，意大利保持中立。对法西斯主义的活动，执反对态度。萨兰德拉，A.（1853—1931），1914—16年任首相，促使意大利于1915年参加协约国。先支持法西斯主义，后改变态度。——谭注

② 克罗齐（Croce，B. 1866—1952年），意大利著名的唯心主义哲学家、历史学家。在美学、逻辑学、历史、哲学和意大利史方面著述甚多。早年著有《那不勒斯王国史》（1925年）一书。——谭注

③ 《意大利史，1871—1915年》，1928年。——谭注

④ 指所著《西班牙美洲帝国的兴起》（1947年），《西班牙美洲帝国的衰亡》（1948年）二书。——谭注

的贡献。在罗马尼亚，因为若加①遭到“铁卫军”的暗杀，巴尔干人遂失掉了他们中间最有学问而且著述最多的学者。

在俄国，马克思主义的障碍已使公正无私的历史研究变为瘫痪。新正教的“大祭司”是波克罗夫斯基，②他是克鲁契夫斯基与维诺格拉多夫的弟子，也是一个积极的共产党员。他被放逐多年以后，在1917年的革命中获得了机会。波克罗夫斯基在教育部任要职后，创立了按照马克思主义路线来研究历史的机构。他还以档案馆馆长的身份，在《红档》里公布了沙俄时代的秘密条约，因而俄国创办了那个和德国的《大政策》性质相同的刊物。他编的《俄国简史》受到了列宁的嘉许。他在书内所体现的哲学思想，十分简单。大意是：因为人类活动的基础在于满足人类的需要，所以在各

xxv 种社会集团之间争取经济权利的斗争，构成了主要目标。统治阶级，无论封建阶级或资产阶级，历来是使用历史学家按照有利于自己的方式来表达历史过程的。所有历史著作确实是反映着作者的阶级意识形态的；因而客观性的旧理想不仅是不可能的，而且是不需要的。“所有真正的历史学家都是政治家”。在卡拉木津对俄国历史的解释以后，继之以索洛维夫、克柳彻夫斯基和普拉托诺夫③的资产阶级的解释。当地主与资产阶级的统治被推翻以后，历史

---

① 尼古拉·若加（1871—1940年），罗马尼亚历史学家、文学家，1940年为当时在该国掌权的法西斯组织“铁卫军”暗杀。——谭注

② 波克罗夫斯基，米·尼，（1868—1932年），二月革命和十月革命的参加者。革命后历任苏俄副教育人民委员、历史及档案等机构领导人。著有《从远古起的俄国史》、《俄国文化史纲》等。1934年以来，他的历史观点受到苏共中央及史学界的批判。——谭注

③ 普拉托诺夫，塞·费，（1860—1933年），俄国名史学家，其代表作为《十六至十七世纪莫斯科国家，混乱的历史概论》。——谭注

必须按照体力劳动者为争取正义而进行无休止的斗争的观点来重行编写；正义只有在劳动阶级保卫者取得独占政权之后，才能获得并保持下去。关于罗曼诺夫末代沙皇的凄凉故事，已在他的大臣维特与科柯夫佐夫、伊斯伏尔斯基与萨佐诺夫的辩解书中，[①]从不同的角度给以说明。托洛茨基的《俄国革命史》是一部马克思主义史学名著。

关于古代世界的研究，无可避免地是一种集体的工作。在这方面，附有精美插图与详尽书目的《剑桥古代史》占有值得骄傲的地位。没有别的著作，像这部书那样能够使我们感觉到：最近时期，关于十多种古代文明竟增加了这样多的知识，而且，在最近半个世纪的时期内，在历史研究的编年史中，也没有一章像关于古代东方复兴的那章一样，能够不断使人感到激动。而且没有任何人能像爱德华·迈耶那样，如此接近这个整个领域，他的巨著《古代史》由作者在1928年去世前几乎不断地补充了新材料；而后来还经过了别人的补充。在稍后一代学者中间，没有人在讨论的范围上能与罗斯托夫采夫[②]相比；他的《古代世界史》两卷集，是根据他在威斯康星大学与耶鲁大学的讲稿编成的。

埃及学是考古科学中的首要学科；它继续证实了那个大家知

① 维特伯爵(1849—1915年)，沙俄王朝重臣，历任交通大臣、财政大臣、大臣会议主席等要职。科柯夫茨夫，弗·恩，(1853—1943年)，历任财政大臣，首相(1911—1914年)，十月革命后移居法国。按此人俄文原名当译作科柯夫佐夫，英译作Kokovtseff，疑误。伊斯伏尔斯基，阿·阿，(1856—1919年)，帝俄外交家。萨佐诺夫，塞·德，(1861—1927年)，帝俄政治家、外交家。——谭注

② 罗斯托夫采夫，米哈伊尔·伊万诺维奇，(1870—1952年)，美籍俄国的史学家、考古学家。十月革命前执教于彼得堡大学，1920年起任美国威斯康星、耶鲁等大学教授，以利用考古发掘成果研究古代历史知名于世。——谭注

道的成语:“新东西经常来自非洲。”1922 年,霍华德·卡特经过多年搜寻以后,发现了第一个未被盗劫过的埃及统治者的陵墓;这项发现甚至比起马利脱、马斯伯乐和弗林德斯·佩特列的发现,还要引起轰动。这个年轻国王图坦坎芒陵墓内的辉煌艺术品,使我们联想到埃及第十八王朝如何富裕;联想到其他王室神殿因被盗劫而遭受的损失如何巨大。关于这个发掘的动人故事,在布雷斯特德的传记里(其子所作),记下了一个目击者的报道。有一个次要的发现,就是美国考古学家赖斯纳在稍后时期所发现的赫特弗拉斯王后墓穴;她是第四王朝的创立人与基萨大金字塔建造者奇奥
xxvi 普斯的母后。但这个古王国的唯一部分完整的陵墓的重要意义,已经削弱,因为那里的设备已从原葬地被移到尼罗河上游;而且那里的木乃伊也已失踪。1939 年,皮埃尔·莫雷又发现了第二个未被盗劫过的陵墓;它是属于第二十二王朝的。

弗林德斯·佩特列在他的《考古学的七十年》中,描述了他把自己漫长而又辛勤的一生的晚年,主要用于巴勒斯坦疆界内的发掘工作。在加沙附近,他探出了希克索斯人的设防大城市特勒艾贾尔;该城约在公元前 2000 年时也许由于瘴气蔓延而被放弃,但未曾遭受破坏,因而它留下了若干完整的房屋墙垣与陶器,前者高至六或八英尺,后者使人联想到一个高度的文明水平。佩特列与德·摩根使我们第一次获得关于前王朝时代的认识。近时,在巴达里、[①]特尔、塔萨和其他地方的发掘,使有可能重建它们文化发展的主要阶段并给予名称;这些都描述在伊利斯·鲍姆加特尔的《史

① 巴达里,在上埃及;特尔·塔萨,在底比斯的尼罗河西岸。巴达里及塔萨均属于新石器时代文化。——谭注

前期的埃及文化》一书中。尽管有 80 年代的马斯伯乐，90 年代的佩特列与第一次世界大战前夕的德国东方学会所进行的种种发掘工作，但埃尔-阿玛纳[①]地方还给埃及勘察学会的热心工作者提供了新的宝藏。在最近的半世纪中，埃及学的研究技术已成为一种精确的科学。格兰维尔编的《埃及的遗产》与马格丽特·斯图尔特编的《埃及过去的光辉》，给近时的发掘成绩，作了有益的总结。那些以厄尔曼与塞德·布雷斯特德与艾伦·加德纳为首的语言学家，能够日益通晓在尼罗河流域与许多地方的博物馆内所藏的无数铭文与文字记载，这种成绩。虽然不像那些通过锄铲所发掘出来的纪念物与艺术品那样引起轰动，但对历史学家来说，它们也是同样有帮助的。伊德里斯·贝尔尽心研究纸草古文书这门新科学。在集体编辑的《埃及古文辞典》中，我们可以看到一百多年前商博良所撒播的种子现已长成一棵大树了。

在最近四十年时期中，美索不达米亚南部甚至比尼罗河流域更引起了注意，因为德·萨泽克在特洛发现的苏美尔文化进一步激起了考古学家的兴趣。早在 1854 年，英国驻巴士拉的领事泰勒，已经证明在距离幼发拉底河几英里地方的所谓"沥青土墩"，是迦勒底人的乌尔[②]，即亚伯拉罕[③]的故乡。紧接着第一次世界大战之后，坎贝尔·汤普森与霍尔的探测显示出这项工作的重要性，因而 1922 年美国宾夕法尼亚大学博物馆向英国博物院建议组织美

① 埃尔-阿玛纳，在中埃及阿拜多斯附近，此地考古发掘的文化遗物称为阿玛纳文化。——谭注

② 乌尔，在今伊拉克南部境内幼发拉底河岸，为古苏美尔人城市。——谭注

③ 据《圣经·创世记》，亚伯拉罕是犹太人的始祖。他率领部族自迦勒底迁居迦南（今巴勒斯坦和腓尼基地区的古名），形成犹太民族。——谭注

索不达米亚的联合探测队；它们选定乌尔与四英里外的特尔-埃尔-奥贝德为首先发掘地点，并派伦纳德·伍德利为指挥。七年以
xxvii 后，这位队长在一本饶有趣味的题名为《迦勒底人的乌尔》的小书中，总结了那项轰动一时的发掘结果；这次探测工作继续进行到1934年止。在美索不达米亚，有保存得最好的吉古拉特即塔庙，因为那个比较著名的巴别尔塔[①]已经变为无影无踪。1926年还发现了皇陵内的艺术宝藏；这些宝藏反映出从公元前3500年起的三千年时期的历史。这样，关于古代文明的流行观念发生了一次革命，因为值得自豪的文化古老的美誉已从埃及转移到苏美尔人的美索不达米亚了。

在乌尔的陵墓中，有些曾遭过盗劫，但大约半数还是完整的，其中有宝石、奇异的镶嵌艺术品；在王后苏巴德墓内，在她的头旁还有一只金杯。虽然没有找出什么宗教象征，但对来世生活的期望，却从墓中男女骨骼整整齐齐地排列成行中可怕地暗示出来；而且，在殡礼时，朝臣，不是奴隶，盛装艳服，陪伴他们的“神王”，以便在来世为他效劳。在第一王朝的盛世以后，过了一千年左右，乌尔的光荣是由乌尔·纳穆予以复兴并比以前发扬光大；[②]他的权力从波斯湾一直伸展到地中海岸。他的王朝被南波斯的埃兰人推翻。后来，约在公元前1885年，乌尔城遭到了巴比伦人的洗劫，在此后五百年间，它处在黑暗状态中。约在公元前1400年，它由一

① 巴别尔塔，传为示拿人（以色列人）所建，原欲使之高达于天，上帝乃变乱其语言，使彼此不能交通，因而中辍，见《旧约·创世记》第十一章第一至九节。——译者

② 由萨尔贡创立的阿卡德王朝（约公元前2371—前2230年）为以乌尔·纳穆（约公元前2113—前2006年）为首的乌尔第三王朝所取代，是为苏美尔人的复兴。至2006年，为埃兰人所灭。——谭注

个巴比伦王复兴，又经过几百年后，再由另一个巴比伦王尼布查尼扎重建。关于乌尔的变幻命运的最后一章，是它被波斯王居鲁士所征服。在它附近的沃卡，德国人重新进行他们的发掘工作；这项工作由于1914年大战的爆发，曾经中断。再向北，一支英美探测队在兰登领导下，探测过巴比伦附近的基什。在南波斯的苏萨地方，德·麦克奎内姆继续了那项由德·摩根与法国派往波斯的调查团所开始的工作，并找出了最古老埃兰文化[1]的奇异彩色陶器。在迈斯纳的综合性著作：《巴比伦与亚述》中，我们可以看到在美索不达米亚广阔地区内约百年时间的探测工作的总结。在西北波斯，奥勒尔·施泰因与赫茨费尔德探测过泰佩锡亚尔克、塔尔巴孔及其他有希望的地址，同时莫蒂默·惠勒还发掘了公元前三千纪的哈拉帕和莫恒卓-达罗，这些前雅利安时代的古城。

赫梯帝国的两个首都，前期在卡帕多西亚[2]的博加兹-克尤，后期在幼发拉底河畔的卡尔奇米什。在第一次世界大战前，已被发掘；因而最紧迫的工作在于译解由温克勒于1906年在北方首都发现的几千块书板与铭文。赫罗茨尼经过多年的研究，于1917年出版了《赫梯语言》一书，接着又出版附有试验性译文的原文选辑。xx-viii
虽然他把赫梯语归入印欧语系的分支，这个做法未被普遍接受，但他的贡献是到处得到承认的。关于这方面的考古学与语言学的研究，已取得了十分重大的成绩，所以，考利与霍加思分别于1920与1926年发表的两组《施魏奇演讲》，专以赫梯人为内容，而加斯敦在

① 埃兰是公元前三千纪即已出现于今波斯湾北端之古王国。埃兰人有自己独特的语言和文化。——谭注

② 古之卡帕多西亚，在今幼发拉底河与哈里斯河，里海与西里西亚之间。——谭注

1910年出版的《赫特人地区》，在1929年再版时，实际上成了一部新著作：《赫梯帝国》。现在，我们已经清楚：从大约公元前1400年起的两百年中，赫梯国王是一个大联盟的盟主，赫梯是小亚细亚的主要强国，它的疆域向西远至爱琴海岸，向东方与南方推进到幼发拉底河与叙利亚。关于赫梯与前赫梯时代的文明，芝加哥大学东方学院在冯·德·奥斯滕与施密特领导下，也进行了大规模的勘察。有几十个新遗址出土；其中最重要的是阿里沙尔。阿瑟·伊文斯在晚年亲自描述他在克里特岛上所作的划时代发现，并出版了精装本《米诺斯王宫》一书。

那些位于北方的赫梯势力圈、东方的美索不达米亚诸帝国、南方的巴勒斯坦与腓尼基之间的地区也经过了辛勤的探索；结果，使那个不大知名的部族米塔尼人出了名。1929年，在面对塞浦路斯岛的北叙利亚沿海港口沙姆拉角，舍费尔普发现一颗十分珍贵的珍珠；这个发掘者在"施魏奇演讲"中，描写了他多年发掘的经过。在文字记录开始的时候，乌加里特（在特尔-阿马纳信件与其他古代记录中，是这样称呼的）是由一支塞姆族人居住着，他们同埃及、小亚细亚与美索不达米王进行贸易。在巴比伦第一王朝衰落后，这个城市在公元前14与15世纪埃及统治之下，享有极大的繁荣。这些发现，因为它们揭示了在以色列人来到南方时迦南人的状况，所以是具有非常重要意义的。在尼格梅德国王于公元前1500年左右所建立的图书馆遗址内，发现几百块楔形文书版，刻着几种语言，包括苏美尔-巴比伦文的辞典、条约、法律、遗嘱、信件与宗教经文。这里，也有最早知道的塞姆族字母，这种字母接近于腓尼基人与希伯来人的字母。这里有迦南人的最早宗教证据，这些证据是由迦南人自己描述，而不是通过以色列人带有偏见的眼光所看到的。这里，有至尊神厄尔以及巴尔、达贡等神；这些神由于《旧约全书》的呵斥而为人们所熟悉。乌加里特的长久存在，可追溯到新石器时代，而大约在公元前 1200 年，终于失败与毁灭。马克思·冯·奥本海姆在特尔-哈拉夫的发掘，在重要性上仅仅稍逊，在那里所发现的雕刻品与陶器，也可追溯到公元前 4000 年。在这里，米塔尼人的国王图什拉塔曾统治过；他给阿门霍特普三世的信件在特尔-阿玛纳发现；其中有一封信是宣布他的女儿出嫁为埃及王后的消息。这座古城在公元前 9 世纪被亚述人的大举入侵所吞没。 xxix

尽管不断有美元的慷慨资助，巴勒斯坦的发掘，就铭文与艺术珍品而论，依然是令人失望的，但在六个古城里，却已完成了有价值的发掘工作。关于找寻古耶路撒冷城的工作，受到了阻碍；因为上面曾有过建筑的旧址，只有通过隧道，才能探测。在萨马里亚[①]即北方首都，城垣与宫殿的平面图已经摸索出来。在耶利哥、莱基什和贝思香，埃及所遗下的物品使人们确定年代变得容易；而在贝思香，公元前 6 世纪刻字的陶片的发现是一件可喜的奇事。在米吉多[②]，芝加哥东方学院在洛克菲勒资助下进行发掘；这项工作因发现黄金饰物与象牙雕刻而获得了酬报；因为这些宝物在常被盗劫的地方是罕见的。虽然有几个经过发掘的遗址，可追溯到公元前 4000 年，但我们对于以色列人来到以前巴勒斯坦的生活与思想

① 萨马里亚，为位于约旦河与地中海之间的一古国，又系该国首都之名。——谭注

② 米吉多，是约公元前 3500 年位于巴勒斯坦北部的古城。据《圣经·启示录》该地即善与恶的决战场哈米吉多顿。——谭注

的了解，远比对于早期的埃及与早期的美索不达米亚的了解要少。关于巴勒斯坦考古学的主要兴趣，在于一般地证明《旧约全书》上的历史记叙。例如，在耶利哥所进行的勘探符合犹太人关于该城的毁灭与重建的记叙，并使约书亚入侵巴勒斯坦[1]的日期便于确定。像这样直接地证实《圣经》故事，是绝无仅有的；但一百年来考古学的间接成绩，在重建历史事件的背景方面，却是很大的。而且，发现希伯来人在公元前 9 世纪以前已有了文字，这使人更加相信这种揣测：希伯来人的历史叙述比口头传说要有更切实的根据。在关于《圣经》考古学的“施魏奇演讲集”四十卷内，记录了这项研究工作许多方面的成绩。

在希腊史的范围内，两次大战之间最突出的事件，是贝洛赫的《希腊史》的再版：它从四卷扩大为八卷。由于意大利参加第一次世界大战而长期中断研究工作以后，他回到他在“永恒之城”的老家。在少年时期，他早有雄心要取代柯修斯的地位，而这个梦想终于实现了。现在，这个高年的学者的兴趣，在叙述到希腊化时代时，与其说是减少，不如说是增长；他私心渴望能把从公元前 3 世
xxx 纪到苏拉这个人们不大了解的时期的历史叙述完毕，但未能如愿以偿。几乎同样重要的是：罗斯托夫采夫编著的附有丰富插图的《希腊化世界的社会经济史》，他和在他以前的维诺格拉多夫一样，离开了俄国这座牢狱来到盎格鲁-撒克逊世界，呼吸自由空气。卡尔施泰特关于斯巴达与雅典制度的著作[2]，是最接近于蒙森《罗

① 约书亚，《圣经·旧约》传说中的英雄，摩西死后率领以色列人进入迦南。——谭注

② 《希腊国家法》(*Griechishes Staatsrecht*)，1922 年。——谭注

马国家法》的作品。明斯的附有丰富插图的《南俄的西徐亚人与希腊人》和罗斯托夫采夫的《南俄的伊朗人与希腊人》,综述了考古学所开辟的新天地。塔恩关于亚历山大大帝的杰作[①](第一卷是从《剑桥古代史》中重印,第二卷是论文集)提供了关于一个世界人物的最令人满意的解释;而关于这个人物,我们的史料,少得可怜。维尔肯的精装版的《托勒密王朝的文献》一书附有一篇引言和评注,它继续了他在纸草学领域内的有益研究。维拉默维茨从博克以来,是德国的最伟大的希腊学家;除了在他八十岁时所出版的一部令人喜爱的自传外,他在辛勤工作一生的最后十年间,还撰写了两部巨著,每部两卷:《柏拉图》与遗著《希腊人的信仰》。后一著作包括这个全部领域,直到柏罗蒂纳斯[②]止;在莫奇的杰作里,柏罗蒂纳斯受到了同情的解释。具有同等重要性的是,A. B. 库克的宏伟作品:《宙斯神:古代宗教的研究》和维尔纳·耶格尔的《教育:希腊文化的理想》,后者已有幸被译成英文。在考古学领域内,再没有比卡尔·布利根[③]在特洛伊遗址上的发掘工作更为重要,在那里,施利曼与多普费尔德的活动都留下许多有待继续发现与说明的事物。

在罗马史研究的领域内,意大利两个老历史学家埃托尔·帕斯和加塔诺·德·桑蒂斯继续了他们关于罗马共和国的研究。爱德华·迈耶为反对恺撒而替庞培所作的周密辩护,以及他关于迦

① 《亚历山大大帝》,二卷,1948 年。——谭注

② 柏罗蒂纳斯(Plotinus,205—270 年),生于埃及,新柏拉图派著名的哲学家。——译者

③ 布列根的发掘与研究成果见所著《特洛伊与特洛伊人》一书(1963 年)。他在特洛伊遗址考古发掘方面的最大贡献是确定了希萨里克遗址的第七层才是特洛伊城(1932—1938 年)。——谭注

太基战争的研究，可以看做是他未曾完成的《古代史》的附篇。贝洛赫的《迦太基战争开始前的罗马史》是既生动而又有争论性的。罗斯托夫采夫和坦尼·法兰克，大部分根据《铭文集(拉丁文)》，对罗马帝国的社会与经济史作了综合性的论述。法兰克在两次大战期间是美国研究古典时期的主要学者，他曾领导过集体编写工作，完成了五卷著述。[①] 在重要性上仅次于《铭文集》的，是以马丁利为首的古币学家所搜集并分类的罗马帝国古币。[②] 在英国，海特兰论述了罗马共和时代史，赖斯·霍姆斯赞扬了奥古斯都大帝。在法国，莱昂·奥若专心研究了罗马帝国。奥托·泽克写成他的《古代
xxxi 世界衰亡史》的第六卷，从而完成了这部综合性著作，内容一直叙述到西罗马帝国的灭亡为止。在广泛叙述的过程中，他告诉读者关于奥古斯丁、异端和狄奥多西法典[③]的情况如同关于匈奴人与汪达尔人入侵的故事那样详尽。德索是蒙森的另一名弟子，他写成了《罗马恺撒时代史》，从而更接近于填补了他老师所遗留的空白。第一卷的整个篇幅是描述奥古斯都的伟大形象。第二卷的上半部，叙述到维特利厄斯[④]止，而下半部则评述第一世纪帝国各部分的状况与行政制度。具有同等重要性的，是欧内斯特·斯坦的巨大著作：《后期罗马帝国史》；第一卷论述的时期从戴克里先到西罗马帝国灭亡，第二卷继续叙述到查士丁尼的死亡时止，这一卷是在他过

① 《古罗马经济概览》(*An Economic Survey of Ancient Rome*)，五卷，1933—1940年。——谭注

② 《罗马帝国钱币》(*Roman Imperial Coinage*)，六卷，1923—1951年。——谭注

③ 狄奥多西法典，系罗马皇帝狄奥多西二世(公元408—450年在位)下令编纂的第一部皇家法典，于439年生效。此书为著名的查士丁尼法典之所本。——谭注

④ 维特利厄斯，罗马皇帝，公元69年在位。——谭注

早地逝世后出版的。在罗马考古学领域内，罗斯托夫采夫代表耶鲁大学在杜拉·欧罗巴[①]所做的十年发掘工作是具有头等重要意义的；这个地点是3世纪罗马在幼发拉底河畔设防的一处前哨站。

在第一次世界大战前的那一世代中所给予拜占庭研究的动力，完全继续保持下去。没有一部近时著作在重要性上超过了伯里的《后期罗马帝国史，从狄奥多西二世的死亡到查士丁尼的死亡止》一书的；它所包括的时期虽然比较短，但它却替代了他关于同一题目的早期著作。这个英国最渊博的历史家并为三部剑桥史（古代、中世纪与近代史）撰稿的唯一学者，在1927年去世；以后在英国，这个领导地位遂由诺曼·贝恩斯取代。他关于拜占庭文明的著作[②]（收集在《家庭大学丛书》内）提供了第一部总结近时研究成果的通俗性概述。他还与H.莫斯在1948年合编了《拜占庭》一书；它为高级研究者提供了很多他们所需的知识。在英国年轻的拜占庭学专家中间，史蒂文·朗西曼、琼·赫西与詹金斯已进行了辛勤的研究。威廉·密勒曾寓居雅典多年；他描述了中世纪希腊与土耳其人的入侵。另一主要希腊史专家昂德雷阿代探索了东方帝国的经济与财政史。下列作家还编著了权威性的概述：乌斯宾斯基（君士坦丁堡俄国考古学研究所主任）、[③]瓦西列夫[④]（在威斯康星大学的新寓所重写了原用俄文出版的著作）、海森堡[⑤]（继克伦巴赫后担任《拜占庭杂志》主编）与奥斯特洛高斯基。[⑥]最近时 xxxii

① 杜拉·欧罗巴（Dura Europos），幼发拉底河畔古城，约公元前四世纪末建造于山岩堡垒周围。其遗址在1921年为英国军队发现。经过发掘后，有许多古物出土。——谭注

② 《拜占庭帝国》（Byzantine Empire），1925年。——谭注

③—⑥ 乌斯宾斯基著有《拜占庭帝国史》三卷（1913—1948年）。瓦西列夫著有《拜占庭帝国史，公元324—1453年》二卷（1952年第二版），海森堡编著有：《拜占庭帝

期，路易·布雷伊尔（在法国继承了迪尔的拜占庭研究的领导地位）也出版了三卷巨著。[①] 德沃尼克的《福细[②] 的分裂运动：历史与故事》，为君士坦丁堡最伟大的教长辩护来反对罗马教会的攻击。在考古学的范围内，最重要的工作是在30年代时，君士坦丁堡皇宫的发掘。《剑桥中世纪史》第四卷，对于英国读者来说，是关于拜占庭从8世纪到它在1453年最后灭亡时止的错综复杂的历史的最方便的指导书。1950年，《拜占庭杂志》，在它著名主笔慕尼黑人弗朗茨·德尔格的主持下，得以复刊，这件事是一个可喜的征兆，表明第二次世界大战的半瘫痪状态已经结束。那本非常宝贵的著作：《伊斯兰教百科全书》的第一册于1913年出版；它的英文主编是托马斯·阿诺德爵士；后来，在1938年，共出版了四巨册和附篇；于是全书告成。

关于基督教起源的研究，从来未曾放松，但关于"福音书"，特别是关于第四《福音书》[③] 的日期与作者，专家们的意见尚未趋于一致。奥克塞林库斯纸草卷[④] 已使学者忙碌了半个世纪；而在重要性上稍次的，还有切斯特·贝蒂纸草卷，包括从公元2世纪到4世

国的文艺复兴问题》（1925—1926年），《拉丁帝国与教会联盟的新史料》（1922—1923年）等。奥斯特洛高斯基著有《拜占庭国家史》（英译本，1956年）。——谭注

① 《拜占庭世界》（*Le monde byzantin*），1947—1950年。——谭注

② 福细（Photius，820—894年），858年被选为君士坦丁堡教长，教皇不予承认并将其驱逐出教。福细乃煽动希腊人背离罗马教会，此为东西教会分裂之肇端。——译者

③ 第四《福音书》，是传为耶稣早期门徒约翰，所写的《约翰福音》，收入《圣经·新约全书》。此书在内容、所引用的材料以及行文等方面与前三种福音（马太、马可、路加）颇有歧异，为历来神学史家聚讼的问题。——谭注

④ 奥克塞林库斯（Oxyrhynchus），位于上埃及尼罗河西岸法雍以南的古城。1897年和1903年曾在该地发现古代纸草卷。——译者

纪时期；内容有《旧约》九卷书与《新约》十五卷书的一部分、《以诺书》[①]的一部分以及萨迪斯的梅利托在 2 世纪的讲经。关于这些发现，弗雷德里克·肯尼昂爵士在其《圣经与考古学》一书中作了总结；它们的主要成果是确定了《新约》经文与圣典形成的日期较早于过去一般所设想的日期。哈纳克晚年最繁重的工作是编写关于马桑[②]的论著；他曾以这个论题在半世纪前获得了奖金（哈纳克的晚年生活，在他女儿所著的全传中有详细的描述）。爱德华·迈耶的《基督教的起源与开始》叙述了整个的使徒时期。在基督教考古学领域内，在圣彼得礼拜堂的宏伟建筑物下所进行的发掘工作，取得了自从德·罗西[③]发掘陵寝以来的最丰富的收获。

关于早期教会与中世纪早期，也有若干重要著作的出现，其中包括弗利奇与马丁合编的《教会史》和汉斯·冯·舒伯特的《中世纪早期基督教会史》，后一著作从克洛维时代开始，以加洛林王朝的倾覆告终。霍勒斯·曼的《教皇史》共十八卷，从伟人格雷戈里[④]叙述到 14 世纪止。埃里克·卡斯帕尔著有《教廷史，从它开始到登上世界霸权的顶峰》。它的第一卷于 1930 年出版，书名《罗马教会与罗马帝国》。在这一卷的序言里，他说明了教廷史不该是 xxxiii
仅仅按年代依次叙述的教皇史，它首先必须是一种思想的历

① 以诺，据《旧约·圣经·创世记》系该隐（夏娃之子）的儿子，该隐得子后建了一座城，即以以诺为名。——谭注

② 马桑（Marcion），公元 2 世纪的基督教诺斯替教徒，被正宗基督教看作异端。创立马桑教派，在北非、高卢、小亚细亚及埃及，有该教派所设的教会。——译者

③ 德·罗西（1822—94），意大利考古学家，以发现罗马地下陵寝闻名于世。——谭注

④ 教皇格雷戈里一世，在位期间（公元 590—604 年）整顿教规，力图恢复寺院清修生活，加强布道，遣奥古斯丁往英国传教，为教会事业多所建树。——谭注

史——罗马至尊地位的历史。这卷雄伟的著作叙述到5世纪中期教皇利奥一世止，当时西罗马帝国的灭亡使教廷得以在政治舞台上自由活动。第二卷叙述到公元752年，由于作者死亡而中断。

当卡斯帕尔以其一生致力于早期教会史的时候，约翰内斯·哈勒尔分散其精力，一面研究教廷史，一面研究近代德国史。他的《教廷史》是既为一般读者，又为专家们而编写的；但因他在晚年才开始这个工作，他只完成了三卷，叙述到13世纪。在天主教阵营里，有艾蒂安·吉尔松和马丁·格拉布曼；前者作了关于经院哲学的动人分析：《中世纪时代的哲学》；在他的吉福德演讲集：《中世纪哲学的精神》中，还予以总结；后者是慕尼黑的托马斯[①]学派权威。登普夫的《神圣帝国》，其副标题为“中世纪历史与政治哲学和政治复兴”；它从《新约全书》、早期教会与奥古斯丁一直叙述到希尔德布兰德[②]与阿奎那、杜布瓦[③]与马西利奥、[④]但丁与威克利夫的政治观念与理想的发展；它以宗教会议时代作为它的终篇。特勒尔奇的杰作：《基督教会与教派的社会学说》阐明了教会史的全部领域；该书已译成英文。如果说教廷史这个题目对于一个学者的有限生涯来说是范围太大，那么，德国教会史也是这样。豪克原来希望

① 托马斯学派、托马斯主义，来源于意大利著名神学家、经院哲学家托马斯·阿奎那(约1225—1274)的理论体系。托马斯利用和歪曲亚里士多德哲学来论证其神学观点，为教会和封建统治提供论据。——谭注

② 希尔德布兰德为教皇格雷戈里七世之本名。——谭注

③ 杜布瓦(1656—1723年)，法枢机主教，政治家，路易十五朝摄政，奥尔良公爵的亲信，曾任外交大臣。——谭注

④ 马西利奥(约1275—约1342年)，意大利神学家，反对教皇专制，认为教皇为宗教首脑，不应干预世俗事务。教会不应拥有财产及征收什一税，如此教士方能安贫乐道。——谭注

他的《德国的教会史》叙述到1555年奥格斯堡和约时止，可是，作者在1918年死亡时，这部巨著已出版的部分，只达到14世纪；当时，第五卷的后半部（继续叙述到巴塞尔会议[1]的前夕）也已达到可以出版的程度。至于大规模地搜集中世纪早期教皇文献的工作，保罗·克尔在第一次世界大战以前已从意大利与德国的资料着手进行；现在这项工作也延伸到其他国家。巴兰学派的《圣徒传》[2]经过三百年的集体努力，已到达12月份阶段。[3]

转到宗教改革运动时期，我们应注意兰克《宗教改革时代的德国史》的普鲁士科学院版本，它附有约阿希姆森的出色导论。从兰克未曾刊印的文件里，获得了一项最突出的资料；就是这个历史家为1517年的三百周年纪念而写的一篇颂扬马丁·路德的长文章； xxxiv
文中洋溢着他的年轻的活力，而这种年轻的活力很快就随着他年龄的增长而逐渐消逝。路德委员会是负责编辑路德著作的大魏玛版的；在1918年委员会的主席卡韦劳死后，其职位让给卡尔·霍尔。霍尔《教会史论文集》的第一卷是用来专门论述这个宗教改革家的。卡尔科夫关于胡滕[4]的批判著作，[5]使老一辈感到惊异，因为他们曾受过斯特劳斯雄辩式颂赞[6]的影响。帕斯特的宏伟著

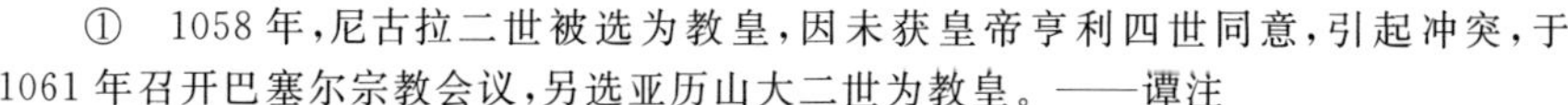

① 1058年，尼古拉二世被选为教皇，因未获皇帝亨利四世同意，引起冲突，于1061年召开巴塞尔宗教会议，另选亚历山大二世为教皇。——谭注

② 《圣徒传》的编纂是由比利时耶稣会教士巴兰（Bolland，1596—1665年）开始的，其徒众世代相承，续事增修，历三百年之久，始接近完成。围绕巴兰及其著作形成了一个神学学派。——译者

③ 按《圣徒传》，依圣徒节日的月份编排的，12月份即最后部分。——译者

④ 胡滕（Hutten，Ulrich von，1488—1523年），德国人文主义者，支持宗教改革，参加了1523年骑士起义，发现并翻印了皇帝亨利四世声讨教皇格雷戈里七世的檄文，推动了宗教改革。——谭注

⑤ 《胡滕与宗教改革》，1920年。——谭注

⑥ 斯特劳斯赞扬胡滕，事见本书第二十五章第二节。——谭注

作:《教皇史》,从中世纪末期开始,是根据梵蒂冈及其他意大利档案而编写的;第一卷于 1886 年出版,到 1928 年即作者去世的那一年,第十三卷已出版;后者叙述到 1664 年;他的遗著诸卷叙述到原来曾为其目标的 18 世纪末期止。在宗教史的领域内,在我们时代的——也许在任何时代的——著作中,没有一部能够在知识方面作出这样丰富而又持久的贡献的。胡贝特·耶丁的《特稜特宗教会议史》,在完成以后,看来将代替所有以前的叙述。《天主教神学辞典》的巨大著作,于 1900 年开始而在 1950 年完成;它是法国近时天主教学术研究的最重要的成绩,对于所有教会成员与非教会成员都是有用的。

虽然各种历史哲学,现在已不如他们在 19 世纪那样时兴,但探索历史的目的及其规律——如果有这样规律的话——仍在继续中。毫不奇怪,每个思想家都有他自己观察的角度;我们无须为了我们前辈未能取得一致意见而感到灰心。科林伍德在其《论历史》的遗著中,对于几种猜测斯芬克斯之谜的最大胆的企图作过分析。从博絮埃①的时代以来,由于认识了我们的所称文明的比较近期的出现,历史解释的问题已变得更加复杂。时代的背影已被人类学权威们扩展到几乎不能认识的范围;这些权威学者大多是英国人,其中包括迈尔斯与马雷特、阿瑟·基思与弗勒尔、戈登·蔡尔德与莫蒂默·惠勒、J. G. D. 克拉克(《史前史学会会议记录》的编

① 博絮埃,J. B.(1627—1704 年),法国天主教主教,神学家、史学家,著作甚多,试图把 17 世纪的天赋人权和社会契约学说的某些因素与《圣经》结合起来,批判新教,捍卫旧教。著有《世界史论》,述从上帝创世到查理大帝时代各帝国与教会的历史,是神学史观的最后一个代表人物。——译注

辑)和奥斯伯特·克劳福德[①](《古代杂志》的创办人与编辑)。现成的教条主义,无论是神学的或伪科学的,虽然在眼界有限的时代,是一件自然的事情,但在20世纪中期,它们已变得陈旧过时了;现在,新光芒从遥远的过去年复一年地射入了我们的视野。格林·丹尼尔在他的《考古学的一百年》中,已出色地总结了这方面的成就。人类故事的极大部分,已不是讲述国家与个人的事情,而 xxxv
是讲述日益增长的需要、正在改变的价值、有用的发明与正在扩大中的前景。所以,每个研究者对史前史要有一定的认识,以便掌握这一事实:人类,即他所研究的对象,一向不仅是一个战斗的,而且也是一个能试验和能思索的动物。

特勒尔奇的《历史主义及其问题》于1922年出版;它综述了18世纪以来对历史哲学所作的主要尝试,而近时对历史解释的三个尝试已引起遍及全世界的讨论。斯彭格勒[②]的《西方的没落:历史形态学大纲》力求找出说明多次周期性的解答;而周期性不是一些过渡阶段的连续,像过去思想家所设想的那样;而是各种完成了

① 迈尔斯(Myres,L. L.,1869—1954年),英国考古学家,精研希腊语和希腊史,以从事塞浦路斯的发掘知名。马雷特(Marett,R. R.,1866—1943年)英国人类学家、哲学家,"牛津大学人类学会"主要创建者,以研究原始社会心理、原始宗教知名。阿瑟·基思(Arthur Keith,1876—1944年),英国梵语学家、比较语言学家、英国政治制度史学家。弗勒尔(Fleure,H. J.,1877—1969年)英国考古学家、人文地理学家,长期研究人与自然的关系,人类社会进化史。戈登·蔡尔德(Gordon Childe,1892—1957年)出生于澳大利亚,史前考古学家,以研究欧洲文明的基础知名。发展了摩尔根的社会进化理论。莫蒂默·惠勒(Mortimer,Wheele,1890—1976年),英国考古学家,以印度河流域考古发掘知名。J. G. D. 克拉克(Clark,J. G. D.,1907—1975年),英国考古学家,以研究英国及北欧中石器时代知名。奥斯伯特·克劳福德(Osbert Crawford,1886—1957年),英国田野考古学家,最先使用空中摄影进行考古探测。——谭注

② 斯彭格勒(Spengler,Oswald,1880—1936年),德国哲学家和史学家。所著《西方的没落》是对西方世界颇有影响的作品。——谭注

的循环的接替。他主张:文明不只是一次地,而是反复地从童年时期转到老年时期的。一个文明接着另一个文明前进到它注定的终点。西方文明是这些往复循环的最后一次循环,它们的前进与后退像倾斜的海滩上的潮流涨落那样。斯彭格勒反对那个大家知道的年代顺序——古代、中世纪与近代——因为这个顺序只适用于欧洲、西亚与东北非;他代之以印度、阿拉伯、古代和西方的四个循环;最后一个循环约在公元 900 年开始。每个循环再分成春、夏、秋、冬四季。西方文明现正进入它的冬季;它以实际目标来代替精神活动;它的前途大约只有两百年的时间。斯彭格勒没有发现持久的进步、指导的精神、终极的目标,而所发现的仅仅是几乎相似经验的一个无休止的重复而已。

对于这种悲观的半生物学的决定论,阿诺德·汤因比[①]的《历史研究》给予一个直率的否定;该书也许是从弗雷泽《金枝》[②]以来英国最重大的学术成就。斯彭格勒把世界史看作各种文明的记录,而非各世纪或各大陆的记录;汤因比同意这一点;但他拒绝任何一种决定论。评述二十一个文明兴亡以后,他做出结论说,它们能否存续是取决于具体的而又可确定的原因,而不是取决于什么约束性的生物学规律。所有已知的文明,无论过去或现在,都不是注定要死亡的:决定的因素在于它对自然与人的挑战的反应如何。

---

① 汤因比,A. J.(1889—1975 年)是近五十年来驰誉西方世界的英国史学家。早年研究古希腊史、国际关系史,历任牛津、伦敦等大学教授,两次大战期间均在英国外交部供职。著述繁富,多卷本《历史研究》是其代表作。作者在书中对人类历史进程作了独特的解释,提出了自己的史学理论体系。——谭注

② 弗雷泽(Frazer, Sir James George, 1854—1941 年),苏格兰人类学家,以研究原始社会的风习与宗教知名。所著《金枝》(*Golden Bough*)(1890 年),是关于民俗学的名著。——译者

斯彭格勒所看到的是，我们陷入一个如此严格地预定了的过程，以致不需要有预见的天才：在它的主要轮廓方面，未来同过去将是一模一样的。按汤因比的看法，近代人有积累的经验作为指导，因而有一个较好机会来避免过去如此多的试验所遭遇的那个命运。他拒绝那种过分简单化的历史解释，即把历史基本上作为争取经济控制权的斗争史；他强调精神因素的重要意义。我们已走上宽阔 xxxvi
的大道，而不是陷入死胡同。

当斯彭格勒与汤因比专门讲述人类经验记录的时候，克罗齐鄙弃那个按年代顺序的习惯研究法。他在《历史学的理论与实践》中宣称：过去的存在，对我们来说，只是关于曾经发生的事情的一个主观观念。所有的历史都是现代史；就是说，我们只能以我们今天的心理来想象过去。那个为实际生活目的所需的顺序观念，不能给我们提供什么客观实在性。唯一的实在性是主观的；就是，我们对于所知道的过去曾经发生的具体事件的意见。历史不是一种科学，它与自然界不同，是没有什么可以确定的规律的。我们也不能从历史抽出哲学体系，因为每个人和每个时代对历史各有其不同的看法。事实虽然是历史的，但他们的解释是纯主观的。在克罗齐看来，普通历史学家仅仅是一个记录者，因为事实只有通过个人思想的熔炉予以熔化以后，才能成为历史。我们虽然可以随便地谈到因果关系，但历史家绝不能预测未来，因为历史是从来不会重演的。关于文明的编年史，是记录人类为了避免野蛮状态的缺陷而进行本能的不断斗争；而衡量进步的尺度即是自我体现的日益增加的可能性。这里，克罗齐从批判家转到预言家的地位了，因而从他的声音中发出了一个比较热情的曲调。克罗齐的整个体

系，比起斯彭格勒的体系来，不论是机械性还是悲观性，都少得多。他是和汤因比同样坚决地拒绝决定论；也和阿克顿同样热情地欢迎自由的概念。“在所有的自由中，首先给我求知与言论的自由”。认为出自《出版自由请愿书》[①]中的这句响亮的话，应以金字镌刻在国内的每座图书馆内和每个教室里。因为，如果历史学家要履行那个重行塑造并解释过去的职责的话，他是需要阳光和空气的。

① 原文为 Areopagitica，约翰·密尔顿的论文题目。——译者

1952 年以来的历史研究 xxx-vii

英国外交部文件（1919—1939 年）[①]继续在出版，而 1945 年由盟国缴获的德国外交部档案也正在刊印英译本。具有特殊意义的是：关于 1870 年霍亨索伦王室继承王位顺序的档案材料、关于霍尔施泰因，[②]即威廉街的“班白红衣主教”（B́minence Grise）[③]的文件以及施利芬计划的原文。

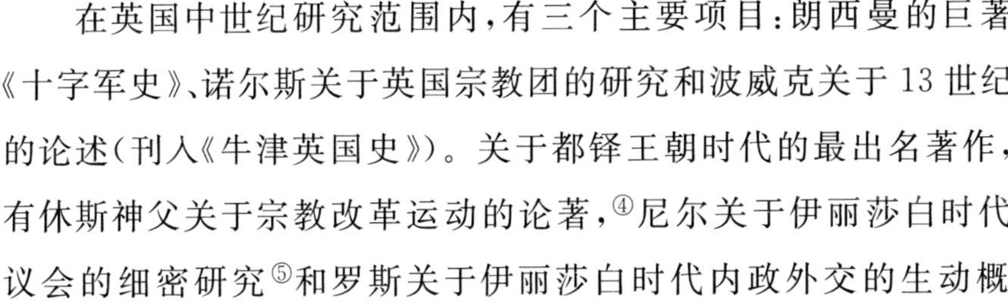

在英国中世纪研究范围内，有三个主要项目：朗西曼的巨著《十字军史》、诺尔斯关于英国宗教团的研究和波威克关于 13 世纪的论述（刊入《牛津英国史》）。关于都铎王朝时代的最出名著作，有休斯神父关于宗教改革运动的论著，[④]尼尔关于伊丽莎白时代议会的细密研究[⑤]和罗斯关于伊丽莎白时代内政外交的生动概

---

① 《英国外交政策文献，1919—1939》（*Documents on British Foreign Policy*，1919—1939）。——谭注

② 霍尔施泰因（Holstein，Friedrich von，1837—1909 年），1878—1906 年间德国外交部顾问，为幕后策划者，被称为“牵线头子”（Wirepuller-in-chief）。——译者

③ 即约瑟神父（Père Joseph，1577—1638 年）的称呼，法国黎塞留的代理人。这里意指德国的霍尔施泰因。——译者

④ 《英国宗教改革》（*The Reformation in England*）三卷，1950—1954 年。——谭注

⑤ 《伊丽莎白及其议会》（*Elizabeth and Her Parliament*），1953 年。——谭注

述。[①]《新编剑桥近代史》[②]是一部补充而非代替它的旧版的著作，现已出版其中两卷[③]（关于文艺复兴与关于18世纪的历史）。关于17世纪，我们可指出维罗尼卡·韦奇伍德使内战前夕的英国情况再现[④]和希尔关于社会与宗教背景所作的马克思主义的解释。[⑤] 试把奥格关于詹姆士二世与威廉三世的统治时代的论述[⑥]同一百年前麦考莱的论述作一比较，是有益的。德·比尔注释的《约翰·伊夫林[⑦]日记》增入了以前删节的部分。我们关于18世纪的知识可以从下列作家获得宝贵的增补：诺曼·赛克斯关于坎特伯里大主教伟克[⑧]的传记、普卢姆关于华沃尔波尔的传记、[⑨]谢拉德关于查塔姆的传记；以及一批对纳米尔关于英国乔治时代的政治结构的解释进行激烈争辩的作家——其中包括巴特菲尔德和理查·帕尔斯[⑩]丘吉尔的《英语民族史》主要是由于它的文学特性

① 《伊丽莎白时代》（*The Elizabethan Age*）二卷，1950—1955年。——谭注

②③ 现已出齐，全书十二卷，补编一卷，地图集一卷。——谭注

④ 《王室和平》（*The King's Peace*，1637—41），1955年。——谭注

⑤ 希尔（Christopher Hill，1912— ），英国著名的马克思主义史学家，精研革命史，著作甚多。此处指其《清教与革命》（*Puritanism and Revolution*，1959）一书。——谭注

⑥ 奥格著有《詹姆士二世与威廉三世治下的英国》（*England in the Reign of James Ⅱ and William Ⅲ*），1955年。——谭注

⑦ 约翰·伊夫林（1620—1726年），英国作家，王党分子。在内战时曾参加王军，复辟后甚受宠遇，其日记与回忆录有较大的史料价值。——谭注

⑧ 伟克，W.（1657—1737年），神学家，毕业于牛津大学，历任林肯郡主教，坎特伯里大主教，编有《使徒书翰集》。——谭注

⑨ 华沃尔波尔，R.（1675—1745年），英国第一任首相（1721—1742年）。——谭注

⑩ H.巴特菲尔德著有《乔治三世，诺斯勋爵与人民，1779—1780》（*George Ⅲ, Lord North and the people, 1779—1780*），1949年。R.帕尔斯著有《乔治三世与政治家》（*King George Ⅲ and the Politicians*），1953年。——谭注

以及它显示了作者的思想意识而引起重视。古奇继续进行他关于开明的专制君主的描述，并把他们同路易十五庸碌无能的专制作出对比。科班追述了法国旧制度的衰亡。哈罗德·阿克顿描述了波旁王朝在那不勒斯与西西里的统治。基斯·法伊林为沃伦·黑斯廷斯[①]在印度的经历进行了辩护。简·诺顿出版的《吉本通讯 xxxviii
集》(三卷)补充并代替了六十年前的旧版。

关于19世纪的著作，我们可提出：汤普森的《拿破仑三世传》、泰勒的《欧洲的争霸史，1848—1919年》与《俾斯麦传》、休·塞顿-沃森关于最后三个沙皇统治下的俄国的描述、麦克·史密士关于意大利复兴时期喀富尔与加里波第之间的对抗、黑尔斯关于皮奥·诺诺的充满同情的评传和布罗根关于拿破仑以来法国历史的富有启发性的概论。梅德利科特的《俾斯麦、格莱斯顿与欧洲协调》，是继续他关于维也纳会议的论著。《维多利亚诸郡史》和《牛津英国艺术史》的出版工作，正在不断进行[②]；大型传记体的《议会史》，也正由纳米尔、尼尔及其他学者编纂中。道格拉斯在一批专家的协助下，正在编辑《英国历史文献选集》，全书分成十二卷，概括了英国的全部历史。

在论述20世纪的巨著中，我们必须提到卡尔关于俄国共产主义早期统治的著作[③]和麦卡特尼关于1929年以来匈牙利的概

① 沃伦·黑斯廷斯(1732—1818年)，英国第一任印度总督。在职期间，暴戾恣睢，鱼肉印度人民，受到本国议会弹劾；涉讼七年之久。——谭注

② 《牛津英国艺术史》至1962年出版了十卷(1800—1870年)。——谭注

③ 《苏俄史》(*A History of Soviet Russia*)六卷，1950—60年。——谭注

述。[①] 尼科尔森的《乔治五世传》和惠勒-贝内特的《乔治六世传》(两书均系钦定本),表明了英王所起的有益作用,而按照梯也尔的著名说法,英王是御而不治的。温莎公爵[②]在其《一个国王的自述》中,记载了自己弃位的经过。亚历山大·沃思在他关于孟戴斯-弗朗斯[③]的研究中,继续论述他目睹的法国政局;布洛克撰写了最佳的希特勒传,[④]伊丽莎白·威斯克曼描述了德国的东邻——波兰与捷克斯洛伐克在第二次世界大战期间及其前后遭受的灾难。[⑤] 第二次世界大战以前的英国政治史从下列著作中获得了说明:布莱克的波纳·劳[⑥]传、伊夫林·伦奇的《泰晤士报》主笔杰弗里·道森传以及艾默里[⑦]、道尔顿[⑧]与坦普尔伍德勋爵[⑨]的回忆录。关于大战的来临与进程,丘吉尔的六卷回忆录,经布赖恩特选自阿兰布鲁克爵士的生动日记的材料补充后,将永远有读者。在

① 《十月十五日,匈牙利近代史,1929—1945》(*October Fifteenth: A History of Modern Hungary, 1929—1945*),二卷,1956—57 年。——谭注

② 温莎公爵,即英王爱德华八世。1936 年即位,同年与一美国离婚妇女辛普森夫人相恋,准备结婚,遭到英国内阁与议会的坚决反对。次年,放弃王位,举行婚礼。——谭注

③ 孟戴斯-弗朗斯(1907 年生),法国政治家,二次大战时为激进社会党员,参加了自由法国运动。1943—48 年间多次任部长。——谭注

④ 《希特勒,一个暴政的研究》(*Hitler, A Study in Tyranny*),1952 年。——谭注

⑤ 《德国的东邻》(*Germany's Eastern Neighbors*),1956 年。——谭注

⑥ 波纳·劳(1853—1923 年),英国保守党人,历任殖民事务大臣、财政大臣、掌玺大臣,1922 年一度组织保守党内阁。——谭注

⑦ 艾默里,L. C. M. S.(1873 年生),政论家、国会议员,曾任印度事务大臣及内阁其他要职。——谭注

⑧ 道尔顿,H.(1887—1962 年),经济学家,二次大战中任外交副大臣,战时经济作战大臣。战后任第一次工党内阁财政大臣。——谭注

⑨ 坦普尔伍德勋爵,名霍尔(Hoare, S. J. G., 1880—1959 年),二次大战前历任政府要职。意大利进攻阿比西尼亚时,作为外交大臣,采取绥靖政策,纵容侵略。——谭注

王家国际事务研究所支持下，由汤因比创办的《国际事务年报》，在大战期间曾经中断；这个空白正由一系列集体著作予以填补，可是，各卷均不以一年的事件为限。

一个世纪以前，马克思曾迫使历史研究者更多地注意经济因 xxxix
素。在原子时代，我们越来越觉察到科学在人类进化中所起的作用。李约瑟的《中国科学与文明概论》[1]和查尔斯·辛格主编的《科学技术史》两部巨著，正在继续不懈地编写中。考古学家把文明的起源日期越来越向前推移，因而使我们的眼界也日益扩大。凯斯林·凯尼恩表明了耶利哥是世界最古老的城市。关于《死海古卷》[2]，它继续由人们译解并引起争论。戈登·蔡尔德与莫蒂默·惠勒还不断使我们了解到许多地区的振奋人心的发现。

除了丘吉尔关于第二次世界大战的描述外，在英国最近出版的著作中，没有一部能像汤因比的《历史研究》那样吸引着全世界的注意。该书于 1954 年出版了第七至十卷而告完成。[3] 作者关于文明兴衰的知识确是包罗万象的，但他的主题过于广泛，因而使他不能避免专家们的尖锐批评。在他的研究中，没有任何部分像强调世界宗教的作用与否定其中任何一种的独特性的部分引起了那么多的讨论。从汤因比的整个论著中，可以看出他对亚洲各民族的浓厚兴趣，同时也可看出他否定了西方人关于欧洲优越性的自满假设。

在美国，对“开国元勋”的研究兴趣，从来没有衰退。关于杰斐

① 此书至 1980 年已出七卷。——谭注

② 《死海古卷》(Dead Sea Scrolls)，1947 年在死海西岸山洞里发现的卷帙。大多是属于公元前 2 世纪到公元 78 年之间所写的《圣经》原文与注解。——谭注

③ 第十二卷《再考虑》于 1961 年出版。——译者

逊大量文件的出版工作将需要好多年的时间。弗里曼的杰作——《华盛顿传》,在作者死后,其第七卷由别人执笔,而使全书告成。《西奥多·罗斯福通信集》共八卷,补充了他的《自传》与毕晓普所写的官方传记。[1] 林克的巨著——伍德罗·威尔逊传[2]比斯坦纳德·贝克的官方记述[3]有更多的批判语调。胡佛描述了他的全部经历,[4]而杜鲁门只写了他在白宫七年的生活。[5] 在对中世纪的研究范围内,主要项目是塞顿主编的巨大集体著作:《十字军史》。科尼尔斯·里德所著威廉·塞西尔[6]传第一卷[7],是他继续对伊丽莎白时代进行研究的著作,而这次研究是以瓦尔星汉作为开端的。已故的戈弗雷·戴维斯继续了斯图亚特王朝时代的英国历史至复辟时期止;[8]这部历史约在一百年前已由加德纳开始,并由弗思继续写到 1658 年克伦威尔死亡时止。梅开始综述哈布斯堡帝国最后阶段的历史;汉斯·科恩编写了泛斯拉夫主义史。[9] 兰格与格利
xl 森合编的《世界危机与美国政策,1937—1940 年》,根据了官方资料,但不是官方著作;它补充了科德尔·赫尔为自己申辩的那部令人难忘的回忆录。施莱辛格开始了关于罗斯福时代实录的巨大汇编。在那些附有文献的大战概述中,塞缪尔·莫里森的《美国海军

① 《西奥多·罗斯福及其时代》,二卷,1920 年。——谭注

② 《伍德罗·威尔逊与进步的时代,1910—1917 年》,1954 年。——谭注

③ 贝克撰有《伍德罗·威尔逊的生平及其书信》(1927 年)一书。——谭注

④ 《回忆录》,三卷,1951—1952 年。——谭注

⑤ 《回忆录》,共二卷,1955—1956 年。——谭注

⑥ 威廉·塞西尔,柏里男爵(1520—1598 年),伊丽莎白朝重臣,两任首辅,组织力量,打击教皇党,加强王权。——谭注

⑦ 《国务大臣塞西尔与伊丽莎白女王》,1955 年。——谭注

⑧ 《查理二世的复辟》,1955 年。——谭注

⑨ 《泛斯拉夫主义:历史与观念》,1953 年。——谭注

作战史》是突出的。

在法国活着的学者中，没有人能像布勒伊神父那么遐迩闻名的；他关于东南欧与西南非的研究著作[①]丰富了我们对于史前期人类的知识。吉尔逊由于他所编的《中世纪基督教哲学史》而提高了声望。弗利奇与马丁合编的集体巨著——天主教《教会史》[②]已接近于完成。另一部集体著作——《国际关系史》是由勒努万主编的，他本人曾编写了关于 19 世纪的两卷。克鲁泽撰写了《现代时期：关于一种新文明的研究》，从而使他主编的《文明通史》得以完成。在关于第二次世界大战的最近著作中，以戴高乐将军附有文献的两卷自辩书[③]最引人注目。安德烈·莫鲁瓦所撰写的维克托·雨果和乔治桑[④]的传记，充满着新资料，并包含很多关于政治与社会的历史。圣·马克的《埃米尔·奥利维埃传》[⑤]为“自由帝国”的短暂试验作了有力的辩护。

在德国，由弗里茨·克恩规划而在其死后由瓦尔贾维克主持的《世界史》，现在已编到 18 世纪，并在伯尔尼出版。[⑥] 它的内容包括来自各国学者的撰稿；对于人类进化的历史，提供了在任何文字

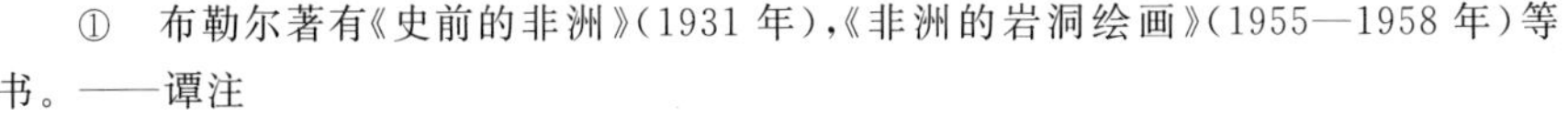

① 布勒尔著有《史前的非洲》(1931 年)，《非洲的岩洞绘画》(1955—1958 年)等书。——谭注

② 《从草创至当代的教会史》，十五卷，1934—51 年。——谭注

③ 《战争回忆录》(*Mémoires de Guerre*)二卷，1954—56 年。——谭注

④ 乔治·桑，原名奥罗尔·杜班(Aurore Dupin，1804—1876)，著名的法国女作家，浪漫主义民主派的代表人物。——谭注

⑤ 奥利维埃(Olivier，Emile，1825—1913 年)，温和的资产阶级共和党人，第二帝国时代宣扬帝国自由化。1870 年初组织了标榜自由主义的内阁(1 至 8 月)。——谭注

⑥ 《世界史：世界手册》(*Historia Mundi：ein Handbuch der Weltgeschischte*)，由克恩首倡，1950 年克氏逝世，瓦尔德维奇继任主编。全书十卷，1952—1958 年出齐。——谭注

中最全面而又最新的概论。俾斯麦传的作者埃里希·艾克,以其关于威玛共和国的两卷著作完成了他关于德国近代历史的概述,由于作者亲自认识许多领导人物,因而丰富了本书的内容。格哈德·里特尔追述了普鲁士的陆军与政府之间的密切关系;他在格德勒[①](希特勒的许多受害者之一)的传记中还描写了内部对希特勒的反抗情形。兹尔比克是奥地利当代最伟大的历史家;他毕生的最后著作[②]是综述德国在文艺复兴以后的思想发展,特别论及历史编纂方面。弗里德里克·赫茨现已成为英国公民,他以英文发表了关于德国在威斯特伐利亚和约前的舆论的研究论著——它不是一部政治理论史而是关于公众对国家与社会的看法的记录。在比利时,冈肖夫是中世纪学派的首领;他为勒努万编的《国际关
xli 系史》撰作一卷导论。在荷兰,盖尔在完成他的《荷兰史》后,转而分析法国人对拿破仑的看法,并批评了汤因比《历史研究》的方法与论旨。在意大利,《意大利外交文件》的出版和萨尔伐托勒利与萨尔维米尼关于法西斯时期的论著[③]激起了研究近代史的兴趣。在西班牙,马达里加(现已成为英国公民并定居在英国)以他撰写的一系列传记来描述南美洲西班牙帝国的兴亡。在铁幕后面,由于坚持马克思主义的解释,历史研究继续处于瘫痪状态,因为这项工作只有在无拘束的自由气氛中才能获得繁荣。

① 格德勒·K. F.(1884—1944),德国政治活动家,1931—1936 年任莱比锡市长,希特勒上台后组织颠覆活动,事泄,被处死。——谭注

② 《自人文主义至现在的德国思想与史学》,二卷,1950—1951 年。——谭注

③ 萨尔伐托勒利著有《法西斯意大利史,1919—1945》,1952 年。萨尔维米尼著有《意大利的法西斯独裁政治》(1927 年)、《在法西斯主义的斧钺下》(1936 年)等。——谭注

第一章　从文艺复兴到法国革命 1

在中世纪曾经出过一些成绩卓著的编年史家，如弗赖辛的鄂图①和马泰·帕里斯、②儒安微尔③和弗·鲁瓦萨尔。④ 这些人就他们那个时代留下的史料是相当可靠的，但当时进行研究的基本条件尚不具备⑤。印刷术还无人知道，因而书籍稀少。对文献资料的分析评价还没有开始，人们也未认识到有这种需要。虔诚的编年史家们置身修道院的图书宝藏内，怡然自得，他们从不停下来对文献的价值加以考虑，而把过去史料中的错误也一起抄到他们的著作中去了。当时，伪造典章之风很盛，但揭穿赝品的方法却还

① 弗赖辛的鄂图(约1114—1158年)，弗赖辛的主教，中世纪德意志著名史学家，著有《编年史》、《腓特烈皇帝本纪》传世。——谭注

② 马泰·帕里斯(约1200—1259年)，英国史学家，著有《大编年史》。——谭注

③ 儒安微尔(1224—1319年)，法国史学家，著有以第七次十字军为背景的《圣路易传》。——谭注

④ 弗·鲁瓦萨尔(约1337—约1410年)，法国史学家，曾任英宫廷史官，著有《法国、英国、苏格兰、西班牙编年史》记其当代之事。采遗闻佚事及文笔优美见长。——谭注

⑤ 评述文艺复兴以来的史学的最佳作品有：傅埃脱的《近代史学史》(1911年)，第三版(1936年)；J. W. 汤普逊，《历史著作史》，卷Ⅱ(1942年)(纽约)；莫里茨·里特尔，《历史科学的发展》(1919年)；和弗里茨·瓦格纳，《历史科学》(1951年)。在研究文艺复兴以来德国史学方面，韦格勒著《德国史学史》(1883年)，迈内克著《历史主义的兴起》(1936年)和兹尔比克著《从德国人文主义运动直到今日的思想与史学》(1950年)，是必读之物。为了研究文艺复兴以来的法国史学，弗林特，《法国与比利时的历史哲学》(1893年)和莫诺，《法国历史研究的进步》，载〔法国〕《历史评论》，卷Ⅰ，是有用的资料。在近代史方面，集体创作的《五十年来的历史学与历史学家，1876—1926年》，二卷(1928年)，是一部重要的著作，特别是其中有关小国家方面。——原注

没有发明。凡是用文字记录的事件都被深信不疑地接受下来，而人们由于承认传统，就更加相信事件的真实性了。最后一点，中世纪的空气弥漫着浓厚的神学味道。奥古斯丁的影响，在一千年之中几乎像是一种物质力量，压在欧洲人的心头[①]，使他们无法注意世俗历史及其问题。由于一切都被归之于神意，因此对自然因果关系的探索也就被看作完全不必要，如果不算是僭越的话。这样，历史成了布道，而不是一门科学，成了对基督的验证，而不是设法客观地追溯和解释文明的进程。

2 对人类的展望，在15世纪的意大利，起了很大变化，这种转变有利于客观的方法和历史的发生学概念之兴起。古典世界被揭示为光彩夺目的实体而不是朦胧不明的传说，这样就激发了人们的好奇心与深思。而人们的探究精神又由于新大陆的发现以及同东方建立进一步密切关系而得到更大的鼓舞。在不到两代人的时间里，空间的范围与知识的眼界都加倍地扩大了。随着知识疆界的向前扩展，在学术气氛方面，也开始发生了几乎同样重要的变化。教会的日益腐朽、城市生活的发展和商业的扩大本已开始对神学精神起着溶解的作用，而异教文化——它是又崇高又那么坦率地合乎人情——的引诱又加速了思想解放的过程。所以，与其说意大利的文艺复兴，是对权威的有意识的反抗，不如说它是一个思想世俗化的运动。对于人，对于人的智力和人体美的引以自豪的喜

① 奥古斯丁(354—430年)，基督教神学家，神学历史观的代表人物。在其所著《上帝之城》中指出人类一切活动无不出于上帝的安排，体现上帝的计划。他把世界历史说成是“上帝的城”，即上帝的信徒与“人世之城”即撒旦的信徒之间斗争的过程，认定后者注定要毁灭，前者则将永生。并指出教会是上帝的代表，因此教会权力高于世俗权力，教会应当成为世界的主宰。这部书创立了关于社会历史的神学理论体系。——谭注

悦心理，取代了中世纪理想中的忧郁的禁欲主义。对人类在世间的成就的研究，取代了对人的精神特质和死后情景的臆测。以奥古斯丁作为开端的中世纪时代，随着马基雅维里与拉伯雷[①]，哥伦布与哥白尼的出现而告终了。

这种新精神在历史研究的领域内也获得了反映。这门新学科的最早的大师，佩脱拉克与薄伽丘，是近代历史学之父。然而，他们仅仅是业余研究者，而佛罗伦萨人布鲁尼[②]才是史学家的完美典范；他是在原则上使用批判方法的第一个历史家。为了达到尽量摹拟古典作品的目标，布鲁尼和他的人文主义朋友不得不做死板的摹仿工作，不过，他们如果没有采取这个步骤，也就不可能取得以自然因果关系代替超自然因果关系的进步。当马基雅维里和圭恰迪尼[③]使历史学超脱文学的领域，并把它同国家生活联系起来以后，历史学发展到了一个新的阶段。从此，传统不再像是向人们发布命令，而像是在进行挑战了。洛伦佐·瓦拉证明了“君士坦丁大帝的赠与”[④]是伪造的；而人文主义的教皇伊尼亚斯·希尔维优斯[⑤]，也从一种健康的怀疑主义精神来对待奇迹和神话。人文

① 拉伯雷，F.（约1494—1553年），著名的法国人文主义作家。——谭注

② 布鲁尼（1359—1444年），意大利人文主义史学家，著有《佛罗伦萨史》十二卷，首先恢复了古希腊罗马史学的优良传统，用理性来分析和考察历史。——谭注

③ 圭恰迪尼（1483—1540年），意大利人文主义史学家，著有《佛罗伦萨史》、《意大利史》。——谭注

④ “君士坦丁大帝的赠与”是一个教会文件，文中说教皇的领土系罗马君士坦丁大帝所赠与。意大利学者瓦拉（1406—1457年）著文，用缜密的考证方法，作出了这一文件纯属伪造的结论。——谭注

⑤ 教皇伊尼亚斯·希尔维优斯（1405—1464年）德意志人，史学家，著有《欧洲通史》、《巴塞尔会议评注》等。——谭注

主义的历史学迅速传遍欧洲[1]。学者们像群星一样照耀着马克西米利安皇帝[2](他本人就是一个历史家)的宫廷,激起了人们对条顿族的英雄和成就的兴趣。凯尔蒂斯[3]讲授塔西佗的《日耳曼尼亚志》。库斯比尼安编辑乔丹斯和弗赖辛的鄂图的著作[4]。波伊
3 廷格尔[5]与勒纳努斯[6]潜心于德意志古文化的研究。这些学者给中欧引进了研究世俗学识的理想与方法和公平正直的学术风气。

歌特在宣称宗教改革运动使欧洲文化倒退了一百年的时候,心里想到的正是这批人,因为德国人文主义的短暂历程是由于路德的出现而被粗暴地截断的。于是,神学再度占据统治地位,而世俗研究也就被淹没在教派斗争的旋涡里。但是,这场热症本身也就包藏着治疗它的细菌。中世纪的争论者们都诉诸原则,而他们的后继者则诉诸史实。新教教徒力图证明美第奇族教皇的教会已不是早期的基督教教会,并设法说明教会是怎样地日趋堕落。另一方面,天主教徒则企图用揭示新教徒所不知道的事实,使他们惊惶失措。在这场激烈的斗争中,双方追求的目的都是胜利,而不是真理,但是,珍贵的文献却因此而见了天日。当弗拉希和他的合作

① 参阅约阿希姆森(Joachimsen),《德国在人文主义影响下的历史概念》,1910年。——原注

② 马克西米利安皇帝(1483—1540年),爱好学术,奖掖文艺,在宫廷内罗致了一批人文主义学者,学术文化极一时之盛。——谭注

③ 凯尔蒂斯,C.(1459—1508年),德意志史学家,恢复和出版了塔西佗的《日耳曼尼亚志》。——谭注

④ 库斯比尼安(1473—1529),德意志学者,对鄂图的著作及乔丹斯(6世纪修士)所作的卡西奥多罗斯(约480—575年)《哥特史提要》进行了整理和考订。——谭注

⑤ 波伊廷格尔,C.(1465—1547年),德意志史学家,整理和出版了大量德意志中世纪史原始资料。——谭注

⑥ 勒纳努斯,B.(1486—1547年),德意志人文主义史学家,著有《德意志事务史》。——谭注

者们在路德派王公的支持下，以《马德堡世纪》[①]作为武器来攻击敌人时，罗马教廷命令巴罗尼准备一部详尽的答辩，并以梵蒂冈档案供他随意使用。虽然巴罗尼的这座“大厦”，像卡佐邦[②]后来指出的那样，在某种程度上说是一座用纸牌搭成的房子，虽然这部驳复的作者不懂希腊文，天真地轻信了伪品和传说，但他所使用的大量新资料和他的答辩的表面完整性使得这部《编年史》[③]的发表成为反宗教改革运动具有决定性意义的事件之一[④]。

虽然到了13世纪教派斗争的毒害逐渐消退，但历史研究在很大程度上依然是宗教性的。属于英国国教派的卓越神学家，从厄谢尔到宾厄姆[⑤]所编写的关于早期教会的著作，是具有持久的重要意义的，因为他们处于罗马和日内瓦两者之间的地位，能够对争论的问题作出不偏不倚的论断。比利时的耶稣会徒在巴兰与帕珀布罗赫[⑥]的领导下，开始编辑《圣徒传》，规模如此宏大，以致迄今

① 弗拉希(Flacius,1520—1575年)，为德国新教教派学者，马丁・路德的学生。《马德堡世纪》,1559—1574年出版，是由几个作者合写的，其中以弗拉希为主，是第一部从新教观点编写的教会史。——译者

② 卡佐邦(1559—1614年)，法国人文主义者，温和的胡格诺派，曾著文驳斥巴罗尼书。——谭注

③ 《编年史》(*Annals*)，全名为《从基督诞生到1198年的宗教编年史》(*Annals ecclesiastici a Christo nato ad annum 1198*),1580—1593年出版。系巴罗尼(罗马天主教历史学家,1538—1607年)对《马德堡世纪》所作的答辩。——译者

④ 参阅帕蒂森(Mark Pattison),《艾萨克・卡佐邦传》第六章,1875年。——原注

⑤ 厄谢尔,J.(1581—1658年)，英国大主教、神学家，以研究《圣经》年代学及英国教会史知名。宾厄姆,J.(1668—1723年)，英国神学家、史学家，著有《基督教古迹》十卷。——谭注

⑥ 帕珀布罗赫，是协助巴兰编辑《圣徒传》的神学家。——谭注

还在进行[①]。法国所做的贡献更加伟大。高卢神学家[②]对教皇极权派所肯定的东西进行了细致而严格的研究；詹森教派[③]的蒂尔蒙[④]搜集资料，编写了关于教会和罗马帝国的具有无限价值的著作；巴吕兹[⑤]探索了（被囚于）亚威农的教皇的历史。最重要的，圣
4 穆尔的本尼迪特教派[⑥]开始出版大部头的丛书，阐明了有关宗教历史的几乎每一个领域。这些学者生活在一个仍由抽象的笛卡儿哲学占据主导地位的时代，国家对历史不闻不问，公众对历史也还不感兴趣，因此，在整个学术史中没有一页能比记载着这些伟大学者辛勤劳动的篇章更为辉煌的了。所以，我们不能指摘那个从巴罗尼开始，以马比荣[⑦]达到高峰的一世纪为停滞不前的时期。

虽然 16 和 17 世纪历史学家的题材主要是基督教，但世俗性的题目也吸引着个别研究者的注意，这些人大多数是俗人。皮

① 参阅德勒海伊(Delehaye)，《巴兰派的工作：1615—1915 年》，1922 年。——原注

② 高卢教派，系起于 17 世纪后期法国天主教中主张限制教皇权力，维护本国教会一定独立性的教派。——谭注

③ 荷兰人詹森(Cornelius Jansen，1585—1638 年)所创立的天主教会内的改革派。——谭注

④ 蒂尔蒙(1613—1698 年)，撰有《公元最初六世纪教史札记》，共四卷，《罗马皇帝和统治教会的其他君主最初六世纪历史》共十六卷，以资料丰富见长。——谭注

⑤ 巴吕兹，E.(1630—1718 年)编著有《亚威农教皇史》、《法兰克诸王诏令集》。——谭注

⑥ 爱麦尼厄尔在其有关马比荣与蒙福孔的著作(1888 年和 1891 年)中对本尼迪特派学者作了极佳的叙述。——原注

本尼迪特派修道院保存有大量中世纪文献，并进行了搜集、整理和出版史料的工作。此派于 1619 年创立圣穆尔僧团。这个僧团以圣泽曼修道院为中心，以历史研究作为自己的主要工作之一。——谭注

⑦ 让·马比荣(1632—1707 年)，本尼迪特派修士，法国博学派的杰出代表，治学严谨，具有批判精神。著有《本尼迪特圣徒传》、《本尼迪特年鉴》等。其《论古文书学》一书为这一学科奠定了基础。——谭注

图[①]与帕基埃[②]探索法国制度的起源；杜孔日[③]绘制拜占庭帝国的很少为人知道的版图；戴尔贝洛[④]概述当时所积累的有关东方的知识；而梅泽雷[⑤]则以宪政主义者的批判精神编写了法国的历史。马利安那[⑥]为他的同胞撰述西班牙民族史，而苏里塔[⑦]则编写了阿拉贡的编年史。在意大利，西戈尼在努力弄清罗马的机构和制度方面，作出了独特的成绩[⑧]。在英国，（弗朗西斯）·培根编写亨利七世的传记，赫伯特勋爵[⑨]撰述亨利八世的生平；卡姆登[⑩]研究英国的古迹，而塞尔登[⑪]则溯述法律的历史。在德国，康林[⑫]指导关于德意志法律起源的深入探究。但在荷兰，世俗性研究涉及

① 皮图，P.（1539—1596 年），法国博学派史学家，著有《法兰克年代记》，并整理和校订了许多历史资料和著作。——谭注

② 帕基埃，E.（1529—1615 年），法国律师，著有《法兰西研究》。——谭注

③ 杜孔日（1610—1688 年），编有《中世纪拉丁词汇》、《拜占庭历史家著作汇编》等，被认为是中世纪拉丁语言学和拜占庭学的奠基人。——谭注

④ 戴尔贝洛，B.（1625—1695 年），法国东方学家。——谭注

⑤ 梅泽雷（1610—1683 年），站在资产阶级立场，写成《法国史》三卷。——谭注

⑥ 马利安那，J.（1535—1625 年），西班牙人文主义史学家，著有《西班牙史》。——谭注

⑦ 苏里塔，J.（1512—1580 年），阿拉贡王国史官，撰有《阿拉贡王国编年史》。——谭注

⑧ 西戈尼（1524—1548 年），以用批判态度研究古罗马历史、制度及文献而知名。——谭注

⑨ 赫伯特勋爵，E.（1583—1648 年），政治家，哲学家，著有《亨利八世的生平及其统治》一书。——谭注

⑩ 卡姆登，W.（1551—1623 年），著有《大不列颠志》、《伊丽莎白女王时期的英格兰、爱尔兰史》。——谭注

⑪ 塞尔登，J.（1584—1645 年），代表新贵族和资产阶级利益，研究英国的法律和政府，写有多种专著。——谭注

⑫ 康林，H.（1606—1681 年），所著《德意志法律起源之史的探讨》被认为是有关这一问题的第一部科学著作。——谭注

的范围却是最广泛的。斯卡利吉尔[1]在发表他那为科学编年史奠基的不朽论述之前，已在荷兰定居很久了。格吕特尔[2]的铭文集是在他的督导下编成的；莱顿大学教授们所编关于希腊罗马时期的一系列著作也是继承了他的传统的。

在确定历史研究的原则与方法的少数尝试中，博丹[3]的论述是一个大胆而又辉煌的成就。这位法国政论家，在宗教战争最炽烈的时期把历史看作是一个世俗性的课题，并以科学精神来研究它。博丹在孟德斯鸠之前指出了地理位置、气候和土壤对民族性格和民族命运的影响；另一方面他提醒人们注意，一位作家的个人地位、爱国的和宗教的倾向性以及求知机会对他的见解和成就的影响。在他以前，没有一位思想家对于环境所起的作用有过这样深刻的见解，而且在他以后的二百年中也没有人添加什么新的东西。此外，在历史评论的领域里，人们也获得了一些成绩，不过，这些成

5 绩还只是一种开端，而不能算是确定的成就。斯宾诺莎[4]宣称，对待《旧约全书》必须像对待任何其他历史著作那样。当西门神父[5]

---

① 斯卡利吉尔，J. J.（1540—1609年），定居荷兰的法国人文主义者学者，致力于古史和《圣经》年代的研究，对当时已知的纪年方法进行了全面分析和总结，使年代学摆脱宗教史家的体系，为近代的年代学奠定了基础。——谭注

② 格吕特尔，Jan.（1560—1627年），古典学家，辑有《古罗马古文物铭文集》。——谭注

③ 博丹，J. J.（1530—1596年），法国卓越的历史哲学家，第一个用哲学观点来考察历史。著有《理解历史的简易方法》。他认为历史是一有秩序的向前发展的过程。他将人类史，按照其中心地区分为东方、地中海沿岸及北欧三个阶段，强调地理条件对历史运动的决定性作用。这些观点对后代思想家有很大的影响。——谭注

④ 斯宾诺莎，B.（1632—1677年），杰出的荷兰哲学家，唯物主义者和无神论者。对《圣经·旧约》进行过批判性研究，认为《创世记》非一人一时之作，《摩西五经》非摩西所作。——谭注

⑤ 西门神父，S. R.（1638—1712年），法国神学家，圣经学家。——谭注

开始运用批判方法来对待犹太教的经文时，曾惹起博絮埃的暴怒。劳诺瓦[①]由于无情地处理殉道者的记录而招来“圣徒的捣巢人”的称号。佩里佐尼厄斯[②]提出，早期罗马史近似传奇。尤其重要的，马比荣以其《古文书学》(1681 年出版)奠定了拉丁古文书科学的基础。

到了 18 世纪，历史研究的领域迅速扩大了。研究者们不断地进行搜集资料的工作；研究者对权威与传统采取了更多的批判态度；最早的用文学体裁叙述的历史编写出来了；而对于文明现象，也第一次认真地企图作出解释。现在就让我们按照这四个方面来看一看 18 世纪的作品吧。

在学识的积累方面，法国本尼迪特教派保持了他们在 17 世纪所建立的优越地位。鲁伊那尔[③]仔细审查了早期殉道者的记录；蒙福孔[④]奠定了希腊古文学与古典考古学的基础；布凯[⑤]汇集了有关法国历史家的作品；克莱芒[⑥]在其《年代考证法》里，编辑了最早的收罗广泛的历史编年表；圣马尔泰[⑦]撰述了基督教高

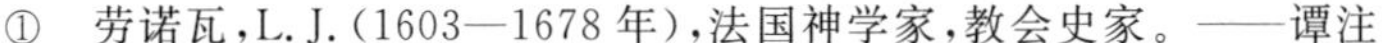

① 劳诺瓦，L. J.（1603—1678 年），法国神学家，教会史家。——谭注

② 佩里佐尼厄斯，真名 Voorbroek，J.（1651—1751 年），荷兰古典语言学家，考据学家，批判地研究早期罗马史料，对其真实性提出了怀疑。——谭注

③ 鲁伊那尔，D. T.（1657—1709 年），穆尔僧团教士，编有有关殉道者的原始资料集。——谭注

④ 蒙福孔，B.（1655—1741 年），穆尔僧团教士，有名的博学派学者，编著有《希腊古文字学》、《古迹图解》（十五册）等。——谭注

⑤ 布凯，D. M.（1685—1749 年），主编《高卢及法兰西历史家选集》，一卷。后人续编至大革命前完成，共十四卷。——谭注

⑥ 克莱芒，F.（1714—1793 年），法国年代学家。——谭注

⑦ 圣马尔泰（1572—1650 年），法国年代学家、历史学家。——谭注

卢诸省的历史；韦塞特和德维克编辑了朗格多克编年史[1]；里韦特开始了那部至今仍在继续编写的巨著：《法国文学史》[2]。这批学者，当他们四周的一切正在变化的时候，还在安静地进行研究，自得其乐，直到法国大革命把他们扫除为止。穆拉托里[3]以搜集意大利历史资料、编辑意大利编年史和论述意大利古文物的艰巨工作而获得了同马比荣并列的地位。至于蒂拉博斯基[4]所编的意大利文学史，直到现在不但没有可以与之媲美的，而且也没有能与之接近的。在德国，莱布尼茨[5]搜集布伦斯威克家族的早期记录并开始撰写《圭尔夫派的起源》，这部书在其死后很久才告完成。奥地利耶稣会徒埃克尔[6]毕生致力于古币的搜集和分类工作。在 17 世纪晚期和 18 世纪初期的英国，沃顿和斯特赖普、赫恩和马多克斯、希克斯、赖默和威尔金斯[7]继承了坦纳与达格代

① 朗格多克，在法国南部有本尼迪特派修道院，所修之《朗格多克通史》五卷，1730—1745 年出版。后代学者续事增修，自 1843 年开始至 1905 年出齐，共十六卷。——谭注

② 由里韦特开始主编的《法国文学史》系一多卷本集体著作。自 1733 年开始出版至 1949 年出齐共三十八卷，此书不仅是文学史而且是史料集。——谭注

③ 穆拉托里，L. A.（1672—1751 年），意大利杰出的博学派史学家，编著有《500—1500 年的意大利历史家》共二十五卷，《意大利中世纪文物》，《意大利编年史》等。——谭注

④ 蒂拉博斯基，G.（1731—1794 年），意大利耶稣会教士，博学派学者。——谭注

⑤ 莱布尼茨（1646—1716 年），有名的德意志哲学家，兼治历史。他的历史著作《布伦斯威克家族史》原拟叙述这一家族的始末，后来扩大范围，写成了帝国西部，特别是巴伐利亚和萨克逊的圭尔夫派史，只完成了第一卷。——谭注

⑥ 埃克尔（1737—1798 年），奥古币学家，近代古币学的创立者，著有《古币论》，共八卷。——谭注

⑦ 沃顿，H.（1664—1694 年），英国教会史史学家；斯特赖普，J.（1643—1737 年），撰有《英国宗教改革编年史》；赫恩，T.（1678—1735 年），文献学家；马多克斯，T.（1666—1727 年），撰有《国库的历史与文物》；希克斯，G.（1612—1715 年），被认为是

尔[①]的传统，使得人们有可能搞清楚中世纪的历史。[②]这些人的渊博学识从来没有人能够超越，而他们的著作也依然是严肃的研究者必须经常向之求教的学问宝库。

虽然这些大搜集家们很少使用批判的方法来验证他们的资 6
料，可是学者们却开始更自由地鉴别史料与传统了。在18世纪的前夕，本特利已揭穿《法勒里斯的书信》[③]的伪造性。而在18世纪里，阿斯特律克[④]已发现《创纪记》的混合性；赖马鲁斯与塞姆勒[⑤]始创了对《福音书》的评论性讨论，而维科[⑥]则对荷马诗篇的协调性提出了怀疑。法国铭文与文学学院成员撰稿编成的《论文集》以及由此而引起的辩论[⑦]，取得了有价值的成果。关于罗马早期记录的可靠程度的长期讨论，激起了人们极大的兴趣。这项讨论是

盎格鲁-撒克逊的语言学、历史学奠基人之一；赖默，T.（1641—1713年），曾任王家史官，编辑出版了多种古文献；威尔金斯，D.（1685—1745年），英国中世纪史学家。——谭注

① 坦纳，T.（1674—1735年），英国主教，以搜集史料，编撰历史家词典而知名。达格代尔，W.（1625—1685年），英国贵族，长期致力于历史考古与史料搜集工作。——谭注

② 道格拉斯的出色著作：《英国学者》，1939年，描写了从1660年到1730年的伟大资料搜集家。——原注

③ 法勒里斯（约公元前570—554年），西西里岛上阿格里琴托（Agrigento）城的暴君，以极端残暴著名。英国古典学家本特利，R.（1662—1742年）在他的《法勒里斯的书信》中揭出，有 百四十八封有他署名的书信是伪制的。——译者

④ 阿斯特律克，J.（1684—1766年），法国医生，圣经学家。——谭注

⑤ 赖马鲁斯，H. S.（1694—1766年），德意志古典学家；塞姆勒，J. S.（1725—1791年），德意志神学家。——谭注

⑥ 维科，G. B.（1668—1744年），伟大的意大利思想家，是西方第一个把人类历史看作有规律的过程，并予以系统论证的历史哲学家。对民俗、宗教、神话、语言、文学等均有深刻的研究，认为《荷马史诗》非一人一时之作，而是古希腊人长时期的集体的创作。所著《新科学》为传世名篇。——谭注

⑦ 参阅穆利著《古老的铭文与文学学院》，1864年。——原注

1722年由普伊利①首倡的。他大胆宣布，在皮洛士②的著述出现前的罗马史都不是完全可靠的。修道院长萨利埃觉察到这种看法对宗教的危险性，因而诽谤普伊利，说他是一个无神论者。弗雷雷③出来充当调人，他提出，真慎往往是与神话混合在一起的。对于这个问题，博福尔作了一番独立的探讨；他关于早期罗马史之不确实性的著作，证实了普伊利的结论④，并预示了后来尼布尔的论点。铭文与文学学院对形成批判方法的贡献，绝不仅限于这些辩论。学院的杰出的秘书弗雷雷把一切古文化包括于其研究领域内，因此他的编年表超出了斯卡利吉尔和佩塔微⑤的研究范围，而分析了希腊神话的来源。同时，他对东方语言的研究也值得他怀疑印欧系诸种族间的血缘关系。梯叶里宣称："如果他能享有我们现在所有的自由，关于我们的制度和社会起源的科学一定会早在一个世纪以前就产生了。"在18世纪的后半期，由于赫鸠雷尼阿古城⑥的部分的发掘的推动，学院把大部分注意力放在考古学方面，因而德布罗斯与巴泰勒尔密在温克尔曼⑦越过阿尔卑斯山之前即

① 普伊利，L.（1691—1750年），法国史学家，首先怀疑早期罗马史学家的作品，认为恢复共和以前的罗马史真相是不可能的。——谭注

② 皮洛士（公元前319—前272年），伊皮罗斯王，曾与意大利希腊殖民地联合对抗罗马，最后为罗马人击败。——谭注

③ 弗雷雷，N.（1688—1749年），法国古典学家、年代学家。——谭注

④ 博福尔，L.（死于1795年），法国史学家。他从有关早期罗马史诸记载的歧异，推论公元前3世纪以前的罗马史是以传说资料为依据，因而是不可信从的。——谭注

⑤ 佩塔微，D.（1583—1652年），法国神学家、年代学家。——谭注

⑥ 赫鸠雷尼阿，在那不勒斯湾附近，公元79年威苏维火山爆发与庞培城同时被埋没。1738年以来，法国古典学家德布罗斯，巴泰勒尔密等，先后进行发掘，发现希腊古庙及珍贵文物甚多。——谭注

⑦ 温克尔曼，J. J.（1717—1768年），著名的德国艺术史家、考古学家，所著《古代

已从意大利带回了有价值的研究成果。

批判性的历史研究，由于那种使18世纪获得“理性主义时代”称号的学术风气大转变而得到助益。17世纪曾偶尔出现怀疑主义思潮，但由于担心受到当世的惩罚而没有发展起来。在18世纪初叶，曾经有一股冷风刮过欧洲，而在它的中期，启蒙运动却又是旭日当空了。在丰特内尔在世的时期内①，法国即已从博絮埃的天下转移到伏尔泰的时代，从波特-罗雅尔派得势转变为百科全书派盛行了。于是，对现行制度和对传统信仰的批判互相影响着。
培尔②始倡了以怀疑眼光看待史料和传统的风尚，然而对过去的 7
一切采取崭新态度的，则主要是伏尔泰。培尔是怀疑主义者，而伏尔泰是理性主义者。认为只有真心维护理性的威力和尊严的人才能推翻权威的沉重压力。所以尽管伏尔泰在学问和道德方面有其缺欠，他在那些为历史科学铺平道路的重要人物中仍应享有崇高的地位。伏尔泰以其犀利的智慧，驰骋于迄未受到批判精神挑战的广阔领域，沉重地打击了盲目轻信的风气，而打击盲目轻信之风，仅凭博学是无能为力的。

在17世纪出现了一些有高度价值的著作，它们或者涉及作者亲身经历的事件，或者讲的是他们那个时代前不久的时期。这些

艺术史》二卷(1764年)对古典世界研究及文化史有很大的影响。1758年温克尔曼由德意志前往意大利进行考古调查。——谭注

① 丰特内尔(Fontenelle，1657—1757年)，法国哲学家和作家。他以理性作为反对宗教权威和封建统治的武器，提倡科学实验精神，肯定人类社会运动的进步性，是法国启蒙思想家的先驱之一。——谭注

② 培尔，P.(1647—1706年)，法国史学家，持怀疑主义历史观点，认为史学家当时的观点与所记的事实往往有很大的差异，对从《李维罗马史》到教会历史提出了批

作者是：萨尔皮[1]和帕拉维奇尼、达维拉、多比涅和德图[2]、克拉伦敦和伯内特[3]、霍夫特和普芬多夫[4]。到了18世纪，休谟编写了一部文字精练的英国史[5]；罗伯逊[6]撰写了一部虽不流畅易读，但更具有学术性的苏格兰史。埃诺[7]所编的法国编年简史在西斯蒙第的著作出现前一直是法国人向之吸取营养的知识宝库。马斯科夫记述了德国人的命运[8]；约翰内斯·缪勒写下了瑞士各州的史

判。所著《历史批判词典》对西方史学颇有影响。——谭注

① 萨尔皮，P.（1552—1623年），威尼斯教士，有开明思想，反对教皇专制，著有《特兰托宗教会议史》，对教廷及教会黑暗，所多揭露。后被逐出教会，并被暗杀。帕拉维奇尼，S.（1607—1667年），枢机主教，著《特兰托宗教会议史》反驳萨尔皮书。——谭注

② 达维拉，G. G.（1577—1658年），著有《传道文集》，记天主教士在美洲土著中布道及印第安人宗教信仰情况。多比涅，M.（1794—1872年），法国新教徒，撰有《欧洲宗教改革史》、《法国宗教改革史》等书。德图，A.（1553—1617年），法国人文主义者，其历史观念、仍受神学史观支配，倾向于调和新旧教矛盾，著有《我们时代的历史》等。——谭注

③ 克拉伦敦伯爵，名海德，E.（1608—1674年），英国王党贵族，著有《英国大叛乱史》攻击革命。伯内特，G.（1643—1715年），英国国教牧师，奥伦治·威廉的亲信，著有《我这个时代的历史》，赞扬"光荣革命"。他们两人分别代表了早期的托利派和辉格派史学观点。

④ 霍夫特，P. C.（1581—1647年），荷兰人文主义者，诗人、戏剧家、历史家。译塔西佗史学著作为荷兰文，著有《十六世纪前半叶荷兰史》、《亨利四世本纪》、《美第奇家族史》等。普芬多夫，S.（1632—1694年），德意志人文主义者，著有《欧洲主要强国历史导论》、《瑞典史》及瑞典国王查理十世、大选侯腓特烈、威廉等人传记。——谭注

⑤ 休谟，D.（1711—1776年），著名的英国主观唯心主义哲学家、经济学家、史学家。著有《自恺撒入侵至1688年革命的英国史》共六卷，持托利派史学观点。——谭注

⑥ 罗伯逊，W.（1721—1793年），英国理性主义史学家，著有《苏格兰史》、《查理五世皇帝统治时期史》等。——谭注

⑦ 埃诺，G.（1685—1770年），法国史学家，著有《法国编年史纲要》，是法国第一部简明通史。——谭注

⑧ 马斯科夫，J. J.（1689—1761年），德意志史学家，著有《古代日耳曼人史》，记自古代至墨洛温朝欧洲日耳曼人的生活、风习、政治、历史情况。——谭注

诗[①]；施勒策尔叙述了斯拉夫欧洲的历史[②]；普特尔阐述了神圣罗马帝国的制度[③]。切拉里抛弃了关于五帝国史的史家传统体系[④]，这种体系曾阻碍文明发展的合理概念的形成。一批不知名的英国作家编成了一部详尽的世界史[⑤]，这部世界史虽缺少文学的价值，但汇集了大量不易获得的资料；而这部史书(以译本和缩本的形式留传)保持了它的独特地位，直到差不多一百年之后罗特克与施洛塞尔的著作方取而代之[⑥]为止。尤其重要的，吉本的著作[⑦]在古代世界与近代世界之间搭起了一座桥梁；它迄今仍是各民族的通衢大道；并在罗马帝国的其他建筑物都久已变成废墟之后，仍然屹立着[⑧]。

虽然国家的历史自然而然地构成了主要的研究对象，但人类

① 约翰内斯·缪勒(1752—1809年)，德意志史学家，所著《瑞士联邦史》是其代表作。——谭注

② 施勒策尔，A. L.(1735—1809年)，德国理性主义史学家，戈廷根史学的代表人物之一，著有《俄国史》、《北欧通史》等。——谭注

③ 普特尔，J. S.(1725—1807年)，德意志史学家，以研究德意志公法及帝国政治制度史知名。——谭注

④ 切拉里(Cellarius，C. 1634—1717年)，荷兰人文主义者，钻研年代学，第一次摈弃了教会史学沿袭的"五帝国"(亚述、巴比伦—米太—波斯帝国—希腊、马其顿、罗马—神圣罗马帝国)历史分期法，将世界史分为古代、中世纪、近代三阶段，为后来西方史学分期之所本。——校者

⑤ 书名《世界史：从最早著录的时代至当代》(1736—1765年)。——谭注

⑥ 罗特克，K. V.(1775—1840年)，有自由思想的德国史学家，著有《世界史》。施洛塞尔，F. C.(1776—1861年)，德国自由主义史学家，著有《世界史》十九卷，系未完成之作。——谭注

⑦ 吉本，E.(1737—1794年)，18世纪英国最杰出的，有启蒙思想的史学家，其代表作《罗马帝国衰亡史》不仅代表了当时的最高水平，而且是世界史学的辉煌巨著。——谭注

⑧ 关于吉本，参阅伯里的《罗马衰亡史》导论，1896年；扬(G. M. Young)，《论吉本》，1948年。由D. M. 洛所编辑的《吉本的日记》(1929年)可以用作吉本所著《自传与通信集》(1896年)的补充读物。——原注

生活的其他方面也开始吸引学者们注意。第一部总括性的教会史是由莫斯海姆[①]在哥廷根大学的平静气氛里编成的。艺术是文明的产物与镜子；这个观点在温克尔曼笔下第一次得到了适当的论述；歌特称他是一位新的哥伦布。莫泽尔[②]在其《奥斯那布吕克
8 史》里，最先运用了社会学研究法；赫尔德[③]说他以德意志人的思想与情感编写了第一部德意志人的历史。尤其重要的，伏尔泰创立了一个后来被称为“文化史”的新的类型。他的《路易十四时代》是第一幅描绘一个文明国家的多种生活形式的图画。他在几年后，写的《论风俗》(*Essai sur les Mœurs*)[④]描述了从查理大帝起到路易十三时代止欧洲的道德、社会、经济、艺术与文学生活。他宣称，他的主题是人类思想的历史。他要追述从中世纪的野蛮时期到他那个时代的文明社会所经过的各个阶段，以阐明启蒙运动和社会教养是如何形成的。他的文笔既华丽，处理方法又新颖，两者加起来使得他这部比18世纪所有其他著作都更能扩大历史研究眼界的书籍流传得越来越广。启蒙时期的历史学尽管有极其明显的缺点，却标志着真正的进步。它结束了那个单纯汇编史料的时代。它把历史的范围从记录事件扩大到论述文明。它企图把批

① 莫斯海姆，J. L.（1693—1735年），新教神学家，哥廷根大学首任校长，以专治教会史知名。著有《教会史原理》二卷。——谭注

② 莫泽尔，J.（1720—1794年），有强烈民族主义思想的德意志史学家，其代表作《奥斯那布吕克史》写的是德意志西部一个地区的历史，被认为是第一部德意志人民史，第一部社会经济史和宪政史。——谭注

③ 赫尔德，J. G.（1774—1803年），德意志启蒙思想家，对哲学、历史、语言学、文艺理论均有研究，试图建立自己的历史哲学体系，探讨社会历史演进的规律。他的思想对欧洲，尤其是德国的文学、艺术和人文科学很有影响。——谭注

④ 此书的全名是：《论世界历史，及各民族之风俗与精神：自查理大帝至当代》，共七卷，1756年。——谭注

判的标准和社会学的方法引入史学的领域。

最后，在18世纪，在用哲学来解释人类生活方面大大地前进了一步①。培根的格言“古代时期是少年世界”中所包含的有关进步的概念，后来由巴斯卡②予以发展；后者说：必须把在时代演变的整个过程中世代相传的人类看作是一个永远生存，不断学习的人那样。佩罗③在关于古代人与近代人的论战里主张，我们不但应该称颂古典世界的成绩，而且应该把我们后来学到的一切增添进去，使之臻于完善。他巧妙地比喻说，中世纪时代〔文明〕的中断只是表面现象，就像一条大河在地下流了一段路程那样。丰特内尔认为：虽然一个民族像一个人的生命一样，要经历各个阶段，但它不会衰退。他的科学研究确实启示了他：在人类历史的运动和“掌握整个自然界的伟大而普遍的运动”之间存在着某种联系。人类可臻于完善境地的理论，正适应了当时新产生的对人类的热情，在整个18世纪，从初期的修道院长圣皮埃尔④直到末期的戈德温、⑤孔多塞⑥和“开明派”⑦身上，都可以看到这种热情。

---

① 参阅德尔瓦耶的巨著：《论进步观念的历史》1910年；伯里，《进步的观念》，1920年；和卡希勒，《启蒙运动的哲学》，1932年。——原注

② 巴斯卡，B.（1623—1662年），法国杰出的科学家、哲学家和散文家。——谭注

③ 佩罗（Charles Perrault，1628—1703年），法国作家在他的诗篇《路易十四的时代》中附带表示了贬低古典著作之意，引起布瓦洛（Boileau）和佩罗之间关于古人与今人的价值历时十二年之久的论战。在这方面佩罗著有《古人与今人的比较》。——译者

④ 圣皮埃尔深信历史的进步性，认为他所处的时代优于柏拉图的时代，并寄希望于明智的政府来引导社会前进。——谭注

⑤ 戈德温，W.（1756—1836年），英国小资产阶级民主派理性主义思想家、史学家。——谭注

⑥ 孔多塞，J. A.（1743—1794年），法国思想家，坚持理性主义和社会进步思想。他认为法国大革命将引导人类进入文明幸福的历史时期。——谭注

⑦ 1776年由威斯豪普特（A. Weishaupt）发起的会社，主张进行社会改革，使人类与社会达到完善地步。——译者

这些说法只不过是乐观希望的表达，而不是经过哲学思考而
9 推断出来的结论。在莱布尼茨发表他的进化论之前，不可能有理性史观。我们在莱布尼茨的《新论文集》里读到："任何事情不是突然而来的；自然界的运动也从来不是跳跃式的。我把这个叫作延续法则。以我们自己为起点，向下看，一直看到最低级的动物，可以看出这是一个逐步下降的过程，是一系列延续着的，互相之间差距很小的东西，比如有翅的鱼类、同植物很近似的动物，还有，似乎具有某些人类理性的动物。"自然界是小步前进的，人类同样也是在缓慢而又艰难地向前移动。孤独的那不勒斯思想家维科，在他的《新科学》[①]里讨论变化的法则时，把历史演变过程当作一种自然现象来看待[②]。"最初有森林，后来有了茅舍，然后有村庄，然后有城市，最后才有学院。"这个原则由杜阁[③]在巴黎大学（索蓬）关于人类智慧的不断进步的演讲里作了进一步的发挥。他用极其完备的语句宣称，历史是人类通过衰落与复兴永远前进的过程，每个时代同先行的时代和后来的时代同样都是互相联系着的，杜阁走在孔德[④]之前，业已提出人类思想在对现实的逐步理解中要经过三个状态的法则[⑤]。进步的意义，绝不会局限于人类本性的逐步演进与提高，而是物质财富、精神开化与美德三方面的共同进步。库然称杜阁是历史哲学的创始人；的确再没有比他更应获得这个称号的了。将近18世纪的末期，德国人又为进步论作出了

① 此书的全名是：《关于民族共同性的新科学原理》（1725年）。——谭注

② 参阅H.P.亚当斯，《维科传》，1935年。——原注

③ 杜阁，A.R.J.（1727—1781年），法国启蒙思想家，对社会历史运动提出了系统的看法。——谭注

④ 孔德，A.（1798—1857年），实证主义哲学和社会学的创始人。——谭注

⑤ 指神学状态、形而上学状态与实证状态。——译者

进一步的贡献。莱辛[1]在他的晚年，像是从高耸的瞭望塔上俯视了历史的全景，把他的印象记在他的《人类的教育》内的意味深长的格言里。他宣称：人类智慧本身的力量比影响并形成它的任何一种力量都更加强大。宗教是一种连续不断的启示，而各种宗教则是人类在进步过程中所使用的课本，每一种宗教在发展的某一个阶段对人类有助益，但没有一种是登峰造极的。这是没有巴斯卡神学体系的巴斯卡思想[2]。但在研究进步的条件与性质方面，最详尽的论著要算赫尔德的《关于人类历史的观念》一书。赫尔德因为深深感受到宇宙因素的影响，强调在人类的历史和自然界中存在着类似的法则[3]。在本世纪末期，伯克[4]在其《关于法国革命的感想》一书中宣称，历史生活是有机的延续，而每个时代都受到它先行时代的恩惠。

人们除了探讨历史进步的性质外，还认真地试图解释构成文 10
明的各种具体因素。孟德斯鸠本身是一位法学家，他研究了法律与制度的起源和影响，认为不能按照抽象的原则来评定法律和制度，而必须看它们是否适合特定的时间与地点。对历史发展中经济因素的研究，也是同样重要的。休谟在其《论文集》中已概括出某些有启发性的社会学的理论。但是，把国家的盛衰同经济资源

① 莱辛，G. E.（1729—1781 年），德意志著名的哲学家、文学家。——谭注

② 巴斯卡认为单靠科学不能找到最后的真理，不相信理性可以证明上帝的存在，强调人类心灵具有理性所不具备的理性，只有心灵可以感知上帝。——谭注

③ 参阅海姆的巨著，两卷本的名人传记（1877—1885 年）。——原注

④ 伯克，E.（1727—1797 年），英国著名的保守派政治家、思想家。他强调历史运动的延续性、渐进性和不同国家的民族特性；反对法国启蒙思想和 1789 年革命，赞美英国的社会政治制度和“光荣革命”，同情北美独立和波兰、印度的民族斗争。他的思想对西方史学和政治学说的发展均有影响。——谭注

和经济政策联系起来,则应归功于亚当·斯密。在一代人的时间以后,马尔萨斯根据周密的历史归纳法,创立了人口法则。

尽管在18世纪像上面所说的那样完成了卓越而又有持久价值的著作,但仍然存在着若干不利于真正的历史科学成长的障碍。第一,启蒙运动的精神不利于历史感的形成。在17世纪,对神学的热忱已逐步下降;博絮埃的《世界史》可以看作是神学时代的最后一部重要著作。但历史在世俗化以后,它的历程中出现了新的和同样严重的危险。人们崇拜抽象与绝对的准则;看不到不同时代的不同气氛和观点;热衷于政治与哲学的宣传,这一切都妨害了耐心的研究和客观的探索[①],只有少数个别思想家,具有历史延续性的观念。当时更为流行的社会契约论(主张人的行动应是有意识的行动)和自然法则论(以原始社会为理想),都给历史研究带来了消极的影响。法国大革命傲然蔑视过去,就像在睡梦中摆脱了压在身上的梦魇那样。所以,这个时代的趋势鼓励作家满足于肤浅的探究和轻率的概括性论断。波林勃洛克[②]提倡为了有益于政治而研究近代史,但他谴责学术性的研究是搞无用的学问。罗伯逊不懂德文而撰写《查理五世传》。在这个世纪有些最受欢迎的著作,如席勒关于三十年战争的著述,却是学识浅薄,判断力不强的产品。

启蒙运动的局限性,在它对待宗教观念和中世纪问题上,最为

① 参阅迈内克的杰作:《历史主义的兴起》,两卷(1936年)和迪尔泰的《文集》第三卷中《十八世纪与史学界》一文。——原注

② 波林勃洛克,H. St. J.(1678—1751年),英国王党政治家、史学家。他认为历史具有直接的实用价值,近现代史更能为政治家和公民服务,而博学派的校勘考订工作,只不过是好古兴趣的表现。——谭注

明显。那时，关于希腊与罗马的知识相当普遍，部分原因在于受过教育的阶级熟悉古典文学，同时也是因为古代世界的观念与制度给改革家提供了启示。但中世纪却像天书一样难以理解，这不仅 11
对于自然神论者和理性主义者是这样，对于三位一体论者也是这样。而且，无论是信仰者还是怀疑者，都不喜欢“热情”。休谟根本无视盎格鲁-撒克逊世纪，即形成英国的时代，认为那只不过是老鹰与乌鸦之战的时代。伏尔泰认为，研究早期中世纪的历史就像研究狼与熊的活动，是没有价值的。他在其《〔奥尔良〕姑娘》里暴露了对中世纪基督教世界的不理解。罗伯逊的著名的《查理五世传》导言则沾有愚昧的轻蔑态度的污点。吉本轻视宗教情感和信仰，所以他在漫长的历程中看不到许多最重要的人和事的意义。他的不朽功绩在于表明了罗马帝国是怎样生存下去的，但关于罗马帝国在其中继续残存着的那个新世界，他和其他的人一样，都懂得很少。只是到了那个世纪的末期，对中世纪的同情才随着浪漫主义运动像潮水般地涌现出来。

第二个缺点是，对待权威作者和他们提供的史料方面缺少批判能力。关于法国的几部历史都是以详述法拉蒙德[①]的故事作为开篇的；罗兰[②]写的历史则是重写了李维[③]的著作。在约翰内斯·缪勒看来，所有编年史和典章，只要是古老的，都是一样地有价值；

① 法拉蒙德(Pharamond)，传说中的人物，据说是法兰克人墨洛温朝的第一个国王。——译者

② 罗兰，C.(1661—1741年)，法国史学家。——谭注

③ 李维(公元前59—公元17年)，古罗马大史学家，著有《罗马史》一百四十二卷，今存三十余卷。——谭注

他的出名，主要因为他生动地译述了楚迪[1]的爱国故事。只要怀疑主义存在，它往往是和轻信一样地毫无批判。拉莫特[2]在他关于历史不确定性的《论文》里说，聪明人除了神示的真理外，什么也不相信。培尔既是理性的敌人，也是信仰的敌人。饱学的耶稣会徒哈杜因[3]甚至认为古代世界的历史是 13 世纪的修道士编造出来的，他们是修昔底德[4]、李维与塔西佗的著作的真正作者。尽管有了马比荣，但研究方法还处在童蒙阶段。

历史研究没有重大进步的第三个原因，是几乎不存在历史教学。的确，历史已被承认是统治者的必要教育。博絮埃说：历史是君主的顾问官，并为了教导王子们而编写了《世界史》。费纳隆也为勃艮第公爵撰写了《查理大帝》[5]。而《列强史》则是专门为了年轻的约瑟夫二世编写的。但另一方面，在法王亨利四世批准的巴黎大学规程里，却没有提及历史课程；在耶稣会徒（他们是半个欧洲的教师）的课程表里，也没有历史课程。费纳隆在其《女子教育概论》一书内，也不给历史课程任何地位。笛卡儿派藐视历史，马
12 勒伯朗士[6]声称，形而上学中的一项原则所包含的真理就比一切

---

① 楚迪（Tschudi，Aegidius，1505—1572 年），瑞士历史家，被称为“瑞士史学之父”。著有《瑞士编年史》，但其中很多材料不正确，甚至是伪造的。——译者

② 拉莫特（le Vayer，1588—1672 年），法国作家、哲学家。——谭注

③ 哈杜因，J.（1646—1729 年），法国史学家，著有《古典批判导论》，怀疑古希腊罗马历史文献的真实性，对后代颇有影响。——谭注

④ 修昔底德（约公元前 460—约公元前 395 年），古希腊卓越的史学家，所著《伯罗奔尼撒战争史》反映了作者的求实精神和严谨的批判态度，是后世西方史学家学习的典范。——谭注

⑤ 费纳隆，M.（1651—1715 年），法国神学家、作家。1689 年受任为路易十四之孙路易（勃艮第公爵）之傅，编写历史、寓言、小说作为教材。——谭注

⑥ 马勒伯朗士（1638—1715 年），法国怀疑派哲学家。——谭注

历史书所包含的真理还多。儿童不得不在不知历史为何物的环境中成长，这种情况曾偶然引起过抗议。费勒里[①]表示他希望每个人都应知道他的城市和省份的历史。罗兰慨叹说，在学校中竟没有安排讲授法国史的时间，而“不知道历史，是每个善良的法国人的耻辱，”他还说，他觉得自己虽然身在祖国，却像一个外国人一样。达朗贝尔[②]声称，儿童在离开学校时对祖国的历史茫然无知，是一件丑事。当然，也有少数个别的人，曾试图传授历史知识。英王乔治一世曾在〔牛津与剑桥〕两所大学内设立近代史讲座，但教授们，包括诗人格雷在内，很少讲课或从来不讲。在法国，直到1769年法国学院设立历史和伦理学讲座后，才承认了历史课有权同较老的科学处于平等地位。德意志的青年在历史教学方面，情况较好，1757年哥廷根大学创立后，高级历史课程开始设立，并由公认为有资格的学者担任教授；关于这批学者的影响，将在下文叙述。

第四个缺点是，在利用文献与宣布研究结果方面所受到的限制。旅行的费用和风险已给研究者在查阅所需要的资料上造成困难，而由于档案所有人似守财奴般地不愿以其宝藏示人，他的困难就更大了。手稿被认为是对于决定法律和先例的实际问题有用的。1729年在东弗里斯兰，有一个档案管理员在接受委派的时候，他的雇主告诉他说，“在知道了我们家族的秘密之后，必须把它们带进坟墓里去，不得向任何人泄露。”斯图加特的档案是任何人

---

① 费勒里，A. H.（1653—1743年），法国枢机主教、政治家、历史家，著有《教会史》共二十卷、《论历史》等。——谭注

② 达朗贝尔，（1717—1783年），18世纪法国启蒙思想家，曾任《百科全书》主编。——谭注

不能使用的，除非得到公爵的特许。“宫廷史官”的头衔具有一个
真正的意义，那就是，领有这个头衔的人是王朝的光荣与尊严的保
护人。正是在这种精神下，普芬多夫受命编写《大选侯传》；莱布尼
茨受命研究布伦斯威克家族的起源。当穆拉托里为编纂《作家
集》[①]而搜集资料的时候，有几位意大利王公曾拒绝他查阅他们的
档案，理由是：他可能会找到一些否定他们的领土权利的论据。而
且偶一失足，就可能毁掉一个人一生的事业。例如，詹姆斯派的卡
特在一个附注内提到，一个英国人的瘰疬症由于“僭望王位者”的
抚摸而获得痊愈[②]。于是，伦敦市参议会授给他的补助金被撤销，
而他的著作也不让出售了。历史家的职业几乎同新闻记者一样的
13 危险。一个老投石党人梅泽雷，由于对路易十四的先人的财政措
施作了一些批评，而被剥夺了养老金。姜诺内为了他的那不勒斯
王国史而被流放，后来死于狱中。弗雷雷因为主张法兰克人不属
于高卢族，而被投入巴士底狱。丹尼尔神父受到猛烈的攻击，因为
他在著作中不提法拉蒙德及其他传说中的英雄人物，即一般所称
法国的最初四王，而修道院长维里却认为有必要把他们重新捧上
王位。在奥地利，书报检查制度在玛丽亚·特蕾萨长期统治时期
执行得特别严厉，外国书籍几乎全部禁止进口。在皇帝约瑟夫继
他母亲登位后，出现了一个短暂的开明时期，但在他逝世后，蒙昧
主义又卷土重来了。

历史家除了从世俗检查制度中遇到危险外，还会在天主教国

① 此书全名为《公元500年至1500年的意大利历史家》共二十八卷，系一巨型文献汇编。在西方史学界享有盛誉。——谭注

② 关于瘰疬症（King's evil），过去在英国曾传说该症可由帝王手抚而治愈。——谭注

家里遇到教会的强权。《禁书目录》和宗教裁判所产生了僵化作用，这在思想和科学的领域内虽然感受得最为直接，但对客观的历史研究，同样也是危害极大的。对天主教的虔诚信仰，也不能使人免受指控和定罪；甚至穆拉托里也只有在他的朋友，教皇本尼迪特十四的干涉下，才得到解救。要想认清检查制度所起的窒息作用，那就必须记住：由于害怕惩罚而没有写出来的著作同遭到检查制度扼杀的著作，可能同样的多。这样看来，让人们能够既勇敢又公正地说出真实情况的条件是少有的，而了解真实情况的意愿和发现真实情况所需的关键性设备也同样罕见。至于思想和言论的自由、对不同时代的深入观察以及历史科学所依靠的公正气质，那还有待于19世纪——第二次文艺复兴的时代——初期北德意志的伟大学者的努力。

14 第二章　尼　布　尔

近代史学史中第一个有权威的人物是尼布尔[①]；他把处于从属地位的史学提高为一门尊严的独立科学；他的崇高人格成为后一代伟大历史家的典范或鼓舞力量。对于他的思想和性格的形成，他的父亲给予了最早的和最深刻的影响。老尼布尔是一位大旅行家，也是当时最杰出的人物之一。在他被选派参加丹麦国王派遣的考察队以后，他以少有的毅力学习语言并研究古代东方的历史。他先在埃及待了一年，然后在叙利亚和阿拉伯半岛作了长

90 期逗留，以后又游历印度，从那里经波斯、巴格达和巴勒斯坦回国。在他的独生子诞生前后的几年中，他整理并出版了他的游记。他渊博和精确的学识和他对未知或陌生地区的知识，使他的巨著立即获得了成功，传遍欧洲的每个国家。当巴托尔德〔尼布尔〕在18世纪最后一年住在英国的时候，他很高兴地知道他父亲的名字已是家喻户晓。他决心要成为无愧其父的人。

---

① 《尼布尔的生活与书信》(英文版，1853年)是最生动的传记之一。克拉森著《尼布尔》是一部最好的简传(1876年出版)。埃森哈特著《尼布尔传》(1886年)；利贝尔著《关于尼布尔的回忆》(1835年)；《全德名人传记集》所载尼森的文章以及奥托·梅耶尔的讲稿(见他的《传记集》，1886年)都是重要作品。尼布尔《通讯集》新版，由格哈特和诺尔文主编，共二卷于1926—1929年出版。关于近代德国历史学的最好概述有：贝洛的《解放战争以来的德国历史学》(1924年)；阿克顿的《德国历史学派》(载于他所著《历史研究》)和斯尔比克所著《从德国人文主义运动直至今日的精神与历史》(1950年)。——原注

这位罗马史学家撰写的他父亲卡斯顿·尼布尔的略传，有助于了解他自己的青年生活和早期学习情况。“他教导我们学习地理和历史、法文、英文和数学，并帮助我学习拉丁文。当我阅读恺撒的著作时，他就把当维尔的古代的高卢地图摊在书桌上；而我必 15
须找出每个地方。”儿子临睡前坐在他膝上的时候，他经常给他讲东方的故事，不讲神怪小说。因此孩子很快就熟悉了穆罕默德、早期哈里发、伊斯兰教的传布和土耳其人的崛起，十岁的时候就写了关于非洲历史地理的文章。这同穆勒《自传》里人们熟知的情景非常相似。两位父亲都在儿子年幼的时候就成功地灌输了大量知识，使他们比别的孩子早十年进入智慧上的成年时期。所不同的是尼布尔没有经历一场强烈的情感危机。[①] 这位历史家虽然和那位哲学家同样是少年老成，但他的青年时代是安宁而愉快的。尼布尔的近邻博伊厄，他是哥廷根诗社的成员，也是当时大多数文人的朋友。巴托尔德〔尼布尔〕后来感激地提到这个人说，“他指引给我很多东西；要不然，也许在长时期内，我会一无所知的。”博伊厄也描写过巴托尔德十五岁时的情景，说他忙于在哥本哈根图书馆内翻阅瓦罗[②]的手抄本，说他除了手抄本和不同的抄本外，什么也不想望了。十六岁时，他已是“一个知识广博和智慧成熟的小神童。他必然会成为第一流的学者”。二十岁时，他“已具有伟人的气魄”。对

① 英国著名经济学家、哲学家，J. S. 穆勒(1806—1873 年)，自幼年迄于成人，由其父经济学家詹姆士亲自教育，督促至严，使其思想观点与方法深受约束。入社会后，他接触各种思潮，耳目一新，小穆勒感到自己头脑中发生了“精神上的危机”，从此，逐渐转变为独立的思想家和激进派哲学家。——谭注

② 瓦罗(公元前 116—前 27 年)，罗马古文物学家，编著有《论拉丁语》，《罗马古文物》等。——谭注

他影响更大的，是沃斯，即荷马诗篇的译者[①]。沃斯的《奥德赛》于1781年出版，而在1782年，他就写道，尼布尔家的孩子们除了奥德赛和珀涅罗泊[②]外，别的什么也不谈。卡斯顿所欣赏的唯一诗篇是荷马诗篇，他的儿子对之也同样的热衷。尼布尔后来写道，在理解古代这一学科中，沃斯开创了一个新纪元，因为他把古代人物当作同时代人物那样来解释他们，说明他们。

卡斯顿希望儿子继续地理考察工作，但母亲反对，使这一计划未能实现，而且尼布尔对此也从无兴趣。后来，父亲决定要他成为外交家。然而，孩子很快即意识到他应做的工作是什么。十九岁时，他写下了一段令人难忘的话："如果我的名字得以流传下去，它将作为历史家与政治家，作为古典学家与语言学家而流传下去。"在基尔大学，他学习哲学、法律和历史，他对罗马的财产制度发生了兴趣。在后来几年中，他利用余暇研究古代世界的问题。尼科洛维在1797年认识了他，后来写道，"我从未见过像他这样有才干和勤奋的人。他的心灵像蜜蜂一样，它吸取我们这个丰盛时代的一切精华而从不接触毒液。"在他一举成名之前，他已赢得了学识
16 渊博的声誉。这位攻读历史的学生后来变成历史学家，是由于一系列的外部事件。根据他朋友本生的说法，"尼布尔的生活比当代其他大作家都更加密切地同当时受苦人类的最深刻的运动和挣扎联系在一起。"在离开大学后，他充任丹麦财政大臣的私人秘书。二十三岁时，他在英国进行长期考察，旨在进一步扩大他关于行政管

---

① 沃斯，J. H.（1751—1826年），德意志古典研究家，译有荷马、维吉尔等古代诗人名篇。——谭注

② 珀涅罗泊(Penelope)，奥德赛的妻子、其夫出外多年而守贞无贰。——译者

理的知识，而这次考察使他获得了对英国历史和状况的深刻了解，使得后来在他晚年访问他的人惊异不止。回到丹麦后，他参加政府工作，在六年之中一直协助指导丹麦的财政和商业政策，特别是关于丹麦殖民地的银行业务和商业。他的声誉传到了柏林，人们敦促他调换职务——当时正值普鲁士王国于耶拿战役中崩溃的前几星期。尼布尔的父母都是德意志籍，所以他接受了这项邀请。在其后的四年中，他致力于复兴普鲁士的财政。哈登贝格[①]、施坦因和普王都认为他的工作具有极高的价值。一度传说他政绩不佳，但在有关他的辞职的文件公布以后，这种传说也就消散了。

法国革命一开始，尼布尔就从法国报刊上注意它的发展。他自始至终对革命抱着不信任和厌恶的态度，而沃斯及其他朋友则热情地欢迎它。大约三十年以后，他声称："卢棱是我青年时期大多数知识分子崇拜的人物，在德意志的大部分地区，广大群众起初是赞成法国革命的。"他从青年时期起，就对激烈的变革表现出恐惧心理，这种心理，纠缠了他一生，并加速了他的死亡。他深知旧制度的各种弊病；而且在汉堡他个人认识了一些法国"逃亡者"，对这批人他始终怀着轻蔑的心情。他的理想，是按照法定程序的有秩序的发展。当法国革命所激起的力量被束缚于拿破仑的战车上时，他对法国革命的厌恶情绪更加强烈，变成了对它的憎恨，同施坦因和费希特[②]的憎恨情绪一样地激烈；而他对德意志的热爱发展成了要为它服务的热烈愿望。由于他熟悉英国，所以他对法国

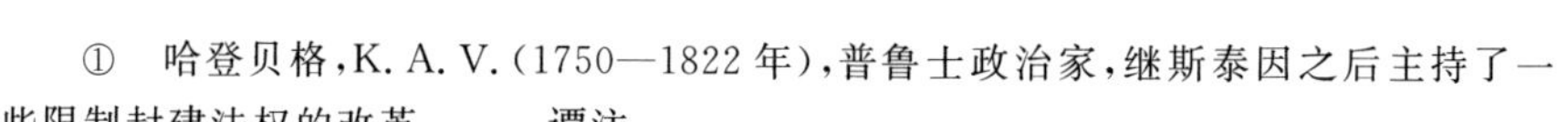

① 哈登贝格，K. A. V.（1750—1822年），普鲁士政治家，继斯泰因之后主持了一些限制封建法权的改革。——谭注

② 费希特，J. G.（1702—1814年），著名的德国哲学家，于1807—1808年间多次讲演，鼓舞德意志民族意识，号召团结自卫。——谭注

革命的方法更加厌恶。在晚年，他向本土推荐过伯克的政治哲学。他在罗马同利贝尔谈话时，时常提到：如果他未曾研究过英国，他永远不会理解罗马的历史。他写道："1688年以来，英国的宪法和自由制度日臻完善，提供了历史上仅见的关于民族的集体智慧和
17 道德的最崇高图景。任何一种制度都没有更动或撤销，人们就逐渐在全国享有了自由——是在各个方面的最大自由，是任何民族所没有享受过的最大自由。在法国革命时期，也许没有一块地方比英国的处境更好。它是世界的骄傲，是举世羡慕的地方。"他不大相信某种特殊政治制度有什么优点；他在为芬克的《英国制度论》所写的序言里表示，他深信英国的自由主要依托于行政制度而不是宪法。他没有看到乔治三世统治下的阴暗面，但他懂得了以行政分权制作为广阔基础的强有力中央政府的价值。

尼布尔以他广博的学识和丰富的阅历从事他一生的伟大事业。在丹麦政府服务时，他利用很少的余暇已编写了有关古代世界的几篇专著；辞职以后，他决心致力于罗马史的研究。那时，新建立的柏林大学是那些希望重建普鲁士的破碎河山的人们荟萃之地。① 可是没有人比尼布尔更加拥护普王的著名宣言"我们必须以智力来弥补物力的损失"。他要通过写作"使青年一代生气勃勃，使他们能够肩负大任，并要给他们提供古代的崇高榜样"。人们劝他讲课；1810年他开始讲授了日后成为《罗马史》的课程。因为缺少讲演经验，他诵读讲稿；结果颇为成功。他的深厚的热诚，加上当时那鼓舞着新大学的求知热情和在解放战争临近时震动整个普

① 参阅伦茨：《柏林腓特烈·威廉王家大学史》，卷Ⅰ，1910年。——原注

鲁士的激昂情绪，使他的讲课吸引了大批著名的听众。

尼布尔同他的听众一样，对于所讲的课程深感兴趣；后来他回
顾这三年的授课时间说，这是他一生中最快乐的时期。萨维尼对
他说，他开创了研究罗马史的一个新纪元，这不是对朋友的谀词。
尼布尔相信历史研究中蕴涵着伦理意义和对爱国精神的激励；这
一点，是前人所未道及的。他觉得自己像费希特在其《告德意志国
民书》里那样，直接在向他的同胞讲话。他后来向利贝尔说，“普鲁
士蒙受耻辱的不幸时期对我编写的历史有一定影响。那时，我们
只能热切期待局势好转，并为它作好准备，此外别无他途。所以我
回过头来讲述一个伟大古国的历史，借此加强我和听众的意志。 18
我们和塔西佗有着同样的情感”。他讲授了三组课程，其中头两组
讲的是罗马的历史，第三组讲的是罗马古文物。这时，由于 1813
年全国奋起，他的听众大部分都驰赴战场了。在授课期间，他曾把
前两组讲稿编成专书，分为两卷，在 1811—1812 年出版[①]，并题词
献给普王。这一部书虽然在几年后几乎全部重写，但它的出版却
开始了一个系统地研究罗马的时代。

文艺复兴以来，对于罗马帝王时期和共和时期的研究，已经适当地进行，但很少有人企图就它的国家生活或它的成长过程试图形成明晰而连贯的概念。马基雅维里曾把李维的著作，把他自己的政治感想与格言依托。[②] 孟德斯鸠作了大胆的尝试，要发现罗马盛衰的原因，[③]但他的知识浅薄，而且受到资料方面的限制。无数

① 书名《罗马史》。——谭注

② 马基雅维里精研李维著作，撰有《论提图斯·李维前十书》。——谭注

③ 孟德斯鸠著有《罗马盛衰原因论》一书（1734 年）。——谭注

作家曾抄袭并节录李维的著作，但在尼布尔之前，没有人曾把罗马首先作为一个大国来研究。它的制度，无论政治的、法律的和经济的，都必须探本溯源，弄清其沿革和变化。尼布尔的行政经验使他能够以过去的历史家所未有的观察力来研究问题。他宣称，只有政治家才能编写罗马史。他抓住了这样的真理：每个国家的早期历史必然是关于制度而非事件，关于阶级而非个人，关于风俗而非法律的历史。罗马的发展史，是围绕着贵族与平民的斗争而形成；这些斗争则起源于征服者与被征服者之间的种族分歧。他清晰地描述存亡攸关的政治问题，因而读者能够得出关于罗马国家从起始到“李锡尼法”止的生动概念。罗马的土地问题第一次得到了充分研究。尼布尔对罗马共和国所做的（那也就是后来格罗特对雅典民主国所做到的）是使它成为一个像近代国家那样真实而又可以理解的国家。

尼布尔的第二大成就，在于批判地查核了早期罗马史的资料及其可信程度。从对早期罗马史持怀疑态度的前辈那里，他几乎无所得益。博福尔的著作，是他在写完自己的著作后才阅读的。而他认为它很不差，但太偏于全盘否定。对于维科的理论，他似乎并不曾知道。[①] 他确信，为一般人所接受的记叙，既不可能完全真实，也不可能全是虚构。为了寻求批判方法，他踏上了一条几乎没有
19 足迹的道路，但一个新时代的序幕早已由《荷马诗篇绪论》的出版所揭开。他完全吸取了沃尔夫这篇著作里的方法和成果；并在很大程度上从他那里获得了这个信念：早期罗马的历史曾被保留而记入诗篇里。他怀着深切的责任感进行研究。他写道，“在放下笔

---

① 似指维科的历史循环论以及关于原始社会、宗教、神话等的观点。——谭注

时，我们必须能够在上帝面前说，'我没有故意地或未经认真查核而写了任何不真实的事情。'"可是，他的自信心几乎是无限量的。他说，他具有一种"正确而又迅速的判断力，几乎不可能被虚伪的和谬误的东西所蒙蔽"。他意识到自己所实行的革命。"在较早时期，没有人能坚持这些主张而不冒失去生命和自由的危险。语言学家会说这是不忠；神学家会称之为叛逆；舆论会群起而攻之。"就像纽曼[①]毫不怀疑自己的推论力那样，他深知自己的猜测能力。他在写给一个朋友的信里说，"我是一个历史家，因为我能把不相连贯的片断拼成一幅完整的图画；我知道哪里遗失了材料，也知道怎样来填补它们。谁都不会相信竟能有这么多似乎已经遗失的东西能够得到恢复。"他还比喻说，"我解剖词句，就像一个解剖学家解剖躯体那样。"在另一次，他把历史家比作一个居于暗室的人，他的眼睛会逐渐地习惯于黑暗，以致他能看出那些为新进来的人所不能看出而认为是不可见的东西。尼布尔的方法，很像本特利、柯贝特和芒罗[②]的推测订正法。

早期罗马的事实与情况，通过什么途径传递给我们最早的编年史家呢？他采用佩里左尼的提示，回答说，"这些情况是通过歌谣、挽歌以及由祭司长保管的纪年史传递下来的。有些歌谣是互不关联的，而有些歌谣则形成完整的一组——即所谓史诗，它在深刻与丰富多彩的想象力方面，远远胜过所有罗马后期的作品。"他进而评述帝王时期，把某些事件列为神话，另一些事件则列为史

① 纽曼(Neuman, J. H., 1801—1890 年)，英国神学家，"牛津运动"的主要领导人，1845 年脱离英国国教，改奉天主教。关于"牛津运动"，参见第十六章注。——译者

② 柯贝特，G.(1813—1889 年)，荷兰古典学家，古文书学家，语言学家。芒罗，H. A. J.(1819—1889 年)，苏格兰拉丁学家。——谭注

料。例如，罗谬拉和纽马是神话中的人物。[①] 从霍斯蒂柳斯[②]到平民第一次退出罗马城的时期，则有一部分是史实。“所有国家在纯粹歌谣时期与完全历史时期之间，都有一个半神话半历史的时代。”施勒格尔[③]在一篇杰出的评论里，[④]驳斥了有关歌谣的说法，并指责这个历史家把它仍描述得如此确切，好像它们就摆在他的眼前一样。他说，如果说它们确实存在过，我们当然应可看到引自
20 它们的语句，评论家或语法家也会在著作里提到它们，可是他却未能举出关于它们的存在的丝毫证据。尼布尔的推测方法，还带来了不小的危险性。他长于对遥远时期的猜测，长于从一句话、一个隐语或一处遗漏里推敲出含义，使他能够发现有益的线索，但这种方法本身的性质决定了他的无可救药的主观性，模糊的东西虽然第一次是由这个训练有素的学者的尖锐眼光看到的，但能力较小的人也绝不会总是看不见它们的。麦考莱埋怨地说，尼布尔常常不能划清真实情况同假设之间的界限。康沃尔·刘易斯[⑤]以其《关于对早期罗马史的轻信的探讨》一文，无情地攻击了尼布尔的“历史推测的神秘能力”，他宣称，尼布尔对皮洛士以前时期所作的一切研究，类似搜寻点金石和不老药的工作。施威格勒[⑥]的批评

① 据传说，特洛伊人之后贞女西尔维亚与马尔斯神私通，生了一对孪生子，罗谬拉与纽马。国王下令溺死婴儿，未果。婴儿为一牝狼抚育成人，杀死国王，另建城市。其后，罗谬拉刺死纽马，以其名作为城市之名——罗马。——谭注

② 霍斯蒂柳斯，罗马王政后期的国王。——谭注

③ 施勒格尔，A. W.（1767—1845年），德意志著名诗人、文学批评家、东方学家，浪漫主义的耶拿学派创立者之一。——谭注

④ 见《施勒格尔全集》，卷Ⅻ，第444—512页。——原注

⑤ 刘易斯，G. C.（1806—1863年），英国作家，古典学家。——谭注

⑥ 施威格勒，A.（1819—1857年），以研究罗马史、早期基督教史知名的德国史学家，其治学方法深受尼布尔的影响。——谭注

最为公平；他在一世代以后又来试拉“奥德赛之弓”[①]“起初，在许多问题上，我都不能同意，但后来我越来越同意他的说法了。在一些重要的问题上，他几乎总是找到了正确的道路。的确，对于他所作有关宪法问题的许多假设，还可以找到比他所提出的要好得多的理由。”施威格勒在其著述的过程中评论尼布尔的主要论点时，还一再肯定了这一总的评价。一方面，他反对有关歌谣的说法，不考虑尼布尔关于人种学的许多论断，并宣称他对于贵族有些不公道；但另一方面施威格勒却宣布尼布尔的比拟法是非常成功的，特别是在弄清罗马制度方面，他是第一个理解罗马制度的人。

在授课由于“解放战争”而中断后，尼布尔请求准许他参军，但普王明智地答复说，他可以在其他方面更有效地为国家服务。因此，他创办了一种报纸，努力鼓励同胞在这次大搏斗中争取胜利。战争结束后，他接受了任务：就并入普鲁士版图的天主教人口的统治问题同梵蒂冈谈判。他原来认为这个使命不会持续很久的，但普鲁士内阁迟迟不能决定对他训令的详细内容；因此他不得不在罗马等待好几年[②]。他对于大使馆的工作虽不满意，但他的流寓生涯却为他带来了补偿。在出国之初，他就取得了一项令人兴奋的收获，即在维罗纳找到加乌斯[③]的手稿，可是他要在梵蒂冈寻出
更多宝贵文献的希望却落空了。他的搜寻工作做得不很深入，因 21

① 奥德赛（Ulysses 为 Odysseus 之拉丁文名称），希腊传说中的国王。只有他能拉开自己的弓，能射出转十二个圈子的箭，因而分别二十年的妻子得以辨认她的丈夫。此处系指施威格勒试图论述罗马历史之意。——译者

② 梅耶尔在其《罗马——德国问题》（1871 年）里说明了整个问题以及尼布尔的谈判工作。——原注

③ 加乌斯，公元 2 世纪的罗马法学家，对罗马法进行了比较系统的整理。——谭注

而只搞到萨拉斯特[①]与西塞罗的少数断篇残稿；但马伊[②]所作的一系列发现，他从开始就亲眼目睹了，其中主要是发现西塞罗《共和国》的原稿。他还协助马伊出版了这一著作。他不断增加自己关于古代世界的知识，并以一篇偶然写成的论文送交普鲁士科学院。他从事对古罗马遗迹的研究，并对他的朋友兼秘书本生所计划的大规模考古工作，给予帮助。

在"宗教协定"[③]签订以后，尼布尔决心返回德意志，继续他的研究工作。他的老门生皇太子力请他回到柏林，但他决心定居波恩。因此，他的晚年，也就是他一生中最多产的时期，就同莱茵地区的大学[④]联系在一起了。在那里《罗马史》最后定稿；在那里，他讲授的古代与近代史给听众留下了不可磨灭的印象；在那里，他成为欧洲公认的学术界之王。在柏林讲课时，他预先写好了讲稿；而在波恩时，他则根据丰富的学识随口而讲了。一个门生写道，"他总是满怀激情，就像别人讨论本国当前的政治问题那样。"他往往一语未毕，另一个思想已急涌而至。他的诚恳态度，尤其是他对古人（在他心目中不啻是现实中的活人）所作的生动描写，使他的听众心向神往。这位大师去世后，人们根据他的学生提供的笔记，把他讲授的课程编成十卷出版。尽管这些讲稿并不完备，而且未经作者修正，但还是具有很大意义。它们反映了作者关于古代世界的无限知识，并包含着他在问世的著作中未曾谈及的对一些人与

① 萨拉斯特（约公元前 86—前 34 年），罗马政治家、史学家，著有《喀提林叛乱记》、《朱古特战记》。——谭注

② 马伊，A. C.（1782—1854 年），意大利教士，米兰图书管理员，发现了一批久佚的古罗马文献，将其分类整理刊行。——谭注

③ 指 1821 年教廷与欧洲天主教国家（奥地利除外）缔结的协定。——谭注

④ 指波恩大学。——谭注

事的意见。关于罗马的讲稿，特别受到欢迎，因为其内容之广泛超过了《罗马史》所达到的范围。《罗马史》更多是涉及国家的制度与机构，而那些组成国家的个人则涉及较少，因而没有表达出尼布尔自己对过去时代的强烈看法。他的经历，尤其是他一生中最重要的事件，即对法国的斗争，影响了他的全部思想，使得民族主义和对革命的恐惧成为他政治哲学的主要原则。在他的讲稿中，最充分表现出他的个性的莫过于论述希腊为马其顿强权所压倒的那一部分，其中狄摩西尼[①]是指施泰因或费希特；腓力是指拿破仑；喀罗尼亚[②]是指耶拿，但他最为痛恨的却是那些欢迎征服者的叛徒；而我们在他对福希安[③]的痛骂中，可以感觉出他对达尔贝格和约
翰内斯·缪勒[④]的看法。法国革命的课程并不比他关于两千年前 22
世界的多次讲课，表现出更多的个人情感。尼布尔的活动还伸展到语言学的很多科目内。他从事搜集拜占庭历史家的著作，并亲自出版了阿加提亚斯的作品[⑤]。他同布兰迪斯[⑥]一道创办了《莱茵兰博物馆》杂志，并为它撰写了很多稿子。他的想象力使他预见到未

① 狄摩西尼（公元前384—前322年），著名的雅典政治家、演说家和将军，反马其顿党的领袖。——谭注

② 公元前338年，马其顿王腓力大败希腊联军于喀罗尼亚。——谭注

③ 福希安（公元前402—前317年），雅典政治家、将军，亲马其顿党的领袖。——谭注

④ 达尔贝格，E. J.（1773—1833年），德意志政治外交家。1810年接受拿破仑的公爵封赠，1818年又膺法国复辟王朝的贵族封号。约翰内斯·缪勒于1807年受拿破仑的任命，为威斯特发利亚国务大臣。——谭注

⑤ 阿加提亚斯（Agathias，536—582年），东罗马帝国历史家，以研究波斯史知名。——译者

⑥ 布兰迪斯，C. A.（1790—1867年），德意志古典学家，撰有有关希腊史及罗马哲学等专著。——谭注

来的情况。在1829年，他预言：尼尼微将是中亚的庞贝[①]；世间将出现一个像埃及学家商博良那样的亚述学家。

尼布尔在波恩几年时期的主要工作和最大成绩是完成了《罗马史》的修订版。在新版第一卷的序言里，他说明了他早期与后期著作的关系，但他声称它全部是新的，只并入了旧作的少数片断，这就夸大了新旧版本的差别。的确，每一章都曾重新写过，而且加上了很多附注，但方法既同，结果也很少差别。他还是认为歌谣是存在的，并仍以毫不减弱的信心使用他的推测技术。他宣称罗马宪法是他的主要研究对象；而要将罗马宪法的原来面目完全搞清楚，不对资料作细致入微的考察是不可能的。“这方面的论述可能是冗长的，但我不愿轻易地作出定论。”这是一部最不易读的历史古典著作，因为正文里包括太多应放到注释和附录里去的内容。泰纳指出，“读者会想象自己好像是在一个矿井的底层，灯光阴暗，置身于正在坚硬的岩石上费力地挖掘着的矿工身旁。”尽管有着这些缺点，此书新版甫经问世立即名声大振。1827年，他在写给萨维尼的信里自豪地说，“古代历史学家的发现不会告诉世人比我的著作更多的东西。以后再从古代资料中发掘出来的新材料将只是证实或发展我的原则。”歌德在《罗马史》第一版刊行后，即曾表示他希望所有的历史都要以该书的方式来评述，而在读过它的新版后，他重复了他的贺词。新版在英国受到其他地方所不能比拟的热烈欢迎。麦考莱宣称，它在欧洲的知识史上开创了一个新时代，不过他在后来的年代里对它的钦佩渐渐减少。由于瑟沃尔和黑尔把它

① 庞贝(Pompei)，意大利古城，公元79年因维苏威火山爆发而被埋没，其遗址于18世纪被发现。——译者

翻译得极好，并反驳了《季刊评论》对它的攻击，它成为英国大学里的课本。托马斯·阿诺德接过尼布尔的研究成果，编写了一本《罗马史》，在这部书里，他将一些粗糙的石子加以琢磨后，把它们嵌入协调匀称的结构之中。只有少数不太知名的人继续转述李维的著作，好像尼布尔从未存在过一样，但学术的车轮已经前进了一站。23
不幸，第二卷还没有印出来，这位大历史家就溘然长逝了。第三卷的残篇叙述到第一次布匿战争为止，于 1832 年出版。

尼布尔在他五十五岁上，正当精力旺盛，声誉最高的时刻去世，但他比别人早成熟十年，并且早已把祖国的困难当作他自己的困难。因此，他越来越容易发怒；那使他的老友离开他，而他也倾向于悲观的想法。他甚至对英国也失掉信念，他把英国描写成一个因患自利主义的癌症而陷于垂死状态的人。他始终摆脱不掉法国入侵的阴影；当 1830 年革命爆发的时候，他过度的幻想使他相信那个可怕的经历的重演已近在眼前。他对妻室子女的安全怀着病态的恐惧心理。他的体力本已由于他的家宅和藏书室的焚毁以及来自巴黎的消息极度虚弱，所以在 1830 年的最后几天里患了感冒后就再也不能支持了。歌德宣称，尼布尔的彻底性和深入研究的作风鼓舞了他，使他以同样认真的精神来履行自己的责任。尼布尔在极不相同的人们——如施泰因和施莱尔马赫、[①]腓特烈·威廉四世、达尔曼和雅各比，[②]阿恩特和舍恩[③]，萨维尼和科内利乌

① 施莱尔马赫，F. E.（1768—1834 年），德意志哲学家、神学家。——谭注

② 雅各比，F. H.（1743—1819 年），德意志哲学家、信仰哲学的代表人物之一。——谭注

③ 阿恩特，E. M.（1769—1860 年），普鲁士爱国诗人，在反拿破仑战争与德意志统一运动中作出了贡献。舍恩，H. T.（1773—1856 年），普鲁士政治家，曾协助施泰因进行改革。——谭注

斯[1],利贝尔和本生[2]的心中都留下了不可磨灭的伟大与善良的印象。萨维尼宣称,《罗马史》鼓舞了他,使他写作罗马法律史;兰克则说,修昔底德、费希特和尼布尔都是他的老师;格罗特声称,他每次提到他的名字就油然兴起景仰与感激之情;魏茨则说,他所得益于《罗马史》的比任何其他著作为多。按照蒙森的说法,所有的历史家,只要他们是不辜负这个称号的,都是尼布尔的学生。

① 科内利乌斯,K. A.(1819—1903),德意志历史学家,兰克的弟子。——谭注

② 利贝尔,F.(1800—1872 年),德意志法学家、政治学家。本生,C. K. J.(1791—1861 年),普鲁士外交家、政治家,曾起章 1844 年普鲁士宪法。——谭注

第三章　沃尔夫、博克和奥特弗里德·缪勒 24

正当尼布尔解释罗马国家的时候，对希腊文化的研究也进入了一个新的历程。早在16世纪末，当文艺复兴学者的伟大学派消逝以后，关于希腊的研究已经迅速衰落[1]。后来，这项研究，由于本特莱[2]的提倡与来登大学三杰——赫谟斯脱惠、凡肯那尔和伦坎[3]的继续努力，获得复兴。然而，这些荷兰学者的研究只限于语言学方面。约在18世纪中期，对庞贝和赫库兰尼姆进行的发掘工作引起了人们对古典考古学的新兴趣；由于这种推动力，温克尔曼于1758年离开德累斯登前往罗马[4]。从文艺复兴运动以来，受到冷落的希腊艺术，通过他的努力，再次被认为是希腊精神的生动表现，像希腊文学所表现的那样。1783年，在佐迦[5]定居在“永恒之城”以

---

① 关于文艺复兴后古典研究的最好总论，见于桑兹：《古典研究的历史》，卷Ⅱ、Ⅲ，1908年。关于德国，参阅柏西安的巨著：《德国古典语言学史》，1883年。关于荷兰，参阅卢息安·缪勒，《尼德兰的古典语言学史》，1869年。——原注

② 本博莱，生平见上章注，他精于版本校勘之学，刊行的荷马诗篇为当时最佳本。——谭注

③ 赫谟斯脱惠，T.（1685—1766年），荷兰语言学家、古典学家。凡肯那尔，L. K.（1715—1785年），荷兰语言学家，考据学家。伦坎，D.（1723—1798年），德意志语言学家，古典学家。——谭注

④ 参阅查士蒂《大传记》，共2卷，再版，1898年。——原注

⑤ 参阅威尔刻《佐迦传》（1819年）和见《全德名人传记集》中一篇极好传记。——原注

佐迦，G.（1755—1809年），丹麦古典学家，考古学家。——谭注

后，便开始了一个新的篇章。像他以前和以后的许多年轻研究者那样，这位丹麦学者梦想精通全部希腊文学与古文物。他起初编出古币目录，继而研究方尖碑的起源，晚年他专心于古典浮雕的研究。虽然最后一项研究，由于他的死亡而中断，但它却成为主要的考古著作之一，因为它的图版胜过所有以前的复制品；它的释文显示他对希腊神话学与宗教的渊博知识。尽管他从未写过一本出名的著作，但在科学考古学的创始人中间，他的学识与批判力，使他与温克尔曼和维斯昆提[①]并称。通过他的门生韦尔克尔[②]，他的著作与思想为世人所知；韦尔克尔出版了温克尔曼关于古典浮雕研究著作的德文版，又搜集他的信件，并刊行了他的论述一卷。

当希腊艺术在罗马正得到研究与解释时，关于希腊的研究工
25 作重又在德国各大学中流行。在本世纪中期前，克赖斯特[③]已在莱比锡大学发表有关古典考古学的演讲，但其范围的开始扩大，最先是在哥廷根大学。格斯纳[④]讲授古代世界的艺术、古物与文学概论，并创立第一个语言学《讨论班》。在格斯纳死后，汉诺威政府敦请伦坎接替其位置。这位莱登大学者予以拒绝，却推荐了海纳[⑤]；后者在德累斯登已熟识温克尔曼并曾受业于克赖斯特与欧内斯

① 维思昆提，E. Q.（1751—1818 年），意大利考古学家。——谭注

② 韦尔克尔，F. G.（1784—1868 年），德意志考古学家。——谭注

③ 克赖斯特，J. F.（1701—1756 年），德意志语言学家、古典学家。——谭注

④ 格斯纳，J. M.（1691—1761 年），创办初期的哥廷根大学教授兼图书馆长。——谭注

⑤ 参阅黑棱，《传说》，1813 年。最好的评价，是由利奥所作，见《格丁根科学协会成立一百五十周年纪念论文集》，1901 年。——原注

海纳，C. G.（1729—1812 年），德国古典学家，第一次在哥廷根大学开出考古学课程。——谭注

蒂[1]。伦坎的意见被接受了，于是海纳便开始了半世纪富有成效的教学生活。他的演讲包括古典时代的全部生活领域，这是以前未曾有过的。他讲授的考古学课程是根据温克尔曼的；关于古典时期的古文物课程包括大量的历史资料。虽然他没有写出第一流的著作，缺乏严谨的治学方法，而且未老先衰，但他的成就却是很大的。他最早将古典语言学作为一个整体来理解并加以阐明。他还创立关于古物与制度、神话学与宗教的历史概念。但他的最大功绩在于培养学生；据估计，他的门生中有三百余人成为教师。其中有：佐迦、施勒格尔兄弟、蒂尔希[2]、威廉·冯·洪堡[3]、邦森、布兰迪斯、拉赫曼[4]。他的门生黑伦[5]（同时也是他的同事和女婿）为这位老师撰写了一部生动的传记，把他描述成是好学青年们的朋友和顾问。

I

海纳最出色的门生，是从他得益最少的一个门生。1777 年，当

① 欧内斯蒂，J. A.（1707—1781 年），德意志神学家、语言学家。——谭注

② 施勒格尔 A. W.，见第二章注。其弟 K. W. F. 施勒格尔（1772—1829 年），史学家。蒂尔希，F. W.（1784—1860 年），德意志语言学家。——谭注

③ 威廉·冯·洪堡（1767—1835 年），德意志政治家、外交家、比较语言学家。——谭注

④ 拉赫曼，K. K. F.（1793—1851），德意志古典学家、语言学家，编辑出版了《尼贝龙根之歌》及古罗马作家盖乌修、卢克莱修等的著作。——谭注

⑤ 黑伦，A. H. L.（1700—1842 年），哥廷根大学教授，著名史学家，以研究古代世界的交通与商业知名。——谭注

年正十八岁的沃尔夫[①]进入哥廷根大学时，他已精通古代与近代的几种语言；他要求作为一个语言学学生注册，但有人告诉他说：大学只设立四个学院——神学、法律、医药和艺术；他必须进入其中之一。他坚决要求，因而得像他希望的那样注册。虽然他能如愿以偿，他对海纳则深感失望。他去听讲《伊利亚特》，但不久即停止听课。尽管他年轻，他已看到，这位教授不是一个校勘学者；他对待古典文学的态度是美学的而不是科学的。两年后，他离开了哥廷根大学；四年后，年二十四岁时，在哈勒大学担任了教授。

26 沃尔夫在哈勒大学教学二十三年，在这时期，他的教课把新的活力注入了全德国的古典研究工作。他最早持有古典语言学本身就是科学这个观念。当威廉·冯·洪堡称古典语言学是“那种显示于古代的关于人类性质的知识”时，他只是总结了已由沃尔夫使众所周知的那个解释。沃尔夫的演讲极有启发性而他的门生们也报以满腔的热忱。歌德从魏玛来听他的演讲。在他的教室里摆着莱辛的半身像，作为批判研究精神的象征。他的课程包括古典世界的各个部门——文学、古物、地理、艺术、古币学和古典研究的总论。有几种讲稿，是在他死后根据听讲者的笔记出版的。虽然讲稿编得并不完备，但也可以表明他对古典学识与近代学术各部门的广博知识；同时，那些清晰而又尖锐的评注也帮助我们想象它们所产生的效果。然而，我们也不仅依靠听讲者的笔记来了解他对古代的概念。1806 年，当法军的入侵导致大学关闭与教授星散时，

① 参阅莱脱，《沃尔夫，通讯中的生活谈》，共三卷，1935 年。马克·帕提生的著名论文，《论文集》，卷 1，1889 年，是最好的略传。亚诺尔特，《沃尔夫的教育及其和老师的关系》，1861—1862 年，是讲述这个老师的。比较庖尔逊，《学述讲演史》，卷Ⅱ，第 208—227 页，1897 年。——原注

歌德劝告他利用他被迫赋闲的时间进行著述。他接受劝告，写下了他关于古典研究的出色散篇论文[①]。他宣称，从1783年开始授课以来，他早已感到要有这样的一篇纲要。他希望把关于古代世界的知识提高到哲学——历史科学的尊严地位。我们必须避免单纯地积累个别细节，而不了解使这些细节成为一个整体的精神。这篇出色的论文，像尼布尔《给一个年轻语言学家的信》那样，充满着深刻重视研究古典世界的精神，因而它成了对教师们的一种鼓舞，也成了一个世纪的研究工作的纲领。

沃尔夫最著名的作品：《荷马诗篇绪论》，以拉丁文写成，是近代世界的主要著作之一[②]。当他被请求修订荷马原文作为新的学校课本出版时，他原想一篇简短的序言，但后来这篇《绪论》扩充为一部长达两百页的书，于1795年出版。亚历山大的学者们曾普遍相信：荷马诗篇在编写后的即便不是几个世纪里也是几个世代里才达到了最后的形式；这个意见后来由佩里佐尼厄斯维科及其他近代作家予以重申。罗伯特·武德[③]关于荷马天才的突出著作，于 27
1769年出版，并已译成德文。武德的论点是：文字著述直到诗篇编成以后很久才被发现；这一点成为沃尔夫著作的基础。维瓦松[④]出版的《伊利亚特》的威尼斯抄本显示出与一般公认的原文大有出入，这就证实了沃尔夫关于荷马诗篇是几个吟唱诗人的作品这个

① 刊入他的《小品文》，1869年。——原注

② 最好的叙述，见伏尔克曼《沃尔夫绪论的历史与批评》，1874年。津布，《荷马》（1887年）和柏立，《荷马》，见《剑桥古代史》，卷Ⅱ，第18章，提供了概略。德译文，见勒克兰，《世界丛书》。——原注

③ 罗伯特·武德（1717？—1771年），英国考古学家、旅行家，著有《论荷马天才的来源及其创作》。——谭注

④ 维瓦松（J. B. G. d'Ansee，1753—1805年），法国希腊学家。——谭注

信念。认为荷马诗篇口头传述的观念容易被那一世代接受;因为这一世代曾对奥西恩[①]诗篇表示欢迎,认为它是原始克尔特世界的回声。沃尔夫假设的前提是:希腊在索伦以前没有什么为了文学目的而写作的文字作品。在这样的情况下,编写与传述长篇叙事诗,是不可能的。我们所知的荷马诗篇,可能是在庇士特拉图时代[②]由不同诗人的诗歌融合而成的。在中间时期,吟诵诗人曾作过许多更动而后来的编辑者为了适应时代的爱好,又作了进一步的修订。很可能,原诗的若干首是由一个名叫荷马的诗人写作的。沃尔夫的著作之所以如此值得重视,与其说是由于他的创见,不如说是由于他对这个主题的巧妙处理。他所阐明的,不仅是荷马诗篇的来源,而且是关于一般叙事诗的性质。

沃斯的译本曾使荷马诗篇家喻户晓,而沃尔夫的《绪论》在全欧洲引起了巨大的轰动。从本特推翻了《法拉立斯书》[③]以来,未曾出现过像它一样的作品。沃尔夫把《绪论》题词献给以“批判家之王”著称的伦坎,后者关于荷马诗篇统一性的信念,因而发生动摇,虽然由于年事过高而不放弃这个信念。沃斯拒绝沃尔夫的论点。席勒讽刺说,现在那七个自认是荷马出生地的城市各自可以有它的一份了。歌特起初赞成这个观念,而后来也回到传统的阵营去了。在某些方面,人们谈论沃尔夫对古人的“不敬”。另一方面,威廉·冯·洪堡和施勒格尔弟兄、伊尔根[④]及其高足弟子戈特

---

① 奥西恩,传说的高卢弹唱诗人与战士,约生于3世纪末期,以《奥西恩诗篇》闻名。诗篇的真正起源问题迄今尚有争论。——译者

② 庇士特拉图,雅典僭主(公元前605—527年)。——译者

③ 法拉立斯,为西西里岛一古国之君(死于公元前549年)。相传他以青铜牛为炊具,燔烤臣民而食之。记录有关其生平的传说即名《法拉立斯书》。——谭注

④ 伊尔根,C.F.(1786—1844年),德新教神学家、古典学家。——谭注

弗里德·赫尔曼[1]欢迎这部著作，称它既有说服力又有创见。还有两个人的重要意见，支持它的结论，但否定它的创造性。赫尔德宣称：他一直相信荷马是一个星座；《伊利亚特》与《奥德赛》出于不同的手笔；并补充说，他在很久以前已唤起人们注意自然诗与人为诗之间的区别。海纳则更进一步，指责沃尔夫的思想是从他的年迈的老师抄袭来的。沃尔夫因为其创造性被否定而恼怒，并且因为被指责剽窃而愤怒。在写给海纳的一系列公开信中，他声称：他的老师从来未曾提示过他现在所陈述的信念。沃尔夫的一个道义上的弱点是：他更多地关心树立他所夸大的自己的创造性，而较少地强调他的彻底性与方法，在这方面，他的确是胜过了所有他的前辈和批评家，虽然他关于荷马诗篇在后来时期编写成文这一中心论点已被推翻，而且现在只有荷马诗专家才阅读他的著作，但他的著作对于开创导致 19 世纪学术的地位超过以往世纪的那个批判 28
运动所作出的贡献，却比任何其他著作为多。哈勒大学由于法国人的入侵而关闭，他作为一个成功的教师的生涯也随之告终。他的研究工作由其门生们继续下去，其中还必须算上那些按学术意义来说，从来不是他的学生的人们在内[2]。洪堡在他的指导下进行了对希腊的研究，吸收他关于古代世界的观念，并向全世界阐明了这种观念；而且正是由于通过洪堡，希腊世界的魅力把席勒迷住了。诗人歌德本人一再声明沃尔夫给他的教益。古典著作主要通过这些诗人，灌输到德国人民的意识中。

---

① 赫尔曼，J. G.（1772—1848 年），德意志古典学家，精研古希腊语法及诗篇。——谭注

② 比较洛特霍兹，《沃尔夫与洪堡德对歌德与席勒的关系》，1836 年。——原注

Ⅱ

继承沃尔夫主持对希腊的研究工作的，是他的门生博克[①]。1806 年，他二十一岁时离开了哈勒大学，而成为海德堡大学的希腊语言学教授。他意识到自己的力量，既是一个成功的教师，周围又有意气相投的朋友。在当时，海德堡大学是浪漫主义的堡垒。关于古典世界的首席教师是克罗伊茨策尔[②]；博克在五十年后还称之为“我的恩师”；而在他的亲密朋友中则有：勃伦塔诺、阿尼姆和格雷斯[③]。他住在那里的时期，出版过关于柏拉图与悲剧作家的论著，并开始了关于平达[④]韵律的研究；从而使近代人士得以理解平达这位诗人的作品。他遵照沃尔夫树立的先例，讲授一个包括各种学科的课程。他的声名迅速传开；1810 年，他转到新成立的柏林大学，在那里，他任教达五十六年之久。他的概论课程详细地论述古典语言学的全部领域，因而产生了极其广泛的影响。他的授课讲义，曾使用过二十六次，但不断地修正。这些著名讲稿在其死后，经过完善而可靠的整理后予以出版[⑤]。在讲稿中，他先说明百科全书必须是一个整体，而非一个总和，然后论述了年代学、生活、

① 马克斯·霍夫曼的《博克》(1901 年)包括一篇出色传记与大量通讯。最好的略传，见斯塔克的《演讲与论文》，1880 年。——原注

② 克罗伊茨策尔，G. F.(1771—1858 年)，德意志古典学家，撰有有关古希腊、罗马的文学、艺术方面专著多种。——谭注

③ 勃伦塔诺，H. F. H.(1778—1842 年)。阿尼姆，L. A.(1781—1831 年)，是德意志浪漫主义文学家。格雷斯，J.(1776—1848 年)，德浪漫主义语言学家，历史家。——谭注

④ 平达(公元前 522—前 448 年?)，古希腊吟唱诗人。——谭注

⑤ 《语言科学百科全书》，1877 年。——原注

贸易、宗教、文学和哲学。

博克在柏林大学的最初几年，主要是研究几乎曾被人们完全 29
忽视的希腊经济生活。他为普鲁士科学院编写一篇关于芬里乌姆银矿的专著；1817 年，又出版了他最大的著作：《雅典国家经济》。该书于 1851 年经过修订；它的第三版增订本出版于 1886 年，即作者诞辰一百周年。在兰克以前所编写的德文历史著作中，它是唯一的未被替代的著作。作者以本书献给尼布尔，它使雅典得以再现，正如尼布尔曾使罗马得以再现一样。博克的最大成绩，是把古典语言学变为一种历史的科学。书的序言宣称：关于希腊古代文化的科学，还在萌芽时期；因此，综述整个领域的著作，显得更加必要，因为许多研究者只从事微细的语言学研究。雅典的巨大成就，只有通过它的实力才有完成的可能性，而这种实力又是以国家的公私经济为基础的。到波斯战争结束时，雅典的财政制度已达到充分发展的阶段，而其后被马其顿征服后，各种新措施才被引入。正是关于中间这个时期，该书提供了详细的叙述。

如果不了解物品的价格和劳动的工资，我们不可能确定公共服务所需的货币和赋税与人民收入之间的关系；而关于雅典的物价与工资的证据，是很少的。所以，研究需深入到流通的货币数量以及越来越多的贵金属供应。博克从考查土地、矿山、房屋、奴隶、牲口、衣服与粮食的价格所得的结论是：生活必需品是便宜的，而工资由于有奴隶劳动和侨居的外国人也是低微的。随后，他讨论了公共支出及其对象——防务、文官制度、公民大会、警察、司法行政、建筑、宗教、节日庆祝与贫困救济。除了这些经常支出外，频繁的战争也产生了一种扰乱的影响。普通税收的来源是：国家财产、

矿产、关税、人头税、司法手续费、罚款与没收的财物；还有盟国的贡物，作为补充。战争所需要的额外税收来自特殊财产税、任意规定的税款或借款。博克在书的开端与结尾都提醒读者说，不要认为希腊人比我们自己更明智或更优越。他们的钱财交易绝不是没有污点的。雅典政治家一向企图想出某种方法，通过公共税收而非通过个人勤劳，以维持人民群众的生活。军饷用得太多，海外殖
30 民地的行政腐败，盟国遭到压迫。堕落与道德腐败的风气，甚至在这个领导国家的最光辉时期，已经蔓延。“希腊人尽管有他们完美的艺术与政治自由，但比一般所想象的要更加不幸。甚至在他们的光荣时期，他们本身已产生了那些使他们遭受毁灭的种子”。

《雅典国家经济》一书第一次使近代的人们了解一个古代国家的日常生活。博克从大量的各个迹象描绘出一幅完整的图景。他的处理方法是历史叙述性的而不是美学的；他的唯一目的是要客观地重建一个已经消逝的世界。他的成绩和温克尔曼的成绩一样，是开辟了一个新的前景。雅典国家的整个经济有机体已经显露，因而第一次有可能从现实观点来观察希腊文明。虽然由于把财富与贵金属混为一谈而受到指责，而且他关于人口所作的估计也引起异议，但是他作为第一部科学性希腊史的作者这个地位，却从来没有人提出争议。二十年后，他还出版了一部关于古代度量衡的著作①，可为《雅典国家经济》的续编。在研究柏林博物馆内收集的古币时，他曾发现各地区间有着出乎意外的联系。本书详细讨论了在他早期著作中仅仅提示的一连串问题，并概括了整个的古代世界。像他所有的著作一样，它把进行精密研究的无限能力

① 《古代度量衡》。——谭注

与远大的眼界结合在一起。关于希腊、意大利、西西里、埃及、巴勒斯坦、腓尼基与巴比伦的度量衡制度与货币的总论，不仅建立了比较计量学，而且揭示了从台伯河到幼发拉底河的各民族之间的关系以及地中海各国之间的文明统一性。在以本书与黑伦关于古代商业与贸易的专论相比较，我们可以判断他精确与细心的研究精神。两年后，他还利用某些铭文的发现，来说明雅典海军的性质与管理制度。

在编写《雅典国家经济》时，他从铭文中曾发现他的最有价值的资料之一。普鲁士科学院是约在柏林大学建立的同时由洪堡父子改组的；此后，这两个机构一直最密切地进行合作。博克认为：科学院的目的是要实行为个别学者所不能胜任的宏大计划，而且几种集体工作已在开始进行。其中最重要的，是关于搜集希腊语铭文的计划。从 15 世纪以来，来自安科纳[①]的西里阿克的旅行家 31

摹拓了近东的铭文，但数量很少；而格吕特尔及其后继者的铭文集主要是拉丁文的。而且，真正可靠的记录往往摹拓得很不完整，而赝品又是司空见惯的。由法国铭文学院派往希腊的富尔蒙，伪造了许多他所发现的铭文，甚至销毁或隐藏原迹以防发现。由艺术爱好者学会所派遣的工作队，较为认真。但还没有出现一个像埃克尔那样的人，来做沙里淘金的工作，使分散于无数刊物中的铭文，可以适合研究的需要。由于这个良好的启发，博克遂于 1815 年提议编辑一部古代铭文集，从希腊语铭文开始。科学院拨出了经费，期望这项工作于四年内完成；编成一大册或两小册。博克和科学院都没有认识到他们工作的艰巨性，因为工作迄今还在进行着，

① 安科纳，意大利中部滨亚得里亚海的港口。——谭注

并已花费十多倍于原来拨给的经费。于是，对希腊的研究从科学院的这项工作中获得了它迄今所获得的最大的帮助。在古代人的遗产中，铭文的价值几乎不亚于他们的建筑、雕刻与著作。铭文对于已熟悉的事物，给予新的说明，而对于从别处尚未获得解释的领域，也有所阐明。

关于搜集铭文的范围，以东方帝国的建立为限：科学院任命了一个委员会，在博克的领导下进行这项工作。它的主要目的，是收集、分类和解释已知的铭文。虽然曾经讨论派遣学者到东方去查核原文并发现新资料，但这不是工作计划的主要项目。这项巨大工作的主要重担落在这位编者肩上，因为他的同事，除了贝克外，提供不了多少帮助，而贝克已被派往巴黎和伦敦。1825 年，第一部分出版[①]；1828 年，第一册完成。博克按地区排列了他的铭文，像埃克尔排列他的古币那样；他对铭文的选择一般地是得到人们赞同的。可是，对于本书的学术地位，那位坚持英国与荷兰纯语言学传统的戈特弗里德·赫尔曼[②]则进行了猛烈的抨击。他宣称：他同任何别人一样，曾期待本书的出版，然而，他的希望却落空了。他进而指责博克错误地解释了许多铭文，并断言：书中的任何部分没有经过查核，是不能接受的。

32 博克有力地为自己辩护[③]。他争辩说，在批评意见中，除了关于读法的提示以外，毫无用处，然而，读法也必然总是不肯定的。他

---

① 此书全名《希腊铭文集成》(*Corpusinscreptium Graecarum*)，全书共四卷八册，1825—1877 年。——谭注

② 《论博克对希腊铭文的处理》，1826 年。关于赫曼，参阅克奇里，《哥特夫里·赫尔曼》，1874 年，和约恩的演说，见他的《传记论文集》，1866 年。——原注

③ 《小品文》，卷Ⅶ，1872 年。——原注

补充说,“我已研究铭文好多年了,而他却没有研究过”。赫尔曼予以答辩,而且两位主角的门生们也参加了论战。这场论战不仅在两位学者之间,而且也在敌对学派之间展开。这位莱比锡大学教授(赫尔曼)主张:语言的研究是语言学的核心,因为其他问题只有通过对语言的解释才能处理。他对于古代世界的政治与艺术、宗教与哲学,了解不多,也很少注意。他也没有历史发展的概念。在这样的思想下,他当然会认为博克与他的门生使语言学遭受危险,因为他们使语言学从属于其他学科;而且当然也会夸大差错的重要性。直到二十年过去以后,这两个敌对学派老练的领导人才恢复了他们的早期友谊。《铭文集》是不完善的,因为它部分根据未受训练者拓本,而赫尔曼的许多批评意见是有道理的。关于若干篇铭文,博克确实是不懂的。他的门生基希霍夫[①]关于希腊字母的一部划时代著作,使有可能把那些似乎没有线索可寻的铭文注明日期与地点。于是,摹拓原始碑铭的基本重要性,乃获得了承认。而且,由于希腊与近东地区的开放和各国学者的研究,研究项目已大大地增加了。然而,博克的铭文工作很多是具有持久性质的;他同时代的人们,谁也不能做出这样好的成绩。1843 年,第二册出版后,他将编辑工作移交给年轻人,而他有时仍给予帮助。第三、第四册大部由于库齐乌和基希霍夫的努力于 1859 年完成,全书包括一万件铭文。这位大学者在晚年主要是研究年代学。他的《月的循环论》[②],像《古代度量衡》一书一样,表明他的眼光是环顾整个古

① 基希霍夫,J. W. A.(1826—1908 年),德意志语言学家、考古学家,编著有《亚迪卡铭刻汇编》等。——谭注

② “月的循环”也叫米敦的循环,从它的发现人米敦得名。月的一次循环时间是十九年。——译者

代世界。他深湛的专论扩大了知识的疆界，而他在多次举行的典礼上发表的演说中，又高举正确而无私的学术理想的旗帜[①]。博克年高望重，研究范围广博，并且门生之多几乎不可胜数，因而，他在古典研究方面的地位，同兰克在近代欧洲史研究方面的地位是不相上下的。

33

Ⅲ

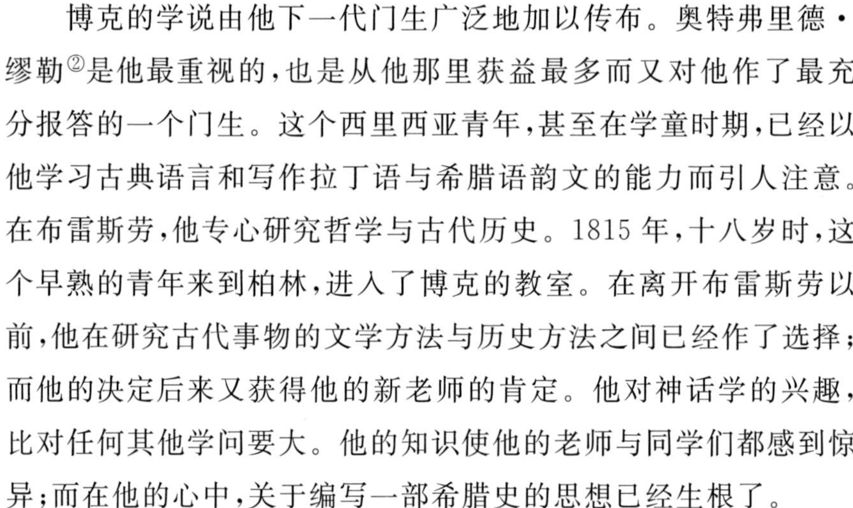

博克的学说由他下一代门生广泛地加以传布。奥特弗里德·缪勒[②]是他最重视的，也是从他那里获益最多而又对他作了最充分报答的一个门生。这个西里西亚青年，甚至在学童时期，已经以他学习古典语言和写作拉丁语与希腊语韵文的能力而引人注意。在布雷斯劳，他专心研究哲学与古代历史。1815年，十八岁时，这个早熟的青年来到柏林，进入了博克的教室。在离开布雷斯劳以前，他在研究古代事物的文学方法与历史方法之间已经作了选择；而他的决定后来又获得他的新老师的肯定。他对神话学的兴趣，比对任何其他学问要大。他的知识使他的老师与同学们都感到惊异；而在他的心中，关于编写一部希腊史的思想已经生根了。

十九岁时，缪勒以撰写博士论文《论埃吉娜岛》[③]开始了他的

---

① 收集在他的《小品文》里。——原注

② 最好的记述有狄尔太：《奥特弗里德·缪勒》，1898年，和扣提斯同名著作，见《古代与现代》，卷Ⅱ，1882年。斐斯脱：《演说》，1897年，是有用的。吕刻：《关于缪勒的回忆》，1841年，是一个朋友与同事的证明。刻恩：《卡尔·奥特弗里德·缪勒在通讯中的生活杂记》(1908年)，对说明他的人格方面是有价值的。——原注

③ 埃吉娜是位于希腊本土东南海上的一小岛。据希腊神话，埃吉娜为河神阿索普的女儿，此岛从而得名。——译者

著作生涯。这篇使人惊异的论文，追述了这个岛屿的历史直到法兰克人将它征服；他把本书题词献给博克；老师深为喜悦，写了一篇充满热情的书评作为报答，其中强调指出这本著作的洞察力与完备性①。后来库齐乌把他热爱的老师的第一次作品比诸尤斯图斯·莫泽尔的《奥斯纳布吕克史》。缪勒先研究地形学作为基础，而后论述种族、宗教、古物、海上实力、贸易、艺术与政治。从书中的许多段落中，可以看出一种远远超出题目范围的知识。博克写道，“如果他继续作出与此类似的贡献，我们将有一部希腊人史；关于希腊人，我们迄今还没有明确的认识”。老师立即认识到，这个门生已成为他的一个同行了。他们从那时开始的通讯具有极高的价值，不仅因为它包括这两位朋友的生活与研究，而且因为它记载了德国学术研究的最崇高理想②。门生写道，“你曾使我懂得了真正的语言学，我迄今还觉得同你的关系和以前一样”。穆勒在《多里安人》一书的序言中宣称：他不能说博克的意见究竟有多少渗入了本书。于是，老师回答说，“如果我对你有什么帮助的话，你早已 34
绰绰有余地报答了我；现在，反而是我欠了你的债。但我们不要再算这笔账了。愿我们追求真理的不可遏制的努力来加强我们之间的联系吧！”这两个人是相辅而成的，各有优点来弥补对方的缺点。博克是一个现实主义者，如果碰到崎岖难行的山路时，即踌躇不前。缪勒是一个富有创造性与创见的人，他迷恋纯理论的问题并特别爱好大胆的概括性论断。他们的关系正像斯塔布斯与格林之间的关系那样。

① 转载于博克的《小品文》，卷Ⅶ，1872 年。——原注

② 《博克与缪勒通讯集》，1883 年。——原注

虽然埃吉娜岛历史的各个部分都经过仔细的研究,但它在波斯战争前的暧昧状态最能吸引他的注意。缪勒在想象中是从雅典大陆上来俯瞰该岛的。这种从自然条件来阐明原始历史的才能,在对希腊的研究中还是新的,也是他增加到老师遗产中的要素之一。这里,我们也可以看出他关于希腊人起源的观念;这里,他偏袒他心爱的里安人而损害他们在雅典的敌人。这里,他利用古币和纪念物,还得到了考古研究的最早成果;而对于这项研究,他花了一生中很大部分时间。他决心继续他的考古调查工作;在一年之内,完成了一卷关于奥尔霍梅努斯地区与明亚人[①]的著作。像前一部书那样,它根据旅行家的记录,首先详细描述了这个区域;然后,讨论关于这个地区的起源与殖民的传说;最后,还略述它的艺术与文化。它是作为《希腊种族与城邦史》的第一部分出版的,并为编写希腊史铺平了道路。他曾发现埃利克明亚人[②]的伟大,并追述他们在爱奥尔克港[③]口(在当地阿戈党徒的传说中保存着这种回忆),以及在塞萨利和维奥蒂亚、拉科尼亚、爱琴海岛屿和昔兰尼各地的流浪情况。缪勒以地方传说作为指导,他像尼布尔那样相信:从神话里可以分析历史事实。但他所使用的方法,也像尼布尔所使用的方法那样,引导他超出后来学者所能接受的范围之外。博克指出,他虽同意主要结论,但认为题目本身实在太笼统,因而不可能彻底地解释清楚。他写道,“你所走的,是一条使人滑跤的

---

① 明亚,希腊帖撒利的奥昆米诺斯河之古名。——译者

② 埃利克明亚人,起源于帖撒利,后散布在伯罗奔尼撒半岛,最后移居小亚细亚。——译者

③ 爱奥尔克港为帖撒利的一港口,传说哲孙乘阿戈船率希腊英雄五十人由此出发,去觅金羊毛,这伙人便得到了“阿戈党徒”的称号。——译者

道路，即神话学道路。一种神圣的恐惧心理使我不敢越雷池一步，虽然有时也喜欢通过裂缝来窥探一番”。与此同时，缪勒的朋友布特曼[1]正力图说明：明亚人和森陶尔人[2]同样是只存在于神话之中。他对有关明亚人的殖民与关系的传说的价值所作的评论，要比缪勒的评论更为正确。但在半世纪后，施利曼确定了这一实际情况：奥尔霍梅努斯地区是与梯林斯和迈锡尼同时存在的。

在该书出版之前，缪勒已被聘为哥廷根大学教授。1819 年， 35
当韦尔克尔前往波恩时，主持该大学的黑伦询问博克：他是否赞同这项聘任。博克回答说，缪勒是一个学者的典范；他从来未见过一个具有这种谦逊态度和这种优良道德品质的青年。虽然缪勒刚刚成年，但他完全能够胜任这个职位。在哥廷根大学的最初几年中，缪勒继续不断地研究希腊种族与各邦。《多里安人》即最早使他出名的一书，于 1824 年出版。这部著作第一次论述了关于在希腊史上占领导地位的一个民族；为此，博克曾送给他有关的铭文。缪勒写道，“我试图按照多里安种族的行为来抓住它的本质，正如要抓住一个人的本质那样”。但是采取使一个种族人格化方法，是有危险性的。多里安人、爱奥尼人与伊奥里人彼此之间不如他所想象的那样不同。他们之间存在的差别，来源于他们的命运与住所远远超过来源于他们的天赋的品质；而且，他还低估了通过几百年相互交往而形成的统一程度。他的另一错误是：过分赞扬多里安种族，认为它是真正希腊精神的体现。他醉心于斯巴达的“高贵的淳朴精神”、尊重传统的风气与关于妇女的高尚理想。然而，这部著作

① 布特曼，P. K.（1764—1829 年）德意志语言学家、古典学家。——谭注

② 森陶尔人住在帖撒利山中的野民，善于骑马代战。——译者

尽管有其显著缺点，但却产生了有益的影响。它是关于全面总结一个种族的内部发展与外在的命运的最早例子，并以前所未有的丰富知识与远大见解予以完成。博克只是为一部雅典历史奠定了基础，而缪勒则编写了第一部关于真正希腊史的重要著作。

《明亚人》与《多里安人》两书，由于它们对神话学问题的大胆处理，既受到了称颂，也受到了谴责；他的《神话研究绪论》是为了答复对后一著作的抨击而编写的。在评论克罗伊茨策尔与沃斯的著作时，他已确定他的一般态度①。在讨论克罗伊茨策尔《信条神学》时，他感谢作者把这门科学提升到它现有的高度，但他认为下列意见是荒谬的：教士以信条来掩盖宗教思想，而现在对理解信条
36 的秘诀已经失传了。关于希腊，他宣称：他几乎每读一页，就会有不同的意见；他完全否定克罗伊茨策尔根据神话所建立的精密的教理体系。另一方面，他也反对采取沃斯的消极结论：沃斯宣称，秘密宗教仪式是没有神秘性的；它们仅仅是那些讲述神的诞生、爱情与争吵的寓言。缪勒拒绝承认这类看法：它们是没有象征性或讽喻意义的，或者，它们的神圣性的普遍证明是没有根据的。在克罗伊茨策尔与沃斯的激烈争辩中，缪勒采取了中间立场，并在洛贝克以无限广博的学识来重申沃斯的消极结论时，他坚持了这个立场，从而在这门新科学的早期，产生了一个稳定的影响。这本写得极其清晰而又有力量的小书是系统地论述神话学研究的方法与目的的第一次尝试。它也指出进行这项研究的方向。他反对克罗伊茨

① 转载于《德文小品》，1847—1848年。关克罗伊茨策尔的最好记载，见斯塔克：《演讲与论文》，1880年。比较他的自传：《一个老教授的生活》，1848年。关于沃斯，我们有赫布斯特的大传记，《沃斯》，1872—1876年；洛贝克所作的最好略传，见勒尔斯的《通俗论文》，1875年。——原注

策尔为了找寻东方起源而采用的穿凿附会的做法，因而他转向那些神话发源的地方或与神话最有密切关联的地方。他宣称：克罗伊茨策尔与沃斯都是不懂得神话的本质；神话事实上是一个民族的最古老的诗和民众灵魂的创造物及其感想与观察的原始形式。这个概念原来是赫德尔提倡的，而且，不久又由雅各布·格林应用于条顿种族。缪勒的主要兴趣，在于研究地方神话、种族迁移传说与有关地方性崇拜的叙述；但他错误地认为没有无地区性的神话，而他所描写的种族之神，例如多里安族的阿波罗神，有时也缺少正确的归属。

缪勒在哥廷根大学的主要本职之一，是讲授考古学。海纳的演讲已使考古学成为一种需要，而韦尔克尔又以他对意大利的充分知识加以发展。缪勒常以雕刻物与石膏模型放在身边，似乎要使古代世界重新获得生命。由于他爱好美妙的东西，于是便抓住在他面前的直观教材的意义，并重建它们的地理与历史的环境。他认为，希腊的艺术与它的宗教相同，是自发地兴起的。他在生前能从博克那里了解到民族间的频繁交往，而且发掘工作也揭示出外来的影响；但他没有像克罗伊茨策尔那样地走入歧途，因为后者把希腊变成一个在文化交流上负债的国家。缪勒的演讲与研究在他的《艺术考古学手册》一书中获得了永久固定的形式；这一著作在对希腊的研究的历史中，和《雅典国家经济》一书几乎具有同等重要性。它是一门新学科的创造，也是对一个内容广泛而又无确定范围的论题的第一部指导性著作。他的显著才能之一，是能把大量资料整理为有条理而又均匀的体系。《手册》几年后由作者重
写，1847 年，又经韦尔克尔修订，并于 1878 年加以重印；它成为几个 37

世代研究者的指南与参考手册。这部著作的价值，由于缪勒一向过高估计希腊独立地位这一缺点而有所减低。但即使有这个缺点，它仍可以当作希腊全部艺术演变过程的一部既可靠而又精彩的通论。1832 年，他还编了《古代艺术遗迹》一书作为它的补篇；他为本书选择印版并撰写释文。他论述考古学的次要著作集成五卷。自从温克尔曼以来，在使希腊艺术成为古典研究中一个活的要素方面，再也没有任何一个德国人曾做过这样多的工作。

当人们以为缪勒以其全部精力研究神话学与考古学时，使全世界的人们感到惊讶的是，竟出版了关于埃特拉斯坎人的历史著作，而尼布尔曾称关于这方面的历史，在一切古代世界中，是最模糊不清的了。缪勒以他擅长的综合能力，设想出这个部族的文明史，并认为他们是从东方迁移来的。缪勒使用他的惯用方法，来考察这个国家的自然特征并综述它公私生活的各方面——历史与政治、实业、宗教与艺术、科学与风俗。尽管尼布尔争辩说他的某些见解曾被剽窃，但这部著作还是具有高度创见的。半世纪后，德克重印这部书时说，它的艺术如此高超，因而予以重版成为了一种义务。尽管由于埃特拉里亚的城市与坟墓的发掘工作，这种知识已天天增加，但本书仍有价值；而在特拉斯坎人的语言不能得到解释以前，也许它是不会完全被替代的。

缪勒在他短促的一生后期，编写了一部深受欢迎的《希腊文学史》，内容叙述到 5 世纪；它的德文、意大利文、法文和英文版，都长期受到广泛欢迎。但他从青年时期起就想编写希腊史这一梦想始终使它念念不忘，到了四十岁那一年，他认为，着手进行的时期，已经到来。只有一项必不可少的准备工作还需要做。他在申请休假一年时写道，“自从我开始出版著作以来，我一直想要写一部系统而又详细的希腊史。为了这个目的，我已做了二十年的研究。现在我承担这项工作，要比任何时期，更加成熟了；我必须很快开始，否则就太晚了。我需要关于希腊各地的知识，以便通过实地观察来比较并修正我本人在地理与地形方面的研究结果。如果我能在希腊逗留几个月，那对我的整个一生将有无可比拟的价值”。斯图尔特[①]和雷维特，在18世纪中叶，曾系统地研究过希腊地区，后来勒克[②]继续了他们的工作；而勒克则号称近代希腊的保萨尼亚斯[③]。他有关希腊地形的著作，是正在缪勒思想形成时期出版的[④]。 38
当有人向博克建议他应当去希腊游历时，他微笑地回答说，他已知道希腊地形是怎样的。另一方面，缪勒虽然自夸他在雅典不需要向导，但却充分认识到亲自了解这个国家的风土及其古迹的重要性。他原拟编写至少十二卷来描述希腊人的全部历史生活；其中一半是叙述性的，另一半则包括杂记、证据与专论。过去《多里安人》一书试图叙述的只是关于一个种族；现在，他以成熟的智力与更多的知识试图论述整个希腊种族。他的申请休假，获得了批准；于是，在长期居住罗马以后，于1840年到达雅典，在那里他碰到了

① 斯图尔特，S. J.（1713—1788年），英国希腊学家，著有《雅典古迹》四卷。——谭注

② 勒克，本名马丁，W.（1777—1860年），英国古文物学家、希腊地理学家。——谭注

③ 保萨尼亚斯，公元2世纪时人。古罗马帝国时代的希腊地理学家与历史家，著有《希腊游记》，融地理、历史、风土、人情于一篇。此书有弗拉策的英译本（共六卷，1898年）。——译者

④ 关于勒克生活与著作的最好总结，见扣提的《古代与现代》，卷Ⅱ，1882年。——原注

他的门生库齐乌斯。从后者的通讯[①]中，我们了解到缪勒最后几周的生活。在努力考察雅典与伯罗奔尼撒、底比斯与奥尔霍梅努斯以后，他在德尔斐因患热病而病倒了；他被送回雅典后即与世长辞。他的去世，是19世纪对希腊的研究工作中所遭受的最大损失。库齐乌斯意味深长地说："他为了完成他的使命并准备写下更伟大、更成熟的著作而成为他精神所寄托的那块土地的烈士，正如英雄捐躯沙场一样。"他与他的老师博克和他的门生库齐乌斯不同：他是有些才华的。他是学术复兴运动中的雪莱[②]，也是历史万神殿内年轻的阿波罗神。

博克和奥特弗里德·缪勒使希腊历史与文明再现的工作由一群热心的学者出色地继续下去。韦尔克尔[③]以其漫长而富有成果的一生来研究希腊艺术、文学与宗教以及它们之间的相互关系。迈埃尔和舍恩[④]钻研雅典的法律制度。里特尔[⑤]和布兰迪斯撰写了第一部学术性的希腊哲学史；伊德勒[⑥]这位天文学家兼语言学家，重新编写了古代世界的年代学。从各方面看来，在本世纪的最初几十年中，对欧洲文化之母的观察，无论关于它的生活或思想，都进入了一个新的、更深入的阶段。

---

① 《扣提斯，通讯中的生活杂记》，1903年。——原注

② 雪莱(Shelley, P. B., 1792—1822年)，著名的英国抒情诗人。——译者

③ 克古尔，《韦尔克尔传》，1880年，是关于一个古典研究者最好传记之一。——原注

④ 迈埃尔，E. H. (1813—1866年)，德意志希腊学家。希伯来学家。舍恩，G. F. (1793—1879年)，德国古典学家。——谭注

⑤ 里特尔，H. (1791—1869年)，德意志哲学家，著有《哲学史》十二卷。——谭注

⑥ 伊德勒，C. L. (1766—1846年)，德国语言学家、天文学家，著有年代学计算手册。——谭注

第四章　艾希霍恩、萨维尼和雅各布·格林 39

关于法律与制度的论述，可以是绝对的或相对的[1]。前者建立一种符合理性所形成的理想的体系；后者则把法律原则与方法结合导致它们产生的社会需要来研究。18世纪受哲学概念的支配；而19世纪则受历史概念的支配。这个转变出现在希腊与罗马研究获得复兴的同一令人惊异的时期。古典研究的新时代是和柏林大学相联系的，而关于法理学的历史研究则和哥廷根大学是分不开的[2]。虽然格斯勒与海纳使他们的汉诺威母校（哥廷根大学）在半个世纪中成为语言学研究的中心，但在那里，政治学与历史学一向是很突出。普特在德法律方面，马滕斯[3]在国际法方面，施皮特勒[4]、施洛策尔、加特雷尔[5]在历史方面，阿肯瓦尔[6]在统计学

---

① 参阅兰茨贝格的巨著：《德国法律学史》的后面诸卷以及吉尔克的杰出演说：《历史法学派与日耳曼学派》，1903年。——原注

② 参阅G.冯·泽勒：《哥廷根的格奥尔格。奥古斯特大学》1737—1937年，1937年；洪格尔：《十八世纪末哥廷根大学对历史研究的意义》，1933年。——译者

③ 马滕斯，M. G. F.（1756—1821年），德意志法学家、外交家。——谭注

④ 施皮特勒，L. T.（1752—1810年），自由主义史学家，著有《基督教会史》、《欧洲各国史纲要》等。——谭注

⑤ 加特雷尔，J. C.（1727—1799年），在教学法及辅助学科的训练方面对德意志史学颇有贡献。《世界史》是他的代表作。——谭注

⑥ 阿肯瓦尔，G.（1719—1772年），德意志哲学、法学教授，被认为是统计学的创立者。他第一次采用“统计学”一词，开创了自己的学派。——谭注

方面都具有特长；他们人才济济，形成了一个为其他欧洲学府望尘莫及的集团。哥廷根大学特别以拥有普特而感到自豪。普特是哈登贝格以及无数的政治家和官员的老师，普特他在演讲与著作中所采用的方法，是以德国的历史来说明当时的法律。虽然他看到，像孟德斯鸠曾看到的那样，法律只有在联系过去的情况下才能被理解；但他却未曾想到把法律本身看作一种民族生活的表现。所以，创立法理学历史学派的荣誉，不是属于他，而是属于他的一个门生。

胡戈[1]最早认识到：一个民的法律，只有通过民族生活本身才能被理解，因为法律本身也是那个生活的一个部分和表现[2]。他
40 这项有益的概念，约在1788年当他成为哥廷根大学教授的时候，开始形成，而次年在他为吉本论述罗马法一章的译文所写的序言中，便清楚地表达出来。“当我们丝毫不思考自己的风俗、宪法与宗教而研究罗马法；当我们先单纯地学习罗马人本身并观察他们的法律怎样发展起来，然后思考目前在我们中间所发生的情况，并且反省为什么那些根本上和我们相同的人们，在他们的行动上与制度上，在许多方面存在着这样的差别，我们便感到罗马法是辉煌的”。他还说，虽然吉本最接近这个理想，但它从来没有被完全实现。他自己也没有运气予以实现。他宣称：研究历史不是要阐明原则，而是要发现原则：自然法则必然要让位给历史法则。可是，他却从来没有在任何著作中体现过这些有益的观念。他所编的教科

① 胡戈，德国法学家，曾任哥廷根大学教授，法理学历史学派创立人。著有《民法学史》共七卷（1792—1821年出版）。——译者

② 关于胡戈的最有权威的记述，见萨维尼，《杂文》，第四卷，1838年为他接受博士学位五十周年纪念而作。比较O. 梅耶在其《传记集》中的论文，1886年。——原注

书既枯燥而又令人厌恶。虽然他还是一个中年人，却认为自己在竞争中已经落后。

胡戈指出了道路，而首先走上这条道路的荣誉，应当属于他最著名的门生。卡尔·弗里德里希·艾希霍恩[①]是一个东方学家的儿子，在早年时期，他生活在学术气氛中。像许多哥廷根大学的其他毕业生一样，研究法律、政治学与历史。他在大学刚毕业后，就决定要观察一下帝国机构的工作情况；为了这个目的，他访问了韦茨拉尔、雷根斯堡和维也纳。他原来想要当律师，但在旅行归来后不久，他接受了奥得河畔法兰克福大学任教的职位。1808 年，二十七岁时，他所著的《德意志法律与制度的历史》第一卷出版。1828 年，他写道，“如果我曾得到指导，则我一年所学的东西会超过十年。如果有人曾告诉我：有关法律的一切理解应当以历史观念为基础，那么，早在我自己摸索出正确道路的前十年，我本来应当正确地安排好我的研究工作了”。这一段话似乎和这位历史学家感激他的老师们的言谈，有所抵触。应当说明的是：当他的大学生活结束时，他只掌握了胡戈讲课的真正意向。他从胡戈所学到的是从历史来研究法律的必要性，但他从老师口中所听到的，除了罗马法以外，再没有什么东西了。普特把法律和国家的历史联系起来，而艾希霍恩把它与民族的生活相联系。

艾希霍恩给自己的工作带来了一种强烈的民族情感：而这种情感，他的老师中没有一个是具有的。他对国家事务的兴趣原是

① 标准的专题著作是由著名的教会法专家许尔特所编(1884 年)。弗伦斯多夫的论文写得极佳，见《全德人名传记集》。洛尔施的《艾希霍恩的通讯集》选辑了他的信件。——原注

由法国革命引起的，但1806年的灾难，使他和尼布尔一样深深地
41 激动。他决心致力于复兴德意志的工作，其方法是教导他的学生热爱祖国与祖国的历史；他以这种建设性的爱国主义的精神，撰写了他著名著作[①]的第一卷。在序言中他说，现在正当帝国宪法发生剧烈转变的时期，我们应当回顾过去并抓住过去与现代的关系，这比以前更具有重大的意义。他的任务是要把业已搜集的大批资料整理好，使它们摆脱错综复杂的错误和假设而显示它们的真正根源。他的雄心不是要讨论古代法律而是要通过国家与公法的历史为现行制度与观念建立一个基础。这个计划虽然新颖，但不如它在执行中所获得的成功那么突出。艾希霍恩由于身体虚弱而对事物采取悲观的看法时，萨维尼给他一封信，信中这位渊博的学者说了下面这段话："您说过，作为罗马法的专家，您我相比，我是幸运的。那么，请听这个简单的事实。如果我有任何成绩的话，那是由于我遵循了那条已经找出的道路。但您的情况是怎样的呢？您在德意志法律的领域里开辟了一条前人没有走过的道路，并通过言辞和文章，赋予这门科学以崭新的生命。"萨维尼的论断不仅是一个好朋友的意见，而且也是公正的后辈[②]的证词。艾希霍恩像尼布尔那样明确地开创了一个新时代。如果说他没有显出尼布尔那样的智力，那么，他奠定的基础却是更加稳固的。

艾希霍恩所提供的，一方面是法律与文献的汇编，另一方面是律师使用的教科书。关于帝国、各个邦、教会、阶级，已有丰富的资料，但它们都尚未经过批判性的检查，也没有成为一个连贯的整

① 即《德意志法律与制度的历史》一书。——谭注

② 艾希霍恩生于1752年，萨维尼生于1779年，两者相去27岁，故称后辈。——谭注

体。关于德意志公法的历史，主要是说明王朝、战争与领土变更的记录。重点既未放在它的发展上，也没有放在作为民族生活的一种表现的性质上。艾希霍恩由于认识到在当时的德意志法律中有些成分是从罗马或教会土壤上成长起来的，所以在他们概论中也包括了外国制度。法律被描述为从一切影响民族生活的因素中产生出来的。虽然一个人不可能原原本本地讲述法律的整个历史，但它完成任务所表现的能力，却使他跻身历史科学创始人之列。他追述各个不同时代的法律观念与制度之间的联系，并揭示它们演变的连续性。在法学家中，没有人能这样有力地唤醒与培养民族精神，即在历史家中也是少数。艾希霍恩著作的价值立即受到
赏识。书的销数，非常巨大，从它出版后，德意志法律史成为对法 42
科学生进行培训中的一个必不可少的部分。他所受到的最高尊重，是新成立的柏林大学给他的聘书。他刚刚就职，“解放战争”便开始了。他参加了最早的一批义勇军，在莱比锡作战，后来同联军进入巴黎并荣膺铁十字勋章。在后来的生活中，他重视自己参加解放祖国的斗争的经验甚于他的伟大声誉。在反动的年代里，当学术自由所受的限制在普鲁士达到令人憎恶的程度时，他接受邀请回到母校。此后，在哥廷根大学的十二年中，他的教授声望达到了顶点。

艾希霍恩除了他的主要著作外，还写了关于私法的专论，此书可以看作他所著的《历史》的补篇；因为在论述遗产制、农奴制与家庭制时，他毫无畏惧地应用了历史学派的原则。1829 年他因病辞去教授职位，但他还有力量来编写他的第三部重要著作①，即关于

① 《天主教与德国新教会法原理》，1831—1833 年。——谭注

教会法的历史。如同他的《私法》一样,这部新论著是详细论述那些在他的主要著作中已简略谈过的内容。关于以前曾被完全忽略的新教法律的讨论,现在只构成其巨著中的一部分。他以半卷的篇幅作为绪论,来描写教会职事、教皇教令集、教会与国家的关系以及新旧教徒间的关系。这部根据法律与制度的观点而写成的教会简史,是具有巨大价值的;因为它是以超过历史学家所具有的更深湛的法律知识和超过法学家所能自诩的更广泛的宗教史知识写成的。他论述罗马教会的客观精神,是一种使人耳目一新的新鲜事物。他写道,“按照内心的信仰,我是一个新教徒,但我对天主教会和它的信徒丝毫没有什么敌对情绪”。他将它当作一个伟大的历史现象和一种宝贵的保守力量而加以尊重。这部论著对于宗教法的教师与学生,都产生了深远的影响;而对于里希特[①]的手册即后来取代它的一部著作所产生的影响也并不小。作者声称,这是他最成熟的一部著作,像他的门生与传记作者许尔特这样一位炉火纯青的评判者,也证实了这项意见。

艾希霍尔的晚年生活,除了偶然编写短论和修订他的早期著作外,没有撰写其他文字作品。由于对他的《历史》的需求持续不变,因而使他能够增加最新的资料。他觉察到第一卷中存在着缺点;在两次改订后,1834 年,刊印第四版时,实际上加以重写。即
43 便在那个时候,他还声称,它是全书中最弱的部分,虽然他利用了雅各布·格林关于古代法律的研究著作。他宣称:任何人如果要认为自己真能了解早期的中世纪,必须先长期研究法典、诏令与条

① 里希特,A. L.(1808—1864 年),德意志神学家、法学家。文中所说的手册是他写的关于教会法的著作。——谭注

例。1839 年,在获准参加普鲁士科学院后致答谢词时,他谦逊地说,“我敢于认为我的著作有用,只是因为它也许有助于为这些研究赢得新朋友”。有一时期一般似乎认为,只要填补这位大师所遗留下来的缺陷,并按照他所开辟的研究路线前进,就已够了。但后来情况变为明显,他的著作不仅在细节方面而且在结构方面,都存在差错。他关于城市起源于罗马的看法,是没有根据的。他没有认识到条顿诸民族间所有的各种差别,也没有充分承认那些不成文而执行的法律。在某些情况下,他从局部与暂时的现象中引出了过分大胆的一般性论断。可是,这些缺点几乎没有减少他的成就的持久性意义。1851 年在他任职五十周年庆祝会上,全德意志对他表示感激。维尔达宣称:“我们法学家,不论我们专门研究法理学的哪一部,不论我们曾听过你的演讲或从其他方面受益于你的研究成果,我们都把你尊敬为我们的伟大教师与导师。但是你的成就不仅属于学术研究范围。你对德意志法律研究的促进作用,是一个具有深远重要意义的民族事业。随着时间的推移,这一点将越来越得到强调。对于曾为祖国的自由战斗并为德意志民族揭示它的本质的那位人士,人们普遍地给予爱戴。”这个预言证明是正确的。1884 年,许尔特写道,“他的著作至今仍不可企及,更谈不上与之匹敌了”。

艾希霍恩对学术研究留下了一种方法与一个典范,但他在其中生存的那个观念世界已经消逝了。他和尼布尔与萨维尼都是尊重过去的,这种态度发展为顽固的保守主义;因而他激起了对历史学派的反抗。他的理想政体是一个深受人民尊敬与爱戴的强有力的君主政体,但他从来没有想到更先进的政治教育会带来对不同

制度的需要。历史学派的优点在于它承认历史的延续性，而它的危险则在于它要阻碍现时的创造力。

Ⅱ

如果说艾希霍恩为法律研究的历史方法树立了最早的完美榜样，那么，我们从他的终身朋友萨维尼获得了关于这个方法的最充
44 分的说明与最精彩的辩护。萨维尼在幼年丧失父母后，韦茨拉尔城的帝国法院一个陪审法官做了他的监护人[①]，在那里他开始学习法律课程。在哥廷根大学的那一学期，他结识了施皮特勒与胡戈；到二十一岁时，他开始在马尔堡大学执教。1803 年，他出版了关于罗马所有权法的专著[②]；该书立即获得了成功，并在作者生前与死后陆续经过多次修订后，保持它在古典法律著作中的地位。那时他开始搜集资料来编写那部将与他的名字永远相联系的著作。艾希霍恩想要从德意志历史上找出现行法律的根源，而萨维尼则决定要追溯罗马法在整个中世纪的影响。

1804 年，他开始做长期旅行，参观西欧各国的图书馆。1808 年，他接受了兰茨胡特大学的教授职位，但两年后，他被洪堡邀请到新成立的柏林大学讲授罗马法。他是个完美无缺的讲授者，他

---

① 最佳的研究论著是由下列作家写的：鲁多夫于 1862 年发表的论文；兰茨贝格(《全德名人传记集》中所载论文)；恩南策乌斯于 1879 年发表的论文。伊赫林的瞩目的评论，见他的《文集》(1882 年)。国外的意见，可以下列作家作为代表：米涅(见《历史的新颂赞》，1877 年)和德蒙莫朗西(见《世界大法学家》，1913 年)。关于他的通讯，参阅斯托尔所著的《弗里德里希·卡尔·冯·萨维尼》，共三卷，(1927—1939 年)。——原注

② 《占有权论》(*Das Recht des Besitzes*)。——谭注

的教室里永远挤满了人。布隆奇利[1]写道，“他的讲课在表达方面，非常清晰而准确，内容安排极其完美，以致不加订修改即可付印，然而却又十分自然，给人以最新鲜思想的印象。他站在讲坛上，具有一种庄严而高贵的风度。由于精通自己的资料而产生的那种自信之情溢于眉宇。在解释并分析法律概念时，他那双巨大而清秀的眼睛炯炯发光”。聚贝尔于 1888 年写道，“甚至今天，我仍认为萨维尼是本世纪最好的学院教师”。

萨维尼虽然同样满怀着“解放”时代的那种爱国热情，但是他感到自己有责任来反对由民族统一的新意识中所产生的关于编订法典的要求。这项计划早在莱布尼茨时代，由几位法学家提出，其中最重要的是著名的海德堡教授蒂鲍特[2]。他曾在哥廷根大学学习，熟知新史学派的观点，但他相信：需要有一个研究法律的哲学方法来获得它的一致性，并按照当时的需要来改造过去的法律成果。蒂鲍特在他关于法典必要性的一篇文章中，举起法律改革的旗帜；这篇文章据他的说法，是“由于我的热情在十四天内写成 45
的”。德意志现在已拯救了它的荣誉，并已赢得实现未来幸福的可能性，但这个可能性的实现，还有着许多障碍。祖国还是一个由许多小邦拼凑而成的镶嵌品，而现行法律则是一个奇怪的混合物。罗马法是外来的，又是一个衰落时期的成果。旧的德意志法律书

① 《回忆录》，第 I 卷，第 62—65 页，1844 年。——原注

② 蒂鲍特给他的门生留下了深刻的印象，参阅瓦尔特，《关于我的生活》，第 91—94 页，1865 年。——原注

蒂鲍特，A. F. J.（1772—1840 年），德意志民法学家，于 1814 年发表《论德意志一般市民的基本权利》小册子。作者将民法的种种缺陷归咎于德意志的分裂，呼吁加强民族团结，制订全德统一的法典。这一建议符合德意志发展的要求，有历史的进步意义，但遭到了萨维尼等保守势力代表人物的反对。——谭注

籍也充满着不合适的东西。没有人能够纵览如此广阔而又紊乱的整个领域。但如果按照德意志精神编成一部简明的法典,那就将使法官,可能也使普通公民能易于掌握这个论题。这个任务,应当由政治家与学者共同进行。这样一个法典会把德意志各邦的居民团结在一起,即使政治上它们还命定处于分裂状态中。如果人们争辩说,传统的体制已经众所周知而且受到尊重,那么回答是:经过拿破仑燃起的战火的考验而制定的法典,在年轻一代的目光中,将是神圣的。

蒂鲍特的小册子产生了一个深刻的影响,因为它洋溢着爱国情绪,提出争取更紧密的团结的新要求,并强调指出陈旧的法律制度的实际缺点;但萨维尼以具有如此说服力的回答来进行干涉,因而这项计划被搁置了两个世代之久。在《论当代在立法上的使命》[①]第二版的序言中,萨维尼说明了第一版的由来。"它出版于这样一个时期,这个时期是当时一切生存过来的人们永远不能忘怀的。多年以来,将我们国家束缚于一个外国的专横统治的枷锁拉得越来越紧;看来,它必然会最后消灭我们的民族性"。在解放以后,重新有可能来讨论有关国内利益的事情。他一开始就坦白承认,无论从实践或情感的理由来说,编订法典的要求是实际存在的。他还认识到要求德意志显示自己不要辜负时代的那种情感,并且承认某种改变必须进行,因为法国的法典像癌症似地已腐蚀了德意志的有机体。法典受人欢迎是从18世纪开始的。当时,人们渴望有一种刻板而精确的司法行政制度,并且有一种与所有历史联系割断的、适用于一切国家与一切时代的法律;但由于历史精

① 此书全名为《论当代在立法与法理学方面的使命》,1814年初版。——谭注

神已经觉醒，因而对于这种浅薄的自足想法，就有考虑的余地了。

萨维尼进而说明他对于实在法起源的概念。“对于法律，就像对于语言那样，是没有停息时刻的。它从属于民族生活的一切其他表现所从属的同一运动与发展”。法律的最早形式是简单的。后 46
来，它开始了一种双重生活：它确实仍然是一种社会生活的表现，但又成为法学家手中的一种科学。在社团规章与城市法律中，我们时常看到原始惯例的残余。“一切法律本来是从风俗与舆论而不是从法理学形成的；也就是说，从不知不觉的活动力量而不是从立法者的武断意志形成的”。其次，他转到制订法典的实际困难。资料在哪里？又怎样可能预见到每个案件而在它发生以前就先拟出一项决定呢？有一类时常互相矛盾的先例，会在公认的法律以外出现。罗马法的伟大是来源于它所具有的主要原则。当罗马国家正生气勃勃并在发展的时候，法典没有编订，甚至也没有提出计划；法典是衰败时期的产品，是与国家的实际衰亡同时发生的。拿破仑法典是一个糟糕透顶的法典。不是每个时代对法律比对艺术具有任何更多的任务。没有任何法学家能够制订一个伟大的法典。这个任务太艰巨，非一个人的脑力所能胜任，而由一个委员会编订的法典将缺少统一性。现行法律应当通过立法程序来改进，同时争论点可以澄清而旧习惯法可以记录下来。最后，法典即使可以实行的话，也将是有害无益的。它将破坏对过去的研究，使法学思维陷于瘫痪，并且不能鼓励人们尊重法律。“历史是一个崇高的女教师；只有通过她，才能够与民族的原始生活维持活生生的联系。如果这项联系丧失了，则民族的精神生活中最优秀的部分将被剥夺。当犹太人对上帝的律法等得厌烦时，他们制造了一只金

犊，因而真正的法版就被捣成碎片[①]”。

萨维尼的论著，虽然圆满地实现了它的直接目的，却是一个奇怪的混合物：深刻的理论与显著的错误融会在一起。他严重地低估了法律哲学的优点；而如果没有这种哲学，高级的综合就不可能实现。他说，制订法典的时机尚未到来，这一点是正确的，但他宣称，这个时机永远不会到来，则是错误的。传统的法律必须经过人类的需要与权利的测验，并且必须与它们相适应。只要从《使命》内所提出的主张前进一步，就达到了拥护积弊的境界，并在正统主义的外衣下，掩盖了古老的僭窃行为。可是，尽管他夸大了法典的缺点与制订法典的困难，但他却给法律的历史性质作了重要的说明。他指出：法律像语言一样，是民族生活的表现；它是从民族的经验与需要，经过自然的过程而成长起来的。法学家不能被称为
47 法律的制定者，正如语法家不能被称为语言的创造者一样：他们只是发现了群众生活所创造的东西。这些创造物一部分仍然是习惯，而其他部分则变为“法律”。关于“明智的立法者”的传奇故事已永远消逝了。萨维尼像伯克一样发出了反对18世纪思想的呼声。

上述的争论激起了巨大的兴趣。在艾希霍恩的合作下，萨维尼为了辩护并说明自己的观点，创办了《历史法学杂志》。杂志开首的一篇文章可以看作《使命》一书的通俗性总结；文章将他的反对者统称为非历史派。蒂鲍特对于《使命》一书未曾置答，但拒绝

① 金犊。据《圣经·旧约全书》，系以色列人首领摩西之兄亚伦为以色列人所造，说它是领他们出埃及的神。摩西拿着两块法版下山，看见牛犊勃然大怒，把两块版扔到山下摔碎了〔参阅《旧约·出埃及记》第32—33章〕。——译者

接受这个新称号；他暗示“历史哲学派”这个名称更确切地描述了他本人和他的朋友们的情况。萨维尼的若干门生在谈到蒂鲍特时，没有采用他们老师所表示的那种礼貌态度；于是蒂鲍特愤而写了一本精彩的小册子《所谓历史学派与非历史学派》作为报复。他声称：许多激烈的争辩是由于不确当地选用名词所引起的。他一点也不轻视法律的历史研究法，但他反对把现在从属于过去这个主张。就这场争论的两个主角来说，在萨维尼在他所著的《近代罗马法体系》的序言中说明了他的立场后，争论即告终止。他表明所以采用“历史学派”这个名称，是因为法律研究中的这一部门曾被过分地忽略；他本来无意贬低其他研究方法。至于说到他要把现在从属于过去或德意志法从属于罗马法，那是不符事实的。他只是坚持现在与过去之间的活生生的联系，并曾宣称：只有通过研究过去才能理解现在的真正性质。法律的任何部分，都不是一成不变的。他相信，对他的立场所作的这个解释应当使争论终止，并促使彼此不再使用派别称号。他的愿望获得实现，因为争执已进入一个新的阶段。萨维尼关于法律作为一种有机的生长物的概念，已变为所有学派的共同财产；同时哲学研究方法也由伊赫林[①]给予辉煌的辩护。

萨维尼除了竭力主张以发生学观点来研究法律外，还对它的历史作出一项最有价值的调查研究。他的《中世纪罗马法史》于1815年开始出版。书的内容分成两大时期：第一时期包括欧尼里[②]以前的六个世纪，在这时期内，罗马法的残余能很详细地予以

① 伊赫林，R.（1818—1892年），德国法理学家。——谭注

② 欧尼里（Irnerius，？—1140年），意大利著名法学家，《查士丁尼法典》最早的研究者之一。——译者

证实;第二时期包括四个接续的世纪,在这时期内,罗马法成为系统研究的对象。开首两卷构成这部著作的主要内容。它们的论旨
48 是:罗马法尽管受到蛮族入侵的震动,但在西罗马帝国覆亡后,仍然残存下来。他的目的是要找出罗马法在帝国旧领土范围的各部分内的残余。这个目的只有通过研究那些受过罗马法实际管辖的民族的命运,才能完成。如果这些民族已被消灭,他们的法律就不可能保存下来。如果他们失去了人身自由,或者当时的公共生活已完全停止,则罗马法也几乎不可能继续存在。“因为法律是一种公共生活;它在多方面和这种生活的各个部分都有联系;如果这种生活已消逝,法律必然要归于死亡”。而且,在帝国所属的德意志诸邦内,如果没有罗马法官与法院,罗马旧法的实施也几乎是不可能的。

萨维尼在城市制度、地方风俗、教会法规与学术著作中寻找罗马法的残余;并作出结论说,曾被看作 12 世纪罗马法复兴的那个运动,只是对罗马法的兴趣的一种提高而已。他首先略述帝国在意大利部分与各行省的法律制度,然后转到德意志民族的法律制度,最后转到条顿人征服地区的法律制度。在法兰克君主国的大部分地区以及伦巴第,罗马“君主”(Rectores)将民事与军事权力让给德意志法院。这种破坏罗马法的行动是否更深入一步并影响了城市制度?萨维尼认为:关于城市制度在意大利曾受到破坏的这种通常看法是错误的。他声称,德意志人从来没有企图肃清罗马人,或甚至将他们德意志化。实际上,罗马人的地位比他们在帝国衰落时期更加自由、更加幸福。他们的财产一般是安全的;他们得以保存这样多的语言,即足以证明他们的活动力。而且,城市组织法

与日耳曼的习俗很容易混同。关于罗马城市组织法保存下来的另一个原因，是由于德意志人对城市生活很少注意。他在谈到关于法律教育连续性的证据时宣称：虽然没有专门学校，但罗马法在许多中等学校里是作为罗马文学的一部分来讲授的。罗马法通过成文资料的媒介与法院的实践得以继续存在并扩展。其中第一项最为重要；因此，萨维尼企图搜集所有的残余，无论是逐字的笔录或明显的转述。在这些资料中有：若干邦内为罗马人编写的法律课本与那些包括罗马法律、宪章、契约、遗嘱与注释的片断的德意志人的法律课本。有许多学者也曾看到：罗马法在整个中世纪是起着作用的，但这项意见没有多大价值，除非知道哪些部分曾被使用，以及其中各部分所受到的欢迎如何。该书的第二卷罗列了罗
马法在勃艮第、西哥特人、法兰克人、东哥特人、伦巴人、盎格鲁-撒 49
克逊人中间以及在拜占庭所属的意大利与教会的著作中所保留下来的证据。萨维尼时常谈到自己是个开拓者；而他的主要论点是被人们普遍接受的。萨维尼的巨大成就，在于证明罗马法在两罗马帝国灭亡到波洛尼亚法学家[①]兴起之间的黑暗世纪中继续存在。毫不足怪，由于对这个主要事实深信不疑，他有时竟然承认那些使更严格的时代不能满意的证据。他最严重的错误，在于肯定罗马城市组织法在伦巴第的继续存在。这一差错后来由大哲学家黑格尔的儿子卡尔·黑格尔通过精深的研究予以纠正。

著作的第二部分讲述罗马法从 12 世纪到文艺复兴时期遭到的命运。关于这一时期的主要特征，是对罗马法原文作出系统的研

① 创建于 11 世纪末叶的意大利波洛尼亚大学法学院是欧洲最早的法学研究中心，培养了大批法学家，享有盛誉。——谭注

究，因而它的历史可在法学家的生平中看到。在分析资料后，萨维尼讨论法学复兴的条件。伦巴第城市是富庶的而且人口稠密，它在商业活动上引起了许多问题，而对这些问题条顿法律是不适用的。所以，这些城市不得不研究罗马法。关于大学尤其是波洛尼亚大学的一章，对于中世纪学术史是具有最高价值的贡献。最后三卷包含有关法律注释家的生活与著作的介绍。作者认识到这三卷只不过作为参考书；但他坚决认为，对于进行全面研究的人来说，这些书是必要的。在全书中，萨维尼深信不疑地肯定了罗马法所起的有益影响以及它在教育世人方面所作的贡献。整个著作，由于它强调连续性，可以说是吉本《罗马帝国衰亡史》的庞大附篇。萨维尼的晚年生活主要用于详细考察现行德意志法律中的罗马法要素。1861 年，在八十二岁高龄时，他去世了；他生前能够看到历史方法被应用于法律研究的各个部门，他本人在全欧洲被称为本世纪最伟大的法学家。

Ⅲ

在同一令人惊异的十年时期，即在尼布尔、伯克、萨维尼与艾希霍恩的最早著作出版的年代，雅各布·格林创立了条顿族起源
50 的科学①。博德默尔②已出版《尼贝龙根之歌》③的一部分；若干小诗

① 关于这门科学的历史的最好研究，见劳默尔的《德意志语言学史》(1870 年)和保罗的《德意志语言学大纲》，第一卷(1891 年)。——原注

② 博德默尔，J. J.(1698—1782 年)，瑞士诗人兼历史家，浪漫主义运动先行者之一。有志振兴德意志文化，主编了一些古德意志爱情诗篇及《尼贝龙根之歌》的一部分。——谭注

③ 《尼贝龙根之歌》(*Nibelungenlied*)——中世纪德意志的长篇叙事诗，作者不详。尼贝龙根(Nibelungen)意即“雾的孩子”。——译者

人对爱情诗人[①]发生兴趣,但古文的研究,是同"启蒙运动"完全不相称的。赫德尔开始了一个新时代;他通过下列概念为文学史研究铺平了道路,即认为自然诗、民族精神与语言是贮藏各世纪所作出的贡献的宝库。他爱好文学的早期与初期、荷马的世界、"埃达"[②]与"民谣"。1793 年,他声称,"我不相信,德意志人对他们祖宗功绩的感情会比其他民族少些。我想,我看到一个时期正在到来,在这个时期中,我们会更认真地回顾他们的成就,并懂得珍视我们的古老财富"。当浪漫主义运动的力量增强的时候,赫德尔的同胞中与他具有同样兴趣的人愈来愈多。约翰内斯·缪勒称"尼贝龙根歌"是德意志的荷马诗;毕尔格[③]在他编的民歌里,企图再现早期的模型;穆绍斯[④]利用古代传说来编写故事。蒂克[⑤]富于情感的个性,从中世纪的歌典与传奇里获得了养料。奥古斯特·施勒格尔在柏林大学讲课中,对"启蒙运动"的准则宣战,而冯·德哈根[⑥]由于受到他们的鼓舞而出版了德意志古诗集。富恺[⑦]开始出版中世纪传奇小说丛书。阿尼姆和勃伦塔诺出版了他们的民歌巨大汇编,题名为《魔笛》[⑧];因而使中世纪精神似潮水般地涌出,并

---

① 爱情诗人(Minnesinger)——12 至 14 世纪德国抒情诗人所作的抒情诗,其题材主要是爱情与美人,故有此称。——译者

② 埃达(Eddas)——古代冰岛的两部文集,一为韵文,一为散文。——译者

③ 毕尔格,G. A.(1747—1794 年),著名的德国诗人。——谭注

④ 穆绍斯,J. K. A.(1780—1856 年),德意志作家,《德意志民间童话》是其代表作。——谭注

⑤ 蒂克(Tieck,1773—1853 年),德意志小说家与美学家,属于浪漫主义派。——译者

⑥ 德哈根,H. F. H.(1780—1856 年),柏林大学教授,精研德意志古代诗歌。——谭注

⑦ 富恺,F. H. K.(1777—1843 年),普鲁士男爵,浪漫派诗人、小说家。——谭注

⑧ 全名《少年的魔笛》(*Des Knabens Wunderhorn*),简称《魔笛》。——谭注

鼓舞了一代的德意志抒情诗人。这样，浪漫主义派给历史研究作出了无可估价的贡献。他们通过描写其他时代与其他国家的丰富多彩生活，来丰富人们的想象力。他们使知识资本成倍地增长，并扩大了他们时代的眼界。但他们是艺术家、诗人、梦想家；而不是学者、语言学家、历史家。雅各布·格林[①]就是在这个浪漫主义派的圈子成长起来的。他的功绩在于使他们最优良的特点增添了他们所缺少的批判研究精神。

1785 年，格林生于黑森，进了马尔堡大学；他遵照父亲的愿望，注册为攻读法律的学生。他的知识兴趣是由萨维尼所唤起的，后者成了他所崇拜的人物与模范。五十年后，格林在其《自传》中写道，“关于他（萨维尼）的讲课，除了对我整个一生产生了具有决定性的影响外，我还能说些什么呢?”他把他的《德文语法》献给萨维尼，并宣称，他心中渴望，当他能够提供一些不辜负他老师的著

51 作时，公开表示敬意。正是在萨维尼的藏书室里，格林得以熟悉德意志早期文学，同时也正是从萨维尼那里，格林学到了对历史虔诚的精神；这种精神成为师生两人毕生事业上的一个烙印。如果说这种友谊是格林一生中的第一件大事，那么，第二件便是蒂克所编的《爱情歌曲》的出版。通过萨维尼，他认识了阿尼姆与勃伦塔诺，而他们的《魔笛》也由于他的藏书而丰富了内容。格林好久以后宣称：在他们面前展现了一块新鲜而又几乎未曾开垦的原野。歌德与席勒对于中世纪很少注意。博德默尔已把钥匙插入锁眼，而浪

① 舍雷尔，《雅各布·格林传》，第二版，1885 年，是德文中最好的专著之一；在舍雷尔的《小品文》(1893 年)中，有许多关于格林兄弟的有价值的资料。魏因霍尔德的《评论格林的演说》是具有权威性的著作。格林的简短自传，载入他的《小品文》，第一卷(1864 年)，其中，他的通讯占好多卷。——原注

漫派则把它转开。1805 年，萨维尼带他到巴黎去帮助搜集编写罗马法史所需的资料时，他就进行自己的研究。威廉·格林在写给其兄的信中说，“我一直在想，你可以从手稿中找寻德文古诗。也许你可以找出一些没被发现的重要东西”。归来不久，雅各布·格林决定要搜集德意志古代传说与童话。他马上发现，很多故事是具有国际性的，因而不得不浏览所有条顿文学与拉丁文学；同时不涉猎斯拉夫世界与东方的著作。他大量吸取克罗伊策和格雷斯的著作并研究比较文法与早期法律。在他知慧觉醒的这些早期年月里，他划出了一块广阔的土地；为了耕种它，他献出他漫长而紧张的整个一生。

格林弟兄以撰写书评与散文开始，很快就引起学术界的注意；《童话集》[①]的第一卷，于 1812 年出版；它使格林的名字在全德国家喻户晓。他们对童话所做的工作，正如阿尼姆与勃伦塔诺对民歌所做过的工作。赫德尔曾指出说，《童话集》将成为对未来的少年的一个圣诞礼物。他的预言是应验了的；但这部作品的主要目的是要显示丰富的民族财富。格林弟兄强烈反对阿尼姆与勃伦塔诺任意处理他们的宝贵资料。1809 年，雅各布在给威廉的信中说，“他们毫不注意精密的历史调查。他们不愿让旧东西保持它们的原来面目，而坚持把它们移到我们的时代，这个时代并不是它们所属的时代”。由于他们有孩子般的天真性情，并且爱好民歌，格
林弟兄是向近代的人们解释童话的最合适的人选。《童话集》成为 52
德意志民族生活中的一部分，它超过了浪漫派著作的任何其他部

① 参阅赫尔曼·格林的文章：《格林兄弟与童话集》，见他的《德意志文化史稿》(1897 年)。赫尔曼·格林是威廉·格林的儿子。——原注

分。但在它以后出版的德意志古代传说集，则较少成功。其中大部分已经刊印，虽有少数几篇故事是根据口头传说而增补的。这些传说是把基督教成分与异教成分、幻术与历史糅合起来的一种奇怪混合物；因而它们在显示群众心理方面，具有极大的价值。格林宣称，每个民族的最早历史是民间传说；而且它一向是纪事诗。他同意阿尼姆的名言：史诗是自然形成的，同时也同意诺瓦利斯[①]的怪论：诗人的故事中所包含的真实性比编年史中所包含的要多。浪漫主义派已抓住这个基本真理：历史家必须再现民族的生活与成就。历史之所以曾经忽视古代传说与歌谣，是因为它们没有包含"事实"。《在关于神话、史诗与历史的感想》一文中，格林有力地说明了这些见解；但他的指示也不是没有严重缺点的。他认为古代传说具有比它们所具有的更多历史实质。由于对民间诗歌的热爱，他对其他的与后来时期的著作类型，采取了不公正的态度。他认为有意识的作品次于无意识的作品，个人努力的成果次于社会自发的创作。他喜欢把中世纪文学看作是一个民族的精神的另外一个名称的表现，如同中世纪的大教堂一样。

浪漫主义派对早期文学的见解之重申与发展，引起奥古斯特·施勒格尔的尖锐批判。他嘲弄史诗与民歌是自发形成的这个论点[②]。我们不知道谁是它们的作者这一事实，不是一个说明它们自行成长的证据。古代传说与英雄歌曲虽然是它们时代的共同资产，却不是这个时代的共同产物。"当我们看到巍峨的高耸立在人

① 诺瓦利斯系弗里德里希·冯·哈登贝格的笔名，他被称为"浪漫主义的先知"。——译者

② 奥古斯特·施勒格尔：《全集》，第12卷，第383—426页。——原注

们的聚居区时，我们知道有许多人曾为建造这座高塔搬运石头；但石头不是塔，后者是建筑师的成绩”。没有自然条件，就没有生命；但没有艺术，就没有形态。一切诗歌都是自然条件与艺术的结合。施勒格尔嘲笑浪漫主义派尊重不重要的东西与热爱老妪的寓言和婴儿的催眠曲。在这后一种的批评中，潜藏着“启蒙运动”的一些傲慢气息，但整个说来，他的文章犹如一股强劲的冷风。这项指责也推广到格林的词源学。施勒格尔宣称：德意志古文学的研究，只有根据正确的文法知识，才能成功。格林觉得这项批评是公正的，因而开始转向研究文法。他曾称赞拉斯克[1]在 1811 年出版的《冰岛语法》。拉斯克曾说：语言学不应规定语词应当怎样组成，而应描述语词曾是怎样形成与变化的。这项原则立即得到了格林的响 53
应，因为他对语言与民间诗歌同样尊重。语法学家必须是语言的学生，而非它的教师。阿德隆[2]在“启蒙运动”全盛时期写作时，轻视方言并以各种规律来约束语言。还有人主张，应删除某些语词，并改动更多的语词。格林认为，对古文字形式的攻击是和摧残道德同样地令人厌恶的。整齐划一的做法如法国革命时期恐怖主义者所采用的方法一样，因此，创造新语词是一个罪孽。就像在我们所熟悉的面孔上，正是由于它的皱纹和疣，而使我们感到难以言传的亲切。所以，他提出那种教导人们尊重一切活的要素的历史语法，以代替迂腐的学究做法与主张整齐划一的改革。

① 拉斯克，E. C.（1787—1832 年），德国语言学家，精研冰岛语及东方语言，他对冰岛语的研究被认为与博普、格林共同为比较语言学奠定了基础。——谭注

② 阿德隆，J. C.（1732—1806 年），德意志语言学家，尤长于语源学及德语语法。——谭注

威廉·冯·洪堡在1812年关于巴斯克人[①]的杰出论文中，概括地陈述了语言的规律。他主张语言与历史的研究应结合起来，而查考民族的特征也应作为研究文法的必要附属部分。语言的结构是有机的，但它的形成却受到外来语与不完善的同化的干扰。每种语言包括有机的部分与无机的增添部分。这些观念被格林在他的《德文语法》中引用；该书第一卷于1819年出版。这部著作的目的是要揭示规律在语言上如同在历史上所起的作用；只有通过仔细比较所有条顿语言与方言，才能重找到这个答案。他的主要论旨是：在所有的德意志语系之间存在着密切联系。语言的目前形式，如果不参考它最古的形式，是不可能理解的。他充分利用了他的前辈的著作，特别是希克斯[②]与拉斯克的著作；在另一领域内，他还利用了博普[③]的著作，但他在条顿语言学中，却引进了比较研究法。在纯德意志语言的领域内，他必须自己建立基础，而在以往只有零星片断材料的地方，现在却出现了一座完整的结构。这部著作的内容远远超出它的书名的含义，因为事实上它是一部条顿语言史。格林的杰作成为此后历史科学赖以向前发展的工具之一。最有资格的判断者贝内克宣称：他不知道自己究竟是最佩服作者的见识还是他的知识。他的老批评家施勒格尔赶快表示对他的祝贺。读者按照他的指导愉快地看到越来越多的光明，直到豁然开朗的境界出现在他们的眼前。

① 巴斯克人，居住于比利牛斯山脉西部（在西班牙境内）的一个种族。——谭注

② 希克斯，G.（1642—1715年），被认为是盎格鲁-撒克逊语言学与史学的奠基者之一。——谭注

③ 博普，F.（1791—1867年），德意志著名的语言学家、梵文学家、比较历史语言学的创立者之一，著有第一部印欧语比较语法。——谭注

这部著作在一年内即已销售一空；1820 年作者开始重写。在
编写过程中，他做出新的重要发现；它的校样稿还经过拉赫曼的修 54
订。材料的编制已有改进；第二版在许多方面是一部新的著作。最重要的增添部分是关于“格林法则”的陈述，即关于单字演变的说明。此外还有发音的规律。语词不能追溯到一个共同的根源，除非他们发音之间的差别能以“变异规律”作出说明。这样，可以重新找到民族之间的关系，也可以获得对人类早期生活的若干认识。《语法》的其余三卷陆续出版；最后一卷是解决句法的问题。当出版者询问格林究竟是愿意完成还是修订他的著作时，他选择了后者。《语法》虽不完整，但它是无可比拟的最重要的德意志语言学。从来没有人曾经这样深入地达到语言的最深处，并抓住它与生活的密切关系。他在成为一个语言学家时，并未失去一个诗人的性格。他富有创造性的观察力对隐晦的地方继续放射光芒。阿德隆曾经问他赋予无生命的东西与抽象概念以性别，能有什么意义。格林以重述原始幻想所走过的道路作为答复。语言的早期形式是具体而又形象的；在它的后来阶段，它才成为抽象的和理性的。这种关于以感性到理性的过渡的论点，是对人类历史的一个重大贡献。

在《语法》的最初两卷与最后两卷出版期间，格林出版了《古代法律制度》一书，从一个特殊角度[①]来描绘早期的德意志生活。他指出文学与语言在早期与后期之间所在的差别，也同样在于法律与宗教的领域内。他热情地采用了萨维尼关于法律本质的见解

① 关于格林的法学家地位，参阅许布纳的出色专题著作：《雅各布·格林与德意志法律》(1895 年)。——原注

并为《使命》一书的出版欢呼致贺。他对象征的作用，即概念自行表现的形式，特别感到兴趣。在早期的一篇关于法律中的诗意的论文中，他曾说法律与诗是在同一基础上成长起来的。诗人与法官一样说出共同的思想。有人不公平地指责他没有从历史上论证这个论题，或者没有追溯制度的逐渐转化；但他的任务与艾希霍恩的任务是完全不同的。他的研究仅限于一个毫无学术可言的时代所需要的那些可觉察的、可见的与形象的要素以及风俗与惯例、行动与形式。他的主要根据是所谓“审判惯例”或判词以及早期著作与传说。没有一个法学家能写成这样一部著作，因为任何法律家
55 都不具备关于早期条顿社会的语言与文献的必要知识。艾希霍恩想要讨论近代法律与惯例的基础，而格林是从来不关心后期的发展的。每一惯例，作为民众精神的表现，是有其重要性的。

这部著作受到德国法学家的热烈欢迎。萨维尼很高兴，因为他自己的主张获得了灿烂的发挥。艾希霍恩虽然没有充分认识到它的创造性，也给予热烈的称颂。米什莱使这位谦逊的作者感到非常满意，因为他以这部著作为基础编写了《法国法律的象征起源》。格林正确地宣称：他的书是一部启发性的著作。在它出版一百余年后，它的启发性仍然没有完全消失；而它的影响可以从每个关于早期条顿法律的作家方面找出。与《古代法律制度》密切关联的，还有判例或判词汇编的出版；其中四卷在他生前出版，其余三卷在他死后出版。他写道，“除非我被热情所蒙蔽而失去判断力，否则，我认为这个汇编将大大地丰富甚至几乎彻底改革我们的古代法律制度；它对有关法律、神话与风俗的知识将作出重要的贡献，并将给我们的早期历史以生气与色彩”。它们在法律中所起的作用，是

与民歌与童话在神话学诗歌中所起的作用相同。在这两个场合，他利用民间传说来表明并解释古文献。但这些古文献的日期，最早是从13世纪开始的，所以它引用它们作为遥远早期的例证是错误的。

格林在他的《德意志神话学》中，探索了早期条顿生活的另一方面。格雷斯与蒙纳[①]曾研究残存的异教习惯与信仰，但没有使用批判方法。格林在序言中声称："在我的书里，我企图指出：我们祖先的语言不是粗野的，而是文雅和谐的；他们不是过着游牧部落的生活，而是自由的、有道德的和守法的人们。现在，我要揭示他们充满信仰的内心，并要追述他们关于神的宏伟的——即使不完善的——概念。"他要迫使文学、古代传说、童话、风俗、语言作出它们的贡献，并搜集大批口头传说。古代世界重视了它的鲜明色彩与奇异形象。舞台上聚集着神、仙女、水精、地下鬼、小精灵、侏儒与巨人。因为神话是诗情的产物，所以他的才能特别适合于描述它。《神话》一书的绪论展现出基督教在欧洲传布的一幅广阔图景，而当时异教正在一步步地退却。他从神谈起，然后转到次要的神怪，再谈到有关人类生活的气候与季节以及人格化的动物和植物。光
明的世界与黑暗的世界，与魔鬼和妖巫的世界同时并列。《德意志 56
神话学》在欧洲学术性的古典著作中占有它的地位。但虽然这部著作常被看作他最完善的著作，虽然它的生动性与洞察力是令人惊奇的，但它不是没有严重差错的。他所描写的条顿文明图景，显得过于美好；而且，他把后来时期产生的风俗与信仰归于早期的时

① 蒙纳，F. J.（1796—1871年），德意志历史学家、语言学家。——谭注

代。几年后，本书的大部分内容已被阿达贝特·屈恩[①]对印欧神话学的研究论著和曼哈特[②]关于民间崇拜的调查记录所代替。然而，它还是关于条顿异教的学科赖以建立的基础；它和《语法》与《古代法律制度》，在有关再现古代德意志的著作中占着一个光荣的地位。

格林的晚年生活，主要用于语言学的研究。他在1848年出版的《德意志语言史》，与其说是系统的叙述，不如说是一系列专论，也几乎可以说是《语法》的附录。按照博普与波特[③]的著作，他把早期著作中的许多研究结果，加以修改。措伊斯[④]的研究对人种史发生兴趣。虽然这部著作的部分内容是异想天开的，而且关于早期部族的若干鉴定也是不正确的，然而，它试图以语言学来阐明人种史与文化的努力，却不是不重要的。《德文字典》是他一生中的最后一项巨大工作，这是一个出版者向他们兄弟建议编写的；他们接受这项建议，从而取得了足以养家糊口的工资。《字典》包括从路德时代到歌德时代所有的语词。第一分册在1852年出版；1863年当“F”字头将要完成的时候，雅各布·格林去世了，他一生享有盛誉而且长寿。他在最后一篇论文中写道，“所有我的著作都与祖国有关，并从它的土壤中获得了力量”。这些简朴的话可作为他的墓志铭，他既是一个伟大的爱国者又是一个伟大的学者，而且是个毕生保全着赤子之心的人。

① 屈恩(1812—1886年)，德国语言学家、民俗学家。——谭注

② 曼哈特，J. W.(1831—1880年)，德国民俗学家、神话学家。——谭注

③ 波特，A. F.(1802—1887年)，德国语言学家，精研印欧语。——谭注

④ 措伊斯，J. K.(1806—1856年)，德意志历史学家、语言学家，著有《凯尔特语》等书。——谭注

雅各布最早而又最得力的助手，是他的兄弟威廉[①]。他们在马尔堡已开始共同进行研究工作；他们联名出版著作，直到长兄转向认真地研究语法时止。在他们的中年时期，两人分道扬镳，但在晚年又恢复他们的协作。《字典》和《童话集》同样是他们联合工作的纪念品。除了帮助他长兄编写的著作外，威廉独自完成的作品 57
也是具有极高价值的。他的最大成绩是他对德意志英雄传奇的研究。他的研究范围远比他长兄的窄狭。他的生性是宁愿选择一个有限的领域，精细地调查它的每个角落，而不愿漫游广阔无垠的地带。他缺少雅各布那种创造天才，但他是一个更精确、更细心的研究者。这两兄弟的关系，在学术研究史上成为佳话；他们在人们的记忆中是联系在一起的，正如他们在《字典》扉页上共同署名一样。他们热爱德意志人民，而他们的热爱已获得丰富的酬报。在提醒全世界的德意志人意识到他们的统一性方面，他们所起的精神作用，仅次于歌德与席勒。

格林兄弟成长于浪漫主义派的圈子里，但他们从贝内克[②]所受到的影响比从该派的任何成员要多。贝内克是哥廷根大学的图书馆长和教授；他最先把早期德意志文学与语言的讲授作为常规课程的一部分。在这两兄弟的早期研究时期，他给予他们帮助，把图书馆的书籍借给他们，并用善意的批评来鼓励他们。他最早的

① 雅各布关于他的兄弟的演说，见他的《小品文》，第一卷。他们的《从少年时开始的通讯集》于 1881 年出版。托内拉特的《格林兄弟》出色地叙述了他们的早期合作。比较舍雷尔的文章，见《全德名人传记集》。——原注

② 他们与贝内克的通讯集于 1889 年出版；它表明了他们之间的亲密关系。比较舍雷尔的文章，见《全德名人传记集》。——原注

重要出版物博纳里斯[①]的寓言；这标志着科学的词典编辑法的开端。他的才能属于语言学而不是文学方面，但在这个范围内，他是无可比拟的。他按每个语词的历史发展进行考察，并揭示出意义上最精微的差别。每篇古诗按照它的时间与地点，给予研究。贝内克，按雅各布·格林的说法，不仅是在各大学中关于早期德意志文学的语法知识的开创者，而且是研究这一部门文学所采用的严格历史方法的创立者；而这种文学以往是以美学标准来论断的。

虽然很多语言学家做出了有价值的成绩，但拉赫曼[②]和雅各布·格林则共同享有首创以科学方法研究早期德国文学与语言的荣誉。拉赫曼晚生八年，在莱比锡大学时，在赫尔曼的教导下，学习正确的语言学；并在贝内克的指示下，开始了条顿语研究。同时，他继续研究古典著作；年老的海纳曾预见他的门生将来会出类拔萃。拉赫曼出版的普罗珀修斯的著作[③]含有他未来在语言学各
58 部门中所获的成就的萌芽。他的目的是要根据最好的手稿，重建作者所写的原文。那些为语言学家所欣赏的校勘，在抄本未经考证以前，原是不会想到的。1816 年他转向研究《尼贝龙根之歌》；他把它的现有形式归于 13 世纪。他对中世纪诗歌在韵律与语言学方面的特征逐渐获得无与伦比的见解；他根据对所有可能获得的手稿的详尽研究来重建原文。《语法》受到热烈的欢迎时，拉赫曼宣称：它使他们大家由于自己无知而感到惭愧。现在这两个人结

① 博纳里斯，U.，中世纪德意志修士、诗人，撰有寓言集《宝石》(1350 年)，该书是根据古罗马文献编写的。——谭注

② 参阅赫茨的《拉赫曼》(1851 年)；雅各布·格林(《小品文》)，第一卷；莱奥的《拉赫曼百年诞辰演词》(1893 年)，和《格林兄弟与拉赫曼的通讯集》(1925 年)。——原注

③ 普罗珀修斯(约公元前 52—前 15 年)，拉丁诗人，以写哀体诗出名。——译者

下密切的友谊;在他的《语法》第二版的序言中,格林宣称,他不可能用言词来形容贝内克与拉赫曼的帮助。“像拉赫曼对我进行的这种充分而又坦率的意见交流,必须经过亲身体会,才能理解它的价值”。

1824年,当拉赫曼被任为柏林大学教授时,他已无与伦比地精通了关于早期德意志文学的刊印与手抄资料;这就使他能够迅速地连续写出批判性的杰作。他的第一部著作,是出版哈特曼[①]的《伊魏因》[②];为了这部著作贝内克供给他自己所藏的资料,并称这是关于一首德意志古诗的第一部经过鉴定的版本。在《伊魏因》后,接着出版了冯·德·福格尔魏德·瓦尔特[③]的著作,从而第一次使这个诗人可以被人理解;同时还出版了伏尔夫拉姆的作品[④]。他宣称:“我的目的是要使一个最伟大的诗人以最光辉的形象出现”。于是,他回到《尼贝龙根之歌》,1826年,出版了它的原文;十年后,又出版了他的批判性考证。他争辩说,有可能找出二十首不同的诗歌,但他对这首古诗的重建,却遭到了广泛的攻击。拉赫曼给德意志文学领域带来了有益的观念,正如给《荷马》研究与《新约全书》批判一样;这些观念,即使未被全盘接受,但在他过早地逝世后很久,还是产生了潜移默化的影响。在他的讣告中,格林宣称:语言学家有两种类型;一种是为了事物而研究语词;另一种是为了语

① 冯·安·哈特曼(von, Ane,约1170—1225年),德意志诗人,曾参加1197年的十字军东征。著作有《伊魏因》(*Iwein'*)与《埃雷克》(*Erec*)等诗篇。——译者

② 《伊魏因》,中世纪德意志传奇,记骑士伊魏因的爱情和冒险故事。——谭注

③ 冯·德·福格尔魏德·瓦尔特(von der Vogelweide Walther,约1160—1230年),德意志最杰出的爱情诗人。——译者

④ 沃尔夫鲁姆,德意志中世纪诗人,死于1215年后。他的最著名诗篇是《帕齐瓦尔》。——译者

词而研究事物。他自己属于前一类，而拉赫曼则属于后一类。他补充说，“他是一个天生的编辑，德意志从来未曾见过一个可以与他匹敌的人”。拉赫曼使人们有可能编写中世纪德意志文学史。他真正的老师是本特利，他称本特利为“近代最伟大的批评家”。但本特利有时凭着才华，灵机一动，便获得了他的最灿烂的成就，而拉赫曼则通过他的勤勉与洞察语言和韵律的变化而赢得了他的成功。格林作为一个教授，是失败的，他没有建立任何学派；而拉
59 赫曼的讲课则成为许多人的事业的开端。奥托·雅恩[①]以他的第一部重要著作献给他“无与伦比的老师”。西姆罗克[②]关于中世纪古典著作的译解，是建立在他的基础之上的。莫里茨·豪普特[③]，即他的继承者与著作执行人，尊他为最卓越的老师。如果拉赫曼没有铺平道路的话，米伦霍夫[④]百科全书性的《德意志古代知识》几乎是不可能编成的。措伊斯，即凯尔特语言学的创始人，也是依靠他的。拉赫曼虽然不是一个专业历史学家，但他给历史学家提供了关于研究早期德意志人民生活与思想的广阔领域的线索。

① 奥托·雅恩(1813—1869 年)，德意志考古学家、古文献学家。——谭注

② 西姆罗克，K. J.(1802—1876 年)，德意志古典学者、诗人。——谭注

③ 莫里茨·豪普特(1808—1874 年)，德意志古典学家。——谭注

④ 米伦霍夫，K. V.(1818—1884 年)，德国语言学家、历史学家，以专攻德国中世纪文学与古文物类知名。——谭注

第五章　德意志史料集成 60

浪漫主义运动引起了对早期德意志文学与传说的兴趣，而对德意志历史的系统研究则是由于拿破仑战争火焰的严峻考验而带来的结果。德意志宗教上与政治上的分裂，使它的居民很难认识到他们的统一性。莱辛与赫尔德、克洛普施托克[①]与维兰德[②]、歌德与席勒都觉得自己是世界公民。德意志人需要耶拿的巨大灾难、帕尔姆的处死[③]和法国占领所施加耻辱来教育他们认识“祖国”的神圣性。歌德说，“不论你怎样摇动你的锁链；他（拿破仑）的力量对你来说，还是太强大，你永远不会折断它们”。拿破仑也宣称，“普鲁士已经完蛋了，它从欧洲地图上消失了”。这个时代的两个最有才智的人却同样缺乏鉴别能力。普鲁士的复兴是一个民族的成就。施泰因出生于拿骚，哈登贝格与沙恩霍斯特[④]出生于汉诺威，格奈森瑙与菲希特出生于萨克森，尼布尔出生于石勒苏益格-荷尔斯泰因。德意志的政治独立与精神统一，是通过同一剧烈的

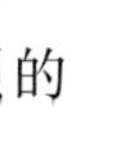

① 克洛普施托克，F. G.（1724—1803 年），爱国诗人，德意志启蒙运动初期代表人物之一。——谭注

② 维兰德，C. M.（1733—1813 年），德意志启蒙运动时期作家。——谭注

③ 帕尔姆 J. P.，纽伦堡书商，1806 年 8 月因出版一本名为《蒙羞受辱中的德意志》的小册子被法军事法庭处决。——译者

④ 沙恩霍斯特，G.（1755—1813 年），普鲁士军事家、政治家。1806 年主持军事改革，1807 年任陆军大臣、参谋总长，在民族解放战争中功勋卓著。——谭注

斗争而赢得的。虽然德意志的统一还需要等待半个世纪，但爱国主义的火焰却继续燃烧着；而最崇高的解放建筑师，也转到一个为民族服务的新任务。

I

在18世纪时期，人们已经深深感到需要搜集中世纪史资料，但由于不可能获得学者们的协作和缺少财政支援，所有的计划均告流产。当时，编史工作不是地方性的，便是世界性的；它还没有成为民族性的。在拿破仑垮台以后，德意志人开始更充分地认识到他们遗产的价值。1814年萨维尼告诉雅各布·格林关于创立研究德意志史的学会和出版它的资料的计划[①]。他补充说，“你和你的弟弟将成为最理想的干事；考虑一下，并争取别人的赞助”。

61 他还希望取得官方的帮助来实现这个计划；它包括在各邦内设立历史学会，以便互相协作去完成共同的任务。计划还包括奥地利、瑞士与荷兰在内；不仅历史资料，而且宗教改革以前的文学、语言与艺术的资料都在搜集之列。这个宏伟的理想，由于它的规模太大而迅即化为泡影。但后来的计划，则范围适度，因而获得了成功。

当战争结束以后，施泰因几乎完全退出了政治舞台[②]。他本来一直对历史感兴趣，而现在则用其闲暇对它进行系统研究。他

---

① 参阅施泰格，《歌德与格林兄弟》，第10章，1892年。——原注

② 关于施泰因和《史料集成》的关系的全部情况，必须参阅佩茨写的卷帙浩繁的传记，第五、第六卷。对于这件事，泽莱、马克斯·勒曼、格哈德·里特尔都没有给予多大注意。瓦滕巴赫的《中世纪史料》导论、迪姆勒的论文《关于德意志史料集成的发展》(见《新帝国》，1876年)和布雷斯劳的《史料集成的历史》(1921年)，都是有用的。——原注

认识到对资料需要审订版本，而且他觉得这样一项工作将有助于爱国主义教育的目的，正如它将有助于学术研究的目的一样。1816 年，他写道，“从我退休以来，我一直希望促进对德意志历史的爱好并为它的研究工作提供便利，从而有助于保持对我们的共同祖国和伟大的祖先的热爱”。他请求艾希霍恩促使柏林学者感兴趣，后者热烈地参与了这项方案，于是，起草计划，并把它送给哈登贝格；但国王与这个大臣对这项计划都不给予任何鼓励。1818 年，施泰因把他的计划提交法兰克福邦联会议代表，但这里他再次遭到挫折。当梅特涅及其门徒怀疑任何“民族性的”举动背后潜藏着自由主义与革命的时候，他们对德意志历史还是没有多大兴趣的。于是，施泰因决定不再等待，他提供一笔巨款，并说服他的几位威斯特伐利亚朋友采取同样行动。1819 年初，德意志早期历史研究会在法兰克福宣告成立，并开始出版一份杂志，其中刊载经过初步讨论的与互相交流的意见。此后各种规划陆续提出，因而工作的庞大规模与查阅许多国家档案的必要性变得越来越明显。施泰因选定的书名是《德意志史料集成》；同时采用“神圣的爱国心提供鼓舞力量”这句名言来表达这部著作所抱有的精神。

《档案》杂志第一卷刊载的发起人与赞助人名单很长，其中有著名人士，如艾希霍恩、施洛塞尔、维尔肯、达尔曼、劳默尔、黑伦、尼布尔、洪堡、雅各布·格林与歌德。但施泰因所能期待给予帮助的
有能力的学者，则为数很少。浪漫主义派本来很少注意历史；在积 62
极工作的历史学家中，有些人声称太忙，而另一方面，有些人的帮助又没有什么价值。施泰因对于这项事业的事务与编辑方面的注意，无微不至，但他毕竟不是一个专业人员。正当他被规模庞大的

工作的种种困难几乎压倒的时候，他获得了及时的帮助。佩茨[1]这时任汉诺威的档案管理员。他曾编写一部关于墨洛温王朝宫相的著作。他的老师黑伦曾为此书撰写了一篇序言，称颂备至。施泰因对这部著作留下了很深的印象。当佩茨表示愿意编辑加洛林王朝的史料时，他感到高兴。1820 年，他邀请这个年轻的作家去维也纳搜集手稿。佩茨欣然接受了这个任务；在路过拿骚时，他访问了他的赞助人。老练的政治家与年轻的学者意气十分相投，因而彼此形成了一种合伙关系，这种关系给予历史以不可估量的贡献。1822 年，当首任编辑迪姆奇被劝告退休后，佩茨立即被委派接任。施泰因在写给尼布尔的信中说，“他是出类拔萃的青年；必须把全部工作委托给他，而且必须给他选择同僚的权利”。

在这项工作摆脱危险局面以前，还有许多困难必须克服。达尔曼因为卡尔斯巴德命令[2]而退出；他宣称：这样一项工作在猜疑和压制的气氛中不能进行。施泰因大为愤怒，并痛斥“那些容易冲动而又不讲理的家伙——学者们”。然而，他的主要愤怒还是针对那些顽固地拒绝给予他帮助的统治者。他写道，“政府不惜费用，派遣考察队前往埃及和巴西。他们研究‘法老’的历史、羚羊和猴子的生活，但对我国人民的历史，却没有采取任何行动”。根茨[3]告诉佩茨说，奥地利皇帝反对一切学会，甚至历史学会，因为他不

① 参阅佩茨的《自传与通讯》(1895 年)；魏茨的论文《德意志古文献的未来》(载《历史杂志》第三十卷)和《佩茨与史料集成》(见《新档案》第Ⅱ卷)。——原注

② 指 1819 年在梅特涅控制下的卡尔斯巴德会议所宣布的检查出版物命令。——译者

③ 根茨(Gentz，Friedrich Von，1764—1832 年)，德意志政论家与外交家，曾在奥地利政府任职，为梅特涅的朋友与顾问。——译者

懂德意志历史究竟有什么用处。然而,这些困难终于克服,1824年公布了一项确定的工作计划。它包括五个部分——作家、法律、帝国法令、书牍与文物,其中只有前两部分在着手进行中。这部著作按理应从哥特人、法兰克人与伦巴人开始,但关于这一时期,必须参考许多图书馆所藏的手稿。如果要等待这些最古的资料编好
出版,这工作的开始势必延搁多年。所以,佩茨决定从加洛林王朝 63
开始。施泰因往往告诉他的朋友说,他生前不会看到这部巨著的任何部分出版;1826 年当编者终于能够送给他该书的第一卷时,他感到无限愉快。施泰因对他自己情感的流露一向是含蓄的,而现在却宣称他有“说不出的愉快”。他谦恭地补充说,“功绩中的最大部分应属于你;我可做的只是协助而已”。

佩茨在他的工作中显露出不可遏制的热情、对中世纪历史的刊印资料所拥有的广博知识以及在处理手稿方面的充分才能。他的同僚兼继承者魏茨宣称:他所做的转述和校对工作,可以同后来那些以考证者自居的许多人的最出色的工作并列,而且胜过了他们。这一卷在历史研究中是有划时代意义的。这是第一次按照出版古典作家的著作时所应用的同一审订原则来出版德意志文献。当然,它不是十全十美的。有些手稿被给予过多的信任,而有些则嫌过少。所有的审订是关于原文方面而不是关于历史方面;但它还不失为本世纪中最重要的集体历史著作的良好开端。第二卷于 1829 年出版;1835 年,《法律篇》的第一卷也出版了。当佩茨在五十年后辞去编辑职务的时候,他能环顾身边的二十五卷巨著,包括从加洛林王朝到皇位中断时期止的《作家篇》和几乎全部的《法律篇》;而在每一卷中,都有他自己的著述。只有知道民族编年史在这以

前零星片断地刊入各种书籍的可怜状况的人们，才能认识到这部著作所取得的巨大进步；就是，所有的资料经过搜集和考订而汇集起来了。虽然他所编的法律与诏令极不完备，但他的毕生工作使人们对中世纪的考证性研究工作变为可能。佩茨所获得的最大赞扬是兰克的话："如果没有你的伟大工作，我永远不能吸引一群青年来作这些研究。"

施泰因这位伟大的政治家于 1831 年去世；他是这项工作的发起人，而且如果没有他的大力支持，它永远不能完成。他十分满意地注视着历史研究的复兴，推崇劳默尔的《霍亨施陶芬》和施滕策尔[①]的《法兰哥尼亚皇帝》为爱国主义的学术性论著，并且预言兰克的卓越地位。当博默说施泰因的历史知识超过大多数教授，他
64 并不是任意恭维。许多年后，佩茨在一部既难读而又不容忽视的独特的传记中，表示了他对他所敬爱的赞助人的感激。在他死后，全部担子压在编辑肩上。工作只是由于博默和其他人士的慷慨支援，才可能进行下去。有些撰稿人工作不佳，有些人没有实现他们的诺言。但拉彭贝格[②]是一位可信赖的人，而来自兰克"学术讨论班"的有才华的新手如魏茨和科普克都提供了他们的援助。随着时间的推移，佩茨越来越专断，因而他和他的同事们的冲突时常发生。其中一个最有才华的同事雅费和他的上司发生了激烈的争吵。施滕策尔感到控制太严，也不再给予合作。但是，过错却不完全限于一方。在佩茨死后，魏茨证明：他们曾融洽地进行工作；兰

① 施滕策尔，G.（1792—1854 年），专攻中世纪德意志史的史学家。——谭注

② 拉彭贝格（Lappenberg，Johann Martin，1794—1865 年），德意志历史学家，曾任汉堡档案管理员并协助《史料集成》的编纂工作。著有《英国史》两卷。——译者

克在纪念演说中声明:他对那种掩善扬恶的一般论调,一向是不随声附和的。

在关键时期,在佩茨的朋友中,博默[①]提供了最大的帮助。博默在早年生活中曾陶醉于法兰克福城的魅力。他生来热爱这个城市和它所证明的传统;当他看见法国侵略者在街上横行时,这种情感变得强烈了。后来,他写道,"古老的法兰克福城是我的初恋对象。在我的学生时代,我时常徘徊并观看那些古老的建筑。我从拿破仑及其追随者身上看到了恶魔的影子"。在哥廷根大学学习法学时,他对罗马法深恶痛绝,并强调德意志人民曾受罗马法学家的损害。他对中世纪史的重视,由于阅读约翰内斯·缪勒的著作而增加起来;据他的看法,缪勒是最伟大的德意志历史学家。像歌德一样,他是布瓦西埃藏画集[②]最早的赞赏者之一。1818年,二十三岁时,他出发前往意大利,途中参观了弗赖堡与斯特拉斯堡。他写道,"任何人都永远不会使我相信:创造这样古迹的中世纪曾是一个野蛮的时代"。在后来时期,他常常说,谁也不能领会,要使人们相信早期的德意志建筑与图画的美,那是多么困难。博默成为格林、哈根、乌兰德及其他日耳曼学派的朋友,并且通过布伦塔诺,参加了那些为恢复宗教生活而正在工作的天主教徒的圈子。虽然名义上他是个新教徒,但他在历史与美学方面的同情心则完全寄托于天主教。

① 扬森在1868年撰写了他的传记并搜集他的通讯。第一卷全部为传记。兰克的演说,见他的《论文与演说》(新版,1888年),第535—544页;多林格尔的演说,见《学院讲稿》(1889年),第Ⅱ卷。——原注

② 布瓦西埃(Boisserée,1783—1854年),出生于科伦,同其兄弟在斯图加特搜集了两百幅图画;这部藏画集于1827年售给巴伐利亚国王。——译者

65 博默宣称，他所以要去研究历史不是由于好奇心、雄心或业余爱好。“这是由于对祖国的热爱，由于相信过去的知识可以教育现在，以及由于希望真实可以导致善良”。在纪念博默的演说中，德林格尔称博默是他所知道的最纯粹的爱国者和最富有德意志精神的人。“他把全部精力都用来考虑德意志祖国，并为它的荣誉与繁荣而工作”。1823 年，当他同施泰因的会晤决定了他的道路时，他已开始研究中世纪资料。“我对爱国主义的研究进行帮助，这完全是由于施泰因”。他以他的计划来帮助佩茨，担任“学会”的干事与会计，并为搜寻资料而多次旅行。他的理想人物是马比荣，马比荣既有学问而又虔诚，不是一个夸夸其谈的作者，而是一位寻找那些可以重建中世纪时代真相的资料的搜集家。1829 年，他写道，“为了人民与祖国，这就是我一生的座右铭”。在这种民族虔诚的精神下，他编辑了《帝国法令篇》。“因为它们是由那些知道真相的人写的，所以，它们的可靠性几乎是从来没有任何疑问的”。它们反映出各种类型的政治与法律关系，并阐明了编年史所未曾阐明的时期。1831 年，他出版了《文书要览》第一卷。他深感遗憾的是，施泰因——“我的慈父般的朋友，也许是旧时代的最后一个伟大的德意志人”，生前没有看到它的出版。这部著作受到热烈的欢迎。格林称它是最重要的德意志历史著作之一。当我们能看到皇帝的行动，并能把帝国政府颁布的文件结合编写它们的地点与情势来研究的时候，皇帝又变得栩栩如生了。

阿尼姆曾把古代世界比作一座沉入波涛下的城市，它的基础依然存在，它的旧有街道和广场还可以看见；从那里可以抢救出许多宝物。专心为了抢救的目的，博默决定出版价廉而便于携带的汇

编本，其中包括重要的、罕见的或新的资料，而且每篇附有评注。他宣称：从这些原始资料所构成的图景，这比从所有近代著作的总和所构成的图景更有生气。《德意志史源》的第一卷于1843年出版，主要叙述巴伐利亚·路德维希[①]的法令，第二卷叙述13世纪的法令，它们的出版是由于希望它们可供学校教师们应用，并且可以刺激对德意志历史的觉悟。“知道过去曾经有过而现在没有的东西，看到有多少来源于过去的东西仍然存在，这是一切高级文化的开端与条件。对于一个希望不是用继续最近几个世纪的衰落而 66
是把自己与较早的强大时期相结合的方法来提高自己的民族来说，这是具有特别重大意义的”。他劝告每邦每省都应设立历史学会；当下莱茵省首先设立时，他感到高兴。1844年，他出版《文书要览》第一卷的改订本，事实上，这是一部新的著作。文献的数量远比以前增多，而摘要也更完备；同时还增加了关于每个统治者的短篇论文。吉泽布雷希特宣称：博默的不朽功绩是：他揭示了帝国历史的核心；他的著作是和《史料集成》本身一样，具有划时代的意义。于拉-布雷奥尔宣称，如果没有博默领路，他自己关于皇帝腓特烈二世的巨著[②]是不能编成的。

虽然博默从来没有写过叙述性的历史，他却毫不掩饰自己的见解。他深信，缺少宗教观念，是他的时代的最大祸害；新教教义是不能在基督教的基础上来重建社会的。他渴望有一个重新统一

① 巴伐利亚·路德维希即巴伐利亚公爵(死于1231年)。——谭注

② 于拉-布雷奥尔与让·L.阿方索合著有《腓特烈二世外交史》，共七卷十二册，1852—1861年。——谭注

的、有形的教会[①]。布伦塔诺谈到他的朋友时说，“他比我还更倾向于天主教”。博默宣称，宗教改革运动是德意志民族的最大厄运，他从来没有对它加以宽恕，因为它把教会屈从于国家。教会是历史的最崇高、最宏伟的产物。在帝国与教廷的冲突中，他是站在教廷方面的。“我不能容忍蔑视值得尊敬的机构的论断和藐视教会及其神圣活动的态度”。他遗下一笔款项，作为“按罗马天主教观念”进行历史研究工作的基金。在病危时，他宣称，“我一直把教会看作母亲，从她那里，我们获得了我们所有的最好品质。愿它恢复它已失去的对人类思想的控制力量”。博默是一个应运而生的属于中世纪的人物，也是一个异乡的孤儿。兰克站在一个基督徒和历史学家的立场上宣称，“认为一个时代特别受到上帝的宠爱，这是一个多么严重的错误！”博默在 19 世纪历史学家中是最有创造性的人物之一。他对人物与制度的论断是有偏见的，他的技巧是非常不完善的，因此，他的《文书要览》需要经过一批专家的重新编订；但他在《史料集成》的主角中，还是可以同施泰因和佩茨并列。他写道：“我所翻耕的畦沟和我所播下的种子不会被第一阵狂风吹去”，他并没有夸大他的工作的意义。

67

Ⅱ

如果说《史料集成》是民族主义的新精神的主要产品[②]，那么，

---

① 有形教会是无形教会的对称；前者指世上基督徒的全体；后者指已升天堂者的全体，也指真信基督教者的全体，包括在世者、没世者、曾入教者、未入教者在内。——译者

② 由出版人佩特斯(Perthes)所主持的黑伦与乌克特历史丛书是在类似精神下编写的。见《佩特斯传》，第Ⅲ卷，第 25—41 页。——原注

它的影响，从有关德意志帝国成为欧洲主要国家以后的几个世纪的著作中，也可以看到。属于这一类的最有学术性的著作，是维尔肯的《十字军史》。维尔肯[①]是老艾希霍恩的门生；他对东方历史和文学产生了强烈的爱好，1805 年，担任了海德堡大学教授。他是约翰内斯·缪勒、阿尼姆、布伦塔诺及浪漫主义派其他成员的朋友，他以真正的同情态度来研究他的论题。虽然第一卷有时不能对古代传说和历史加以区别，因而，已被聚贝尔的著作所代替，但以后的几卷却大大地增加了批判性，并保持了其价值约有两个世纪之久。这部著作是以对东方资料的彻底理解作为基础，第一次对欧洲史上充满重大事件的一章，作了充分而又权威性的叙述。他同时代的人对本书热烈欢迎，而后一代有资格的评判者如吉泽布雷希特与库格勒[②]也予以称颂。1880 年，它还获得了更高的赞赏：勒里希特宣称，学术界对于这部著作只有同声称道；其中占三分之一的内容迄今仍未被胜过。

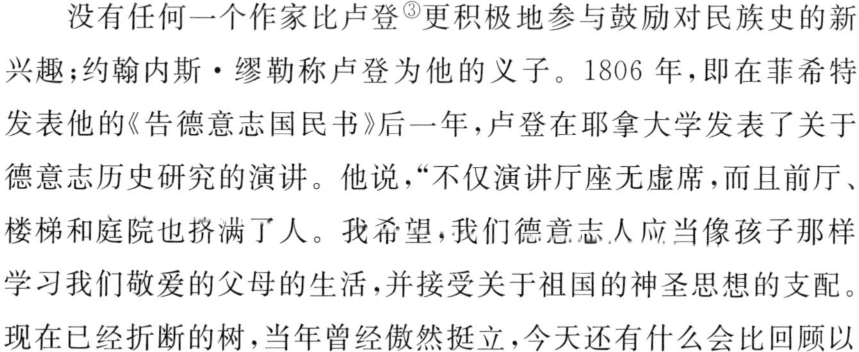

没有任何一个作家比卢登[③]更积极地参与鼓励对民族史的新兴趣；约翰内斯·缪勒称卢登为他的义子。1806 年，即在菲希特发表他的《告德意志国民书》后一年，卢登在耶拿大学发表了关于德意志历史研究的演讲。他说，“不仅演讲厅座无虚席，而且前厅、楼梯和庭院也挤满了人。我希望，我们德意志人应当像孩子那样学习我们敬爱的父母的生活，并接受关于祖国的神圣思想的支配。现在已经折断的树，当年曾经傲然挺立，今天还有什么会比回顾以

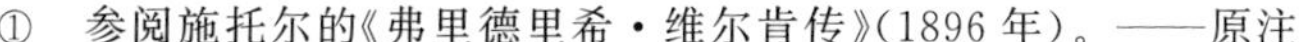

① 参阅施托尔的《弗里德里希·维尔肯传》(1896 年)。——原注

② 库格勒，B. V.（1837—1898 年），德国史学家。——谭注

③ 参阅他的《我的生活的回顾》(1847 年)和赫尔曼的《卢登的历史概念》(1904 年)。——原注

往的幸福时代更能推动和慰藉我们的呢？除了我们祖先的典范以外还有什么能够使我们增强道德与行动呢？”在这些充满热情的言语中，恰恰洋溢着新生的德意志民族主义的精神。如果说现在是黑暗的，那么，过去经常则是光明灿烂的。“就德意志历史来说，幸运的是：德意志人从来没有堕落到成为使其他民族也蒙羞受辱的
68 那种地步，而是一向以坚毅的决心来争取他们认为是人类的真正有价值的东西。他们的品格从来没有改变”。

卢登的《德意志民族史》分成十二卷，在 1825 至 1837 年间出版。序言里说，“对德意志历史采取冷淡态度的时代已经过去。一个世代以前，中世纪时期似乎是一个没有星辰的黑夜，只有暗淡的北极光将它照亮。少数人敢于进入这个黑暗的领域，并把他们所看见的东西告诉别人；但他们也只能获得少数朋友的感谢。他们的著作常常被人提到，但很少有人阅读。但后来，那个不幸的可怕时期终于冲破了冷淡与偏见的约束。由于自尊心的需要，我们便回到我们祖先的时代。从我们自己的早期胜利中，我们看到了希望。现在，第一次热潮已经过去，幻景已经消逝，而最初的需要也已经得到满足。但我们对所获得的成绩的喜悦已加强了我们作进一步研究的愿望。任何人如果觉得自己爱好历史的话，首先应该研究他祖国的全部历史。这不是一种责任而是人心的一种本能”。卢登对德意志人的性格的崇拜，一直是很热烈的。认为中世纪的历史应该从德意志人开始，并回到德意志人。“在新的民族中，德意志人不论在权势或文化方面都享有最高的地位”。本书的主要目的是政治性与伦理性的。“我希望我的著作将加深我们的爱国观念”，他的雄心实现了，但没有任何著作会比爱国主义的历史著作

更快地遭到废弃。达尔曼访问卢登后，在写给一个朋友的信中说，“他永远不会再向前迈进”。达尔曼的话是正确的。卢登毕生是“解放”时代的一个热情的爱国者。

在卢登的门生中，有福格特①，他宣称，他对中世纪历史的爱慕是由这位耶拿大学教授引起的。福格特关于希尔德布兰的著作②是由于他的老师的提议而编写的；“我一切成就都归功于我的老师”。这位教皇被描写成一个伟大的改革家，值得一切善良的人们的尊敬。这部著作在某些新教徒人士中受到了猛烈的抨击；可是，它却促进了这样一种日益增长的倾向，即以深远的见识和同情的态度来对待中世纪。福格特后来的研究是由于他迁往柯尼斯堡而决定的，在那里，他找到关于早期的普鲁士和条顿骑士团的档案。他的《普鲁士历史》，叙述到1527年止，分成九卷出版，题词是“献给祖国”。他宣称，看到他们的祖先保卫国土所表现的英雄行为与壮烈牺牲，是一种振奋人心的工作。书中的主人公是赫尔曼·冯·扎尔察③，“研究工作中所获得的最高奖是当你一见到伟大与善良的人们，你立即产生景仰之心和满腔热情”。福格特最先根据
文献叙述普鲁士的历史，但他限于使用条顿骑士团的档案。他颂 69
扬骑士而蔑视他们的敌人。他对人们指责他偏袒骑士团表示愤慨，但整个作品是浪漫主义时代的典型产物。福格特在学识方面比他的老师造诣更深，但他同样是属于“前批判时代”的。

① 参阅洛迈尔的文章，见《全德名人传记集》和多林格尔的《学院讲稿》，第Ⅱ卷。——原注

② 《作为教皇格雷戈里七世的希尔德布兰及其时代》，1815年。——谭注

③ 赫尔曼·冯·扎尔察（Hermamm von Salza），条顿骑士团首领，于1226年率骑士团占领普鲁士。——译者

在以其著作使德意志的英雄人物变得家喻户晓的历史家中，劳默尔[1]最为著名。对他早期研究的主要影响，正如对他的一代大多数人的研究一样，来自约翰内斯·缪勒；在他的回忆录中，他以热烈的感激心情谈到了缪勒。年轻时代，他选择霍亨施陶芬王朝作为论题，并长期在意大利一些图书馆搜集资料。在梵蒂冈，当有人问他是否属于“我们的宗教”时，他机智地回答说，他正在研究霍亨施陶芬王朝，因而属于那个时代的宗教。他获准查阅手稿，并使用许多具有极大价值的教皇书信。此书[2]于 1823 年到 1825 年间出版，人们争相阅读。它是第一次简明而又全面地论述德意志历史上一个伟大时代的著作。西斯蒙迪不久前曾经描述伦巴第城市与“红胡子”之间的斗争；他站在伦巴第的立场上，因而在他的著作中，霍亨施陶芬王室被描写成暴君。劳默尔则不然，他认为：双方都是为了一个重大的原则而进行斗争的。在两个左右局势的大统治者中间，“红胡子”的形象描绘得最不成功，但腓特烈二世（“世界奇人”）的光辉人格，在篇幅中却被揭示于世界。舞台是欧洲，而又超出欧洲的范围。在那里，几出戏剧同时演出——东方与西方的斗争、帝国与教廷的斗争、帝国主义与意大利城市的斗争、正教与异端的斗争。劳默尔充分了解：事件只是历史的梗概。在全部叙述中，零星插入关于生活与思想、关于阿尔比教派与托钵僧团的描述，而最后两卷则完全论述文化。这是全书中的最新颖的部分，谈

① 参阅他的《生活回忆录》（1861 年）；兰克的《论文与演说》（新版 1888 年），第 578—581 页；勒蒙特的《腓特烈·威廉四世》（1885 年），第三章。沙克宣称，他的名字同“红胡子”与曼弗雷德的名字同垂不朽，见《半个世纪》（1888 年），第Ⅰ卷，第 208 页。——原注

② 此书全名为《霍亨斯陶芬及其时代史》，共六卷。——谭注

到阶级与城市、法律与经济、科学与艺术。他关于国家组织、王室权利、个人与法律之间的关系的综述受到了兰克的热情赞扬。第六卷几乎全部叙述教会，就一个信奉新教的历史学家来说，这是一个显著的成绩。

《霍亨施陶芬王朝》一书，尽管有其辉煌的成就，但由于一个严 70
重的缺点，而不得列入使作者扬名后世的那一类历史著作之林，这个缺点是：它是在批判科学创立以前编写的。劳默尔曾经认真地探索他的时代的刊印资料和若干手稿资料，但他缺少对它们作出评价所需的必要工具。施滕策尔谈到他时稍带讽刺地说，“对于一个没有受过任何专门训练的人来说，这是一个卓越的成就”。劳默尔从来没有被沃尔夫与尼布尔的方法引起兴趣，因而中世纪历史还是通过浪漫主义运动的透镜而反映出来的。虽然新版在作者生前接连地出版，在他死后还曾出版一次，但这部著作的权威性却不断降低。然而，它在引起对中世纪的兴趣方面所起的作用，却比当时任何其他著作要多。它也是一些戏剧与小说的源泉；通过它们，关于德意志历史上的英雄时代的知识得以在民间传下来。

兰克出现以前，在那些专心研究民族历史者中间，施滕策尔[①]的成就达到了最高水平。对他早年生活的主要影响来自约翰内斯·缪勒[②]。在“解放战争”中，施滕策尔曾受重伤；他是第一批答应对施泰因的《史料集成》计划给予支持的人。“1801 年，当我开始教书时，我想到编写德国史，从查理大帝写到哈布斯堡王朝的鲁

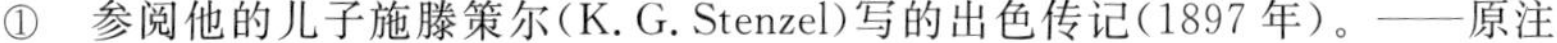

① 参阅他的儿子施滕策尔(K. G. Stenzel)写的出色传记(1897 年)。——原注

② 参阅亨金的《约翰内斯·缪勒》，两卷(1909 年，1928 年)。——原注

道夫[①]止。我要告诉我的同胞们，他们的祖先多么勇敢与自由；他们怎样维护他们的独立。”他从中间时期开始，选定了一个资料丰富的时期，并以劳默尔所写的那段历史的起点作为他的终点。施滕策尔的《法兰哥尼亚朝皇帝》（1024—1125 年）是以第一次经过真正批判考察的中世纪资料作为基础的。后来，吉泽布雷希特宣称，谁也没有对这个时期比施滕策尔作出更深刻、更公正的研究；又补充说，他的著作开始了对中世纪历史的批判研究。施滕策尔写道，“在当前许多最著名的著作中，所有可以使历史具有吸引力的资料都被采用了。我敢向任何人提出挑战，要他指出我的书中任何不能以最高的权威来予以证实的说法”。他已经从浪漫主义派将中世纪历史理想化的观念中解救出来。这部著作的核心是亨利四世的统治时代，他把亨利描写为最伟大最优秀的德意志统治者之一。和他的朋友福格特不同，他坚决认为，希尔德布兰改革教会的愿望日益被统治世界的狂妄野心所掩盖。施滕策尔关于这种冲突的详细叙述，在兴趣方面，可以同劳默尔关于腓特烈二世的描
71 写媲美，而在批判价值方面，则胜过了它。“我从事编写我的著作已有十七年之久，其中最后八年专门用于研究这一百年时间的资料。如果有一种批判性的版本，我会节省多少时间；由于没有这种版本，我浪费了多少时间！”在一个世纪以后，虽然这部著作全部都被吉泽布雷希特的杰作所替代，但它在导致历史科学兴起的著作中仍然占有它的地位。

① 哈布斯堡王朝的鲁道夫二世，1576—1612 年在位。——谭注

第六章　兰　克 72

I

当浪漫主义的民族主义学派还在兴盛时期，兰克就给历史的理论与研究注入了新的精神。兰克[1]生于1795年。他可能听到过奥尔施泰特村的隆隆炮声[2]，看到过德国人在战胜的法国人追逐下逃过他家乡的情景。在学校里，儿童们在石板上抄写拿破仑

① 要了解论述兰克的大量著作，可参阅黑尔莫尔特的《有关兰克的书目》，1910年版。他的通信和备忘录由多费于1890年以《自传》为书名出版。他的《书信集》和《新书信集》于1919年出版。在下列著作中有很多传记性的资料：海因里希·兰克的《青年时期回忆录》，1877年版；希齐格的《恩斯特·兰克》，1906年版；《德意志评论》，1903年1—2月号所载他儿子的回忆；《德意志评论》，1904—1906年各期刊登的四十封信。最好的长篇专著是古格利亚的《兰克的生活与著作》，1893年版。洛伦茨的《利奥波德·冯·兰克》（1891年）则过于偏重理论方面。多费所编《论文选集》（1898年）中的传记和论文具有极大价值。纳尔班迪安的《兰克的求知年代和历史观》（1902年）和冯·劳厄的《利奥波德·兰克思想形成的年代》（1950年）也是有益的资料。聚贝尔在其《讲演与论文》中发表的论述（1897年）及吉泽布雷希特（1887年）和莫里茨·里特尔（1898年）的评论都是重要的文章。罗伊蒙特在《格雷斯学会历史年鉴》（1886年）上发表的论文中包含有他同兰克的通讯。在外国的评价中，值得提出的有：罗伊斯的评论，见《历史评论》，第三十一卷；吉扬的评论，见《近代德意志及其史学家》（1899年）；以及古奇的《兰克对德国史的解释》，见《德国史研究》（1948年）。温克勒的《兰克著作中的光芒》（1885年）把他的较著名的言论分了类。德国科学院出版他著作的工作，在出版《宗教改革时期的德国》和《普鲁士史》后，因第二次世界大战而中断。最近的、也是最好的评论之一，是兹尔比克的著述，《从德国人文主义运动直至今日的精神与历史》，卷I，1950年。——原注

② 1806年10月，法国统帅达武击溃普鲁士主力于奥尔施泰特村。——谭注

的告示。但这位未来的历史家的兴趣在于过去，而不是当时。他是图林根地区的萨克森人，当地富于历史古迹。麦姆雷本[①]故宫使人想起猎禽者亨利[②]和奥托大帝，基夫霍伊泽山使人想起巴巴罗萨[③]。他在舒尔普福塔，已为取得有关古典文学的确切知识打下基础，这使他终生满意不止。那时，他已具有使他成名的一个要素——平静的气质。海因里希·兰克写道，“我父亲起初担心利奥
73 波德〔兰克〕会受到希腊悲剧的影响；但他把它们完全当作艺术品看待，对之赞赏，但不因之而激动。”在莱比锡大学，他学习神学和古典语言学，因为他听过的几次历史课，由于缺乏真知灼见，使他感到厌烦。他还学习希伯来文的《旧约全书》，但很少注意研究教义。他爱读戈特弗里德·赫尔曼论希腊诗人的著作，但把大部精力用于研究古希腊历史学家，尤其是修昔底德。后来他说道，尼布尔使他相信，在近代世界中历史家是可以有地位的。他阅读康德的著作，感到津津有味；阅读费希特的著作，对之景仰不已。当施滕策尔询问这个年轻学生是否想专心研究历史时，他回答说不想。他在奥得河畔法兰克福高级中学任教的七年比他在学校或大学读书时期对他的一生更有决定性意义，因为正是在这一时期他从语言学转到了历史的研究。对于这一漫长的学习时期，他从未感到遗憾，他认为，对于古典知识，年轻人熟悉得越多越好。

兰克之转向历史研究，不是像尼布尔和爱国派那样由于时局

① 麦姆雷本(Memleben)系德皇宫殿，亨利一世和奥托一世死在那里。——译者

② 猎禽者亨利即萨克森公爵亨利一世(919—936年)。——谭注

③ 基夫霍伊泽(Kyffhäuser)，德国中部山名，根据传说，德皇巴巴罗萨(即红胡子腓特烈)在山中一洞窟里石桌旁坐着沉睡。一旦德国遇到重大困难，他将醒来拯救德国。——译者

的影响，而是由于他本职工作的需要。他乐于讲授李维和希罗多德[①]的著作，他越读尼布尔的著作越感到钦佩，他喜欢博赫关于雅典国家的现实主义的描写。他的视野逐渐从古代世界扩大到“民族大迁徙运动”和中世纪，一面又在此过程中根据编年史撰写了有关加洛林王朝时期的短篇论著。他在 1820 年时曾写道，他希望了解 15 世纪时各民族的生活，了解古代世界所撒播的种子的萌芽，这是他第一次表示想要写书。他在阅读圭希阿尔狄尼和乔维奥[②]的著作时，发现他们之间存在着不可调和的分歧，于是他决心研究这个时期的其他权威著作以解决这个难题。之后，他就决定编写自己的著作来论述这个时代，而写了《拉丁和条顿民族史》。这样看来，这本书的撰述与其说是为了公众，不如说是为了满足作者自己的愿望。有人指责他缺少哲学和宗教方面的兴趣；他反驳说，把他引向历史研究的正是这方面的兴趣。在写给他的兄弟海因里希的信里，他一再表示希望更加靠近上帝。“每一项行动证明上帝之存在，每一个重大时刻也证明此点，而最有力的证明是历史的关联性。”历史研究是一项神圣的工作，它使灵魂净化。“我们剥掉事物的外壳而接触到了本质。”这个核心便是人格，在行动、在受苦受难、在努力奋斗中显示出来的人格。他特别注意历史中人的因素。
“得以享受历代的财富，会见往日的英雄豪杰，重过昔日的种种生 74
活，人生快事，莫过于此。”他的第一部著作显露出他对人格的兴趣

① 希罗多德（约公元前 484—约公元前 424 年），希腊第一个历史家，所著《历史》（《希波战争史》）是西方第一部较完备的历史著作，他因而得到了西方“史学之父”的称号。——谭注

② 乔维奥，P.（1483—1552 年），意大利史学家，所著《当代史》驰誉一时。——谭注

和他思想上的宗教面貌。他常常宣称历史上的决定性因素是实干的人；而他采用的各章标题都更加使人看出他对这种人的重视。他的叙述，关于人民的少，关于君主的多，关于情况的少，关于行动的多。在书的导论中，他力图找出从“民族大迁徙运动”时期起拉丁和日耳曼民族之间的统一性——反映在十字军运动、反映在拉丁基督教徒的共同制度和理想方面的统一性。这样，就可以看出它们具有一个共同的发展过程。由于他把历史看作在伦理和宗教方面给人以教训的实例，所以在他的笔下，意大利的可耻的道德败坏就是它遭遇厄运的原因。

在这部著作的表面虽然浮着一层神学的薄膜，但它的主体却未受到影响。兰克在他年迈时口授的一篇珍贵的短文里宣称，他发现《昆廷·德沃德》[①]和康明的《回忆录》[②]两书所描绘的路易十一和大胆查理很不相同，这个发现是他一生中一件划时代的事。“我经过比较，发现真实的历史比虚构的小说要有趣味得多，要美得多。于是，我离弃了小说，决心在我的著作里避免一切虚构和幻想而坚持写真实。”在序言中他宣布编写这本书的精神，这些话已经成为名言：“历史指定给本书的任务是：评判过去，教导现在，以利于未来。可是本书并不敢期望完成这样崇高的任务。它的目的只不过是说明事情的真实情况而已。”[③]他对于一个人才辈出的时

① 《昆廷·德沃德》(Quentin Durward)是英国著名文学家司各特(Sir Walter Scott)所著的小说，记法王路易十一的苏格兰卫队青年卫士昆廷·德沃德与伊莎贝拉女公爵及奥尔良公爵之间的爱情故事。德沃德在一次狩猎中拯救了国王，赢得了爱情。——谭注

② 康明(Commines)，法国政治家和历史家。所著《回忆录》(1524 年出版)叙述了路易十一和查理八世统治时期。——译者

③ 德文原话为：“Er will bloss zeigen wie es eigentlich gewesen.”(意即“事情是怎样就怎样叙述。”)——原注

代的大人物一丝不苟地加以描绘，对于各个民族作了不偏不倚的概述。他的不动情感的语调，并不是他持冷淡态度的结果。正因为他很少发表论断，所以他的论断就更有力量。谈到亚历山大六世[①]之死，他写道：“他死了，成了遗臭万年的人物。这种对人的估计就是对人类罪行的遏制。”他记述了生活的各种表现——查理八世的寻欢作乐的宫廷、西班牙的宗教狂热、威尼斯贵族的豪华气派。这本书在对欧洲史的客观叙述方面是一个显著的进步，并将永远保持它作为近代最大历史家的最早作品的地位，但是，就其价值来说，则有点名过其实了。从它的书名也可以看出，它是历史的汇编，而不是一部历史。他原来是想叙述到1545年为止的，但他越来越感到他这部完全依靠已刊印资料的著作，是受到了限制的，所以他再也没有继续写下去。就这样，它成为一篇历史片断—— 75
一篇记叙欧洲历史上二十年的客观事实的便于查阅的纲要，对于了解这个时期，没有增添什么材料，对于解释这个时期，提供的线索也很少。半个世纪后，只是在人们苦苦相劝之下，他才勉强同意把它刊入他的全集内。

如果一般认为兰克的第一部著作的出版日期，1824年，是史学的批判时代的开端，那不是由于他这部著作的正文，而是由于它的详尽的附录。在这篇讨论他所研究的权威著作的著名文章里，他第一次把尼布尔的原则应用到近代历史方面。他提出的准则——最接近事件的证人是最好的证人；当事人的信件比史家的记录具有更大的价值——并不是什么新奇的东西。他的研究方法的

① 教皇亚历山大六世（1493—1503年在位），贪财好货，追逐权力，残酷镇压一切进步活动，处死佛罗伦萨的起义领袖萨伏那洛拉，下令检查书籍。使教会日益反动和腐化。——谭注

新奇之处，在于他决心抓住历史写作者的性格，并查究他的资料是从哪里获得的。“有的人抄袭古人，有的人为未来的时代寻找历史教训，有的人攻击某些人或为某些人辩护，有的人只愿记录事实。对于每个人必须分别加以研究。”他使用这个方法而取得了一些惊人的结果。他宣称，圭希阿尔狄尼是完全徒有虚名的。在他的资料中，很多是从别的著作抄来的，很多是虚伪的，很多是不可靠的；他杜撰了演说词，窜改了条约，错误地解说了重大事实。兰克佩服他优良的政治本能、他对世界的观点和他的没有宗教偏见，但否定他作为历史家的几乎一切优点，是有些过火了。其次是关于马基雅维里的讨论；后者的《君主论》是为当时而写的一篇宣传短文；它开出毒药方，只是因为时势处于不正常的状态。由于分析了这两位佛罗伦萨大作家的生活与性情，人们开始对他们的著作进行认真的研究。对较小的权威作家的著作所作的剖视，使未来的历史家们第一次能够恰当地使用他们的作品。他总是不厌其烦地表明他之得益于尼布尔，而把他的半身塑像置放在他书斋内的显著地位，但他在晚年时曾声称，在作批判推论时，他并没有想到尼布尔或其他人。“我的做法是由于需要而产生，并以独具一格的方式表现出来的。”

这个不知名的法兰克福教师的著作问世后，受到人们高度的赞赏。只有利奥给予敌意的批评；他贬低它所包含的学识、它的哲学和它的文体。兰克充分感觉到这本书的缺失，并在序言里暗示，它可能看起来显得生硬、杂乱无章而又平淡无奇。可是，它的成绩还是明显的，而且他因之被请到柏林大学去讲课[①]。当时他写道，

① 见伦茨著《柏林大学史》，第Ⅳ卷（1910年版），第457—476页刊载的信件。——原注

“仿佛通向我真正生活的大门终于打开了，仿佛我终于能够展开我的双翼了。”可是柏林大学虽然正在它的极盛时代，对于开设近代史课程的要求，竟然没有一个大学者为之辩护。黑格尔当时正享 76
有盛名，他对兰克既无助益，兰克对黑格尔来说也无用处①。兰克仅仅是一个“编外”，听他讲课的人寥寥无几。可是，萨维尼的友谊以及拉埃尔和瓦恩哈根②的“沙龙”为兰克开放了一新的世界。神秘主义的叙伯特③描写这个年轻教授的动人风度，说他愉快、机敏、开朗，是一个讨人喜欢的伙伴。兰克后来说，他文章之所以写得越来越精练，一部分是由于同柏林的知识妇女结交的关系。但使他感到浓厚兴趣的却是档案馆。在那里的宝藏中，他发现了 16 和 17 世纪威尼斯大使的报告四十七册，这些报告为他指出一条更为严肃认真的研究道路，这是他在编写第一部著作时未曾发现的。他对威尼斯报告的熟悉是他生活中的一件大事，他猛然间领悟到：近代欧洲的历史必须借助新鲜的、当代的资料予以重写。它们开辟了一个无穷无尽的资源，依靠这个营养的泉源，他可以使三个世纪中的场景和演员重现。最后，它们使他确立了以旁观者不偏不倚的态度编写历史的习惯，而且他还从威尼斯共和国的有经验的外交家那里懂得了一些他们的审慎作风和精密判断力。

---

① 参阅 E. 西蒙《兰克与黑格尔》，1928 年。——原注

② 拉埃尔(Varnhagen von Ense Rahel Antonie Friederike，1771—1873 年)，为 K. A. 瓦恩哈根之妻。19 世纪初期柏林文化界的著名人物。她的国际知名的沙龙是当时知识界名人和其他著名人士聚会的地方。瓦恩哈根(Varnhagen von Ense，Karl August，1785—1858 年)，德国自由派作家，曾在奥地利和俄国军队中服役。“解放战争”后服务于普鲁士外交界和政界。他的作品有：《德意志杂谈》、《诗集》以及歌德传记等。——译者

③ 见《自传》(1856 年版)，第 3 卷，第 603—605 页。——原注

兰克借助威尼斯的报告，很快编成了他的《奥斯曼人与16、17世纪的西班牙君主国》一书，作为《南欧君主和人民》丛书的第一部。这部书同前一部一样，是描写统治者和政治家的，不过，这次他对当时的情况进行了研究，以此作为事件的背景。虽然书中叙述土耳其的篇幅还不到一百页，奥斯曼的军政民政却被论述得鲜明突出。对于西班牙帝国在新旧两世界的宪法、贸易、财政和行政管理，则描写得更加详细。可是重视背景情况并没有冲淡他对人物的重视。在叙述土耳其时，他述说一切事情是怎样地全部取决于苏丹们，并仔细描绘了他们的品格。在叙述西班牙时，他宣称帝王是国家这座庞大机器的原动力，而把帝国在17世纪的衰落大部归因于王朝的堕落。这部书的功绩之一，是它第一次为人们描绘出腓力二世的清晰形象。兰克所描写的奥地利的唐·胡安[①]显露出他的轻描淡写的笔法。属于歌德"类型"的人物贝蒂娜[②]，把这
77 部著作说成是奇妙的作品。如果说这只是一句友好的恭维话，那么，无论如何，这部书比起他早期的作品来是一种进步，比起他同时代的研究近代欧洲的历史家的作品来也是一种进步。

《拉丁和条顿民族史》为他带来了柏林的邀请，《君主和人民》则为他取得一次有资助的旅行机会，这是一项无法估量的特殊恩惠。兰克于1827年出发，旅行了近四年的时间。他写道，"我这次科学旅行的目的，是要发现并使用有关近代国家的未知的历史资料，特别是有关南欧的资料。"他的首要目的是为编写《君主与人

---

① 唐·胡安(1547？—1578年？)，西班牙将军，曾任尼德兰总督，镇压当地民族革命。——谭注

② 阿尔宁·贝蒂娜(Arnin, Bettina, 1785—1859年)，德国浪漫派女作家，歌德的密友，19世纪40年代时倾心于自由主义思想。——谭注

民》丛书中意大利一卷搜集资料。但在抵达意大利之前，他曾一度被吸引到另一个新的、几乎未知的世界里去。在寓居维也纳的一年里，他结识了一批正在努力促进斯拉夫文化的学者，其中有档案管理员科皮塔和他的朋友武克·斯特凡诺维奇；后者曾参加过反抗土耳其的革命，并在土耳其恢复其统治时，离开了塞尔维亚。武克所编的塞尔维亚民歌集，曾引起雅各布·格林和歌德的注意；前者翻译了一本选编，后者为这些民歌写了一篇论文。兰克热心地从事探讨斯拉夫世界的问题和它们的愿望，而《塞尔维亚革命史》就是在维也纳编成的。在该书第三版（1879 年出版）的序言里，他宣称，这部著作是根据武克所写大纲编成的，而他亲自查询过武克所访问过的目击者，证明大纲确实可靠。他通过详细研究塞尔维亚人的风俗、宗教和诗歌，了解了他们是如何经过几百年的奴役而生存下来的。该书叙述到奥布伦诺维奇的叛乱和有秩序的政体的出现[①]为止。在后来的几版里，它的内容延续到作者生活的时代，而且由于作者研究了更多的材料而更加充实了。兰克深信土耳其人不能统治基督教人民，因而同情地注视着他们推翻土耳其统治的运动。该书的题材是一块未开垦的处女地。没有一个条顿学者能够对它发表批评性的论断，但它的权威是无可置疑的。尼布尔在写给该书出版人佩尔特斯的信里说："这本小书是所有现代史著作中最好的一本。兰克已经摆脱了他早期作风上所有使人不快的东西。"作者曾把该书送给歌德。歌德也是那样高兴，并表示希望多

① 塞尔维亚大贵族奥布伦诺维奇家与卡拉乔治维奇家为世仇，长期争战不息。1830 年米洛什·奥布伦诺维奇公爵创立王朝，1839 年为贵族所逼退位，1858 年复位，1860 年为米哈伊尔王朝所取代。新君有教养、有抱负，改革行政，实行征兵，以联合巴尔干各地反抗土耳其统治为己任。——谭注

知道一些他的情况。该书虽然不是他最出名的著作之一，而且或许在语调上也嫌过于乐观，但它对于知识领域却是一个真正的贡献，它的增补版一直是研究近代史中这一生疏部分的不可缺少的向导。这部书是他在东欧研究领域内的唯一著作。

兰克在寓居维也纳时期还受到另一批人的影响，这些影响对
78 他心灵和思想的发展具有持久的重要意义。在去到柏林之前，他原是很少注意政治的。到柏林后，在拉埃尔的“沙龙”里他碰到了别尔内[①]及其他具有激进倾向的男女。这时他开始从法国革命中寻找解释法国政治和欧洲各派思想分歧冲突的答案。兰克通过拉埃尔的介绍，结识根茨[②]的时候正是在他研究历史的兴趣已被充分激起，而他的见解还只是部分地形成的时候。这位出色的人物——一度曾是为拉埃尔的“沙龙”增添光彩的人物，也是伯克著作的注释者——已经六十四岁了。他虽已离职，但仍是梅特涅的得力助手。兰克经常同他谈论，得知上一代的许多秘史，但根茨给予这位历史家的最大帮助，是把他介绍给梅特涅。兰克虽然并不赞同那个大权在握的宰相及其助手所主张的绝对专制主义，但在他离开维也纳时，他对欧洲政治的知识已经大为充实了。

尽管塞尔维亚历史和政治讨论吸引了兰克的注意力，但他在维也纳时还是把更多的时间花费在档案馆内。他看到来自威尼斯的宝藏这样丰富，非常高兴，当时这些宝藏还一直没有被发掘。欧洲未知历史的大门似乎对他开放了。在宝藏中间，还有从来没有

① 别尔内，K. L.（1786—1837 年），德国政治家，小资产阶级激进派代表人物之一。——谭注

② 根茨，G. F.（1764—1832 年），梅特涅的亲信，历任维也纳会议和神圣同盟多次会议秘书。——谭注

人见过的萨努托[①]的日记。他发现，达鲁[②]从巴黎手稿中抄录下来的宗教裁判所条例，是 17 世纪时伪造的。因为这些伪造文件给〔威尼斯〕共和国的名誉留下了一个极大的污点，所以他很高兴能够把真相揭示出来。这项研究工作，在他到了威尼斯当地后仍继续进行，而他的意大利之行是在那里开始的，后来又在那里结束。他要求准许参观威尼斯档案馆的主要目的。与其说是为了研究威尼斯共和国的历史，不如说是为了编写一系列已有腹稿的欧洲历史而获取资料。他在法拉里[③]开始的这项研究工作，又在罗马和佛罗伦萨的图书馆里继续进行，从那里他带回来供他终身使用的资料。他不久即放弃了原定编写《君主和人民》丛书中意大利一卷的计划，因为他发现仅仅教皇的史料就足够独立成书了。梵蒂冈档案馆给了他闭门羹，但由于罗马望族的宽宏大量，他取得了一些补偿。他写道，“如果我所了解的情况无误的话，在同私人的，特别是巴贝里尼家的丰富藏书相较之下，梵蒂冈档案馆是没有多大价值的。”他希望从意大利旅行所要获得的东西，已经如愿以偿，甚至超出了他愿望。“我已心满意足，而且知道自己活着为什么。每当
我想到编写一部重要著作是何等幸福，心中就充满了欢快的感情。79
我每天发誓要实现这项工作，绝不丝毫偏离我所看到的真实情况。”

在侨居意大利的两年多时期中，这位历史家除了关于唐·卡

① 萨努托(Sanuto，Marino，1466—1535 年)，威尼斯编年史家。著有《日记》共五十八卷，是关于 1496—1533 年时期的宝贵史料。——译者

② 达鲁(Daru，Pierre Antoine，Comte，1767—1829 年)，法国政治家和历史家。——译者

③ 法拉里(Frari)，威尼斯西南部的文化中心。——译者

洛斯的长篇论文外，未曾出版过什么著作。这篇论文推翻了一直严重影响着人们对腓力二世看法的丑闻[①]。他的论文《十六世纪末期的威尼斯》，虽然直到1878年才出版，但毫无疑问是他在意大利时写成的。理论家们认为威尼斯的宪法是完美无缺和合乎逻辑的整体，说它是哲学家所梦想的东西。但兰克在这篇论文中表明，在威尼斯的历史上，从未有过符合这种想法的东西。1831年出版的第二篇论文证明，1616年的密谋[②]是外国雇佣兵为了占取并掠夺威尼斯城所干的勾当，不是像达鲁的著作中所说的那样，是西班牙蓄意已久的谋划。他的第三篇关于默里厄[③]威尼斯人的论文，略述了部分威尼斯殖民帝国的行政制度。此外，他还有一些在意大利时已构思成熟或写了一部分的论文，其中有论述萨沃纳罗拉、斯特罗齐、孔萨尔维[④]的三篇。同歌德一样，意大利旅行在兰克的生活中占有显著的地位。后来，他曾说过，他从来没有像在那些忙碌的年代里那样，学到或想到这么多的东西。当他重越阿尔卑斯山时，他对近代欧洲政治发展的了解已比任何历史家都更加深刻了。

在兰克自意大利返国后的最初几年里，大部分时间花费在一项原未预料的任务上。1830年法国革命给予民主思想极大的推

---

① 唐·卡洛斯(Don Carlos，1545—1568年)，西班牙国王腓力二世的长子。他原约定与华洛瓦·伊丽莎白结婚，但她被其父亲所娶。后因阿尔伐公爵被任命为荷兰总督而愤怒，在其父前出剑击刺公爵，因而被捕，旋死于狱中。这一故事成为许多悲剧作品的题材。——译者

② 史称：西班牙腓力二世于1616年12月密令其那不勒斯总督奥尔马颠覆威尼斯共和国。次年春奥尔马以个人名义率兵舰来犯。这一事件的真相是史学界长期有争议的问题。——谭注

③ 默里厄(Morea)，即今伯罗奔尼撒半岛。——译者

④ 斯特罗齐，F.(1468—1538年)，佛罗伦萨政治家。孔萨尔维，E.(1757—1824年)，枢机主教、教廷政治家。——谭注

动力，普鲁士政府大为震惊。于是佩尔特斯，一个目光锐利的政治家和成功的出版家，向外交大臣提议创办一个杂志来抗拒法国的影响。伯恩斯托夫伯爵[①]同意了。关于由兰克担任该杂志的编辑工作的建议，可能是由赞成理性主义与传统主义之间的中间路线的萨维尼提出的，《历史政治评论》就是在这种情况下于 1832 年开始出版的[②]。刊物的编辑就是主要撰稿人，但萨维尼及其他名人也给予帮助。不久，事情就很清楚了，保守派人想要同罗特克的活动和海涅[③]从巴黎写给《德意志通报》的才华横溢的通讯相抗衡，是不会成功的。但是，《评论》的影响在普鲁士虽然很小，而且在国外完全没有影响，却在这个历史家的一生中占据了重要的地位。萨 80
维尼和“复辟时期”的信条成了他的信条。他认为，政府的形式并非主要问题。宪法不是万应药，并不是对一切国家都适宜的。在美国独立战争时期，共和思想曾从大西洋彼岸飘了过来，并由法国向外散布。至于人民具有至高无上权利的原则，那就更糟了，它威胁着每个政府的稳定性。兰克同尼布尔一样，主张维持地方特权和地方制度；在国会与等级会议两者当中他更赞成后者。他满足于普鲁士的忠诚而有效的政府。在他为《评论》所撰的稿子中，历史性论文比同政治直接有关的论文多，而且更为重要；但在他的历

① 伯恩斯托夫伯爵，C. A.（1769—1835 年），普鲁士政治家、外交家，时任外交大臣。——谭注

② 论述兰克的政论家地位的最好著作有：迪特的长篇专论：《作为政论家的兰克》1911 年版；迈内克的《世界主义与民族国家》，第十二章，1908 年版；劳厄的《兰克思想形成的年代》，1950 年版。法伦特拉普的论文：《兰克的历史政治评论》，载《历史杂志》，第 99 卷，是一篇有价值的总结。昂肯所著《论兰克的早年》内载有有关《历史政治评论》的信函。——原注

③ 海涅（Heine，1797—1856 年），德国作家，同情法国七月革命；他的《法国状况》第一次发表在 1833 年的《德意志通报》（“Allegemeine Zeitung”）上。——译者

史性论文中有些也是旨在给予政治上的教导的。在他那篇论列强的著名文章里他强调每个国家的特征以及法国革命主张一律遵循理性主义所带来的危险。他还进一步发表了他对人类发展的基本观念。他宣称,历史绝不是像它初看起来那样混乱一团。这里面有创造力和道德力量在起着作用,它们赋予历史以价值和意义。国家是智慧的实体,是人类精神的创造物,是上帝思想的表现。没有一个民族能够单独生存,每个民族的特性只有在同各个民族接触的情况下才能得到发展。他的教导的核心是,国家的责任在于沿着自己历史成长的路线发展,以保卫它们的特征。

《历史政治评论》于1836年停刊,因为它的销路太少,入不敷出,而且它的影响也微不足道。兰克不是新闻记者,因而对论战不感兴趣。他的保守主义思想和对法国思想的坚决抵制,使他丧失了他的自由主义朋友。瓦恩哈根开始把不友好的议论抄入自己的日记里。洪堡说他已跑到反动派那边去了。海涅讽刺他说,"可怜的兰克,一个画了小巧的历史人像,再把它们裱在一起的漂亮才子,一个比羔羊还要温顺的好人。"可是《历史政治评论》也不合乎格拉赫兄弟[①]、拉多维茨及其他围绕在皇太子四周的反动派的口味。兰克是伯克而非哈勒[②]的信徒,因而他从未漠视过用某种方式使民众同政府工作联系起来的重要性。虽然他为了指导腓特

① 利欧波德·冯·格拉赫(Leopold von Gerlach,1790—1861年),普鲁士军人、步兵司令(1859年);其弟恩斯特·路德维希(Ernst Ludwig,1795—1877年),普鲁士政治家,保守党创立人。——译者

② 哈勒,C. L.(1768—1854年),瑞士历史学家和法学家,著书为农奴制和专制制度进行辩护。——谭注

烈·威廉四世,后来曾编写过重要的备忘录,虽然有学问的巴伐利亚国王马克西米利安曾经向他请教,但他却再也没有积极参加政治争论了。1836 年他被任命为“正式教授”。在他发表的就职演说《论历史与政治的关系》里,可以听到《历史政治评论》的最后一次回声。他说,每个国家都有它的个性。政治家必须知道他的国
家和它的历史,正像舵手不仅必须知道航向,而且要了解自己的船 81
只一样。18 世纪被人们视为瑰宝的普遍政治原理是分文不值,而且具有危险性。他在思想上掌握了国家个性和欧洲大家庭的历史统一性这两个武器后,现在又重新开始了他对列强内部发展以及它们之间关系的研究。

Ⅱ

兰克一面为《历史政治评论》杂志工作,一面还编写了一部为他赢得世界大历史家声誉的著作。那就是《教皇史》。它的第一卷于 1834 年出版,第二、第三卷于 1836 年出版。他的目的是要阐明教廷是欧洲发展的一个因素,而它本身也像欧洲体系的其他成员一样在不断变革着。他宣称:现在来对教廷进行客观的研究已经不再困难了。“今天教皇统治的历史对我们还有什么重要性呢?它的重要性并不在于它同我们本身的关系,因为它不再具有什么重大的影响,也不再引起我们的恐惧。它现在所能鼓起我们兴趣的只是它的历史演变和它过去的势力所产生的结果。”这种平静的精神贯串在整个这一著作中。由于深信所有基督教会在内部是一致的,他以宽容的态度来看待它们表面的分歧。他怀着同情和敬

仰之心来论述《母教会》[1]的伟人和运动。他在叙述和解似已在望的短暂时刻时显露出他喜爱和平的个性；他怀着敬慕之心论述孔塔里尼[2]及其他调解人。那些反对宗教改革的教皇在他的笔下成为合乎人情的和可以理解的人；而且他欣然承认像罗耀拉和耶稣会徒们所具有的纯真的宗教情感。他不是第一个同情地论述罗马教会的新教徒。约翰内斯·缪勒曾称颂中世纪的教会，说它们是反对世俗专制主义，提倡智慧解放的代表者；浪漫主义作家曾表现出对教会和圣徒的热情。兰克不理会当时的争论，也不带有浪漫主义的热情，而是平心静气地把教廷作为一个伟大的历史现象来论述。这种研究方法使得人们有可能对欧洲历史上若干最重要的部分作出有益的探究，并使得本书被列入不朽著作之中。

《教皇史》的出名是由于它的客观叙述，但同样也是由于它的
82 资料丰富。他把那三百年间的梗概搞得如此清楚，后来的研究只不过是充实工作而已。这不仅应归功于他搜集到的新资料，而且应归功于他批判地处理他的史料——无论是已刊或未刊的史料——的方法。他对萨尔皮和帕拉维奇尼著作的分析，是他批判艺术的典型例子。他说，在开始研究这个伟大的威尼斯人〔萨尔皮〕的巨大汇编时，他感到有些恐怖。无论如何这部汇编是很难掌握的，读者必须处处留心，因为萨尔皮的主要根据是那些后来已经遗失了的报告，而且他是从教廷同共和国之间的冲突的角度来看教廷的。帕拉维齐尼的答辩包含着许多梵蒂冈文献，但它是一部辩

① 《母教会》(Mother Church)指其他教会所由派生的教会，这里指罗马天主教会。——译者

② 孔塔里尼，C. G.(1482—1542 年)，枢机主教、外交官、教皇代表，试图调和新旧派矛盾。——谭注

论而非历史。

兰克以冷静的判断力和经过批判的资料武装后，登上了自己的路程。在《导论》里，他略述了中世纪时期的教皇统治，其中强调指出它在统一欧洲文明上的伟大功绩。当叙述到15世纪时，他扩大了范围，并详细论述作为意大利列国之一的教皇国的建立。书的核心是论述反宗教改革运动。在这方面，兰克是第一个权威解说者。精神生活的复活、天主教对南部德意志的再征服以及宗教社团的设立构成一幅灿烂的图画。在叙述继文艺复兴时期的罪人和浪荡子而来的“新十字军”同新教浪潮搏斗[①]时，有一种壮丽史诗的味道。本书的书名是《教皇史》而不是“教廷史”，更说明作者的兴趣在于人物；但他从未忘记说明教皇个人是怎样受到教廷的气氛和传统的决定性影响的。他惊叹道，“在世界历史面前，即使是最强有力的人也是多么渺小啊！”书中写得不那么精彩，却更为新颖的是，对教皇国的内部模式的分析，对它们的行政和财政制度、教皇家族的成长和势力、它们的建筑物和它们对艺术的保护的分析。书中最精彩的，莫过于描写西克斯特五世[②]对内和对外功绩部分。17世纪时，教廷逐渐变成意大利国家之一，它的影响也愈来愈小。在这一部分，他离开了本题而写了关于瑞典国王克里斯蒂纳[③]的著名的一段，那是他精心描绘的人物之一。关于18世

① “新十字军”，指天主教反对新教的运动。罗马教廷通过召集宗教会议，宣布新教为异端，确立书报检查制度，编纂《禁书目录》，加强宗教裁判所，耶稣教团派遣修士从宫廷到民间四处活动以打击迫害新教。——谭注

② 西克斯特五世在位期间（1585—1590年），肃清境内匪患，抑制强大诸侯，改组政府，重建财政，奖励实业，致力城市建设，赢得了赞誉。——谭注

③ 克里斯蒂纳，瑞典国王，在执政期间（1644—1645年），延揽学者，奖掖文化事业，退位后定居罗马，不改初衷，创建了一所图书馆。——谭注

纪的概述只不过是一种素描。该书原来只叙述到“复辟时期”，但在四十年以后，作者为了出版全集而对它进行修改时，把叙述延续下去，简略地写到教皇“世俗权力”的倾覆为止。

83 《教皇史》不仅是历史研究方面的伟大成就，而且是一部艺术作品。至此，兰克已达到他才智的成熟时期。他并没有追求绮丽的词藻，但他的明快而有分寸的笔调却产生了这种效果。有时他中断了叙述，对所描写的情景的意义发表一段严肃的讨论。下面这段话就是他在叙述《教皇史》当中写的：“脱离了世界史，任何历史都是写不成的。我为了历史发展的崇高含义和逻辑性而倾心；我为‘上帝的安排’（如果我可以这样说的话）而倾心。”这部书第一次显示出兰克在研究和判断上、叙述和描写上的才能。它包容广博而叙述又很细致、概括很强而描写又很精确。这部书很快即被译成外文，并成为一部必不可少的历史读物。赫夫勒[①]和泰纳尔[②]为捍卫罗马天主教会而举起武器，但德林格尔及其他天主教士则对该书的论调和学识表示敬佩。新教世界的批评是来自那个把历史当作论战的武器的学派。弗赖依塔格对于兰克不动感情地对待新教的敌人的态度，表示慨叹，他宣称这部书历史的真实性最少的一点也不存在。

兰克在他接着撰写的著作里，成功地驳倒了人们对他漠视新教的谴责。在《宗教改革时期的德意志史》的序言里[③]，他宣称，15

① 赫夫勒，K.（1811—1897 年），德国史学家。——谭注

② 泰纳尔，A.（1804—1874 年），德国天主教史学家。——谭注

③ 读这一部书，应读它的科学院版，这种版本包括一篇有价值的导论和一篇作者早期所写而未发表过的很长的路德传。另外可参阅沃尔夫的《德意志宗教改革史料》和施纳贝尔的《德意志的史料和近代的叙述》，1931 年版，第 1 卷。——原注

和16世纪德国人民的社会政治生活是依靠着帝国议会的；而这个议会却从来没有为人们适当地研究过。“我曾希望研究帝国宪法的发展，而在1836年我找到了我所要找的东西。”从1414年到1613年的九十六卷文献，包括法兰克福议会代表的报告，为他提供了研究的钥匙。他对萨维尼说，他觉得有责任把新教起源的历史和天主教的历史一并叙述出来。他在魏玛、德累斯顿、德绍还找到了一些资料，作为他在法兰克福所搜集的资料的补充，同时他又在布鲁塞尔找到了查理五世的大批信件。在巴黎他查阅了部分锡曼卡斯档案①；这些档案当时还未曾还给西班牙。他还利用了很多他从意大利带回的资料。他写道：“任何生性倾向于公正的人，一定会感到这样并列相反的资料，使各方都得到其应有权利的办法对自己是有助益的。”在《宗教改革时期》一书里，他所根据的手稿资料比他在以前的著作里所用的要多得多。“我看到这样的一个时期正在到来，那就是，我们在编写近代史时，甚至不再依靠当
代历史家的记载(除非是他们提供了原始知识的地方)，当然对于 84
利用他人著作的作者就更少依靠了；我们将依靠目击者的叙述和原始的文献资料。”

从1839年到1843年，该书五卷迅速连续出版。接着又在1847年出版了权威资料摘要一卷。他由于仔细研究了帝国的宪法和改革宪法的企图而奠定了该书的基础。如果说他在叙述宗教改革运动时给予政治问题的注意远远多于神学问题，那绝不是因为他低估了整个问题的宗教方面。他写道：“历史就是宗教，或者，两

① 锡曼卡斯(Simancas)档案系有关西班牙及其殖民地的档案，这些档案最初是在西班牙巴利阿多里德(Valladolid)附近的锡曼卡斯建立的，故名。——译者

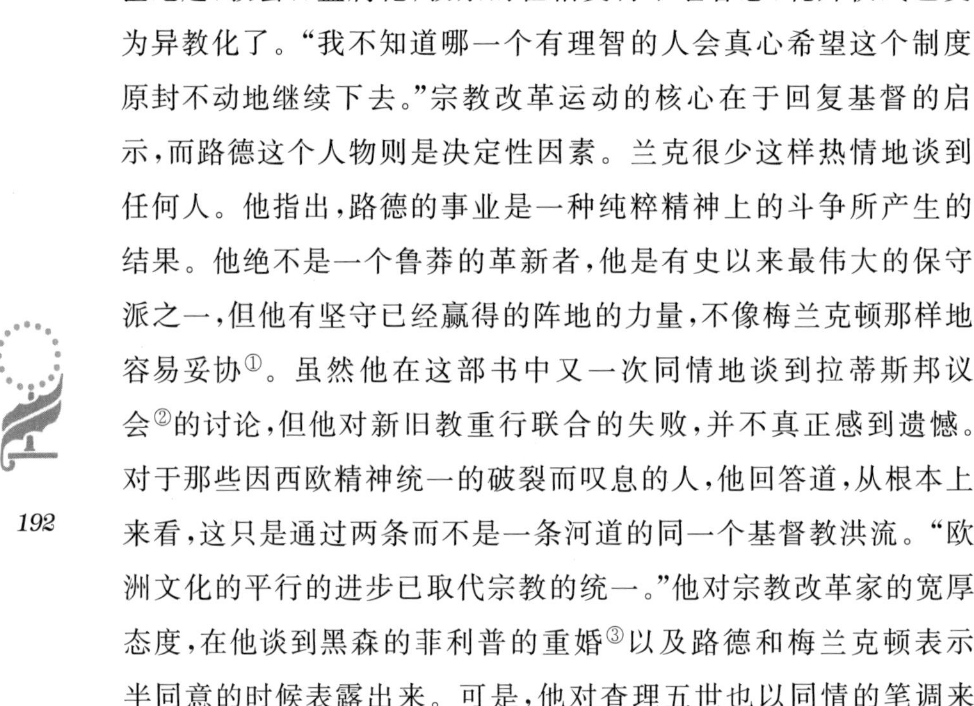

者之间无论如何也有着最紧密的联系。因为人类在智慧上的任何重要活动的起源都同上帝和神圣的事物有某些关系，所以没有一个国家的政治生活，不是由宗教观念来不断提高和指导的。”从 13 世纪起，教会日益腐化；教条的桎梏变得不堪容忍，礼拜仪式也变为异教化了。“我不知道哪一个有理智的人会真心希望这个制度原封不动地继续下去。”宗教改革运动的核心在于回复基督的启示，而路德这个人物则是决定性因素。兰克很少这样热情地谈到任何人。他指出，路德的事业是一种纯粹精神上的斗争所产生的结果。他绝不是一个鲁莽的革新者，他是有史以来最伟大的保守派之一，但他有坚守已经赢得的阵地的力量，不像梅兰克顿那样地容易妥协[①]。虽然他在这部书中又一次同情地谈到拉蒂斯邦议会[②]的讨论，但他对新旧教重行联合的失败，并不真正感到遗憾。对于那些因西欧精神统一的破裂而叹息的人，他回答道，从根本上来看，这只是通过两条而不是一条河道的同一个基督教洪流。“欧洲文化的平行的进步已取代宗教的统一。”他对宗教改革家的宽厚态度，在他谈到黑森的菲利普的重婚[③]以及路德和梅兰克顿表示半同意的时候表露出来。可是，他对查理五世也以同情的笔调来描写。在《君主和人民》里，他已略谈过查理五世统治的初期，而现

① 梅兰克顿(1497—1560 年)，德意志人文主义者、神学家，宗教改革运动中的温和派。力图和缓路德派与教廷的矛盾，促使双方达成和解。他在 1530 年所写的“奥格斯堡声明”充分反映了这种调和妥协精神。——谭注

② 拉蒂斯邦(Ratisbon)，即雷根斯堡。从 1531 年到 1613 年，帝国议会曾在此地举行过七次会议，讨论新旧教问题。——译者

③ 黑森的菲利普选侯，是马丁·路德宗教改革的同情者，又是反对皇帝查理五世的士马尔卡登同盟的发起人之一。1540 年，他遗弃原配另娶。此事曾获得路德同意，但遭到其亲友的强烈反对，在压力下被迫与皇帝订立和约。——谭注

在接着叙述到他退位的时候。他钦佩查理统一基督教世界事业的忠诚，但这是不可能实现的理想。《宗教改革》一书不但是对宗教改革时期德国史的贡献，而且也是对欧洲政治史的贡献。在这部书里我们可以读到土耳其人围攻维也纳、罗马城遭劫、瑞士的宗教改革、武伦韦伯[1]的谋叛。在有关德国宗教改革的著作中，从来没有一部是涉及范围如此广泛的。

虽然《宗教改革》从未获得像《教皇史》在欧洲所获得的那种声 85
誉，但它在德意志本国的成功却大得多；1841 年，他被任命为“普鲁士国家史官”。在这两部著作中，一部是属于世界的，一部是属于祖国的。多费曾把本书作为民族古典作品的地位同麦考莱的《英国史》相比。原来觉察到《教皇史》缺乏热情的新教评论家，现在看到这一部著作所表现的坚强信念感到很高兴。聚贝尔宣称，“在阅读他的早期作品时，我感到真正像在一所极好的画廊或陈列馆里欣赏最好的绘画和雕像一样。但当我翻开《宗教改革》时，我的情感则完全不同了。这部书蕴涵着德意志爱国志士为德意志精神采取最伟大行动的热情。”特莱奇克说它是兰克的杰作；对祖国的爱赋予它以热情的文笔。莫里茨·里特尔认为，兰克以后再也没有达到这样的水平。罗舍尔称颂他是当时最伟大的历史家。作者并不完全同意这些论断。他在九十岁时曾谈到，有人对他说这一部书远远不及《教皇史》那样好。他说，“我也这样感觉。我认为，要想用德意志帝国议会的决议和神学来编出一本使人爱读的

[1] 北德意志宗教改革期间（1529—1530 年），武伦韦伯，J.（1492(3)—1537 年），在卢贝克城起事，撤销市政会议，自任市长；继之对丹麦、瑞典、荷兰作战，频频失利，1537 年被处死。——谭注

书是不可能的。我并不是想为世界的读者来编写此书，而是千方百计满足德意志人充实学识的要求。”这位历史学家的动机原是没有多大过错的，但由于研究工作逐渐进步，人们对待这种动机就不那么温和了。后来德林格尔和扬森[①]使德国人知道，兰克把宗教改革的前夕看得太阴暗，而把宗教改革本身看得太美好了。他没有把路德的声誉放在它原来所在的位置上。从这一著作里人们很少看到人民群众、他们的状况和他们的期望，而关于农民战争的一章是最薄弱的章节之一。虽然这部书主要是政治史，但对于教义方面的争论问题，也应加以更多的论述。在它的篇幅里，除了在叙述特兰托宗教会议时讨论过“因信称义[②]”，另外，讨论了弗拉希[③]和马约尔[④]之间的争执以外，很少谈到神学。

在那部受到“完全出乎意料的”欢迎的《宗教改革》之后，出版了兰克的长篇著作中最不出名的一部。他最初的意图，是要研究法国革命，但在1843年到达巴黎后，他未取得他所需要的档案，却于无意中碰到腓特烈大帝早期法国驻柏林大使瓦洛里的紧急公文，返国后，他埋头于普鲁士的档案馆，但他很快就发觉，要了解这位大帝的功业，必须探索他父亲的活动。于是他又补写了

① 德林格尔著有：《宗教改革史》三卷及《路德传》。扬森著有《中世纪末以来的德意志人民史》(英译本共十六卷)。——谭注

② “因信称义”这个教义是首先由使徒保罗提出的。保罗认为任何人(不论犹太人或外邦人)只要相信耶稣是“基督”(或“弥赛亚”)，并从死里复活，就可以得到“称义”，即“赦罪”和“拯救”(见《新约全书·使徒行传》第13章，第16—41节)，反对那种认为只有坚守犹太教教规才能“称义”的观点。路德派新教接受了保罗的教义。——谭注

③ 弗拉希，见第一章注。——谭注

④ 马约尔，J.(1470—1550年)，英国神学教授、经院哲学家。在理论上属保守派，在实践上，赞成高卢教派，主张教会改革。——谭注

一篇关于普鲁士成长的导论，而九卷本的《普鲁士史》[①]，于1847—
1848年问世。这部著作研究了一个强国的兴起，而着重论述腓特 86
烈·威廉一世和他儿子早期的统治。兰克出生于萨克森，对于普鲁士缺少热情。他始终是一个德意志人，因而具有对奥地利的友好情感，那是普鲁士历史家从未有过的。的确，在俾斯麦使他成为普鲁士人之前，他一直是一个具有双重性的人。他的冷淡语调使每个读者感到奇怪。普鲁士国王对于前两卷感到不满意，但赞赏第三卷。虽然它从未成为一部受公众欢迎的读物，但它具有实实在在的优点。他以普鲁士史官的身份，第一个被准许利用国家文件；而这些文件却是普罗伊斯[②]所未能利用的。按照那位最后公断人科塞的说法[③]，从来没有一部著作能像这一部书那样，扩大和加深了人们关于18世纪前半期的知识。它最大的成就在于揭示腓特烈·威廉的性格、他的统治方法和他的重要地位[④]。他撇开人们对威廉明娜[⑤]的议论不提，而描写国王如何创立了有效能的普鲁士行政机构。在这部研究腓特烈大帝的论著（写到七年战争的前夕为止）里，他一点也没有显示出对奥地利的敌对情绪。他

① 应当读该书的科学院版本。——原注

② 普罗伊斯（Preuss，Johann David Erdmann，1785—1868年），德国历史家。著有《腓特烈大帝》（共四卷，1832—1834年出版）。——译者

③ 见《勃兰登堡和普鲁士历史的研究》。——原注

又：科塞（Koser，Reinhold，1852—1914年）是研究普王腓特烈大帝的权威。著有《作为皇储的腓特烈大帝》和《作为国王的腓特烈大帝》。——译者

④ 他对普鲁士国王的看法遭到豪塞尔（见他的《文集》，1869年版，第一卷中的《兰克的普鲁士史》一文）和齐默尔曼（见他的《最新普鲁士史学》，1848年版）的攻击。——原注

⑤ 威廉明娜（Wilhelmina Friedrich Sophie，1709—1758年），女侯爵，普王腓特烈·威廉一世的长女。1730年英王室遣使为威尔士亲王请婚于威廉明娜，遭到英朝廷内有力者的反对，引起一场政治纠纷。文中所谓的“议论”，似指此事。——谭注

拒绝讨论西利西亚究竟属谁的法律问题[①]，还加上了一句古怪的话：“幸而，这不是历史家的任务。”他看到了普鲁士允许各州政治上独立的政策而没有看到德洛伊森后来将之归功于普鲁士的长期民族政策。该书几乎是一部纯政治的论著。关于“启蒙运动”的概述，内容少得出奇。在这部书里，没有《教皇史》里的那些引人入胜的“题外之话”。卡莱尔在他写给瓦恩哈根的信里说，“我对于兰克的失败毫不惊奇，如果我是一个普鲁士人，或甚至一个德意志人，我就要对他笔下的腓特烈大帝提出抗议。”兰克为了这一部书曾做过艰苦的研究工作，因而人们对这部书的冷淡态度使他感到伤心。但公众的失望主要是因为他未能满足他以前的两部杰作所培养出来的期待。许多年后，他把该书作了修改和增补，而人们对它的实实在在的优点也就不再有所争议了。

兰克在寓居意大利时期，已决心从英法两国同世界的关系这个角度来编写这两个国家的历史；为了这项双重内容的工作，他曾花费了其后二十年的大部时间。1850 年，他重访巴黎，并由于找到了丰富资料而感到高兴。他写道，“我觉得惊奇的是，法国竟会
87 让我来发现他们的部分历史。”《法国史》在 1853 年开始出版。在序言中他说，伟大的国家和人民都具有双重气质：一方面是关系到本民族的，一方面是关系到世界命运的。法国的关系到世界方面的气质特别突出，因为政治骚动常常是从法国起源的。“野心勃勃

① 西利西亚，古为西斯拉夫人住地，10 世纪末归属波兰。当地王公与德意志及波希米亚建立了密切的经济文化联系，大批德意志人迁入境内。14 世纪以来历经卢森堡、捷克的统治，1526 年落入哈布斯堡王朝之手。奥地利王位继承战争中，普王腓特烈二世占领该地区。1742 年布勒斯劳和约规定，下西利西亚全境及上西利西亚大部土地并入普鲁士。——谭注

的、好战的并被民族自豪感所激励的法国人，经常使他们的邻邦处于紧张的状态；他们有时解放被压迫者，但更多的时候是压迫自由的人民。"他对法国民族心理的这种分析在全书中不时地重复出现。他在评论法兰西斯一世的冒险行动时说，"法国的特点，是在各个世纪中不断地冲破合法的圈子。"可是，本书的语调虽不十分友好，却没有像聚贝尔和特赖齐克那样进行诽谤。兰克编写本书的立场，与其说是德国人的，不如说是欧洲人的。

兰克发现法国中世纪与近代之间的联系环节是从腓力·奥古斯都统治时期起对君主制度的精心培植，于是从 16 世纪开始了详细的叙述。在撰写 16 世纪的宗教战争当中，他的同情是寄于政治派的[①]。他严厉谴责天主教的表里不一的本性；并声称，自从苏拉发布排斥乱党公告以后再也没有什么事件是可以同圣巴托罗缪之夜大屠杀相比拟的了。然而他并不责备亨利四世的背教。随着波旁王朝的登台，叙述的范围达到最宽阔的阶段。他细致地论述了亨利四世的性格和政策以及絮利[②]的经济改革。对于黎塞留的伟大与冷酷，他作了给人以深刻印象的提示，而对于马扎然的虚荣和贪婪则加以严厉的指责。他对路易十四统治时期的描绘第一次恰当地表述了这个法国文学的全盛时代。他在谴责路易十四外交政策的同时，强调指出他爱护文学、科学与艺术的功绩。对于曼特农

① 政治派(the Politiques)，法国查理九世时期组成的党派；成员包括温和的天主教徒和新教徒，主张本着宗教容忍原则平息内战，达成民族统一。——译者

② 絮利(1560—1641 年)，亨利四世的财政大臣。在任期间，调整捐税，蠲免欠税，组织治地排水，奖励新品种的种植等，对恢复和发展法国国民经济起了积极作用。——谭注

夫人[1]的优良品质，他是第一次说了公平话的人之一。在叙述到路易十四的死时，全书已近尾声，而在简单叙述过他的继承人之后，这部法国史就结束了。

兰克宣称，有学问的法国人很早就已指出，他们的传统的历史基础是多么不稳固，但他却是第一个原原本本地说明这一观点的人。他不仅研究法国的档案，而且研究意大利、德国、比利时、英国和西班牙的档案，因而他能够看到他的主题的各个方面。在他研究所得的成果中最有持久价值的，是使法国历史从回忆录作者的束缚中解放出来。其中最出色的部分是对法国历史家中最著名的权威的分析。他揭出，达维拉的《内战史》大部分是从德图那里抄来的。黎塞留的《回忆录》几乎全部都是伪造的；德雷斯[2]的《回忆
88 录》虽然是真实的，但很易于引起误解。他在谈到圣西蒙时，强调指出他编写《回忆录》[3]日期过迟和他的看法过于偏激，并以当时的权威当若[4]的记载和奥尔良的夏洛特[5]同她的德国亲戚的通讯与之对照。这部包括着大量新资料和一系列人物画像的《法国

---

① 曼特农夫人(Madame de Maintenon，1635—1719 年)，路易十四的情妇，王后死后与路易十四秘密结婚。夫人过问朝政，国王对她言听计从，史上所称废除南特敕令与她的思想影响有关。——译者

② 德雷斯(1614—1679 年)，名孔狄(Condi，P.)，法国大贵族，曾参加投石党活动，失败后入狱。获释后历任红衣主教、巴黎主教及外交官。——谭注

③ 圣西蒙公爵，名卢伏累(Louis de Rouvray，1675—1755 年)，在奥尔良公爵摄政期间，一度任国务卿，1722 年出使西班牙促成了路易十五与西公主联姻。摄政去世后，退出政界，撰写回忆录，所记见闻夹杂个人偏见，且不知抉择史料，远非信史。——谭注

④ 当若侯爵，路易十四之侍从武官，撰有日记，记 1684—1720 年间宫廷生活及大事，甚为详尽。——谭注

⑤ 夏洛特，名伊丽莎白(1652—1722 年)，巴拉丁伯爵之女，奥尔良公爵之妻。——谭注

史》,在法国受到了比任何地方都更为热烈的欢迎。塔扬迪埃(他知道并佩服他的所有著作)在《两个世界评论》里颂扬这本书。梯也尔也推崇他,说他是德国的,也许是全欧洲的最伟大的历史家[①]。

兰克写完了法国史接着转向英国史,而对于英国史他是做了长期的研究工作的。他的妻子是英国人,而麦考莱关于《教皇史》的论文已使兰克的名字在英国家喻户晓。这位历史家在呈递普王写给亲王[②]的介绍信时说道,"我是来学习的。"亲王豪爽地回答道,"可是在这里,人们在学习你。"他不仅探索了伦敦的档案,而且研究了都柏林的档案,并在托玛斯·菲利普斯爵士的极为珍贵的藏书里发现了有价值的资料。为了通晓这个国家的外交关系,他特地访问了巴黎和海牙。《英国史》是按照同《法国史》一样的计划编写的,两者的目的都是研究它们对人类的发展影响最显著的时期。"在近两世纪中,法国民族最为关切的,是他们的军队在国外的光荣业绩。而英国民族最为关切的,是如何依据法律来解决他们国内的问题。"他暗示:虽然在麦考莱的特殊研究范围内对他进行挑战是愚蠢的,但站在独立的立场上来叙述事件,也许还是有用

① 下列对《法国史》的批评,尽管有些夸大,还是有意思的:金德利于1861年自锡曼卡斯写给赫尔弗特的信里说,"自从我熟悉兰克的著作以来,已有十年了;对于一般认为他在外国的档案馆内曾发现大量材料的看法,我是同意的。但我觉得我必须以批判的态度来阅读《教皇史》和《法国史》。他关于《法国史》的研究工作之肤浅是令人吃惊的。他不仅缺少关于刊印文件的完备知识,而且甚至采用了欺骗方法,来使读者相信他曾研究过全部档案。对于这些档案中最重要的外交部档案,他的确是未曾援引过,因为在本年之前他从未接触过它们;但是,他却反复援引国家档案馆中的锡曼卡斯档案的巨大汇编,而实际他所看过的从未达到十二卷。他所引述的,仅仅是一些偶然凑在一起的片断,为了要使读者感到他曾作过一番系统的研究。"引自沃德论金德利的一篇文章(载《英国历史评论》,1893年7月号)。——原注

② 指英国女王维多利亚的丈夫阿尔伯特亲王。——译者

的。他以非同寻常的同情态度着手他的新工作。法国是一个专制主义的、富于革新精神和倾向于侵略的国家。英国则是一个有秩序的和保守的国家。“没有一个国家比英国保留更多的中世纪制度。”

89 《英国史》的编写，照例以略述其早期的历史作为开篇。从亨利八世起，叙述范围开始扩大，对于这位国王，兰克描绘了一幅几乎不受弗劳德的近著影响的画像①。“亨利对任何活人都没有真正的同情。在他看来，人只是他可以利用的、也可以任意摧残的工具。但他具有一种无与伦比的实际智慧。我们在研究他的统治过程时，既感憎恨，又觉佩服。”兰克再次表现出他充分注意到人物在历史上的作用。他在结束关于伊丽莎白女王的概述时说道，在任何王朝统治下，国家的巨大变更都未曾像这个时期这样地取决于国王的个人目的。书的核心是叙述英国议会君主制的建立和17世纪英国的两次革命。他拒绝接受当时正由加第纳倡导的偏袒詹姆斯一世的辩护②，而认为查理一世，无论就为人或为君方面说，都比他父亲要高出一筹。他认识到英国圣公会教义不同于天主教教义，因而称颂查理宗教信念的真诚和深刻。“如果说一个对他为之斗争的事业比自己的生命看得还重，并为了保全这项事业以利于未来，宁愿牺牲自己的人，可以叫作殉道者的话，那么，他应当说是具有殉道者的某些精神。”查理的最大缺点在于不能理解别人的心意。他企图抛开议会自己来统治，这就使失败成为不可避免的

---

① 指弗劳德自1856年开始出版的《英国史》。作者对亨利八世推崇备至，参见本书第十六章。——谭注

② 参见本书第十八章。——谭注

事，而英国的未来就寄托于推翻斯图亚特朝的原则之上了。在书中，皮姆不是以法律与传统的保卫者，而是以最大革命首领之一的面貌出现。在描写克伦威尔时，兰克没有表现出多少同情心，但他却抓住了最重要的事实，即在克伦威尔这个人的思想中保守的成分同破坏的成分一样多。兰克也是第一个以大量的资料来说明英国 1688 年革命的欧洲性的人。该书叙述范围随着威廉三世的逝世逐渐缩小，而在写到乔治三世即位时结束。此书的主要价值在于它对于英国同大陆的关系以及这些关系对英国内部生活的影响[①]所作的新的说明，同样重要的是，它是从一个外国人——一个较基佐的条件优越得多的外国人——的观点来对英国国内斗争所作的叙述。如果说书中的叙述在生动和色彩方面较他以前的某些著作逊色，那么，它的重要性和严肃性却超过了他以前的一切著作。对克拉伦敦和伯内特的分析是具有头等重要性的。此书虽然未曾声名远扬，可是它的历史权威著作的地位却是不可动摇的。

Ⅲ 90

《英国史》写成后，兰克在寓居意大利时所拟定的编写一套欧洲列强历史的计划就完成了，而为了执行这项计划他度过了勤奋工作的四十年。在这以后，他撰写了一批应当说是历史专论的著作。他的《德国史稿，1555—1618 年》是接续《宗教改革》一书而叙

① 贝内根罗特曾在《边境消息》(*Grenzboton*)杂志上攻击过本书的第一册；但即使是这样，他也承认该书在这方面的优越性。——原注

述下去的。关于宽容的斐迪南一世和马克西米利安二世[①]的出色论文，曾在《历史政治评论》里发表过；但关于鲁道夫二世[②]的描述却是新的；在兰克所描绘的人物中，再也没有比这个神秘的统治者（他脑子受了伤并喜爱玄秘世界）的画像更为有趣的了。《华伦斯坦传》是一部更重要的著作。兰克的著作中常常接触到三十年战争，但他的新著却是根据他在布鲁塞尔、德累斯顿和维也纳所取得的新研究成果而写成的。这位大名鼎鼎的军人是一个特别引人注意的人物，因为，关于究竟应把他看作卖国贼还是正人君子的问题，传统的说法和学者的考证都未能确定。哈布斯堡王朝史官胡尔特当然是斥责他的。兰克所描写的华伦斯坦，是一个突出的利己主义者，在领土欲望和建立王朝方面贪得无厌；然而，他虽然玩弄通敌伎俩，却未犯下确定的叛国罪行。在每个人相信古斯塔夫·阿道夫的时候，当然谁都不会相信他的敌手。华伦斯坦完全漠视宗教，因而他认为宗教容忍是方便的，在军事上也是有利的。在人们发现了关于他和瑞典的关系的资料后，本书的后面几章就显得陈旧了；而且兰克曾一度采用过一些后来证明是伪造的文献——拉辛[③]的报告书。但本书仍然保持了它的地位，它的改正版曾由研究华伦斯坦的最大权威哈尔威奇予以刊行。

兰克在 19 世纪 70 年代的作品反映了“奇迹之年”（Annus mi-

① 斐迪南一世，神圣罗马帝国皇帝（1556—1564 年在位），对新旧教冲突持中立态度，进行调解。马克西米利安二世，巴伐利亚国王，1848—1864 年在位。——谭注

② 鲁道夫二世，神圣罗马帝国皇帝，1576—1612 年在位。爱好学术，扶植文化事业，但短于治国，在政治上受西班牙影响。——谭注

③ 拉辛（Sezyma Raschim），华伦斯坦的亲信，进行间谍活动的头目。曾受命与瑞典王古斯塔夫·阿道夫达成密约。他的活动使华伦斯坦的晚年生活染上了神话般的色彩。——谭注

rabilis)①。兰克对于战争的结果感到高兴，认为它是保守的欧洲对革命的欧洲之胜利，但他却没有民族仇恨心理。他问道：“在我们这些人当中，有谁是未曾受过法国精神影响的呢?”在拿破仑三世失败后，兰克在维也纳碰到他的老友梯也尔时，后者问道，“你们为反对谁而战?”回答是，“反对路易十四。”那时，他已经开始了关于七年战争起源的论述，而 1870 年夏秋之际，他完成了这项工作。该书序言把这部书说成是对当时事件的献礼，可是这部书的客观性比起以前的著作并未减少。关于那个未解决的首要问题——战争责任属谁的问题，他声称，腓特烈在那个特殊时机是需要和平的，不过他一向力图进一步侵占，以求保障他已得的领土。如果说 91
《七年战争》按性质来说是《普鲁士史》的附录，那么另一部较大的著作的一部分则是讲腓特烈统治时期的更迟一些的时候的。《德意志诸强国和君主同盟，1780—1790 年》是根据德、奥、荷的档案中的大量资料编成。兰克以纯真的同情的笔调来描绘本书的主人公约瑟。对于腓特烈·威廉二世的描写，也许太宽大一些，它突出了一个没有朋友的统治者的光明面。在这样地论述了 18 世纪后期的普鲁士之后，他又回过头来叙述这个国家的起源。1867 年，他已开始出版他的全集；他修改他的著作，有时也作一些增补，其中更动最大的莫过于《普鲁士史》。他把第一卷改为四卷。德洛伊森的巨著的出版，曾使本书关于早期普鲁士诸章变得陈旧，可是兰克在“新著”中，尽管任意使用了德洛伊森的资料，但却心平气和地反驳了他这位热情的同事〔德洛伊森〕，认为早期霍亨索伦王朝代

① “奇迹之年”系英国桂冠诗人德莱敦诗篇之名，原记 1666 年英荷开战，与伦敦大火，这里借用来指 1870 年的普法战争。——谭注

表着德意志民族的说法。

兰克的下一部著作回到现代历史的初期。《革命战争的起源》虽然是他的最不重要的著作之一，但因为它反映了作者对法国革命的观点，因而还是有趣味的。他低估了法国最后两个君主的绝对专制和他们的巨大错误，而把战争爆发的责任几乎完全推到僧侣和贵族之反对改革上面去了。他对革命思想的敌对情绪并不减少，但他从未放弃其惯常的公正态度。他认为，列强的愚蠢的干涉激起了法国的民族自豪感。两个敌对世界的尖锐矛盾，即革命思想同保守思想的冲突，使得斗争成为不可避免。聚贝尔在维护自己的立场时声称：兰克只掌握了部分资料，并说："我不认为这是一种违反人们意志的，似魔力般地引导着他们的外来思想。我认为这是人们制造了他们的思想体系，并按照这个体系行事。"这个民族主义者聚贝尔，认为列强君主对法国的干涉是合理的，而他的保守主义的老师却对法国的观点保持了公正的态度。

在八十一岁高龄时，这位阅历丰富的学者又出版了一本关于哈登贝格的著作，作为《君主同盟》和《革命战争》两书的续篇。哈登贝格曾嘱咐后人，在他死后五十年内不准触动他的案卷。五十年过后，俾斯麦亲自撕去封条，并把文献托付给德国历史家中的内
92 斯特[①]。这批权威性的文献只包括这个大臣生活的一部分，但其中有一份关于1807年普鲁士政策的非常重要的备忘录，还有其他一些具有很大价值的文件。在1877年出版的标题为《哈登贝格亲王的回忆录》的五大卷中，有两卷是编者的叙述。兰克的撰稿则以

① 内斯特(Nestor)，特洛伊战争时希腊的贤明宿将。因此这个名字常用来指同行中年龄最长和最贤明的人。此处即指兰克。——译者

《哈登贝格与普鲁士国家的起源，1793—1815 年》为书名，此书没有援引该文献资料，但利用了豪格维茨[①]文件及其他资料。它在《兰克全集》中占据了三卷的篇幅。这部著作以略述哈登贝格在四十岁进入普鲁士政界前的经历作为开端，但在全书中只有这一段是纯粹传记性的。兰克为巴塞尔条约[②]进行辩护，说它不仅在政治上是明智的，而且带来了十一年的中立时期，“这个时期在德国文学方面几乎是最丰产的时代。”可是，他同聚贝尔不同，他从来不以不公平的态度看待奥地利，并且承认在 1809 年奥国是象征着欧洲自由的。关于耶拿战役的一章是以毫不动感情的态度编写的。这部论著写到 1813 年为止，因为对于这位政治家的晚年生活，从他的文件里找不出什么说明。特赖奇克普断言，《哈登贝格》一书无论在艺术方面或历史判断方面都远不及兰克的早期作品，但是它仍然是对拿破仑时代历史的一个切实的贡献，而且它显示了这个历史家在论述关系到祖国命运的危急时刻的平稳态度。他所担当的另外一项较小的任务是编辑出版腓特烈・威廉四世同本生[③]的通讯集。兰克欣然接受了这项阐明并维护他的旧主人的政策的任务。兰克个人的忠心是令人钦佩的，但一般认为他的描述是过分阿谀奉承了。特赖齐克谈到这本著作时，严厉地批判他宫廷气息太浓，不能道出一个伟大民族的全部真实情况。到于这个国王

① 豪格维茨(Haugwitz，Heinrich，1752—1831？ 年)，腓特烈・威廉二世与三世时代的普鲁士外相。耶拿战役后(1806 年)退休。——译者

② 巴塞尔条约，为法普两国于 1795 年 4 月所订和约，至 1806 年 10 月拿破仑入侵普鲁士，为期约十二年。——谭注

③ 本生，C. K. J. 男爵(1791—1860 年)，普鲁士外交家、神学家。1842—54 年任普驻教廷、瑞士、英国使节。——谭注

统治的其他方面，他在1878年为《德国名人大辞典》[①]所撰写的传记中作了叙述。兰克在完成《英国史》后所编写的著作数量很庞大。在这些著作中没有一章是没有价值的，但他似乎失去了吸引一般读者的力量。他的灿烂文笔和现实主义的描写已经不见了。只有在偶然出现一篇草率书就的论文学的文章时，使人回忆起他早期著作的渊博与充实。人们对于兰克忽略人物描写的指责，现在终于开始有些根据了。

1880年春，兰克通知他的出版人说，他准备出版一部关于世界史的新作，而其中两卷就在同年年底出版了。一位八十多岁的老人，竟能承担起这样一项工作，人们不禁为他的胆量所震惊。他
93 能够活到完成它的时候吗？他的脑力能够承受住这种持久的紧张状态吗？这位历史家自己也了解他所冒的危险，但他是在长期和认真的考虑之后才作此决定的。当时，他本已有几年既不能读也不能写了，因而必须借助于两个秘书来工作[②]。他已不可能作创造性的研究。吉泽布雷希特写道，“他对我说，其中一个原因是他已不能在档案馆内进行研究工作，可是他没有工作又无法活下去。”起初，他曾想结合本世纪的运动来编写自传，但最后他还是决定编写一部像洪堡所著的《宇宙》[③]那样的书；这部书将是他研究成果的自然而然的总结，也是对历史的统一性的着重肯定[④]。他

① 参阅考夫曼《兰克与腓特烈四世的评价》，载《历史杂志》，1902年。——原注

② 维德曼和温特尔生动地描写了他的工作方法。见维德曼著《兰克书斋中的十六世纪》，载《德意志评论》，1891—1893年；温特尔著《关于兰克的回忆》，载《北方与南方》杂志，1883年8月。——原注

③ 《宇宙》是洪堡所写的巨型科学著作，主要对宇宙结构作综合论述，兼记作者科学发现方面的感受。——谭注

④ 参阅马祖尔著《兰克的世界史概念》，1926年版。——原注

的整个一生都是在为这项工作作准备的。他在写给罗伊蒙特的信里说，"重温古典历史，使我感到特别愉快。我使用我在学校时的教科书和在法兰克福教书时期所写的短篇概要，这样，暮年和青春就结合在一起了。"在他出版的著作中虽然很少是写中世纪的，但他在讲课中却多次谈到这个时期的历史，而且他还保留着完整的笔记。他在他的学术研究班里曾细致地探讨过很多比较重要的资料。另外，他还通过他的大批学生，接触到有关中世纪的研究成果。他的头脑富于综合性，他能够超脱于种族和信条的矛盾之上。他宣称，我们不可能只依靠个别民族的历史。民族在时代的进程中承袭了一代代传下来的遗产，这就是：物质和社会的进步，宗教与天才的创作以及把人类联结和统一起来的对重大事件和伟大人物的回忆。我们看到一种普遍的历史的生命，它在民族或民族集团之间不断地流传着。从这种单一发展过程的概念出发，他排除了社会起源不可知的说法和东方民族远离主流的说法。

在略谈埃及和西亚的文明之后，他接着叙述波斯战争时期的希腊，并从这里开始了详细的叙述。他严格遵循希罗多德和修昔底德的著作来写。他对于德摩斯梯尼和腓力两人同样都是公正的，他受到那位典型的世界性人物亚历山大的强烈吸引。"尽管我们对希腊各城邦的自由抱着同情之心，我们却禁不住要想，希腊自由的摧毁是有它的补偿的，那就是希腊文明对世界的更为远大更为充分的影响。"这一卷以叙述狄阿杜奇[①]并略述西西里和迦太基而终篇。叙述到皮洛士时，罗马史就开始了。而对罗马的早期历

① 狄阿杜奇(The Diadochi)，亚历山大大帝手下的马其顿将领，亚历山大死后的继承人，在他们手中帝国被瓜分。——译者

史他只勾画了一个轮廓。虽然他通篇利用蒙森的著作，却保持着
94 自己的独立判断，力避夸大和谩骂。他尊重庞培，但不承认他是伟大的；他否认西塞罗是古代的瓦恩哈根[①]。他的目的是，把琐碎的小事从重要的大事中筛选出去，并标出罗马在世界历史的长链中的地位。《世界史》的前两卷虽然在出版后一周内即销售一空，但它们在全书中确实是最不重要的部分，在兰克的著作中也是权威性最差的作品。他对于希腊和罗马铭文的巨大汇编与考古学提出的证据，(这里只提出两种新资料)一无所知。而且，他也没有吸取关于历史起源无论是早期以色列或早期希腊的起源的批判性研究的成果。爱德华·迈尔[②]对他的评论是严峻的。“他对他的工作缺乏认真的准备。他只是在青年时期专心学习过古代史，可是他却觉得自己可以完全漠视半个世纪以来的科学研究成果。在这种情况下，他的努力只能是彻底的失败。”

第三卷专门讲述罗马帝国的历史，其中最引人注意的是关于基督教起源的一章。他写道：“虽然我是一个虔诚的福音派新教基督徒，可是在我说出耶稣基督的名字时我必须拒绝讨论宗教的神秘性；这个神秘性是不可理解的，也是历史家所不能掌握的东西。不论是对圣子还是对圣父，我所能谈的都很少。历史家所能表明的，只是基督教所由产生以及基督教活动受其左右的环境——世界历史中各种影响结合起来所形成的环境。”鉴于犹太教未能成为普遍的宗教，基督的信条提供了一种较高级社会的概念所赖以产生的基础。兰克对基督教会的兴趣在第四卷中有了进一步的流

① 见本书上文(第181页)译注。——译者

② 迈尔著《古代史》，1910年版，第Ⅰ卷，第Ⅰ篇，第250页。——原注

露，在这一卷中他详细论述了亚大纳西[①]与阿利阿[②]、朱里安[③]与新柏拉图主义[④]。在讲到“民族大迁徙运动”时期，他可以以较大的权威来说话了。第六卷叙述到鄂图一世的死亡；这是他能够亲眼看到它出版的最后一卷。在编写这一卷时，他以吉泽布雷希特的著作为主要根据。他写信给《帝国时代》的作者[⑤]说，“我们历史学会开创时期的情况浮现在我眼前。我时常觉得自己好像是处在这些朋友中间一样。为了你和我的其他学生编写的关于第 9 和第 10 世纪的历史，我感谢你们。”在 1885 年底他九十岁诞辰时，仍然神智清明，像一个高龄的统治者居高临下，凝视着自己的王国那样[⑥]。他似发狂般地急速赶写，尽管他几乎不断地为病痛所折磨。他写信给他的朋友，说他“在编写的痛苦之中”(Inter Tormenta scrispi)。当他于 1886 年 5 月逝世的时候，他已叙述到皇帝亨利四
世的逝世。第七卷是在四个月的时间内由他口授的。他的庞大计 95
划已经差不多完成了。因为他原来就决定，关于近代史部分只写一个概略。至于中世纪后期一些没有写成的几卷，由多费出版他

① 亚大纳西(Athanasius，296? —373 年)，希腊正教创始人，亚历山大城大主教。终身宣扬正教，反对阿利阿教派，著有《阿利阿教派史》、《阿利阿教派论》等。——译者

② 阿利阿(Arius，256? —336 年)，亚历山大神学家，创阿利阿教派，所持教义被罗马正统教会斥为异端。——译者

③ 朱里安(Julian，Flavius Claudis，371—363 年)，罗马将军。361—363 年为罗马皇帝。企图以异教代替基督教，创立异教教会，称“背教者”。——译者

④ 新柏拉图主义(Neoplatonism)，为普鲁提诺(204—270 年)在罗马所创立，公元 3 至 6 世纪流行于亚历山大里亚、叙利亚、雅典等地的一种神秘主义哲学。认为物质是从精神的始源中“流出”的，只有通过“入神状态”才能达到哲学的最高阶段。它的观点对基督教和伊斯兰教都产生过很大的影响。——谭注

⑤ 即吉泽布雷布特。——译者

⑥ 阿克顿语。——原注

的演讲稿作为代替，并以听讲者的笔记来作补充，这样，把这段历史一直叙述到1453年为止。

《世界史》是一个已经不能再写和读的八九十岁的人的智力成就，仅仅就这一点来说，就足以称之为奇迹了。本书是为已有相当基础的人编写的，也只有他们最能够领会它。虽然这部书主要是叙述一般的趋势，但个别角色的重要地位也得到比他晚年的一些其他作品中的人物更为充分的承认。他最后口授的话是："在深刻的、普遍的、骚乱的运动的顶峰，浮现出经由庞大模型铸造的人物，他们在几个世纪中一直牢牢地吸引着人们的注意。仅只是一般的趋势还不能决定一切；要使这些趋势发生效力，历来需要伟大的人物。"在谈到亚历山大时，他指出，在巴黎的亚历山大半身像旁，参观者当想到这个人像所代表的人物的业绩和品质时，就依依不舍，几乎不想离去。兰克所描绘的亚历山大与德摩斯梯尼、大卫与君士坦丁、查理大帝与鄂图一世、尼古拉一世与希尔德布兰德的形象，都是栩栩如生的。

对于这部《世界史》，唯一的攻击来自天主教阵营。耶稣会徒米夏埃尔[①]，斥责他对罗马教会的论述，并宣称，他对基督教的态度是这部世界史的基本错误。他说，兰克是一个理性主义者，却不愿表明这一点。兰克未能了解教会和教廷，而称颂了朱里安和穆罕默德。但是如果把《世界史》评定为一部反天主教和反基督教的书，恐怕读过这书的人很少有同意的。这部著作吐露出浓厚的宗教精神，而作者对宗教精神和思想的强烈兴趣还表现在他给宗教史以突出地位这一点上。但兰克的信仰不是那种为他解释历史问

① 见米夏埃尔的《兰克的世界史》，1890年版。——原注

题提供方便锁钥的信仰。在他对国王马克西米利安个人讲课当中[①],他声称:要想证明世界上存在着一种把人类从一点引导到另一点的指导意志,或者有一种把人类推向一个目的地的无所不在的力量,是不可能的。所有的世代都同样可以在上帝面前说明它的发展是有其道理的,而每一个世代都同样可以同上帝直接联系。道德概念只能在范围上而不能在性质上扩展。要想超出于基督教教义之上,是不可能的。人类本身包含着没有尽头的发展,看来像是遵循着一些不可知的律法。历史是没有被完全理解的神意的显现。兰普雷希特的批评[②]在某些方面是非常偏颇的,但他却正确 96
地强调指出兰克观点在本质上的神秘性。

兰克的缺点,与其说是在积极方面,不如说是在消极方面。他同时代人所不满的,大多是关于他著作里所作的省略,很少是关于他著作的内容。热心的民族主义者感叹他世界主义的平静态度,道德家感叹他在伦理方面的中立倾向,唯物主义者感叹他暧昧不明的先验论。德罗伊曾嘲弄地说他具有阴阳怪气的不正常的超然态度。特赖齐克讽刺地写道,难得被偶然掠过的浮云遮掩的和煦阳光,照耀着一群高贵的风雅人物。斯特劳斯在阅读《普鲁士史》时,为兰克的伦勃朗式[③]的笔法而叹息。门策尔埋怨他过于温和。阿克顿宣称,这个世界比他所讲的有时要好得多,有时又要坏得多。在他九十岁诞辰时,蒙森含着隐约的抗议之意说,“您是在我们这些人中间最宽大的一个。”格雷戈罗维的论断是:兰克走过历

① 《论新历史时代》,1888 年版,其中有多费的一篇极好的导论。——原注

② 见《史学史中的新旧方向》,1896 年版。——原注

③ 伦勃朗(Rembrandt,1609—1669 年),荷兰著名画家,他反对意大利艺术的影响而创立完全模仿自然的画法。——译者

史舞台，就像走过画廊一样，一边走，一边敏捷地记笔记。聚贝尔遗憾地说，存在于尼布尔内心深处的是伦理观念，而存在于兰克内心深处的则是美学观念；他是以艺术家而非政治家的眼光来综观过去的时代的。罗伊斯以兰克来同米什莱和蒙森对照，在后两人的著作里，我们感觉到热情在叙述者的心里激荡，造成奔放的文风。

从上述评论可以看出，这些批评者是属于敌对学派的，可是兰克的最忠心的学生也承认太阳上有着斑点。他的和谐的天性使他在某种程度上看不见情感的巨大浪潮和激情的爆发，看不见生活里的崇高事物和堕落状态。幸好，他未曾实行他编写法国革命史的计划。无论在讲述个人或民族方面，他都最习惯于人类经验里的“中间地带”。他的著作在另外一个方向上是不完全的。在编写国家的历史和说明欧洲制度的发展之后，他本应描述人民的生活和那些支配并解释行动的思想，但他没有这样做。他有一种过多地从会议室窗口来瞭望事件的倾向，因而忽略了群众、轻视了经济力量的压力。《威尼斯的报告》——这些文献有助于他的成名，但他对于这些文件也稍嫌估价过高——曾对他的意向产生了持久的影响。最重要的是，由于更多地注意社会的演进，后来的一辈已超越了他的理论和实践范围。

对于兰克为历史所作的贡献，我们可以很快地总结出来。第
97 一，他尽最大可能把研究过去同当时的感情分别开来，并描写事情的实际情况。他的态度，在他为格维纳写的讣告中比在任何其他地方都说得更为简明扼要。“他〔格维纳〕常常说，科学必须同生活建立关系。说得很对，但那必须是真正的科学。如果我们先选定

一个观点，而后把它放到科学里去，那么，就是生活对科学起作用，而不是科学对生活起作用了。”兰克一般对自己的坚定看法是秘而不宣的。在他的剧本里，英雄既很少，歹徒也不多。第二，他建立了论述历史事件必须严格依据同时代的资料的原则。他不是第一个使用档案的人，但却是第一个善于使用档案的人。在他开始写作时，著名的历史家都相信回忆录和编年史是首要的权威资料。而在他停笔时，每个历史家，无论后来成名的或没有成名的，都已学会了只满意于当事者本人以及同他所述事件有过直接接触的人的文件和通讯。第三，他按照权威资料的作者的品质、交往和获得知识的机会，通过以他们来同其他作家的证据对比，来分析权威性资料（不论它是当代的也好，不是当代的也好），从而创立了考证的科学。从此，每个历史家必须弄明提供他情况的人是从哪里获得他的资料的。兰克的功劳是：使近代欧洲史更加能为人们充分地了解，阐明了欧洲的统一性并描写了历史戏剧中的主要角色。阿尔内特向他祝贺，因为他给每个国家提供了一部杰作。兰克是近代时期最伟大的历史家，不仅因为他创立了研究资料的科学方法，因为他具有无与伦比的公平品质，而且因为他的才能和长寿使他能够比所有其他历史家生产更多的第一流著作。正是这位史学界中的歌德，使德国在欧洲赢得了学术上的至高无上地位，直到今天他仍是我们所有人的师表。

98 第七章　兰克的批评者和门生

I

兰克寿高耄耋，能够在生前看到自己被公认为当代最伟大的历史学家，也看到他的门生主持了几乎所有德国大学中的历史讲席。但是这一卓越地位是同吹毛求疵的批评者和与他相竞争的学派进行长期斗争之后才获得的。最初的攻击，也是兰克唯一肯给予回答的攻击，来自利奥①。像许多青年那样，利奥曾受到“体育之父雅恩”②的狂热民族主义的鼓舞；在1817年瓦特堡纪念会上痛骂自由之敌③的那些头脑发热的青年中，看来没有几个可能成为这种反应的支柱。但是科茨比被暗杀后④，掀起了一股保守主义潮流，这股潮流又因哈勒和黑格尔的影响而加强了。他游历意大利所产生的结果，是写成一本关于伦巴第诸城市宪法的著作。

---

① 参阅克拉格林，《利奥传》，1908年。他的回忆录，《我的青年时代》1880年，只记述到二十三岁时。——原注

② 雅恩，F. L.（1778—1852年），有强烈民族主义的德意志思想政治家兼社会活动家、体育运动的倡导者和组织者。——谭注

③ 宗教改革运动三百周年纪念会上曾焚毁绝对专制主义的著作。——译者

④ 德国作家，服务于俄国。1819年3月，因为他嘲笑德国学生会被刺死。——译者

看来没有一个历史家比他更能为自己赢得一个高级学术地位或更有资格来批评法兰克福年轻教师的第一部著作。他指责说，该书的文体是拙劣地模仿约翰内斯·缪勒，他的哲学是迷信，论断是非历史的，这一攻击使兰克深感不快，他把它说成是一个面临新方法而感到恼怒的教师所发的雷霆。利奥狂暴的反驳结束了这场争论，同年他离开柏林去哈雷；但他继续指责兰克“怯于发表个人意见”为懦夫的行为，并把他的著作贬为只有贵妇和外行才欣赏的陶器画。

对于接受兰克的方法并承认他的权威造成更加严重的障碍的是启蒙学派，该派的代表人物为罗特克、施洛塞尔和格维纳。在一个世代多的时期内，罗特克是南德首要的历史与政治的先知先觉[①]。他是巴登人，母亲为法国人，他早年吸收了法国思想并以卢
梭为师。他于 1798 年被任为弗赖堡大学教授后，把他的讲座当作 99
论坛和布道坛。他宣称，“我把历史作为一个贤明的顾问与法官来尊重。”他的讲稿构成他的《世界史》的基础，该书于 1812 年开始出版。序言中坦率地说它是作为宣传品编写的。它的目的不仅要丰富青年的知识，而且也要增强他们的意志并锻炼他们的性格。“我高尚的年青朋友们，我愿让你们看到往时的伟大教导与崇高景象，唤醒你们对过去的显赫人物的爱戴与景仰，点燃起你们热爱正义、自由与祖国的火焰。”罗特克攻击亚历山大大帝，痛骂罗马压制世界各处的自由，抨击各式各样的专制主义；这一切是针对——而且众所周知是针对——塞纳河畔的皇帝的。在 1821 年写的第二版序言里，他提请读者注意，第一卷是在拿破仑从莫斯科的退却使人重

① 参阅勒佩尔，《罗特克传》，1883 年，和甘特尔《历史家罗特克》，1908 年。他的《文集与遗著》(1841—1843 年出版)的第 4 卷包括他儿子写的传记，第五卷包括他的书信。——原注

新产生恢复自由的希望之前出版的。“在那个时候，历史是唯一可以传授智慧的工具。”在滑铁卢战役后，这部著作对于鼓励争取立宪自由的斗争，还是同样需要的。此书虽在奥地利被列入“禁书目录”而被禁止，但在德国各地仍得自由销行，而且被译成英、法、意大利、丹麦、波兰各种文字，使它在某种程度上成为自由欧洲的圣经。作者死于 1840 年，在生前看到了第十三版的发行。1866 年出版了第二十五版，同时它的节本也广受欢迎，几乎不亚于原本。这部书缺乏学识与文采，但是，在一个渴望自由的时代，在书中可以找到坚持这一要求的鼓舞力量，这就是它的吸引力之所在。

比起罗特克，施洛塞尔[①]比较像一个道德家而不怎么像个政治家。当兰克正在赢得声誉的阶梯上步步上升时，他在德国已是最有影响的史学著作家和教授。他在简短的自传里记下了他在哥廷根的学生时代时感到的失望。“我不久就克服了认为德国教授是世界的明灯那种妄想。”有一个时期，他也参与了当时流行的对约翰内斯·缪勒的崇拜，称之为德国的修昔底德，但他很快就失掉对他的景仰之心。他不师事任何人，他好批评的精神总是发现可指责
100 的事多于可称颂的事。他广泛地涉猎历史领域，在三十岁后，发表了关于阿贝拉与贝札[②]的专论。在后一篇论文的序言里，他发出一种启蒙的论调，而这一论调将贯穿他的一生。他声称他的目的

① 韦贝尔(Weber)，《F. C. 施洛塞尔传》，1876 年，包括一篇自传、一篇传记、书信与杂记。格维纳生动的颂词见于格维纳，《自传》，第 150—215 页，1893 年。其合最好的评价是洛伦茨所著《历史科学》，第 1—86 页，1886 年；和迪尔泰的《文集》卷 Ⅺ，第 104—164 页。——原注

② 阿贝拉，P.(1079—1142 年)，法国著名的哲学家、神学家。贝札，T.(1519—1615 年)，法国加尔文派宗教改革家，继加尔文之后为法国及日内瓦新教领袖。——谭注

是要以历史的教训教育他的同代人抛弃不良的倾向。一两年后，他出版一部关于圣像破坏派的内容丰富的著作，它是近代史学家研究拜占庭世界的最早的尝试之一。1811年，他开始编写他的《世界史》，这是使他成名的两大著作中的第一部。他的原意是要在三小卷内包括整个的历史。第一卷叙述到西罗马帝国的灭亡，是以认真考证过的原始资料为根据的。第二版的篇幅大为增加，出版时的书名是《对古代世界历史与文化的考察》。由于罗特克仅仅是一个编纂者，德国有教养的中产阶级主要是通过施洛塞尔的著作才得以看到正统的古代世界。这本书最后定名为《为德国人民写的世界史》，由他的一个门生把老师的著作编成十九卷，并加入他自己写的关于近代几个世纪的概述。

施洛塞尔在写《世界史》的同时，几十年来一直撰写一部重要得多的著作①。1822年，他访问了巴黎的几所图书馆后，写出关于十八世纪的两小卷；后来在1834年再次访问后，他又充实了两卷书的内容。第八卷即最后一卷，直到1860年他逝世的那一年才出版。书中最有价值而又最有趣味的篇幅是记述18世纪法国、德国和英国文化生活的那些部分。他热烈赞扬诸如赖马鲁斯②与自然神论派、托玛息斯③与莱辛、坎波曼斯④与斐波罗尼⑤那样一些勇

① 《十八九世纪史》，共八卷，系其代表作，下文《十八世纪》为此书的简称。——谭注

② 赖马鲁斯是自然神论者，否认基督教的超自然起源论，著有自然教的论文。——译者

③ 托玛息斯，C.（1655—1728年），德意志理性主义哲学家、法学家，反对宗教迫害，第一个不用拉丁语而用德语讲课的教授。——谭注

④ 坎波曼斯（Conde de Campomanes，1723—1802年），深受启蒙思想影响的西班牙政治家、经济学家。——谭注

⑤ 斐波罗尼，原名洪泰恩（Hontheim，J. N.，1701—1790年），天主教神学家，倡导恢复基督教的原始教义，要求各民族教会独立，认为教皇应服从宗教大会决议。他的著作被教廷列为禁书。——谭注

敢的人。他的政治论述，从西班牙继位战争到拿破仑的失败，质量较差，所用的原始资料也极少。他虽不赞成“哲学家—专制君主”的方法，却赞成他们的目标，但他对国君的态度则几乎是千篇一律地藐视他们。他憎恶地谈到德意志诸小朝廷、凡尔赛和圣彼得堡的粗暴野蛮行为，谈到拿黑森士兵做交易之事。他谴责英国贵族冷酷的自私自利，使人回想起饥饿的爱尔兰人、工厂里的儿童、贫民习艺所里苟延残喘的可怜人。他决心要撕去那些说谎者、野心家与贪婪的人用以掩饰有权有势者的恶行的假面具。他对那群奴颜婢膝的阿谀者的蔑视不亚于对宫廷和显贵的蔑视。根茨被指斥为诡辩家，他为了能坐在大人先生们的筵席上酣饮而说谎。然而，施洛塞尔也不恭维人民群众。他并不相信宪法能够改进社会，他
101 也拿不出什么可提倡的政治制度。他斥责法国大革命的过火行为，正像他曾笔伐雅典和罗马的冲突那样。他拒绝附和对解放战争的颂扬，同时，虽然不为拿破仑辩护，却对拿破仑的某些行为作了较好的评论。虽然他尊重各种形式的真实的虔诚，不论塞勒[①]的或斯本纳[②]的，但他认为僧侣是与国君一起施行虐政的共谋者。僧侣主义与蒙昧主义不论出现在何处，他一发现就加以谴责。他责备耶稣会会徒在他们全盛时代的行为，但他也反对无情地驱逐他们。他常被称为当代的加图[③]，他的确具有早期罗马人的气质。他所喜欢的作家是但丁，而且他的著作也反映了《地狱篇》的阴森

① 塞勒，S. J. M.（1751—1832年），德意志新教神学家、主教。——谭注

② 斯本纳（Spener，1635—1705年），德意志虔诚主义（Pietism）的创始人。著有神学著作多卷。——译者

③ 加图（公元前234—前149年），古罗马贵族，历任执政官、监察官，又是罗马史学的奠基者，著有《罗马历史源流》，强调历史的伦理道德教育作用。——谭注

气氛。他是一个18世纪的世界主义者，领会了康德的“定言令式”(Categorieal imperative)[①]，他是“启蒙”运动的产物。

施洛塞尔不仅在他的著作里，而且也在海德堡大学的讲坛上宣讲他的主张。所有目睹者都异口同声地描述听众的规模与热情的情况。他最杰出的门生格维纳留下一段生动的描写。“我终于找到了我久久求之不得的导师。他的讲话同样有力地打动情感与理智。他的演讲充满着美妙的景象，历史的大门为之砰然大开。”但是如此具有独创性的人物，与其说是一个可靠的向导，不如说是一种鼓舞力量。他使他的听众相信历史的崇高使命，却没有教导他们如何成为历史学家。他否认客观历史的可能性，认为没有人能获得对事件内在联系的完全了解，但他也没有做出很大的努力来取得可以得到的知识。他鄙视兰克的研究成果，并轻蔑地谈到档案库的尘埃。像利奥一样，施洛塞尔在生前已失掉他的声望与影响。在他逝世几个月前，他写了《十八世纪》最后一卷的序言，文中他承认自己已不复有力量做告诫并改善同代人的工作。令人可哀的是他一贯墨守他青年时期的原则与方法，而史学研究工作却已循着其他的名家所指引的道路前进。斯特劳斯在1858年[②]写道，“施洛塞尔对我抱怨地说，年青一代的历史学家这样地不重视历史上的道德教训，包括格维纳在内，虽然他是一个很有道德的人。”现在他的教室已寂然无人，他的理想也不复被人理睬。他最杰出的门生，

---

① 康德在《道德形而上学》中提出，人出于一种义务而行动才存在道德价值。道德的真髓应当从规律概念引申出来，因为只有理性生物才有按规律的理念而行动，即凭意志而行动的功能。客观的原则这一理念，就其对意志有强制性而言，称作理性的命令，而命令的程式称为令式。有两种令式，一为假言令式，一为定言令式。后者是综合的和先天的，即只能按照那样一个准则去行动。——谭注

② 《通讯集》，第397页。——原注

也可说他唯一的门生〔格维纳〕，在其老师去世时写的一篇动人的《辩解》中也承认了情况的转变。他写道，关于施洛塞尔，已不再有
102 一致的意见；人们指责他不讲究形式、自以为是和吹毛求疵。第一条指责是正确的，但那几条更严重的指责却产生于对他的目的的误解。他著书的目的主要是教人如何做人，而不是传授知识。格维纳在结论里说，“我有一种感觉，如果一个人仅仅做到对别人像他〔施洛塞尔〕对我一样，即此一端，已足以对他的一生给予最高的评价。”施洛塞尔本人对这一自我表白比对他学识的任何称颂会感到更为满意。的确，他可说是一个道德家与政论家而不是一个史学家。然而这个少做研究而又思想狭隘的人，在将近半个世纪中是主要的智慧与道德力量之一，而且长期被认为即使不优越于兰克，也是他的对手。

格维纳的名字①和施洛塞尔的名字紧紧相连。两人都智力超群，都要从历史中找到生活的指南。虽然门生也像他的老师那么严肃，但他更多地是一个政治家而不是道德家。施洛塞尔号召当代人要悔改，而格维纳却召唤他们要行动。老师对个人的良心发出呼吁；而门生是向全民族呼唤。在他的“自传”里，格维纳记下了他在学校时夹杂地阅读历史与文学并写作诗歌与戏曲的情景。在意大利的一年时期，他主要致力于研究佛罗伦萨的历史，尤其是马基雅维里的著作。在他的《佛罗伦萨的史学》中，一大半篇幅，是用以论述《君主论》的作者。马基雅维里是在腐化时代的真正爱国者，

① 参阅格维纳《自传》，1893 年版；兰克：《论文与演说新集》，第 567—576 页，1888 年版；德林格尔：《学院讲稿》，卷Ⅱ，1889 年版；策勒：《演讲与论文》卷Ⅱ，德夫勒：《历史思想家格维纳》，1904 年版。他和格林弟兄与达尔曼的通讯收在《格林弟兄、达尔曼与格维纳间的通讯集》的第 2 卷，1886 年版。——原注

为祖国的利益敢冒一切风险：因为他绝不是代表他的时代的最阴暗的方面，所以他能够蔑视他的同代人。而且，他是以科学方法处理历史的创始人。格维纳好久以后在其《自传》里写道，“因为我所寻求的不是资料的堆积而是启示，马基雅维里把历史与政治结合在一起，我不能再遇到更合适的人了。”这本小书赢得施洛塞尔与达尔曼极大的好评，同时，1830 年的法国革命增强了他对政治的兴趣。“十五年的反动势力在 7 月的几天里被消灭这一事实使人相信德国取得政治发展的日子也不远了。但我觉得它必须避免急躁与过早的改变。”他的谨慎态度表现为猛烈攻击别尔内妄图充当政治上的路德，也表现为热情赞扬达尔曼的《政治学》。他笔下的每篇论文都是行动的号角。

1837 年，他有机会表明他对公共事务的兴趣不仅仅是学术性 103
的。在他被任为哥廷根大学教授的几个月后，英国王位和汉诺威王位的分离使恩斯特·奥古斯特登上汉诺威的王位[①]；国王的第一项行动就是撕毁宪法。在这所给王国带来荣誉的大学里表现出比任何其他地方都更为激愤的情绪。有七位名教授，包括格维纳、达尔曼、埃瓦尔德和格林弟兄，联合发表了响亮的抗议，因而他们立刻被剥夺了职位。“哥廷根七君子”的行动是德意志历史上的一个界碑，它标志宪法原则的力量日益增强，同时也标志大学教授作为一股力量出现在政治舞台上。这个勇敢的宣言，使格维纳第一次名闻全德，而喝彩声鼓舞了他决心唤醒他同胞的政治自觉心。在

① 1837 年，在梅特涅反动政策的指使下，英王乔治三世之子奥古斯特继承了汉诺威国王威廉四世的王位。新王即位后立即撕毁了前王颁布的有自由主义色彩的宪法，代之以推行绝对专制的宪法，引起了各界人士的强烈反对。——谭注

他当时写的《历史学》里，他宣称："生动的生活是一切历史的中心。人类所有的力量集中于行动。"

在他所使用的方法中包括他编写德意志诗学史的手法。"我认为这个时代应从事重建公民生活的工作，而这个时代犹在继续写诗。我不久就相信，德意志诗歌的真正伟大的时代业已过去。"而且，文学尚不过是艺术爱好者的尝试，伟大、严肃的作品还有待于问世。一个民族必须集中它的力量。在把第四卷献给达尔曼的题词里，他写道，"你要决定我对这一主题的处理是否成功；因为它一般是从审美观点来讨论的。我们的文学已成为一潭泥沼，充满着如此有毒之物，以致大家渴望有一阵外来的风暴。如果要德国的生活不处于停滞状态，我们必须把那些眼前尚无生活目标的才智之士吸引到国家的实际工作中来。"这部书是一所万神庙，那里已座无虚席，因为最后一名不朽人物是歌德。虽然它的动机是从实际出发的，但《德意志诗学史》具有其本身的价值。他拒绝应用一直占着优势的审美批评的方法，却力图抓住作者和作品同他们时代的关系。正是这种把文学放在它的历史背景里的尝试，使这部著作成为一个里程碑。而且这本书的早期部分几乎是完全新的。德国第一次有了关于它文学发展的详细论述。雅各布·格林热烈地欢迎它，特别赞扬它的爱国精神。

104 在完成《德意志诗学史》后，格维纳被召到海德堡大学，在那里他的讲课吸引了大量听众。如同以往，他的目的是鼓励他的听众要抱有高尚的政治雄心。1847 年，他在达尔曼、德洛伊森、豪塞尔及其他几位教授的帮助下创办了《德意志报》，旨在要求成立立宪政府并为德意志的统一做出努力。由于腓特烈·威廉四世拒绝接

受帝国皇冠，格维纳转而成为对普鲁士的严厉批评者。现在，他致力于他一生中主要的历史著作，但在进行他的主要工作之前，他写了一卷绪论：《十九世纪历史导论》。这卷绪论是那部巨著的引子，可单独阅读而无须理会巨著本身。[①] 他声称，近三四百年来，尽管有阻碍和曲折，历史是向单一的方向发展着，即从个人自由走向群众自由。近代史是宗教改革所提出的民主思想同中世纪时代的贵族机构与君主绝对专制主义的斗争史。自拿破仑时代以来，个人无足轻重是群众的本能把时代推向前进的。第四等级现在会胜利吗？德意志已具有思想与宗教自由；它等待着政治解放。

在他雄辩地称颂民主力量之后，格维纳在巴登被控犯了叛国罪。作者被判监禁；他的著作也被销毁。后来，这一判决虽被撤销，但它已显示宣传民主的危险性。《十九世纪史》的第一卷于1855年出版，附有恭维施洛塞尔的献词。“我这本书将接续你关于18世纪的著作；如果你认为它多少值得作为一部续篇，那么，我喜出望外。我从你学会这样牢固地尊重历史的庄严与伟大，因而只有历史才能使我摆脱情欲、偏私或畏惧。我希望我能表现出一些尊著中贯穿着的那种杰出的清醒思想。”书中的确表现出很多施洛塞尔的影响，但语调则较为平和。著作的若干部分，尤其是关于南美洲的革命和希腊独立战争的诸卷，详细叙述了很少为人所知的事件。在论述中欧时，他声称：关于一些国际会议的历史是第一次根据可靠文献来叙述的；但今天看来，最有趣味的部分是关于文学与思想动向的概述。他的长处，在于他的视野广阔，在于他解释了在事物外表里面潜行滋长的思想。特赖奇克原是一个并不友好的证人，

① 绪论于1853年译成英文。——原注

但他称该书是最富有思想性的史学著作之一。他到处站在反政府
105 派方面——在希腊、意大利、西班牙、美洲、中欧都是如此。梅特涅是当代的恶魔，他的政治手腕彻底失败了。根茨是梅特涅的工具，被奥地利收买；他滥用他的大权以加强绝对专制主义。腓特烈·威廉三世免遭同样的谴责只因他的绝对专制是软弱无力的。中欧最光明的地方是南德。他们那个时代的主要造福者不是统治者而是作家。

格维纳对19世纪的民主运动怀有深刻的同情，但他对正在开始涌现的同样强烈的民族主义潮流却无动于衷。他一向认为意大利永远不会成为一个单一的国家，而当德国的统一已在眼前时，他还在要求组成一个联邦。这个人曾鼓吹他的同胞参加政府活动，但他却以冷漠的心情看待德国的统一。他宣称，中德诸邦比凌驾于它们之上的两大国有着多得多的可引以自豪的光荣历史。该书的第八卷，也即最后一卷，叙述到1866年为止；他在书中解释说1864年的战争是因为俾斯麦要转移人们对国内问题的关注，并宣称俾斯麦缺少道德观念。1866年的事件使他感到恼怒；只是1870年的胜利才多少给他带来宽慰。他在色当战役后所写的《德意志诗学史》第五版序言里，声称达尔曼与格林弟兄(他曾把这本书献给这两兄弟)对这如醉如狂的热情不会随声附和的。“我是一个中立者，不属于任何党派，既不是贵族，也不是民主主义者，我和任何邦或任何王族都没有利害关系。我历来主张组织一个联邦，不是一个以武力为基础的普鲁士霸权。”在他看来，政治自由在任何时候都比民族统一和民族力量宝贵得多。用阿克顿的话来说，他是那些小邦里小城镇的德国中产阶级的化身。像特赖奇克那样的强

烈的民族主义者把他看作“几乎不属于任何民族”，也就不足为怪了。

《十九世纪史》现在几乎已被人遗忘。在叙述宪政运动的进展
时，他吸引了读者，但他对当时正在德国沸腾的民族精神所持的冷
淡态度，使他脱离了群众。再者，书中还有妨碍其成功的其他一些
缺点。他的文体向来不生动而且后来写得越来越啰唆。格维纳对
他不赞成其政策的那些人，不能作出恰当的评价，这使得这部著作
具有片面性。他终生反对空论家，而他本人却是那一世纪最大的
空谈家之一。他曾嘲笑兰克的温和论断，说他想洗澡而不湿身，但 106
格维纳和他老师的好挑剔的作风已经过时。然而，我们可以附和
兰克在他的老批评者去世时说的有雅量的话：“最好，大家不要从
同一途径来攀登历史科学。”

Ⅱ

与他的朋友萨维尼不同，兰克的影响很少产自他的讲课。我们有关于兰克的方法的几种记载，在主要的几个方面非常一致。聚贝尔[①]写道，“当他出现在讲台上时，他给人的最初印象是令人吃一惊。长着深色卷曲头发的大脑袋配着矮小的身材；随着思想的活动，他不停地移动身子，做出急躁的手势；演讲有时为了寻找适当的词句而停下来，有时又急流直下，一泻千里；这一切看来是奇怪的，而且几乎是令人厌恶的。但当我们习惯于这些作风后，讲演的丰富多彩的内容和绚丽多样的形式把我们吸引得心向神往，而

① 《演讲与论文》1897 年版。——原注

整个讲演从头到尾表现出独立的研究和创造性的思想。”吉泽布雷希特[1]记载说，“讲课异常生动活泼，起初使人颇感不安。讲演是经过充分准备的。讲稿摊在讲课者面前，但他的讲话好似出口成章，而且有时他的讲授内容似乎使他十分激动。讲话速度快慢不一。开始，他慢吞吞地讲，随后，讲得那么快以致难以听清；有时又再度停顿许久，因为讲话者似乎找不到可以表达他幻想的适当词句。”赫尔曼·格林[2]证实说，“兰克的演讲从第一句到最后一句紧紧地吸引住我。他使初学者充满这样一种感觉：他们是以老练的政治家的经验来观察事物。他描述每一件事时，说得好似他都曾亲临其境。”对他晚期情况的两段描述，可使这幅画像更为完整。罗伊斯[3]在1862年曾听过他讲课，他写道，“他的讲话没有多大生气，只有坐在前排才能听到。但有时他也加快速度，从口袋里掏出一本新书，当场展开有关它的方法与批判的生动活泼的讨论。这时，他布满皱纹的面庞放出异样的光彩，他像年轻人那样打手势；因此，那些用心听讲并具有较高程度因而能得益于他的启示的人，获得了对多次枯燥无味的听讲的充分补偿。”谢迪利埃宣称，“要理解他
107 的演讲，需要极度用心。他的声音低沉而又不清楚，既单调又微弱。但他生动的表情和活泼的姿态都反映出他的兴趣。他是用眼睛来讲话的。”他的授课继续到1871年，到那时他为病魔所困，不得不放弃讲课。

兰克并没有在教室中发挥他作为教师的最大的影响。使史学

① 《演说集》，1887年版。——原注

② 《德国文化史稿》，1897年版，第38页。——原注

③ 《历史评论》，卷31。——原注

研究方法革命化的著名“学派”是建立在他的书斋之内的。他的“学术讨论班”开始于1833年，参加者是一群学生，其中每个人后来都在广阔的研究领域中赢得了盛名。吉泽布雷希特在他老师去世后写道，“他把我们这些最亲近的弟子召到自己家中，集聚在他的身旁；所以我们有机会就近观察这位不断创新的思想家的工作房。他广博的知识、多方面的教养、迅速抓住要点的本领和批判的天才引起我们对他的钦佩。当他成功地揭穿一个虚假的传说时，或者得以按照实际情况恢复事物的本来面目时，他常常会欣然大笑。正当他的名声开始传播于各个较大的学术团体时，我和他结成了亲密的相识，并觉得自己紧紧被他所吸引。当时他正处在精力充沛的壮年时期，他的一举一动充满着活力与热忱。”聚贝尔在他的纪念演说里补充了其他特征。“‘学术讨论班’是为那些选择史学为其职业的人创设的。他允许自由选择研究课题，但随时愿意提供建议。他对于违反批判原则的过错给予严厉的评判，但措辞则婉转。老师鼓励每人按自己的才能发展专长。”

“学术讨论班”给它的成员留下了不可磨灭的标志，因而它无论如何也会影响当世；然而，它还产生了更直接的影响。1834年，兰克建议柏林大学悬赏征求关于亨利一世的论文。魏茨与吉泽布雷希特、科普克与希尔施相竞争，魏茨获得了奖金，但落选者也学会爱好中世纪史。论文的成绩和作者们心中作涌起的热情使兰克想到他的门生们应该进行一些协作研究项目。虽然他自己的研究范围主要在于近代史，他指引他们走向更困难的研究中世纪史的道路。因为施滕策尔已选法兰哥尼亚王朝，劳默尔已选霍亨斯陶芬王朝，所以他们选择了萨克森王朝。吉泽布雷希特在他关于科普

克[1]的纪念短文中写道，“我们编写《编年史》的日子是难以忘怀的。第一次从事大型创作的诱惑力，由于一批青年同心协力进行
108 共同的工作而更加提高起来；他们将以此项工作问世，并希望这将给他们无与伦比的老师和他们自己带来荣誉。我们是由魏茨领导，在我们之间产生了亲密的友谊。不久，这个小团体分散了，有的人离开柏林，但我们中间每个人都找到了他的终身事业。”兰克为这部《编年史》写了序言，该书[2]于 1837 年开始出版。第一卷是魏茨的经过修改与增补的论亨利一世的得奖论文。科普克与多尼格斯合编了《鄂图大帝》。关于后来的两个鄂图帝的著作由吉泽布雷希特与维尔曼斯担任。这些作者根据全部可得的资料，编写了关于事件的朴素叙述。这些篇幅不大的著作接续施滕策尔的论著[3]，开始了对中世纪的批判研究。

有三个大学者的名字同他们老师的名字永远联结在一起，但在论述他们之前，我们应先看一看那个著名团体的其他几个成员。科普克在论亨利一世的论文比赛里曾获得第二奖。他在柏林大学成为兰克的同事并协助《史料集成》的编纂。他去世时，他年迈的导师伤感地说，由于上帝的恩惠，他得以与这样纯洁的一个人结交一个世代多之久。希尔施也成为柏林大学教授，他把自己短暂的一生的大部时间用于对亨利二世皇帝的极有成效的研究。维尔曼斯对《史料集成》的编纂，作出了有价值的贡献。多尼格斯在柏林度过短暂的教授生活后，供职于巴伐利亚的马克西米利安政府，并放

① “历史手册”，1872 年版。——原注

② 此书全名为《萨克森朝德意志编年史》，共六卷，1837—1840 年，兰克主编。——谭注

③ 本文所指的是他的代表作《法兰哥尼亚朝德意志史》。——谭注

弃历史，改为从事外交。阿道夫·施密特编辑了第一部认真的历史评论集，其中大部刊登他的同窗的投稿。在其他早期受业于“学术讨论班”的弟子中，有尼奇与东克尔、布克哈特与格奈斯特、罗舍尔与保利[①]。

兰克经常说，他从未见过任何门生怀有像雅费[②]那样强烈的热忱；他是一个波兰籍犹太人，早年就决心研究教皇史，做出不亚于伯默尔对皇帝的研究所取得的成果。1851 年他出版了《教皇实录》，记载到英诺森三世的登位，书中包括一万一千件文件、书信和教令，其中很多是从他所发现的手稿里直接抄录下来的。这部书在批判方法方面远远超过伯默尔，而且它对帝国的价值并不次于它对教廷的价值。随后，他投身于《史料集成》的工作，但因为它的进展缓慢，他在晚年致力于独立出版德国史资料手册，它是以伯默 109
尔的《德意志史源》为蓝本的。他的《德国史丛书》共有六卷，每一卷围绕着一个人或一个地方——卜尼法斯[③]与希尔得布兰、查理大帝与爱尔琴[④]、科维与巴姆贝格[⑤]。由于附有导论和摘要并包括很多新资料，它们有助于根据原始资料研究中世纪。他在五十一

① 兰克的《生活杂记》，1890 年版和《新通讯集》，1949 年版，包括许多他同门生们的通信。在下列一文里包括有意义的资料：《若干门生论兰克的通信》，《历史杂志》，卷 107。——原注

② 参阅多费的论文，见《全德名人传记集》，重印于《选集》，1898 年版。——原注

③ 即教皇卜尼法斯八世（1294—1303 年在位），与法王腓力四世争夺政治权力，颁布敕令，宣称教皇为教俗两界的最高权威。——谭注

④ 爱尔琴（753—804 年），英国主教、学者。曾任查理大帝顾问、宫廷教师，对促进法兰克文化教育与教会事业的发展，贡献甚大。——谭注

⑤ 科维，在威斯特伐利亚境内，以其圣本笃教派寺院及所属大图书馆闻名，是萨克森教会与古典研究的中心之一。巴姆贝格，在巴伐利亚境内，11 世纪以来为教会中心。有博物馆、教皇亨利二世陵墓及文艺复兴时代建筑。——谭注

岁时自杀，使德国学术界丧失了一个最出色的人才。

在兰克的门生中，有巴伐利亚的马克西米利安[①]。在哥廷根大学听过黑伦与达尔曼的讲课之后，这位亲王转到柏林大学，在那里开始了他和兰克的终生亲密友谊，这一友谊给历史研究带来了丰硕的成果。兰克在九十岁时回顾他的王族友人说，虽然他在性格和教养的幅度方面比不上腓特烈·威廉四世，但他非常善于思考。他逝世后兰克写道，他是“我最好的朋友、最忠实的门生、最热心的读者、最仁厚的赞助者。虽然我们对许多事情有不同的意见，但在我们之间从来未曾有过阴影”。他们的通信洋溢着爱慕之情和思想上的共鸣。1845 年，这位信奉天主教的国王写道，“我不仅读过而且研究过你关于宗教改革的著作。”他们的通信涉及国内和国际政治，同时也包括学术问题。1848 年，当路德维希一世的退位使马克西米利安登上王位的时候，他决心要利用他同这位德国最伟大的历史学家的友谊；他将为历史学做出他父亲曾经为艺术所做过的事情。他于 1853 年写道，“我真诚期望把你请到慕尼黑来。我的目的是要建立新史学方法并在巴伐利亚创设一所像北德意志那样的历史学院。”这封信上的签名是“你的老门生”。兰克不愿离开柏林，但在下一年他到贝希特斯加登访问了那位国王，并以《近代史的各个时期》为题讲学，这些讲稿在兰克去世后出版。

这位国王认识到为了实现自己的目的，必须从国外聘请学者。既然请不到兰克，他就依从兰克的意见请了聚贝尔，不久，科内利

① 参阅多费：《兰克与聚贝尔同国王马克西米利安的关系》，见《选集》，1898 年版；和兰克的纪念演说，《论文与演说新集》，第 507—516 页，1888 年版。他们的一部分通讯刊入《德国评论》，1904 年版。——原注

乌斯和吉泽布雷希特也接踵而来。下一步是设立巴伐利亚科学院的历史委员会[①],兰克任会长,聚贝尔任秘书。历史委员会虽然冠
以巴伐利亚的名称并由巴伐利亚提供经费,但它成为所有讲德语 110
的历史学家的公共研究场所;它为促进德国的历史研究所做的工作比任何其他机构都多。历史委员会的第一批成员实际上是由兰克选择的,在它的年会上德国、奥地利和瑞士的主要历史学家齐集一堂。它的出版物中有:《德国名人词典》、《科学史》、《德国城市编年史》(卡尔·黑格尔的名字和这部书紧紧联系在一起)、《中世纪帝国编年史》,以及《帝国议会决议录》(这部书使尤利乌斯·魏茨泽克赢得了长远的声誉),更具有地方意义的是16和17世纪时期的维特斯巴赫家族的通信集。这个重担大部分落在兰克的门生肩上,他们还担负了《历史杂志》的主要工作,该杂志于1859年创刊,由聚贝尔担任主编。国王在1866年逝世之前已高兴地知道自己的理想业已全部实现。这一事业的创意,应归功于国王;但使其得以实现,则是他敬爱的老师的功绩。

当兰克的子孙环坐在他的周围时,他常常说,“我另有一个更老的家庭,那就是我的门生和门生的门生。”他的儿子谈到,他对聚贝尔的《法国大革命》比对自己的任何著作都感到骄傲。1877年,他在写给吉泽布雷希特的信里说,“魏茨、聚贝尔和你三个人使我作为教师感到无上的荣誉。”他最老、最杰出的门生是魏茨[②]。在

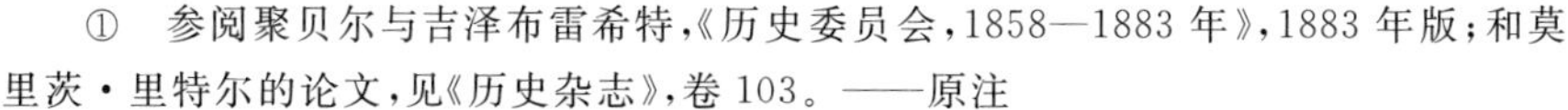

① 参阅聚贝尔与吉泽布雷希特,《历史委员会,1858—1883年》,1883年版;和莫里茨·里特尔的论文,见《历史杂志》,卷103。——原注

② 参阅伊·魏茨的《格奥尔格·魏茨》,1913年版。最好的评传见于克鲁克洪所著《演讲与论文》,1894年版;瓦滕巴赫的《柏林科学院论文集》,1886年版;聚贝尔的《演讲与论文》,1897年版;弗伦斯道夫的《全德名人传记集》。一篇简短的自传刊入他的小著《德皇》的卷首,1862年版。——原注

学校时，魏茨贪婪地阅读尼布尔著作的修订版，出一卷读一卷。“我从他〔尼布尔〕那里学到了爱好宪政史，于是与他争胜就成为我的最高目标。”他在基尔大学学习法律，而且像蒙森一样，从法律转学历史。他于 1833 年二十岁时进入柏林大学。入学后，他听萨维尼的讲课，但不久他发现兰克的“学术讨论班”才是真正适合于他的专业。在半个世纪后，聚贝尔写道，“我在兰克周围的那群人中遇到了他，至今还记得他卓越的知识和犀利的批评给我留下如何深刻的印象；同时，他的友好态度使人感到与他相交是一件快事。认真负责一向是他的主要特征。”魏茨赢得了那项竞争激烈的论亨利一世的征文奖金，而且除了兰克本人之外，他是《萨克森编年史》的最主要的编纂者。在《编年史》里，本来要加上一系列关于资料的
111 批判研究，但只出版了一卷。兰克在“学术讨论班”上指出，《科维编年史》[①]无甚价值，而魏茨和希尔施证明了它是杜撰的。这是他首次的重要发现。当编纂《史料集成》需要助手的时候，兰克推荐了魏茨。通过抄写与校对许多档案库内的手稿，他所编写的版本在价值上超过了他的师长佩茨的版本。他丰富的成果可见于他为学会刊物所写的稿件中。魏茨把终生献给这项工作，他的写作生活以此开始，并以此告终；他的名字除佩茨本人外，比任何其他学者都更加紧密地同这部著作联系在一起。他的老导师看到他突飞猛进，欣喜欲狂。兰克于 1838 年写道，“你大踏步前进使我感到非常快乐并对你十分赞许。你正在走着巴吕兹与马比荣的道路。”后来他又写道，“我有助于指引像你那样有才能的人去研究历史，这

① 《科维编年史》，传为圣本笃教派修士所编，记 648—1148 年之事，收入《日耳曼史料集成》。——谭注

可以在我的传记中算作我的一功。”

1842 年魏茨被聘到基尔大学后，开始了他生活中的下一章，他在那里着手他一生中的主要工作。《德意志法制史》的第一卷于 1844 年出版，它当然是献给兰克的。献词中说，“这本书标志着我对那一时期的充满感激的回忆，那时候你既是我的老师，又是我的朋友；这本书也是我对你的感情与敬爱的一个证明。”第二版于 1865 年刊行，再次附有献词。“这是感激并敬爱你的许多门生之一献给你的礼物，你教给了我们严格的史学研究和深入探究各个时代与各个民族的生活的方法。”第三版刊行于 1879 年，又一次表达了作者对他八十多岁的老师的无限感激之情。第一卷叙述早期日耳曼民族的起源、风俗与制度，直到法兰克人征服高卢为止，它大体上是对塔西佗著作的评注，塔西佗的叙述被认为是完全可靠的。魏茨高度评价日耳曼人与他们的文明，考察了他们的家族、遗产、偿命金、阶级、政治制度和军队，他充分利用了格林的《古法律》和斯堪的纳维亚学者的研究成果。他宣称，群众大会曾是日耳曼国家生活的中心。君主制，除了单纯作为军事领导外，也存在过，虽然它并不普通。当有人指责他的描写模糊不清时，他回答道，他所说的不能超过他在资料中所找到的东西。“我们不能重建〔日耳曼人〕过去的全部生活，因为我们所知道的主要是从外国人和后来的发展得来的，但它总的性质可以确定无误。”这部著作立即被公认为权威性作品。魏茨是第一个掌握了全部的大量资料并按照其他条顿族的经验来解释它们的人。然而，这本书并不是没有受到批评。聚贝尔对他关于国王的见解提出挑战，宣称早期日耳曼社会不知何为君主，君主制是后来从罗马那边传过来的。魏茨对此 112

给予了详尽的答复，并且在世时就看到自己关于国王产生于日耳曼而不是传自罗马的见解得到公认。一个世代以后，菲斯泰尔·德·古朗治对他进行了全面抨击，他否定魏茨所描述的日耳曼民族的高度文明。

第二卷叙述墨洛温王朝制度，他声称这些制度是纯粹来自日耳曼的。第三、第四卷包括卡洛林王朝时代，第五到第八卷专讲萨克森与法兰哥尼亚两王朝，叙述到12世纪为止。如果说这部著作的后半部在趣味性与价值方面不及前半部，那也很难怪罪这位历史学家。从卡洛林王朝到霍亨斯陶芬王朝这一期间，日耳曼法律的历史几乎是一个空白，而魏茨的功绩正是在于最先绘出了全景。这项工作的价值得到了承认，虽然索姆和其他一些称赞者也暗示说这部著作与其说是法制史，不如说是资料汇编。前四卷曾由作者彻底修订，后四卷却等到他死后才由他的门生修订。《法制史》使得有可能重建中世纪德意志的政治生活，但它自然是不合乎外行人的胃口。魏茨缺少斯达布斯那种易读而有时讨人喜爱的文学技巧。他也没有像那位牛津大学教授〔斯达布斯〕那样，把自己的资料编写成一部广泛地叙述民族发展的史书。而且，他的著作在篇幅上虽然比与它相应的英国作品〔斯达布斯《英国宪政史》〕长两倍，但它所论述的时期却要短得多。它与其说是历史，不如说是一系列的长篇论文。虽然它不受公众欢迎，却充分满足了科学的需要。它替代了艾希霍恩的早期中世纪史，甚至在布伦纳[①]的著作问世后，它仍然是研究条顿制度者常常需要参考的书。

① 布伦纳，H.（1840—1915年），德国法制史家，其代表作名为《德意志法权史》，即本文所指的著作。——谭注

魏茨对于他出生地石勒苏益格-荷尔斯泰因的命运深感关心，而且由于丹麦的侵犯，他积极参与了政治活动。他在荷尔斯泰因等级会议里是基尔大学的代表。他帮助德洛伊森搜集资料来为两公国的历史权利进行辩护，因而他于 1848 年被驱逐出基尔。在法兰克福，他同达尔曼和德洛伊森一起工作，分享他们的希望，分担他们的失望。他离开基尔后仍旧关心两公国并着手编写它们的历史。他的两卷著作[①]把历史叙述到 1660 年。他以“致雅各布·格林的信”作为该书序言，信中写道，“在我离开基尔时，我想写这本书将把我和这个地方紧紧连在一起。石勒苏益格-荷尔斯泰因对德意志祖国的前途绝不应感到失望。”这本书未曾写完，因为他没 113
有时间去研究全部档案。正是在做这件工作的时候，他发现了他后来在编写关于武伦韦伯的专著时所使用的资料。他在许多档案馆进行的研究使他能够重述 16 世纪汉萨同盟多方面的活动，重现这个吕贝克市长的生动形象，并阐明欧洲外交史上奇特的一章。《武伦韦伯传》是他著作中最生动的一本书，也是把人物放在突出地位的唯一一本书。

魏茨从基尔被逐出后，接受了哥廷根大学的聘请。他的讲课范围很广，因而史学家之外，法学家也来听讲。克鲁克洪写道，“他有完整的讲稿，他更多地注视讲稿而不注视听众，但讲课既不缺少生气也不缺少姿势。他讲得这样缓慢而又清楚，以致几乎可以记下每一句话，而我们也不肯漏掉一个字。他的听众不多，但包括最优秀的人才。”在二十五年中，有无数中世纪史学家来到哥廷根，接受到科学的教诲。他运用了他在柏林大学学到的方法，兰克说

① 《石勒苏益格-荷尔斯泰因史》，共二卷，1851—1852 年。——谭注

“你的门生就是我的门生”是有其道理的。加布里尔·莫诺[①]于1868年曾参加过魏茨所设的著名的“学术讨论班”，他最为生动地描绘了这个讨论班的情景。当这个好学的年轻法国人表示感谢魏茨的著作时，魏茨回答道，他的最好和最成功的作品，乃是他的门生。“我的著作将被他书所代并被遗忘，但这些著作会有助于培养写出更好的书的学者。”在莫诺看来，他的巨大影响主要产自他的道德品质。显然，他的愿望是既要造就，也要培植人。有些批评者曾抱怨说，他从未鼓励他的学生提高到超越对资料进行技术性研究的水平；但他知道，艺术感和哲理的领会是不能传授的。他的影响毫无疑问导致对细节的崇拜，莫诺承认，有些人甚至认为只有对极微小的事情才能进行有效的研究。魏茨虽然倾向于深入而非广泛的研究，但是，一大批力求准确的研究工作者给中世纪史的研究带来了莫大的好处。

除了他的教授职务、无休止地撰写《法制史》和不断协助《史料集成》的编辑以外，魏茨还做了大量的各式各样的工作[②]。他建议历史委员会创立的《德国史研究》杂志，在他的指导下办了二十五年之久，而且几乎每一期都有他亲自撰写的稿子。他出版过一本
114 根据他的讲稿编成的政治学，还写过一本皇帝论，从查理大帝论到马克西米利安。他增订了自己年轻时写的论亨利一世的著作。他又增补了达尔曼的德国史著作目录。他参与了历史委员会的指导工作，并给予汉萨历史学会以有力的帮助。随着兰克逐渐退出积极的工作，哥廷根大学接替了柏林大学的地位。魏茨很喜欢接纳

① 见《画像与遗著》，1897年版。——原注

② 参阅施泰因多夫，《书目纲要》，1886年版。——原注

了他的这所大学，1875年，他只是勉强地接受了担任《史料集成》主编的聘请，他为此书已工作四十年之久。这全国性的伟大事业，现在获得充分的资助，进入了一个新阶段。他重操青年时期的旧业，访问外国档案馆以搜寻手稿，并且在日记中重新记下自己的经验。蒙森·西克尔及其他著名学者都给予支援，这位主编还得到许多旧门生的帮助。在他死后，他的编辑方针遭到奥托卡尔·洛伦茨[①]的尖锐攻击，后者指责说，他出版了没有价值的资料并过多取材于外国作家，而且，这部著作整个说来缺少编年上和地理上的顺序。书中一两部分应否删去，是可以争辩的，但魏茨的十年经营，显然是一段有贤明领导的时期。

在欢迎他回到柏林的人士中，有他年迈的导师。兰克再三表示对他最杰出的门生的钦佩与喜爱。1865年他写道，“我的主要快乐在于像你这样的人，以你的友谊来报答在青年时期也许从我那里得到的鼓励。”他于1884年写道，“我们静悄悄地开始的事业，现在已成长为一棵大树，空中飞鸟在树上筑巢。当时我就告诉魏茨说，在我看来，他注定要成为德意志的穆拉托里。”师徒两人同日逝世，前者享年九十岁，后者享年七十三岁。一位改造了近代史的研究，另一位改造了中世纪史的研究。兰克的著作，传诵于全世界，而魏茨的著作是为学者编写的，所以只有学者才能估量他的成就有多么巨大。

兰克的第二个世界闻名的门生，是吉泽布雷希特[②]。他关于

① 《德国史料集》第Ⅱ卷序言，第三版，1887年。魏兰德替魏茨辩护，见《历史杂志》，卷58。——原注

② 参阅里茨勒，《纪念演说》，1891年版；海格尔(Heigel)，《新历史论文》，1892年版；聚贝尔，《演讲与论文》，1897年版。阿克顿的简评(从《英国历史评论》转载于《历史论文与研究》，1907年版)是一篇杰作。——原注

115 鄂图二世的早年专著，是《萨克森年代纪》中最好的作品之一。这位皇帝的伟大的父亲和杰出的儿子使他本人黯然失色[1]，因此他被当代和近代史学家所忽略。一年后，吉泽布雷希特又完成一项具有高度批判成就的工作。当时，亨利三世时代的编年中通过15、16世纪的作家已部分地为人所知。他从这些材料出发，着手重建那失去了的编年史；过了一个世代后，《阿尔塔恩塞斯年代纪》的阿文丁抄本的发现，证实了他的研究工作是何等正确。这个年轻学者因获得一项补助金得以在奥地利和意大利度过三年，他利用这段时间来为他已决意进行的编写中世纪帝国史的工作搜集资料。他从兰克学到批判技艺的秘诀，但他还具有为其终身事业所需的其他条件。他成长的年代对法国的占领和解放战争的记忆犹新。正如他的老师，他从来未曾接受他青年时期的自由思想与立宪运动的影响；他不喜欢法国，因为它是革命污染的源泉。他亲眼看见1848年的柏林暴动，这又加强了他的保守倾向。他认为要争取更美好的未来，就必须回到过去的崇高思想——一个强大的帝国、一个有力的教会、一个敬畏上帝的民族。他写道，“我从少年时期起就怀着一个信念，认为德意志民族只有通过更密切的团结，才能恢复它在世界上已失掉的地位。几十年来我毫不畏缩地表明这一信念，并在我力所能及的一切范围内拥护这一信念，我的书就是产自这个信念的。”

经过二十年的研究，他于1855年出版了《德意志皇朝时代史》

① 鄂图二世（973—983年在位），父为鄂图大帝，子鄂图三世（983—1102年在位）。幼年受有良好教育，一生中两征意大利，另立与皇帝合作者为教皇。后定居罗马致力于恢复这一名城的古文化遗产。——译注

第一卷。他说明，他之所以制造“皇朝时代”这个词，是要用以表明皇帝控制西欧命运的时期，日耳曼部族成为一个民族的时期，德意志达到它历史上最高峰的时期。国家曾如此严重地遭受并仍在遭受分裂的灾难，以致所有德意志人都热烈希望恢复一个统一的强大国家，尽管他们对如何实现这一愿望尚有分歧。也许研究这个辽远的时代，可能有助于取得一致意见——这个时代给我们留下了巍峨的寺院、古城的墙垣、苔藓覆盖的城堡以及古代传说和歌谣。近代思想已这样地异于古代，以致很难认为古人和我们具有同样的血肉之躯。“我要在科学与民众之间的鸿沟上架起一座桥梁，我愿意人们根据我在这方面所做的努力来衡量我。”他最初的计划是只作简明的叙述，不加注释或引证；但后来因书中包括很多新东西，他觉得有责任来满足学生们的正当要求。然而，他希望学

校的教师和他们最好的学生将阅读它。他们应该懂得他们祖先的 116

基督教的英勇品德怎样曾一度创造过伟大的事业。“历史教导我们，灵魂重于肉体。德意志历史科学是照耀我们的道路的火炬，它既向后也向前放射它的光芒。”这部著作是献给腓特烈·威廉四世的，这位基督教国王像作者本人一样地热爱中世纪。

这位历史家原打算用三卷篇幅把历史叙述到霍亨斯陶芬王朝末期；但由于这部书获得显著成功而变更了计划。三十四年后当作者去世时，他还只叙述到“红胡子”统治时代。这部著作虽未完成[①]，却贯穿三百年的时期，内容充满着事件与稗史。叙述以简述卡洛林王朝作为开端，到萨克森王朝时代，才扩大了范围。该书的中间部分是描写亨利四世与希尔德布兰德之间的不平凡的斗争，

① 第六卷由西姆宗继续叙述到“红胡子”的死亡，于1895年出版。——原注

而结尾诸卷则突出“红胡子”的宏伟形象。这整个时代被描绘成为具有英雄气质与虔诚精神的时代。他以一种神秘的热情来谈论伟大的帝王们。他描绘的图景色彩鲜艳，表现出炽热的民族自豪感。他宣称，“帝国使德意志人成为一个民族。在10世纪，‘德意志’这名词，还是罕见的，到了11世纪，它已颇为普遍；它表示着强大的民族，决定命运的民族，诸民族之首的民族。”吉泽布雷希特在他为兰克写的悼词中说，兰克由于缺少道德情感而降低了自己的声望。“历史著作的大多数读者，不仅寻求知识而且也寻求在道德上得到鼓励。”《皇朝时代》一书对沮丧的一代人大量提供了这种兴奋剂。这是一篇史诗，是以史诗的气概来叙述的。他说他的老师是描绘情景的能手，但不是一个大叙事家。对他自己的成就的论断，与此恰巧相反。他作为叙述家是最杰出的。兰克在他1884年的札记《老门生》里宣称：吉泽布雷希特具有诗人的气质，他知道怎样用半个世纪以前那种古老的风格写作。在兰克的三大门生中，只有他是辞章家。魏茨缺少文学才华。聚贝尔的散文虽然清晰有力，但不够优雅动人。

如果说这部书以强烈的道德感与华丽的笔调吸引了公众，那么，它的深湛学识赢得了范围较小却更有批判力的读者的喝彩。他作为批评家的名声已得到确认并远为传播。伯默尔称赞他为最可靠的中世纪史学家。阿克顿宣称，“他的注解是在近代著作中所能
117 找到的最深入而有教益的资料讨论。”的确，对专家来说，这些注解比正文更为宝贵。就吉泽布雷希特而言，批判方法是一种建设性而非破坏性的科学。甚至舍费尔-博伊科斯特也为之感动，他告诉正为《年鉴》编写“红胡子”事略的西蒙斯费尔德说，他无需从事

此事，因为有吉泽布雷希特的著作就已足够了。吉泽布雷希特虽是帝国的拥护者，但对教廷也真心仰慕。他描写事件，但对事件背后的思想却很少加以论断。他的著作，在北德和南德的新旧教徒之间，都受到欢迎而为他们所爱读。

聚贝尔是唯一发出不调和音调的人。1859 年，他以《关于皇朝时代的叙述》[①]为题，在巴伐利亚科学院发表演说；在那里他赞颂这部书的技巧和文采、它炽热的宗教感情和真诚的爱国心，但对它的主题提出了挑战。吉泽布雷希特相信，帝国既是民族性的，又是有益的，而在聚贝尔看来，这个概念基本上是不正确的。他宣称，对旧帝国的尊崇是很近期的事情。劳默尔以美学而不是史学的精神描绘了它。“每一个庄严辉煌的人物都占有一定的地位并得到描述，但他从来不探索他们对国家造成什么损害或作出什么贡献。”吉泽布雷希特在知识与技巧上远远超过他的前辈，但他未曾用原则来检验他的论题。假如他这样做了，他就会发现皇帝们由于自己的世界主义曾严重地损害了德意志民族，而他们的真正政策却是要建立一种团体而又有力的民族生活。他把猎禽者亨利和亨利六世对比；前者是“德意志民族的第一位国王、德意志王国的创建人、在我国历史的广阔天空中最亮的明星”，而后者则站立在令人眩晕的高峰上向各方伸出征服之手[②]。

这项尖锐的批评激起了答辩；不是由吉泽布雷希特本人，他历

① 1859 年出版，从来没有再版。——原注

② 亨利六世(1165—1197 年)在位时多次对外用兵，征服西西里，在临死之前还计划组织十字军，远征耶路撒冷。——谭注

来避免争论，而是由菲克尔[①]。菲克尔[②]指责聚贝尔把当代的概念与争论硬套到一个辽远的时代。那时还不知道何为民族主义，当时的趋势是世界主义。鄂图帝国既不是一个世界帝国，也不是一个民族国家，而是从那个时代自然地成长起来的。帝国灭亡后，意大利受苦最深，所以但丁渴望它的恢复。帝国的灭亡，不是因为它建立在不可靠的原则上，而是因为西西里破坏了德意志的君主地位。假如没有帝国，德意志早就会支离破碎了。菲克尔依靠深湛
118 的学识编写的小书有力地辩护了吉泽布雷希特概念的要点。聚贝尔也写了一本小书《德意志民族与帝国》来答复这项指责；他声称他对政策的考证是根据它们是否符合德意志的利益。查理大帝的中央集权帝国不利于年轻的各种族，因为它们需要自由行动。亨利一世是一个民族的君主，没有建立帝国的意图。帝国的第二个缔造者鄂图大帝，以罗马和基督教为由，重新提出统治基督教世界的要求。帝国在 13 世纪灭亡是德意志民族的幸福。这本书在结尾部分反驳了菲克尔关于 19 世纪奥地利代表中世纪帝国这个论点。奥地利纯粹是僧侣主义的王朝；它从未关心过德意志的幸福，而普鲁士才是德意志的真正领导者。在这场学术论战中，魏茨采取了中间立场。

反对奥地利的争论，已使问题超出了历史讨论的平静范围，但从另一方面提出了一个不同而更有理由的指责。在一本强有力的小册子里，一个斯拉夫学者对于把德意志种族理想化提出了异

① 参阅《同聚贝尔的争论》；见容格(Jung)出色的《菲克尔传》第 13 章，1907 年版。——原注

② 菲克尔，C. J.(1826—1902 年)，奥地利法制史家、考据家。在这场学术争论中，支持吉泽布雷希特的观点，写有《德意志王国与帝国》等小册子。——谭注

议[①]。在一本民族主义著作里，颂扬种族与它的历史本是自然的事情，但在这里，已超出了一切界限。作者的篇幅里充满着关于德意志人爱好自由、德意志人忠诚与德意志人办事彻底的种种引证。“我们的种族为了自己的荣誉并为人类的幸福，必须完成自己的使命。”它是一个“受命于上帝”的强国，负有世界范围的历史使命。作者有两个道德标准，一个为德意志人，另一个则为其余的人类。作者声称，德意志的统治曾提高了意大利的道德标准，尽管他的书中记载了德意志军队对意大利的可怕的蹂躏。批评者指出，这部书充满着矛盾。既说德意志人体现了各种美德，又说那些世纪是黑暗而又血腥的。

吉泽布雷希特的帝国崇拜和对本民族的自豪有助于使得他的著作产生政治与道德上的影响，这正是他原来所期望的。他宣称，历史学一向追随公共生活中的巨大冲力。“现在我们的公共生活更为民族化，因为我们都更多地意识到民族性。当一个德意志国家使我们能够掌握自己的命运时，民族将首次显出它的全部力量。”1871 年，当圆满地完成了统一大业时，这位历史家承认了旧帝国既未能使国家免于分裂也未能使德意志领土免遭侵犯。新帝
国所采取的形式优于他所颂扬的旧帝国，这是极大的幸运。1878 119
年兰克写给他的老门生的信里说，“你的大著使我非常喜悦与满意。你把批判精神与热情的、诗意的爱国主义结合在一起，而你的表述方式，既雄壮又朴实。这是一部植根于那个时代和那时的活动的著作。”但正因为它构成与那个时代如此紧密相连的一部分，

① 勒伯尔，《论吉泽布雷希特的史学倾向》，布拉格，1868 年版。——原注

新的时代就把它抛在后面了。我们已度过了浪漫主义时代，那个时代对吉泽布雷希特的强烈影响几乎不亚于对劳默尔的影响。金碧辉煌的光曦已退色为普通的白日之光。他的著作是对行动的记录而不是对问题的研究。立宪、经济与文化方面几乎完全被忽视。然而，这部著作的真才实学使它得免于像浪漫主义与爱国主义学派的几乎所有著作那样被人完全遗忘。

如同麦考莱，吉泽布雷希特成功地实现了要写出为公众所喜读的一部书这个宏愿；但不同于麦考莱的是，他还获得学者们的普遍信任。当聚贝尔的好斗脾气使他不可能留在慕尼黑的时候，国王马克西米利安写信给吉泽布雷希特说，“我把促进历史研究的全部希望寄托于你的身上。”他于 1862 年到达那里；他的前任者失败了，他却获得成功。正像兰克在 1863 年所描写的那样，他证明自己是“一个纯洁、忠厚、有深厚教养而可靠的人，和善但不是没有原则。”他是历史委员会的最初成员之一；他到达慕尼黑后，就任委员会秘书。当会长兰克由于衰老而不能出席年会时，他就代表会长，以不屈不挠的毅力执行了双重职务。兰克死后，他谦逊地拒绝继任会长，于是这项职务转给聚贝尔。1874 年，他恢复了黑伦与乌克特所开始的历史丛书。当魏茨接管史料集成工作时，他参加了它的编审委员会。他的学术工作和屡次改订早期著作妨碍了续写《皇朝时代》工作的进展，但这部著作的质量没有降低，关于“红胡子”统治时代的叙述是该书最完善的部分之一。他在历史学家中的地位得到阿克顿的评定。“他从来没有像兰克与蒙森那样，成为欧洲的古典作家。他既不像魏茨那样是一个学派的首领，也不像聚贝尔那样是一个党派的领袖。鲍尔的弟子对于宗教教义的发

展，里希特的弟子对于教会制度①都比他知道得多。索姆和吉尔克②在政治与法律方面比他高出一头，菲克尔和德尼弗尔③都是更为有力的创始者。他没有权威来谈论关于克洛维以前或曼弗雷德④以后所发生的事情。没有人来请他解释民法、大学的兴起、阿
贝拉德的哲学或西多⑤的重要性。他的局限性是明显的，但这正 120
是他优点的一部分。他为了专攻一个时代和编写一部书，花费了漫长的一生。但是在所有研究中世纪的他的同行中，没有一个人比他享有更大的名声并得到信任，也没有一个人的著作如此广泛地被传诵。《皇朝时代》是最接近于《罗马史》和《宗教改革时代》的中世纪史著作。”

在兰克的三大门生中，聚贝尔⑥最年轻而又最出色。他的一生注定与魏茨和吉泽布雷希特的安静命运大不相同。兰克曾竭力使历史研究脱离政治；相反，聚贝尔用其全力来恢复两者之间的联系。他只是在早期才可以算作是兰克学派的一个成员。他出生于莱茵地区，成长在比北德意志任何其他地方都更为自由的气氛中；但是那些在天主教徒的汪洋大海中显得寥寥无几的新教徒，却把普鲁士当作他们的保护者。这样，这个民族自由派的未来代言人

① 鲍尔，见本书第二十五章。里希特，K.（1854—1869年），德国牧师、神学教授。——谭注

② 索姆，R. G.（1814—1892年），德国法学家。吉尔克，O. F.（1814—1921年），德国法学家、政治思想史家。——谭注

③ 德尼弗尔，H. S.（1844—1905年），奥国中世纪史家。——谭注

④ 曼弗雷德，西西里王（1258—1266年），属奎伯林派，被教皇逐出教会。——谭注

⑤ 西多，在法国东部，第戎以南，有始建于1098年的修道院，并形成了西多教团。——谭注

⑥ 参阅前面的法伦特拉普撰写的传记，载在聚贝尔《演讲与论文》，1897年版。——原注

在家乡时已学到他后来事业的两项主导原则——立宪主义与普鲁士霸权。像魏茨那样，他在读书时期就钻研尼布尔的《罗马史》，并已知道爱慕伯克，“他始终影响我的政治方向。”1834 年，在年仅十七岁时，他到达柏林，并立即被准许参加兰克的“学术讨论班”；他总是不厌其烦地对他这位无与伦比的导师表示感激。1867 年他说，“你指给我走向科学之路，你一直是我的典范。我所想望者莫过于我的名字得以侪列于你的众多门生之中。”

聚贝尔未曾参加编写萨克森编年史的工作，但他由于导师的提示而写的关于乔丹斯的博士论文，赢得了魏茨的嘉许，并在后辈中获得蒙森的赞扬。在其博士考试时所主张的论点中有：民族的命运是依靠个人而不是依靠制度；编写历史而“没有愤怒与热情”是一个错误的观念。这样，他已开始显示出他的独立见解，后来这导致他远离他青年时期的立场。巴伊欧说得好，“兰克为聚贝尔打开了科学神庙的大门，但他在庙内则自寻道路。”他的第一部重要著作也是根据他导师的提示所取得的成果。后者曾指出蒂尔的威廉与亚琛的亚尔培[1]是危险的领路人。根据这一暗示，他着手检视整个有关资料并编写了《第一次十字军东征史》[2]。兰克称赞这
121 本书为十分可嘉的成就，并声称自己以有这样的一个好学生而骄傲。聚贝尔打破很多传说，使隐士彼得[3]与布莱的戈弗雷[4]的形象

① 蒂尔的威廉（约 1130—1193 年），法国蒂尔城大主教、编年史家，著有 1095—1184 年间的圣地大事记。亚琛的亚尔培（约 1060—1120 年），德意志编年史家，撰有有关十字军的编年史十二卷。——谭注

② 此书出版于 1841 年。——谭注

③ 隐士彼得（约 1050—1115 年），法国教士，第一次十字军时农民自卫军的领袖之一。——谭注

④ 布莱的戈弗雷（约 1061—1100 年），第一次十字军领袖。史称其能征善战，击败苏丹，收复圣城，被选为王。——谭注

黯然失色，并根据最权威的材料编写了一部简洁明了的书。虔诚的赫夫勒抱怨说，他用解剖刀来解剖编年史家。在库格勒与勒里希特的作品[①]问世之前，这部著作一直是关于这一欧洲大事件的标准叙述。——作为一个二十四岁的青年的著作，这本书的寿命是够长的了。

当时，聚贝尔是波恩大学的讲师，他讲授“民族大移动”，不久就沉浸于日耳曼早期制度的研究。《德意志君主制的起源》在1844年出版；它所包括的范围，有一部分相当于同一年出版的魏茨著作的第一卷，但得出的结论则很不相同。聚贝尔宣称，民族大移动，只有在日耳曼人是半游牧民族的情况下，才可以理解。部族组织不能够产生真正的国家生活，这种生活是在罗马文化有益的影响下兴起的。君主制是日耳曼人从罗马文明得来的最大遗产之一。利奥原来也强调在日耳曼人政治发展中的罗马影响，所以大为称赞；但魏茨认为聚贝尔的观点降低了日耳曼人的地位，否定了他的罗马影响与部族组织的理论。

中世纪未曾迷住聚贝尔，在《德意志君主制》出版的那一年，他开始了同罗马教会的许多争论中的第一个回合。那时有数量庞大的朝圣者，估计达一百万人，到特里尔去瞻仰“圣袍”。这个年轻讲师对此感到厌恶，于是在一个同僚的帮助下，很快搜集了资料，写出一本小书，书中宣称他找到了二十件其他圣袍的线索。小书售出几千本，他又加上了续篇以答复天主教方面的批评。虽然作者申明他们所攻击的不是罗马教会而是一件假圣品。但天主教徒从

① 库格勒著有《十字军史》，1880年，勒里希特著有《十字军史纲》，1898年。——谭注

来没有宽恕他，而聚贝尔也更加坚信天主教是蒙昧主义的堡垒。这个新教斗士获得了酬报，他被召到马尔堡大学担任他的第一任教授职位。他所担任的课程是近代世界史与1815年以来的德国史，这些讲课增加了他对当代问题的兴趣，而黑森选侯的腐败统治引起了他的愤慨。1848年发生的事件完成了他从中世纪史转到研究近代史的过程，并导致他对法国革命的研究。此后，聚贝尔在学术上不再追随兰克，从此聚贝尔的生活与普鲁士学派的命运结合在一起。

第八章　普鲁士学派 122

兰克在政治停滞时期，即"解放战争"和1848年革命之间的时期，开始他的事业并建立了他的学派；但到了19世纪中期，要想对当时火热般的问题保持超脱态度，已成为不可能。在形成德意志帝国的事业中，相当大的责任落到了一群教授的肩上；他们以口头和笔杆来宣传民族主义的信条，来颂扬霍亨索伦王朝。

I

普鲁士学派精神上的创始人是达尔曼[①]。法军入侵时，他义愤填膺，随同那个切齿痛恨拿破仑的克莱斯特[②]，在战役开始后，越过德意志到达阿斯珀恩，投入奥地利军队。他虽然从未听过一次历史课，却于1812年被基尔大学聘请任教授职位。他的第一

① 施普林格著：《达尔曼传》，1870—1872年出版，是一部详尽和出色的传记。最好的评传有：魏茨所著《关于达尔曼的演说》，1885年版；特赖齐克：《论文集》，第Ⅰ卷，1865年版；洛伦茨：《历史科学》，第2章，1886年版；聚贝尔：《波恩三大史家》，载《演讲与论文》，1874年版；马尔克斯：《个人与时代》，第Ⅰ卷，1911年版；迪尔泰：《全集》，第Ⅺ卷，第164—185页。扬森的刊入《时代与生活杂记》（1889年）的论著，提供了天主教的见解。——原注

② 克莱斯特，H. W.（1777—1811年），普鲁士浪漫主义诗人和剧作家。——谭注

件出版物，是关于文法家萨克索著作[①]的研究，在这里他应用了他在哈勒时从沃尔夫学到的批判方法。斯堪底那维亚学者集团，因为他推翻了他们的偶像而恼怒，但斯泰因对此却颇为欣赏，因而请他帮助编辑《史料集成》。达尔曼同意了，但在为该书写了几篇短稿之后即退出，理由是：有些反动的邦联议会成员参与了这项事业。他中年时期开始编写一部丹麦史[②]。他喜爱研究条顿族的古老习俗和制度，像弗里曼那样，他从邦里找寻自由的痕迹，而自由是他生活的指导原则。这部叙述到宗教改革时期的著作，富于同情、学识和魄力，为他赢得了在欧洲学者当中的受人尊敬的声望。然而，他在普鲁士学派的范围里取得一席地位，不是为了他是一个
123 历史家，而是为了他是一个政治导师。他很早就得出结论：君主立宪制是最好的政体。他在1835年出版的政治学论著中把他的要求具体化了。1837年，当他参加那项反对汉诺威国王行动的轰动一时的抗议时，他的忠诚经受了考验。在被逐出哥廷根后，他避难于波恩，在那里，他的影响达到了顶峰。他的英国与法国革命史[③]是毫不隐讳地政治性的，他指出攻击或拒绝接受宪法将引起的后果，作为对统治者的警告。1848年，他再一次出头露面，为取得一个在普鲁士统治下的自由帝国而奋勇斗争。在遭受痛苦的失望后，他放弃了写作，他继续教导民族主义和立宪主义的原则。他的同事和学生都异口同声地证明他的坚强性格。魏茨说他像花岗石

① 文法家萨克索(Saxo Grammaticus，约1140—1203年)，丹麦编年史家，由于文笔流畅而得文法家之名，约在1185年完成《丹麦史》。——译者

② 《丹麦史》四卷，1840年开始出版，后由谢法尔(R. Schäfer)续成(1893年)。——谭注

③ 《英国革命史》，1844年。《法国革命史》，1845年。——谭注

和青铜一样，并宣称，没有人在传布统一帝国观念方面曾作出更多的贡献。聚贝尔描写了他的感人的演说和他那抑制着的热情。特赖齐克从达尔曼获益比从任何人都多；他的一篇极精美的论文就是专门论述他的老师的。

普鲁士学派之所以有力量，一部分是由于这样一个事实：它的成员并不都是出生或居住在普鲁士的普鲁士人。

豪塞尔[①]就是由于受到施洛塞尔在海德尔堡大学讲课的影响而开始从事历史研究的。他的才能发展得很快，在二十七岁时，即出版了一部关于帕拉丁选侯领[②]的详细历史。书中关于中世纪时期的叙述，是肤浅的，但到了宗教改革时期它的叙述就变得既广又深了。作者详细地叙述了三十年战争，并使用新资料来说明17、18世纪的朝野生活和文化。全书核心人物，卡尔·路德维希[③]的整个形象是以非常有力的笔调来描绘的。在叙述帕拉丁选侯领的命运时，他从未忘记摆在德意志民族面前的更为广泛的问题。除了这部长篇专论外，他还写了一些关于历史著作的详细书评，刊载在“通报”上[④]。豪塞尔从来不承认兰克的伟大性，而认为他是矫揉造作而又软弱无力的。他所崇拜的人物是达尔曼。他宣称，书

① 关于这一段经历，最好的叙述有：马尔克斯的论文（见《海德尔堡教授》，第1卷，1903年版）；克鲁克霍恩的文章，载《演讲与论文》，1894年版，以及瓦滕巴赫，《豪塞尔，一篇演讲》，1867年版。——原注

② 帕拉丁选侯领，自13世纪以来属巴伐利亚王朝，1356年被指定为选帝侯区。17世纪，法国两度侵占其领土，1801年又夺走其西莱茵区，1815年归还普鲁士及德意志其他各邦。——谭注

③ 卡尔·路德维希，英文史籍通作查理·路易（1617—1680年），选帝侯弗里德里希五世之子。1648—1680年为巴拉丁选侯在三十年战争中失去领土，并为黎塞留所囚禁（1639—1640年）。1648年根据威斯特法里亚和约，查理收回了失地。——谭注

④ 这些文章后来作为《文集》重新出版，共二卷，1869年出版。——原注

斋里的历史家是普通的，而参与实际生活的历史家才是罕见的。当革命之年〔1848 年〕来临的时候，他参与了要求民族统一和各邦共同宪法的运动。他评论石勒苏益格-荷尔斯泰因问题；协助格维纳创办《德意志报》；并进入巴登议会，在那里他的口才使他成为一
124 个重要人物。在埃尔富特，他宣称普鲁士是德意志国家这个晶体所由形成的核心。在一篇为他的朋友李斯特所写的传记里，作者强调指出他在争取一个更充分，更有活力的民族生活方面所作的努力。

从 1850 到 1867 年他过早地去世时止，豪塞尔的主要工作是编写法国革命和拿破仑战争时代的德意志历史。关于那多事的一世代，当时没有德文的详细记载，而在南德，不久前由梯也尔加以肯定的法国人对这个时代的看法还占据着优势。在那段考验的时期，一个作为巴登议员的教授竟站了出来，盛赞普鲁士对祖国的功绩，这不仅是学术界也是政界的一件大事。该书[①]于 1854—1857 年间出版，受到全国的热烈欢迎。作者生前刊行了该书第二和第三版，并以大量新资料充实了它的内容。他在书的开端匆匆略述从威斯特伐利亚和约起的帝国历史，其中特别说到普鲁士。他表现出对大选侯和腓特烈·威廉一世的深切景仰，并称颂腓特烈大帝是一个国君的新典型。叙述的正文开始于腓特烈·威廉二世的登极，对于他，作者以明显的严峻态度加以论述。他为巴塞尔和约辩护，而以最阴暗的色彩描绘了图格特[②]。对于复兴时期，他以尚武的爱国主义精神来描述。他斥责约翰内斯·缪勒的背弃信

① 《1786—1815 年德国史》，共七卷。——谭注

② 图格特(Thugut，1736—1818 年)，普鲁士首相(1794—1797 年)。——译者

仰[①]；赞扬费希特和恩特两人；并详尽地叙述霍费尔[②]的英雄故事。第四卷讲述从莱比锡战役到滑铁卢战役的解放战争。拿破仑被看作外来统治的化身，斯泰因则是解救者。他不注意内政改革方面；对于著作与评论的引述，也是很少的。这部著作是对普鲁士政治家和军人的一首赞歌，也是防止法国思想诱惑的一个严正警告。

特赖齐克在他为该书第四版所写序言里说道，豪塞尔没有企图为专家编写。“他的目的高出于此。在法国学术思想长期支配了我们的历史见解之后，他是最先教导我们以德意志眼光来看解放战争的人。”没有一部著作在唤醒德意志人民的政治觉悟方面做过较该书更多的工作，但该书缺少能够延续其权威性的特点。特赖齐克的第一部著作将提供对这个时期的较简短但远为精辟的探讨；而在较近时期，巴伐利亚的海格尔全面研究了这个领域，特别重视几乎被豪塞尔完全忽略了的思想运动。豪塞尔不仅通过他的著作，而且通过他的讲课而产生影响。他讲授德意志历史课程时
听讲的有海德尔堡市民、官吏和王公；在他的听众中还有很多将积 125
极参加缔造帝国的运动的人们。瓦滕巴赫宣称，他的主要任务是造就好公民和好德意志人。他深深地意识到一个强大，统一的德意志将指挥世界，并确信这样的统一只有通过普鲁士才能完成。我们读他的著作常常感到，这个学者实际上是一个行动家。约利

①　约翰内斯·缪勒一生热衷于接受新思潮但易于改变。早年深受卢梭影响，后又攻击他的观点。拿破仑称霸后，放弃了拥护普鲁士的主张，成为这位法国伟人的崇拜者。——谭注

②　霍费尔系梯罗尔小饭店主，于1809年4月率当地农民举行反法起义，是年12月战败，遇害。——谭注

在把《凡尔赛条约》[①]提交巴登议会时正确地说，豪塞尔在教导南德青年，使他们具有更多的爱国主义精神方面所作出的贡献，比任何人都要大。

在叙述普鲁士学派三大主将之前，我们应先略谈该学派另一成员，即东克尔[②]。他同达尔曼、德罗伊曾及其他法兰克福大学教授们合作时宣布，德意志问题不是一个自由的问题，而是一个力量的问题。他接替达尔曼在波恩大学的讲席，并担任王太子腓特烈的政治顾问。他进入普鲁士议院，并支持俾斯麦同议会的斗争。1867年，在他被委任为柏林档案馆馆长后，东克尔协助出版大选侯的法令和腓特烈的政治通讯。他撰写过大批有价值的论文；其中主要的是一篇关于在法军占领时期的普鲁士的长篇专论。他的著作洋溢着一种对王朝的几乎是神秘的忠心，而在其知己朋友德罗伊曾死后，他被任命为勃兰登堡史官。虽然他的主要成绩是《古代史》，但通过特赖齐克我们得知，他认为自己一生中的最佳作品是在参加争取德意志统一的斗争中所做的工作。

Ⅱ

普鲁士学派中有三位主将，他们使该学派驰名于全世界，并使它对德意志政治发生深刻的影响。在这三位主将中年龄最长的是

① 1870年11月，北德意志联盟在凡尔赛与南德各邦订立了合并条约。约利，Aug. I.（1823—1891年），德国政治家。——谭注

② 参阅海姆所著传记，1891年版，和特赖齐克的颂词，见他的《论文集》，第Ⅳ卷，1897年版。——原注

德罗伊曾[①]。他于耶拿战役后两年出生，是布吕歇尔军团的一个随军牧师的儿子；他最早的回忆就是宣布联军开进巴黎的炮声。在柏林大学，他潜心研究希腊历史和文学。他的第一个重要成绩 126
是埃斯库罗斯著作的精彩译文。接着他又翻译了亚理斯多芬的著作。后来这部译著可与沃斯的荷马译文、施勒格尔的莎士比亚译文并列。当还在大学读书的时候，他就决定编写亚历山大大帝的传记[②]，而随后所写希腊化时代的论著[③]，使他赢得了持久的名声。他与大多数研究希腊史的历史家不同，他相信希腊理应遭受它的厄运，因为它不能取得统一或权力。1836 年，当他被任命为柏林大学古代史和古典语言学编外教授的时候，他看来好像是要全力从事古代历史的研究，但是，1840 年他被召到基尔大学一事却改变了他的生活方向。

德罗伊曾于 1842—1843 年间讲授的解放战争时代讲稿，经过校订后，于 1846 年出版[④]。这件事标志着转变的开端。他在序言里宣称，“我们现在的青年已经不再相信那个时代的英勇事业和热情了。我的目的就是要表彰那种对祖国的热爱和信念，并说明这种感情是正确的。”此书的字里行间搏动着火热的情感。他说明，这个时代的特征，是对绝对君主制和贵族统治的反抗；而在新世界和旧世界都表现出这种特征。“我们的信仰使我们坚信：一切事

① 古斯塔夫·德罗伊曾(Gustav Droysen)所著他父亲的详细传记(1910 年版)，只叙述到 1848 年。最好的评传有：迈内克的《鉴戒录》(*Schaffender Spiegel*)，第 146—210 页，1948 年版；欣策的《历史与政治论文》，第Ⅳ卷(根据《全德名人传记集》重印)；东克尔的《新历史论》，1887 年版，和多费的《选集》，1898 年版。——原注

② 《亚历山大大帝传》，1833 年。——谭注

③ 《希腊化时代史》共二卷，1836—1843 年。——谭注

④ 《论民族解放战争时期的历史》。——谭注

件，无论大小，都是由上帝指挥的，而历史科学最崇高的任务就是证明这种信仰的正确性。”上帝的计划，是要人民在国家生活中结合起来。拿破仑被普鲁士人民击败。因此，美国独立、法国革命和普鲁士的起义，是朝向自由与民族主义的相连三步。接着是反动与停滞状态，因而还须迈出第四步。在作了这种导言性的概论之后，他开始对这个时期进行详细的研究。他述说，近代国家从宗教改革时期开始形成，而路易十四的统治是近代国家的典型。腓特烈大帝提出了君主制的新概念，但国家还仅仅是一部机器。古老的欧洲是腐败的，卢梭对政府和社会的罪恶的攻击是正确的。美洲殖民地的独立，是更加光明的日子的开端。德罗伊曾同情法国革命，并称颂法国人的性格和成就。他认为 1792 年的战争是防御性的，并说扼杀波兰的罪行远远超过处死路易十六的罪行。法国革命消除了人民与国家之间的区别；米拉波正确地预言它将蔓延到全世界。他详述斯泰因的改革和德意志爱国主义的成长，从而讲到“解放战争”。他的笔调粗犷豪放，而他后来的作品再也没有像这样的丰富多彩了。这部书的内容与其说是民族主义，不如说
127 是自由。腓特烈·威廉四世接受了第一卷，但把第二卷退回了，因为后一卷的内容涉及神圣同盟，并有不尊敬他父王之处。可是，如果说普鲁士学派要传播的特殊启示——德意志在霍亨索伦王朝领导下的统一——还未正式发表出来，那么，书中所提出的行动号召、作者对把历史与政治的等同以及对普鲁士政治家与军人的颂扬，都指明作者开始登上的道路。

当丹麦企图加紧控制两个公爵领地〔石勒苏益格-荷尔斯泰因〕时，德罗伊曾发表了一本小册子，劝告这两个公爵领地不要把

自己的命运同德意志分开。他由临时政府派到法兰克福去取得承认;在集合在保罗教堂内的许多教授中,所发表的演说没有人比他更为铿锵有力的。他宣布,德意志必须团结在普鲁士的周围。在霍亨斯陶芬朝倾覆后,这个空缺属于霍亨索伦王族。在他的篇幅最多的小册子《一个石勒苏益格-荷尔斯泰因人的备忘录》里,他宣称,普鲁士不应满足于作为德意志二等国家的地位。这项有力的宣言可与特赖齐克的最雄辩的声明并称,它得到俾斯麦的嘉许。虽然普王对它很冷淡,但一般相信它赢得了普鲁士王太子的赞许。德罗伊曾一生的其余时间被用于研究法兰克福议会企图解决的问题。他的《约克将军传》[①]的目的是提醒德意志人民不要忘记他们祖先的牺牲和胜利。这部共三卷的传记,基本上以"解放战争"的主要人物之一的个性为中心来研究这些战争。他被准许利用总参谋部的档案,他还从舍恩,英雄时代的唯一健在者[②],获得宝贵的情况。从他们的来往信件[③]来看,他对这项工作非常感兴趣,但不久这位历史家就发觉他自己对约克形成了不同的看法。虽然舍恩对约克的评判大体上是赞许的,但他宣称,约克没有那种英雄的气魄,他只不过是走运而已。他对第一卷拍手叫好,但是当这部著作继续写下去时,他们的意见分歧越来越厉害了,最后,他斥责它是一部坏小说。1875 年,舍恩文件的出版使人们看到他易动感情,他的记忆力是多么靠不住。但是,这部著作的名誉,在受到这位批评者的反对后,还是保持下去了。如果说这个老兵受到了过多的

① 约克,H. D. L.(1759—1830 年),在解放战争中卓著功勋的普鲁士将军。——谭注

② 舍恩生于 1773 年,卒于 1856 年,当时健在。——谭注

③ 见舍恩(Schön):《同佩茨和德罗伊曾通讯集》,1896 年版。——原注

夸奖，对于读者来说也没有什么关系，因为这本书主要是一部军事故事，是德意志人民生活中英雄的一章的引人注目的图景。它洋
128 溢着一种令人精神振奋的气氛，像是在奥尔莫乌茨会议①的黑暗日子里吹来的一阵令人爽快的微风。它的活泼的文笔与生动的叙述使它获得了专业圈子以外的读者。

当德罗伊曾的政治活动使他不可能再保留他在基尔大学的位置时，他避难到耶拿，在那里他开始了他一生中的主要工作。虽然建造德意志帝国的初次尝试已经失败，但他从来未曾怀疑过，只要普鲁士一旦觉悟到它的责任，帝国就会出现。目前，普鲁士似乎忘了它的使命，因而他的《普鲁士政策史》的目的就是要提醒它注意此事。历史将证明，由于霍亨索伦王室对全德意志利益具有不可动摇的忠诚，只有它是适合于复兴帝国的。《政策史》以叙述皇帝西吉斯蒙德把马尔克伯爵领地赐给霍亨索伦王族的腓特烈作为开篇。第一卷涉及的领域很广，包括康斯坦茨与巴塞尔宗教会议和胡斯战争。第二卷描述腓特烈皇帝统治下帝国的混乱状态、有关马尔克伯爵领地的安排以及阿尔伯特·阿溪里②的人品。从宗教改革起（德罗伊曾是一个热忱拥护宗教改革的人），叙述加快进行，因为在这个运动里勃兰登堡的地位是次要的，但是作者还是用了相当的篇幅来全面描写选侯约阿希姆二世③。在这头几卷里，作者对于内政给予了某些注意，但是当叙述到大选侯时（第四卷），资

① 1850年11月，普鲁士在此会议上迫于俄、奥的压力接受屈辱条件，事实上承认了奥在邦联中的领导地位。——谭注

② 阿尔伯特·阿溪里（1414—1486年），腓特烈一世之子，勃兰登堡选侯即继承父业，从其二兄获得土地，又战胜麦克伦堡、波美拉尼亚，开疆拓土。——谭注

③ 约阿希姆二世选帝侯，1535—1571年在位。——谭注

料变为这样地丰富，以致这个历史家实际上只限于论述对外政策方面了。1859 年，他被提拔到柏林大学后，他要查阅档案就更容易些。另外由于官方出版了许多秘密档案（一项德罗伊曾本人也参加了的宏大事业），更加便利了对这一时期的研究工作。因为他满心想着普鲁士的使命，所以他一直企图把这个观念追溯到霍亨索伦王族进入马尔克伯爵领地的时期，可是很少成功。但到了大选侯时期，“德意志观念”即使不是普鲁士政策的指导原则也已变得明显可见了。这之后，“领地时代”终止，而普鲁士国家开始出现。

继这样一个血气旺盛的人〔大选侯〕之后的是腓特烈一世，一个了无生气的人。因为文学和艺术不在该书叙述范围之内，所以这个时期提供的资料比较少，它的主要成绩（即王冠的获得），也是惹人唾弃的，因为这是从献媚奥地利而得来。对腓特烈·威廉一世的评述则大不相同，作者用了三卷的篇幅来叙述他。德罗伊曾对于兰克很不客气，宣称他只彻底研究过威廉同他的儿子的关系，而且他把威廉讽刺得这样厉害，以致有必要对他的内政与外交政
策加以考查。德罗伊曾要揭示威廉作为农民的保护者、普鲁士的 129
卓越官僚制的建立者、纪律严明的陆军创始者的一面。德罗伊曾的详细研究基本上肯定了兰克所作的描写。最后诸卷是叙述腓特烈大帝的，而德罗伊曾还曾参加过出版腓特烈大帝的书信和国家文件的工作。通过对西里西亚领有权的充分讨论，得出了有利于大帝的论断，而那位尚有踌躇的君王一定会含笑阅读其拥护者的申辩。第十四卷叙述和平年代，在他死后，于 1886 年出版。

《普鲁士政策史》是德洛伊森三十多年艰苦劳动的成果，可以

归入德意志学术研究的杰出成绩之列。很少著作能这样大量地依据对手稿的研究，能包括这样多的新资料。然而，除了在编写大选侯的统治时期外（关于这段时期的成果是由别人采集的），一般他仅仅使用普鲁士档案。他为自己辩护而提出的理由是，普鲁士档案浩如烟海，穷毕生之力也不能遍阅，所以不可能再查阅其他档案。他还补充说，他的任务是从普鲁士政策制定者的角度来说明这些政策。但完全通过普鲁士的眼镜来看的历史，一定是片面的，而德罗伊曾看到了资料中没有的东西。此书的主要缺失，是用近代政治概念来解释过去的时期。"在这四百年中，我们可以看出有规律的发展和确定的趋势，统治者体现了这种发展和趋势，而不是造成这种发展和趋势的原因。那造成，维持并指挥这个国家的东西是（如果我可这样说的话），一种历史的必然性。从这项民族事业里，国家找到它存在的正当理由和力量。"他把早期的霍亨索伦王朝描绘成是忠于德意志的，民族主义的，他们为改造帝国而努力，直到他们看到首先需要的是教会的改革。随着宗教改革的提出，新教成为民族观念的一部分，而奥地利也就不再分享德意志民族的日益发展的有知识的生活了。从1555年起，重心是在各邦内而不是在帝国内。三十年战争显露出这种旧制度的破产。既然奥地利是信仰天主教和世界主义的，普鲁士就成为德意志民族唯一可能的首领了。德罗伊曾没有夸大奥地利在复兴德意志方面的无能为力，但他从民族主义方面来解释普鲁士政策，是一个根本的错误。

对于德罗伊曾的最尖锐的批评来自教皇派历史家克洛普[①]。

① 《小德意志历史教师》，第3章，1861年版。——原注

他宣称，二元论概念是根本上错误的，例如在 1740 年前霍亨索伦王族是忠心于帝国的——的确比任何其他王朝更为忠心。腓特烈大帝同哈布斯堡王族破裂，不是为了德意志的利益，而是为了普鲁士的利益。这个亲奥的天主教徒在政治上是德罗伊曾的敌人，但德洛伊森的论点同样也遭到他自己学派成员的反对。有资历的学 130
者都不同意他对早期选侯的解释；他的著名学生埃德曼斯多费尔否定大选侯的创见，认为大选侯是受到他的大臣们，特别是瓦尔德克的影响的，[①]而瓦尔德克则第一个认识到普鲁士国家的民族天职。关于腓特烈大帝的描述，也同样地不能令人信服，甚至聚贝尔也宣称，他对奥地利的进攻完全不是由民族成见决定的。他最卓越的学生科塞，虽然和他老师一样崇拜这位伟大的国王，但对于德意志使命，却毫不知道。兰克在 1874 年修订他的《普鲁士史》时，也毫不理会这个新的信条，对于奥地利仍然是公平和几乎是宽容的，而对霍亨索伦王朝的英雄们则是冷漠的。作者并不想把《普鲁士政策史》写成一部艺术性作品，而是作为资料的仓库和一幕爱国剧来写的。奇怪的是，他在叙述其研究成果时竟是这样地不注意文笔，因而连兰克也因为需要阅读它而兴叹。这部著作在所有有关一个国家外交政策的著作中，是最为详尽的；研究者虽然对它不敢忽视，但大多数读者满足于从德罗伊曾的后继者所写的轻松篇幅里吸取他的研究成果。

在 1848—1849 年的斗争之后，德罗伊曾就再也没有从事积极

① 瓦尔德克亲王名乔治·腓特烈（1636—1669 年），政治家、军事家，勃兰登堡大选侯腓特烈·威廉的首席顾问，策划建立一个以勃兰登堡为首的新教联盟。大选侯利用大国矛盾，翻云覆雨，从中牟利的外交政策多出其谋。——谭注

的政治活动了，但他狂喜地注视着他毕生所抱理想的实现。他的时间完全用于写作和职业的责任方面。著名的比利时教授弗雷德里克对他的讲课作了一个特别生动的描写。“他像一个大布道师那样，开始时声音很低，以取得全场寂静，这时一只针头落地的声音都可以听到。他对那些冒充历史的虚假事实，显出深深的忧伤，常常发出愤怒和轻蔑的叹息。他不时地讲一句尖刻的笑话。他富有创造性与热情。在讲课结束时，他诙谐地说一段小故事，惹得大家哄堂大笑而散。我从来未曾上过这样有趣的课，也很少听到这样严肃和充实的内容。”他最费心思的，是关于方法论的讲课，讲稿于1858年出版，后来又出了很多版。他是黑格尔的学生；《普鲁士政策史》的主导思想——几百年来在人们头脑以外自行发展起来的民族观念——完全是黑格尔的思想。在他的《历史学》[①]里，黑
131 格尔思想就更多了；该书内容压缩到这样的程度，以致其中若干警句几乎不可理解。他虽然承认思想的巨大力量，但强调自由意志和个人的责任。“历史本身不是光明与真理，但它是对它们的搜寻，是关于它们的说教，是对它们的贡献。历史是从演化和发展来看的伦理世界。我们不能看到历史的起讫点，但可以探测它的趋势。我们通过历史学习理解上帝，而我们只能通过上帝来理解历史。”谈到现实世界，他强调指出国家的权力和威严。“国家不是它所包括的个人之总和，也不是由于他们的意志而兴起的。权力是国家生活的精髓，正如爱情是家族的精髓、信仰是教会的精髓、万

① 有一个美国的译本为：德罗伊曾著《史学原理》(*Droysen's Principles of History*)，1893年版，其中附有德罗伊曾的学生克吕格尔的一篇撮要。另外一个根据讲课笔记而大量补充的版本，由胡布纳编辑，于1927年出版。——原注

有引力是物质世界的精髓一样。”这部著作以一种实际的论调作结尾。“历史研究是政治进步与文化修养的基础。政治家就是实践中的历史家。”

Ⅲ

决定德罗伊曾命运的革命年代，对于聚贝尔[1]的事业也具有决定性的意义。这时他背离兰克的研究方法本已有一些时候了。老师在 1824 年的著名序言里，已经否定了以过去教训现代的意愿，但这正是他的学生越来越坚决要做的事。1847 年，在一次论大学与政治生活的关系的演讲里，聚贝尔敦促他们复活“解放战争”的精神。“真正的学院方针应当把对公共事务的兴趣贯穿到每一种学术里，并应经常想到它对民族事业的价值。”1848 年，他进入黑森议院，并参加法兰克福的“预备国会”；他在这方面的经验加强了他吸取和应用过去的教训的决心。他最后终于在 1856 年放弃他对老师在学术上的顺从，那是在他关于历史学的地位的演讲中表明的。他声称，兰克的兼容并蓄的特性有时有削弱道德严肃性的危险，而一个完美的历史家却不能没有这种严肃性。在他看来蒙森已经指出了一条较好道路的起点。尽管他对兰克进行了这
样直言不讳的攻击，两人间的感情毫未受到损伤。在以《法国革命 132
史》的第三卷献给“我敬爱的老师和慈父般的朋友”时，他说道，“我

① 除了瓦伦特拉普所作的传记外（刊入聚贝尔的《演讲与论文》，1897 年版），可参阅施莫勒所著《关于聚贝尔与特赖齐克的演说》，1896 年版；巴叶在《德意志评论》（1895 年 10 月）和《全德名人传记集》上发表的文章；以及马尔克斯：《个人与时代》第 1 卷，1911 年版。吉扬在《德意志与它的历史家》中写的一章是很有批判性的。——原注

愿趁此机会再次承认自己是您的学生。”

在1848年的大动乱中，使聚贝尔感受最深的是社会党人的人数和热情，因而他决定写一本关于法国革命中的共产主义的小册子。但是，一旦进入了这个奇境之后，他就难于脱身了。小册子变成了五卷的著作[①]，而且占用了三十年中的大部分时间。法国大革命的情况，大部通过达尔曼的杂记和米涅著作的翻译传入德意志；但这两人的作品都不是根据原始资料进行研究的。这位兰克的学生立刻看到有查阅原始资料的必要性。在柏林，他虽然看不到普鲁士驻巴黎公使的紧急公文，但被准许利用陆军部档案。在他1851年访问巴黎时，他在陆军部和国家档案馆发现了丰富的资料，在那里他看到了公安委员会的法令。这位历史家说，“灰尘真多啊！”图书馆员回答道，“请尊重它吧，它是1795年的灰尘。”[②]他还在海牙找到了有用的资料。后来，普鲁士、英国与奥地利的档案也对他开放了，使他能够及时地把它们应用到该书的几次修订版中。最后，1866年科纽夫人说服了拿破仑(第三)，准许他查阅外交部档案。因此，聚贝尔的著作向世界提供了关于法国大革命一些重要方面的第一幅真实图景。

在青年时期，他已懂得爱好伯克的著作。而在他成为研究法国大革命的历史家之前，他已经写了一篇关于伯克对法国大革命的看法的论文。尽管他坚定地拥护立宪政府，并且对于第三等级的出头抱着同情的态度，可是他也和伯克一样对雅各宾主义感到

① 《法国革命时期史，1789—1800年》，共五卷，1853—1870年初版，1893年修订版十卷。——谭注

② 参阅他的《巴黎研究》，载《演讲与论文》，1897年版。——原注

恐惧。他认为，无约束的个人自由会导致无政府状态，机械的平等会导致自由的毁灭，而人民掌权会导致暴民统治或军人独裁。他的理想是以中等阶级为基础而建立的强有力的政府；他的野心是使德意志自由党人相信法国的自由是毒药。达尔曼曾把法国大革命描写为一次立宪斗争而聚贝尔则认为它主要是一场社会骚动。他对于一般人所看到的 1789 年和 1793 年之间的区别，大胆地提出挑战；并把注意力引向革命爆发后开始几个月的残暴和混乱状态。战争的唯一祸首是由布里索领导的吉伦特派[①]；因为中欧和东欧列强对波兰比对法国的内部斗争更感兴趣。

这部著作在德国受到了热烈的欢迎。豪塞尔把它同蒙森和德
罗伊曾的著作并列，并宣称，它的丰富资料和新奇见解将是划时代 133
的。弗赖伊塔格指出它在国家政治教育方面的重要性。莫里茨·里特尔在这部书里发现聚贝尔把兰克与尼布尔的方法巧妙地结合在一起；也就是结合了前者把国内外事件联系起来的方法和后者着重经济和社会情况的方法。的确，这部书的优点是相当多的。他没有企图描写为人们所熟悉的一幕幕激动人心的戏，却探讨了政党的政策的形成。通过对外国档案的研究，他揭示了同法国大革命发生冲突的欧洲统治者的外交。这部著作中最光辉的成就是把东西欧联系起来看，并表明法国大革命是旧欧洲的毁灭过程的一部分。用阿克顿的话来说，他站在远高于巴黎子午线的地方。该书叙述到 1801 年止，因而对于在恐怖时期和执政府之间那段很少为人们知道的时期，交代得很清楚。后来它的改订版一直叙述

① 自 1791 年秋季以来，法国国内外反革命势力日益猖獗，制宪议会中以布里索为首的一派力主对外作战。——谭注

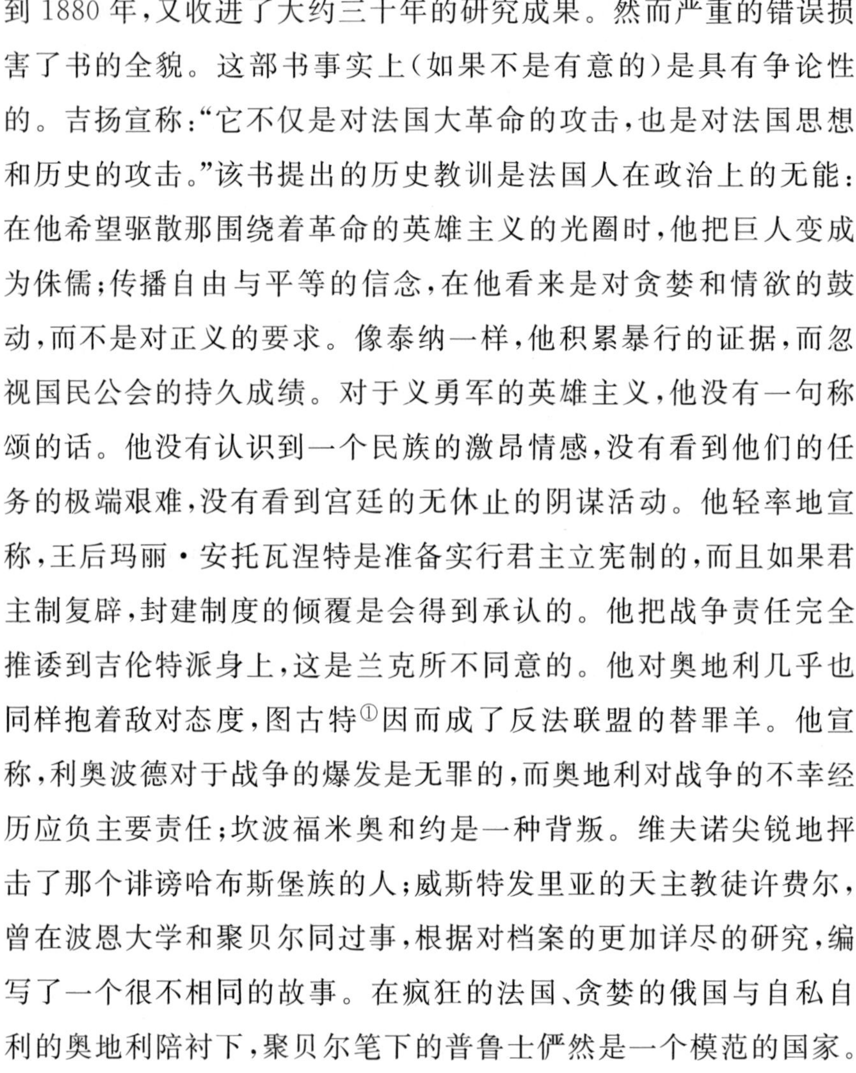

到 1880 年,又收进了大约三十年的研究成果。然而严重的错误损害了书的全貌。这部书事实上(如果不是有意的)是具有争论性的。吉扬宣称:“它不仅是对法国大革命的攻击,也是对法国思想和历史的攻击。”该书提出的历史教训是法国人在政治上的无能:在他希望驱散那围绕着革命的英雄主义的光圈时,他把巨人变成为侏儒;传播自由与平等的信念,在他看来是对贪婪和情欲的鼓动,而不是对正义的要求。像泰纳一样,他积累暴行的证据,而忽视国民公会的持久成绩。对于义勇军的英雄主义,他没有一句称颂的话。他没有认识到一个民族的激昂情感,没有看到他们的任务的极端艰难,没有看到宫廷的无休止的阴谋活动。他轻率地宣称,王后玛丽·安托瓦涅特是准备实行君主立宪制的,而且如果君主制复辟,封建制度的倾覆是会得到承认的。他把战争责任完全推诿到吉伦特派身上,这是兰克所不同意的。他对奥地利几乎也同样抱着敌对态度,图古特[①]因而成了反法联盟的替罪羊。他宣称,利奥波德对于战争的爆发是无罪的,而奥地利对战争的不幸经历应负主要责任;坎波福米奥和约是一种背叛。维夫诺尖锐地抨击了那个诽谤哈布斯堡族的人;威斯特发里亚的天主教徒许费尔,曾在波恩大学和聚贝尔同过事,根据对档案的更加详尽的研究,编写了一个很不相同的故事。在疯狂的法国、贪婪的俄国与自私自利的奥地利陪衬下,聚贝尔笔下的普鲁士俨然是一个模范的国家。

聚贝尔的著作之所以呈现疵瑕,不仅是由于他在民族和王朝
134 方面的偏见,而且是由于它的叙述完全是浮在表面的。索勒尔指

① 图古特男爵,名约翰·弗兰茨(1736—1816 年),奥地利外交家,1791—1800 年任外交大臣。在其任内奥国失去比利时、伦巴底,遭到舆论界的非难。——谭注

出，“对于事情的经过，可以有一个概念，但却看不见人的形象。读者将知道普鲁士内阁和维也纳政府做了什么事，或企图做什么事，但对于人民、他们的感情、他们的性格，却仍然不清楚。”我们所看到的不是新世界的诞生，而是外交家之间的冲突。它不仅贬低这幕戏剧中的演员，同样也贬低法国大革命本身，因为他认为法国大革命同波兰的毁灭和神圣罗马帝国的覆亡并列，是表明旧时代已结束的三大事件。“这三件大事是互相关联的，因为它们的基础是相同的。在每次事件中，垮台的都是中世纪。新政策到处占上风，那就是实行平等和集权的现代军事君主制。”他几乎没有注意到法国大革命是在宗教改革后欧洲史上最重要的事件。哈里逊认为聚贝尔不过是个德国的艾利森，他的著作则是一个固执己见的党徒辛辛苦苦地写出来的充满激昂词句的长篇讲辞：这个论断对他的学识与力量来说，是不公道的。但是，虽然没有一个研究法国革命时代的人敢于忽视这部著作，可是很少外国读者会同意它的观点或采取它的见解。

聚贝尔既不喜欢法、奥两国，同样也不喜欢天主教。他把它看作是一种反民族的势力，也是自由研究的敌人。在他的早期论文里，他宣称，要同时做一个教皇极权论者和一个德意志爱国者，是不可能的。“一个人不能同时侍奉教皇与国王这两个主人；两者当中必须选择其一。”所以，邀请他这样的人到慕尼黑来，是一个大胆的尝试，但马克西米连决心创立一个历史学派，而兰克又劝告他的老门生接受聘请。聚贝尔热烈地赞助国王的计划，成为他的议事桌上最受宠爱的人物之一；聚贝尔还帮助兰克建立历史委员会，并充任它的第一任秘书。但在慕尼黑，他最重要的成绩是创办《历史

杂志》。1857年他写给魏茨的信里说，“我们需要一个代表一定的科学倾向与方法的报刊。随着岁月的推移，历史越来越多地取代了哲学的地位。”在《杂志》第一期的《发刊词》里，他称这个刊物为独立的，科学的刊物；其实它的特征是从主编那里得来的：凡是属于封建主义（它企图复活已死的制度）、激进主义（它以幻想代替有组织的革命）与教皇极权论（它使民族发展屈从外来的控制）的东西他一概拒不考虑。出版人奥尔登堡于1895年在这个历史家死
135 后写文章，称他是一个理想的主编，敏捷，平静，坚定。[①] 在晚年，他把《历史杂志》的大部琐事移交给较年轻的人，自己只作一般的指导[②]。

因为聚贝尔在慕尼黑从来不肯失去用笔与口来发表他的意见的机会，反对这个北德人的偏见自然越来越多。他对布隆奇利坦白地说，“我这个人七分之四是政治活动家，七分之三是教授。”马克西米连告诉他说，他不愿意让他离去，但如果发生什么乱子，他无法保护他。于是，他抓住波恩大学由于达尔曼故去而让出的一个空缺，退出这个困难的处境。他以发表给菲克尔的答复，《德意志民族与帝国》来庆祝他的到任。在文章里，他宣称，因为普鲁士已表明自己为德意志的真正领导，奥地利必须让路。“像河水要向前奔流那样，德意志一定会在它最强大的成员领导下组成一个紧密的联邦。”然而，在冲突的年代里，他是反对俾斯麦的人当中最坚决者之一。他进入普鲁士议院，同格奈斯特与菲尔肖一起领导

---

① 参阅他在1895年的《历史杂志》中发表的文章。——原注

② 参阅迈内克：《观感录》（*Erlebtes*）第Ⅰ卷，第182—184页，1946年版。——原注

政府的反对派,主张拒不拨给用于1864年战争的军费。萨多瓦战役使他发生了突然而永久的转变。当蒙森与菲尔肖依然留在原来的阵营里时,他已成为民族自由党[①]创立人和领导人之一。俾斯麦不久之前还在嘲笑那些相信能以空谈自由来完成德意志统一的教授们,但他很快认识到他们的支持的价值,并在聚贝尔领受博士学位的五十周年纪念会上,公开表示他对聚贝尔的感谢,为了他"在祖国的共同事业中的长期协作"。没有哪一个德国人比聚贝尔怀着更大的感激之心来迎接1870年的重大事件。他惊呼道,"我们做了什么,上帝竟赐予恩宠,让我们亲眼看到这样宏伟的事情?"然而,像兰克一样,他不久即由于社会主义和唯物主义的增长而感到悲观,他还震惊于"中央党"势力的增强,因此重进议院,来支持政府的"文化斗争"(Kulturkampf)。

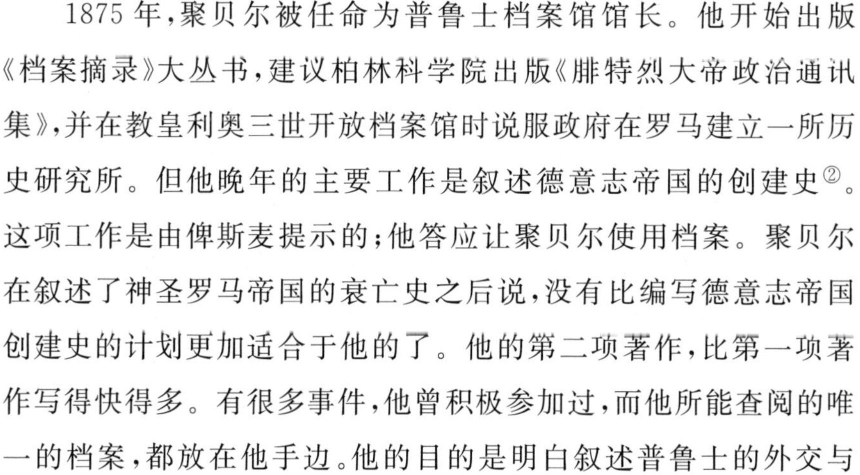

1875年,聚贝尔被任命为普鲁士档案馆馆长。他开始出版《档案摘录》大丛书,建议柏林科学院出版《腓特烈大帝政治通讯集》,并在教皇利奥三世开放档案馆时说服政府在罗马建立一所历史研究所。但他晚年的主要工作是叙述德意志帝国的创建史[②]。这项工作是由俾斯麦提示的;他答应让聚贝尔使用档案。聚贝尔在叙述了神圣罗马帝国的衰亡史之后说,没有比编写德意志帝国
创建史的计划更加适合于他的了。他的第二项著作,比第一项著 136
作写得快得多。有很多事件,他曾积极参加过,而他所能查阅的唯一的档案,都放在他手边。他的目的是明白叙述普鲁士的外交与

① 民族自由党,是代表大资产阶级利益,基本上拥护现行制度,在帝国议会中力量较强的政党。——谭注

② 《威廉一世创建德意志帝国史》共七卷,1889—1894年。——谭注

军事活动。前五卷在1889年出版，第六、七卷叙述到拿破仑三世对普宣战止，于1894年出版。第二年，他就逝世了。

在序言里他写道，“我在任何地方都不求掩饰我的普鲁士的和民族自由党的见解。”可是这部著作不像《法国革命史》那样具有论战性。它以略述近代德意志史作为开端，而从1862年俾斯麦当权起开始详细叙述。他以崇敬的态度来描述威廉一世。“他的信仰是他生活的食粮，是他悲伤的慰藉，是他行动的唯一准则。”然而，勒斯勒尔诙谐地指出，在“由威廉一世创建的德意志帝国”这一标题中，有一个印刷错误；“由”(durch)应该是“不是由”(trotz)。虽然俾斯麦是他剧中的主角，可是他未能表现出这位“铁血宰相”的真实形象。他太正确，太无色彩，太柔顺了：一位批评家惋惜地说，他把老虎描变成了一只驯良的猫。他以几百页篇幅来论述1864—1866和1870年战争前的外交危机，而且每次都把责任推卸到敌人方面。他轻描淡写地讲述在石勒苏益格-荷尔斯泰因问题上的两面手法，他略而不谈俾斯麦在1866年如何煽动他的主人发动战争，并掩饰洛塔尔·布赫尔赴马德里的使命①。他告诉我们，埃姆斯电报曾被压缩，但没有改动②。普鲁士政策是自始至终无可指责地既忠实又正确的，而俾斯麦则一向表现正派。这部著作是一部申辩书，预先就道出了后来这个政治家死后出版的《回忆录》的内容。《罗马尼亚国王的回忆录》揭示了有关他兄弟对西班牙王位

① 布赫尔，L. B.(1817—1892年)，普鲁士政治家，1848年革命后追随俾斯麦，协助办理外交。1870年春，为霍亨索伦王位继承问题，衔命至马德里与该国王室商谈。——谭注

② 普王威廉于1870年7月13日自埃姆斯发往柏林转普驻外使节的急电，在发出前为俾斯麦所删改，使之具有侮辱法国政府的语调。——谭注

候补资格的整个故事，而布施[1]的日记为这部卷帙繁多的颂扬著作提供了最好的反证。但是，虽然聚贝尔认为俾斯麦从未有过开战的愿望，他对冲突的爆发是不会有所遗憾的，因为它使他毕生的梦想得以实现。“那些有幸生活在民族复兴早期的人们，将把这段经历当作神圣的财物永远铭刻心中。”他对拿破仑并无恶感，他把他描绘成一个生性和平，爱好思考与梦想的人。聚贝尔还在他死前不久写的一些补遗[2]中替皇后欧仁妮[3]开脱罪过。他认为格拉蒙[4]才是真正祸首。

人们对本书的评论是毁誉不一的。在编排资料的清晰方面和分析复杂的外交形势的技巧方面，它得到人们毫无保留的称颂。迈内克说这是他毕生事业中登峰造极的成就。“他所有的理想都宁静和谐地结合起来了：具有历史根源的强有力的民族国家、基于民族实力的自由立宪生活、政治家的具有征服力量的人格以及历史上道德准则的支配地位。”这样的盛赞是不恰当的。就学识、力量和创造性来说，它不如《法国革命史》。有些人惋惜地说，它太官样文章了，对于俾斯麦同宫廷的冲突略而不谈；有些人认为它太偏重外交方面，而忽略了1866年前的国内政治。有些人期望看到从档案中揭露出惊心动魄的材料，但他们失望了。尽管他熟悉所有剧中的主要演员，但他未能写出生动的戏。他描绘的图画既缺气氛又乏背景。在他的批评者中间还有年轻的皇帝，他因为作者给予

① 布施，M.（1821—1899年），德国记者，政治家，曾任俾斯麦的秘书。——谭注

② 发表于〔德国〕《历史杂志》，第75卷。——原注

③ 欧仁妮，M.（1826—1920年），拿破仑第三之妻，于1859、1865、1870年拿破仑第三不在巴黎时三度出任摄政。——谭注

④ 格拉蒙公爵、名安多昂·阿尔弗雷德·阿热洛尔（1819—1880年），法国外交家，1870年任外交大臣时奉行对普鲁士挑衅的政策。——谭注

他祖父的次要角色很气愤。当凡尔登奖金被指定给聚贝尔的时候，皇帝否决了这项奖赏，并在俾斯麦下台后，把这位历史家逐出外交部档案馆，由于俾斯麦的帮助及其他要人的日记，他才得以完成工作，但后来的几卷价值较小。虽然奥托卡尔·洛伦茨曾用一厚册的篇幅来补叙威廉一世的功绩，但聚贝尔对俾斯麦在那巨大变化中的作用的估计，却从来没有被人推翻过。他的著作，作为普鲁士立场的官方记事，仍然是有价值的，但在每一点上都需同其他证人的证词来核对一番。弗里容和斯尔比克从奥地利的立场叙述了这段历史；拉戈尔斯陈述了法国一方的情况。

聚贝尔的两部主要著作，迄今人们还要参考，但它们从未成为盛行一时的书。尽管它们的资料充实，但强烈的偏见损毁了它们的全貌。聚贝尔一生挥舞普鲁士旗帜，同法国、奥地利和罗马教会进行斗争。历史是为他提供进攻和防御武器的大型兵工厂。此外，他的文笔缺少魅力。在他的书里我们看不到兰克的平静，也看不到特赖齐克的色彩。他有一副强有力的头脑，但缺乏想象力与精细性。他的朋友当中有些人认为他生来就适合于讲坛而不适合于图书馆。事实上，他在德意志历史方面和在学术历史方面都是同样有地位。他是一群优秀历史家的领导人；这些历史家以研究来为他们的政治观点服务，并在使他们的同胞作好准备，迎接那完成于 1870 年的大转变起了很大的作用。

138

Ⅳ

普鲁士学派的最年轻，最伟大，同时又是最后一个成员特赖齐克[1],是 19 世纪最突出的人物之一。像胡滕的名字代表对教皇的叛离和克尔纳[2]的名字代表对拿破仑的反抗那样,特赖齐克的名字代表德意志从邦联的瘫痪状态上升到 1870 年的光荣地位的过程。他,最雄辩的宣教师、最热情的使徒、最激烈的党徒,最完备地体现了历史与政治的融合,那也就是普鲁士学派所要达到的目标。很奇怪,最热烈地拥护普鲁士要求的人,竟是一个捷克裔萨克森人。如果他在儿童时期未曾害过重病而几乎变为全聋,他就会采取他父亲的职业,而参加军队了,而他一向是赞赏实际行动的。十六岁时,这个早熟的学童当着博伊斯特[3]的面表达了他希望德意志在普鲁士领导下统一起来的理想。他的信念在波恩大学变得更加坚定,在那里他去听年已八十三的阿恩特的讲课,"不是为了学习什么东西,而是要看看这位矍铄的老人。"但给他主要影响的是达尔曼,后者对这个才华横溢的青年深感兴趣。"他对我说,我一定要为祖国服务;当他一面用敏锐的目光看着我,一面伸出手来同我握手时,我获得了勇气,并觉察到我须做的事是多么的多。"正是

① 最详尽的特赖齐克生平是由佩特斯多夫为《全德名人传记集》所撰写的传记。席曼所著《特赖齐克的学习与旅行年代》(1896 年),只叙述到 1867 年。莱普兰著《从十九世纪德意志精神生活里看特赖齐克》(1935 年)是有用的。古奇著《从通讯看特赖齐克》(刊入《德国史研究》)讨论了科尼塞利所编特赖齐克通讯集三卷(1908—1920 年出版)。马尔克斯撰写的《特赖齐克,一篇纪念文》(1905 年)是最好的评传。关于他的人品,可参阅豪斯拉特的生动著作:《关于特赖齐克的回忆》,1901 年版。在较短的评传中,最好的有:施莫勒著;《关于聚贝尔与特赖齐克的演说》,1896 年。巴叶在《德意志评论》,1896 年 10—11 月号上发表的文章;黑德勒姆在《英国历史评论》(1897 年)上发表的文章。吉扬在《近代德意志与它的历史家》(1899 年)中所写的一章,则持敌对态度。——原注

② 克尔纳,T.(1791—1813 年),德爱国诗人,剧作家,在反拿破仑战争中英勇献身。——谭注

③ 博伊斯特(von Beust,1809—1886 年),为奥地利帝国总理。——译者

在这段时期，他用心地钻佩茨的巨著《斯泰因传》。“我无法以言语来形容我研究这个伟人时所感到的愉快和振奋。他所想到的只是他的责任，就像一个最低微的官员那样。”他在海德尔堡读完了他的大学学业，在那里，他曾听到豪塞尔宣讲同他从达尔曼那里学到的同一理论。

他广泛阅读历史和文学以及政治科学著作，但他第一次出版的作品是一小册爱国诗集。他从九岁起就开始写诗，其中有些首显出他诗人的天才。老手阿恩特热情地谈论他的诗，但这些诗没
139 有引起很多的注意，而且从未重印过。第二卷是在 1857 年出版的，也未能引起更多的注意。他第一次作为政论家出现，是在他关于社会的科学的论文发表的时候；同里尔[①]和其他思想家相反，他断定社会的科学是不存在的。唯一的科学，是国家的科学，而国家便是被组成为一个统一体的社会。他还说，国家是必要的而又是自古以来即存在的，所以无需有什么契约来创立或维持它。最后他说，德意志终有一日会成为一个国家，而那些零散的国土定将围绕着普鲁士这个核心而统一起来。这种论调，他在他后来的一些更出名的著作里表示得更加率直。他论述克莱斯特的文章[②]实际上把这位爱国诗人本身介绍给公众了，而从那时起他的名誉即不断提高。“霍姆堡亲王”(Prince of Homburg)为他提供了他所渴望的深奥哲理，而这篇论文的末行是一句著名的话：“粉碎一切勃兰登堡的敌人。”对奥托·路德维希与赫贝尔[③]的评述，显示了他

① 里尔，W. H.（1823—1897 年）德国政论家和文学家。——谭注

② 克莱斯特，见第一页注。《霍姆堡亲王》（1810 年出版）是他编写的最后一个剧本，也是最好的剧本，被称为普鲁士爱国主义最伟大的宣言。——译者

③ 奥托·路德维希（1813—1865 年），戏剧家、小说家。赫贝尔，J. P.（1760—1826 年）诗人，“人民文学”的创始人之一。——谭注

对戏剧的爱好，而关于密尔顿、拜伦、莱辛和达尔曼的论著，雄辩地说明了他对自由的热爱。

在二十五岁时，这个年轻学者就在莱比锡大学讲授德意志史；他的教室里挤满着听众，同半个世纪前费希特讲课时的情况一样。他教导说，只有普鲁士才能成为全德意志人作为立宪国家的集合点。在他的《论自由》一文里，他宣称，19 世纪所有新的和有益的东西，都是自由主义的成绩，但自由的取得，仰赖于妥善安排民族生活和良好行政的，而很少依靠议会的权力。英格兰有自己的国家，但很少重视它。德意志没有国家，所以愈加感觉到它的宝贵。于是，他决心编写一本 1815—1848 年邦联史纲，来揭露对民族力量的罪恶的浪费。后来，他的写作计划发展成为一部德意志历史；这部著作原定三年内完成，结果却占了他一生的其余时间。他在关于费希特的演说里呼唤道："我们需要一个皇帝。奥地利不能给与我们所需要的东西，因为它既不是自由的，也不是德意志的。"他在莱比锡战役五十周年纪念会上的演说所产生的影响就更大了；这次演说，引起了全德响应。"我们还缺少一样东西——国家。我们是唯一没有共同法律的民族；我们不能派遣代表参加列强的会议。在外国港口，也没有礼炮向德意志的旗帜致敬。我们的船只在海上航行，没有国旗，像海盗船一样。"他为意大利的榜样所深深打动。认为凡是皮埃蒙特办到的事，普鲁士也能够做到。

特赖齐克所要求的德意志不仅是一个帝国而且是一个国家的德意志。普鲁士将合并各小邦，而它们的王族也将消失。他在写 140
给弗赖伊塔格的信里说，"相信我，只有征服者的宝剑，才能把这些

地区[1]同北德意志统一起来。”这样的理论在萨克森几乎等于是叛逆，而反对他的呐喊越来越大了。在这种情况下，当巴登人马蒂于1863年介绍他去担任弗赖堡大学教授时，他接受了这个职位[2]。巴登在各小邦中，既是最富有民族性的，也是最自由的小邦，而它的统治者由于婚姻关系同普鲁士有着密切的联系。另一方面，学生大部分是天主教徒。他在写给弗赖伊塔格的信中说道，“这是一个牧师的城市。旧教与新教之间的分歧比善良人所想象的要深刻得多。这不是在某些教条上的分歧，而是奴隶主义与思想自由的分歧。”主教禁止天主教学生去听特赖齐克的讲课，但他的新教听众却享受了难得的快乐。他的同事和终生朋友豪斯拉特描述他的口才所产生的效果时，他使他想起胡斯派战士。在他来到弗赖堡的第二年，他编写了他最出色的论文《联邦制与中央集权制》，要求普鲁士进攻各小邦。他写道，“我父亲将为此而悲伤[3]，但在这些事情上，做儿子的责任不是唯一的责任。”他宣称，自1648年以来，普鲁士在德意志做了所有真正伟大的事情；它本身就是德意志人民在政治上的最卓越成就。只有各邦的朝廷愿意维持现行制度，而在这种制度下，德意志仅仅是一个地理名称。这篇论文是一段表演，它显示出了他是当时第一流的政治作家。同聚贝尔一样，他最初不信任俾斯麦，但不久即相信这位首相是决心要使普鲁士强大的。两人在1866年战争的前夕会晤；俾斯麦敦促他随军出发，撰写宣言，并许以柏林大学教授职位作为报偿。这位历史家拒绝了，

① 指反对以普鲁士为领导统一德意志的南德诸邦。——谭注

② 参阅《特赖齐克给上莱茵历史家与政治家的信件》，安德烈亚斯编辑，1934年出版。——原注

③ 特赖齐克出生于萨克森贵族世家，其父为忠于本邦王室的将军。——谭注

理由是他希望处于独立地位，而且他在宪法尚未得到尊重的时候不能充任普鲁士的官职。然而，当巴登参加奥地利方面后，他辞去弗赖堡大学的教授职位。他写道，“我向往北德，我完全是属于它的。”在胜利的时刻，他出版了一本火热的小册子：《北德中等邦的前途》，要求普鲁士并吞汉诺威、黑森和萨克森；“消灭它们的时机已经成熟而且已经过分成熟了。”他的经受了巨大痛苦的父亲，在这一点上公开斥责他儿子对〔萨克森〕国王的攻击，这是不足为怪的事。

特赖齐克于1867年接替了豪塞尔在海德尔堡大学的职位。
这时，他已是一个全国知名的人物了，但人们多半把他看作出名的 141
政论家而非历史家。1865年，当特赖齐克把他的《论文集》第一卷送给他的父亲时，他写道，“那种不表明自己站在哪一方的冷酷无情的客观态度，正是同真正的历史感背道而驰的。甚至对于作者来说，判断也应是自由作出的。”几乎他每一篇论文都执行了它的政治任务。在随后他所写攻击波拿巴主义与法国政策的论文里，他方法上的缺点压倒了他的文采。他把统治者分为两种类型——国家的公仆与利己主义者。拿破仑是一个妖怪而非政治家——他比阿提拉[①]还要凶恶，比成吉思汗还要可怕；他就是喜爱战争。但是，法国实际上并不比它的暴君好[②]。他同聚贝尔一样（而且更唐突一些），指斥法国人虚浮而喜好动乱，勇敢而不够顽强，他们连生活上的普通责任也不能尽到。法国是一个坏的邻邦，摇摆于无政

① 阿提拉（406?—453年），于433?—453年为匈奴王，被称为“上帝之鞭”，意为天罚。——译者

② 参阅伊姆加德·路德维希著《特赖齐克与法兰西帝国》，1934年版。——原注

府与专制主义之间。他关于加富尔的著名论文，质量很高。他以同情的态度写作时写得最好，而在他所喜爱的英雄中加富尔仅次于俾斯麦。他对于尼德兰史的详细论述同样也提供了统一运动的经验。他曾以炽热的焦虑心情注视着 1870 年的战云密布。在战争爆发时，他写道，“我们逃脱了一场奇耻大辱！如果俾斯麦未曾这样聪明地删改了电报，国王可能会再一次让步的。”他的《黑鹰歌》(*Ode of the Black Eagle*)是那一年的最佳战歌[①]。在几个决定性战役打过之后，他出版了一本小册子:《我们将从法国要求什么?》，主张亚尔萨斯应归属德意志。像弗赖伊塔格一样，他并不希望采用“帝国”这个称号，因为它认为它带有波拿巴主义的气味。他宣称，胜利使德意志前途无量；这个民族，由于它丰富的精神文明，将成为各民族的教师。他对南德时刻表现出的爱国心，感到惊奇。这将毁掉他所爱好的兼并计划。他害怕联邦永远不能像单一的国家那样强大，但俾斯麦认为满意的东西，他也乐于接受。1871 年他作为民族自由党党员进入帝国议会，并积极参加关于“文化斗争”的辩论，但是，对于议会生活他感到失望。他在 1883 年时写道，“在我们年轻帝国的体制中，再没有比帝国议会更坏的东西。”

梦想实现后，特赖齐克坐下来，编写《十九世纪德国史》，这原是他在十年前即已拟定的计划。1874 年他接受了柏林大学的聘
142 请；他说，他每年须用半年工夫研究普鲁士档案，所以他还是住到柏林去为宜。兰克一直不赞成这项聘请，他认为特赖齐克是一个

① 重印于《德意志斗争的十年》，第 267—271 页。——原注

政论家而非历史家。其他学者也有同样的疑虑；因此这位新教授只是在他死前不久才进入柏林研究院。可是，他却在那里编写了19世纪最伟大的历史著作之一。他曾于1861年宣布："我想编写一部邦联的历史，向闲着的大众指出：建立一个政治实体的基础——权力与自由——是没有的；只有通过消灭各小邦，才有得救的可能。"但随着邦联的消逝，他决定综述那些为新德意志开辟道路的人物与政策、制度与思想。第一卷（1879年出版）叙述法国革命与拿破仑时期，是详细叙述的导论。豪塞尔曾叙述各届政府，特赖齐克则描写整个民族生活。这位《爱国诗集》的作者发现诗是反映民族精神的镜子。本卷的主要内容是普鲁士的历史，而他强调上帝为普鲁士指派的角色同他以相当严峻的态度对待腓特烈·威廉二世，这两者之间并没有什么抵触。本卷叙述到"解放战争"和维也纳会议为止。尽管此书卷帙浩繁，它仍受到热烈欢迎，并数以千计地售出。

第二卷叙述到卡尔斯巴德法令的颁布。这一卷所讲述的故事不那么生动，但大部分内容是根据原始资料的研究。它的开卷第一章占据百余页的篇幅，综述"复辟"时期的艺术、文学与学术研究，是他最伟大的成就之一。在讲述普鲁士战后改组的一章之后，是一篇对南德诸邦的素描。这一卷的后半部分描写通过各大学所表现的自由精神同梅特涅对德意志小邦王公采取的高压手段之间的斗争。有一个评论家宣称，他应写普鲁士史而不应写德意志史，因为关于普鲁士的几章写得虽很好，而其他几章写得却很差。他的富有侵略性的普鲁士观点激起了一些人愤怒的批评。最猛烈的攻击，来自斯特拉斯堡大学教授，研究西班牙与查理五世的著名历

史家鲍姆加滕[①]。他对于特赖齐克在同一个问题上对普鲁士加以原谅，对奥地利则加以谴责，而且还诬蔑各小邦的比较自由的观念，感到很气愤。他在一本轰动一时的小册子《特赖齐克的德国
143 史》中表现了他的愤慨。他宣称，特赖齐克的观点在1870年以前虽然是可以辩解的，到1870年以后便不然了，他所作的攻击与其说是为了埋葬各邦独立主义，不如说是为了复活它。特赖齐克之看待普鲁士，正如同扬森之看待罗马[②]。他能够激励和启发，但没有人敢于向他求教。他表现出他对普鲁士以外的德意志各邦不能理解，几乎达到令人难以相信的程度。这部书关于文化生活的描写虽然值得嘉许，但却为它的政治偏见所损毁。接着这位历史家同他的老友之间开始了争论；特莱茨克宣称，等他叙述到腓特烈·威廉四世时，他的批评者的态度就会完全不同了。埃德曼斯多费尔指出，批评者在有些细节上自己也搞错了；聚贝尔则解释道，《德意志史》所攻击的不是自由主义而是空谈理论的激进主义。可是鲍姆加滕的攻击所留下来的有害印象，却再也没有被抹掉，因为，他的语调虽太尖锐，但却击中了该书的根本弱点。

这些缺点，在叙述到1830年的第三卷内却不那么明显了。在第三卷中，作者开始叙述关税同盟的冗长经过，并第一次确立了莫茨[③]的重要地位。这一卷的精华是关于北德小邦、它们的统治者、

① 参阅马尔克斯的出色传记，刊载于鲍姆加滕：《论文与演说集》(1894年)的前面。——原注

② 扬森，J.(1829—1891年)，德国史学家。在其名著《中世纪末以来德国人民史》中认为德国文明在中世纪末已臻极盛，而宗教改革则是对德国文化与繁荣的破坏，利用历史为罗马教会进行辩解。——谭注

③ 莫茨(Adolf von Motz，1775—1830年)，曾任普鲁士财政大臣。他改革税制，奠定了关税同盟的基础。——译者

它们的政治与文化，由一系列出色的精巧小品组成的著名的一章。第四卷写的是腓特烈·威廉三世长期统治的末期的历史，主要是论述立宪观念的成长。关税同盟的历史在这一卷里叙述完毕，奥地利的势力已经不那么咄咄逼人，而普鲁士开始确立它在民族生活中的地位。第五卷于 1894 年出版，叙述腓特烈·威廉四世和他周围一群出色人物的金光灿烂的事业的开端。这一卷是全书中最完善的部分，它具有某种成熟的平静气氛。谁也不能指责特赖齐克站在朝臣的地位来描绘国王的形象；但是，虽然他慨叹国王的政治缺点，却抓住了他为人的高贵品质；当他有所指责时，他内心的沉痛多于气愤。特赖齐克这时已经六十岁了，他的视力逐渐衰退。他已写到 1847 年，他急于开始写革命的年代〔1848 年〕。他对巴叶说，“愿上帝假我以年，直到完成我的第六卷。”但事与愿违，他的健康状况急剧下降，于 1896 年去世。

特赖齐克的《德国史》是大陆上最近似麦考莱的《英国史》的著作。在他编写之前，一般人对于普鲁士的历史知道得很少，而对于从拿破仑覆亡到“革命的年代”之间各小邦的情况，就知道得更少了。但他的著作远远超过政治叙述的范围。它提供了关于民族发展的全面图景。他使一个沉闷的时期活灵活现。他不是把这个时
代当作一个衰败的时代，而是当作一个积聚力量，以达到民族统一 144
和才智上的无比活跃的时代来描述。在普鲁士学派中只有他把文明包括在他的视野之中，而且他非常注意研究言论的动向和文学和学术的潮流。他的文笔无可比拟地华丽和有魄力，他是个幽默大师，而且擅长表达悲愤的情感。在他早期论文与演说里稍嫌过分注重修词的文风，现在已不复存在了。在普鲁士学派中他是唯

一有文学天才的作家。就文笔的魔力与感人的活力来说，他可与蒙森比美，并超过所有其他普鲁士历史家。

这种充满活力的个性形成本书一个主要的迷人之处，但也是它的主要缺点的根源。1864年，他在写给聚贝尔的信中说，“我太容易激动了，但我希望到一定的时候能成为一个历史家。”1882年，他看出自己的性格是永远不会改变的，他承认他血气太旺，不能作一个历史家。他的笔锋同剑锋一样锐利。他的同事施默勒作证说，他的爱和恨就像大自然的暴力或几乎像火山爆发那样。他坦白地告诉弗赖伊塔格说，在他的身上，爱国者的成分比教授的成分要大千倍。他的朋友们把他比作“急性人”[①]、熙德[②]或年轻的齐格菲[③]。在德意志大历史家中，兰克是最客观的，而特赖齐克是最主观的。没有人会把他归入“好欧洲人”这一类人里去的，而对于这样的奉承，他也会轻蔑地拒绝接受。他写道，“只有一个以祖国的悲欢为自己的悲欢的雄壮的心，才能生动活泼地叙述历史。”他编写历史与其说是为了纪实，不如说是为了教导。巴姆贝格尔抱怨地说，在企图使教训为特定目的服务方面，只有耶稣会徒能赛过他。他攻击奥地利、法国、俄国和犹太人。他严厉地谴责英国，说它是功利主义者和伪君子，一手拿《圣经》，另一手拿鸦片烟枪，前去征服一个“帝国”：同贪婪的英国人相比，德意志人是理想主义

① “急性人”(Hotspur)，为哈里·珀西(Harry Percy)的绰号(见莎士比亚：《亨利四世》)。——译者

② 熙德(Cid Campeador，1040？—1099年)，西班牙著名的捍卫基督教反摩尔人的骑士。——译者

③ 齐格菲(Siegfried)，德意志中世纪史诗《尼贝龙根之歌》第一部分的主角。——译者

者。他藐视法王路易·菲利普和比利时国王利奥波德，认为他们是带有资产阶级和商人气味的国王。他虽然认为德意志人是最好的民族，却不认为他们都一样的优秀。普鲁士才是出类拔萃的民族。在编写他的历史时，特赖齐克已经克服了他对容克地主的厌恶。他认为关税同盟和普鲁士军队是统一的工具。他宣称，贵族比资产阶级更有远见和自我牺牲精神。他的最犀利的箭头，是对着他讨厌地称之为犹太人的，过激的和亲法的“青年德意志”[①]运动。他写到海涅与别尔内时说他们是青年的腐蚀者，是祖国的敌人。

特赖齐克这个人的政治家气质太浓厚，他不可能不参加在他生活的最后二十年中所兴起的争论。新德意志的两种势力激起了他特别的愤慨。他把社会主义看作无政府主义，而宣称应以武力而非争辩来对待它。在一篇激烈的论文《社会主义及其庇护人》里，他指责那些迎合社会主义的教授。“讲坛上社会主义者”中最著名的代表人物施摩勒[②]，发表了一篇庄严的答辩，指斥这位历史家误解了他们的立场。特莱茨克对于犹太人影响的增长甚至更为震惊。他看到在财政和新闻界占有势力的人都是些对爱国主义和基督教漠不关心的人，感到沮丧。他并不希望对犹太人重新实施褫夺权利的法令，但这位著名历史家发表言论，同施特克尔发起反犹太主义[③]又恰好是在同一时期。在他的研究院同事中有一些犹

145

① 青年德意志运动(Young Germany)，19世纪30年代与40年代的德意志文化运动。——译者

② 施摩勒，G.(1838—1917年)，德国经济学的新历史学派代表人物之一。——谭注

③ 施特克尔，A.(1835—1909年)，1874—1890年为德国宫廷宣道师，柏林反犹太运动的领袖。——谭注

太学者；而蒙森带头组织答辩，指斥他破坏了莱辛留下来的宗教宽容这一伟大遗产。

特赖齐克在他授课当中反复进行战斗。讲堂里挤满听众，来听他对法国和英国、社会主义和犹太人、和平主义和议会政府的不加节制的攻击。政治学课程为他提供了机会，这个课程他一生中开过好多次，讲稿在他死后根据笔记整理刊行①。讲课的中心内容是：必须有一个强有力的国家，一个不依靠政党多数的行政机关，和必须训练具有活力的公民。在一篇早期发表的论文里，他歌颂战争。“排除战争的想望，不仅是毫无意义的，而且也是不道德的；如果战争消除了，世界就会变成一座自私自利的大神庙。”后来，他又写道，“我们的时代，是一个铁的时代。如果强者征服弱者，那是生活的法则。”战争是一种必不可少的道德补剂，决斗亦然。一个曾为自己国家作出卓越贡献的人竟变成绝对专制主义的卫护者并以狂妄与旋风般的言论来点起沙文主义的火焰，这是一个可悲的结局。特赖齐克像容克地主一样，怀着狂喜的心情欢呼威廉二世的登极，但俾斯麦的下台使他清醒过来。他毫无保留地攻击卡普里维和他的主人，因而同聚贝尔一样，受到被逐出档案馆的威胁。在他那刚强的个性里，高贵的和令人厌恶的成分混杂在一起。这位“讲坛上的俾斯麦”显然是有一个天才的气质。

随着 1896 年特赖齐克的去世，普鲁士学派也就消逝了。这个学派的成员是在德意志的消沉时期的政治教员，他们唤起他们的
146 同胞努力奋斗，而这种奋斗精神终于造成一个强大的帝国。这个学派是由于民族的需要而成长起来的，而当这种需要得到满足之

① 包括两卷的英文译本于 1918 年出版，其中并附巴尔福勋爵的导言。——原注

后，它就没有存在的理由了。如果说历史学的主要目的是鼓励一个民族采取行动，那么德罗伊曾、聚贝尔和特赖齐克都应归入最伟大的历史家之列。如果说历史学的基本目的是揭出真实情况和解释人类的活动，那么就没有什么理由把他们算作第一流的历史家。历史研究的潮流，由于受到他们的有力影响而暂时倾斜，此时开始回到那条由兰克标出的渠道去了。莫里茨·里特尔以其毕生精力贡献给反宗教改革和三十年战争的研究。埃德曼多费尔描写“大选侯”的第一幅客观形象。科塞的腓特烈大帝传是自特赖齐克以来德国史领域内最动人的作品。德尔布律克专心研究格奈塞瑙；玛克斯·勒曼则致力于研究沙恩霍斯特和斯泰因。里茨勒研究巴伐利亚史；席曼研究沙皇尼古拉一世统治时期的俄国历史；迪特里希·舍费尔研究汉萨城市。曾因撰写16世纪后期的专题论文而成名的埃里希·马尔克斯，现在以准确可靠的判断力来论述俾斯麦及其主人；迈内克探索从18世纪到1848年政治意见的发展过程。伦茨和欣策一直致力于普鲁士史的研究。在施莫勒及其他专家的指导下，由柏林研究院出版的多卷集：《普鲁士法令汇编》显示了18世纪普鲁士政府和工业的结构和方法。在我们这个时代，成就较小，但所取得的成果是要更踏实一些。

V

在奥地利，具有高质量的历史作品都是近期的作品。当佩茨在维也纳物色编辑《史料集成》的助手时，根茨回答说，组织一个研究德意志历史的学会是不能得到皇帝同意的。对出版物的检查从没放弃过又是严密的；档案仅仅对一种人开放，那就是可以保证对王朝和宗教持正统观念的人。直到阿尔内特[①]充任档案馆馆长的时候，梅特涅的一套制度才终于被放弃了。在访问伦敦时，阿尔内特看到那里的档案对每个研究者自由开放，而在自己的国家里连次要的案卷也禁止查阅，很有感触。在维也纳，档案即是“帝国密件”，像王冠的宝石那样归王朝独占。后来他逐渐打破了这种障碍；他所写的欧仁亲王[②]传，不但提高了自己的声誉，而且增添了
147 哈布斯堡王族的荣耀。这位声誉显赫的军人与政治家，“曾为奥地利的利益而工作的最伟大的人物”，他一生多事的经历，第一次由阿尔内特根据他本人的书信，加以探索和叙述。这篇传记的确是在奥地利出版的第一部得以广泛流传的历史著作。

这时，阿尔内特已获得奥地利官方人士的信任；他可以任意使用档案，来编写他一生中最主要的著作。他的《玛丽亚·特雷萨的历史》是全部根据档案资料编写的；它详尽地描绘了哈布斯堡王族的一长列统治者中两个最引人注目的人物。他以女皇特雷萨，这个“奥地利史上最出色的人物”对每个奥地利人所鼓起的热情来进行他的工作。在奥普冲突的年代里，她的勇敢使她成为奥地利人民的偶像化的统治者，她的声誉在同她的劲敌〔腓特烈〕对比之下，显得愈加辉煌。而对于那位女皇一向称之为“坏种子”，而她儿子指斥为有才的无赖的国王，阿尔内特承认他的才能；但当女皇不惜任何代价地信守诺言时，腓特烈却是基本上不讲信义的。在 1748

① 参阅他的自传，《关于我的生活》，共二卷，1893 年出版。——原注

② 欧仁亲王即萨伏伊亲王（1663—1736 年），奥地利名将，于 1697 年，1717 年大败土耳其年；在西班牙王位续承战争中任奥军统帅，屡挫法国，扭转战局。阿尔内特所撰传记名《欧仁亲王传》，1858 年初版。——谭注

年和约[1]带来了一个喘息时间后，她转向国家的复兴工作。她取消贵族的免税权，改革行政与司法制度，把法律编集成典，并整顿军队。尽管阿尔内特钦佩她的崇高品质与巨大能力，但他绝不是闭眼不见她的缺点的。她最大的缺点是偏执。她恨犹太人，并急于驱逐他们出境。她憎恶新教徒，并坚决支持出版检查制。第二个缺陷是她的独断专行的脾气。她虽然深爱自己的丈夫，但她从来不准他参与国家大事。她不喜欢相反的意见，并极其注意保护她的王室特权。在和平的年代里，最重要的事件是她委派了考尼茨担任首相。女皇同这位大臣之间的关系（在这部书里第一次详细叙述），给两个人都带来了荣誉。虽然大臣是一个怀疑派和在宗教方面持有自由思想的人，但女皇对他的信任从未动摇过。在七年战争后，约瑟夫开始参与政事，因而在她统治的后半期，她不复是一个独断独行的统治者。她曾给他以精心教育，并对他的高超才能感到喜悦；但约瑟夫殷切地要求改变一切似乎可以改进的东西，这就使他常常反对许多女皇认为满意的做法。他虽是一个正宗的天主教徒，但厌恶僧侣的势力。当他得到考尼茨支持的时候，他一般是能实行他的主张的；但他和母亲的经常摩擦，使她的晚年笼罩上阴影。

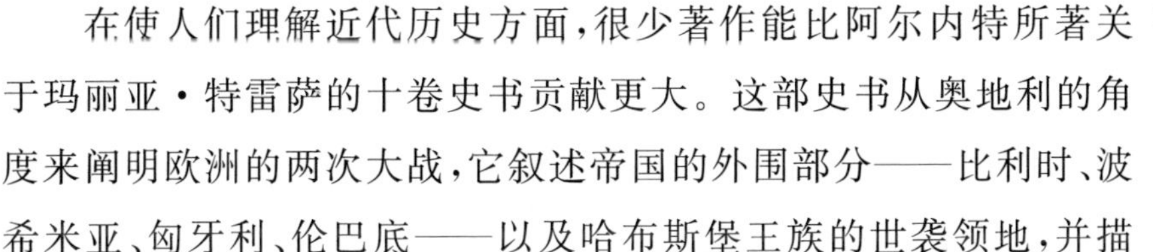

在使人们理解近代历史方面，很少著作能比阿尔内特所著关 148
于玛丽亚·特雷萨的十卷史书贡献更大。这部史书从奥地利的角度来阐明欧洲的两次大战，它叙述帝国的外围部分——比利时、波希米亚、匈牙利、伦巴底——以及哈布斯堡王族的世袭领地，并描

① 1748年和约，即结束奥地利帝位继承战争的阿亨和约，条约承认了玛利亚·特利萨的继承权。——谭注

写帝国生活的各个方面——财政与法律、教育与宗教。尤其重要的，它通过玛丽亚·特雷萨、约瑟夫和考尼茨的信件来表现他们的形象。这个历史家把他晚年的大部时间用于出版玛丽亚·特雷萨同她的子女的大量书信。书信集中最为引人注意的，是包括女皇与玛丽·安托瓦涅特来往信件的那几卷。1864 年，胡诺尔施泰因和弗耶·德孔什出版了法国王后的书信集，出版后引起了对它们可靠性的怀疑；这场争论，后来由于维也纳出版了原稿而得告平息。1868 年，当阿尔内特正在从事编写玛丽亚·特雷萨的历史的时候，他被委派为档案馆馆长。但在 1863 年，甚至兰克也被拒绝查阅 1756 年奥地利驻巴黎大使的紧急公文。现在，阿尔内特却欢迎一切国家的历史家到那里去。他曾因准许哈布斯堡王族的宿敌聚贝尔查阅档案而受到攻击，但他回答道，普鲁士人只有通过细查档案，才能改变他们对奥地利政策的错误见解。

在阿尔内特领头前进的道路上，有一队热切的追随者跟在后面[①]。奥斯瓦尔德·雷德利希的巨著：《哈布斯堡的鲁道夫[②]》和鲁多·哈特曼关于中世纪时代意大利的著作[③]，获得了学术界以外的读者。克伦斯编写第一部关于奥地利国家成长的全面综述[④]。克洛普[⑤]是汉诺威国王的北德朋友，曾伴随他的庇护人流亡。他

① 迈斯特尔在《研究院史，1847—1947 年》，(1947 年版)中描述了研究院(1847 年创立)的活动。——原注

② 哈布斯堡的鲁道夫(1218—1291 年)，即鲁道夫一世，奥地利哈布斯堡王朝的创立者。——谭注

③ 《中世纪意大利史》，共四卷，记公元 475—1002 年之事，系一未完成之作。——谭注

④ 《奥地利古代至现代历史手册》，共五卷，1876—1879 年。——谭注

⑤ 参阅 W. 克洛普：《昂诺·克洛普传》，1907 年版。——原注

终身致力于保卫哈布斯堡王朝与“大德意志”原则。他以对腓特烈大帝的猛烈攻击作为开篇，说他开创了那把德意志毁了的二元论。接着他论述蒂利[①]的复职和研究三十年战争的早期，在这一部分里，古斯塔夫·阿道夫和信奉新教的王公们被看作德意志民族的敌人。他晚年的主要工作，是编写一部庞大著作：《斯图亚特王朝衰亡史》。这部著作所讲述的欧洲大陆历史比英国历史多，而由于其中的新资料，它是一部有用的书，但作者对奥地利的偏袒和对法
国的敌意，损伤了它的完美性。法国革命和拿破仑战争时期，曾经 149
由斐微诺与蔡斯贝格、贝尔与施利特尔、韦特海默尔与福尔尼尔，加以探索。施普林格描述了“复辟时期”。赫尔弗特[②]，这位梅特涅时代与精神的最后代表人物，已研究了1848年革命。弗里容[③]则阐述以萨多瓦战役为结尾的冲突中奥地利一方的情况。

1854年奥地利教育部长图恩伯爵建立了维也纳历史研究所，从此开始了对中世纪奥地利历史的系统研究[④]。但这个研究机构在研究中世纪方面获得了最佳学院之一的名誉，都应归功于一个德国学者。这就是西克尔。他是一个萨克森牧师的儿子，由于拉赫曼的说服，研究了语言学。1849年为了政治原因，他被逐出柏林；于是在法国古文献学院学习他的行业。在他来到维也纳后，他

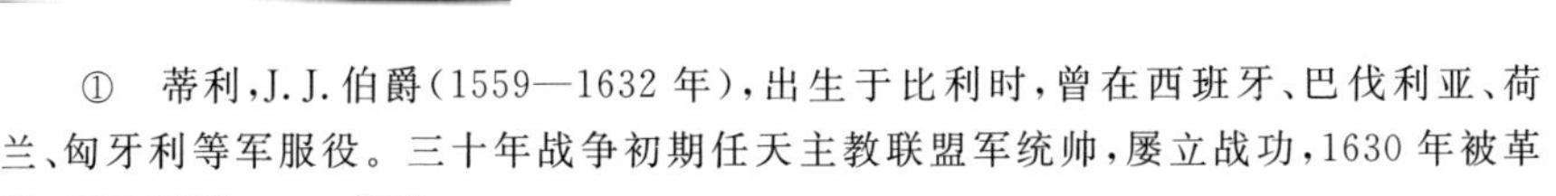

① 蒂利，J. J. 伯爵（1559—1632年），出生于比利时，曾在西班牙、巴伐利亚、荷兰、匈牙利等军服役。三十年战争初期任天主教联盟军统帅，屡立战功，1630年被革职，后又起用。——谭注

② 赫尔弗特，J. A.（1820—1910年），奥地利男爵、政治家、历史家、著书立说为梅特涅的反革命政策作辩解。——谭注

③ 弗里容，A.（1851—1920年），奥地利史学家，标榜大日耳曼主义反对普鲁士——谭注

④ 参阅圣蒂法勒：《奥地利历史研究所史》，1950年版。——原注

被邀讲授古文书学，后于1867年成为历史研究所所长。因为他在教学上需要资料，他编辑了《中世纪影印文献集》[①]，包括从奥地利和意大利档案中收集到的二百幅摹真文献。他长期研究加洛林朝的手稿，使他对于那个时代的文书格式获得了无与伦比的知识。他的《加洛林朝法令汇编》标志着马比荣所建立的古文书学的高峰；这门科学近来由德利斯尔关于腓力·奥古斯都《文书》的工作（德氏以整理研究腓特烈二世文书见称）以及羽拉—布勒霍尔的巨大汇编《皇帝腓特烈二世的法令》[②]向前推进了一步。1874年，西克尔参加了《史料集成》的编修馆，并担任"文书"部分；他自己则编辑了有关萨克森诸皇帝的文书两卷。他这时已是公认的文书学方面活着的最大专家，因此聚贝尔曾劝他同他合作，搜集关于加洛林朝和萨克森朝诸帝皇的摹真文献。1881年，他被任命为罗马城的奥地利历史研究所第一任所长，那是对他辛勤工作的恰当的酬报。西克尔一生从事古文献的编辑工作，因而他的名声被限制在学者的范围之内，但他在这个范围里的声誉是稳固的。

因斯布鲁克的研究工作是能同维也纳对中世纪的研究相匹敌的。菲克尔，信奉天主教的威斯发里亚地方人[③]，很早结识了伯默尔，后者把他介绍给图恩伯爵。1852年，他被派到蒂罗尔的首府，在那里他无间断地工作了半个世纪。他同西克尔一样，也是一个文书学专家，但他同时还是一个多产作家。他反对聚贝尔，而为中世纪时期的帝国辩护，那使大家知道他不仅是个渊博的历史家，而

---

① 参阅埃尔发表于《历史季刊》第9卷上的极佳文章以及西克尔的《罗马回忆录》，1947年版。——原注

② 全书共七卷十二册，1852—1861年。——谭注

③ 参阅容格(Jung)的巨著，《菲克尔传》，1907年版。——原注

且是个勇敢的论战者。他的第一部重要著作是对神圣罗马帝国王 150
公的宪法地位的研究。魏茨称它是一部划时代的著作。1861 年，在他旅行意大利的时期，他致力于档案的深刻研究，为他后来所著《意大利行政与法律史研究》打下了基础。这是一部学术的大百科全书，对于研究法制与政府、帝国与教会、德意志与意大利，是同样有价值的。就中世纪法律与制度的知识来说，从来还没有人能够胜过他；在有关中世纪史的最有权威的解释者中间，他的地位可与魏茨、斯塔布斯、布伦纳和梅特兰并列。另外他还用了许多年的时间来编辑文献。伯默尔的《帝国文书》被称为第一次尝试，但甚至他的朋友也不能无视其技术上的缺点。菲克尔和他的学生对《文书》所做的改订工作，倍增了它的价值。他关于文书学的巨大著作，就是从修订《文书》这项工作里成长起来的；它为了解各国间错综复杂的外交关系提供了第一个可靠的向导。此外，菲克尔作为教师的影响也是很大的；德国学者越过边境，来学习他的批判方法①。

① 《奥地利帝国史学的发展》(1950 年由格罗斯出版)一书对晚近一代的研究工作作了描述。——原注

151 # 第九章　法国浪漫主义学派

I

法国革命在历史研究方面如同在教会和国家方面一样，形成了同传统的决裂。[①] 雅各宾派把过去看作肮脏的地牢，人类精神刚刚从那里逃出，见到了阳光。国民议会下令在芬多姆广场上焚毁有关法国贵族的文件，孔多塞发表了一篇适应当时情况的谈话，他说，“今天，**理性**焚毁了表明一个等级的虚荣的无数卷册。其他残余还留在各公私图书馆里。它们必须一起毁灭。”在全国各地，契据文件在钟声的伴奏下被投入火焰里，群众在“共和国万岁”的呼声中舞蹈。[②]

百年来使法国成为历史研究中心的两个研究集团[③]，被扫除

---

① 为了了解 19 世纪法国历史研究的概况，可参阅蒂埃诺：《关于历史研究的报告》，1867 年版；C. 朱里昂为《法国历史家论著摘要所作导论》，1897 年版；阿尔方：《百年来的法国历史学》，1914 年版；莫罗：《十九世纪的法国历史学》，1935 年版；拉拉：《十九世纪的历史家》，1947 年版。——原注

② 参阅戴波瓦：《革命的汪达尔主义》，1868 年版，和拉波德：《革命与帝国时期的法国档案》，1867 年版。——原注

③ 古奇所指的两个研究集团；第一是本尼迪特派，以圣莫尔教团的圣泽芒修道院为中心，培养了马比荣和蒙福孔这样的大学者。其次是耶稣会教士团体，其代表人物有阿杜昂等。17 世纪中，冉森教徒的皮尔-罗雅尔派崛起，形成另一个中心。他们的主要学术工作是搜集整理和出版史料，编纂大型的历史著作。——谭注

掉了。在本尼迪特派修士中已产生不出像马比荣和蒙福孔那样有才智的学者,但他们还是完成了踏实和忠诚的工作。1790 年,多姆·布里阿尔[①]在写给一个朋友的信里说,尽管时局混乱,多姆·克莱芒还是编写完了《年代考证法》的最后几页[②],但所有这个僧团的其他工作都一起停下来了。他接着说,“多姆·克莱芒虽已年高,身体还很康强。但他对局势和我们同样地感觉苦闷。”三年后,他即去世,因而这一集团即告结束。各个科学院也遭受了与这个僧团相同的命运,但因为它们除了是由王家创立的以外,同“旧制度”没有什么别的关系,所以它们能够在改变了形式后很快地恢复起来。在“恐怖时期”过去后,成立了一个叫做科学院的新机构,其中设有科学、文学与艺术各部以及一所新的道德与政治科学院。152

科学院邀请多姆·布里阿尔继续布凯的编年史汇编[③]工作,对这个工作,他原已花过多年工夫。1801 年,这个编者写道:“我几乎是单独地完成了第十二卷;当我把这本书交给他们时,他们看到了利用本尼迪特修士的重大意义。现在,他们正在计划继续十字军历史家著作的汇编、《基督教高卢》及其他著作。目前,这些事业还只是计划而已,但它们证明我们已稍稍摆脱我们所陷入的野蛮状态。”

执政府早期的诺言,是带有欺骗性的;法国进入了一个严厉的
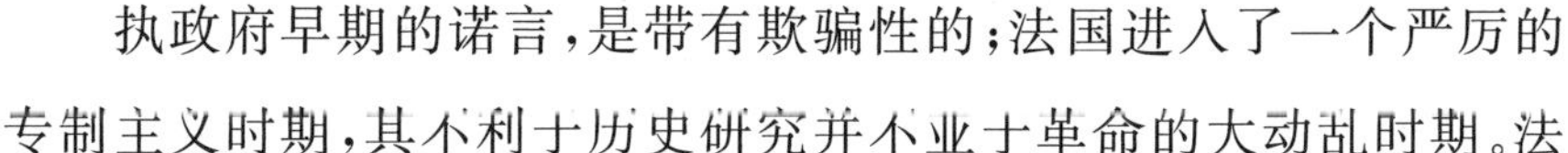
专制主义时期,其不利于历史研究并不亚于革命的大动乱时期。法

① 见《法国历史学会:通告与文件》(1884 年)中所载多姆·布里阿尔(Dom Brial)的《两封信》——原注(多姆为对僧侣的尊称。——译者)

② 此书于 1790 年完成,为摆脱教会编年法,创立近代年代学奠定了基础。——谭注

③ 《高卢暨法兰西历史文献汇编》(*Receuil des historiens des Gaules et de la France*),共二十四卷,1738—1904 年。——谭注

兰西学士院仍然存在[①]，但历史教授们认为从古代世界选择讲题较为妥当。在革命时期，最重要的事件是勒诺瓦[②]建立了国家博物馆。旧制度倾覆后，成批艺术珍品被当作专制与迷信时代的象征而被销毁；但正当革命的汪达尔主义[③]达到高峰的时候，勒诺瓦不顾生命危险，挺身而出。他把许多遭受毁灭威胁的文献抢入小奥古斯丁修道院内。博物馆经过馆长的精心布置后，对历史产生了比对艺术还要大的影响。这些文献原来分散在许多教堂里，未曾受到重视，但在集中一处，并按年代顺序排列之后，就引起了注意。

在执政府末年，拿破仑撤销了道德与政治科学院，设立了古代史与文学部，而近代与中世纪史在这里却没有地位。拿破仑称帝后，他对历史研究效用的概念似乎有了改变。1806 年，他利用耶拿战役后的几周闲暇时间，口授了两项很长的备忘录[④]。他提出应设立一所大学或将法兰西学士院扩大；在那里应设罗马、希腊、拜占庭、法国、英国和美国历史讲座。另外还应开办专题讲课，其中包括从罗马到执政府时期的立法史和法国战争艺术发展史。“有
153 一部分历史是不能从书本里学到的，那就是最接近我们时代的历史。在历史著作中一向存在着当代人出生前五十年的空白时期。”教授们应该知道直到他们讲授时为止的一切事情。“人们常常说，

---

① 参阅莫诺，《法兰西学院的历史讲座》，载〔法国〕《历史评论》第 10 卷。——原注

② 参阅库拉若：《亚历山大・勒诺瓦》，2 卷，1878—1886 年版以及发表在〔法国〕《历史评论》第 30 卷中的文章。——原注

③ 汪达尔，古日耳曼人之一支，以破坏文化著称。汪达尔主义意为故意破坏文化、艺术的行为。——译者

④ 参阅《拿破仑书信集》，第 25 卷，第 102—110 页以及勒弗朗所著《法兰西学院史》，1893 年版。——原注

历史只有在事件发生后好久才能编写；我不以为然。人们写一年前的事情能够同写百年前的事情一样。也许更容易写得确切，因为读者可以按照自己所知道的作出判断。”大学应具有完全实用的性质。“我不需要哲学，也不需要宗教史，而是需要事实的历史。”这个在芬肯施泰因城堡设想的宏伟计划，仍然只是一个理想，而且的确也是不可能实现的。法国当时不具备这样的人才；即使可以找到这样的学者，皇帝也会把他们看作国家的官吏。凡是天真地接受了委任的学者，必然会发觉自己像关在镀金的鸟笼里一样。

仅只在一年以后，那种应占统治地位的精神，就赤裸裸地暴露出来了。1808 年，替皇后管理图书的哈尔马神父请求皇帝准许他继续编写维利和埃诺的著作。内政大臣回答说，政府还有更重要的事业需要鼓励。皇帝闻悉这个答复后，口授了下列备忘录[①]：“我不同意内政大臣所发表的原则，继续维利和埃诺著作[②]的编写工作是非常有用的。最重要的是要确定续编这部著作的精神。我已命令警务大臣监督米洛[③]著作的续编工作。我希望两位大臣为续编维利和埃诺著作的工作作好安排。这项工作不但必须委托给有真才实学的作家，而且必须委托给能够按照真实情况叙述事实，把读者引导到 1808 年，以提供正确教导的可以信赖的人。字字句句都必须表明罗马教廷的影响和华洛瓦王朝和波旁王朝的软弱无

① 参阅《拿破仑书信集》，第 16 卷，第 489—491 页和梅莱：《法国文学概览，1800—1815 年》，第Ⅱ卷，1883 年版。——原注

② 维利，P. F.（1709—1759 年），18 世纪法国著名史学家。——谭注

③ 米洛（Millot，1726—1785 年），法国历史家，著有《法国史：从克洛维到路易十五时代》（1767—1769 年版）。——译者

能；必须以描绘宗教裁判所和‘十六区’[①]大屠杀那样的笔法来描绘9月大屠杀和革命的恐怖。必须说明过去不断出现财政紊乱的情况、最高法院的僭越行为和行政工作之失去常规，使读者在读到当代时，感到如释重负。当这部以适当的倾向性巧妙地编成的著作出现后，不会有人再有重做这个工作的愿望或耐心，特别是当他
154 从警务部方面得到的远不是鼓励而是阻挠的时候。”这个具有讽刺意味的备忘录说明了帝国时期历史学处于停滞状态的原因——历史属警务大臣管辖。米洛神父的《法国史》中有一卷被取缔，理由是它包含有损害法国陆军荣誉的东西。一本关于贝利萨留[②]的戏剧被禁演，唯恐它会使人联想到莫罗[③]的命运；另一出关于亨利四世的戏剧也被禁演，因为使人忆起法王宝座上最得民心的君主，是不合心意的事。

在历史研究领域内，拿破仑的唯一功绩是指派多努[④]管理全国档案一事。当时整批文献的销毁曾引起反响，因而在1794年组成了一个有学问的詹森派教徒，卡米领导的委员会。在1789年前，据估计约有一万处档案保藏所；而在巴黎一地就有四百处。当时政府下令，将文献集中并保藏于各郡首府；而指令在很大程度上

① “十六区”(Seize)——指16世纪末天主教同盟时期的巴黎十六个区的代表；他们以残暴著称。——译者

② 贝利萨留(Belisarius，505?—565年)东罗马查士丁尼帝的大将，屡立战功。562年，以谋杀皇帝罪被捕。获释后，穷困而死。——谭注

③ 莫罗(Moreau，Jean-Victor，1763—1813年)，法国名将，屡立战功。1808年因参与了海外王党潜入法国，图谋复辟的阴谋，被判处流放。——谭注

④ 关于多努的最好论著是盖拉德的《略论多努》，1855年版。可比较塔扬迪埃，《有关多努传记的文献》，1841年版。另外还有一些极好的评论，如：米涅的《略评与回忆》，第Ⅰ卷，1843年版；圣伯夫在其《现代人物画像》，第Ⅳ卷中的文章；勒克勒尔在《法国文学史》，第ⅩⅩ卷中的评述和德萨西的《文学作品杂集》，第Ⅱ卷(1858年版)。所有这些作家个人都是同他熟悉的。——原注

得到了遵守。1804 年，卡米由多努接替，后者对历史著作具有广博知识并受到普遍尊敬。他虽于早年加入僧侣阶层，却欢迎革命，并接受了《教士法》；可是他一直是个温和派。在督政府时期，他致力于教育事业并参加设立科学院的领导工作。执政府成立后，他脱离了政治生活；所以这位受皇帝之托来管理档案的人，是个学者而非政客。虽然他从未被算作帝国的公开拥护者，但拿破仑曾不止一次地向他求助。当帝国和教廷的冲突迫近时，他被委派编写一本关于教皇世俗权的书。他毫不踌躇地接受了这个任务。在革命开始时他已经抛弃了他的圣职和他的神学；对于罗马教会他满怀轻蔑情绪。他的论旨是：自 9 世纪以来，教廷一直是欧洲灾难的主要根源。他是同情宗教信仰的，但他强调宣称，教皇世俗权必须取消。这部书是属于皇帝赞赏的一类史书，因为它的目的是为政府在执行政策中提供武器。多努在为科学院继续本尼迪特修士未完成的工作方面用处就更大了。到帝国末期，他在多姆·布里阿尔和甘格内的协助下，重又编写那部中断于 12 世纪的《文学史》，而且直到他逝世为止都是这项事业的核心人物。

在当时的少数历史著作中，最重要的是弗拉桑的《法国外交史》。作者在该书第二版序言里写道，“当拿破仑任第一执政时，他对科学院历史部代表们说，他希望有一部关于法国外交的著作。”弗拉桑接受了委托，于是出现了有史以来第一部关于一个国家外交的历史。许多文献和条约都是第一次刊印的，但该书的价值完全限于资料方面。它的结尾像皇帝所希望于所有历史著作那样，是一番恭维皇帝的话。弗拉桑写到“大战”开始时住笔，而在他搁笔时，他提请读者注意：法国进入了一个混乱时期，这段时期将持

续到“由一个天才领导的政权出现为止”。虽然他的颂词已是令人作呕，皇帝还是宣称，他滥用了他的机遇，并谴责他企图泄露政治机器的秘密动力。这样一个统治者是能够委派史官，但不能造就历史家的。

由保皇集团的成员所写的唯一重要著作是达鲁[1]的《威尼斯史》。他曾为帝国军队筹办军需，伴随皇帝出征，并在法军惨败于莫斯科后，担任陆军大臣。他的编写计划是在 1797 年制定的，而在抢劫亚得里亚海王后[2]时，获得大量有价值的文献。该书各卷在 1815—1819 年迅速地连续出版，在全欧赢得了莫大声誉。此书叙事的语调庄严、平静，但所描绘图景的色彩是暗淡的。威尼斯政府的神秘和严厉的做法，人民的道德败坏都着重地加以描述；整个著作引导读者得出这样的结论：当拿破仑对威尼斯进行干涉时，这个牺牲者完全是罪有应得。达鲁的著作，与其说是一位学者的作品，不如说是一位政治家的作品。爱国的威尼斯人指责他蓄意诋毁“共和国”。他回答说，他在著作里曾热情地称颂威尼斯公民的

156 勇敢、他们的技艺和他们的勤奋。但他最难对付的批评者蒂耶波洛伯爵[3]宣称，他的最尖锐的攻击根据的全是毫无价值的资料的，他并且出版了两卷纠正该书的著作。达鲁在这些以及其他批评意见的推动下，进行了新的研究工作，并把他的研究成果补进后来各版里。在他的读者当中有流放在圣赫勒拿岛上的拿破仑（荷兰爵士曾把该书给他送去），而他关于共和国的垂死挣扎的意见被刊入

① 参阅圣伯夫的《周一漫谈》，第 9 卷。——原注

② 指威尼斯共和国。——译者

③ 见他所著《对达鲁史书的订正》，1828 年版。——原注

第二版内。这部著作保持着它作为威尼斯史权威作品的地位，直到一个时代后罗马宁的更为渊博的叙述取而代之为止。

在拿破仑统治的沉重压抑毫无生机的时期，夏多勃里昂的作品打开了情感的源泉，扩大了想象的天地和激发了历史感[①]。虽然他的知识是不完整的，他生性不喜欢系统的研究，但他对法国在“复辟时期”复兴历史研究的贡献，却比任何人都要大。在文学方面，他只不过是继承卢梭和圣皮埃尔[②]的传统，而在历史方面，他最重大的成绩是找出研究中世纪的钥匙。他第一部的重要性并不在于为他更成熟的产品作准备，而在于为后者提供对照。这第一部著作《论革命》是在1797年在英国撰写的；它以摆脱敌对党派的陈词滥调为特色。他虽然是贵族和“逃亡者”，却宣称法国革命是不可避免的，可是他又反对革命拥护者的幻想。他的任务是通过对类似骚动的研究，找出法国革命的原因并预测它的后果。他在研究希腊史当中发现近代作战中的大部分标语口号都是古典世界里所熟知的，因而作出结论说，人类的活动是循环不已的。法国革命可能会像其他革命那样垮台，而进步可能会再次证明是一种幻想。欧洲似乎确已快要瓦解，因为社会没有宗教，就会衰亡。基督教已被弄得信誉扫地，而且没有什么可以代替它的东西。

紧跟着《论革命》一书出版后，作者的宗教信仰有所转变。这个新的夏多勃里昂出现于《基督教真髓》一书里，该书于1802年出

① 关于夏多勃里昂的两部最重要著作，有圣伯夫的《帝国时代的夏多勃里昂和他的文人集团》，共2卷，1849年版，和卡萨尼厄的《夏多勃里昂的政治生活》，1911年版。比较贝特朗所著《古典时代的结束》，1897年版。——原注

② 圣皮埃尔（Saint Pierre，Bernardin de，1738—1814年），小说家，卢梭的信徒，以擅长描绘大自然景色著称。——谭注

版。这是在政治、宗教、史学和文学方面的一件大事。它与“教务
157 专约”同时问世，对于正在引导法国离开18世纪传统的潮流给予了无可估量的动力。今天，它的宗教感化力早已消逝；它的学术性是肤浅的，而且现在人们只把它纯粹当作文学作品来阅读；但在一百年之前，它被颂扬为维护教义的杰作。他通过一系列图景——基督教的教条和它的传说、它的宗教剧、它的仪式和它的艺术——以光彩夺目的颜色表现了基督教的美。但他所做的，还不限于证明基督教是近代文明中的主要因素，他还把它同古代法兰西的光荣联系起来。他从基督教的美谈到它的真。他所要打动的是人们的感情和想象力。这部著作很少历史精神，但它对历史研究的影响却是深远不过的。1809年《殉道者》的出版更加强和扩大了它的影响。罗马人和法兰克人跃然纸上；基督徒的美德给这幅图画蒙上一层柔和的光辉。奥古斯丁·梯叶里于1840年对夏多勃里昂所作的赞词，并没有什么夸张之意。“所有在各方面研究这一世纪的人，在他们研究工作的起始时期，都会遇到这个最早的启发者。说到他，没有一个人不可以像但丁谈到维吉尔那样说：‘你是魁首，你是尊长，你是大师。’”

夏多勃里昂所推动的力量的成果在米肖的《十字军史》[①]里第一次表现出来。皇帝准许米肖查阅档案，而他著作的第一卷于1811年问世。在18世纪人们认为十字军运动只不过是迷信的狂热表现，而米肖则解释十字军运动所由产生的情绪，并使人们记起这个运动所激发的英雄主义。他自己的信仰使他同情于由宗教动

① 参阅米涅的《历史略评与回忆》第Ⅰ卷，《对弗卢朗先生(M. Flourens)的答复》一文，和圣伯夫的《周一漫谈》，第7卷。——原注

机所鼓起的事件，而在设法公平地论述中世纪当中，他找到了另一机会，使自己避而不谈法国革命。他力图表明：人们不仅可以在十字军运动是信仰的表现这一点上，而且可以在它对欧洲文明发展确有助益这一点上为之辩护。因为欧亚两洲的接触减少了无知状态，建立了商业关系，并导致城市的成长，所以打败东方的侵略者不是纯宗教性的事业。这部书虽然缺少异彩与特色，却立即为受过夏多勃里昂教育的公众所欢迎。米肖像达鲁那样，把他的晚年用于修改著作和扩大知识。他出版了一部《有关十字军运动的书目》，在这部书目中，他把一个东方学家为他翻译的资料也收了进去。在他生活的末期，他还出去参观他所写戏剧的场地。这位细
158
心的研究者身上毫无热情的朝拜者的气味；他说，他之所以前往耶路撒冷，不是为了改正他生活上的罪过，而是为了纠正他所编历史中的失误。

正当米肖在研究十字军运动的时候，雷努阿尔[①]开始探索"浪漫诗人"[②]的语言和文学。他以编写关于圣殿骑士团的悲剧而赢得了编剧家的声誉。他把殉道者的光轮加在他们头上，并为了替他们辩护，编辑了有关他们的审判的文献一卷。他搜集了"浪漫诗人"的诗篇，并把它们分成六卷出版；但他对形式比对内容更感兴趣。他提出的论点是，罗曼语是拉丁语的唯一产儿，因而也是法语、意大利语、葡萄牙语、西班牙语和加泰隆语的母亲。可是人们经过进一步的研究发现，罗曼语是拉丁欧洲语言的长姊，而不是它

---

① 参阅米涅，《历史人物画像与略评》，第Ⅰ卷，和圣伯夫的《周一漫谈》第5卷。——原注

② 浪漫诗人（Troubadours）——11至13世纪法国南部普罗旺斯、加泰罗尼亚和意大利北部的抒情诗人。——译者

们的母亲;这座大厦的基石虽然松动了,但雷努阿却鼓起了人们对灿烂的南欧文明的兴趣。

在浪漫诗人诗集出版之前,另外还有一个致力于这一领域的更有力量和创见的人,那就是福里尔①。与他同时代的法国人,在兴趣方面没有一个是像他那样地带有国际性的。他是博普、大施勒格尔和科雷②的朋友,巴格森③著作的翻译者、曼佐尼④著作的注释者、荷马诗篇、阿拉伯文和梵文的学者,所以他的头脑像是一个有无数水流注入的水库。他的希腊民歌选集和所附出色的导论,为欧洲介绍了一种新的文学。到了帝国末期,他开始对南欧文明进行深入研究,而他的余年就用来致力于这项工作。他比雷努阿和所有其他学者更先看到被反阿尔比教派十字军所破坏的文化的优美。在追溯它的起源时,他的研究工作把他带回到希腊的殖民时期。他决定编写几部有关南欧文明的书:第一部把古代高卢同古代通史联系起来;第二部记述法兰克人的入侵和统治;第三部从加洛林王朝倾覆叙述到阿尔比教派战争的结束。在这三部书中,他只写完了第二部;但这部《法兰克人统治下的南高卢史》本身是一部包括四卷的,内容充实的著作。他先于斐斯特尔·德·古朗治

159 而提出了这样的观点:入侵者所带来的,除了破坏和混乱外什么也没有。法国南部的抵抗较法国北部有力,因为它的拉丁化程度较强,而所受的攻击却较弱。他着重否认入侵行动使这一罗马行

① 参阅加利(Galley)所著《克劳德·福里尔》,1909 年版。——原注

② 科雷(Corais,1748—1833 年),法国文学家,语言学家。——谭注

③ 巴格森(Baggesen,Jens Emmanuel,1764—1826 年),丹麦诗人。——译者

④ 曼佐尼(Manzoni,Antonio,1785—1873 年),意大利小说家及诗人。——译者

省的腐化的机体得以返老还童的说法。书的开端分别综述了第5世纪罗马高卢行省和入侵者的文明。对于墨洛温和加洛林王朝的命运，只在影响到法国南部的范围内加以叙述。贯穿全书的主题是拉丁文化是如何经过几个世纪的野蛮时期而保存下来的。他对美丽的南法满怀热情，却未能认识到北法所完成的工作的价值，而且连查理大帝的重要性也疏漏了。第三部（讲述加洛林帝国分裂后几个世纪的灿烂文明的一部）本来是准备当作全套著作的顶峰的。他所搜集的大量资料一部分被用于他在巴黎大学讲授的普罗旺斯诗歌和但丁两个课程；这些讲稿在他死后由他的友人尤利乌斯·默勒出版。在这些出色的讲稿中，他把文学作为文明的镜子来论述，并阐明“浪漫诗人”圈子里的语言和文学、社会和道德。他的广博学识使他成为那些成长于复辟时期的一代历史家的向导、哲学家和朋友。基佐和库然、梯也尔和米涅都从他的鼓励获益匪浅，而奥古斯丁·梯叶里总是不厌其烦地承认他是受益于他这位朋友兼老师的。

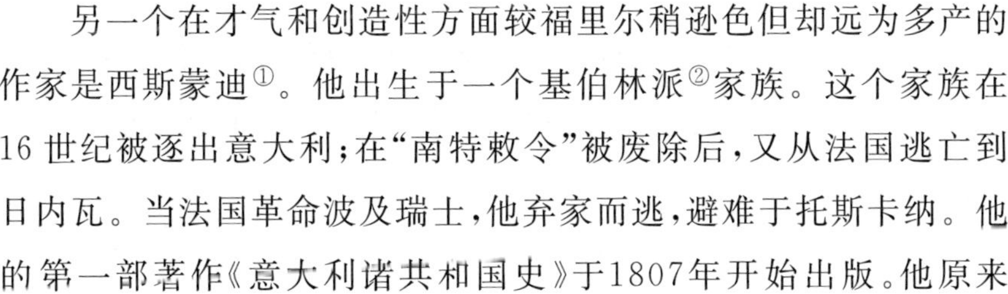

另一个在才气和创造性方面较福里尔稍逊色但却远为多产的作家是西斯蒙迪[①]。他出生于一个基伯林派[②]家族。这个家族在16世纪被逐出意大利；在“南特敕令”被废除后，又从法国逃亡到日内瓦。当法国革命波及瑞士，他弃家而逃，避难于托斯卡纳。他的第一部著作《意大利诸共和国史》于1807年开始出版。他原来

---

① 参阅西斯蒙迪：《日记与书信片断》，该书还附有一篇传略性导论，1857年版。在最佳的评述中有：米涅著：《历史人物画像与略评》第2卷，1852年版；圣伯夫：《周一漫谈》第6卷；舍雷尔（Scherer）：《现代文学新论》，1876年版，和洛梅尼的《现代人物概览》，第7卷。——原注

② 基伯林派，中世纪意大利拥护神圣罗马帝国皇帝反对教皇的党派。——谭注

是想研究诸城市组织法的，但不久即看到，要了解这些城市的组织，不仅须对立法而且须对人民的整个生活作概括性的探讨。这样，他的工作就不知不觉地扩大为叙述自西罗马帝国灭亡到他的
160 时代为止的意大利历史。他论题的中心是12至16世纪诸共和国的历史。他宣称，要进入这个迷宫，需要有一点线索。从历史上来看，形成民族特性的最基本的因素是政府和法律，而不是气候或种族。这一点在意大利比在任何地方都看得更加清楚；它的伟大直接随着它所享有的自由的多少而变化。当它在查理五世统治下失掉自由的时候，它的影响消逝，它的内在力量、商业的活力和艺术的卓越成就也不可复见。从这里得出的结论是：一个国家如果没有了自由，它就不会是伟大的，也不会保持它的伟大性。“它在君主国内同在共和国内一样可以有自由；在城市联盟内的自由并不一定少于一个单独的城市国家。每个统治者和每个公民在上帝和人类面前的责任，是使宪法（无论其形式如何）能够保证自由。通过它，而且只有通过它，人才能真正地成为人。暴政只能引起不断的革命。一个民族，如果自己不能从暴政下把自己解救出来，它就会发狂。”历史的效用就在于它所提供的教训，因而历史家的责任是提示正当的教训。

作为导论的一卷，引导读者迅速穿过476年西罗马帝国灭亡后的那些黑暗的世纪；从红胡子腓特烈和伦巴第城市联盟的斗争起叙述开始详细起来。西斯蒙迪是城市联盟的热烈支持者，然而他也感觉到这位皇帝的伟大。的确，他对自由的热爱，使他以严格而非宽容的态度对待自由的保护者。在散在全书各处的几章里，他表明各个城邦是多么缺乏自由的理想。因此，朝向专制主义的

发展，终于成为无可抗拒的趋势。他慨叹地说，“人民未能保持他们对自由和国家的忠诚的爱，而个人的强烈爱憎却上升了。”当警惕性放松的时候，专制主义乘隙潜入。关于自1530年以来的奴役[①]的悲惨故事，作者用六章的篇幅叙述完毕，而历史教训也就谈完了。弗里曼在一篇早期发表的论文里宣称西斯蒙迪的著作是不朽的，并颂扬它的雄辩、深度和说教的力量。但后来他修正了他的热情赞颂，而宣称该书在资料的编排上有差错。虔诚的曼佐尼，虽然在总的方面称颂这部著作，但抗议他关于教会的论述[②]；可是没有一个人不为本书的力量所打动。西斯蒙迪在意大利诸共和国历史方面所完成的工作，是同后来格罗特在希腊史方面所做的成就是一样的。

这个历史家在游历巴黎之前，已经达到中年时期。他写信给阿尔巴尼女伯爵说，“如果说一个人一定要爱一个民族，那么，我不知道还有哪个民族比法兰西民族更应得到这种爱了。”像本雅明·孔 161
斯当[③]那样，他对于拿破仑作为民族独立的保卫者和欧洲反动势力的反对者从厄尔巴岛卷土重来，表示欢迎。在完成《意大利诸共和国史》后，他毅然决定进行一项更加重大的工作。他的《法国史》第一卷于1821年出版；第二十九卷，叙述到路易十五的死亡，于1842年在他死后出版。他认为，法国史像意大利史一样，从来未曾很好地编写过。“没有一部近代史能够绝对避免那些‘必要的’谎言，那些‘令人钦佩的’沉默；这种谎言和沉默破坏了我们对事件

① 1530年2月神圣罗马帝国皇帝查理五世由教皇加冕为意大利王。——谭注

② 见他所著《驳斥西斯蒙迪对天主教道德原则的攻击》，1836年版（英译本）。——原注

③ 本雅明·孔斯当（1767—1830年），法国自由派作家、政论家。——谭注

的信任和理解。法国人一向利用历史来确立国王或贵族、最高法院或人民的权利，却从来不去探索错误的原因，以避免它们的重演。我在编写当中绝不为谁寻找遁词或采取偏袒态度。不管是一个人还是许多人的绝对权力都等于是毒药。”

西斯蒙迪的论述，是以研究原始资料为基础的，不是那种“依靠别人著作而编写的著作”，对于这些著作，他希望能取而代之。关于高卢行省的罗马行政制度、日耳曼人入侵的性质、封建制度的结构、城市公社的兴起、商业和工业对政治发展的影响，他第一次提供了清晰易懂的叙述。他写道，“我知道，我缺少别人所具有的历史家应有的某些特质。我能够在一点上为自己作证，而我相信后辈将肯定我的作证，那就是：我永远追求真实情况，而且不辞劳苦地寻找它。”他不是法国人，所以他更易于使用批判的眼光。然而他的观察却具有严重错误。他同施洛塞尔和罗特克一样，以自己时代的标准来判断过去时代的人和事，并由于缺乏想象力，不能了解别的时代的气氛和观点。在他死前一个月曾写道，“历史家负有一个比传播民族声誉的工作更神圣的使命，那就是以道德法则的伟大试金石来判断每一个事件，以及严厉批评残忍、贪婪和叛卖的行为，不论它们在什么地方出现。”但他的公正没有用怜悯或甚至谅解来作调剂。这个严格的共和主义者，以自己的标准来权衡历代君主而发现了他们的缺点。这个出身于一个被路易十四驱逐出境的家庭的新教理性主义者家庭的人，他指责天主教僧侣的不容忍、奢侈和世俗化。圣路易[1]被认为是“唯一能经常以责任感来指导行动的法兰西国王”，可是，他却是绝对君主政体的创始人。

---

① 圣路易，即法王路易九世，1226—1270年在位。——谭注

西斯蒙迪对十字军运动中敌对双方的残暴行动发出慨叹。他以强烈的愤怒情绪来描写阿尔比教派战争和犹太人的苦难。他以厌恶 162
的心情叙述华洛瓦王朝的罪恶。而对于像艾蒂安·马塞尔[①]和洛皮塔尔[②]这样的先驱者，他是以极其愉快的情绪叙述的。这部著作的第一卷是自由的赞美诗；第二卷是对国王和僧侣扼杀自由的专制主义的控诉状。

这种缺少相对性的态度，逃不脱那些目光更加敏锐的读者。巴兰特[③]指出，“西斯蒙迪的义愤使他个人成了过去时代所有帝王、贵族和主教的敌人。”那个敏锐而又妩媚的批评家德布洛格利公爵夫人写道，“我确信他诚实，因而认为自己公正，但因为他缺少把自己置身于另一时代所必要的想象力，所以，他是脱离动机与情操来看行动的。他对僧侣的憎恶，令人厌倦；他评论休·卡佩就像评论19世纪的一个日内瓦行政长官一样。”他对城市国家的热忱同他对统治政权的极度蔑视形成鲜明的对照。凡是有大城市存在的地方，无论在法国或别处，共和主义精神就很明显。至于公社从君王那里获得自由的说法则是神话。“法国人民以人们一般争取自由的方式，用剑锋为自己争得了他们所享有的东西。”仅仅为了他那僵硬的清教主义，他的著作也不可能取得法国公众的欢迎，而由于文体上的缺陷，它的成功机会更受到了进一步的限制。他的文章缺乏艺术性，而他的叙述又很不生动。那些使得其他作家激

① 艾蒂安·马塞尔（？—1358年），法国爱国者，巴黎商人的领袖。——谭注

② 洛皮塔尔（L'Hopital，Michael de，1505—1573年），1560年任法国首相，在奥尔良召开三级会议。1562年法王颁布允许喀尔文教徒在城外作礼拜的敕令。——谭注

③ 这些话系引自巴兰特的《遗作辑》，第Ⅲ卷，1893年版。——原注

动的题材，却引不起他的反应。他冷冰冰地说，贞德的事迹只有在迷信的时代才可能出现。甚至那些赞美他的纯正品质的人们也慨叹地说，他的核心竟是隐藏在这样一个多刺的外壳内。圣奥雷尔写给他的同道历史家巴兰特说，西斯蒙迪从事编写工作的同时，基佐正在对中世纪的法国进行深刻的分析，而米什莱则正在以幻想的华丽色彩使这段法国史放射光芒。在他生活的最后几周里，西斯蒙迪写道，“我给予了法国民族以它所未曾有过的东西，即关于它存在的全部图景。”可是，先驱者的命运就是：帮助他的后继者把自己的著作束之高阁。

一个更加生动的方法是由奥古斯丁·梯叶里[①]创始的；他使163 他的同胞相信：过去的时代不是死的；过去时代的人物是同我们一样具有强烈爱憎的人。在法国著作里，很少有比他如何在十五岁时萌生选择历史为专业的想法那段文字更加为人们所熟悉的了。他说，“1810 年，当我快要结束在布鲁瓦学院的学业时，一本《殉道者》落到我手中。当时我们大家都争着读这本书；于是讲好大家轮流阅读。当轮到我的时候，我整天待在家里读它。野蛮战士同文明士兵的戏剧性对照一点点展现，我也越来越受到感动。法兰克人的战歌使我像触电一样。我站起身来，一面在房间里大踏步走来走去，一面喊道‘法拉蒙德，法拉蒙德，我们已在拔剑作战了’。这个热情激荡的时刻，对我选择这个专业或许是有决定性意义的。

① 参阅勒南在《道德与评论文集》的亲切颂辞(1857 年)中；布吕内蒂耶尔发表于《两个世界评论》(1895 年 11 月 15 日)的一百周年纪念讲词；《综合历史评论》，第 13 卷；乔治·瓦伦丁：《奥古斯丁·梯叶里》，1875 年版，以及 K. J. 卡洛尔：《梯叶里历史思想的几个方面》，1951 年版。德朱班维尔所著《两种编写历史的方法：批判博絮埃·梯叶里和库朗热》中有一段对梯叶里的严厉批评。——原注

当时我没有意识到发生了什么事。当我甚至在几年之中都忘了此事。但是，在经过选择职业上不可避免的犹豫之后，而决定专攻历史的时候，我把这事的细微末节都想起来了。这就是我得益于那位揭开并支配本世纪的天才作家〔夏多勃里昂〕的情况。”

他在 1840 年所描绘的这幅鲜艳图画，也许渲染得过分了些，但它把梯叶里最初对历史的兴趣追溯到最伟大的浪漫主义者的启发，这一点是正确的。“当我的研究工作越来越深入时，对当时人物与事件的观察所产生的欢快心情掺杂上对现代作家的沉郁的恼怒，这些作家歪曲了所描述的事实、把人物画走了样，并使一切事物带着虚假和模糊的色彩。我似乎已经找到我的真正事业——不仅要把中世纪的某些角落照亮，而且要为法国树立起史学改革的旗帜。”本尼迪特派修士曾搜集史实，但不曾了解它们；曾为历史提供资料，但不曾编写历史。近五十年来的重大事件给了每个人以教训。由于增加了这些经验，才有可能理解很多久已湮没了中世纪的东西，看出编年史上字里行间的意义，使枯骨重生血肉。历史家需要博学、生活知识和想象力；如果他缺少其中一、二或三项的话，他就不可能做这项工作。

梯叶里那部关于诺曼征服的名著就是在这样的精神下编成的。如果说夏多勃里昂曾激起他少年时期的想象，那么，最深刻地影响了他的思想的就是司各特了[①]。“我深深景仰这位伟大的作家，而当我把他对于过去的惊人理解同最著名的历史家的小小博 164
学对照时，这种景仰之心就更加深刻了。我以忘乎所以的热情欢

① 参阅梅格龙所著《浪漫主义时代的历史小说》中《论沃尔特·司各特的影响》一文，1896 年版。——原注

迎《艾凡赫》[①]的出版。”梯叶里从休谟那里了解到，英国的体制所包含的贵族精神多于自由精神。“我突然想到那是从一次征服开始的。”当他继续研究下去时，他发现那些现在由一个民族组成的国家也显露出种族歧异的迹象，而这些歧异，越向前追溯，就越是明显。在有些国家里，阶级确实代表了种族；征服者仍然保持其特权等级的地位。在他看来，这把钥匙打开了直到亨利七世登极时为止的英国历史之大门。那个时候，英国已成为一个单一民族的国家，但诺曼人的姓氏在乡绅中间仍比在手艺人与商人中间多。这样看来，这部著作表面上是叙述史实，实际上却阐明了一种理论。它的成功是空前的。自从伏尔泰以来，第一次在法国出现了一部具有高度文艺性的历史著作。梯叶里看到一切事物的鲜明色彩和轮廓。他从“那位历史推测大师”司各特学到，过去的情景通过想象力可以重新获得生命。中世纪看起来是呆滞无味的，因为没有人知道怎样解释它们的文献。但在他手里，文献不仅记录了事实，而且显示了一个世界。当他年老失明的时候，他有时请求勒南（当时还是个年轻人）协助他做研究工作。勒南作证说，“我每次看到他抓住一个文件，那样敏捷地把它应用于叙述方面，总是感到非常惊讶。一个最小的片断给他显示了一个有机的整体，而这个整体又通过一种起死回生的力量，完完全全地显现在他的想象之中。”在别人发现神意或总的根源在起作用的时候，他却看到活生生的男女的挣扎。历史不再是穿过昏暗的舞台的一列阴影。他在

① 《艾凡赫》，司各特著名小说之一，记威尔弗德（艾凡赫骑士）与其义监护的女郎罗文娜及犹太女郎雷贝卡的爱情故事，穿插以查理一世、罗宾汉、朝圣者、仙女各色人物的活动，情节离奇，画面绚丽。——谭注

某一章的结尾时强调说，“这些人已死了七百年，但那又有什么关系呢？对于想象，没有什么过去的事情。”

《对英国的征服》[1]（*Conquête d'Angleterre*）表现出一种新的艺术。当法国的最优秀人物正在同波旁王朝的残余进行斗争的时候，该书对人民的恳挚同情为它赢来了热诚的欢迎。而且，以一个简单公式来说明几百年的英国历史的方法，给予开始感觉不仅需要广泛的知识，而且需要新的解释的一辈人以深刻的印象。然而他的论点却是错误的。他不重视征服的政治影响，而实际上这种影响是深刻的；他强调征服在社会与道德方面的后果，而实际上这种后果是暂时的。他用种族矛盾作为关键来解释哈斯丁斯战役后 165
几个世纪的历史；这不是作者的夸大，而是他的幻想。他把贝克特[2]捧为被践踏的盎格鲁-萨克森族的保卫者，但他的种族分裂论使他看不到这位大主教的事业只不过是欧洲政教冲突中的一个插曲。在他的序言里，他天真地说道，“我对于被征服者具有一种偏爱。”他是同情群众。布吕内蒂耶尔说他是历史家中最倾向于民主和社会主义的作家。他，一个浪漫主义派的产儿，想象力多于批判性。他原封不动地使用编年史家的著作。他为了叙述“征服者”的登陆，采用了《诺曼底人稗史》（*Roman de Rou*）里的资料[3]，甚至引述征服者在哈斯丁斯战役前的演说——一篇像修昔底德和李

① 此书全名：《诺曼人征服英国史》（*Histoire de la Conquête de l'Angleterre par Les Normands*），共三卷，1825 年。——谭注

② 贝克特（Becket，Thomas，1118—1170 年），坎特布里大主教，在反对英王亨利二世削弱教会法庭权力的斗争中遇害。——谭注

③ 《诺曼底人稗史》，即诺曼底人的记功诗，在 1155—1172 年间由瓦斯（Wace）编写；虽然是根据诺曼底拉丁编年史，但加入了许多插曲和民间传说。——译者

维著作中的讲词那样的修辞习作。

梯叶里在取得他轰动一时的成功后就失明了。夏多勃里昂豪爽地说,“史学界将有它的荷马,而我是他的第一个崇拜者。”尽管遭受到这种可怕的痛苦,他仍继续工作,而他后来的著作在某些方面比以前那些使他获得声誉的著作还要好。《墨洛温王朝时代纪事》所受到的欢迎几乎不亚于《征服》一书。他宣称,认为墨洛温时代是法国史上最混乱而又最枯燥的时期而不去研究它,是错误的:例如,都尔的格雷戈里[①]就是一个在佛罗莎特出现之前难能可贵的叙述者。民族的生活好像变魔术一样从编年史的尘埃堆里显现出来。他所喜爱的种族矛盾论,找到了用武之地。他描绘了高卢—罗马文明同法兰克野蛮状态斗争的画景。他看出墨洛温朝帝王同其他统治者是同样富于趣味的。他的清澈的文体和炽烈的同情再没有比在本书中表现得更清楚的了,但他的艺术本能有时使他忘乎所以。他不能完全摆脱把没有资料根据的润饰加入叙述之中的错误。他揭开了朦胧的墨洛温时代,但对于这个时代的系统探索,则有待于更加确切的研究工作。当他在1840年以汇编形式出版他的《纪事》时,他又附上了一篇《关于法国史的一些看法》。他着重宣称,这个民族的核心按血缘和法律,按语言和思想来说,应当是属于高卢—罗马的。法兰克人以臣属制度代替了他们入侵时所看到的罗马社会秩序;在北方,条顿族影响几乎抹掉了原来的文化。但在南方,从意大利开始的解放运动,影响了还保留着罗马市政制残余的城市。在这些城市里,诞生了自治制度和在法律之前

① 格雷戈里(约公元538—594年),都尔城主教,著有《法兰克人史》共十卷,该书译本商务印书馆于1981年出版。——谭注

一律平等的情况。它们形成了第三等级，而第三等级又形成了国 166
家。于是，种族因素的重要性随着文明的增长而下降。

这个历史家在晚年受到基佐所创学派的影响。1836 年，当他被邀请编辑有关公社发展的文献时，他毫不犹豫地接受了。他的长篇导论（后来以单行本[①]出版）是他最成熟的著作。这个研究编年史的学者变成为一个研究城市宪章的学者了。我们很少听到他讲征服者和被征服者了，而他也认识到法兰克人征服的显著痕迹到了 10 世纪已经消逝。他概述资产阶级的兴起、重塑法国的古老城市并把三级会议的历史一直叙述到绝对专制主义的胜利为止。这部书并不是没有错误的。他也持有罗马市政制度历史犹存这种错误的看法。吕谢尔指责他不该使用自由和平等这类现代字眼，并认为他赋予城市的民主精神超过了它们的实际情况。吉利批评他关于行会同城市间关系的理论。但这部著作并不只是城市制度的史纲，它也是作者对法国史的结论性解释。他的论旨是各阶级的逐步上升和贵族屏障的倒塌。他的主要成绩，在于为历史引入一个新的形象，即人民，并把它放在它应占据的画面前景的地位。

阿梅戴·梯叶里[②]的声誉虽为他兄长名气所掩盖，但当他的著作出现时，也受到了几乎同样的欢迎。《罗马征服前的高卢人史》企图根据片断的资料编写一篇完整的故事。他主要依靠语言学的帮助来追溯高卢人在意大利和西班牙、希腊、小亚细亚和叙利亚的漂泊和定居。他宣称，他们是勇敢和慷慨的，但缺少联合的天

---

① 《第三等级的形成和发展史论》(*Essai sur l'histoire de la formation et progrès ds Tiers état*)，1853 年。——谭注

② 参阅米涅，《新历史赞歌》。——原注

性。既有优点又有缺点的高卢血液，在法国人的血管里还是占着主要的地位。他的另一著作：《罗马统治下的高卢》，则较少新奇之处。该书是一首罗马统治的颂歌。他认为，高卢在罗马人最初接触他们时是野蛮的，而在罗马人离去时，则变成文明的了。他的著作虽然既不深刻又无批判性，却大大有助于引起人们对历史的兴趣。

浪漫学派的第三个成员是巴兰特①。他和梯叶里一样深受司各特的影响。他相信，对于古老的编年史家，只要了解了他们就会
167 热爱他们，因而他选择了那个由弗雷瓦萨尔、蒙斯特勒莱②和康明所阐明的时代。他的《勃艮第诸公爵史》的开头两卷于1824年出版。在司各特的小说中，没有一本能像《昆丁·达沃德》一样，在法国引起偌大的兴趣；而巴兰特选择了这部书所阐明的那一世纪。该书的成功完全出乎一般人的意料。迪诺公爵夫人对作者说，对于这本书，她是吞噬而非阅读，并说该书没有什么可以批评的，也没有什么需要补足的。叙述开始于第一代勃艮第公爵曾参加的普瓦蒂埃战役③，而终止于大胆查理曾参加并阵亡于其中的南锡战役④。因此，该书的题材富于艺术和戏剧的统一性。但它远远超过了勃艮第历史的范围。它也是迪盖克兰⑤和黑太子⑤、贞德和

① 参阅基佐：《巴兰特传》，1867年版，和圣伯夫：《现代人物画像》，第Ⅳ卷。巴兰特的《遗作辑》第Ⅲ卷（1893年版）中有关于他主要著作的书信。——原注

② 蒙斯特勒莱（Monstrelet，Enguerrand de 1390？—1453），法编年史家，著有《编年史》，记1400—1444年间大事。——谭注

③ 736年西班牙人侵法国南部，为查理·马特尔击败于普瓦蒂埃。——谭注

④ 1477年1月，法王路易十一，在南锡战役中击败了反对他的封建主联盟首领勃艮第公爵大胆查理，兼并了该公国本部的土地。——谭注

⑤ 迪盖克兰，百年战争时法国将军，以英勇善战著称。黑太子，英国威尔士亲王爱德华之绰号，百年战争时任英军统帅。——谭注

路易十一出现的舞台。它成功的第二个原因是作者在处理资料方面的成功。他的目的是向他的同胞揭示他们在编年史里所拥有的财富;他决定不在编年史和读者之间参加意见。有时,他引用大段的原文;有时,他用有些古老的文笔总结他的资料。他写道,“读者所看到的不再是历史家或作者,而是事实本身。”序言可以说是解释书名页所引昆蒂良[①]的格言“编写历史不是为了论证,而是为了叙述”。他断言,大多历史家未能表达他们的资料的意义,因为他们坚持以他们自己时代的标准来衡量过去。我们必须使过去的人们复活,然后读者可以作出他所愿意作的结论。“我一直设法使历史小说从历史中汲取的兴味再回到历史中去。首先,历史必须是准确的,但我想它同时也可以是逼真而又有生气的。”他排除了自己著作的痕迹,既不加上判断也不加上感想。对于四百年以前所发生的事件的一切感想都是无足轻重的。这个声明激起了很多人的批评,其中甚至有为这部书喝彩的人。基佐在祝贺他的成功后,补充说,“如果你用不那么绝对的方式来说你所使用的方法,如果你说风格应该随着题目而变更,而你的方法特别适合你所论述的时代,那么,就不会有什么可争论的了。”巴兰特对另一个友好的批评者回答说,他的序言是指某种情况而非一般情况的。“我并不想写下绝对的规则:这个方法可能并不适合别的时代和别的题目。但一个人不应该把互相排斥的东西混在一起。哲学的目的不能同轻松的叙述与对事件的生动描写结合在一起。我想让人们看到,而不是听人家描述 15 世纪的历史。”这部著作,现在看来是既无 168
生气又不自然的,而现代的研究者所需要的,不仅仅是对编年史的

① 昆蒂良(公元 30?—96?年),古罗马修辞学家。——谭注

复述，他们需要更多的东西。

Ⅱ

虽然米什莱[①]具有太多的个人特色，不能把他归入哪一个派别，但他却是最接近奥古斯丁·梯叶里的学派。他把庄严雄壮和诗情画意同他对人民的热爱结合起来；因而成为法国最伟大的一个专心致力于历史的文学家。因为他十分喜欢谈论自己，所以我们能够详细知道他的外表和内心的生活。他是巴黎一个小印刷商的独生子，他对于生活的最早记忆就是难熬的贫困。当他长成为少年的时候，他是神经质、易受刺激、营养不良的。他不知道快乐的童年是何物。在他母亲死时，他决心永远不离开父亲。父亲对儿子也有不可动摇的信心，因而自己节衣缩食，送他到一所公立中学去读书。他能及身看到儿子成名，而这位历史家也让老人过得舒适安逸，以报答父亲促成自己成功的恩惠。他的智力发展得很快。勒诺瓦博物馆给他留下了最深刻的印象。“正是在那里，不是在别处，我体验到历史是可以活生生地表现出来的。我记得我很小的时候每次穿过那些庄严的拱门，凝视着那些石像的苍白面孔时，那种使我心跳的感情，总是那同样的感情，总是那强烈的感情。我不能确定所有这些大理石的沉睡着的人是不是会变为活的，而当我

① 最好的评论为：莫诺所著《勒南、泰纳与米什莱》，1894 年版；朱尔·西蒙所著《米涅、米什莱与亨利·马丹》，1899 年版；法盖，《十九世纪》。在下列作品中有很多传记方面的资料：莫诺所著《朱尔·米什莱》，1905 年版；吉内夫人《米什莱和吉内的五十年友谊》，1899 年版；诺厄尔所著《米什莱和他的子女》，1878 年版。米什莱的遗著两卷：《我的少年时代》，1884 年版，和《我的日记》，1888 年版，把他的生平叙述到 1823 年。另在《评论季刊》，1901 年 1 月号中还有一篇很好的文章。——原注

走近墨洛温朝帝王馆时，我不知道我会不会看到契尔帕里克和弗雷戴贡德站起身来。”

在米什莱尚未确定他的专业时，库赞劝他学习德文并翻译维科的著作。他需要知道对文明的某种哲学解释，而他从这个伟大的那不勒斯人的著作中发现科学和信仰的是协调的。“他〔维科〕是新世界的先知。他是第一个这样来解释上帝的人：上帝并不像博絮埃所说的那样，表现在宗教这个狭窄的范围内，而是表现在人通过社会生活使自己具有人性这一事实上。”他强调群众对文明的贡献；他深信一个民族的社会状况是反映在它的法律和诗歌里；他 169 
使用字源学作为解释人类起源的钥匙。这些看法使人感到他同维科有了共鸣。《新科学》①的译本传达了原书的精神而非文字，这个译本使该书不仅在法国而且在欧洲出名。米什莱替维科所做的工作，正是杜蒙为边沁②所做的工作。

1827年，也就是《新科学》的译本出版的那一年，他被委派到高等师范学校讲授历史和哲学，并出版了他的第一部叙述性历史著作。他的《近代史纲》取代了当时一般使用的大事年表和那些枯燥无味的纲要。它概述了从15世纪到法国革命的文明发展，鲜明地突出了这一时期的主要事件和人物。这部书之所以新颖，一部分是因为它所根据的主要是原始资料。米什莱第一次，也是最后一次写得这样简明扼要。这部书就像是一个管理得很好的花园，而不是一片热带森林。在他以前还从来没有一个具有天赋和学识

① 此书全名为：《关于民族共性的新科学原理》，1725年。——谭注

② 边沁（Bentham，J.，1748—1832年），英国哲学家、经济学家和法学家，以倡导“功利主义”而闻名。杜蒙（1759—1829年），瑞士学者，边沁学说的信徒，撰有多种论著阐扬他的思想。——谭注

的作家而从事编写学校课本的。一年后，米什莱前往德国游历。他在启程前结识了吉内〔后者不久前翻译了赫德尔的《观念论》[①]（*Ideen*）〕，两人开始了半个世纪的历史性友谊。他怀着对德国哲学和学术研究的永不减退的崇敬之心从德国回来。后来，他总是喜欢提起他对德国的感谢。“德国对于有毅力的人好像是维持生命的面包。它通过路德和贝多芬、康德、赫德尔和格林使我更加成熟。”

当米什莱渡过莱茵河的时候，学术界正在响起一片对尼布尔的赞扬声，而米什莱在青年时期对维吉尔的热情和对维科的研究，已为他作好了准备，使他能够充分赏鉴尼布尔的全部成就。这时，编写一部罗马史的计划出现在他心头。1830 年他为了编写这部书曾到意大利游览。第二年，他关于罗马共和国的著作[②]问世了。像阿诺德一样，他移去大批施工架而使建筑的豪华壮观全部显现在我们眼前。但他的著作绝不仅仅是尼布尔著作的复制品。种族因素被减少到最低程度；民族被描写成它所居住的地方的精神形象。他对象征主义的热爱这时开始露头；而象征主义装饰了和损毁了他的后期著作。在他的笔下，桑尼特人战争，不是两个种族的斗争，而是平原和山区的冲突。老伽图是“古老意大利的天才”，恺撒是“富于人道主义精神的人”。该书叙述到恺撒的死。他关于早期罗马的论述，是过分武断了。而且，他虽然反对尼布尔的“民谣说”，但他也没有认真设法对他的资料作批判性的分析。在另一方

① 此书全名为《人类历史的哲学观念》（*Ideen zur Philosophie der Geschichte der Menscheit*），1784—1791 年。——谭注

② 《罗马史》（*L'Histoire de Romaine*）共二卷。——谭注

面，这部著作是建筑在宽广的基础上的。地形学、语言、法律、文学、铭文、徽章都被用来作为编年史和传说的补充资料。虽然这部 170
书只是一个庞大的题材的纲要，但它充满着思想和生命的活力。半个世纪后，莫诺宣称，“这是一部无可比拟的著作，充满着独到和深刻的见解，并且就某些方面来说，迄今还没有超越它的著作。”

《世界史导论》于 1831 年出版，是作者最精彩的作品之一。他用简洁而又富于表达能力的文笔标出一些主要国家所占据的地位。“斗争随着世界的出现而开始，并且只有在世界消亡之时才会终止，那就是人类对自然、精神对物质、自由对命运的斗争。历史只不过是这种无休止的斗争的记录”。我们从太阳运行的过程中，也就是文明演进的过程中，看到大自然在世界发展的每一个阶段递减其支配能力。印度在大自然的掌握里就像小孩子在母亲的怀抱里那样。波斯提出了光明的信条，这一信条终将击败黑暗的信条。埃及接受灵魂不灭之说。犹太人崇拜耶和华，认为他是超乎自然，并脱离自然而独立的。希腊和罗马发展艺术和科学，但是它们衰败了，因为它们不是扎根于自由的。基督教把精神看得很崇高。近代欧洲是一个有机体；把其中一部分单独抽出来而不同其余部分联系起来，就不可能理解。德意志是克己、同情和神秘主义的国土。意大利是富于个性和独立性的，是罗马的继承人，是政治和法律的土地。英国骄傲、英勇和富于贵族气派的，是第一个争取自由却毫不注意平等的近代国家。而法国则是富于建设性、自由和民主的。1830 年的革命是法国史上最完满的成就；法国在为自己赢得了自由之后，它的引以自豪的命运就是，开创一个民主时

代，而民主就是自由的化身。这部概论的主导思想，可以在吉内所译赫尔德著作的导论里得到说明。“历史是一出自由的戏剧，是人类对束缚人类的世界的反抗，是精神的解放，是灵魂的统治”。在某一方面，他的分析是完全武断和不科学的。他以印度作为起点，但中国是较古老而专制和迷信的成分较少的国家。他的历史和太阳并行的学说，在一开始就站不住脚。其次，他先叙述埃及而后叙述犹太，可是犹太却是在埃及之东。他从根源上叙述了自由的演进，但他未能证明历史只不过是实现自由的过程。

《世界史导论》是一篇对法国作为自由戏剧主角的荣耀的赞诗。米什莱下面一个工作是详细叙述它的历史，而通过他的创造性的笔触，它变得人格化了。《法国史》的前六卷，是他最完善和声
171 誉持久不败的著作。它们是在他的智力达到全盛，他的想象力尚未发生毛病的时期编写的。他的目的是“使整个过去的生活重现”：土地和人民、事件、制度和信仰。虽然他的著作是以原始资料为根据，但也大量地使用他同时代历史家的著作。“我颇得益于我们可敬的西斯蒙迪所精心编写的历史；梯叶里兄弟的美好叙述则是我总也离不开的。对于基佐的著作和他的亲切关怀，我就更感谢了。”第一卷略述休·卡佩以前的时代并说明形成一个统一的国家的各个民族的特点。他称赞凯尔特人善于交际、喜爱行动和修辞。日耳曼人则是不受个人感情左右的和好梦想的。他们的面容带有一种踌躇不决的表情。第二卷叙述历史戏剧演出的场景。他的《法国概览》[①]不仅是这位历史家的天才的最重大成就之一，而

① 《法国史》每卷均有一书名，著名的《法国概览》是《法国史》第Ⅱ卷的标题。——谭注

且是作者对一种解释历史的新工具的应用。米什莱是第一个充分认识到地理因素在法国国家发展中的重要性的人。他认为，政治分区是同自然分区相符合的；每个省份有它自己的特殊作用，就像每个器官在人体中有它自己的功能一样。他依次略述各个省区：它们的地貌、气候、居民、特征以及它们对民族生活的贡献。由于作者慷慨地承认组成法国的多种成分，本书在所有大型的法国史著作中，是具有真正的民族性的。

米什莱提供的只是活人扮演的静态画面而非事件的记录。他匆匆引导读者走过大片大片的国土，但徘徊于那些打动他想象力的个人和事件之上。在这些灿烂的画面中，最早的是关于圣殿骑士团的倾覆[①]；他曾为基佐的国家文件汇编编辑有关这个骑士团的文献。画面中最著名的是关于贞德的描述；这是他登峰造极的成就，是给法国文学增添荣誉的作品之一。他那动人的叙述使人们重又感到中世纪时代的气氛、感到它的炽烈的生活、它那爱国精神同宗教信仰的融合、它的崇高精神和它的堕落状态。贞德的光彩夺目的形象，在法国查理六世统治时期的暗淡背景衬托下显得分外鲜明。几乎同样精细的是讲述中世纪艺术和《拟作篇》[②]（在《福音书》以后最美丽的基督教书籍）的那些篇幅。第六卷包括对路易十一的全面而有感染力的描述，比它前面的任何一卷都包含有更多的新资料。他自豪地宣称，他的研究结果之一是，司各特和

① 圣殿骑士团，12世纪初十字军战士于耶路撒冷成立的宗教性军事性教团，1312年被解散。——谭注

② 《拟作篇》(*Imitation de Jesus Christ*)——虔诚的宗教书，具有独一无二的风格，用拉丁文写成，清晰、有力并有创造性。关于作者，一般认为是托马斯·阿肯珀斯(Thomas a Kempis)，但仍有争议。——译者

巴兰特提供的传统形象全部消逝了。他的判断大体上是很公平
172 的。他很少注意国王，但他不把他们当作敌人，而且圣路易从来未曾有过比他更忠实的景仰者。他以同情的态度来叙述教会，而该书中某些部分似乎是《基督教真髓》的回声。他从来没有忘记他是正在编写一部全民族的历史。法国的灵魂由那些改变个人的复杂的势力形成。“是谁修改了，熔炼了，转变了这些因素使它们成为一个整体的呢？是法兰西民族本身，由于必要性与灵活性的混合，通过内部的努力与神秘的分娩过程而使它们合成一体。”他轻蔑地摒弃种族的学说、征服的影响、伟人藉神力扮演角色等等说法。有机的生命是无法解释的，因为它是一个秘密。

米什莱的最伟大的天赋，是他的富于同情心的想象力。从来还没有一个作家是以这样热烈和孝敬的感情来处理法国历史的。“如果说我超过其他历史家，那是因为我爱得更深一些”。这个卓越的演员把自己的人格融化于他所扮演的角色里，而他的表达能力也同他的想象力不相上下。他所看到的东西，他能使别人也看到。他在笔记簿内偶然记入的词句，同他的已出版著作中最用心地写出的段落一样，都带有他个人的浓厚特色。通过显微镜，一粒砂子可以变为一个辉煌的景象。他的书页里放出夺目的色彩。泰纳曾把他同多雷①和德拉克鲁瓦②相比；莫诺把他比作一个伟大的音乐家。他是史学领域的维克多·雨果。但是，具有这些独特的天赋，就会缺少历史所应有的某些品质。他的心情太激动、感情

① 多雷(Doré，Paul Gustave，1833—1883 年)法国插图画家和画家。——译者

② 德拉克鲁瓦(Delacroix，Eugène，1799—1863 年)——法国画家，浪漫派画家。——译者

太强烈，使他对生活的看法不稳定，不全面。同卡莱尔一样，他跳到舞台上，对某些演员责备，对某些演员鼓励，然后对着观众作旁白。他的眼力缺少精确性，因而我们不敢信赖他的指导。他对象征主义的爱好帮助他的读者想象出过去的情景，但象征往往淹没了实情。想象力能揭示一些情况，但同时也会创造一些情况。在他的著作里有一些华丽东方的气氛。海涅写道，“他使我想起《摩诃婆罗多》(*Mahabharata*)诗篇内的大花朵和浓郁香气”。我们仍然处在浪漫主义运动里，在色彩、热情和诗的世界里。

人们对于这部著作的反应是毁誉不一的[①]。它的新颖和感染力、它的学识和美丽，凡是读过这书的人无不承认，但它的神秘主义对“资产阶级政权”的倾向于怀疑的自由主义，却是一种意外。

半个世纪之中一直代表古典作品评论讲坛的尼萨[②]，指出它缺少 173
次序和方法，并指责该书带有抒情味道的颂扬。圣伯夫当时已经剥去他的浪漫主义外衣，所以拒绝评论该书，理由是他太缺乏同情了。西斯蒙迪在收到作者赠送的一本书后，回答说他心中充满惊讶和钦佩。“在我自己曾长时期研究过的领域里，你在每一页中都为我提出新的发现，但我不能接受人民的人格化，因为那使个人的个性化为乌有。你的解释是全新的。不过它是否将改变我的信念，那是另外一个问题。”在天主教的圈子里，它博得较此热情的称颂。夏多勃里昂评论道，他一向觉得法国的历史需要重写，而现在米什莱做了这个工作。他的一个老门生蒙塔朗贝尔声称，该书的

① 对于这些评论，莫诺在他的论文：《佩拉特(Alphonse Peyrat)为历史评论杂志所作开端》(载〔法国〕《历史评论》，第XCVII卷)中作了总结。——译者

② 尼萨(Nisard，Jean Marie Napoléon Désié，1806—1888年)，法国古典主义作家、文艺评论家。——谭注

广博学识和无与伦比的活力使他感到惊异，他还称颂米什莱对待天主教的不偏不倚的态度。

当米什莱写到近代史的黎明时期，他中断了他的概述。在路易·弗伊奥[①]和他的教皇极权派同道们对大学教学发起坚决进攻的时候，米什莱和吉内，法国的两位最孚众望的教授，投身于这场斗争，同时开讲关于耶稣会徒的课程。每次讲课都是一次战斗的呐喊；巴黎响起一片喊杀之声。两位教授，由于相信思想和政治自由已处于危急状态，勇猛地出击。在讲授“僧侣、妇女与家庭”的课程中，他们斥责听忏悔的神父是家庭的破坏者。反对耶稣会徒的宗教战发展成为对基督教教义的进攻了，所以，基佐命令他们停止讲课，是无可指责的。米什莱在颂扬中世纪教会后，这样快地以反僧侣领导人的面貌出现，使他受到背教的严厉责难。他回答说，他在十八岁时请求受洗，作为同一所威严的历史机构建立关系的手段，但他从未接受基督教的教条。朱尔·西蒙证明说，他 1834 年在高等师范学校任教时，即已是一个叛逆者。指责他为背教虽然没有理由，但他对教会的态度，却是发生了一个永久性的转变。他承认自己关于中世纪基督教的描写，是一种理想，而非实际；他现在开始摸索走向新政治原则的道路。“七月王朝”原是在自由的热潮中涌现出来的，但自 1840 年基佐被召执政以后，它就决心同民主的事业为敌了。

正如梯也尔和米涅曾利用法国大革命来推翻查理十世一样，米什莱和拉马丁利用它来损毁查理十世的后继者。米什莱梦想着

① 弗伊奥(Veuillot，Louis 1813—1883 年)，法国作家、新闻记者、教皇极权派的代言人。——谭注

一个复兴的法国，一个脱离教会和君主政体羁绊，建立在公正原则 174
基础上的法国，在那里穷苦和微贱的人将获得他们的权利。这个想象体现在他的《法国革命史》，一部在精神和目的上都同他的第一部著作大不相同的第二部巨著里。他的任务不再限于使过去复苏，所以，他画家的角色扮得少了，布道者的角色演得多了。在他的其他著作里，他从来未曾倾注过这样多他自己的精神。"'大革命'存在于我们中间，存在于我们的灵魂里。原则上，它代表着法治的胜利、正义的复活、理念对暴力的反抗。它是由于热爱一切而开始产生的。在大革命的仁慈阶段，全体人民都是它的演员；在它的残暴阶段，只有少数人是它的演员。"大革命的早期是圣洁的：自从贞德以来上苍从未照射出这样的光芒。在几个世纪的压迫后，人民出头了，他们重新组织社会，并给全世界树立了一个榜样。透过浓烟和火焰，世界看到一个新的法国、一个新的欧洲成长起来了。他的书从讨论正义的新概念开始，而革命就是从这个概念发展起来的。伏尔泰已经回答过这样一个问题：没有正义和人道能有宗教吗？卢梭把社会权利建立在一个牢不可破的基础上。让这对孪生的人道主义信徒永远并立在同一个塑像台座上吧。在他们死去的时候，革命已在法国人的心灵中完成了。米什莱用钦佩和同情的热情笔调描写革命爆发时的情景，并使读者了解了人们表现出幼稚轻信的热忱和无限期望那一段时日。他的《结盟节庆典》(*Fête of the Federation*)像他的《贞德传》一样，成为法国文学上的辉煌成就之一。他宣称，法国在1789年意识到它的自由；在1790年意识到它的统一。法国充满着慷慨、仁慈和宽恕的精神。阶级间、党派间和民族间的人为障碍，都消除了，而人民的灵魂显

现出纯洁的光芒。从来没有一次大革命是比这次流的血，淌的汗更少的。它以自由天使的姿态出现于世界面前。“从莱茵河、尼德兰、阿尔卑斯山，哀求之声不断传来。它只要跨出国境一步，他们就会立即拜倒在它的面前。它不是作为一个国家而前来的，它是作为正义，作为永恒的理性而前来的。它除了要求人们实现他们自己的最高志向以外，别无他求。那是我们保持着天真无邪的快乐日子！那时法国尚未踏上暴力的道路；欧洲也未踏上仇恨和忌妒的道路。”米拉波和早期的领袖们犯下了相信君主政体的错误，他们的工作需要弥补；但他们的后继者证明是不能胜任这个任务的。尽管恐怖时期使革命的成功推迟了半个世纪，但法国还是得

175 救了。马拉是模拟卢梭的猴子，罗伯斯庇尔是一个书呆子[①]，“九月大屠杀”是民族荣誉上一个抹不掉的污点。但“革命”的敌人也和它的假朋友一样地不能逃脱罪责。王后是有罪的，因为她召唤外国人入境。国王以他的诺言为儿戏，因此，将他处死虽然是大错，却不是罪行。旺代人的反叛，是令人难以相信的忘恩负义的行动。但在书中很少表现出仇恨心理。“在法兰西的温情中，一切势力都是可以得到和解的。”

米什莱的书是描述近代史上最重大事件的作品中除卡莱尔的著作外最为精彩的一部。奥拉尔称它是写得最真诚，虽非最准确的法国革命史。作者在结束他的工作时写道，“全书从第一页到最后一页只有一个主角，那就是人民。”他喜欢丹东，因为他在丹东身上看到人民之魂的最真实化身。就这样，这部著作取得了艺术和

---

① 他对于罗伯斯庇尔的见解；首先受到忠于罗伯斯庇尔的传记作者阿梅尔的攻击，见《历史家米什莱》，1869 年版。——原注

历史的统一。破坏和夏兴被看作是同一历史发展过程的不同部分。该书在知识上和解释上都是有贡献的。他使用巴黎公社(市府)的记录,而市府随着 1871 年市政厅(Hôtel de Ville)的毁灭而消失。在他于"政变"[1]后居住在南特的时期,探索了有关旺代起事史的档案。最重要的是,他从他的父亲和其他目击大革命时期每一个插曲的人那里知道了无数的详情细节。但是,这部著作虽然具有显著的优点,他关于大革命的论断,却是令人无法接受的。人民的声音就是上帝的声音。在革命当中,凡是好事都是"人民"干的;凡是坏事都是别的人干的。暴民的凶残激情和伴随大骚动而来的仇恨与忌妒,他几乎不曾提到。如果说他对群众太温和,那么他对教会就太严厉了。他认为革命是对于生活的两种概念的斗争,即理性主义的民主同基督教的君主专制之间的斗争。男人已被争取到革命这方面来,妇女却仍然留在教士手里;而教士是进步的最大阻碍。著作在编写方面并不比它在一般概念上的差错少些。有些事件描写得详尽无遗;而有些同样重要的事件,则几乎提也不提。书中充满了谬误,而夸大和狂热,也损害了它的面貌。它是激烈民主派的史诗,是对于法国大革命理想的最雄辩的辩护书[2]。

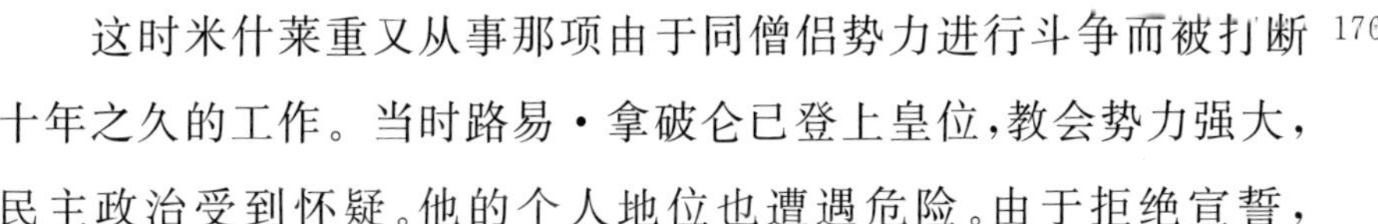

这时米什莱重又从事那项由于同僧侣势力进行斗争而被打断 176
十年之久的工作。当时路易·拿破仑已登上皇位,教会势力强大,民主政治受到怀疑。他的个人地位也遭遇危险。由于拒绝宣誓,

① 指 1851 年 12 月路易·波拿巴策划的政变。——谭注

② 为了了解反僧侣的共和主义派对他的感激,可参阅斯皮勒,《消逝了的人物》(*Figures disparues*)第Ⅰ卷,1886 年版。——原注

他失掉了他于路易·菲利普倾覆后重新取得的教授职位，接着他在档案馆的位置也失掉了。这以后米什莱从他的忠实的第二个妻子的陪伴，[①]从观察和记录昆虫、禽鸟、山水的奇迹之中得到慰藉。但他的精神变得低沉了。他描写中世纪部分时，心情舒畅，可是后面几卷却带有仇恨和幻灭的气息。他研究得少了，写得不那么细心了、思索得也少了。他根据一些孤立的事实作出总括，他的偏见越来越尖锐，他把大事件归因于细微末节。我们在他书中的很多篇幅里看到一个小册子作者的谩骂。

这部新编《法国史》共有十一卷，每卷各有一个书名。关于文艺复兴的一卷，就力量和文采来说，是不逊色于它前面几卷的，虽然它的绪言弹出了直率地反基督音调。他称颂宗教改革，认为它像文艺复兴一样，是反抗中世纪的运动，是 1789 年革命的先驱[②]。书越往下写，它的缺点也越多了。回忆录作者们的闲谈，被他贪婪地吸收进去；宫廷丑事，不管如何肮脏或不可能发生，都可得到他的相信。他推测路易十三和路易十四的嫡出问题，对于摄政时期和路易十五，他暗示有乱伦之事。路易十四的医生们的手写纪录被用来解决有关重大政策的问题。他把这个国王的一生按他的瘘管手术前后分为成功和失败时期。对于外交政策，他越来越不重视了。这部书时常从一部民族史蜕变为一组关于宫廷的漫谈。有一个批评家称之为“一本坏书和一幕坏戏”，蒙塔朗贝尔伤心地谈到他的老师，说他是一个坍倒了的偶像。但另一方面，书中也充满

① 参阅米什莱全集中《给玛莱蕾小姐的信件》一卷，1847—1849 年版。——原注

② 这两卷是泰纳的精彩颂辞的主要课题，见他的《批评和历史论文集》。——原注

引人注意的思想和精彩生动的描写。有很多篇幅是写得很美很可贵的；而对于贫穷和受苦的人的同情是深厚和真实的。写“南特诏令”的撤销的那几章里充满着义愤。他描叙华洛瓦王朝的腐败、“大王”[①]的骄横和法律的狂暴性的几章，是无与伦比的。他也并不是丝毫没有表现出宽大精神的。他也感觉到一些亨利四世和絮 177
利的伟大，并为布尔戈涅公爵[②]（即勃艮第公爵）之死而哀伤[③]。

他的《人道的经》显示了神秘和浪漫主义在尖锐的理性主义统治下可以继续存在到什么程度。每种文明都是写在永恒的和不断增长着的书里的一首诗。印度、波斯、埃及、犹太、希腊、罗马、基督教，都是这个理性和正义的启示过程中的阶段。米什莱的魔力依然存在，但他的批判力，从来不强，现在几乎消逝了。1870 年的战争和巴黎公社使他心碎。而他接着编写的关于拿破仑的三卷，显示出他才华的无可挽救的衰落。他的天才和方法，具有太多独特性，不能创立一个学派，但他的著作和演讲产生了深刻的影响。很多年轻的学者都会对莫诺的话产生共鸣：“我的历史工作从他那里得益不浅；我不是他的门生，但我受到一种更深的感情的，即子女对父辈的感恩之情”。没有一个历史家比米什莱更深情地热爱法国。对于一个充满着爱的人，很多东西都是可以宽恕的。

① 大王（Grand Monarque），指法王路易十四。——译者

② 布尔戈涅公爵，即勃艮第公爵，史称大胆查理（1453—1477 年），尼德兰土地的统治者。反对法王路易十一，1477 年在南锡战役中被杀。——谭注

③ 关于后面诸卷的最明智的评论之一是圣伯夫的文章，见《新周一漫谈》第Ⅱ卷。关于天主教保皇党人的愤怒，见于德布洛格利所著《宗教与历史问题》，第Ⅰ卷，1860 年版，和多松维尔所著《传记与文学研究》，1879 年。——原注

178 第十章　法国政治学派——基佐、米涅、梯也尔

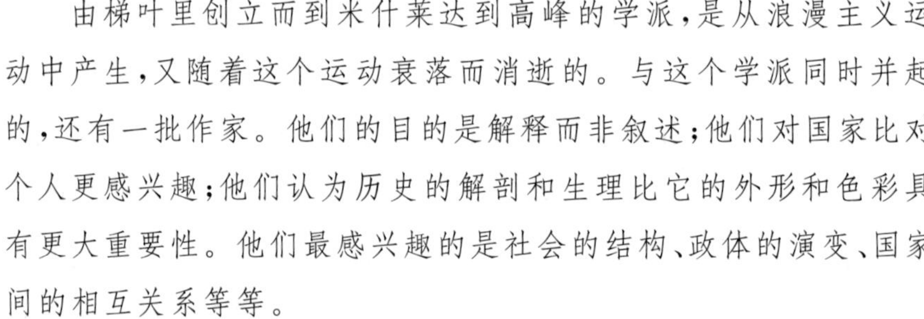

由梯叶里创立而到米什莱达到高峰的学派，是从浪漫主义运动中产生，又随着这个运动衰落而消逝的。与这个学派同时并起的，还有一批作家。他们的目的是解释而非叙述；他们对国家比对个人更感兴趣；他们认为历史的解剖和生理比它的外形和色彩具有更大重要性。他们最感兴趣的是社会的结构、政体的演变、国家间的相互关系等等。

I

基佐的父母是新教徒，所以他始终保持法国新教的严肃精神[①]。他的父亲因反抗革命中的过激运动而被处死。儿子一生中一直是1789年的温和自由派。他很快以一个有广博学识和卓越才干的青年出名，而于1812年二十四岁时，被方丹委派为巴黎大学历史教授拉克雷泰尔的助教。帝国覆亡后，他参加了政治活动。

---

① 参阅基佐的包括多卷的回忆录和他死后的书信集。巴杜为他作的传记（1894年出版）写得最好。最好的评传有：朱尔·西蒙的《梯也尔、基佐、雷米扎》，1885年版；法盖著《政治家与道德家》第Ⅰ卷以及伍德华德的《关于欧洲保守主义的三篇论文》1949年版。普塔斯所著的数卷则几乎全部是政治性的。——原注

他在一个人数少而名气却很大的集团，即以鲁瓦埃·科拉尔[①]为首的“空论家派”[②]或“辉格派”的集团里，赢得了卓越的地位。他作为这些人的代表前往根特，劝说路易十八颁布宪法，并在复辟时期初期担任了一系列行政要职。在两本著名的小册子里，他极力主张中产阶级应成为政治上的决定性势力，并宣传“至中”(Juste Milieu)的理想。让受过教育的资产阶级保王党占支配地位，是神权政治同暴民统治这两种对立的荒谬理论之间的真正折中。绝对专制主义和雅各宾主义都是社会的敌人。在那个时候，反革命是敌人。革命时期赢得的阵地，一定永远不要放弃，但是这个阵地只 179
有通过真正的君主立宪制的均衡力量，才能永久维持下去。

1820 年，“空论家派”失败后，基佐又恢复了他的教授生涯，而他第一次开设的课程，代议制政府的起源，表达出他对英国制度的热中。更为重要的是他关于法国制度的演讲，这些演讲，像他以前的演讲那样，是政治宣传的手段。的确，这些演讲同当时热烈争辩的问题结合得太密切了，致使这位教授于 1822 年被迫停止授课。讲稿的一部分于 1823 年刊入他的《法国史论文集》。他的目的是要考查直到公元 10 世纪为止，自由的、贵族的和君主的制度是怎样互相竞争并结合在一起的。第一篇，也是最重要的一篇论文论

① 鲁瓦埃·科拉尔(Royer-Collard，Pierre-Paul，1763—1845)法国哲学家、政治活动家，君主立宪派首领之一。——谭注

② “空论家派”。此词原义系泛指将自己的哲学观点不顾实际地运用于政治或其他事务的人。在法国史上，雾月政变后的保民院中，即有一批放言高论为拿破仑所厌恶的“空论家”。基佐所隶属的是 1817 年议会开会期间，由知名人士鲁瓦埃·科拉尔(Royer-Collard)、巴朗特(Barante)、雷缪扎(Rémusat)等结成的君主宪派政治集团。这是一个资产阶级温和派自发的组合。他们比较一致的观点是：支持复辟，拥护正统的，实施立宪制的君主；既反对君权神授学说与君主专制，也抵制任何民主的、激进的运动。——谭注

述罗马帝国的城市政府。那个帝国为什么会灭亡呢？在整个帝国时代，奴隶制度、奢侈风气和专制主义一直存在着。当基佐提到帝国大体上是由城市组成的一个集合体时，他差不多等于作了解答；他还说明那些控制市政并负责岁入的元老们如何为这沉重的负担所压垮。当中产阶级因纳税而破产后，它没有其他的资源。其后的论文——讲述法兰克人在高卢的定居、墨洛温朝和加洛林朝衰亡的原因、法兰克人的各种组织以及封建制度——显示出作者是一个坚定的日耳曼派。最后一篇关于英国代议制度设立原因的论文，说明国王、贵族和平民之间互相竞争的利益如何终于形成一种均势，而有了这种均势，自由的和有秩序的统治才得以产生。

基佐在演讲与论文里描述了中世纪英国，在小册子里描述了近代英国之后，即埋头研究17世纪英国的宪法斗争。他以查理一世的登极作为他的《英国革命史》[①]的开端。他并不企图发现新资料，也不想对冲突进行戏剧性的描述。这部著作是一种雕刻，而非图画。这位写我们英国的人是一个从事探索实际教训的政治家，这个人对于谁是谁非的问题毫不怀疑。他经常想到英国革命与法国革命之间不同之处。英国没有企图打破事态的自然发展，这是它贤明之处。在美国，民众政党的首领们诉诸先例，他们仅仅反对王室特权的滥用。造成英法革命基本不同的有几种原因。英国革命是政治的，不是社会的。它所追求的是自由而非平等。它是宗教的，而非理性主义的。它是在汉普登和皮姆这种拥有财产和高
180 度智慧的人的领导下进行的；这批人是争取合理自由的运动的先

① 《英国革命史》，共二卷，1826—1827年。此书记事至查理一世弃市时止。1848年革命后，基佐重理旧业，写成续编二种，参见下文及译注。——谭注

锋，而这个运动现已改变了世界的面貌。

这项工作，由于他在1828年重任教授而中断；而使他获得世界闻名的历史家声誉的，正是在他任教以后三年的讲课。他给听众留下了不可磨灭的印象。朱尔·西蒙宣称，他是雄辩的化身；但同大多数雄辩家不同的是，他讲得很简练。这时他严格避免政治方面的暗示。在他的听众看来，他好像是站在超乎人类的渺小冲突之上来讲述人类事务的。他开首讲授的《欧洲文明史》[①]是压缩手法的一个胜利。他宣称，近代世界优于古代，因为它把那些以前孤立存在的有价值的要素结合在一起。罗马帝国把市政制度、成文法律和帝国统治的观念遗留给后代。基督教会贡献了崇高的原理和世界性的组织。蛮族为人们带来了个人自由和自愿联合的习惯。要把这些要素混合起来，需要一个漫长的时期。而中世纪便是这些要素互相斗争的时期。他认为，讨论封建制度和教会的权利，必须考虑到它们是结合了古老的传统，或适应了普遍感到的需要。但在中世纪后期，进步的主要表现和象征，是从站在贵族与农民之间的中产阶级的成长中找到的，因为归根结底，这一阶级的存在是同代议制政府相关联着的。宗教改革鼓舞了批判精神；清教徒革命标志着英国自治制的胜利和它对文明世界之征服的开端。这个课程讲到法国大革命——这场由于第三等级在人数、智慧和财富上的增长，已是无可避免的革命——的前夕为止。这些讲课使得历史解释的学问向前跨进了一大步。他好像是站在高耸的瞭望塔上，以目光横扫周围的原野，他的眼睛看到遥远的天涯和集体

① 《欧洲文明史》(*Histoire générale de la civilisation en Europe*)共四卷，1828年出版。——谭注

的成就。他的历史哲学是对神意的不可动摇的信仰，但对于社会的转化，他却以纯粹世俗的理由来解释。然而，他过低地估计了个人的影响和偶然事件的篇章；而时代与时代之间也衔接得过分简洁了。与群众混为一谈，是不妥当的，但从奥林匹斯山顶上来眺望人世间的变幻与浮沉，也是危险的。

基佐的第一课讲完了以后，接着详细论述法国文明的发展[1]。
181 他选择了法国作为欧洲命运的一面镜子。他首先描述日耳曼人入侵前高卢的社会和文化的世俗和宗教的状况，而后描述莱茵河外日耳曼人的性格和制度，最后描述入侵本身和蛮族与罗马化社会之间的相互影响。在民政方面，他略述蛮族法典的起源和性质。在宗教范围内，他描写教会的内部组织和它同世俗社会的关系。对于文化方面的活动，他以概述为数很少的著作来加以描绘。对于查理大帝的性格和政策、他的行政改革、他对立法和教育的影响，则加以精细的研究。整个概论以简述教会以及神学和哲学的发展作为结尾。他以非凡的技巧和广博的学识，在三十次演讲里分析了五个世纪的生活。1830 年，他开始对法国的封建时期（他认为这个时期应从休·卡佩起到美男子腓力[2]止）作类似的探究。在他讲完封建制度和君政的概论后，课程由于 1830 年的革命而中止。革命把这个历史家推到汹涌澎湃的政治浪潮里。《法国文明史》的突然终止是历史科学所蒙受的最大损失之一，因为该书即使在它残缺不全的形式下，也还是19世纪上半期的伟大成就之一。

① 《法国文明史》（*Histoire de la civilisation en France depuis la chute de l'empire romain*），共五卷，1829—1832 年出版。——谭注

② 美男子腓力，即腓力四世，1285—1314 年在位。——谭注

基佐是最早像解剖学家解剖躯体那样来解剖社会的人；是最早像生理学家研究动物机体的功能那样来研究社会有机体的功能的人。这部书是编写的典范，对于那些构成文明的千变万化的现象，它都照顾到了，同时又从不忽略民族生活的统一性。这些讲演证明用科学方法来研究历史是可能办到的。在抓着事情背后的思想、认识那些支配外表转化的内部改变和发觉一个时代的文化趋势的能力方面，谁也未能胜过他。

1828 年的课程所引起的批评，同样也适用于他以后开设的课程。基佐自己宣称，历史家身负三项任务。他必须收集事实，并知道它们是怎样连结起来的——这可以叫作历史解剖学。他必须发现各种社会的组织和生活以及那些支配事态发展的法则——也就是历史的生理学。“但是你也看到它们的外貌吗？你看见了它们的五官吗？现在死了的东西，过去是活的；除非它们在你眼里看来活灵活现，你是不会理解它们的。调查事实，研究它们之间的关
系，复制它们的形式与运动，这一切构成历史，而每一部伟大历史 182
著作都必须通过这些方面的测验才能判定”。这一段话，既证明基佐对于历史家的责任具有崇高的观念，又宣判了他自己的缺欠。重新创造过去，是他力所不及的事。他佩服司各特和库珀[1]，并推荐他们的小说，他的作品却没有显示出他们影响的任何痕迹。他缺乏叙述和描写的能力、对图景和戏剧的想象力以及对个人和特殊事件的兴趣。他的历史写得过分匀称了。对他的最尖锐的批评来自圣伯夫[2]。“基佐的著作构成一条一环扣一环、一个环节也不

① 库珀(Cooper, F. 1789—1851)，美国著名小说家，写有不少记述印第安战争的传奇。——谭注

② 见《周一漫谈》，第Ⅰ卷。——原注

能缺少的链子。他的目的,像支配和组织现在那样,支配和组织过去。我怀疑,一个人是否能够这样完整和确实地掌握他所叙述的历史的导因:于是,他会觉得了解当代的历史几乎是力所不及的事情。历史从远处来看,遭受一种特殊的变形。它使人产生这样一种错误的想法最危险的想法,那就是:它是合理的。于是,古人干的蠢事、他们的野心和那些组成历史的千百件怪事都消失了。每个偶然事件都成了必然会发生的事。基佐的历史由于太合乎逻辑而失去真实性”。为了提醒自己记住历史是怎样形成,圣伯夫从他的书架上取下了德雷斯的《回忆录》。

基佐利用他的大臣地位,多方面促进历史研究事业。法国历史研究的组织是从路易·菲利普时代开始的。用梯叶里的话来说,历史研究成了一项国家的制度。基佐的第一项工作是在梯也尔、米涅、巴兰特、福里尔、雷努阿尔、盖拉德及其他著名学者协助下,组成法国历史学会[①]。在学会的活动中包括出版一些编年史家著作的新版和印行手稿资料,例如马扎然的书信和贞德的审判纪录。由于基佐始终关注学会的命运,在 1866 年巴兰特死后他担任了会长;后来在他死后又由德利斯尔接替。由国家负担经费出版法国史手稿资料的计划就更重要了。这个想法并不是他首创的。[②] 莫罗(他在路易十五统治末期成为法国史官)即曾想到抄录特许状和文献。“古文献馆”于 1762 年建立,而抄录的主要任务则
183 由本尼迪特派修士承担。这项工作随着该教派的被禁止而遭受破

① 见儒尔丹《为纪念学会成立五十周年而发的通告与文件》,1884 年版。——原注

② 参阅格扎维埃·夏尔姆斯(Xavier Charmes)的详细著作:《历史工作委员会》,三卷本,1886 年版。——原注

坏。但是,抄写无数特许状的劳动并没有白费,因为在接着发生的大风暴中有很多原稿被毁掉了。1833年基佐向国王建议,政府应承担出版手稿的工作。他说,孤立的个人,即使竭尽全力,也只能产生不完全的和有限度的成果。在法国档案中,埋藏着不可估量的珍宝。路易·菲利普同情他的看法,于是在公共教育部内设立了委员会,作为各地整理档案的中心和指导机构。在最早出版的《未刊文献》[①](*Documents inédits*)中有:米涅关于西班牙王位继承问题、梯叶里关于第三等级的著作以及盖德拉关于修道院财产目录的汇编。这项宏大的出版事业,不同于德国的《史料集成》和英国的《卷帙》,只限于出版未刊印过的资料。它给法国历史研究的发展提供了不可估量的帮助。基佐的最后一项成绩是恢复道德与政治科学院。

1848年,在基佐的内阁连同君主政体一起垮台后,他没有继续编写他未写完的自己国家的历史,而是继续编写他避难所在国家的历史。在路易·菲利普统治时期,他唯一的文字工作是刊印法文版的华盛顿著作与通信集[②]。那篇当作《导论》的严肃和雄辩的颂词,重申了他那为人们熟知的信念。他宣称,盎格鲁-撒克逊民族已经知道如何在东、西半球上进行它的革命,因而在间隔了二十五年之后,他以更高的崇敬英国的心理,重又研究清教徒革命[③]。

① 其全名为《法兰西历史未刊文献汇编》(*Collection de documents inédits sur l'histoire de France*)。自1835年开始陆续刊行至本世纪60年代出三百余卷。——谭注

② 《华盛顿著作与通信集》,共六卷,1839—1840年。——谭注

③ 1848年后,基佐写成英国革命史专著二种:《英吉利共和国与克伦威尔护国政府史》,全一卷,1854年;《克伦威尔护国政府与斯图亚特王朝复辟史》,共二卷,1856年。另有《蒙克与共和国的颠覆》,全一卷,作为补篇。——谭注

虽然当时对于这个时期又有了很多新的资料，但基佐的后面诸卷同前面诸卷相比，并没有多大的差别。他的坎坷生涯使他对 17 世纪的风暴的感受更加真切，而且他特别长于分析辩论和记述多种思想的演变。但新著并不比旧著生动。在他的著作里看不到花草丛生的小径，也没有沐浴在阳光之中的景色。他的主要任务还是教导和告诫。和他以前一样深信革命的益处，但经验已使他具有稍多一点的批判性。他实质上接受了卡莱尔关于克伦威尔的忠实品质的论证，但反对关于他的政治才干的估价。在克伦威尔、威廉三世与华盛顿所领导的三次盎格鲁-撒克逊大革命中，最早的一次所取得的成功最小。克伦威尔毫无建树，因为他并非甘心情愿地执行革命的政策。基佐以极其严峻的态度指责魏恩[①]、勒德罗[②]和空
184 谈理论的共和主义者，对于这一派，曾任路易·菲利普的大臣的基佐实在是太熟悉了。他的崇高的严肃性和超然态度虽然并不合乎每个人的胃口，但它引起了像兰克著作所引起的那种信任。他原想把这部历史叙述到 1688 年，但因为要写他的《辩解书》[③]，所以他写到复辟时期就结束了。虽然在写查理一世的前面几卷里，没有什么新鲜资料，但对于共和国的对外政策，却给予了新的阐明，而关于理查德·克伦威尔的几卷也是在知识方面的真正贡献。这部书以论蒙克的一卷结束。虽然《英国革命史》一书在重要性上

① 魏恩（Vane，H. 1613—1662），英国政治家。自 1640 年起任国会议员，1649 年为国务会议成员。1656 年克伦威尔解散国会时一度被监禁，斯图亚特王朝复辟后，被控叛国罪处决。——谭注

② 勒德罗，E.（1617？—1692），英国政治家、将军，审判查理一世的法官之一。他是坚定的共和派，既反对克伦威尔的护国政权，又反对斯图亚特王朝复辟，1660 年后流亡国外。——谭注

③ 《辩解书》，似指其在 1858—1868 年所指的《回忆录》共八卷（1870 年出版）。——谭注

比不上《法国文明史》，但它对于一次重大危机的解释，却是一个显著的贡献，今天来读它还是有益处的[①]。

Ⅱ

在法国复辟时期的初期，有两个结成亲密朋友，具有同样思想和抱负的普罗旺斯青年来到了巴黎。两人之中米涅[②]年龄较长，在法国历史家中地位也较高。他在1796年出生于埃克斯。他对政治的兴趣，因受到与帝国倾覆有关的重大事件的影响而加强，他的家成为政治讨论的中心。在来访的客人中有梯也尔，他是离开马赛到埃克斯来研究法律的。这样开始的友谊，始终不渝地继续了六十年之久。这两个年轻律师看到复辟时期的暴行，怒不可遏，但当梯也尔已经在梦想做官的时候，米涅却把他的历史研究同他的律师业务相结合起来，并赢得铭文学院对他研究圣路易[③]制度的论文提供的奖金。他的论文，使得像多努和多姆·布里阿尔[④]这样意见极其不同的人获得深刻印象。它值得人们欢迎，不仅为了他对这位基督教国王和他的法典的精彩描写，而且为了它对封建和君主制度下的法国的清晰概述。此外，在这篇论文里，作者第一次发表了他的是同基佐相似的历史观念。"一桩桩的事情发生得

① 比较泰纳的《批评和历史论文集》中的精彩论文。——原注

② 最完全的记载为佩蒂特的《米涅传》，1889年版；最好的评传为朱尔·西蒙的《米涅、米什莱、亨利·马丹》，1890年版。——原注

③ 圣路易(St. Louis)，即法王路易九世，(1226—1236年在位)。在位期间进行了行政和司法改革。——谭注

④ 多姆·布里阿尔(1743—1828)，法国史学家、神学家。——谭注

多么连贯一致啊，它们又是如何地利用人作为媒介，利用事件作为时机，而必然地完成它们自己啊！从法国君主政治开始之日起，与其说是人指导着事情，不如说是事情指导着人。法国在头两个王朝统治下显示出要求独立的趋势，结果形成封建制度的无政府状态；在第三个王朝统治下显示出要求秩序的趋势，结果形成绝对专
185 制主义；接着是要求自由的趋势，结果是爆发了革命”。这里，我们看到了完全成熟的米涅——他主张个人应处于从属地位，他精炼地表达思想的能力，他第一个公开宣布了使他后来常常遭到攻击的决定论。

1821 年，这位年轻的历史学家到巴黎，来接受他的奖金，并寻找机遇。梯也尔随后也来到巴黎，这两个朋友在报馆里找到了工作。他们的文章引起了塔列朗的注意，几个月之后，他们就成了“反对派”沙龙(Salons)里大家熟悉的人物。米涅并不想让报馆的工作占据他的全部精力，他开始在“讲坛”[①]演讲，这次演讲后来曾由圣伯夫在他和米涅都已成名时加以描述[②]。“对于他的第一组讨论 16 世纪与宗教改革运动的演讲，我记得很清楚。这个二十六岁的历史学家谈到圣巴托罗缪惨案和它所发生的原因。每个听讲者都感到自己被那庄重的声调和有力的词句迷住了。他略微严谨的发音和有分量的词句，从一个才华横溢而带文雅微笑的青年口中发出，更倍增了它们的效果。他既严肃又有修养，既富于思考又坦率”。当基佐被迫沉默不语而多努的认真讲演仅有少数几个学生去听的时候，米涅的演讲成为一件大事。他的第二组关于英国

---

① “讲坛”(Athénée)，为名士学者集会之所。——译者

② 见《现代人物画像》，第 5 卷。——原注

革命(其中还添加上对政府的攻击)的演讲所取得的成功并不亚于第一组演讲。

路易十八后期的统治，日趋反动，使得自由主义的反对派的力量越来越强大；于是法国分为两派：革命的朋友和革命的敌人。斯塔埃尔夫人所著《革命论》[①]于1818年出版，引起了人们极大的兴趣。布瓦涅夫人写道[②]，“这一著作以尊重的语调大胆地谈论革命，使流行的意见完全改变。由于她的带动，颂辞如潮水般地涌现，很少人能冷静地从被血水玷污的稗子中挑出良好的谷粒来”。然而该书是一部讨论原则，而非叙述事件的著作。拉克雷泰尔的干巴巴的纲要[③]也不能使人满意，因而法国急需进一步的启蒙。这两位朋友现在决心以颂扬1789年来攻击王朝。米涅曾经在他的演讲里说明英国1640年的事业怎样需要1688年的事业来完成，并得出这样的论断：立宪政府，除非是在一个诚心准备接受立宪的王朝统治下，是永远不会稳定的。现在他把这个教训应用到自己的国家方面。他的《法国革命史》是他用离开巴黎的四个月时间编成的，于1824年出版。该书获得迅速而又持久的成功。它不久就被译成多种文字的版本，有六种不同的译本在德意志出现。186
对这部书的最高的颂辞是：虽然它是根据少数资料的研究，又从来没有重写过，但它仍保持了它的实用性。

虽然米涅未能接触到新资料，但他从塔列朗、多努及其他尚未

① 此书原名《法国革命论》(*Les Considérations sur la Révolution Française*)。斯塔埃尔夫人(Stael, Mme. de, 1776—1817)，著名作家、文艺理论家。她在《革命论》中盛赞1789年革命精神。——谭注

② 见她的《回忆录》，第2卷，第277—278页。——原注

③ 拉克雷泰尔(Lacretelle de, Jean Charles Dominique, 1766—1855)，法国王党史学家，著有《法国革命史略》，1801年。——谭注

死去的活动家那里了解到很多情况。他利用了这些见证人的经验,但并不带有他们激烈的感情,他还从那些未能为革命事业有所贡献的人手里拯救出革命的原则。他最大的才能是抓住事件之间的连贯性并使它重新为读者所看到。对于那认为革命是故事或传说的一代人,他说明革命是一个有机的整体。他指出它不是偶然的激变,而是历史的合乎逻辑的结果,是孕育着一个新社会的母亲。虽然他的语调冷淡,但他的信念是不容置疑的。他在导论中就确立了法国必须经历一场影响深远的变革这种说法,而这种必要性一直是全书的主题思想。如果说一场合理的革命搞得过火了,也不能因此就反对革命的原则。可是,他从来不赞成:只要目的正当,手段可以不加选择这一说法。他严厉谴责"恐怖政治",因为它唯一的统治方法是杀人。路易十六兼有一个好国王所应具备的两种品质,即敬畏上帝和爱护人民。在革命向前进展当中,许多坏人站到了错误的一边,许多坏人站到了正确的一边。

《法国革命史》曾为了缺乏热情而不断遭到批评。克罗克称之为剖解死尸的讲课[①]。喀莱尔[②]宣称,"它具有紧凑性,具有似钉紧的铁杆般的坚固性,具有即使不是像一棵活树的、也是像一扇精制的铁格子的匀称性;它是没有生命、色彩或青春的朝气的"。泰纳惋惜地说,他没有足够的魔力。米涅的崇拜者则回答道,使他能够估计革命的真正结果的,正是他的冷静镇定。更加严重的控诉来自圣伯夫[③];对于书中暗示的革命必然依循一定路线来进行的

① 见克罗克著《法国革命论文集》,1857年版。——原注

② 见喀莱尔著《评论文集》,第Ⅵ卷。——原注

③ 见他所著《周一漫谈》,第Ⅰ卷。——原注

意思，他表示反对，并宣称，米涅忘了下列一点：如果米拉波幸存下来，或罗伯斯庇尔和拿破仑早早过世，情况将大不相同。夏多勃里昂[①]也提出这样的指控；他虽然赞颂本书是“雄辩应用于说理”，但指责作者相信死板板的命运论，并宣称他与梯也尔是“宿命论学派”的创始人。这些指责是言过其实了。米涅虽然承认伟大的运动具有压倒个人利益或意志的力量，但他不相信什么不可违抗的规律。理想主义与自由意志的使徒朱尔·亚蒙，直言不讳地宣称，他的朋友之所以被谴责为宿命论者，是因为他相信逻辑。它顶多 187
不过是以理性主义来解释博絮埃的原则：“人类行动，神明指挥。”

该书是反波旁王朝运动中的一个插曲；米涅仍又回去干他的新闻事业。查理十世（对于他，鲁瓦耶·科拉尔尖刻地说，他永远只是阿图瓦伯爵[②]）登位后，保守政策成为政府的固定政策。1830年7月的《波利尼雅克法令》[③]主要是针对由米涅、梯也尔和阿尔芒·卡雷尔三人创立并编辑的《国民报》(*National*)的。这项停刊令并没有得到遵从；次日该报刊载了由梯也尔和米涅起草，由米涅领衔的巴黎新闻记者抗议书。三位编辑冒着生命的危险，而对于波旁王朝之被逐出，他们出的力比任何人为多。米涅原可取得重要官职，但他聪明地拒绝了参加动荡的政治生活。他满足于管理外交部档案；对于这个位置，他比任何法国人都更为适合。

在接到迫切要求他帮助基佐出版法国历史资料的邀请书后，

① 见他为“历史研究”所写的序言。——原注

② 阿图瓦伯爵(Comte d'Artois)系查理十世嗣位前的爵号。当时他是极端保王派的首领。——谭注

③ 波利尼雅克(Polignac, Auguste-Jules-Armand-Mavie, 1780—1847)公爵，正统主义者和教权主义者。他于1829—1830年任首相时颁发了这项法令。——谭注

米涅开始收集并编辑有关西班牙王位继承问题的文献。他编了四卷，把这段历史讲到了尼姆维根和约[①]；但是，文献部分虽未收集完，导论一直谈到事件的结束，却是一篇历史杰作。它在洞察力、判断力和学识方面，在思想和文笔的清晰和坚定方面，是无与伦比的。它除了表明半个多世纪中法国与西班牙的关系和欧洲列强的结盟情况外，还描绘了这个时代的主要政治家的形象。在这些篇幅里，马扎然的外交家地位第一次得到公平的论断，而他的后继者利翁纳[②]的形象也得以复活。“大王”的本身也以崭新的面貌出现，因为凡是研读米涅这几卷著作的人都深信这个国王不只是一个只知道娱乐和礼仪的人。这部著作是外交史的开端，它在学术界中受到热烈的欢迎，并且直到今天仍没有能够代替它的作品[③]。《西班牙王位继承问题》虽然为了明显的理由在他的著作中是最不出名的，但却是米涅对历史学的最宝贵的贡献。

米涅晚年时期的著作几乎全部是讲述16世纪的。他的第一部精辟专著[④]论述安东尼奥·佩雷斯；佩雷斯的传奇式历史具有
188 小说的趣味。但这部专著绝不仅是对一个出色冒险家的研究；它是对我们关于腓力二世统治时期的知识的贡献。佩雷斯同爱博利公主的关系、埃斯科维多被暗杀的真正原因和阿拉贡特权的丧

① 尼姆维根和约是1678—1679年间荷兰与西、法、瑞典之间缔结的有关荷兰在保持中立条件下收回全部国土及其他国际问题的一系列条约。——谭注

② 利翁纳，Hugues de(1611—1671)，法国首相马扎然的亲信，曾任驻罗马大使。——谭注

③ 在勒格莱尔的《法国外交与西班牙王位继承问题》(1895年版)中有一篇很好的颂辞。这部著作是接续米涅的著作编写的。——原注

④ 《安东尼奥·佩雷斯与腓力二世》，(*Antonio Perezet Philippe II*)，1845年。——谭注

失[1]，都第一次得到了阐明。说到腓力自然会想到玛丽·斯图亚特[2]。米涅所写的玛丽女王的历史[3]，是根据拉巴诺夫关于女王书信的大部头汇编而写的，并从锡曼卡斯档案中西班牙大使的公文为补充资料。他虽然承认“银匣信件”[4]，但他相信玛丽是多情而非阴毒的，而她的后期生活，通过她的受难和勇敢而变为清净和纯洁了。米涅采取这一论题，不是为了女王的性格而是为了她在宗教冲突中的作用。我们看到的是一场原则之间而非个人之间的斗争。在该书出版以后发现的大批资料已经取代了它，但它还是第一篇公正的描述，可以用来核对为她作传者的竞相夸大的记载。从玛丽·斯图亚特，他又回到那位在他开始研究宗教改革运动时曾经引起他注意的伟大皇帝（查理五世）上去[5]。他禅位之谜，已由斯特林-马克斯韦尔和加查尔解决，但他举出新的证据，说明这一件是起于并不亚于健康或宗教原因的外交因素；欧洲外交中有些主流是流过遥远的西班牙修道院大门的。从这个多事的统治时代的结局，他又回过头来研究它的开端。他发表于《两世界评论》的关于弗朗西斯同查理之间的角逐的一系列论文，被重印成两

① 佩雷斯原为腓力二世的亲信，史传其因与腓力另一宠臣戈默兹（Ruy Gömez）之遗孀爱博利公主私通而见疏，乃与奥地利的约翰及其秘书埃斯科维多密谋反对腓力。埃斯科维多来西班牙，事闻于腓力，埃被暗杀，佩雷斯及公主被捕。1590年佩雷斯逃亡阿拉贡，得到庇护。腓力要求交出人犯，未果。次年出兵讨伐，乃剥夺阿拉贡的自治权。——谭注

② 玛丽·斯图亚特，英王亨利八世之女，1554年与西班牙腓力二世结婚，1561年腓力死，回苏格兰为王，1567年被废黜，1587年被处死。——谭注

③ 《玛丽·斯图亚特传》，1851年。——谭注

④ “银匣信件”（Casket Letters），据说是女王玛丽给她的情人博思威尔（Bothwell）的信件和短诗，藏在后者的银匣内。这些信件牵涉到她与其情人谋杀亲夫的事件。那是英国史上的一个疑案。——译者

⑤ 《查理五世传》（*Charles Quint*），1854年。——谭注

卷本的专著[①]，其中很少更动。这部评述讲到1529年为止。它所包含的新资料，比他所有其他记述都多。它所描绘的欧洲政治斗争的图景是根据法国、西班牙和奥地利的档案，并以威尼斯大使的报告加以核对的。米涅给后代留下的遗产，论卷帙是比较少，但具有极好的质量。每一个词句都经过推敲，每一个论断都经过衡量。他是法国的兰克；他可以同基佐争夺19世纪前半期法国最伟大的历史学家的称号。圣伯夫宣称，“历史的崇高的、尊严的甚至神圣的性质，铭刻于他所写的每一个事件上”。像基佐那样，他对个人之所以感兴趣，主要是因为他们影响了制度和运动；他把他们看成工作者而不是一个一个的人物。在把科学研究的方法与精神应用于研究国家生活方面，没有一个历史学家比他贡献更大。

在另一个活动范围里，他的名誉也是同样稳固的。1833年，
189 当基佐恢复道德与政治科学院时，米涅是第一批新院士之一。1837年，他被任命为该院常任秘书。几十年当中，他的渊博知识、他的办事才干和他的明智稳妥的判断，使他成为那个杰出的机构的管理者和领导人。他的后继者朱尔·西蒙写道，大家对他是那样的尊敬，因此一般不得到他的赞许，不会提出什么建议。这位常任秘书所作的演说，给予“颂辞”[②]以新的生命和典范的形式。那些使他的历史著作突出的卓越文风和思想同样也使他对同僚所作的赞颂生辉增彩。这些过硬的，带有学术性的论文显示出他的哲学、经济和法律知识不亚于他的历史知识，而且有些还是分析与批判的

① 《弗朗西斯一世与查理五世的争雄》(*Rivalité de François Ier et de Charles Quint*)，1875年。——谭注

② 颂辞(éloge)，在科学院成员死后为纪念死者在会上宣读的演讲词。——译者

杰作。我们阅读《颂辞》四卷时，好像走过希腊雕像展览馆一样。米什莱用彩色完成的东西，米涅用干净的线条来完成。海涅讥笑地说，他是“做假发的理发匠”，还说，如果碰到头上无发的人，他总是想法用词句的假发来遮盖那个秃头的。海涅这种说法，实际上是说他是一个宽大的批评者。如缺口太宽，例如对于米什莱，他就把写颂辞的工作留给他的后继者去做。在描写革命时代的政治家和思想家当中，他又回到了他初期立功成名的研究领域内。他在为德洛兹[①]写的《颂辞》中尖锐地攻击卢梭的理论，说它们是“虚伪、恶意和愚蠢的”。对于革命在它的后期是无法阻止的这个论点，他斥之为宿命论，然而他对革命的建设性作用的佩服心情，一直没减退。“国民议会的不朽功绩，是把哲人们以其明智的头脑总结而写在书中的原则，纳入法律之中。这些原则已经成为人类的不可分割的世袭产业。一旦人们看到真理的光辉，他们就再也不能忘记它了。真理迟早会得到胜利，因为它是上帝的思想，是世界的需要。”

Ⅲ

在米涅开始编写《法国革命史》的同一年，他的挚友也着手详细叙述法国革命。梯也尔[②]宣称，剧中人快要死去的时期，正是编

---

① 德洛兹(Droz，François-Xavier-Joseph，1773—1851 年)，法国历史学家、哲学家和经济学家。——谭注

② 两本最好的传记是：马扎德所写(1884 年版)和雷米扎所写(1889 年版)的传记。朱尔·西蒙所写关于他的朋友与领导人的研究(见《梯也尔、基佐、雷米扎》，1885 年版)是杰出的。阿利森著《梯也尔先生》(1932 年版)是一本美国人所写的有参考价值的传略。——原注

写这段历史剧的时候，因为有关他们的史料还可以为那些并不分享他们的感情的人所收集到。《法国大革命史》的开首几卷是简略
190 和草率的，但它们的成功使他决心更加细心地工作。他的目的毫不隐讳是政治性的。他教导说，只有驱逐旧王朝，革命才能获得全胜。作为一个坚定的君主主义者，他经常说，“我们必须渡过〔英吉利〕海峡而非大西洋去学习”；但他所愿意效忠的，只是君主立宪政府。对于革命，他既深信不疑它是正义的和必要的，又对它的活动家保持客观的态度。“我们必须一起来支持这共同的事业，但我们无须为他们的行为辩护。我们不用把自由同那些使自由受损害的人们混为一谈”。像米涅一样，他把运动的本质同运动中的恐怖行为区分开来。圣伯夫[①]在他第一批讨论梯也尔著作的许多文章中的篇里，热情地驳斥了人们对梯也尔的宿命论的指责。“因为他以如此完善的连贯性、按照如此明显地不可避免的程序来叙述事情的经过而责备他，那等于是责备他讲清楚了模糊不明的事”。如果他对刽子手所表示的愤怒在程度上同他对受难者所表现的同情一样，那么他也许会避免人们的责难。他直言不讳地反对恐怖政治，热情地称颂王室的私德和勇敢，并谴责革命党人的很多行为；但他对卡尔诺[②]和雅各宾党人之击退侵略者觉得太感激了，因而不能把严重的判词加到他们身上。朱尔·西蒙指出，梯也尔的反对者把解释误认为开脱罪状，梯也尔自己自豪地说，任何人也不能指出一句他宽恕罪行的话。他编写此书正是在革命原则受到激烈挑战

① 见《周一漫谈》，第Ⅰ卷。——原注

② 卡尔诺，(Carnot，Lazare Nicolas 1753—1823 年)Lazare-Nicolos(1753—1823 年)，法国数学家、物理学家，积极支持雅各宾党，在组织保卫法国抗击欧洲反革命联盟方面贡献甚大。1794 年参加了热月反革命政变。——谭注

的时候，而他不愿把武器送到革命的敌人的手里。

梯也尔的著作是对事件的叙述，而不是对导因或情况的研究。米涅的篇幅里充满了论断和感想，梯也尔则一件事紧接着一件事匆忙叙述下去，而让读者自己去思考。他一开头就描述巴士底狱被猛攻，这正是他独特的笔法和风格。他总是停留在叙述事件这种表面工作上：照着《箴言报》[①]和拉克雷泰尔的著作来复述。但在另一方面，关于币制和最高价格之类的财政问题，他处理得极好。他生动地描述意大利战役，关于军事组织和战术的论述也是明晰的。这部著作的主要特征是它新颖的写法。人们都说，基佐写当天早晨刚知道的事情就像他老早就知道了一样。梯也尔则好像是把他那天早上听到的事情告诉给他的读者似的。很少的书能给人留下这样一种年轻活泼的印象。梯也尔对每个细节都感兴趣，而且确信他的读者也会对它们感兴趣。圣伯夫[②]说，“他处理千百个事实，就像一个有才干的将领指挥千百个士兵那样”。人们 191
第一次可以读到关于近代史上最大事件的详细论著，因而二十万部书很快即销售一空。

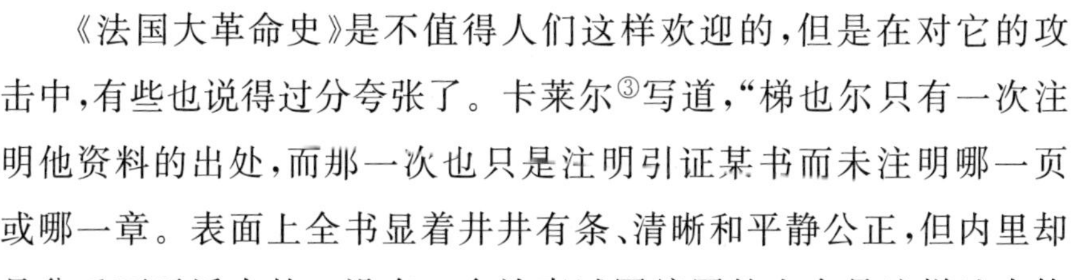

《法国大革命史》是不值得人们这样欢迎的，但是在对它的攻击中，有些也说得过分夸张了。卡莱尔[③]写道，“梯也尔只有一次注明他资料的出处，而那一次也只是注明引证某书而未注明哪一页或哪一章。表面上全书显着井井有条、清晰和平静公正，但内里却是贫乏而无活力的。没有一个认真试图编写的人会是这样地来构

① 《箴言报》(*Moniteur*)，创立于1789年；法国政府公报，1799年发刊，1869年停刊。——译者

② 参阅他发表在《现代人物画像》，第4卷中的那篇出色的论文。——原注

③ 见他的《评论文集》，第6卷。——原注

想法国革命的。一个批评者曾同人打赌，说他一小时内可以找出四个错误，结果他赢了。可是，在某种情况下读者阅读他的书会感到惬意，甚至从中得益，因为他具有他特有的活泼轻快的风格，而且确实能告诉你很多东西，如果你完全不懂的话”。对于所说梯也尔只引证过一次权威著作的指责，查阅著作本身，自可得到答案。再说，能够向读者推荐的参考书确是很少的。他的十卷著作是接连不断的政治斗争的四年中编写的，许多错误虽然出于粗心，许多却是由于缺少情报。关于他整个误解革命的指责，同样也是没有根据的。他同米涅一样，误解了吉伦特派，并过分称颂督政府，但总的来说他赞同革命的目的和结果，加之他否定恐怖政治，这些都代表了历史的总的论断。该书的缺点是作者从未认识到取得新资料的重要性，以及该书是作为一个政治运动里的附带事件来构思和编写的[①]。他一生中政治家的成分多，历史家的成分少。

梯也尔把国王请上宝座，又为他的政府服务，但在 1840 年基佐势力鼎盛的时候，他部分地退出了政治斗争。他原来编写的历史叙述到督政府的末期为止，现在他从他中断的地方接着写下去。激励他写前半部著作的政治动力在编写后半部著作时已经没有了。虽然路易・菲利普已不再任用梯也尔，但他并不想推翻君主立宪制。对拿破仑的崇拜的复活，是该书的结果，并非它的目的。
192 皇帝〔拿破仑〕在他的遗嘱里，曾责令比尼翁[②][③]编写他的历史，而

① 可与克罗克《法国革命论文集》(1857 年版)中的严厉分析比较。——原注

② 参阅米涅的《历史人物画像与略评》，第Ⅱ卷中的颂辞；豪塞尔《文集》，卷Ⅰ(1869 年版)中的详细评论；以及盖尔的《拿破仑：赞成者和反对者》，第 37—44 页，1949 年版。——原注

③ 比尼翁(Bignon，Louis-Pierre-Édourd，1771—1841年)，历史学家，长期追

他这位老仆即以其残生专门从事这项工作，其中大部分是记述他本人曾经见到和听到的事情。比尼翁的叙述——对一个重大题材的郑重其事的撰写——是一个衷心崇拜者的作品。在这幅画里，没有阴影，写到他失败的时刻，也丝毫没有责备的意思。1812年，皇帝由于莫斯科的大火和酷寒的冬季而遭到挫败；这大火，是一种野蛮人的行动，这气候，是无人能够预见的事情。在莱比锡决战中，德意志同以前的西班牙一样，是由于受到英国的黄金和反法联盟无休止的仇恨的激励才背叛的，他相信，击败他的主人的，是欧洲各国政府而非欧洲人民。我们好像又重生活在"帝国公告"的气氛中。但他的偏心是这样的天真幼稚，因此反而没有什么危险性了。几年以后，A.勒费弗尔[①]编写了一部较短但更富于批判性的著作；复辟后的政府曾委托他父亲编写"王朝中断时期"的外交史。他收集了许多资料，但还没有来得及利用就死去了。于是他的儿子便接续了他的工作。勒费弗尔尊敬皮特和纳尔逊，并认识到皇帝进攻各个民族是愚蠢的行动。他对于外国资料知道得很少，但他在法国外交部的研究工作，使他的作品成为拿破仑研究中一个真正的进步[②]。

比尼翁和A.勒费弗尔只是考查皇帝事业的某些方面，而梯也尔却决定论述他的整个成就。他自己曾经有过行政和外交的实际经验。他曾经参观过德意志、意大利和西班牙的战场。他曾经同

随拿破仑，受封男爵。著有《雾月十八日以来的法国史》(*Histoire de France depuis 18 brumaire*)八卷，1838—1850年。——译注

① 参阅豪塞尔的《文集》，第Ⅰ卷，和盖尔的《拿破仑》，第45—52页。——原注

② A.勒费弗尔所著书名：《从执政府到帝国时期欧洲各国内阁的历史》(*Histoire des Cabinets de l'Europe pendant consulat et l'empire*)三卷，1845—1847年。——译注

路易男爵[①]讨论过拿破仑的财政，并同若米尼[②]和富瓦[③]讨论过拿破仑的战略战术。他熟悉皇帝、他的大臣和他的警务人员的书信。他的《执政府与帝国史》远比他的《法国大革命史》要高明。它提供了那位最伟大的历史人物的第一个有分量的记载[④]。前七卷叙述到提尔西特条约为止，在路易·菲利普统治的最后几年里出版。无论是在战场上还是在内阁里，第一执政都是作为法国的救星出现的。“在那个时候他的唯一动机，是把事搞好”。教务专约的订定——“一项令人钦佩的工作，他的最美好的成绩”——写得像是一篇以政治为内容的田园诗；而把教皇和第一执政写得像是朋友和同僚。在他以前的著作里，梯也尔的同情曾寄于民众的政府，而现在，他虽然从未露骨地称颂专制主义，可是在他身上波拿巴主义者的气味超过了自由主义者的气味。对于这种情况的解释，可以
193 在 1841 年他发表的演说里找到。“我爱革命，因为它使我的祖国得到新生，但如果不是拿破仑拯救了它，它早就毁灭了”。雾日政变是必要的，因而是正当的。当甘公爵的处死[⑤]是一件可悲的偶然事件，因为仅仅是雷阿尔[⑥]的睡觉使他没有获得缓刑。拿破仑是一个理想的专制君主，足智多谋，行动敏捷，却又懂得人道与怜悯。鲁瓦耶—科拉尔讽刺梯也尔说，他编写执政府的历史，像是一

① 路易男爵(Louis-Dominique，Baron)君主立宪派，路易十八复辟后曾任财政大臣。——谭注

② 若米尼(Jomini，A. H.)，瑞士籍将军、军事理论家。先在法国供职后投效俄国。——谭注

③ 富瓦(Foy，Maximillien-Sébastien 1775—1825)，法将军。——谭注

④ 参阅盖尔的《拿破仑》，第 53—67 页。——原注

⑤ 当甘公爵，逃亡的王党头目之一，1804 年 3 月被法官方从中立国巴登境内绑架，以接受外国资助图谋入侵法国之罪被处决。——谭注

⑥ 雷阿尔(Réal，1757—1834 年)——曾任拿破仑的警务总监。——译者

个很想由自己来创建这个政府的人那样。在描绘外交政策方面，他使用的色彩也是同样鲜明的。梯也尔宣称，凡是法国军队通过的国家，没有一个不是变得更好、更开明的。他对于对待普鲁士王后的态度[①]，不加任何谴责。对于帕尔姆的处死只是一笔带过，连名字都没有提到；艾劳战役则说成是一次辉煌的胜利[②]。甚至大陆封锁政策，他也为之辩护。

梯也尔在第二共和国时期编写的较严谨的诸卷，大部论述背信弃义的夺取西班牙事件，提供了这方面的第一个清晰和连贯的记载。朗弗里说，"梯也尔指责这个战争，只是因为它失败了的种说法是没有根据的。他的同情完全寄于西班牙人。民众的感情比受过教育的人们更真实。他们拒绝接受外人给予的好处，是高贵的行动"。他并未企图遮掩西班牙人的可怕暴行，但萨拉哥萨保卫战[③]却掩盖了他们的许多罪行。当场景移到中欧的时候，我们看到了他更加有独立见解的进一步证明。他认识到 1809 年的德意志不同于 1806 年的德意志，并承认征服者的行为使全体德意志人痛恨他们。奥地利人在 1809 年的作战是对的，而且他们是在一种新的精神下作战。梯也尔是 1851 年新"雾月政变"里第一批牺牲者之一，而法国的屈服使他以更加严格的态度来看他的敌人的伯

① 普鲁士路易莎王后(Queen Louisa)是一位有强烈爱国心的妇女，对拿破仑的侵略深为不满。1806 年耶拿战役后，拿破仑进驻柏林，开始散播关于路易莎同沙皇亚历山大之间关系的流言蜚语。1807 年 7 月路易莎拜会拿破仑，企图说服战胜者作出某些让步，未能如愿。——谭注

② 1807 年 2 月法俄两军交战于东普鲁士境内之艾劳(Eylaa)，法军以惨重的代价取胜。此役暴露了拿破仑战略上的一些重大弱点。——谭注

③ 西班牙人民于 1808 年 5、6 月举行反法起义。在持续达半年之久的萨拉哥萨(Saragossa)保卫战中表现了他们的坚强斗志。——谭注

父和楷模。“拿破仑在一切事情上都对自己不加约束地超越了界限”。他不再是一把革命的宝剑，而是一个同其他暴君一样的暴君。这位历史学家略谈了一下第二帝国，而伤叹那越来越厉害的卑躬屈膝的态度。他认为对俄国的冒险无论从政治观点上或军事观点上看，都是不可原谅的。他为俄皇亚历山大的高贵的自尊心与莫斯科的令人崇敬的爱国精神高声喝彩，并以极严厉的词语作为他叙述的结尾。“这些悲剧性的事件，不是由于这个或那个失误所造成，而是由于一个大错所造成，那就是：根本不该到俄国去。而且在这大错里还伏着一个更大的错误——企图干出一切违反公
194 理、违反民族愿望的事情，而丝毫不考虑他用以征服的鲜血”。关于德意志奋起反抗的叙述，则没有如此有力。梯也尔不能阅读德文，对于“解放战争”中的一些人物以及兵力，只有空泛的概念。他虽然模糊地感觉到施泰因的伟大，但他最热情的仰慕却留给了梅特涅——他是在这位上年岁的政治家下台后才同他相遇的。但是当叙述到联军侵入法国时，他的同情心复活了。他所描写的从厄尔巴岛返回后的皇帝，是一个爱好和平的人和立宪主义者。关于滑铁卢战役，他采用圣赫勒拿岛上的传说。可是，在书的结尾，却出现了一连串的大错，并提出一个严重警告。“谁能预见1800年的圣哲会变成1812年的疯子呢？是的，有人能预见到这一点，只要他记得极权政治本身就包含着一种不可救药的疾症。从这个伟大的生涯里，从这个给予军人、执政者、政治家如此多教训的生涯里，公民们必须学到一点，即切不要把他们的国家交到独夫的手里”。①

① 尼萨尔宣称梯也尔的论断是过于严厉了。见《关于法国革命与拿破仑的考察》，1887年版。——原注

在写于1855年的第十二卷序言里，梯也尔说明了他进行这项编写工作的精神。“我只消想到要对人或事不公平，就会觉得惭愧，而由于我本人曾受到过不公平的评判，就更加如此。要作到公平地评论一个人，我们必须消灭我们内心的一切欲念，并牢记我们自己的弱点”。历史家的最高要求是智慧。“谁能明晰地洞察人物和事，谁就有研究历史的真正天才”。我们能接受这位历史家为他自己作的鉴定吗？他扑灭了他内心的爱憎之念吗？外部的事件没有在他的作品上留下一点痕迹吗？对于这些问题，很少有人能够按照梯也尔希望的来回答。拉马丁说，“梯也尔是命运的同谋者；他只是在错误受到失败的惩罚时才看出错误”。朗弗里也发表了类似的判断[①]。“他的著作是实事的史诗。他不重视精神的力量。‘你没有成功，所以你是谬误的’——这就是他的全部哲学”。如果说这是一个敌手的判断因而不公平的话，我们可以承认，有时法国的光荣对他来说比自由或道德更重要。小拿破仑[②]的兴起应当使他取得教训：如果要反抗专制主义，那么必须在它开头时反抗它。

梯也尔对德意志懂得不多，对英国懂得的就更少了。他的作
品上的一个污点是未能公平对待皮特的政策和威灵顿的天才。对 195
于外国的档案或外国学者的研究工作，他知道得很少。他毫不怀
疑地接受梅特涅关于奥地利政策的解释。人们对他自称有军事方
面专门知识这一点表示怀疑；可是，他虽不是像塞居尔[③]和纳皮耶

---

① 见他发表于《政治研究与画像》(1880年)上的《执政府和帝国的历史》。比较《爱丁堡评论》，1858年4月和7月号刊载的精练有力的文章。——原注

② 小拿破仑(Napoléon the Little)指拿破仑三世，是法国文学家雨果对他的蔑称。——译者

③ 塞居尔(Ségur，Philippe-Paul，Comte de，1780—1873年)，法国史学家，以研究拿破仑立国史知名，撰有专著八卷。——谭注

那样的专业者，但他对战争的兴趣在为他的著作赢得持久声誉方面，确实起了很大作用。拉马丁说，正像拿破仑注定要打那些战役一样，梯也尔注定要叙述那些战役。他对于财政的论述，受到较多无保留的称赞。但在另一方面，我们在他的书里很少读到关于行政制度的内容，关于公共舆论、宗教或文学的东西就更少了。但如果说一部二十卷的著作能使它的读者阅读到底而不感到疲倦和不耐烦，那就不但对它的文体、同样也是对它的题材的称赞。梯也尔是以清晰的文笔和掌握细节而取得良好效果的。他不会颂扬拿破仑通过圣伯纳德山口的事迹，除非他测量过山口的长度和计算过它积雪的深度、山岭的高度和运军火车辆的数字。在另一页上，他宣称，他可以毫不迟疑地举出面包、肥皂和蜡烛的价格。埃米尔·奥利维埃指出，“像他所具有的那样程度的描写艺术不是普通的才华——而是天才”。圣伯夫总是不厌其烦地重复对他的赞赏。“阅读一部如此易读，又这样丰富的多卷集巨著，在那里我们碰不到什么思想上或表达上的困难，在那里，我们舒舒服服地观看最重大的事件的图景，这真是一件难得的乐事。他的文体异常平稳，但没有辞藻绚丽的段落。”

《执政府与帝国史》，一定会在历史编纂学中占据一个卓越地位。它是由19世纪第一流政治人物之一所编写的。它也是形成拿破仑传说的主要因素之一。拉马丁给它加上“世纪之书”的名称。弗林特宣称，它或许是在所有具有同样规模的历史著作中最有趣的书；雷米扎说它是现代文学中的最宏伟的纪念碑。正因为这部书既是一个政治事件，也是一个文学成就，当代人感到很难给它一个公平的评价。朗弗里认为梯也尔一点都没有历史学家的特性。曾在国外进行反对帝国的战争的沙拉斯与吉内，攻击描写滑铁卢战役的一卷。另一个逃亡者朱尔·巴尔尼[①]从洛桑这个远离法国的安全地点投掷炸弹。马泰尔伯爵[②]写了三卷书来证明这个历史学家是一个骗子和说谎家。多松维尔伯爵指出梯也尔在叙述 196
皇帝与教会的关系上的差错。托克维尔简略地说帝国的历史还须重写；泰纳说梯也尔不爱真理。但不管是批评他的人还是钦佩他的人都异口同声地说，从来还没有任何一部著作能给拿破仑时代的研究提供这样大的推动力。

① 见他所著《拿破仑和他的历史学家梯也尔先生》，1869年版。——原注

② 见他所著《梯也尔，一个幻想的历史学家》，1883—1887年版。关于这个奇怪的人物的事略，参阅马松著《一个档案探索者》，载《往者》(*Jadis*)，第Ⅱ卷。——原注

197 # 第十一章　法国的中世纪时代和旧制度

I

对法国中世纪史的兴趣是由梯叶里和巴兰特、基佐和米什莱所鼓起，但对这段法国历史的系统性研究却主要应归功于古文献学院[①]。建立一所学院，由学者训练年轻学生的设想是在 1820 年由德·热朗多提出的，而在 1821 年，王家颁发了一项敕令，同意这项建议，以“协助铭文院的工作”。当时有十二个学生参加，但这个机构不久即解散。1829 年它恢复后，境遇不断好转，还创办了一种杂志。《未刊文献》的大部分编辑和《法国文学史》的大部分撰稿就是从它的校友中物色来的。多姆·里韦所编的《法国文学史》于 1763 年编到第十二卷，叙述到 1167 年，但当时由于对该项工作缺乏兴趣而未再接续进行，直到拿破仑时才得恢复。当勒克勒尔[②]接替多努担任主编后，学术水平有所提高。在编到 14 世纪时，他

① 参阅《古文献学院手册，1821—1891 年》，1891 年版。——原注

② 参阅勒南在《历史与旅行杂记》（1878 年版）中为他的老师所作引人入胜的素描。——原注

概述了该世纪的文学与科学、政治与社会状况作为导论；这是仿效多姆·里韦为12世纪部分和多努为13世纪部分撰写导论的榜样。勒克勒尔不但大部分自己动手撰稿，而且训练像勒南和奥罗这样有才干的年轻学者来协助他的艰巨工作。

在1820—1850年这段时间里，没有人比盖拉德[①]所编写的有关中世纪的著作具有更持久的声誉。他是古文献学院的最早学生之一，后来又是该学校的教师和主任。他的终生事业，是编辑各大修道院的契据，而《修道院长欧密农的地产登记簿》一书[②]为他赢得了全欧声誉。该书叙述查理大帝时代普雷的圣泽曼修道院各大庄园的详细情况，并揭示了阶级的关系和占用土地的方法。此书 198
包罗极广的《导论》是法国学术研究上的光辉成就之一。盖拉德追述从日耳曼人入侵时期起政治和社会制度的成长以及人口和土地的状况。他否定了高卢是由于法兰克入侵者才得以开化并复兴这种论点；他严厉指责这些入侵者。他把采邑制度追溯到罗马立法，并主张，直到加洛林帝国崩溃为止罗马的社会和行政制度的结构，一直存在。1896年，《导论》以缩写本形式重印。它同基佐的"演讲"一样，都是19世纪前半期对早期法国的研究所作的最重大贡献。

基什拉[③]是较年轻的一代中最出色的中世纪史专家之一；他走出米什莱的课堂后又在古文献学院学习了更严格的方法。古文

① 参阅韦利：《盖拉德略传》，1855年版。——原注

② 欧密农于811—822年间任巴黎附近的圣泽曼修道院院长。在他指示下编撰的地产登记簿(Polyptique)，是有关当时教会土地所有制的重要史料，惜多散佚，仅有部分册页传世。——谭注

③ 参阅刊载在他所著《考古学与历史杂记》的书首(卷Ⅰ，1855年版)的短文，以及吉里于法国《历史评论》(第XVII卷)发表的评传。——原注

献学院承担了创办杂志的工作[①]主要是由于他的建议；后来他就担任了该杂志的第一任编辑。他深受米什莱关于贞德的描写的感动，因而收集关于她受审的资料。继附有大量附注与说明的五卷资料集之后，他又写了一篇关于这位女英雄的简短而出色的论著[②]；而整个著作提供了怎样批判他使用中世纪史资料的典范。他同时还是中世纪考古学的创始人。1847 年，古文献学院专门为他设立了法国考古学讲座，而他的讲学给人以极不寻常的印象。他关于法国的古迹和古物的知识是无人能够超越的。学术界急切地等待他写出一本内容丰富全面的著作，而米什莱(对他来说，编写文学作品是不费力的)也力促他这位老门徒这样做，但没有成功。可是，基什拉的权威并没有因为他未曾写出洋洋大观的论著而降低[③]。

1882 年基什拉死后，法国中世纪史专家的首位传给了利奥波尔·德利斯尔[④]；他是古文献学院的老校友，也是盖拉德的学生和朋友。1852 年，他被委派到帝国图书馆的手稿部工作，并于 1874 年成为该部主任。六十年当中，他的出版物如潮水般地不断涌现。由于他在古文学、文书学与批判方法方面是非常高明的，他阐明了法国中世纪时代的各个部分。虽然他的主要工作是为他保管的文献编目，并出版这些目录，但他也为《文学史》撰稿并偶然写作专论，其中包括他关于 13 世纪诺曼底农民的著名论文。虽然公众只知

① 指《考古评论》(*Revuearch'eologique*)杂志。——谭注

② 资料集名为《贞德案之判决与昭雪》(*Procès de condemnation et de rehabitation de Jeanne d'Arc*)，1841—1849 年。专著名：《贞德新传略》(*Aperçus nouveaux sur l'histoire de Jeanne d'Arc*)，1850 年。——谭注

③ 奎谢拉的《考古学与历史杂文》(*Mélanges d'archéologie et d'histoire*)二卷于 1885—1886 年出版。——译者

④ 参阅《季刊评论》，1911 年 4 月号，和蒲尔的颂辞，见《不列颠科学院议事录》，1911 年。——原注

其名，但全世界的学者都敬重他。他编辑的腓力·奥古斯都的法 199
令和加斯科涅的羊皮书[1]还被年轻的一代看成是典范。在他八十岁寿辰时，各国学者都向他表示敬意，同时人们还编出了他的著作目录。1905年他被粗暴地免职，但他在尚蒂伊的文献宝库[2]里找到了避难所。在他八十三岁时，也就是在他逝世前一年，他出版了为亨利二世同法国有关的特许状汇编所写长篇《导论》。

下面谈谈几个约在第三共和国创立时期开始写作的学者。受过魏茨训练，本人又是墨洛温朝资料专家的加布里尔·莫诺[3]，于1876年创办了《历史评论》，这是使每个历史研究工作者永远感激不尽的事情。在它的主要撰稿人中有莫利尼埃[4]他的第一个成就是修订本尼迪特派修士所编巨著，《朗格多克通史》。他增补了大量新文献，这位编辑的长篇附录构成了该著作中最有价值的部分；而这部著作，无论是新版还是旧版，都是研究中世纪史者的必要工具。他在古文献学院的讲课（他原来是该校学生）构成了他有关法国中世纪史资料的著作的基础[5]。这些著作由于它们的精确性和完备性而成为无价的财宝。导论部分（占据了第五卷的大部篇幅，是作者的最后著作）既简洁而又精辟地综述了法国历史的编纂、评论和讲授的演变。几乎具有同样重要性的，是吉里[6]的研究成果。

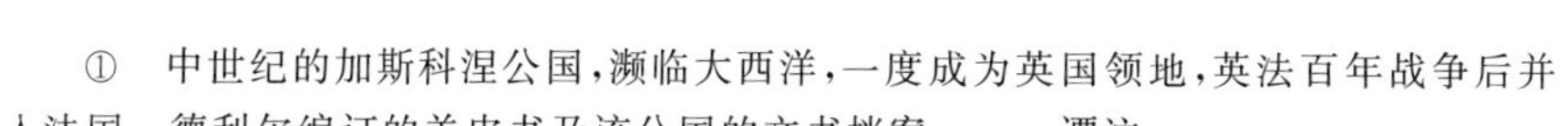

① 中世纪的加斯科涅公国，濒临大西洋，一度成为英国领地，英法百年战争后并入法国。德利尔编订的羊皮书乃该公国的文书档案。——谭注

② 尚蒂伊在今法国瓦兹省，有中世纪古城堡，藏有珍贵的手稿、绘画等。——谭注

③ 参阅《历史评论》第110卷上所登哀启。——原注

④ 同上书，第85卷。——原注

⑤ 《法兰西历史资料：从起源至1494年意大利战争》（*Les sources de l'histoire de France：Origines aux guerres de l'Italic，1494*）六卷，1901—1906年。——谭注

⑥ 参阅《历史评论》第LXXII卷。——原注

受过古文献学院教育的吉里，把注意力转向城市公社的研究，更正了梯叶里关于城市制度起源与发展的意见[①]。他认识到情况是变化无穷的，因此他小心地避免把国王或领主说成是城市自由的一贯保护人或敌人；他关于圣奥梅尔与卢昂的专著[②]，是研究的典范。吉里在高等学术学校（由杜律伊于 1868 年创立）和在古文献学院讲课产生了广泛的影响。在中世纪史研究方面的一个无可补偿的损失，是朱里昂·哈斐特[③]的早死。他曾发现，有一批被研究墨洛温时代的历史家当作根据的文献是伪造的。

200 19 世纪后半期，在法国中世纪史专家中最突出但并非立论最严谨的是菲斯泰尔·德·古朗治[④]。他是第一批雅典法国学校的学生。在他的《古代城邦》获得非凡成功后，他热衷于探索古典世界与条顿世界之间的联系。他的关于古代和中世纪的司法的论文（1871 年在《两世界评论》上发表），表明了他思想的趋向。1872 年，他四十二岁时，他在同一个杂志上放了一炮。他宣称，第 5 世纪日耳曼人的入侵对于法国的历史、宗教、风俗、政府或社会结构没有直接的影响。蛮族所带来的，除了混乱以外再也没有什么别

① 吉里在这方面的代表作为《中世纪城市公社的解放》(*Émacipation des villes, les Communes, la bourgeoisie*)。——谭注

② 两部专著为：《圣奥梅尔城》(*Histoire de la ville de Saint-Omer*)，1877 年；《卢昂的创建》(*Les Établissement de Rouen*)二卷，1883 年。——谭注

③ 参阅他兄弟路易为他所写，载于他的《全集》第 I 卷（1896 年版）最前面的传略。——原注

④ 参阅吉罗著《斐斯特尔·德·古朗治传》，1896 年版；图尔纳-奥蒙著《斐斯特尔·德·古朗治传》，1931 年版；索勒尔著《略传与画像》，1909 年版；赫伯特·费希尔在《英国历史评论》1890 年 1 月号上发表的文章；摩诺的刊载在《历史评论》第 XLI 卷上的文章。朱班维尔在他的《编写历史的两种方法》（1896 年版）中猛烈地在攻击他。克尔在德国《历史杂志》第 LXXI 卷中发表的文章，是德国人贬抑他的文章中之范本。——原注

的了;他们的来临只是有利于那已在萌芽的封建制度的发展。近代贵族阶层是以领地分封制作为基础,而这种制度是在种族差别消灭后,才得以兴起的。1875 年,他出版了他的《古代法国制度史》第一卷,准备在第二卷中论述封建制度,第三卷中论述王室与三级会议,第四卷论述绝对君主制。但那迎面而来的批评风暴,使他深信,他必须先把基础打好,然后再建造他的房屋。于是,他开始了那项占用了他整个余生的心血的宏大工作。以前,他是陈述结论,而不是证明他的结论。现在,他想要充分阐述他的证据,使每一章都成为一篇论文。这部扩大的著作论述的是:罗马统治下的高卢、日耳曼族的入侵、墨洛温朝的制度和领地。第五、六两卷在他死时尚未完成,后来由他的最卓越的学生卡米耶·朱里昂编辑出版。这两卷论述的是封建诸侯以及加洛林王朝的机构和制度。

斐斯特尔以水晶般的清晰和特殊的力量来陈述他的观点。高卢很容易地被罗马所降服,并且从未反叛过,因为罗马具有较高的文明。但到了第 4 世纪,在中等阶级陷入贫困状态,中央权力开始崩溃的同时,强有力的贵族阶层成长起来了。于是权力转入既不能作战又不能统治的大地主手里。就在这时,由于旧日耳曼制度
的破裂,以及一般来说由于缺乏固定的习惯与思想法兰克人开始 201
入侵。法兰克人没有带来他们自己的东西,因为他们没有什么东西可带。他们的制度,像聚贝尔曾经主张的那样,是从罗马得来的。入侵不是征服,而是罗马化的日耳曼人的和平定居。高卢-罗马人既没有被降为农奴,也没有被看作劣等人。国王们都是罗马皇帝的后嗣,他们完全摹仿他们先辈的方式,对法兰克人和高卢

人同样进行绝对统治，但很少有真正的改变。城市没有受到骚扰，赋税也只有微小的变动。墨洛温王朝的统治，大体上是“东罗马帝国”的延续。他宣称，日耳曼派的学者们忽视了罗马统治的印记，而带着民族偏见来认辨条顿统治的痕迹。他认为，庄园在农业上的特征，在帝国统治时期即已存在，而在墨洛温朝时代则更加显而易见。但是，入侵本身所产生的变化虽很少，重大的转变却接踵而来。在财产的组织和人与人的关系方面，封建主义兴起了；在实行采邑制（beneficium）当中出现了一种新的占有财产的方法。这种封地的办法不是由法律建立的，而是在私人间形成的，而社会也由于自由人常常为了取得庇护结成相互依存关系而有所改变。就这样，贵族阶层成长起来，并由于加洛林朝的衰败而取得至高无上的地位。法兰克人并不是造成这种变化的人，但他们促进了这种变化并赋予它以某些新的特征。例如，法兰克高卢的司法制度是日耳曼的；又如委身制（comitatus）的存在有利于封建关系的增长。他宣称，“我既是日耳曼派，又是罗马派，或者说，两者都不是”。

批评者使得斐斯特尔详尽阐述他的方法。他宣称，为了一天的综合，他需要几年的分析。所有他的著作都是根据他的《方法论》写出来的。他认为，对于一切关于历史的看法，即使那些最普遍地为人们承认的看法，都必须以怀疑态度来对待。历史家在进行工作时，不仅一定要有预先的假设，而且一定不要有工作中的假设。第二个步骤是直接阅读原文。别的学者的研究可能是有用处的，但很容易引导研究者走入歧途。历史科学是对文献的解释；为此，只要有无偏见的头脑和精通原文的本领就够了。其次，历史家必须要像当时的人而不是像近代人那样看待历史上发生的事情。

他的读者永远不应知道他是个共和主义者还是君主主义者，是个自由主义者还是保守派。他必须说明事实，但不应企图判断它们的价值或发现它们的根本原因。种族、气候、神意仅仅是历史王国里的筹码而不是它的通货。他不同意一个民族的命运是预先注定 202
的这个观念。我们看到了具体的变化，我们解释一种社会状态怎样转化到另一种状态；但是，再往前一步，就超过了历史与推测之间的界线了。

这种对目的的严格限制既是他的优点，也是他的缺点。他把精力集中于一个资料非常稀少，一个人的脑力即能掌握的时代的原始资料上，因此他轻易地掌握了他研究课题范围内的资料，而他对罗马史的熟悉又是一个有利的前提。他夸口说，只有他一个人读过从公元前 6 世纪到公元 10 世纪的每一种拉丁原文书。他的批评者大多力避同他短兵相接，因为他一向是备好一段段的原文来作炮弹的。他在围绕一个中心论点组合事实方面，具有一种几乎是独特的本领。此外，他还是一个伟大的文字艺术家，虽然他认为对他文体的称赞，有点像是对他的科学的非难。他的学生和作传者吉罗谈到他演讲时说，“他的讲话具有一种几何学的严格性。它表现出一个学者的口才，真的，是数学家的口才；抽象而不枯燥，形象少而公式多。感情不会被打动，心不会被迷住，但理解力却获得了充分的满足”。他的著作具有玉石雕琢工的精确性。他开发出研究的新矿脉；对于接触到的东西他未有不给予阐明的。

他的方法的缺点同它的优点是一样地明显。他的笛卡儿式的怀疑态度常常使他一开始就对流行的观念抱着偏见。莫诺遗憾地说，“他喜欢一种高贵的孤立，而且只有在对一件事情有了不同于

前辈的看法的时候，才觉得自己掌握住它了”。他经常说，“我是盖拉德的学生”，而盖拉德是他真正尊重的唯一学者。其次，他过低估计了获得真实情况的困难。他相信，历史是一种客观的科学，他的奥秘，我们可以使用同自然科学一样的方法来探索。他相信，收集、解释并比较全部原文，就一定可以得到没有争执的结论。有一天，他对着一群热烈欢迎他的听众说，“请不要为我鼓掌；不是我在向你们讲话，而是历史通过我的口在讲话”。他认为，他的研究结果与己无关，因而觉得批评的意见好像一种渎神行为。一些有学识的学者的不同意见从来没有使他改变过他的信念——他不仅已获得了真理，而且真理是容易获得的。可是，我们在开始解释原文之前必须确定它们是真实可靠的。朱班维尔写道，“斐斯特尔没有对文书学的最起码的概念。大批墨洛温朝的特许状，是由热罗姆·维尼埃尔在 17 世纪时伪造的；当哈斐特指出他所引用的若干

203 文献是赝品时，他回答道，假特许状和真特许状差不多是同样有用的，因为伪造者抄下了规章”。但是，即使资料是真实的，他对资料的处理方法也是有问题的。摩诺指出，有一次他对同一原文作了三种不同的解释。其次，他忘了，解释原文和术语需懂得法学概念这一点。他未能认识到，原文给我们的启发是有限的，很长的时间和成堆的问题都是无法知道的。布伦纳遗憾地说，由于他只是研究有限的一段时期与时代，他还常常误解了资料；克尔则宣称，他对于日耳曼法典从来不能正确估价。

斐斯特尔真的像他自己所设想的那样毫无个人成见吗？批评者们曾暗示过在他取得结论的日期同结论本身之间的关系。斯特拉斯堡是法国的前哨站；他在那里的工作，使他对于法德关系问题

特别感兴趣，而他于 1870 年战争爆发时写了一本关于法国对亚尔萨斯的主权问题的小册子。战争过后，他又撰述了一篇尖刻的文章，论述德意志历史家的方法；他严厉地指责他们为了民族和王朝的偏见而牺牲真理。他抱怨地说，在半个世纪时期当中，法国历史家一直在称颂德意志，他们以塔西佗所描写的德意志人的纯洁来同高卢人的腐败相对照，并欢呼法兰克人的入侵，说它是一股纯洁和清新的空气。他们指责查理八世的侵入意大利和路易十四的野心。保皇党历史家们轻视 19 世纪；共和派历史家们诽谤旧制度。但是德意志历史家则不然，他们是一支有组织的爱国者队伍，对于他们来说科学是达到目的的手段，而目的是歌颂祖国。“我们将继续宣扬学问是没有祖国的。但我们今天是在战争时代；研究工作几乎不可能再保持过去的平静态度。难道为了保卫自己，我们应该受到指责吗？”在战争刚刚结束的时候写了这一段话的历史家，很可能在讨论高卢人与日耳曼人之间早期关系时有一种下意识的偏见；但从他 1870 年以前的讲课手稿来看，那时他的主要论点已经确立了。另一种批评意见是由于他把个人完全排除在他的视野之外而引起的。在他的主要著作里，几乎只有一次承认过人的个性，那就是，草率地提到后期墨洛温朝统治者的软弱无能。他的兴趣在于制度而不在于生活方面。他作为教师的声誉是稳固的，但他的研究成果并不是到处被无保留的接受的。他的建筑没有布伦 204
纳的大厦坚固；布伦纳在他的著作①里追述了早期日耳曼人社会与法律的发展。

① 布伦纳的有关著作为《德国法律史》(*Deutsche Rechtsgeschichte*)，共二卷，1887—1892 年。——谭注

对于法国中世纪的制度，人们一直在热切地进行研究，但他们所研究的，大部分是斐斯特尔所描写的时期以后的时期。弗拉什在《古代法国的起源》里，探究从加洛林朝灭亡后的无政府状态产生出来的封建制度（或他喜欢称呼的领主制度）的成长。他宣称，在这个时期以前，有领主而没有封臣。他同斐斯特尔一样，认为法国很少受到条顿族的影响，但从克尔特族所受到的影响却很多，同时他也像斐斯特尔那样，不是一个很可靠的向导。弗拉什的主要目的是叙述各个阶级的成长以及它们之间的关系，而吕谢尔则探索直到腓力·奥古斯都之死亡为止的早期卡佩王朝的制度[①]。他根据多种特许状证明这些制度在本质上是绝对专制的。费迪南·洛特[②]与阿尔方底[③]探索加洛林王朝统治时期；夏朗东[④]探索西西里的诺曼王国；皮科[⑤]探索法国三级会议的早期历史。保罗·维奥莱特[⑥]就法国制度的演变作了出色的概述。有些不是政治历史家的学者对于中世纪时代作出为人们欢迎的解释。奥罗探究经院哲学的演进；儒尔丹考查亚里士多德的影响；勒南分析美男子腓

① 吕谢尔所著书名：《卡佩朝头几个君主统治下的法国君主制度中》（*Histoire des institutions monarchigues de la France Sours les premiers Capétisms, 897—1180*），1884年。——谭注

② 洛特著有《休·卡佩朝制度与十世纪之终结的研究》（*Études sur le régime de Hugues Capetet la fin du Xe Siècle*）。——谭注

③ 阿方底著有《查理大帝史，批判研究》（*Études Critiques sur l'histoire de Charlemagne*），探索加洛林朝文明的根源。——谭注

④ 夏朗东著有《诺曼底统治意大利与西西里史》（*Histoire de la domination normande en Italic et en Sicile*）。——谭注

⑤ 皮科著有《1335—1614年三级会议史》（*Histoire des États Généraux... de 1335—1614*），共四卷，1872年。——谭注

⑥ 维奥莱特著有《公法：法国政治及行政制度史》（*Droit public : histoire des institution politiques et administratives de la France*），共三卷。——谭注

力时代的政论家。珀蒂·德·朱勒维尔等人的集体著作[①]总结了文学史。戈蒂埃与保罗·迈尔则探索有关骑士制的史诗和传奇故事，并把它们写成为通俗读物。研究法国中世纪史而超出政治历史领域以外的学者当中，最著名的是加斯东·帕里斯[②]，他在1872年接替了他父亲在法国学院的位置。他关于查理大帝的传说的博士论文，成为最优秀的著作，而由于他编辑了一些传奇故事集，又为《文学史》撰稿和编写文学概览，他成为几个世代的研究者的向导。加斯东·帕里斯，这位法国的拉赫曼，还丰富了迪埃兹所创立的拉丁语系语言学并赋予它以生气。他对于这种语言发展的年代顺序，了解得非常精确，他只要知道了一本著作的编号日期，就能使抄录者更动了的地方恢复原状。但是，上述所有论著都已由拉维斯等人的集体著作《法国通史》[③]所代替了。

Ⅱ

对于19世纪的法国历史家来说，“旧制度”这个课题，由于它同他们时代的斗争有联系而给他们带来了困难。共和派的自由思想家对于一个政治与宗教的专制时代并不总是公平的，而天主教 205
保王党倾向于掩饰绝对专制政体的缺陷。但这些倾向已日渐丧失

① 朱勒维尔等集体编辑的著作名《自萌芽至1900年的法国语言文学史》(*Histoire de la langue et de la litérature française des origins à 1900*)，共八卷，1896—1899年。——谭注

② 参阅克尔(Ker)所著《中世纪文学论文集》，1905年版，和莫诺的刊载在《历史评论》，第LXXXII卷上的短文。——原注

③ 拉维斯主编的巨型《法国通史》内容始于法国的起源，至大革命时期止，共十八卷，1900—1911年出版。——谭注

其魔力[①]。16 世纪前半期的研究已经比对 16 世纪后半期的研究少得多了。普瓦尔松的出名著作仍然是关于亨利四世统治时期的最完备的纲要[②]。他满足于已刊印的资料，理由是，如果他埋头于档案之中，他的著作将永远不会完成。这个国王被描绘成“政治派”中最伟大的人物，恢复法国国际地位的人，有才干的行政首领，农业与工业的扶植者和艺术、文学与科学的保护人。在这部包括四大卷的著作里，没有找出一点地方来叙述他为人的过失，却有一种把国王描绘得太开明，太喜欢立宪主义和太维新的倾向。法尼埃兹在其研究絮利与他的君主共同扶持的农业和工业的论著[③]中对这一段时期中的一部分作了精练的概述。法国新教历史学会(创立于 1851 年)对这个世纪的宗教生活进行了有价值的撰述。在学会的会报中，在法国宗教改革家的书信集里，以及在《新教的法国》(即海格兄弟所编人名辞典)里，可以找到非常宝贵的资料。

关于“伟大世纪”，历史家们已做了许多出色的工作。巴蒂福尔描绘了一幅路易十三的新画像——一个有些决心和智谋，并坚持他的王室特权的人。以黎塞留为论题的有两部极重要的著作。阿弗内尔在用了多年工夫出版黎塞留的书信和文件之后，编写了关于这个“铁腕红衣主教”的最佳的详细著述[④]，但他并未企图全

---

① 卡隆和萨尼亚克所著《法国近代史研究的实际状况》，1902 年版，包括有用的资料。——原注

② 《亨利四世在位时期史》(*Histoire du règne de Henri Ⅳ*)，1856 年。——谭注

③ 《亨利四世朝的法国社会经济》(*L'économiae sociale de la France Sous Henri Ⅳ，1589—1610*)，1897 年。——谭注

④ 《黎塞留与绝对专制》(*Richelieu et la monarchie absolue*)，共四卷，1884—1890 年。——谭注

面地描写这个最著名的法国政治家。他没有谈到他所推崇的黎塞留的外交政策，他只限于叙述内政，而关于这方面他的评论是严峻的。在黎塞留被召执政的时候，法国至少还有一些自由的痕迹和独立的传统；可是，在他死的时候，他已在贵族的废墟上建立起令人窒息的绝对专制政体。

几年以后，阿诺托开始写一部规模更大的著作。《黎塞留史》的第一卷于1893年出版，序言宣称他在这项工作中花了十五年的时间。故事以详细叙述主人公最初三十年的生活作为开端。他的家庭，他的神学研究，他与迪·佩隆红衣主教[1]、与圣洁的贝律尔、 206
与约瑟夫神父[2]诸人的关系，以及他对他的主教区的有力治理，而最后是一幅描绘这位年轻的主教出席1614年三级会议的精彩图画。在叙述到黎塞留登上政治舞台时，这位历史家精细地描述了1614年法国的状况——巴黎和各省区、政府和行政、财政、司法、军队、三级会议、省议会、城市生活和自由、新教徒、贵族、律师、资产阶级、农民。《黎塞留史》的第一卷是个构想得十分宏伟的门厅，它可与米什莱对中世纪法国的概览和麦考莱〔英国史〕的第三章并列为历史社会学的杰作。第二卷叙述到1624年，当时黎塞留已成为法国的无冕之王。这时，这位历史家已任外交部长，而当他再度有了余暇时，他把注意力转到第三共和国。可是，他对于黎塞留已经写得很多，足以烘托出他关于这位红衣主教性格的总的看法。他

① 迪·佩隆(1556—1618年)，红衣主教，强烈反对高卢教派的教皇极权论者，教皇的代理人，竭力促成法王亨利第四的皈依天主教和阻止加尔文教的发展。——谭注

② 贝律尔，红衣主教，当时天主教党徒的领袖，支持太后(美弟奇家族的玛丽)与黎塞留争权。约瑟夫神父在1612—1638年间为黎塞留忠实的追随者和得力的支持者。——谭注

所叙述的黎塞留不仅是一个务实、积极和冷静的人，而且是一个温厚、爽直的人。米什莱所描绘的“红衣主教”，是一个高深莫测的人；而哈诺托书中的主人公则是具有简单的心理，思想率直，行动果敢的人。每个研究法国君主政体的历史家，都要对它的中央集权的主导原则作出论断。阿维内尔依循托克维尔的说法，认为这个原则是法国衰败的萌芽。哈诺托则把它看作孕育着民族统一的母体。

在法尼埃兹的巨著约瑟夫神父传[①]中，他几乎阐明了黎塞留的人格与经历的每一方面。以前，人们只知道约瑟夫是黎塞留形影相随的，像维涅的《辛马尔》[②]中的卑鄙阴谋家那样的人；而现在，他看来不仅是一个有手腕的外交家，而且是一个具有高尚品格和崇高想象力的人。他从来未曾支配过黎塞留的政策，但他几乎既是后者的同僚，又是他的代理人，尽管他喜欢在幕后活动。那位红衣主教的思想基本上是世俗的；他首先想到的是法国的伟大，而这高僧的主导原则却是教会的伟大。他所切望的是：把土耳其人从欧洲逐出，改变新教徒的信仰，压制詹森教派，看到强有力的君主政体可以成为实现他的宗教计划的工具。红衣主教在他的挚友面前从来不戴假面具，因而我们可以窥见那些他当代人从未猜想到的人性弱点和厌倦情绪。

黎塞留的伟大已是人人传颂的，但马扎然的真正形象却直到

① 《约瑟夫神父与黎塞留》(*Le Père Joseph et Richelieu*)，共二卷，1893 年。——谭注

② 维涅(Alfred de Vigny，1797—1863)，法国著名的浪漫主义诗人、小说家与编剧家。辛马尔(Cing Mars，1620—1642)侯爵，名亨利，法王路易十三的宠臣，1642 年，勾结西班牙阴谋清除黎塞留，事败，被处决。——译者

近年才被揭示出来。圣西蒙①对马扎然的厌恶代表了法国人对这个政治家(他既是外国人,又是贵族的敌人,同时还是近代最贪婪的大臣之一)所怀的感情。现在一般人都能较公正地看待这位被 207
黎塞留认为可以继承他的人,这主要应归功于谢吕埃尔②。他编辑了马扎然的书信集,并撰述了他执政时期的历史③。虽然谢吕埃尔的著作里并没有英雄崇拜的味道,但他表明,这位意大利红衣主教在极大程度上为法国路易十四时代的强大与荣耀作了准备。他宣称马扎然的对外政策取得了辉煌的成就,在内政方面他平服了闹事的贵族,也是值得纪念的。他并未企图把马扎然的个性写成为具有吸力,或企图否认他的不知羞耻的贪婪。多马尔公爵④⑤在他关于16、17世纪孔代诸亲王⑥的全史里,更加有声有色地描写马扎然在法国的动乱年代中的统治。在路易·菲利普倾覆和1851年政变后,他的子弟不能再在政界服务。于是,这位具有学者气派的公爵决定探索他家族的档案。当开首两卷正在刊印的时候,全部印版在装订间内被搜去。这项禁令后来在1867年解除;当这部

① 圣西蒙(Duc de Saint-Simon,1675—1755),法国作家,路易十四宫廷中大贵族,著有出名的《回忆录》,记路易十四朝后期及摄政时期(1692—1723年)之事,富于史料价值。——译者

② 参阅罗康所著《历史札记》(1906年版)中的颂辞。——原注

③ 《马扎然治下的法国》(*La France sous Mazarin*)共三卷,1882年。——谭注

④ 参阅比科特发表于1897年的《颂赞》,都德的传记,1898年版,和《多马尔公爵与居维利埃-弗勒里的通讯集》,1910—1912年出版。——原注

⑤ 孔代家最有名的代表人物。多马尔公爵所著书名:《孔代诸亲王全史》(*Histoire de Princes de Condé*),共七卷。——谭注

⑥ 孔代亲王路易(1621—1686年),为波旁皇族后裔。1643年任法国统帅,对瑞典、西班牙作战,屡立战功。后领导“贵族投石党”运动,战败逃亡西班牙。即下文所称的“伟大的孔代”。——谭注

曾触犯当局的书出版后，公众才知道，有危险性的只是作者的名字而已。于是其余诸卷断断续续地出版了，第七卷，即最后一卷于1895年出版。这部巨型著作的后半部专门叙述伟大的孔代的一生。作者曾有过战争经验，他对孔代出征的论断是很有价值的；关于罗克卢瓦[①]、朗斯[②]与福堡圣而安托万[③]诸战役的图景，是记事文杰作。公爵在第二次被逐回来后，在尚蒂伊完成了这部著作，在那里有很多回忆这个亲王的资料。但是，公爵对他书中主人公的景仰并未使他闭眼不见第二次投石党的无法为之辩的护性质。

库赞[④]把他长寿而又勤勉的一生的最后二十年时间用于研究路易十三的晚年与投石党的动乱时期。他于1843年发现巴斯卡的《思想集》原稿，在研读当中注意到巴斯卡的妹妹的娴雅人品[⑤]，因而想到路易十四亲政前这一世代的名媛，进行一系列研究[⑥]。除了雅克琳·巴斯卡以外，奥特福夫人[⑦]的画像，是最有吸引力的。

① 罗克卢瓦战役，1643年5月，安甘公爵（后为孔代亲王）统率的法军大败西班牙军于此。——谭注

② 朗斯战役，1647年，法军被围于朗斯城。1648年孔代亲王赴援，8月大破西班牙军。——谭注

③ 福堡圣安托万战役，1652年7月，孔代亲王率领的“贵族投石党”部队在圣安托万城为国王军击溃。——谭注

④ 参阅圣伊莱尔所著传记（1895年版），第Ⅱ卷，第178—256页。——原注

⑤ 巴斯卡（生卒年及生平见第一章译注）所著《思想集》被认为是法国古典文学的杰作。其妹雅克琳（Jacqueline）笃信宗教，在波尔-罗雅尔修道院度过一生。——谭注

⑥ 库赞著有《隆格维尔夫人传》（*Madame de Longueville*），共三卷，1851—1853年；《萨布莱夫人传》（*Madame de Sablé*），1851年；《谢弗勒兹夫人与奥特福夫人》（*Madame de Chevreuse et Madame de Hautefort*）二卷，1856年。——谭注

⑦ 奥特福夫人，路易十三的女宠，在宫廷中勾结党羽，企图削弱黎塞留的权力。——谭注

她是国王精神上的爱人，也是王后的朋友和黎塞留的敌人；她的处境很困难；但她从来不想及自己的利益。另一个属于很不相同的 208
类型的是谢弗勒兹夫人[①]，她爱好阴谋正像奥特夫人憎恶阴谋那样。她以男子般的毅力和决心，辅以机智，来反对黎塞留。库赞最著名的描写是关于隆格维尔夫人，即孔代的妹妹[②]。人们挖苦这个年老哲学家，说他为了这个美丽的罪人扮演了“随从骑士”[③]的角色；可是他虽然爱慕她的美丽和智慧，却从来没有为她的行为叫好。他原拟用不少于四卷的篇幅来叙述她的生活。但只写成了两卷，第一卷讲述她的青年时期，第二卷讲述她参加投石党时期的生活。关于她在波尔-罗维尔修道院的退隐与忏悔那一段有教育意义的故事，从未谈到过。拉·罗什富科[④]玩世不恭地承认，他勾引她是为了要依靠孔代的势力；而她参加投石党是受了她情人的引诱。一旦参加后，她对马扎然的痛恨就成为不可和解的了。库赞在全书中始终谴责好乱的贵族；他不是一个拥护绝对专制主义的人，但他站在王朝与它的忠臣一边来反对他们的敌人。

库赞所描写的女主角在很多地方涉及马扎然，所以，他常常想到要编写这位重要大臣的传记。库赞是第一个分析他的《札记》

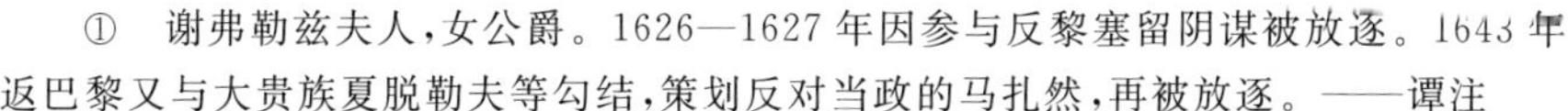

① 谢弗勒兹夫人，女公爵。1626—1627 年因参与反黎塞留阴谋被放逐。1643 年返巴黎又与大贵族夏脱勒夫等勾结，策划反对当政的马扎然，再被放逐。——谭注

② 隆格维尔夫人，孔代亲王之妹。亲王对她言听计从。1650 年 1 月，孔代一派反对马扎然失败被捕，隆格维尔夫人出亡。——谭注

③ “随从骑士”(Cavalière Servente)，中世纪时期由于恋爱或感恩而忠心为贵妇人随从的骑士。——译者

④ 拉·罗什富科公爵(1613—1680 年)，隆格维尔夫人的情人，贵族投石党领袖之一。据说夫人的行动常受他的支配。罗什富科后半生潜心写作，有《格言》(*Les Maximes*)传世。——谭注

(*Carnets*),或笔记的人。他在“学者杂志”上发表了一系列关于这方面的论文,并以一卷的篇幅叙述他的很少为人们知道的少年时期[①]。他所描写的马扎然以赌博为生的当兵时期和那从未当成传教师的教士生活,是没有吸引力的,但它显示出1630年黎塞留所看中的究竟是怎样的一个人。库赞除研究政治外,还阐明了文学界的情况。斯居代里夫人的小说《大居鲁士》(*Le Grand Cyrus*)分为十卷,于1649—1654年出版,一度曾很出名,但当库赞揭示了有关书中人物的秘密时,它早已成为一部空有其名的著作。他发现,居鲁士就是孔代,而隆格维尔夫人及其他宫廷内的主要人物都在这出戏中扮演了各自的角色。有了这些发现,这位历史家手中即有了武器,于是他总结了由这个已被遗忘的证人所提供的资料。最后的人物略评是关于萨布莱夫人[②],也就是那位写下了曾鼓舞了拉·罗什富科的《格言》,描绘了为拉·布律耶尔[③]树立榜样的人物画像的作家。在晚年时期库赞转向历史;他的著作是不完善的,但泰纳[④]对他的尖锐攻击也太过火了。这位年轻批评者宣称,库然以夸张做作的语言写出来修辞学中的陈词滥调。他崇拜17世纪,但未能传达17世纪的精神。对于人物,他没有观察力,因而他的著作在同圣伯夫的《波尔—罗雅尔》[⑤]相比之下,只是一部资

① 库赞著有《马扎然的青年时代》(*La jeunesse de Mazarin*)一书,1865年。——谭注

② 萨布莱夫人的府邸是17世纪中叶巴黎的社交中心之一,罗什富科是这个沙龙的座上客。——谭注

③ 拉·布律耶尔(Jean de La Bruyère,1646—1696年)法国的伦理学家,著有《人物传》(*Caractères*)。——译者

④ 见《古典哲学家》。——原注

⑤ 全名《波尔-罗雅尔史》,共五卷。——谭注

料汇编。

拉维斯在那部集体撰写的《法国通史》中所描绘的路易十四时 209
代，是最早的也是迄今最令人满意的图画[1]。“太阳王”对于他的最后一个作传者来说，不再是那样令人眼花缭乱。拉维斯在反对圣西蒙的一贯诽谤的同时宣称，这位国王是一个才智平庸的人。他的西班牙血缘显示在他的爱好仪节、他对宗教形式的虔诚、他的世界帝国梦想上。他未曾受过行政教育，这是他的不幸。他的最优良的品质是爱好工作。他懂得军事和对外事务，他对于欧洲比他所有的顾问都更加了解。他不是一个坏人，但他使法国过分紧张，而 1789 年王朝的颠覆就是对他工作的最严厉的谴责。科尔贝尔被写成一个有野心的、残忍的，有时卑鄙的人，不过，对于他胸怀大志这一点也给予承认。“如果王朝能够得到拯救的话，科尔贝尔是会拯救它的”。只有科尔贝尔看出法国需要根本的改变，因而他抗议国王的奢侈浪费。拉维斯在编写这几卷书时的心情，忧伤多于愤怒，读起来令人感到沉郁。对于卢福瓦[2]，他一方面称颂他的行政才干，一方面又严厉谴责他的残酷与自私自利。这部著作是法国最优秀的历史作品之一，而它关于宗教生活和思想——詹森教派、高卢教派和新教——关于文化、行政与财政、贸易与工业各方面的详尽论述，更提高了它的价值。

为了获得有关这个时代的详细知识，我们还必须研究传记和

① 关于拉微斯，参阅杜米克所著《今日的作家》，1894 年版，和《近代欧洲的若干历史家》，施密特主编，1941 年版，第Ⅺ版。——原注

② 卢福瓦（Louvois，François Michael，641—691 年）路易十四朝权臣之一。1666—1691 年任陆军大臣，鼓励国王对外用兵。对军制进行了一些有助于削弱贵族势力、加强王权的改革。——谭注

专著。谢吕埃尔关于富凯[①]的精心结构的论著[②]，显出他平素的判断与研究。卡米耶·鲁塞为卢福瓦编写的大部头传记[③]，根据陆军部文件来为这位陆军大臣的名誉作辩护；圣西蒙曾厌恶地说他是附在国王的附身恶魔。塞居尔关于卢森堡公爵即绰号“巴黎圣母院的挂彩人”[④]的著作，使得一个光辉时代的最光辉人物之一重又复活。勒格莱尔完成米涅遗留下来的未竟的艰苦工作，即追述有关西班牙王位继承问题的长期谈判的历史[⑤]。诺阿耶公爵和拉瓦莱的著作[⑥]，使得人们有可能对曼特农夫人作出正确评价。多松维尔伯爵在一部学术性和文笔优美均很突出的著作里[⑦]，探索法国同萨伏依的关系[⑧]，并描绘了勃艮第女公爵，即“萨伏依的玫瑰花”的精致画像；她以好似阳光般的光辉照亮了年老国王的沉闷宫廷。

① 富凯（Fouquet，Nicolas，1615—1680），法王路易十四时代的财政监督，被控营私舞弊，死于狱中。——谭注

② 书名为《有关财务监督富凯生平及其案件的回忆录》（*Mémoires sur la vie et le prods du surintendant Fouquet*），二卷，1864 年。——谭注

③ 《卢福瓦传》（*Histoire de Louvois*），共四卷，1862—1868 年。——谭注

④ 卢森堡公爵（Luxembourg，duc de ，1628—1695 年），法国元帅，屡立战功。以所得无数军旗装饰巴黎大教堂的内部，因而获得这个绰号。——译者

⑤ 《法国外交与西班牙王位继承问题》（*La diplomatie française et la succession d'Espagne*），共四卷，1888—1892 年。——谭注

⑥ 诺阿耶著有《曼特农夫人与路易十四朝大事记》（*Histoire de Madame de Maintenon et des principaux évenements du règne des Louis XIV*），共四卷，1848—1858 年。拉瓦莱辑有《曼特农夫人书信集》（*Correspondance générale de Madame Maintenon*），共四卷，1865 年。——谭注

⑦ 《勃艮第女公爵及萨伏伊，路易十四联盟》（*La duchesse de Bourgogne et l'alliance Savoyarde sur Louis XIV*），1898 年。——谭注

⑧ 萨伏伊为意大利境内的一个独立的公国，路易十四觊觎其土地。西班牙王位继承战争中曾为法军占领，后又退出。路易十四使其长孙路易娶萨伏伊公主玛丽亚（勃艮第女公爵）为妻，促成萨伏伊与法国结盟。——谭注

研究路易十四的历史家们，从圣西蒙的著作里既获得特殊的便利，也遭到特殊的困难。他的极为著名的《回忆录》原曾以短篇摘录的形式发表过，于1829年正式出版。这部作品，在一个世代的时间中，曾产生一种几乎是催眠的力量。作者在宫廷中的地位、 210
对朝中主要人物的熟悉、关于详情细节的无比完备的了解、不平凡的观察力、描写人物的奇妙技巧和首尾一贯的活泼笔调，这一切使人非通过他那副眼镜就难以想象出那位“大王”的形象。可是他是一个具有激烈党派成见的人；他的篇幅里充满对“私生子女”[①]、他们的父王、曼特农夫人以及一切拥护他们立场的人的扑不灭的仇恨。我们主要依靠三位学者来把他的权威推翻。兰克在一篇简短而精辟的分析论文里，估量了他的偏见，并强调指出真正当代的资料才是有最高价值的。第一个批注本的编者[②]谢吕埃尔，作出远为详尽的分析。他说明了圣西蒙所述故事中有多少是和当时的记录相抵触的，他所描绘的形象中又有多少是需要改正的。最后，德布瓦尔利斯用其一生精力编辑了一种不朽的版本；这项工作虽在编到摄政时期之前由于他的逝世而中断，却是法国学术研究的光辉成就之一。他利用1880年出版的圣西蒙的包括很多卷的文件，不仅作了评注，而且增添了大批可以说明这时代的各个方面的资料。

詹森教派的盛衰这一课题，是在一部写17世纪法国的非常出

① 圣西蒙在《回忆录》中声言路易十四的非婚生子女众多，并喜将私生女许配与同父异母或血缘相近之亲王。对此作了专门记述。——谭注

② 圣西蒙的《回忆录》，初版共二十卷，由谢吕埃尔校刊出版，1856—1858年。——谭注

名的著作里叙述的。圣伯夫[1]于1873年被邀请到洛桑讲学，他选择了波尔-罗雅尔的圣徒和学者作为讲题。詹森教派的严肃虔诚精神同维内[2]的超世俗的新教教义有很多共同之处，而谈到维内这个大批评家时说，他帮助他理解了新教运动的内部含义。他用六个月的时间编写了八十一篇讲稿，并根据手稿宣读，但这些讲稿的出版却延续了约二十年之久。前两卷就是讲稿的改订稿，但后三卷则几乎是全新的资料[3]。圣伯夫曾被拉芒内[4]引导着走到迫近天主教会的大门口，但当老师和罗马教会决裂并失去信仰后，学生也陷入终身的怀疑主义里。然而，他仍以友善的，而且几乎是崇敬的态度来论述詹森教派，说他们的企图是恢复最早时期的教会精神。他以赞成的语调引证鲁瓦耶-科拉尔的格言："谁不懂得波尔-罗雅尔派，谁就不懂得人道。"他说明波尔-罗雅尔派是怎样给它的成员印下了戳记，以及它本身是怎样成为一个有个性的集团。
211 圣西朗和阿尔诺以及接续他们的昂热利克、德萨西、巴斯卡、蒂耶蒙、德朗塞、尼科尔、拉辛，这些人都具有自己的鲜明个性，但同时又都被打上了这个集团的印记[5]。

① 如果要读关于他以波尔-罗雅尔为题的著作的完备叙述，可以看米肖德的重要论著：《周一漫谈前的圣伯夫》，1903年；另外可以塞歇的《圣伯夫传》(共二卷，1904年版)对照来看。索勒尔的论文《圣伯夫与历史家》(载1901年的《文学与历史研究》)和较长的论著和他在《略传与画像》(1909年版)中的较长论述，是权威作品。目前出版他的多卷通讯集的工作正在进行。——原注

② 维内(Vinet，Alexandre，1797—1847年)，法国文学家与新教神学家，出生于瑞士洛桑。——译者

③ 圣伯夫讲稿的汇编即上文提到的《波尔-罗雅尔史》。——谭注

④ 拉芒内(Lamennais，1782—1854年)，法国哲学家与神学家。——译者

⑤ 古奇列举的这些人有的是波尔-罗雅尔修道院修士、导师(圣西朗·阿尔诺)，有的是受教育于詹森派学校和波尔-罗雅尔派修士的人。其中巴斯卡是大思想家、教育家，蒂耶蒙是以政治教会史和罗马帝国史而知名的学者，尼科尔是伦理学家，拉辛是著名的剧作家。——谭注

对于摄政时期这段短促但光辉的插曲[①]，历史家们的注意则少得多了。圣西蒙出色地描写了他的朋友兼恩人〔奥尔良公爵〕。这篇描写，大体说来，说明作者对这个人是具有鉴别力的，但使用他的著作必须极其谨慎。特别是对于杜布瓦，为了他曾腐蚀青年时期的公爵，圣西蒙永远未能宽恕他，因此他没有充分表达出他的真实才能和志向。埃米尔·布尔热瓦的成绩[②]在于他探索了杜布瓦[③]的外交政策并叙述了他令人艳羡的幸运。他虽然谴责杜布瓦屈从他主人的王朝野心和企图充当欧洲的仲裁员，但他承认他在陆军、财政与商业方面所做工作的价值，并驳斥说他个人是腐化的这项指责。

路易十五的秘密通讯集[④]于1866年由布塔里克出版，它揭示了一个新的路易十五。他并不仅不再是一个懒汉，而是还对外交事务深感兴趣，特别是对王后的祖国波兰的命运深感兴趣的。但是，虽然这位皇家的外交家有时认识到应该做些什么，却缺少坚持做下去的毅力。当时，枢密院的首领是德布罗利伯爵，而波塔里克所编通讯集的最重大的成果是使德布罗利公爵[⑤]决心去了解更多的他祖先的经历。1878年〔公爵的〕《国王秘史》的出版是著述方面的一件大事。布塔里克所提供的，只是国王给他的特使的训令和他

① 在路易十五未成年时期，公爵奥尔良·腓力普第二担任摄政（1715—1723年）。——译者

② 布尔热瓦著有《外交政策史手册》（*Manuel historique de politique étrangère*），四卷，其第一卷记1610至1789年外交。——谭注

③ 杜布瓦（生平见《导论》译注）在任外交大臣期间，改变了路易十四的外交路线，促成法国与英、荷结盟。——谭注

④ 《路易十五未刊书信集》（*Correspondence inédite de Louis XV*）。——谭注

⑤ 参阅法尼埃兹所著《德布洛格利公爵》，1902年版。——原注

对他们所提问题的答复，至于特使们的信件，他未曾找到。公爵在外交部发现他叔祖父的信件，并根据家庭档案补充了一些资料。“路易对世界秘而不宣的东西正是他本质中最好的部分。在幕后他是有见识，有道德和爱国心的，而在舞台上则表演了放纵轻佻的姿态”。但是，尽管他有一些见识，却从来未曾有过坚持不懈的意志。公爵把外交上一段枯燥乏味的经过写得流畅易读的技巧令人赞美不止，而一种两面政策所产生的错综情况（国王的秘密经常有被自己大臣发觉的危险），使叙述带有趣剧的味道。

在讲完秘密谈判的故事后，公爵转向这个时代的正式外交。最初几卷的书名是《腓特烈大帝与玛丽亚·特雷萨》。这几卷包括奥地利王位继承战争最初两年的历史。从亨利四世以来，法国一直反对奥地利，而贝勒-伊勒公爵[①]的计划则是重建一个不受奥地
212 利支配的帝国。但这项计划的缺点是，它包括同腓特烈的合作，而

后者在实现他的目的后，就立即抛弃了他的同盟国。普鲁士是为了西里西亚而作战，法国是为了一种理想而作战，法国在外交与军事方面的自相矛盾和软弱，使它不可能获胜。法国不仅仅是进行了一场没有必要和没有益处的战争，而且犯了一个更加可怕的错误，那就是，由于支持了腓特烈而促进了一个残酷敌人的成长。历史家在描写这个大帝的阴暗形象时，脑中正在想着俾斯麦和毛奇。后来的几卷把这个可悲的故事继续叙述到 1748 年战争的结束。他佩服达尔让松[②]的崇高品质，但对它的盲目性和过错表示痛惜。如

① 贝勒-伊勒公爵（Belleisle，Charles，L. A. Fouquet，1684—1761 年），路易十五朝陆军元帅，晚年任陆军大臣。——谭注

② 达尔让松（D'Argenson，Marc-Pierre，1696—1764 年）公爵，曾任路易十五王朝陆军大臣。——谭注

果说法国的荣誉得到了拯救，功劳应归于法国士兵、贝勒-伊勒在寒冬中从布拉格的退却[①]和萨克斯元帅所指挥的战役[②]——在这些战役里元帅为衰败的王朝放射出最后一线荣誉的光辉。对于玛丽亚·特雷萨作者以温情的笔调来描写。只有路易十五是不称职的。

在编写了九卷关于奥地利王位继承战争的历史后，《奥地利同盟》于1897年的出版似乎暗示他将着手编写七年战争的历史。但这时他已年老，因而这一著作就成为一个结尾了。他作出结论说，新的结盟关系，不是起因于绷巴都女侯爵对腓特烈二世谑语的恼恨，或者由于她预测将得到玛丽亚·特雷萨祝贺的喜悦[③]，而是为相互间的利益。奥地利从1748年以来就想结成这项同盟，而路易也不反对。可是，虽然当时法国政策已回到正确的道路上来[④]，这位历史家在谈到这里时仍然把它的举棋不定来同考尼茨[⑤]与奥女皇的手腕作了一番对比。此外，法国政策也转变得太迟了。这个时候，奥地利是软弱的而普鲁士却是强大的。路易十五的外交政策还由旺达尔[⑥]与沃丁顿作出进一步的探索；前者考查路易同俄

① 贝勒-伊勒在奥地利王位继承战争中，于1742年冬从布拉格退却，致使波希米亚大部分土地落入奥军之手。——谭注

② 萨克斯(Saxe，Maurice de，1696—1750)公爵，元帅。于1744年攻占弗兰德尔西部，坚守阵地，击退英、奥联军。——谭注

③ 绷巴都女侯爵(1721—1764年)，路易十五的情妇，好干预国政。世传，因腓特烈二世曾作诗讽刺她；而玛丽亚·特雷萨则写信向她致贺。因此，她决心要扭转自黎塞留以来法国反奥亲普的外交路线，导致法国参加了七年战争。——谭注

④ 1756年法奥缔结防御性同盟；次年5月两国又签订进攻同盟。——谭注

⑤ 考尼茨(生平见《导论》译注)任首相期间促成了法奥之间的和解，两国于1756年缔结盟约。——谭注

⑥ 旺达尔著有：《路易十五朝在东方的法国大使——危勒夫侯爵出使记，1728—1741年》(*Une ambassade française en orient sous Louis XV，La mission du Marquis de Villeneuve，1728—41*)，1887年。——谭注

国的关系，后者编写了《七年战争史》，而在这部书里作者以较公平的精神来写腓特烈大帝，而且他对于外国档案也比公爵具有更广博的知识。关于宫廷生活与主持宫廷纤弱的贵妇人们以及这个时期的社会、艺术和道德，龚古尔兄弟[1]的生动轶事集迄今还是有价值的。在研究巴黎“沙龙”的著作中，塞居尔侯爵关于若弗兰夫人和朱利·德·莱斯皮纳斯[2]的精美著述，占有很高的地位。

路易十六的后期统治应归入革命史的范围内，但对于他的早期统治，一般是有些忽视了。由于胡诺尔施泰因与弗耶于 1864 年
213 出版的安托瓦涅特信件是伪造的[3]，因此阿尔内特根据维也纳档案出版了玛丽亚·特雷萨同她的女儿以及奥地利驻巴黎大使达尔让托的通讯。这样，就有可能对王后的性格进行分析研究了。关于王后的第一部完备的传记，是由拉·罗什泰里提供的。塞居尔所著《君主国的式微》(*La Chute de la Monarchie*)的第一卷是叙述杜阁的财政部的。他承认杜阁的目的是崇高的，但谴责他的轻率方法。杜阁希望实行开明专制而非阶级间的协作，在这方面，他是落后于时代的最好思想的。国王被描写成一个改革家，热切希望节约，但被王后与宫廷里的特权阶层所控制。第二卷叙述内克尔第一次任财政大臣时期，把这段阴暗的故事讲到 1781 年为止，那时，法国对美国独立战争的干涉又增加了它财政上的困难。

另外还有几部重要著作，也对旧制度作了某些阐述，但不局限

---

① 埃德蒙·得·龚古尔(Edmud de Goncourt，1822—1896)、朱尔·得·龚古尔(Jules de Goncourt，1830—1870)兄弟都是法国著名小说家。——谭注

② 若弗兰夫人名马利·泰利莎(Marie Thérése，1699—1777)巴黎文化界活跃人物，与王室及文艺名流多有交往。朱利·德·莱斯皮纳斯小姐(1732—1776)，女作家，巴黎著名“沙龙”的主持者。——谭注

③ 参阅法勒(Farrer)所著《伪造文件》，1907 年。——原注

于任何一个国王统治时期。由索勒尔、朗博、哈诺托以及其他第一流学者编辑的从威斯特发里亚和约到革命时期法国政府给它的驻外大使的训令①，可说明法国同几乎每个欧洲国家的外交关系。埃米尔·布尔热瓦在他的极有用的著作《外交政策史手册》里，追述了自黎塞留执政时期起的法国外交。芬克-布伦塔诺证明，巴士底狱成为政治犯的活坟墓的情况是多么的罕见。巴博与亨利·塞使各省区的生活图景再现于读者眼前②。阿弗内尔探索旧制度时代的物价与工资制度。圣伯夫的描绘得绝佳的人物集，几乎表明了从文艺复兴以来法国生活的各个方面和每一事件。亨利·马丁③所编关于旧制度的数卷是在他的一部不太突出的著作中最好的部分，而他那部著作虽不突出，但多年来一直保持着它的民族历史的独特地位，只有拉微斯等人的集体著述《法国通史》才取代了它④。

① 书名为《自威斯特发里亚和约至大革命期间法政府致驻外大使公使训令汇编》(*Recueil des instructions données aux ambassadeurs et ministres de France depuis les traits de Wastphalie jusquà la Révolution*)，共十七卷，1884—1901年。——谭注

② 巴博著有《旧制度下的农村》(Le Village sous l'ancien régime)，《旧制度下的城市》(*La Ville sous l'ancien régime*)。亨利·塞著有《旧制度下法国工商业的演进》(*L'évolution commerciale et industrielle de la France sous l'ancien régime*)，《十八世纪法国社会经济状况》(*La France économique et sociale au XVIIIe Siècle*)等书。——谭注

③ 亨利·马丁(Martin, Bon Louis Henri, 1810—1883)，法国历史家。他的巨著《法国通史》(第一版十五卷，第三版十九卷，第四版十七卷)，曾获奖金。关于旧制度的第十四、五卷(初版)较关于中世纪时代诸卷写得更好。——译者

④ 参阅哈诺托所著《亨利·马丁》，1885年版；朱尔·西蒙所著《米涅、米什莱与亨利·马丁》，1890年版。爱毕诺亚(H. de l'Epinois)所著《亨利·马丁和他的法国史》(1872年版)表达了天主教与君主派的批评意见。——原注

214 # 第十二章　法国大革命

I

由梯也尔和米涅在19世纪20年代开始的对法国大革命的研究[1]，又由其后十年中出版的两部著作继续向前推进。这两部著作在性质和倾向性上都是极不相同的。第一部是比歇[2]同他的学生鲁一道编写的巨著《议会史》[3]。比歇是一个坚定的共和主义者，他同他那一代的年轻人一样，曾参加和退出圣西门的空想社会主义派。他曾发展了一个由天主教义同社会主义混合而成奇特的思想体系，并认为法国大革命是文明的最高级的成果。既然平等是基督教所提倡的，那么，一切妨碍其实现的东西都应除掉。有了这种设想的人自然会颂扬雅各宾派和恐怖主义者。他认为大革命中

---

① 见阿克顿著《法国大革命讲演集》附录；保罗·雅内著《法国大革命的哲学》，1897年，第四版；汤普森著《罗伯斯庇尔传》(1935年版)，第Ⅰ卷导论；克莱尔·布林顿著《大革命的十年》；古奇著《对法国大革命的研究》(载1951年出版的《玛丽亚·特雷萨及其他论文》)；科班著《法国大革命的起因》，(英国)历史协会1946年版；以及保罗·法默著《法国回顾其革命的根源》，1944年版。——原注

② 见弗林特著《历史哲学》，第七章。——原注

③ 全名《法国革命议会史》(*Histoire Parlementaire de la Révolution Française*)，共四十卷，1834—1838年。——谭注

最纯洁的人物是罗伯斯庇尔,但他的有益工作被“热月政变”所打断。这部著作中不仅包括国民议会的辩论记录,而且有雅各宾俱乐部和“巴黎公社”(市府)的议事录以及审判记录、报纸、小册子的摘录,因而一出版就立即同《箴言报》并列为不可缺少的权威著作。

德罗兹[1]对于如何解释和评判法国大革命则作了更加严肃认真的努力。他在青年时期曾加入莱茵河方面军中作战,而于1811年开始埋首于一生中的主要工作。他编写了《路易十六在可能避免或控制革命的几年的统治史》。这部书的书名即已宣布该书所持观点。书中歌颂拉利·托朗达尔、马鲁埃[2]及英国学派的其他君主立宪主义者;作者认为他们在1789年9月所提建议之遭受拒绝,标志着从理性到热狂的决定性的转变。“人们能够控制革命的 215
时机是短暂的。现在这种时机已经过去。神也感到厌倦了”。附录(实为第三卷)叙述米拉波在使王朝同革命势力和解方面所作的尝试。“直到制宪议会结束之前,还存在着控制运动的可能性,哪怕是极其微小的可能性”。米涅在他的出色的《颂辞》里曾反驳这一论点:1789年的错误或甚至米拉波的死亡,已使和平过渡成为不可能。米涅的看法是正确的,但是,这部富有思想性的著作并不会因它所主张的关键时刻的理论遭到否定而失掉其价值与意义。

1847年有三种关于法国革命的历史书开始出版。它们既不同于比歇的著作,也不同于梯也尔、米涅与德罗兹的著作。这后三

① 见米涅著《历史人物画像与略评》,第二卷。——原注

② 拉利·托朗达尔是属于以拉法夷脱为首的“宪政派”的议员。他曾提议仿照英国创立由国王任命并可世袭的上院,由此得到了“仿英派”的名号。1789年9月10日此派提出的施行两院制的议案被否决。马鲁埃属于制宪议会中以穆尼埃(Mounier)为首的“王政派”。——谭注

人是君主立宪主义者，而拉马丁、米什莱和路易·布朗是热烈的共和主义者。这三个人全都希望推翻国王。诗人拉马丁用不吉祥的话说，“法国感到厌倦了”(La France s'ennuie)。路易·菲利普的登位与覆亡，几乎同样都是由于历史家的工作所致。在这三个人的著作中，拉马丁的著作①具有最露骨的政治性。他的诗句，原是毫不费力地脱口而出的，因而对于这项新工作，他也未曾认真地作过准备。他认为只要知道主要的情节就够了，他想象力能补足其他的东西。虽然他这部书的标题是《吉伦特党史》，但事实上它讲的是革命的历史，叙述到“热月政变”为止。坐下来写历史的人，从来没有一个人是比他具备的历史家条件更少的。他更动日期，略去他不感兴趣的题目，并杜撰故事。他像米什莱一样企图写一幕复活的场面，但没有像米什莱那样作精心准备。他本性仁慈，对于暴行从来不给予直接的赞扬，但他最主要目的是颂扬革命。他发现自己接近于吉伦特党，尤其是接近于韦尼奥②；因而他美化他们的理想主义，并以光彩夺目的颜色来描绘想象中的“最后的晚餐”。在他们垮台以后，他把他的忠诚转向罗伯斯庇尔——卢梭的弟子，几乎是一个新耶稣。但是，只是在描写夏洛特·科代③时，他才毫不吝惜地献出了他全部的怜悯心与辩才。关于她的历史我们知道得很少，而拉马丁知道得更少，但她的历史占了半卷篇幅。作者以大量想象故事来补充少数事实。“杀人天使”的故事，可与

① 参阅德夏内尔著《拉马丁传》，第Ⅱ卷，第ⅩⅪ章，1893年版，和朱尔·西蒙著《四幅画像》，1895年版。——原注

② 韦尼奥(Vergniaud，1753—1793年)——法国吉伦特党首脑之一，以擅长演说知名。1793年10月被处决。——译者

③ 夏洛特·科代是吉伦特党的同情者，于1792年7月13日暗杀马拉的青年女子。——谭注

米什莱对贞德的描写并列为法国散文中的最高成就；但一个是历史，另一个是传奇故事。

在前两卷出版的那天，拉马丁写信给一个朋友说，“今天我以 216
我的命运、我作为文人的名声与我的政治前途作了孤注一掷。我赢了。出版人告诉我说，这样的成功是从来没有过的”。批评家摇头，而排印工人却几乎来不及供应需要。这个快乐的作者写道，“妇女和青年都赞成我，我可以不理睬其余的人”。他问大仲马，对于他为什么能获得这样的胜利他怎样看法。这位小说家回答道，“因为你把历史提高到小说的水平”。这个称颂是对一本历史书的最严厉的谴责。它是戏剧、小说、政治——唯独不是历史。托克维尔经过与拉马丁共事之后，在他的《回忆录》里写道，他从未见过一个比他更不诚实的人，也没有过一个像他那样完全轻视事实的人。“说他轻视事实，还不对。他无视事实，达到根本不去考虑它的程度”[①]。当第二共和国来而复去，当他作为政治家的短暂荣誉也成为过去时，他这部著作的声誉也很快地消沉下去了。内特蒙[②]公布了一篇复文，在其中的113页里充满着史实方面的差错。作者在黯淡的晚年回顾过去，对于书中的若干段落表示遗憾，并看到他的教导的危险性。但是已经太晚了。这部最无价值而最雄辩的书已经起了它的作用。君主立宪国已由第二帝国接替了。

路易·布朗[③]的叙述则认真得多。作者在七月王朝的早期即以一个共和主义的新闻家而成名，在路易·菲利普的第一个十年

① 见他的《回忆录》，第164—165页，1893年版。——原注

② 见他所著《关于吉伦特党的批判性研究》，1848年版；比较比雷所著《吉伦特党的传说》，1882年版。——原注

③ 关于路易·布朗，还缺少一部详细的传记。在斯皮勒的《消逝了的人物》第Ⅰ卷（1886年版）中，有一篇事略。——原注

统治结束时，他出版了《法国历史的十年》[①]。这部包括五卷的雄辩的社会主义宣传品，在全欧为人们所传诵，这部著作在为1848年革命作准备方面所作的贡献，除《吉伦特党史》外，比任何其他著作都更重大。书中将国王描写为过去了的时代的代表，资产阶级被描写为利欲熏心的混合的怪物。另一方面，人民虽然是一切权利的来源，却没有丝毫的权利。“一切理论，除了最简单而又最高贵的理论，即博爱的理论外，很快都会受到审判。在博爱的理论得到实施之前，我们不应失望”。他的第二部著作[②]同样也是一个宣传的工具。“我是由拥护波旁王朝的父母养育的，因而革命的恐怖是使我感到不安的第一个强烈情感。但通过学习，我学会了尊敬革命中发生的伟大事件和革命中出现的伟大人物”。谁也不能确
217 定革命是从何日开始的。“所有的民族都在促成革命方面出了力。法国以自己的鲜血为代价来完成人类的事业，这是它的光荣。所有过去的叛乱都会合起来，像百川汇海那样，融合于一条洪流之中”。历史是运用权威、个人主义与博爱精神诸原则的记录与结果。权威的统治在宗教改革运动之前一直通行无阻。宗教改革运动揭开了个人主义时代。前者导致压迫，后者导致无政府状态。只有由胡斯与再洗礼教徒预示，由山岳党人第一次明确宣布的博爱，才能导致自由。革命是一个表明两种不同性质的运动的名词。一种运动是从伏尔泰开始，并由制宪议会代表的；它是资产阶级追求个人主义利益的运动。另一种从卢梭的学说产生出来，而为“热

---

① 原名《法国革命：十年史，1830—1840》（*Révolution française：histoire de dix ans，1830—40*）。——谭注

② 《法国革命史》（*Histoire de la révolution française*），共十二卷，1847—1862年。——谭注

月政变”所打断的运动，是以博爱为基础的。为了实现这个伟大理想，有必要进行另一次革命。

路易·布朗以暗淡的色彩来描绘旧制度的末期，但他并不十分佩服革命的早期领导人。来拉波集伟大与卑鄙于一身；他虽不属于贵族阶层，但被宫廷所收买。吉伦特党是纯个人主义者，是伏尔泰的后嗣，无效能而虚浮。马拉，一种新权力，即新闻行业的代表人物，是一个残暴的怪物。另一方面，雅各宾党人却只是由于情势所迫才变得严厉起来。“如果说革命发怒了，让我们来为它叹息吧；但我们也要记住那数以千计不必要的令人激怒的事”。“九月大屠杀”并不是预先策划的。当时，谣传在监狱中有反叛阴谋，而外国军队距首都只有几天的行程了。“很容易理解当时巴黎是怎样像中了魔似的陷入如醉如狂的状态里”。这种残暴行动虽然是令人厌恶的，但它并不是为了私利。处死国王虽然并非不公正，却是一个特大错误。革命者的任务是要消灭君主政治思想，断头台反而抬高了它，使它变得高贵了。路易·布朗著作的后几卷既是对恐怖政治的一种温和的谴责，也是对罗伯斯庇尔的颂歌。“恐怖行动不是一种制度。它是由于内部情势所迫，很快即武装起来而突然发生的。由于遭受阴谋与叛逆的包围，它常常击倒了无辜者，但它始终认为他们是有罪的”。人们的注意力过分地集中于恐怖行为方面了。“战斗过后，人们把尸体一个个地数过，并把它们鲜血淋淋地陈列在后代面前。至于高尚的精神方面的努力与思想的胜利，只是略为谈到。可是活生生的革命史正是在这里”。雅各宾党人由于必要而进行残杀，为的是保全自己与革命。罗伯斯庇尔希望革命既要保持它的力量，又要减弱它的狂暴性，但他缺少实

218 力。“热月政变”不是解救，而是殉道；它的牺牲者是一个善良而有觉悟的热心者，是一个清教徒和禁欲主义者，是贫苦人的保护者和有识见的人道主义的使徒。

1862年，路易·布朗结束第十二卷时宣称，这部书曾是他十八年来生活中的愉快与痛苦。该书的价值不在于它肤浅的哲学，也不在于它常常是古怪的论断，而在于它对事件的耐心阐明[①]。奥拉尔[②]宣称，“他的方法确实是科学的，因为他从不断然提出没有根据的事实。他书中有些附录，是历史评论的杰作。这部书迄今还是介绍大革命的最好的综合性著作”。在他于第二帝国时期流亡英国期间，对克罗克[③]搜集的巨大小册子汇编进行了研究，开辟了一个丰富的资料来源。对于原来人们很不了确的旺代反叛，米什莱曾作过一些说明，而现在他第一次对这个事件作了全面的叙述。大多数历史家写到“热月政变”即搁笔，而他一直叙述到国民公会的结束[④]。他比他的前辈更加注意财政与经济方面的情况。不过在另一方面，我们不可能接受奥拉尔认为他是写大革命的最公正的历史家这一论断。阿克顿曾谈到的冷冰冰的热情。路易·布朗在结束他的著作时说，“我可怜那些感觉不到我的诚恳的语调和一颗求正义的心的跳动的读者”。我们是能够感到他的诚恳的语调的，但是，他的心的跳动阻碍了他脑子的运转。他是资产阶级冷酷无情的敌人，是“人民”的坚定的卫士。他评论人物，是以他们

① 朗弗里在他的《论法国革命》(1857年版)附录里，严厉地批评这一点。如果想知道德国人的看法，可参阅豪塞尔的《文集》，第Ⅰ卷，1869年版。——原注

② 见朱里昂的为《法国历史家论著摘要》所写导论中的信，1897年版。——原注

③ 克罗克(Croker，John Wilson，1780—1857年)，英国政治家、历史学家。致力于搜集法国大革命的各种文献资料，多达四万八千种。——谭注

④ 国民公会于1795年10月26日结束。——谭注

属于个人主义和博爱主义两个敌对学派中的哪一派为标准：属于前一派的，取其最坏的特点；属于后一派的，取其最好的特点。

在米什莱和路易·布朗正忙于撰写他们的革命赞歌的同时，另一个气质很不相同，所受训练也大不一样的人却在考察革命所由产生的土壤。托克维尔的《旧制度与大革命》于1855年出版了。据它的作者说，它是一部论著，而非历史；但它比大多数历史著作更清楚地阐明了大革命的性质，并开创了对革命的科学性探索。托克维尔[①]出身于诺曼底的贵族。他父亲是个贵族，母亲是马尔塞 219
布[②]的孙女。因不满意担任法官的生活，他获准到美国去调查它的刑罚方法。而他的真正目的是研究新世界的问题。他的刑罚制度报告虽已被人们遗忘，《美国的民主政治》一书却成为政治学的最优秀著作之一。他虽然未曾把美国写成典型，但他是羡慕美国的。联邦宪法和最高法院有助于保证分权，而自由所依赖的正是分权制。在旧世界的大多数国家里，中央集权已经太过分了。民主在开始时是专制政治的敌人，但也像所有其他政治制度那样易于变为专制的。作者一觉醒来，发现自己已经成名。鲁瓦耶·科拉尔对他说，从孟德斯鸠以来再也没有一部书是像他的著作那样成功的。

① 参阅《托克维尔的回忆录、信件与遗著》，英译两卷本，1861年版；《托克维尔与老纳索(Nassau Senior)的通讯与谈话》，两卷本，1872年版；波蒙《略论托克维尔》，1897年版。下列评论是最好的：米涅著《新编历史赞歌》，1877年版；法盖著《政治家与道德家》，第Ⅲ卷；圣伯夫著《漫谈》，第XV卷；舍雷尔《评论文集》，1863年版。《回忆录》只叙述他的政治经历。马塞尔著《关于托克维尔的政治论文》，1910年版，详细论述作为政治家的托克维尔。J. P. 迈耶的著作是有关托克维尔的最近论著的，于1939年出版。——原注

② 马尔塞布(Malesherbes，1721—1794年)，路易十六的大臣，曾在国民公会上为路易进行辩护，后被处死。——译者

托克维尔进入了议会，但未能给议院或全国留下深刻印象。“七月王朝”倾覆后，他担任外交部长，但1851年的政变终止了他的政治生涯。经过短期禁锢后，回到故乡，继续其研究民主政治的工作。他写信给一个朋友说，他决心了解并说明革命、帝国和“复辟”这些重大事件的原因、性质和影响。革命本身是这样地丰富多彩，因此没有一个人想到研究它与它所取代的制度之间的关系。他认识到探索地方档案的必要性，于是长期留居图尔，在那里他找到了督察使的全部记录和通讯。接着他又进行对诺曼底和朗格多克的研究；他阅读最高法院的法令和各教区的记录，并逐渐摹想出18世纪法国社会的结构、封建权利的性质以及中央与地方的行政制度。

他的研究结果是惊人的。“当我的工作向前进展时，我感到很吃惊的是，我不时看到我们今天在法国所碰到的一些特征。我看到很多很多我原以为是革命中产生的思想感情，发现数以千计我原以为是革命的产生的习惯”。最重要的是，中央集权的行政制度是从旧制度传下来的遗产。法国原来受三个政府管辖：由督察使协助的国王与大臣；封建的权力与司法权；省行政机构。其中，第
220 一个要强有力得多。封建权力虽然是使人讨厌的，但很薄弱；省行政机构，除了在布列塔尼和朗格多克以外，只保留了很少一点它们原有的权力。在贵族阶层的正在瓦解的前廊后面，他察觉到有一个强有力的中央机器正在逐渐消灭地方生活、社团与领主司法权。第二个结论是：旧制度并不像一般人想象的那样可怕。它具有很大的专横性，但很少真正的压迫。封建制度作为一种政治体制，贵族阶层作为一种政治力量，都已消逝；而正因为那些余留下来的特权

所从属的制度已不复存在，它们就更加显得可厌了。“有些好心肠的人力图回复旧制度。但我对旧制度的判断，是根据那些生活在它之下并推翻它的人们的情感作出的。我看出，在革命的全部过程里（尽管它是残暴的），人们对于旧制度的憎恨胜过对其他一切的憎恨，而在最近六十年间的危险变幻中，对旧制度复辟的畏惧，胜过其他一切的畏惧。对于我来说，这已经足够了。”革命之所以不可避免，不是因为承受不住负担，而是因为法国人对腐败政治越来越不能忍耐。

这部书提出了一个新的观点。别人看到说明旧王朝与革命的尖锐矛盾的东西，托克维尔看到的是合理的延续。旧制度进行很大程度的中央集权制；革命使行政制度进一步中央集权化。旧制度破坏了封建制度的大部分；革命又破坏了封建制度的其余部分。两者对于自由都不在意。革命的推动力是平等，而旧王朝在同封建制度的长期斗争里所力求确立的正是法律面前的平等。“革命突然粗暴地终止了过去十代人辛勤经营的工作”。第二卷由于作者的故世而中断。这个改革运动[①]的开始时期取得了他的钦佩。毫无疑问，“是一个无经验的时代，但是是一个急公好义、热情、雄壮和宏伟的时代，是一个人们将以羡慕和尊敬的态度来回顾的不朽的时代。”它的缺点是，自由被平等所牺牲。对不平等的仇恨是深刻的、不可消灭的，而对自由的爱则是较近期产生的，而且不那么深刻。两者在革命中相遇，并以在自由的基础上获得平等的高尚理想一个时期内煽起法国人心里的火焰。但自由是短暂的，继之而来的无政府状态，径直地把法国引向专制主义。这是一个悲惨

① 指1789年革命。——谭注

的结局，但也不是不自然的，因为人从来没有如此完全地丧失处理
221 事情的理智和能力。于是，这项工作就这样地半途而废了。它取得了平等的法律，取得了一律化和一体化，但付出了日益集权化的代价。它并未能实现自由。

托克维尔的第二部著作像他的第一部著作那样，受到热烈的欢迎。这部著作实际上是他关于民主政治的论述的第二章，是一次新的警告，一个对国人和世界的告诫的重申。他写信给一个朋友说，“告诉人们怎样逃脱虐政，这就是我的两本书的主旨。这样的工作是一个神圣的使命，为了它，我们应不惜牺牲金钱、时间或生命”。他是不受党派关系和党派情感约束的。他抱有“空论家派”的信念，那就是，自由需要一个强有力但不滥用权力的政府；分权是取得有秩序的自由的秘诀。舍雷尔[①]宣称，“本世纪的政论家，谁也不能与他相提并论，后代将以他的半身像放在孟德斯鸠的脚下”。如果说他的政论家的地位是稳固的，那么他的历史家的名誉又是怎样的呢？我们能够接受他关于旧制度以及它同革命的关系的解释吗？圣伯夫指责他，说他对黎塞留和路易十四是不公平的。这个大批评家主张，督察使对人民比某些王族出身的省长要好些；中央集权产生了法律面前的平等。可敬的帕基埃(他是了解那已消逝了的法国的一代人中的最后一个幸存者)提出了有些类似的判断。他宣称，这位历史家夸大了政府的缺点，把它说得一无是处，因而也夸大了革命的必要性。然而，托克维尔的下列结论：革命所带来的变化不像所设想地那样大以及它在许多方面只是加

① 舍雷尔(Shérer，H. A.，1815—1889年)，法国政治家，文艺评论家，新教激进派神学家。——译注

速了旧制度的发展趋向，已成为后来的研究工作的起点。按照舍雷尔的话来说，他为革命史所完成的，就是地质学家为地球史所做的工作。他打破了政治大变动的理论，而代之以世俗原因起着缓慢作用的原则。

没有人会期待属于天主教和保王派的托克维尔会颂扬革命，但一个共和主义的自由思想家，米什莱的朋友和同道，竟会攻击雅各宾主义，却使人们感到惊愕。吉内[①]在早年就用他的笔来维护自由。在自由的敌人中间，他把罗马天主教会算作头号敌人。原 222
始基督教是以平等为基础的，但教会现已不忠实于这项原则。此外，它禁锢自由思想这一表现进步的工具，并麻痹它所控制的国家。他在法兰西学士院发表的关于耶稣会徒的讲演，就是宣战书；后来在进一步讲授《基督教与法国革命》的课程中，他称赞宗教改革运动是恢复原始理想的企图，并深深惋惜它在法国的失败。“在近代国家中，唯独法国是在完成宗教革命之前先完成了一次政治和社会革命的”。在建造房屋之前必须先打基础。英国和美国以新教为起点，结果实现了它们的目的；法国以天主教为起点，结果遭到了失败。吉内在他的《法国历史哲学》里，继续对流行的观念进行批判。他声称，民族遭受错误思想的破坏并不亚于遭受敌人的破坏，而其中最危险的错误思想是：一切成功的都是最优秀的。

① 参阅吉内夫人著《埃德加·吉内传》，两卷本，1888—1889年版，以及《五十年的友谊：米什莱与吉内》，1903年版；希思著《吉内的早期生活与著作》。关于吉内的评价，可参阅法盖著《政治家与道德家》，第Ⅱ卷；斯皮勒，《消逝了的人物》，第Ⅰ卷，和莫诺《吉内的一百周年纪念》，见《历史评论》第LXXXII卷。吉内所著《我的思想的发展经过》，只叙述到他十七岁时。——原注

例如，高卢人是不可能开化的，因而罗马与法兰克的征服是需要的；如果第三等级早一些取得胜利，那就会阻碍法国的必要的统一；法国在长期专制统治之后需要革命来肯定自由的原则。这种不费力的乐观主义忽视了事情不利的一面，而吉内所要唤起注意的正是这不利的一面。基佐满意地看到历史前进的结果是如何良好；而吉内想的却是结果本来应该是可以更好的。

吉内的最伟大和保持了最持久的声誉的著作《法国革命论》(1865 年出版)，试图解释法国革命的目的，区别它的好坏成分，并指出它失败在哪里以及为什么失败。这部书是他在流亡时期撰写的，当时没有优良的图书馆可资利用，因而完全不是一部研究性的著作。《法国革命论》一书的意义在于反映出作者的个性和他的新奇态度。他平静地宣称，革命作为一次运动来看，是无需为之辩解的。我们的任务是要弄明白为什么花了这样大的力气却得到这样不相称的结果。“全体人民都叫喊‘不自由毋宁死’，而且是从内心发出的。为什么很懂得怎样死的人却不知道怎样成为自由的人呢?”二十年前，他在其《基督教与法国革命》里，提出了两个主要的原因:第一，革命是从天主教的土壤上生长出来的;革命忽略了以新教来取代旧教。第一个情况是它的不幸，第二个情况是它的致命过错。革命不能建造在旧制度的基础之上，也不能建造在构成旧制度的主要部分之一的宗教基础之上。革命不能依靠卢梭的萨
223 瓦牧师的虚幻的有神论①。“教士法”引起教会的敌视，却不曾毁灭教会。天主教在任何形式下都是不能同新的自由相协调的。另一

① 典出卢梭名著《爱弥尔》。此书有萨瓦省牧师的一篇《信仰自由》。他自称其信仰为自然宗教，承认神的存在，但否定启示与地狱。——谭注

个过错是采用凶暴手段。处死国王是大错，也是罪行。恐怖分子犯下了双重罪过。他们不仅继续了过去的专制主义，而且培养了未来的专制主义。他们口头上喊着革命，却无休止地进行破坏革命的工作。在处死路易十六后不到八年，拿破仑就占据了至高至上的地位，"教务专约"也签字了；每张书桌上都摆上了《基督教真髓》。专制主义与天主教重登宝座，而解放的事业还有待于重新做起。

吉内的书，是有力量、有辩才的，但它的最具有创造性的论点却站不住脚。他攻击革命的暴力，同时又责备它没有把天主教连根拔掉。对于政治信念，必须以尊重的态度来对待，但对于宗教信仰，必须加以粗暴地践踏。他对教会的敌视减弱了他攻击恐怖政治的感人力量；他对于新教未曾在天主教、自然神论与无神论的土地上建立强大的势力表示遗憾，这说明他不能算是一个非常实际的政治家。可是，他对雅各宾主义的攻击，是猛烈而有效的。"我的书中的关键和新意，是为了革命来批评革命"。革命直接导致帝国的恢复、滑铁卢战役和1851年政变。革命所犯错误的代价是导致两个世代的专制政治。恐怖政治摧毁了革命而不是摧毁了革命的敌人。该书曾引起强烈的震动。一个无疑忠于民主政治的人对革命进行公开的攻击这还是第一次。在第二帝国压制自由的时候，民主主义者在革命里找到安慰和鼓舞，但现在神殿的帷幕被撕破了。佩拉特[①]勇敢地接受了这项挑战。"吉内污辱了最纯洁、最忠实的人们；他宣称革命得不偿失，是作了一个愚钝的判断"。他

① 见他所著《法国革命与吉内的著作》，1866年版。——原注

以革命的首领同加力古拉、尼禄与托尔克马达[①]相比，这是对雅各宾党人和救国委员会的诬蔑。“自由精神通过革命遍传世界，使得暴政再也不可能持久”。另一方面米什莱却对吉内写道，“在你的书中一切都是伟大的、有力的、高尚的。你的胜利，也是我的胜利，因为你与我是一个人”。这是表示友谊的声音，因为，他们之间见解的分歧是很深的。米什莱诅咒恐怖政治，把主要责任归之于逃亡者和反革命的势力，而吉内则认为恐怖主义是有意识的、有预谋的罪行而加以痛斥。米什莱欢呼革命大胆地以正义来代替传统的
224 基督教；而吉内却惋惜没有建立更纯洁的基督教。吉内的书必须部分地理解为射向路易·拿破仑的一支利箭。《箴言报》写道，“该书是对帝国的一篇控诉状”，这是完全正确的。他由于革命给路易·拿破仑开放大门而深切不满，因而认识不到革命的成就是何等巨大，革命对很多他自己最珍视的思想的推动力是多么地强有力。

吉内的著作未能增加人们对于事件的了解而莫尔蒂梅-泰尔诺的《恐怖政治史》却开始了对档案的系统研究。他具有温和派自由主义观点。他坦率地接受了1789年的原则。“我们是大革命的孩子，我们不应辱骂我们的母亲”。宫廷的行动是愚蠢的，制宪议会的成绩是巨大的。但支持1789年的理由也就是谴责1792—1793年的理由。“两种原则——自由与专制——在争夺世界。蛊惑煽动是专制主义的化身之一。反对蛊惑煽动就是反对专制主义”。恐怖政治，不是全民族的工作，而尽管有恐怖政治，法国还是得救了。他宣称，恐怖政治是随着1792年6月20日民众之闯入社

---

① a. 加力古拉（Caligula，37—41年在位），即盖伊斯恺撒以残暴闻名的罗马皇帝。——谭注 b. 托尔克马达（Torquemada，1420—1498年），西班牙异端裁判所的审判长，以极度残酷著名。——译者

伊勒里宫而开始的。他的资料非常丰富，这部著作只写了一个年头，还未叙述到革命法庭的建立，就由于他的逝世而中断了。在他的八卷著作里，充满了巴黎各区记录以及向市府的报告书的撮要，迄今还是必读的参考书。

就在莫尔蒂梅-泰尔诺停笔的地方，瓦隆接着写下去。他本来就以《古代奴隶制史》在学者中间、以《圣路易传》与《贞德传》在虔诚的天主教徒中间，赢得了声誉，而直到他漫长一生的最后几十年，他才开始研究大革命。坎派敦根据革命法庭审判记录官方报告，曾于1866年出版了有关该法庭的重要著作两卷[1]。但瓦隆的《革命法庭史》发表了更大数量的新资料，并把该法庭的活动同革命的总的运动联系起来看。他为我们提供了大审判的全部细节，关于夏洛特·科代、屈斯停、王后、吉伦特派、菲力普·平等[2]、罗兰、丹东、罗伯斯庇尔的审判以及最后关于法院成员本身的审判细节；但法庭最骇人听闻的特色是惩处年轻的人和卑微的人。瓦隆的最后著作[3]涉及恐怖时期司法行政问题的另一方面。“革命法庭”是对付巴黎城的；“议会特使”是对付外省的。虽然他们压制了很地方上的流弊，但他们是暴政的可怕的工具，他们之中有些人的 225
无能和野蛮残暴是一样地突出。后来在他们的全部通讯出版后，即可看出，瓦隆对他们的犯罪活动的强调是正确的，但他对他们组织国防方面的努力却未能完全公正地对待。

① 《巴黎的革命法庭》(*Le Tribunal Révolutionnaire de Paris*)。——谭注

② 菲力普·平等系路易·菲力普之父，大革命初期改名“平等”。——谭注

③ 《恐怖时代，法国革命史的批判性研究》(*La Terreur, Études Critiques sur l'histoire de la Révolution Française*)，二卷，1881年。——谭注

就在这些历史家考察大革命的政治方面的时候，龚古尔兄弟一次试图研究大革命时期的社会历史。他们关于革命与督政府的著作[①]使当时的生活与思想、道德与娱乐、气氛与色彩重新显现。他们的资料来源有报纸、小册子、传单、漫画，这些资料揭示了社会的深刻混乱与道德的急剧堕落。阿道夫·施密特的研究则更加认真。他虽是德国人，但以法文来陈述他的部分研究成果。他根据警察向内政部长的报告编写的《法国革命概览》使我们接触到民众的生活。我们好像听见了民众的谈话，知道了巴黎妇女所想的是什么。他还说明了经济状况的影响、贫富间的矛盾、指券[②]对物价所产生的作用、饥荒、罪行的增加、社会主义的开端。

Ⅱ

在伯克以后，从意想不到的方面发出了对法国革命的最沉重的抨击。吉内还只是带着遗憾而非愤恨的心情来论述革命，而到了泰纳，他却把革命完全否定了。阿克顿宣称，“在关于革命的书籍中，足以使读者的一生发生划时代转变的，或许有这么两本书：一部是泰纳的，另一部是米什莱的。不读米什莱的书，就感觉不到革命的伟大；不读泰纳的书，就感觉不到革命的恐怖。”

泰纳在早年对哲学最感兴趣；他在弹奏了一曲贝多芬的奏鸣曲后宣称，它和三段论法同样地美妙。他的教师们都对他的特殊

---

① 《督政府时代，法国社会史》(*Histoire de la société française pendant le Directoire*)，1855 年。——谭注

② 原意为 Assignats。——译者

才能感到惊讶。瓦歇罗曾写道,“不论是作什么,他都很容易地取得第一名,他是高等师范学校里我所看到过的最勤勉而又最卓越的学生。就他的年龄来说,他的学识是非凡的,而且对于学问怀有这样的热情,也是我从未见过的。他的头脑的特点是迅速形成概念、敏锐精细和有力量。但他太快地作出判断和公式化的结论。他特别喜欢公式和定义,为了公式和定义,他常常牺牲真实性。然而,他的道德本性同任何一种激烈情感都无缘,只同真理相熟识,并且是超脱于一切引诱之上的。”四十多年后,为他写的悼词只需重复对年轻的师范生这一番深刻的分析就可以了。他在早年即已持有这样的信念:科学方法必须应用到对文明的记录上去;而他对于医药与解剖学的研究又培养了他对精确观察的热爱。他在他那部著名的论英国文学的著作[①]的导论里,说明了他的历史哲学。他认为,三种力量合在一起产生了文明,并决定它的转变,那就是,种族、环境(Milieu)与时机。“历史是一个机械学的问题。唯一的差别是,不能以同样的方法来测量,或同样精确地下定义。”他在写给一个朋友的信中说,“史学是一种类似生理学和动物学而不似几何学的科学。我的这种思想,从孟德斯鸠以来就已摆在地上了,我只是把它拾起来而已。”但孟德斯鸠从来未曾把历史禁锢于铁笼之内。种族、环境与时机本身都是需要进一步分析的因素。种族是历史的产物,不是一个终极因素。环境,除物质环境外,本身就是一种结果。泰纳在讲一个伟人时,什么都解释了,唯独不解释他的伟大性,因为天才的源泉是不能用测锤来测量深度的。他关于主要才 226

① 《英国文学史》(*Histoire de la littérature anglaise*)共五卷,1863年。——谭注

能的理论显然也是过分简单化了。他断言，每个人都以一个占支配地位的特性而区别于其他人；他在论李维与拉封丹的专著里，在构成《英国文学史》的论文里以及关于艺术哲学的演讲里，都阐明了这种论点。但是，很多人都不是以一个主导的特性而是以各种品性的协调的平衡而突出的。另外，主要才能在许多情况下都是一种结果。对于李维，他就是以他的演说本能来说明的，而这种本能本身就是文化与政治影响结合起来所产生的结果。生活的丰富与个性的难解非常需要更精细地、更有鉴别力地对待。

在编成《英国文学史》之后，泰纳接着撰写他早在学院读书时即已计划的哲学著作。1870 年，他出版了关于智力的论著[1]。序言再一次毫不含糊地陈述了他的历史理论。“史学就是应用心理
227 学。历史家记录和探索一个人的分子或一群人的分子所表现出来的变化，并根据他们的心理来说明这些变化——例如，卡莱尔之说明克伦威尔，圣伯夫之说明波尔-罗雅尔派，斯汤达尔之说明意大利人，勒南之说明塞姆族[2]。十五年来我对这些特殊的和具体的心理学作出了贡献；现在，我企图研究一种普遍而抽象的心理学。”他的一句名言“善与恶同砂糖与硫酸一样的产品”，成为法国唯物主义的象征，而迪庞卢主教严重地警告法国的父母与青年们，要提防泰纳、勒南与利特雷[3]的学说。

---

① 《智力论》(De l'intelligence)，共二卷。——谭注

② 斯汤达尔有关意大利的著作有：《意大利油画史》(*Histoire de la Peinture en Italie*)，游记，《罗马、那不勒斯与佛罗伦萨》(*Rome, Naples et Florence*)，小说，《帕马修道院》(*La Chartreuse de Parme*)等。勒南著作见本书第二十五章。——谭注

③ 利特雷(Littre, Emile, 1801—1881 年)，法国语言学家与哲学家，属于实证主义学派。——译者

几个月后，德意志军队的侵入法境使他的生活完全改变了方向。1870 年 11 月，他写信给索勒尔说，“我们的责任是公开承认我们的过错，从这些过错里找出我们挫败的原因，以及传布语言和历史的知识”。巴黎公社给他留下了一个更伤心的回忆。因此，他深信法国文明是一种表面的虚饰，在这虚饰之下沸腾着的是原始野蛮人的感情。在战争之前，他对于政治原来是不太注意的，但现在它们吸引了他。他在深思之后得出的第一个结论是，英国走的道路是正确的，法国走的道路是错误的。他在战争时期所写的《关于英国的笔记》(*Notes sur l'Angleterre*)，表现出他对英国人民的保守主义的羡慕。他认为这个岛上王国是“有秩序的自由”的发源地。他自己的同胞使他感到恐怖，甚至失望。在写给基佐的信里，他说，“你的《回忆录》证明，在人民与你的政府之间的冲突中，人民是错的。一般来说，法国人从 1789 年以来所作与所想的，一半像疯子，一半像孩子。”在另一个比喻里，他说法国好比一匹由坏骑师驾驭的烈马。“历史表明，作为动物的人和野人，只有通过国家、政府、宗教、教会的途径，才能获得他那一点点理性和正义感。”卢梭讲授道，人的本性是善良的，社会使人变坏了；而泰纳则相信，人的本性是坏的，通过制度，他的邪恶可以减少一些。他以这种精神着手研究造成当时不满的原因。因此他的著作自然是一种社会学的解释，而不是历史性的叙述。他的学习榜样，一方面是基佐与托克维尔；另一方面是斯汤达尔、巴尔扎克与圣伯夫。

《现代法国的由来》①第一卷于 1875 年出版。在序言里他猛

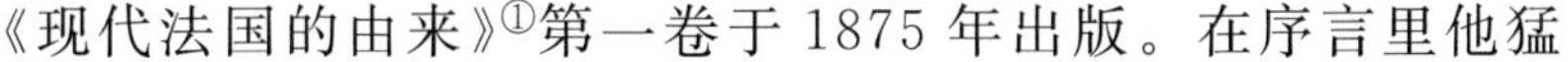

① 奥拉尔在《泰纳，研究法国革命的历史家》(1907 年)一书中对这部书作了最全面的分析。关于对第一卷的批评，可参阅索勒尔的书评(见法国《历史评论》，第Ⅱ卷)和莫尔莱的《杂文》，第Ⅲ卷。——原注

228 烈攻击整个民主政治的理论。千万个无知者毕竟不能构成知识。人民能够说出他们愿意要哪一种政府，但不能说出他们需要什么东西。如果要为现在提出建议，就必须知道过去。所以，对于旧制度必须加以全面的研究。所有的人都熟悉宫廷与“沙龙”、艺术与文学，但这些东西不能代表法国。我们必须使各个省区的生活、资产阶级、农民与工匠重新显现出来。泰纳对于旧制度的描写没有赞许的意思，但也并非敌对的。他把建造国家的功劳，完全归之于君主政体、贵族与僧侣；但王权遭到滥用，它的功能已被遗忘；贵族不再履行那些使他们理应享受特权的义务。教会为了它的不容忍态度、它的庞大财产的分配不公和它的僧侣不长驻在教区内而受到指责；但教会低级成员的功绩是被充分承认的。泰纳以暗淡色彩描绘了被赋税压垮的农民的状况。但在另一方面，第三等级的痛苦却是情感方面的而非实际的。“法国在最后崩溃前，已经在解体之中，因为特权阶级遗忘了他们的义务与责任”。泰纳决定以描写来替代叙述，这当然是可以的，但他在企图描绘整整一个世纪时，采取了不同时期的特征，所描绘的图景并不是对哪一个时期都符合的。在同托克维尔相较之下，他仅仅是一个出色的业余历史家。

泰纳所著第一卷的创新之处，在于他对于革命精神的推论。他的论点是：18 世纪哲学，是由笛卡儿创始的“古典精神”的产物；这种精神实质上就是追求绝对的东西和崇拜一致性。当法国思想家转向政治时，他们按照纯理性的指示作出规定。这种对个人的忽视，对具体的、真实的东西的忽视也是法国文学、哲学家与革命的特点，而这种特点之占据主导地位，正是造成近代法国悲剧的主

要原因。可是，他所谴责的这种倾向，应当更确切地称为演绎精神。按照泰纳的意见，卢梭是革命领导者们的主要启发力量，但卢梭对古典传统曾大胆地提出挑战，而孟德斯鸠还是古典传统的公开敌人。第二，他忘了18世纪法国的政治理论是从其他国家的思想家那里移借而来的。第三，演绎精神有破坏的作用，但同时也有改革与滋养的作用。法国最有头脑的人的充分活动导致容忍与公正方面的显著进步。他们提出的纲领，大部分不是来自抽象观念 229 
的演绎推论，而是根据对他们生存于其中的社会的观察。索勒尔公平地指出，“这种智力与思索的巨大的和令人钦佩的努力，不是注定要以乌托邦和革命为结局的。”它指向改革而非无政府状态。泰纳把法国比作一个体质素弱的人，因为贪饮一种新酒而醉倒在地上，口吐白沫，这个比喻完全是幻想的。把革命归因于卢梭，是同把革命归因于普鲁塔克一样的幼稚。该书受到一般人的称赞与欢迎，但谁也不是完全满意的。保王派看到他把革命大部分归因于哲学家们，很高兴；天主教徒赞成他对于下级僧侣的夸奖；共和主义者引证他关于农民的痛苦的见解。

当泰纳叙述到革命本身的时候，他失去了原来比较持平的态度[①]。在他的《英国文学史》里，他曾尖锐地批评卡莱尔的诽谤性论断。他说“这些狂人，这些饥饿无套裤汉，在边境上为人道的利益和抽象的原则而作战。在这里，像在你们那里一样，洋溢着慷慨

① 参阅舍雷尔所著《有关现代文学的论文》第Ⅶ卷中一篇有说服力的论著：《泰纳与法国革命》。这部书还受到下列作家的严厉谴责：马丁·菲利普森（见德国《历史杂志》，第xli卷）、法尼埃兹和加齐埃（见法国《历史评论》第Ⅶ—Ⅷ卷）、布吕内蒂耶尔（见《历史与文学》，第Ⅲ卷，1885年）。科尚的《革命史的危机》（1910年版）是拥护泰纳而反对奥拉尔的。——原注

激昂的感情。他们追求哲学，像你们的清教徒追求宗教那样。他们的目的是拯救所有的人，像你们的清教徒力求拯救自己那样。他们同社会上的邪恶作斗争，像你们的清教徒同灵魂里的邪恶作斗争那样。像清教徒那样，他们抱有英雄主义，但是是属于一种宣传家类型的英雄主义，它改造了欧洲，而你们的英雄主义却只是为了自己。”经过巴黎公社的兴衰，经过进一步的研究，他对革命的赞同的态度完全改变了。在一封写于 1878 年的信里，他说，“在我对文献进行研究之前，我对于革命一直持有同其他法国人一样的见解。自从梯也尔以来，我们一直宁愿生活在一个幻想的世界里。戏剧、诗歌与模模糊糊的人道主义哲学使所有这些人显出了不起的样子。”他宣称，我们所需要的是一部不论及后一代人的争论，完全根据当时代史料和官方法令来编写的著作。“我现已把我的题材〔法国革命史〕当作佛罗伦萨革命或雅典革命那样来写了。”

当拉罗什富科-利昂库尔公爵[①]传达了巴黎起事的消息时，路易十六说道，“这是一次反叛”。公爵回答说，“陛下，这是一次革命。”正像公爵纠正法王那样，泰纳纠正了公爵。“这不是一次革
230 命，而是一次瓦解。”生命与财产的保障随着中央政府的倾覆而消逝。他轻蔑地拒绝承认 1789 年原则与 1793 年原则之间的差别。当人们问马鲁埃，恐怖政治从何时开始，他回答道：“从 1789 年 7 月 14 日开始。”泰纳同意这个意见。所谓“金色的黎明”[②]，是从来不曾存在过的。稳健的人们从来不曾掌过权。稳妥的原则从来不

① 拉罗什富科-利昂库尔公爵，属于以拉法夷特为首的自由派，1789 年当选为三级会议代表。——谭注

② 意指 1789 年 7 月 14 日是一个充满希望的良好的开始阶段，以后才陷入混乱与恐怖。——谭注

曾占过优势。流血与劫掠紧接着就开始了;如狼似虎的人从他的隐蔽处窜出来。泰纳搜集了大批有关焚毁宫殿、虐待贵族和各省饥荒的有价值的资料。他宣称,革命从根本上讲就是财产的转移。“这就是革命的恒久的力量、革命的主要动机、革命的历史意义。”现在已没有一个历史家能肯定,革命的开头几个月是一段和平改革时期;这段和平时期只是偶然由“向凡尔赛进军”这一类的事件所打断。但在另一方面,“自发的无政府状态”这个论断也是一种夸张的说法。旧制度在数以千计的村庄里,未经流血或骚乱而垮台了。从泰纳的口里,读者听不到什么道德的或明智的行动。听到的只是坏人与他们所干的罪行和蠢事。对巴士底狱的袭击,被归因于群众的疯狂;关于宫廷召集军队是为了发动一次政变的说法,则只字不提。制宪议会,虽然被承认是在私法领域里种下了若干有用的种子,但在政治与社会改组方面,它好像是一个乌托邦的学院一样。它像是一个盲目的手术员,不仅破坏了肿瘤,而且破坏了有生命力的器官。“只有一个错误它还没有犯;而这个错误,由于决定它的成员不得参加下一届议会竟也犯下了”。法王被保留下来,但他只不过是一个软弱无能的愚弄对象。1789 年的“自发的无政府状态”变为 1791 年的“合法的无政府状态”。“法国的情况就是这样——在君主国制下由于斋戒禁食而精力枯竭,后来又因狂饮了‘社会契约’的坏白兰地酒及多种其他烈性酒而酩酊大醉。欣喜若狂的时期过去之后,忧郁性的精神错乱时期就要开始了。”

对于这部著作,保王派与天主教徒为之喝彩,而各种派别的共和主义者则表示愤慨。在该书出版前不久,泰纳曾写信给他母亲

说，“革命，从近处看，同一般人所设想的很不相同。它是一种宗教，因而人们将把我当作渎神者来攻击。”把革命领导人的使用暴力归因于他们的哲学，是一个极大的错觉。制宪议会的很多行动都是不聪明的，“教士法”也是一个极大的错误，但是我们完全可以不谈
231 哲学而指出每一个错误的具体的理由。《人权宣言》不仅是一篇关于抽象原则的宣言，而且是对具体弊病的抗议书。制宪议会的最主要的人物是米拉波，一个立宪君主主义者、最伟大的政治现实主义者之一。但书中几乎没有提到米拉波。制宪议会的错误不是由卢梭的学说所引起，而是由于复兴法国的固有困难和它本身的缺少经验而引起的。

论述革命的第二、三两卷讲的是雅各宾党人夺取政权和使用权力的经过。泰纳对于制宪议会的问题想得很少，但当他叙述到立法议会的庸人和国民议会的侏儒，而再回顾制宪议会时，感到有惋惜。在国民公会里，还有少数几个聪明和清醒的人，如马鲁埃和穆尼埃[①]；而后来的各次议会里却充满着理论家；他们的主导原则就是人民的主权，而他们所理解的人民并不是法国的大多数公民，而是巴黎的暴民。雅各宾党人建立的政权则是既可怕又无能的，好比“一个凶残而又多疑的苏丹，在委派了他的大臣后，握着腰刀随时准备割断他们的喉管。”他们以普天下均取得自由的原则为基础，建立起了适合于达荷美[②]的专制制度，设立了像异端裁判所那样的法庭，进行了类似古代墨西哥的大杀戮那样的大屠杀。参观

① 穆尼埃（1785—1806年）是制宪议会中“王政派”的首领。在讨论宪法时，建议设立上下两院，并以必要的武力付与行政机关（国王）。——谭注

② 达荷美，原为非洲几内亚湾沿岸的奴隶制王国。法国于1868年强迫该国出让海岸地区，1888年沦为法国殖民地。——谭注

古埃及神殿的人们，在要求看神像时，被带着去看一条卧在富丽绣帷后面、紫色毯子上的鳄鱼。法国具有一种类似的神学，它的教义是由卢梭制定的。“三年之后，他们把这条鳄鱼请入神殿，并把它安置在金线绣帷后面的紫色毯子上。这个神对于祭品当然要择肥而噬，但他的食量奇大，所以连瘠瘦的祭品也吞了下去。在一年之中它要吞食同类的鳄鱼一次或两次，要不就是它自己被吞掉。”

上述就是泰纳对雅各宾党人心理的著名描述。这是他的著作的核心，是他给予最多注意的部分，是他的历史家声誉赖以树立或因之扫地的部分。但雅各宾党人是如此地不同于他们以前的其他人吗？他们的行动应当用他们采用卢梭的学说来解释吗？对于这些问题，凡是认真研究者，都不能回答说“是的”。泰纳的火热的感情和激烈的语言使人想起《对法国革命的感想》和《弑君者的和平》[①]中的狂言呓语。他自称是个博物学家，但是博物学家不会对着他们所考察的对象尖声怪叫。舍雷尔感到十分惊讶，他宣称，
“革命把我们最长于抽象思维的思想家变成为激动的争辩者了”。 232
在盛怒之下，泰纳把他的定数论抛到了九霄云外。我们看到的是一个处在激情之中的悲观主义者。他指责雅各宾党人——指所有的雅各宾人——说他们把人看作自动机器；但他所描写的雅各宾党人才是纯粹的自动机器，是根本不存在的怪物。他说他们犯了闭眼不见周围事实的罪行，但他自己却闭眼不见那些指导他们行动的最重要的力量。他说他们是全副武装地从卢梭的头脑里跳出

① 以上两书都是英国反对1789年革命的代表人物艾德蒙·柏克的作品。后一部原名《论弑君者的和平的前途，书信集》(*Thoughts on the Prospect of a Regicide Peace, in a Series of Letters*)，1796年。——谭注

来的什么也没有学到，什么也没有忘掉。而是在真空中工作着；然而真正的雅各宾党人，也就是雅各宾俱乐部的成员，在革命开始阶段是属于君主派的。他预告他的读者说，他将不谈外交和战争的历史，可是他不仅略去它们的历史，而且对它们的影响也略而不谈。他把“议会特使”描写得像野兽一样，他举出卡里埃[①]作为典型，说他们的行动是受了嗜血狂的支配。莱茵河畔的逃亡者、宫廷同外国的阴谋、法王向瓦伦的逃亡、敌军集结在距首都几天行程的边境上、布伦斯威克的宣言、法国西部的叛乱——对于这些严重的事实，泰纳实际上未加注意；可是不知道它们，法国国内的历史是无法理解的。革命的领导人被逼得发狂，不是由于卢梭，而是由于害怕失掉革命的成果。泰纳坦白地说，他在政治斗争方面只得到一个结论，那就是，社会是十分复杂的。他忘了，一个历史家在对人作出判断时，必须了解这些人所面临的问题的性质，这是他的责任。

从泰纳的信件来自，他对革命的判断，早在他开始详细研究有关革命的资料以前即已形成。判断既已形成，于是他力求证实它。像很多业余历史家那样，他过分信任回忆录，毫无保留地接受了莫里斯[②]与马莱·迪庞[③]的引导。凡是与革命敌对的证据，哪怕是点滴片断，他也轻易地接受下来。他节译了一本自称记载一个英国贵妇在法国恐怖时期的经历的书，但这本书很可能是那个卑劣

---

① 卡里埃(Carrier，1756—1794 年)，法国国民议会议员，1793 年在南特用溺死的方法进行大屠杀，次年上断头台。——译者

② 莫里斯(Gouverneur Morris，1752—1816 年)——美国政治活动家，1792—1794 年间任美国驻法公使。——译者

③ 马莱·迪庞(Mallet du Pan，1749—1800 年)，法国政治家与王党密探。——译者

的极端反雅各宾派的约翰·吉福德①的作品。奥拉尔按照泰纳研究档案的路线进行研究，发现了泰纳的研究是多么的肤浅，他的方法是多么的缺乏科学性。他浏览群书，为的是证实他的观点，并断章取义。他只使用两种报纸，一是《箴言报》(这个报纸的权威已被推翻)，一是《水星报》(因为马莱·迪庞为该报写文章)。舍雷尔说，他投入文献的汪洋大海，被淹没在那里了。他搜集了大量的详
情细节，其中有很多是无足轻重的，而关键性的重要资料却被他忽 233
略了。奥拉尔根据他的方法，而不是他的论断宣称，这部著作对于研究历史来说，实际上没有用处。

1891 年，泰纳写道，“四十年来，我的著作一直是讲纯理论的或实用的心理学”。他的《现代法国的起源》是以他在任政治科学自由学院助教时的实际精神来写的。“我们要以事实、数字与文献来填充那些人的头脑；因为它们如果是空的，就会收藏乌托邦思想。”他尽了他最大努力来提供这类教材；可是，没有一个教师能以宣扬悲观失望的信条来帮助他的同胞；也没有一个先知能以不信仰上帝或人而使国家得到新生的。他认为，如果有组织的基督教消逝了，公私道德就要堕落；但是，他虽然看到了基督教在社会上是必不可少的，但仍觉得从智力上来理解，基督教是不可信的。他对于教会、旧制度、革命、拿破仑、近代民主政治，一律不赞成。“如果未来的人想要了解法国在法德战争刚结束后的精神，他们应该打开这本书；这本书以它笼罩在绝望气氛中的篇幅，延长了，重新

① 约翰·吉福德(1758—1818 年)，英国作家，原名 John Richards Green。曾旅居法国，撰有《法国史》，五卷，1798—1821 年主办《反雅各宾评论杂志》，此刊水平甚低，无学术价值。——谭注

发出了被征服者的哀音[①]。”

就在泰这样工作着的时候，他的朋友阿尔贝·索勒尔[②]正在编写《欧洲与法国革命》。他具有较泰纳更深刻的历史知识和更公正的态度，因而他作为一个历史家的地位也要高得多。年轻的诺曼底人在巴黎学完法律后，听从基佐的劝告，进入了外交部，而在1870年战争爆发时，他在起草外交文件上显示出了才能和判断力。战争过后，虽然甘必大[③]希望他担任外交部的政治司长，但他还是脱离了现任的外交职务。他在布米的邀请下，他参加了政治科学自由学院的工作，他继学院创建人之后，成为三十年当中该学院的灵魂。在他的第一部重要著作《战争时期外交史》所包括的电文中，有一些是由他亲自起草的。但他一生的主要工作是编写革命时期外交史。他初期的研究成果发表在《历史评论》上，是一些关于
234 巴塞尔条约、屈斯丁与布鲁斯威克交涉的使命[④]以及其他国际关系方面的详细论述。在他的头脑里逐渐形成一个计划——编写一部关于欧洲与法国革命之间斗争的综合性论著。有些人认为革命颠覆了旧世界，有些人认为它复兴了旧世界；而他的目的则是表明革命是法国与欧洲历史的自然结果。托克维尔已从路易十四和路易十五统治时期找到了革命时期内政的模式。现在，索勒尔又宣

① 阿诺托语。——原注

② 参阅皮科著《索勒尔事略》(见《道德与政治科学院议事录》，1907 年)；布米著《政治研究》，1907 年版；莫诺在法国《历史评论》第 XCII 卷上发表的文章；《为索勒尔举行的庆祝会讲辞辑录》，1905 年索勒尔完成其巨著时出版。关于索勒尔的这部著作，1907 年 10 月的《每季评论》上有一篇很好的文章。——原注

③ 甘必大，见第十三章末段译注。——谭注

④ 屈斯丁(Comte de Custine Adam Philippe)原任法北路军总司令。1793 年 4 月，普军围攻马因斯城。7 月中旬，屈斯丁感于无力抵抗，与普军统帅布鲁斯威克公爵交涉，23 日，以该城降敌。公安委员会将其召回巴黎，8 月被处死刑。——谭注

称，在外交政策方面，革命人士是旧王朝的直接继承人。

第一卷——全书最新奇而又最突出的部分——分析了18世纪的政治方法与思想。他认为欧洲在道德上破产了。在他关于东方问题的著作里，索勒尔已经提出一项人们对那些“喜谈开明专制的帝王们”的严厉控诉。“在国外常常有人说，甚至在法国也有人这样说：革命与拿破仑推翻了万国公法，并以铁的时代代替外交上的黄金时代；在外交上的黄金时代公理占统治地位，而在铁的时代强权即是公理。要对这种说法作出公平的判断，我们必须了解旧制度的代表人物关于公理的概念与实践是怎样的”。此书揭示了一个事实：腓特烈大王、叶卡切琳娜二世与约瑟夫二世在瓜分波兰的过程中，除了他们的私利外，不承认任何法律。后来，向法国革命进攻的，正是德、俄、奥三国的朝廷，而法国只不过是采用了这三个朝廷所奉行的原则。旧欧洲衰朽的第二个原因在于18世纪侵入欧洲各国的改革运动。古老的组织与制度的毁灭使王室陷于孤立；理性主义的传布鼓励了人们对传统的挑战；“喜谈开明的专制君主们”所发起的大刀阔斧的变革又导致进一步的不安定状态。在几乎每个国家里，革命看来都是不可避免的事情，而比利时在法国之先爆发了革命。第三个溶解剂是四处弥漫的法国思想与方式的影响。从中世纪以来，第一次出现了一种自成体系的思想共同性，但它的泉源不再是罗马，而是巴黎。在分析了欧洲的弱点后，他接着指出旧制度怎样为革命铺平了道路。专政政治导致议会的无限权力[①]；主张限制教皇权力、要求各国天主教自主的运动引向“教士法”；对新教徒的迫害为进攻“流亡者”提供了范例；“战役纪

① 指国民制宪议会、国民公会的集权。——译注

念日”(journées)预示了大革命中的政变迭起[①]。黎塞留与路易十四让法国尝到独裁的滋味，并创立了征服的传统。于是，法国无论在国内或国外，武器都已准备好，只待使用了。

235 就这样，他把革命同整个欧洲发展的主流结合起来加以讨论后，接着他又略述革命的早期阶段和革命对外国舆论的影响。他承认革命领导人起事时思想的崇高性，但不久他们就开始扮演征服者的角色，并要求“自然疆界”了。他从未忽视个人的重要性，但他相信集体与传统趋向的强制力量。当民族渴望一个强有力的政府的时候，懦弱法王的懦弱大臣们把国家引导到无政府状态。这样，权力自然转移到那些有权谋不怕采取行动的人们手里。索勒尔是最公平的历史家之一。他既不像聚贝尔与泰纳那样痛恨革命，也不像米什莱与路易·勃朗那样对革命怀着奔放的激情。他充分估价革命党人好的一面，并且从不忘记他们所面临的莫大困难。他不嘲笑《人权宣言》，但怀疑它的实际价值。他公平地对待“流亡者”，把早期的“死硬分子”(intransigeants)(他们企图武装欧洲来反对他们的国家)同后期的“不妥协者”(他们是受到迫害的牺牲者)区别开来。对于宫廷他也是公正的；他指责它的政策但理解它的动机。他强调指出《匹尔尼次宣言》的防御性质和皇帝利欧波尔基本上温和的态度[②]。

第三、四两卷讲述防守与进攻两方面的战争情况，以及战争同国内政策的关系。他同意聚贝尔的意见，就是说，列强忙于策划毁

① 意指群众为纪念节日的上街行动(如“福隆德”运动中的“抛瓦日”)，预示了大革命时期不断出现的群众行动和政变。——谭注

② 皇帝利欧波尔对法国的宪政改革并无特别反感。1791 年 5 月逃亡者的首领亚多瓦伯爵在意大利的曼图埃向他求援，未获允准。——谭注

灭波兰而不愿同法国作殊死搏斗。但玛丽·安托瓦涅特力图挑起战争,奥地利威胁着要在阿维尼翁进行干涉,而普王在法国宣战以前即已准备一项入侵法国的计划。他把战争的直接责任归之于吉伦特党,当然革命的爆炸性力量和原来的扩张本性已经为战争准备了条件。然而在这次冲突里,他还是同情自己的国家的,因为国家领土的完整和革命的宝贵成果都处于岌岌可危的状态中。甚至在法国军队采取攻势的时候,他最初还是为法军祝福的。他们要求以莱茵河作为疆界,只是重新执行旧王朝的传统政策而已。为了保卫这道疆界,他们需要创立附庸国外围。所以,征服比利时,是有道理的,但征服荷兰则不应当。他还指出边境上的危险局势与巴黎的最严重的暴行之间存在着密切的联系。所以,敌军的挺进与《布伦斯威克宣言》引起了九月大屠杀;国王的处死,按照丹东的说法,是对外国控制的一种回答;吉伦特党的杀人是紧跟着杜穆 236
里埃的叛国而来的。泰纳谴责革命领导人是某些抽象原则的奴隶,而索勒尔则为他们解除了这种可笑的指责。他说明为什么应当用他们反抗旧制度的复辟和保卫边境的决心来解释他们的行为。然而,他还是严厉地责备了他们的暴行。他采取的还是法国民族传统的稳妥的态度,那就是:支持 1789 年革命的原则,谴责恐怖政治。泰纳宣称,他在研究革命时觉得自己是在一所疯人院里,而索勒尔所描写的形象是人,他们摇摆于各种动机之间;他们是用同其他人一样的材料制造的。阿诺托的一段评论讲得好,他说,“泰纳所看到的,只是从断头台上流下来的鲜血;索勒尔所看到的则是为了拯救祖国而洒遍疆场,肥沃了欧洲土地的鲜血。革命使我们生存所寄的欧洲成为民族自主的与民主的欧洲。”

索勒尔的文学技巧同他关于革命的论断一样地令人钦佩。屈维廉博士[①]誉之为近代的修昔底德。他的画面很宽广，但没有混乱和烦琐之弊。他对于分析思想、精研外交与描绘男女人物，都是同样擅长的。书中充满着一种深厚而有节制的爱国主义、一种经过磨炼的乐观主义、一种广泛的容忍精神。他的研究继续了，并部分地代替了聚贝尔的成就，使得法国外交政策，并间接地使得法国国内情况大大地明朗化了。托克维尔把革命与法国史联系起来看；而索勒尔则把它与欧洲史联系起来看。索勒尔的书既是把革命当作国际事件的第一次完备的研究，也是以革命作为法国史上一个插曲所作的最公正的论断之一。

Ⅲ

虽然几个世代的学者一直在辛勤地研究法国革命，但是对于革命时期的文献进行更为全面的探索，却是 19 世纪最后二十五年中的事。奥拉尔在发表了一部关于革命演说家的著作[②]而引起注意后，从普瓦蒂埃大学被提升到巴黎大学任教，担任由巴黎市议会在 1885 年专门为他设立的法国革命史讲座[③]。在他就职演说里，奥拉尔宣称，革命不是开始于 1789 年，也不是终止于 1815 年。

---

① 见他所著《自传与其他论文》，第 76 页，1949 年版。——原注

② 《法国革命时期之议会演说家》(*L'éloquence parlementaire pendant la révolution française*)，1882—1886 年。——谭注

③ 参阅《法国革命》杂志，第 81 期，1928 年(纪念号)；乔治·贝洛尼著《奥拉尔，研究法国革命的历史家》，1949 年版；该书对他的为人与爱国心的热情称颂，不亚于对其历史学成就的称颂。另外参阅 B. E. 施密特所编《近代欧洲若干历史家》(1941 年版)，第三章。——原注

过去的一切为它作了准备，预告了它的来临，而它的生命仍在实际 237
的世界里和法国人的灵魂里继续着。“没有同情的态度的人，只能看到革命的表面。要想了解它，就必须热爱它。革命解放了人类与科学，我是它的恭顺和感恩的儿子。”革命文献中已经编出目录的，甚至还不到三分之一或四分之一；而被人们研究过的就更少了。对于革命时期的外交，人们只是刚刚开始了解。革命时期的经济史还有待编写；各届议会与俱乐部的情况，也必须根据官方记录加以重述。奥拉尔教授与他的学生，以非凡的毅力来执行这项计划。他们创立了“法国革命史学会”并接办评论性月刊《法国革命》。在奥拉尔所写社论中，最重要的是关于雅各宾俱乐部和救国委员会的文章。虽然俱乐部会议的正式记录已经找不到了，但他根据当时的报纸和小册子，编成俱乐部历史六卷[①]。他说明雅各宾俱乐部是怎样从凡尔赛的布勒吞俱乐部演变而来；它的成员怎样依次属于君主派、吉伦特派与山岳派，而绝不仅仅是表达卢梭公式的自动机器。对于救国委员会的研究工作，由于会议讨论与决议记录被保存了下来，比较顺利。在搜集“议会特史”的信件方面，则遇到较大困难，但他还是搞到了大量资料。这部包括二十六卷的文献汇编[②]说明了委员会的工作情况，并揭示出它所面临的一切内外困难。奥拉尔的其他著名文献工作成果有：《热月政变后的巴黎》、《执政府时期的巴黎》和《第一帝国时期的巴黎》。在这些文

① 《有关雅各宾俱乐部的历史文献汇编》(*La Société des Jacobine*：*recueil de documents pour l'histoire du club des Jacobins de Paris*)，1889—1897年。——谭注

② 《救国委员会法令汇编》(*Recueil des Actes du Comité de Salut Public*)1889—1922年。——谭注

献汇编里他大量地使用了警察局的报告。

奥拉尔的编辑工作，被各方认为是具有批判性和态度严谨的；那些表达了他自己与他的学生的研究成果的文章，深刻地改变了人们对革命的流行看法。以《法国革命的研究与教训》[①]为题的几卷，说明了政治、宗教与外交史的很多方面。直到1902年，即在他研究原始的权威性资料二十多年后，他才鼓起勇气来写一部大部头叙述性著作，那就是他的《法国革命政治史》。副标题是《民主政治及共和国的起源与发展》。他仅仅略述大革命最初三年当中的重大事件。关于宫廷、财政、经济状况、外交与战争，也谈得很少。
238 他的主要论题是革命的两项支配原则——人民主权与平等——的演变与应用。他说明抽象观念所起的作用是多么微小，不过，他讲到激烈情感的作用，以及凭直觉行动引起的急剧变化的地方或许太少了。书中最突出的新观点，是说明共和思想的产生是较晚的事。从尚皮翁所作《陈情书》撮要来看，1789年的要求是温和得令人吃惊的。直到1790年秋季，除了布里索与孔多塞以外，没有人要求共和制度，而立法议会同制宪议会一样都是属于君主政治范围之内的。君主政体不是由共和派而是由自己的阴谋推翻的。第二个论点是，1792—1794年的恐怖行动不是由于"雅各宾派的心理"而是由于必须抵抗入侵者和保卫已经取得的改革而产生的。他的论点是，那些相信1789年原则，并下定决心维护这些原则的人，他们的行动是像一般人所预料到的那样。他不为九月大屠杀

① 此书原名"Etudes et leçons sur la révolution française"与此处英译名有出入，兹从原名改译作《法国革命的研究与教训》。本书下文原文即简称《研究与教训》。——谭注

进行辩护，但他说明这次大屠杀产生时人们的心情：革命有前功尽弃的危险；列强联军正在向巴黎进发；王党囚徒夸口他们的胜利近在目前。大屠杀不是政府的也不是任何负责当局的行动，而是巴黎一区的群众在面临突然的，具有排山倒海之势的危险时受本能支配的行动。关于恐怖时期的解释，也与此相似。1793 年的领导人是革命与国家领土的保管者。在反对他们的过激与残暴行动的同时，我们必须注意到他们的卓越成绩：他们拯救了法国，使之摆脱旧制度的复辟与外国入侵的危险。因而，奥拉尔是克雷孟梭、饶勒斯与阿纳托尔·弗朗士[①]的朋友，他断言，拿破仑所作所为，害处多于益处，关于他的传说是一件大有害的事；而革命的益处则远远地多于害处。

他对于革命之得到保全怀着感激的心情，但这绝不意味着他对所有革命保卫者都怀有热情。他认为马拉与他的独裁梦想，罗伯斯庇尔与他的国家宗教，都是反动的，后者奸诈地杀害了他宽厚的同道，“伟大而善良的丹东”。同他的劲敌相比如同是巍然屹立的高塔，而在《研究与教训》里，他用了许多篇幅来叙述他的经历。在一篇早期的略评里，他曾草率地断言：丹东在公私生活方面都是无可指责的，并说在所有革命人物中没有比他更有道德、更通情达理、更廉洁而不贪财或更不受仇恨心理支配的人了。然而真正的英雄是人民，而指导革命的功绩也不是单单属于巴黎。各省曾选 239

① 克雷孟梭（1841—1929 年），法国政治活动家，1906—1909 年，1917—1920 年两任内阁总理。青年时代反对拿破仑第三曾被捕入狱，第三共和时期属民主党左翼。——谭注

阿纳托尔·弗朗士（Anatole France，1844—1924 年），真名为蒂博（Thibault），世界知名的法国文学家，长于讽刺与诙谐，曾于 1921 年获诺贝尔文学奖。——译者

举制宪议会的成员，组织1790年的联邦并在1792年创立共和党。在1789年的决定性胜利之后，资产阶级与群众之间开始出现裂痕，而奥拉尔的同情是寄于后者的。正是由于群众，革命才没有停止于1789年的政治变革，革命后来意味着解放世界劳动人民的宪章。督政府则是一个纯粹的资产阶级共和国，并开始了反动的方向，同时，前进的运动被拿破仑完全遏止了。自治政府终止了；一直实行得很好的政教分离制度，也由于“教务专约”而告结束。广泛的厌怠情态留滞于各个阶层，因为自由已经消逝了。这部著作的优点是明显的[①]。这部书是作者在掌握了历史家们从来未曾研究过的资料之后而编写的，他把整个戏剧讲得使人能够理解。但他是有党派偏见的。他既然厌恶君主政体、封建制度与国家教会，他当然要在同等程度上感激那些捣毁它们的人。朱尔·西蒙挖苦地称他为“革命的教授”。其他一流历史家中再无一个是竟然以恐怖政治为保卫祖国的需要而为之辩解的。另外，这位好战的理性主义者，也未能公平地判断天主教反对派。泰纳宣称，人性本来是坏的，最好的人都是在上层社会里，而奥拉尔，同米什莱和饶勒斯一样，却说，人性原是善良的，高尚的人都出现在下层社会里。

虽然奥拉尔是19、20世纪之交活着的最权威的革命史学家，但其他许多学者也完成了有价值的著作。许凯[②]的《革命时期的战争》，分为十一小册，是根据陆军部与战场所在地区的档案、报纸

① 在法盖的《政治讨论集》(1909年版)中有一篇深刻的分析。有力的批评意见则来自瓦尔(见德国《历史季刊》，1902年)和格拉高(见德国《历史杂志》，1903年)。——原注

② 在巴姆贝格尔的《人物品评》(1894年版)中有一篇关于许凯的事略。——原注

与回忆录,以及对战争涉及的场所的仔细观察而编写的。“我试图使自己成为战斗人员的同代人,并在他们的营帐里同他们一起生活。我不是写一本党派的书。”他同意聚贝尔与索勒尔的意见,认为《匹尔尼次宣言》并没有宣战的意思,但法国人把它看作是一种威胁。“普鲁士的入侵,为革命解开了羁绊,使它能以向欧洲猛扑过去。”战争是注定要发生的,而法国同欧洲同样负有责任。拉法夷特惊呼道,“我们怎样能宣战呢?我们毫无准备。”到处充满着混乱、忌妒与不信任的气氛;然而士兵是忠于革命的,因为革命把军
阶对最低微的士兵开放。另一方面,普鲁士军队的情况,也并非更 240
好;布伦斯威克公爵不赞成这次入侵行动,而希望它归于失败。接下来的几卷评述从瓦尔米到翁斯科特[①]的各次大小战役。这部著作的特点是一种宁静的不偏不倚态度。他充分赏识布伦斯威克的优良品质。对于杜穆里埃与屈斯丁,他比索勒尔还要宽大。论述奥什[②]的一卷,追溯一个粗鲁无教养的人是如何逐渐变得文雅。他回忆了圣鞠斯特怎样在军队中恢复纪律与信心的情况。他一方面敬佩士兵的英雄主义,另一方面毫不踌躇地谴责他们的暴行。虽然战争是作者的主要论题,但对于政治方面他也是同样熟悉的。论述热马普的一卷,附带对比利时革命作了概述;论述美因兹[③]的一卷,附带对德意志雅各宾党人进行了描绘。

近年来,以法国革命的社会与经济史作为研究课题的人越来

① 1793年9月6日至8日法军在翁斯科特击败英军,解敦刻尔克之围。——谭注

② 奥什(Hoche,1768—1797年),法国革命时期的著名将领,曾平服旺代叛乱。——译者

③ 美因兹为莱茵地区,法逃亡者集中地之一。1792年11月19日法政府发布扶植争取自由地区的法令。1793年4月围攻美因兹,7月攻克。——谭注

越多了[1]。1903年由于饶勒斯的倡议，成立了"革命史委员会"[2]，而直到1914年他逝世为止，他一直担任该委员会的主席。委员会的第一项任务是出版《陈情书》，而这部书如果出完足以构成一所小图书馆。在第二帝国的末期刊入《议会档案》中的六卷，忽视了关于乡村的文献，而这些文献比三级会议的重大案卷更有价值；《陈情书》往往是由律师起草，很多场合下都是抄录一定的样本，然后再加上少数属于地方上的个别情况。第二项任务是收集有关教会与"逃亡者"的财产以及王室领地的资料。第三项任务是探索废除封建权利的各个阶段。农民的状况引起科瓦列夫斯基及其他俄国学者的注意[3]；对于这个题目，饶勒斯与克鲁泡特金在其社会主义观点的法国革命史论著中[4]，作了详细的叙述。贡美尔探索从杜各与内克到国民公会结束这段时期的财政[5]；而萨尼亚克总结了民事立法[6]。奥拉尔与马迪厄阐明了革命的宗派，而拉戈尔斯从一个天主教保王派的立场详细描写了教会所经受的痛苦考验[7]。

① 参阅布瓦松纳德所著《关于法国革命经济史的研究》，1906年版。——原注

② 此会的全名是"大革命经济史未刊史料搜集和出版委员会"，成立于1903年。——谭注

③ 科瓦列夫斯基在这方面的代表作为：《法国小农所有制的起源》，1912年。其他研究法国革命的俄国大史学家有加勒也夫、鲁契茨基等。——谭注

④ 克鲁泡特金著有《法国大革命，1789—1793年》一书。——谭注

⑤ 贡美尔在这方面的主要著作有：《法国革命的财政原因》(*Les Causes financières de la Révolution Française*)，共二卷，1892—1893年；《制宪议会财政史》(*Hitoire financière de l'assemblée Constituante*)，共二卷，1896年；《立法议会、国民公会财政史》(*Histoire financière de la l'agislative et la Convention*)，共二卷，1902—1905年。——谭注

⑥ 萨尼亚克的代表作为《法国革命的民事立法，1789—1804年》(*La l'égislation Civile de la Révolution, 1789—1804*)，1898年。——谭注

⑦ 拉戈尔斯的专著为：《法国革命的宗教史》(*Histoire réligeuse de la révolution française*)，共五卷，1909—1922年。——谭注

夏森收集关于旺代起事的大量资料[①]，而欧内斯特·都德探查"流亡者"的踪迹[②]。勒诺特尔所著有学术价值的轶事集[③]之巨大成功表明，革命人物的吸引力并没有减退。但是，近期研究法国革命的主要特征是，用研究情况与思想（不仅是首都的而且是整个法国的）来代替描绘图景。

① 夏森的专著为：《旺代党与舒安党之研究》（*Études sur la Vendée et la Chouannerie*），十一卷，1892—1900 年。——谭注

② 都德的代表作为《流亡史》（*Histoire de l'Emigration*），1886 年。——谭注

③ 勒诺特尔的主要著作为《恐怖时期的一个王党叛乱者》（*Un Conspirateur royaliste pendant la Terreur*），1896 年。——谭注

241 第十三章　拿　破　仑

I

没有被收买的法国知识界是反对 1851 年政变的发动者的[①]，他们的敌对情绪反映在这个时期的历史著作里。拿破仑一世的性格与功绩[②]成了战斗中的标语口号，新政府的朋友和敌人都作出极大的努力，借口历史研究来提出他们的原则。波拿巴派最喜欢用的方法是出版新资料。热罗姆国王的副官卡斯男爵，先出版了《约瑟夫国王回忆录与通讯》，接着又出版了关于欧仁·博阿尔内、热罗姆[③]及皇族其他成员的类似书籍。《约瑟夫的通讯》提醒了小拿破仑使他考虑到一个重要的决定。为什么不可以收集并刊印皇朝创立人的全部通讯呢？由于这项编辑工作太繁重，不能由一个人担任，于是组成了一个委员会，由拿破仑亲王和瓦莱夫斯基代表

---

① 指路易·波拿巴，即后来的拿破仑三世。——译者

② 德里奥简略地总结了关于拿破仑的研究，见《拿破仑研究评论》，第Ⅰ卷，1912年版。盖尔著《拿破仑：赞成者和反对者》（从荷兰文翻译，1949 年版）分析了法国历史家论过拿破仑的主要著作。——原注

③ 约瑟夫（1768—1844 年），拿破仑之兄，先后封那不勒斯国王、西班牙国王。热罗姆（1784—1860 年），拿破仑之弟，受封威斯特伐利亚国王，其子受封为“拿破仑亲王”（见下文）。欧仁·博阿尔内，拿破仑之继子，封意大利总督。——谭注

皇族，圣伯夫代表学术界参加该委员会。这部书（共三十二卷）在它的支持人垮台前不久出齐[①]，并刊印了一种用于赠送的豪华精装版。在整理出版拿破仑的手稿方面，花费了百余万法郎。这部巨著[②]，由于揭示了拿破仑从土伦到圣赫勒拿岛几乎是逐日的生活情况，立即成为严肃认真的研究必须根据的资料。人们第一次有可能论述这个外交家、将军与行政长官的全部活动、他的统治原则、他同家庭的关系、他性格中的光明与阴暗。除了对腓特烈大王外，对任何统治者都从未建立起这样一项纪念物。但是，这项工作的进行，不是为了历史科学的发展，而是为了皇朝的利益，很多极重要的信件都被删去。它自称包括了一切未曾刊印过，而又不是 242
太琐碎没有刊印价值的文件，而直到第三共和国时期它的补编出版后，人们才看出这部巨著的编辑工作的不老实的态度。

梯也尔的后期著作大大削弱了他早期著作中的英雄崇拜主义，所有有地位的历史家都未曾起来为这位统治君主的伯父喝彩。皇朝的敌人也在另一方面积极活动。多松维尔伯爵指出，《教务专约》对教会虽然是有益的，但并不是必不可少的，因为天主教已经复兴，教会大门也已开放。教会并未获得它所未享有的东西，但政府却收获很大，而《组织条款》是加在教皇与僧侣身上的桎梏[③]。这样看来，那项为人们盛赞的教务专约，与其说是帝国政府对全国宗

① 书名为《拿破仑一世书信集》，（*Napoléon Ⅰ, Correspondance de; Suivie des œuvres de N, à Sainte-Héllène*）共三十二卷，1858—1870 年。——译注

② 参阅拿破仑亲王所著《拿破仑与他的诽谤者》（1887 年版），《拿破仑的通讯》一章。——原注

③ 拿破仑与教皇商订教约专约后，法政府公布了《组织条款》，作为补充。《条款》规定教皇圣谕的宣布，主教会议的召开，神职的授予，创办修道院等等均须经政府批准。此外，对教士的薪俸和新教区的划分，全国统一的礼拜式、教义问答等也作了规定。此项条例的制定，事先并未征求教皇意见。——译注

教情绪的让步，不如说是教会对帝王权力的屈从。多松维尔的敌对态度被发觉后，政府禁止他接触档案，而把这些档案开放给滕内，要他重新确立拿破仑的宗教恢复者的地位。

最有力的攻击，发自一位最有才干的新闻记者朗弗里[①]；第二帝国在他看来是一个应该咒骂的东西。“政变”使他充满愤怒，而且决定了他的生活。他以维克多·雨果与吉内的永远仇恨心理来痛恨这个政权，但他承认责任不应由这个统治皇帝一人来负。如果说《拿破仑史》未曾产生像拉马丁的《吉伦特党史》那样的爆炸性效果，但是对于促成第二帝国的倾覆，它确实起了作用。这位严肃的自由主义者是不容许用什么客观环境来减轻罪责的。偶像被他轻蔑地从它的台座上推倒下来，并踩得粉碎。他认为，“雾月政变”野蛮地摧毁了由雅各宾党人所遗留下来的一点自由。“教务专约”的缔结只是为了加强他自己的权力。皮什格鲁的被勒死[②]，是根据他的命令。拿破仑娶玛丽·路易丝为妻，是出自虚荣心，是因为他想遗弃年长的而换一个年轻的妻子。把编订法典归功于第一执政，是一种神话。“荣誉军团”是自我扩张的工具。越过圣伯纳德山口，不算什么伟大的功绩。马伦哥[③]战役是第一执政的失败，德

① 参阅《朗弗里通讯集》(共二卷，1883 年版)卷首的传记。若想了解史家对他的正确评价，可参阅夏尔姆斯著《历史与外交研究》，1893 年版；雷纳克著《文学与历史研究》，1889 年版；洛特在法国《历史评论》第Ⅰ卷上发表的文章，以及拉戈尔斯著《第二帝国的历史》，第Ⅴ卷，第 451—452 页。——原注

② 皮什格鲁，法前将军，与流亡王党头目卡杜达尔(Cadoudal，G.)策划叛乱。1804 年 2 月被捕，被勒死于狱中。——谭注

③ 马伦哥(Marengo)，意大利伦巴底的一个村庄。1800 年 6 月 14 日拿破仑在该地大败奥军，法国名将德塞(Desaix，1768—1800 年)阵亡，此役决定了对奥战争的全局。——译者

塞的胜利。拿破仑的仇敌：斯塔埃尔夫人、霍弗尔、席尔[①]、威灵顿、西班牙人都得到颂扬。他们对这个暴君的弃绝，减轻了人们对富歇[②]和塔列朗的裁决。

像这样一种作品，一半是历史，一半是小册子，是不能想望在 243
历史著作中占据持久地位的。它让拿破仑负担他侄子和他自己的罪责。朗弗里所描写的拿破仑，不是一个人，而是一个食人魔鬼。这样一幅图像无法解释为什么法国人热烈欢迎拿破仑上台执政，为什么多年来他得到那么多法国人的钦佩与忠诚。著作在判断与学术研究方面都是薄弱的。他的主要资料来源是新近出版的《拿破仑通讯集》，而且他太轻率地使用布里昂[③]与富歇的《回忆录》这类不可信任的资料。但在另一方面，他关于拿破仑在西班牙的冒险行动的叙述，是对历史的真正贡献，而他发现刊入《通讯集》里的一封给缪拉[④]的信，是在较后日期由拿破仑自己伪造的，这因而澄清了一个难于解决的问题。有人把这部书比作彻骨的北风；手法和内容都使人想起秋季落叶纷飞的阴寒日子。第五卷于 1874 年出版，但是，由于它已成为一个党派的武器，它在法国不再受欢迎了。梯也尔的著作是描绘一个时代的全景；而朗弗里的著作是对一个人的恶狠狠的攻击。那位政治家的著作，尽管有它的缺点，毕

① 席尔，F.（1776—1806 年），普鲁士军官，1809 年策动反拿破仑武装起义，任游击队长。同年在战斗中阵亡。——谭注

② 富歇，J.（1759—1820），大革命时期的雅各宾党人，拿破仑的警务大臣。——谭注

③ 布里昂（Bourrienne，Louis-Antoine Fauvelet de，1769—1834 年），拿破仑的同学和私人秘书（1797—1802 年），后归顺复辟王朝。——谭注

④ 缪拉（Murat，Joachim，1767—1815 年），法军元帅，拿破仑的妹夫，1808 年受封为那不勒斯国王。——谭注

竟比这位新闻记者的著作要持久得多。

朗弗里的书在第一帝国的崇拜者中间激起了愤怒；但当他们知道了他所攻击的对象主要是路易·拿破仑以后，态度有了一些改变。后来，梯也尔宽恕了他的批评者，并派遣他前往伯尔尼，任第三共和国的公使。另一方面，在拿破仑三世流亡英国而死于契兹尔赫斯特[①]多年后，泰纳所发射的子弹[②]却只是对准拿破仑一世的。他的著作不是一本传记，而是一本心理学方面的论著。他与朗弗里不同，他充分承认拿破仑这个人的卓越天才。他采取斯塔埃夫人的论断：拿破仑有超于常人和低于常人的地方。泰纳由于痛恨混乱、流血与专制主义，当然会嫌恶这个革命的继承人和近代最大的独裁者，但是，他把这个人像画得完全都是阴影，使他的读者感到颇为惊奇。他同朗弗里一样，在拿破仑身上找不出一丝人道的痕迹。他认为，传统对于拿破仑来说是没有什么意义的。他既不属于王党，也不属于雅各宾派。他在精神上完全处于孤立的地位。只有他的将领的死才能促动他的感情，但是他很快又把他们遗忘了。他自始至终被一种压倒一切的唯我主义所支配。他把人看作东西，而不是与自己同类的人。他像一个正在搜寻捕获物的猎人。在他看来，原则、爱情、感恩与爱国主义是没有意义的，而
244 且他相信，这些东西对别人也没有意义。他在“雾月政变”时吓得发抖。他是卑鄙、小气、庸俗、完全没有自制力和自尊心的；所有暴发户的最糟的缺点，他应有尽有。他急躁、饶舌、易怒，几乎像是患

① 契兹尔赫斯特(Chislehurst)，英国肯特郡的一个市镇。拿破仑三世在此病逝，并安葬于此。——谭注

② 泰纳对拿破仑一世的攻击，集中于所著《现代法国的由来》，第五卷《现代制度》一书中。——谭注

有癫痫病。同他进行普通的社交来往是不可能的事；那些天不怕地不怕的人，在他走近时，也会发抖。他把他自己同女人淫乱的事情对约瑟芬讲，而我们还不能肯定地说，他没有诱奸过他的妹妹。如果事情不像原来那样发展，他会是一个罪犯，而那些公主们会是娼妓。在皇袍的外衣下，我们看到的是一头赤裸裸的禽兽。

这是一种引人反感的描绘，而泰纳也知道人们在初看之下是难于接受的。然而，只要使用一把总钥匙，就可以把这困难解除：拿破仑既不是他那个时代的人，也不是他的国家的人。他是一个文艺复兴时代的意大利人，生非其时的意大利雇佣兵队长，他是马拉特斯塔族①与博尔吉亚族②的同时代人。他使法国失去了两三百万人，丢掉了由共和国获得的十五个郡的领土，但在波拿巴派看来，这些事情的危害性并不比肯定他不是一个法国人的说法更严重。泰纳对拿破仑的描绘同他所写有关雅各宾派的论述具有同样不可救药的毛病。泰纳不承认人的性格和思想会在情势的压力下会发生变化。在他的笔下，炮兵队长③和圣赫勒拿岛上的流放者是一模一样的人。他这幅画像即使没有其他缺点，也是没有价值的。可是他还同一些资料不符。在泰纳的书出版后，朱尔·勒梅特尔④评论说，“他只差画一张小伍长的黑色轮廓像了。”他的篇幅内到处是引自雷米扎夫人和米奥·德·梅利托⑤书中的话，而对

① 马拉特斯塔族(Malatestas)，13—16世纪意大利有势力的家族。——译者

② 博尔吉亚族(Borgia)，渊源于西班牙的意大利望族，15、16世纪时在教廷中占有势力。——译者

③ 1793年，拿破仑在南路军任炮兵队长，在同年12月进攻土伦之役中初露头角。——谭注

④ 见他所著《泰纳与波拿巴》，载《现代人物》，第Ⅳ卷。——原注

⑤ 雷米扎夫人，曾任约瑟芬的侍从女官。梅利托，法国作家，曾任约瑟夫·波拿巴的行政长官。——谭注

于像梅内瓦尔和莫利昂[①]这样的友好证人却很少引证。他采用某些不可靠的轶事，他把一些意外事件的出处归之于并未记载该事的作家，他从拿破仑写给不同的人的信件中抽出某些段落，把它们拼在一起。

这部著作像一个炸弹一样落到了波拿巴派的阵营里。泰纳多年来一直是马蒂尔德公主[②]“沙龙”中的上宾，现在他吃了她的闭门羹。公主的兄弟拿破仑亲王[③]撰写《拿破仑与他的诽谤者》，起来为他伯父留下的名望和遭受凌辱的皇朝尊严进行辩护。他宣称，泰纳的书自始至终全是诽谤。他是一个昆虫学家，自然要用针钉住他收集的昆虫的头作成标本，把他们分门别类并加以描述。他贪婪地接受了围绕着一个著名人物的泛论空谈，却绝口不谈拿

245 破仑作为空前伟大的将军的一面，也不谈法国为反对欧洲武装干涉所进行的英勇斗争。亲王还对泰纳的主要资料来源表示不信任。布里昂是一个接受贿赂的可耻之徒，受到他主人的过分纵容，而在他的《回忆录》中还有别人添加的东西。雷米扎夫人对皇帝的真正看法，珍藏在她当时的信件里，信件中充满了钦佩与感激的心情。她原来的回忆录已被焚毁，我们所看到的是她在复辟时期编写的。米奥·德·梅利托对于皇帝知道得很少，由他具名的回忆录是否出于他的手笔，是颇为可疑的。亲王最后以充满热情地盛赞他的伯父作为结尾，说他是既无自私心又无野心的革命继承人，

---

① 梅内瓦尔，拿破仑的亲信秘书。莫利昂，自拿破仑任第一执政起，历任财政官员、大臣。——谭注

② 马蒂尔德公主，热罗姆·波拿巴之女。——谭注

③ 现在很需要有一本关于他的传记。关于这个有才干而不引人注意的人，在斯皮勒的《消逝了的人物》第Ⅱ卷里，有一篇写得很好的小传。——原注

是法国光荣的化身，是无所畏惧、无可责难的骑士。亲王的著作反映了对皇朝的忠心，却不能反映历史方面的学术成就。对于一个人物，竟能描绘出这样互相矛盾的形象，说明有关这位法国皇帝的研究还正处在它的幼年时期。的确，这个超人一直未从政治中消逝。七月王朝时期情绪的趋向是强烈同情于他，第二帝国时期，则是强烈反对他。梯也尔是政治家，朗弗里是新闻记者，泰纳是哲学家。历史家们对于帝国的注意远远不如对于革命的注意，而直到19世纪的最后十年，才有了理解拿破仑本来面目的可能。

Ⅱ

没有一个作家在揭示拿破仑的个性方面比弗雷德里克·马松[①]做过更多的贡献，也没有一个作家比他更加热诚地崇拜过拿破仑。在儿童时期，他曾从“大军”的老兵那里听到战争的故事，并用手指抚摸过他们的伤疤。当法国人反对这个皇朝时，他起来为它出力。他成为皇太子[②]的朋友，拿破仑亲王与马蒂尔德公主的文学顾问。他于1906年写道，“在三十年当中，我一直唱着同一支曲调。对于拿破仑的概念，不是那种可以随意取舍，那种在闲暇时候用以消遣取乐的概念。它是一种具有支配力、吸引力和强制性的概念。我看起来无疑是有些发狂的样子：我抚摸着他签字的文件时感觉愉快，我看到他手写的东西激动得发抖，我为他的光荣而

① 参阅索勒尔著《略传与画像》，1909年版，与盖尔著《拿破仑：赞成者与反对者》第177—209页。

② 皇太子（Napoléon，Prince Impérial，1856—1879），即拿破仑三世的独生子。——译者

欣喜若狂。在揭发一个叛卖他的人时，我就像是一个捉到杀人凶
246 手的侦探那样高兴。”在帮助拿破仑亲王对泰纳作出回答以后，他开始连连不断地出版他长久以来为之收集资料的著作。他一开头就研究拿破仑与女人的关系，这恐怕不是为了提高主人公的道德声誉。当有些波拿巴派，因为他揭露了皇帝的弱点而攻击他时，他指出，这只是一长列著作中的第一卷。“我将用我毕生精力来研究他，因为一切事情越来越使我感觉到他的历史还需重新写过。为了追求根源，我曾努力设想拿破仑作为一个人、一个儿子、一个丈夫、一个情人、一个弟兄是怎样一个人。我们越是深刻地研究他的历史，就越是景仰他。一个人如要纪念他，那么他所能做的事莫过于公布一生的事实。他是一个可以被他的同类看作兄弟的人，因为他具有人类普遍具有的感情。”

马松以这篇热烈颂扬作为序言的一卷，是他所有各卷的典型。他的忠心从来没有使他隐瞒不愉快的事实。他的态度像那种承认他的教会有缺点，但从来不怀疑它的神圣性的天主教徒一样。他带领着一大队娇柔的美女登上舞台，并暗示，在后台还有一大批人们原来不知道和提不上名字的美人。书中最吸引人的是叙述瓦莱夫斯卡夫人[①]的一章。她是拿破仑所结识的女友中最公平无私的妇女，也是拿破仑在约瑟芬的不忠诚使他心寒以后真正钟情的唯一女人。马松认为，他的主人公不需要任何辩护。他向我们断言，拿破仑所接触的，大部分是那种不在乎贞操的妇女，说他给了她们大笔的钱，并说他从来不容许爱情妨碍他的公事。的确，在他的着

① 瓦莱夫斯卡夫人，波兰伯爵夫人。与拿破仑在华沙相恋，生一子。拿破仑流放厄尔巴岛时曾往探望。——谭注

意渲染下，他几乎把拿破仑的寻欢作乐说成是他超人之处的另一明证。“在人类激情的音阶上没有一种音调是他没有弹过的。他在爱情方面，同在思想或行动方面一样，具有极大的才能；他做情人与丈夫同他做将军与政治家一样的出色。”本书获得极大成功。论题是人们普遍感兴趣的，文笔又轻松流利，每一页上都清楚地表明作者真正掌握了事实。但是，批评者指出，书中完全不提资料出处。后来出版的每一卷，也都受到同样的批评。但作者总是这样来辩解：很多文件都是在他答应保密的条件下交他使用的，大量文件都是由他自己保存的，而他的读者可以相信他是忠实的。人们并不怀疑他的忠实，但是他在书房里的名誉不如他在“沙龙”里的名誉那样稳当，却是由他自己造成的。

马松倾毕生精力悉心撰写的这部传记的第二卷，以《在自己家 247
里的拿破仑》作为书名。他宣称，当时的主要需要是详情细节与一个精确的基础。“因为人们怀疑我被拿破仑所迷住，所以我必须比任何别人都更应努力避开争论的问题，力求避免表示个人的信念。”可是，这项自我抑制的规定，并未在序言中应用，在序言中他斥责了当时的趋向。“法国民族现已陷入这样的境地：只有对这位皇帝的信仰才能使它得到慰藉，才能取得它自己心目中的复兴。他代表了革命的崇高，代表了祖国的神圣。法国沉睡了八十年，在这八十年中它一直是修辞家与官吏的俘虏。”幸而现在有了较好时代的征兆。拿破仑亲王对泰纳的答复唤起了人们对这个已故伟人的潜在的情感；马尔博[①]的《回忆录》激起了所有法国人对这位曾为法国奋斗了二十年的人的深厚爱戴。在这一卷的正文里，历史

① 马尔博，法军官，曾任拿破仑的副官。——谭注

家信守了他的诺言,给我们描绘了主人公日常生活的一幅客观的图景。我们知道了谁是他的侍者、他的秘书、他的医生以及他怎样对待他们;他怎样整装,就餐以及口授信件;他在接待来人时如何谈话,以及如何在星期天去望弥撒;同奥国公主的婚姻怎样带来了越来越死板的礼仪,因而进一步把皇帝同一般人分隔开来,这幅图画,绘出了一个最伟大的工作者的有秩序、有条理的活动。

这部传记的下一部分,虽然不像上一卷那样引起普遍的兴趣,但对于研究拿破仑的学者则具有更大的重要性。1895 年,他以《不为人知的拿破仑》(*Napoléon Inconnu*)向世人揭示了青年时期的拿破仑。在第二次退位的前夕,皇帝曾取出一束文件,并在上面写道“送交红衣主教费什[①]”。这一宗档案材料后来到了佛罗伦萨,并放在那里,直到比阿吉发现它,并由他与马松将它出版为止。他们发现这一小捆档案中有拿破仑的早期写作、信件、读书摘要、感想与随笔。马松的两卷著作载满了文献,并附有一篇评传。马松夸大了拿破仑早期写作的意义;不过,这些文献虽然在描写智慧早开方面,没有提供什么基础,但它们表明了拿破仑曾广泛地并且是很仔细地读过书。

在完成《不为人知的拿破仑》之后,马松着手进行两项巨大的工作,这两项工作在许多年里都是同时并进的。第一项工作是描写作为丈夫与父亲的拿破仑;第二项是叙述他同波拿巴家族的关
248 系。前一著作包括五卷;前三卷叙述约瑟芬,第四卷叙述玛丽·路

① 费什,约瑟夫,法红衣主教,拿破仑的密友。曾为拿破仑与约瑟芬主持秘密宗教婚礼,后任法驻罗马大使。——谭注

易丝[1]；第五卷叙述"罗马王"。他宣称，关于博阿尔内·约瑟芬的故事已经形成一种传说，因而必须说明真相并揭露她的缺点。第一卷讲述她的早年遭遇，并展示那位"可怜的小克里奥尔"[2]的轻浮作风。她没有受过良好教育，她的丈夫是一个秉性放纵的人；她因为前途渺茫而追求享乐。第二卷的书名是《约瑟芬皇后》，书中写的还是那个轻浮、淫荡与懒散的女人。当拿破仑对她怀着深挚和热烈爱情的时候，她却嘲笑他的狂热，并且过着公开的淫荡生活。拿破仑只是在她对他不忠实之后，才对她不忠实的。她的奢侈是无可救药的，而且成为她与她节约的丈夫经常争吵的原因。她充当第一执政夫人，还是相当成功的；但她作为皇后却从不相称。她虽然尽量使自己和蔼可亲，可是她从未赢得人们的尊敬。她生活上的无事空忙，使人想起人们说她的一句刻薄话：她有点像后宫的嫔妃。所有看见过她的人都承认她的温柔与艳丽，但她缺乏教养，没有道德准则。第三卷的书名是《离婚后的约瑟芬》，书中十分详尽地叙述了离婚的经过。马松宣称，不论是丈夫，还是妻子，都从不认为他们的婚姻是有真正的约束力的；而且在拿破仑自埃及回国，为了她的不贞而大发雷霆时，他即已决心要同她离婚。离婚的计划，由于她孩子们的恳求暂时搁置，但因为他希望有一个确定的继承人，而瓦莱夫斯卡夫人又生了一个男孩，他终于决定采取那项久已打算好的步骤。他们在分手时还是和好的，访问与通讯仍然

① 拿破仑与其第二个妻子约瑟芬离婚后，于 1810 年 4 月续娶奥地利公主玛丽·路易丝为王后。1811 年 3 月路易丝生子，受封为罗马王。——谭注

② 克里奥尔人，指生长于西印度群岛及西属美洲的欧洲人后裔。约瑟芬出生于西印度群岛之法属马丁尼克岛，故有此称。——谭注

继续，欧仁和奥坦斯[①]仍然同他们的继父生活在一起，约瑟芬对于罗马王也给予友谊的关怀。约瑟芬一生追求快乐而从未得到幸福，这是她的轻浮生活的报应。

拿破仑的第二个妻子只不过是一个受别人意志支配的代理人。有些波拿巴派谴责她对丈夫和对法国的叛卖行为，但马松却正确地拒绝把她当作法国人来估价。在这对皇家夫妇的几百封来往信件中，只有少数几封被保存下来，但是，尽管有这种无法补救的损失，他仍然描写出一幅生动的，而且并非冷漠无情的图景。她忠于她的父亲，不久又真纯地依恋她的丈夫，而她的丈夫也对她特别恩爱。宫廷里的气氛发生了变化。礼仪变得死板了。这个超人在用膳方面花的时间多了，他晚上同她做游戏，他接见宾客的时候少了，拆阅的信件也少了，工作不那么紧张了。危机临近时，他安

249 排她前往维也纳休养，然后再在厄尔巴岛上同丈夫相会。他们之间的通讯继续了一个时期，后来突然终止。这个垮台的专制君主把她的行为归咎于奥国宫廷，而且一直到他故世为止每次谈到她都是那样亲昵。马松认为他从来不知道有关奈柏喜[②]的事情。玛丽·路易丝扮演了她所承担的角色，就像任何人所期待于一个普通妇女在面临着她无力应付的命运时所做的那样。马松这套丛书的最后一卷是叙述罗马王的。拿破仑作为情人是高超的，而作为父亲也是同样地非凡的。“我们在任何人身上都没有看到过像他所具有的那样强有力的父爱。”从他的儿子诞生之日起，他的整个

---

① 欧仁与奥坦斯（德·博阿尔内）均约瑟芬所生，为拿破仑的继子、继女。——谭注

② 奈柏喜（Neipperg，1775—1829 年），玛丽·路易丝的情人，后来与她秘密结婚。——译者

思想都集中在他的继承人身上。当他自己的倾覆已经成为定局时，他还力图拯救皇朝。爱同皇朝野心的混合，是对帝国的致命伤。拿破仑的“存在理由”是革命。“当他忘了自己的出发点和自己的使命时，他认为自己是合法的；当他否定了革命时，合法主义吞噬了他本人与他的帝国、他的皇朝与他的继承人。”

马松在他最巨大和最重要的著作《拿破仑与他的家族》中，对他的兄弟姊妹提出了比从来所写有关史书都更严峻的控诉。以前从没有人企图详细论述拿破仑的情感对他的政策与命运所产生的影响。他性格中最大的弱点，也是最有吸引力的特色，是对他的家庭的温情、对他们的过错的无止境地纵容、对他们的长处的幻想。作者以懒散但尊严的约瑟夫同有野心但无训练的吕西安[①]作了精细的对比，而卡罗利娜与波利娜的私奔的描写使我们有所准备，以便观看她们在更大的舞台上演出她们的艳史[②]。除了路易[③]外，其他兄弟姊妹都是贪财的，他们的母亲也不例外。随着家族的日益兴旺，他们的十足庸碌无能成为除了他们命运的建筑师以外有目共睹的事。但是，拿破仑虽然在为期太晚的时候才知道他所依靠的都是朽木，却很快就感觉到他们在道德上的缺点。他辛辣地讽刺说，“你们讲起话来，好像我浪费了先王，我们父亲的祖传遗产一样。”站在这些贪婪的阴谋者旁边的是约瑟芬的孩子们光辉纯洁的

① 吕西安(Lucien，1775—1840 年)，拿破仑之弟，封卡尼诺(Canino)亲王。——谭注

② 卡罗利娜(Caroline，1782—1839 年)，1800 年与缪拉结婚。波利娜(Marie-Pauline，1780—1825 年)，未得拿破仑同意与博尔盖泽(Borghése)亲王结婚。1801 年改嫁勒克勒尔(Leclerc)将军，夫死后，再嫁。她们都是拿破仑的妹妹。——谭注

③ 路易(Louis，1778—1846 年)，拿破仑一世之弟，拿破仑三世之父，受封荷兰国王(1806—1810 年)。——谭注

形象：奥坦斯柔顺多情，欧仁忠诚，公正。

约瑟夫、路易与热罗姆成为国王，卡罗利娜成为王后。帝国成了一个家族机构。吕西安确有才干，但蒙受了耻辱[①]；怠惰的波利娜因纵情于风月，倾心于珠宝而无意揽权。埃利兹[②]因受了她那荒谬的丈夫的影响，从来未能成为引人注目的大角色。约瑟夫在那不勒斯与西班牙所扮演的角色，是像塑像那样既庄严又无能，而
250 路易，患病，顽固，和多疑，在荷兰坚决拒不执行命令。热罗姆，这个家庭中被宠坏的孩子，毫无头脑与道德观念，在卡塞尔[③]扮演着暴虐领主的角色。卡罗利娜为焦躁不安的野心所支配，眼睛死死盯住她丈夫或儿子的继承权。但是，皇帝尽管不断感到失望，却还是相信，政治联盟不通过家族关系来加强，是很难巩固的。家族体系当天气晴朗时可能会起作用，但在遇到暴风雨时，它是注定要破灭的。反波拿巴派历史家们为路易保卫他的荷兰臣民，反抗剥削的勇敢精神而喝彩，但马松却指责他对他命运的创造者的忘恩负义。他认为，帝国只有在它的创建人的命令得到忠实执行时，才能维持，因此，拿破仑不得不废黜这个不顺从的统治者，把荷兰并入法国的版图[④]。

在合法继承人诞生后，家族体系似乎不那么必不可少了；但是，随着继承机会的失去，那不勒斯国王与王后忠于皇帝的主要理

① 吕西安，在第一执政时期曾任内政部长。因有反第一执政言行及娶一破产投机商遗孀，触拿破仑之怒。迄未受到重用。1810 年 8 月潜往美国，被捕押送英国。——谭注

② 埃利兹(Elisa，1777—1820 年)，拿破仑之妹，因嫁给一位荒唐的科西嘉人巴乔奇(Felix Bacciochi)而未能得到公主的封号。——谭注

③ 卡塞尔，德国赫斯州的一个城市。当时为威斯特发利亚王国首都。——谭注

④ 1810 年 7 月 1 日，路易宣告退位，出走，9 日，拿破仑下令兼并荷兰。——谭注

由也消失了[1]。马松相信，早在1811年，他们即已开始同拿破仑的敌人同谋，并暗示，他们还受到意大利民族主义秘密会社的影响。当皇帝得知他们的叛卖行动时，他的惊讶和愤怒是无边无际的。在这位历史家看来，贝尔纳多特[2]、若米尼与莫罗的背信弃义是丑事；但缪拉与卡罗利娜的叛卖行为[3]则是难以用言语形容的罪行。当帝国开始崩溃时，马松对主人公的钦佩一点也没有减退。拿破仑的确犯了策略上的致命错误，但他对军事独裁的信念却仍未动摇。关于圣赫勒拿岛的一卷，既是对英国的谴责，也是对这位半神半人的赞颂。“如果我能传递我所接受的情感火炬，我就心满意足了；如果我对拿破仑的描写能使造福于人的野心展翅飞翔，我将是多么骄傲啊。让解放者来临吧！让他把那议会的酒宴一扫而光吧，在那里，魔女塞栖[4]在主事，在那里，那些在泥浆与血泊里打滚的猪仔们正在争吵。”法国现在已失掉它两百年来一直拥有的欧洲霸权，英国已取而代之。为了恢复霸权，法国需要另一个拿破仑。“他是同法国一样古老的民族政策的化身。他理解它的一切需要，同情它的一切期望，保护它的一切权利。”很少读者能采纳他对于这位主人公的看法；的确，这项偏见太明显了，反而没有什么

① 1811年3月拿破仑得子（罗马王）后，立意要为皇储留下一份宏大的家业，与其兄弟姊妹之间的矛盾不断激化。同年7月传出了皇帝行将吞并那不勒斯王国的风声。——谭注

② 贝尔纳多特（Bernadotte，Baptiste，Jules），瑞典贵族。拿破仑为第一执政时任西路军统帅。因参与夺权活动，被罢官，后又起用，晋升至元帅。1810年，被选为瑞典王储。1813年瑞典加入反拿破仑同盟，对法作战。——谭注

③ 缪拉于1814年1月，与同盟国勾结，在意大利倒戈。——谭注

④ 塞栖（Circe），《希腊神话》用魔酒使攸力栖兹（Ulysses）与其友人都变为豕之妖女。——译者

危害了[1]。但是,说句公平话,在他的著作里,并没有什么特殊的
251 辩护。他不像阿尔蒂尔·莱维那样企图证明拿破仑是一个按照传统的意义来说的好人[2]。他承认拿破仑绑架当甘是违犯国际法的行为,而他以家族体系作为建立帝国的基础也是错误的。他的主要著作是否有助于波拿巴派的立场,是值得怀疑的,因为读者可能会自问:对于主人公来说,他那可恶的家族是不是他所付出的太大的代价呢[3]。

在重新发起拿破仑研究的三大史家中的第二名是旺达尔。他不像马松那样多产,但他的著作具有较高的质量。法国在东欧的政策是他的第一个研究课题,也是他赢得世界声誉的著作的主题。早在 1882 年,他即已对法国在 18 世纪末曾以法俄同盟作为它的政策基础表示惋惜;在 1891 年,即第三共和国与沙皇帝国恢复友好关系的那一年,他高兴地出版了《拿破仑与亚历山大一世》[4]的第一分册。就它的优美文笔与力量来说,它在任何情况下都会得到欢迎的;但它能够取得轰动一时的成功,却因为它的出版正是在法国对莫斯科的热情达到高峰的时候。比尼翁与勒费弗尔、梯也尔与朗弗里曾经探索过法国的部分档案,但俄国档案却是直到塔蒂舍夫[5]与旺达尔同时宣布他们的研究成果之时,才为人们充分知

---

① 他的意见由他的作品:《关于拿破仑,八次讨论》(1909 年版)作了简明恰当的总结。——原注

② 莱维,A.,法国史学家,著有《好友拿破仑》(*Napoléon intime*,1893)一书。——谭注

③ 参阅塞居尔著《荣衰录》(*Parmi les Cyprès et les Lauriers*),1912 年版。——原注

④ 在索勒尔的《历史演讲集》(1894 年版)中有一篇很好的评论。——原注

⑤ 塔蒂舍夫,俄国史学家。所著书名:《亚历山大一世与拿破仑,1800—1812 年》,1891 年出版。——谭注

晓。这位俄国学者的著作是以 1801 年作为开端的，而这位法国学者的著作则从奥斯特里茨战役〔1805 年〕开始写起，而对提尔西特条约〔1807 年〕以前的情况则不加详述。他们都认为，同盟是注定要失败的，而对于同盟的破裂，双方君主都应负责，但塔蒂舍夫比旺达尔对亚历山大更加钦佩。前者的著作，可以说是资料汇编，而后者的著作则既是为专家所写，也是为有文化教养的读者所写的。

作者一句意味深长的话宣布了他的观点。“拿破仑在他整个统治时期都在追求一个不变的目标——以同英国之间的真正和解，来保证他的业绩的稳定、法国的强大和世界的安宁。”为了达到这个目标，法国必须同俄国缔结同盟；法俄同盟将确保大陆的安全，并使他能随心所欲地迫使英国承认他的征服所得。他的统治时期就是同英国作战的十几年，而他最疯狂的计划都是出自击败
这个岛国的需要。他看到西班牙的软弱，就策划了一个推翻其王 252
朝占夺其领土的罪恶计划，但他的主要目的还是要获得另一个反对英国敌人的武器。这样看来，同俄国的联盟只是一场凶猛决斗中的插曲。“最后，法国在穿越欧洲并改变欧洲之后，向欧洲投降。法国屈服了，但法国的思想却获得了胜利。”在这样地略述世界政治背景之后，作者介绍了这两个主要角色。拿破仑天资明敏，机智矫健，既富于想象力又长于逻辑推理，简直是拉丁天才的化身；亚历山大的崇高而不犹豫的志向则是来自北方民族的特性。在法国的历史著作中，再也没有比有关两个皇帝在提尔西特会谈以及埃尔富特王公大会的描写更加出色的了。拿破仑说，“世界对我们两个人来说，是够大的了，”于是他提议瓜分世界。俄国将占有亚洲

北部和君士坦丁堡;法国将占有埃及和印度。

旺达尔清楚地说明,同盟条约的墨迹未干,它的力量就开始衰退了。他打破了亚历山大是一个忠实同盟者的传说。他认为两者中间,以沙皇更不忠于他的约言。提尔西特的魔力很快即消失。同盟双方不久就都玩弄两面手法,各自同别国秘密进行同盟谈判,而塔列朗又忙于在他们之间挑拨离间。亚历山大在法国对奥作战时袖手旁观,而他拒绝以俄国公主作为约瑟芬的接替人一事,也说明他的热诚正在减退。在玛丽·路易丝成为法国皇后时,法国对沙皇友谊的需要减少了。虽然旺达尔把同盟破裂的最大和最直接的原因归之于俄国,但他承认归根结底责任还在拿破仑。正如波兰使亚历山大感到忧烦那样,西班牙使拿破仑感到不安;而两者的不幸,都是他们滥用权力的间接后果。“让我们承认这种神意的公道吧,它迟早要从事件中突然出现,来打击有罪者。”拿破仑没有从西班牙人民的反抗里吸取教训,而在争执达到顶点时,“他什么都预见到了,就是看不见一个伟大民族的灵魂里所固有的反抗力量。”本书叙述到法军入侵俄国的前夕为止。法俄同盟本身即蕴涵着死亡的种子,因为这个同盟是建立在战争与征服的基础之上的。这位历史家在结束叙述时,以旧法俄同盟同新法俄条约对比,认为后者是防御性的,并且是尊重其他国家的权利的。

旺达尔的著作在于刻画人物和阐明外交阴谋的复杂内幕方面都是卓越的。但他的著名的骈句:“拿破仑是行动家,亚历山大是
253 梦想家”同他自己书中的叙述并不一致;在书里他揭示了拿破仑内心隐藏着多少梦想家的因素,而沙皇又在多么大的程度上超越了梦想家的范围;拿破仑在暴怒之下,曾称他为拜占庭帝国的希腊

人[①]。旺达尔所描写的亚历山大——最初是像唐·卡洛斯[②]一样的，而恰尔托雷斯基[③]则像波萨[④]一样；后来他在多次失败的压力下，学得有点像蛇一般的乖巧——是应用心理学加以解释的杰作。他描写拿破仑拖着自己的错误造成的越来越长的锁链，也同样具有说服力。拿破仑的魔力使法国自己同自己妥协了，而且在一时期内把法国人提升到超越人类的水平之上，但是现在没有一个人能够期望再有这样一个时代了。在次要角色中，作者特别仔细地为塔列朗和梅特涅作了素描。旺达尔具有索勒尔的坚实与广博的学识，但他那优美轻松的笔调却是他自己的特色。

到此时为止，旺达尔一直在专心论述法国的对外关系。而现在，他就要显示出他能够同样有力而出色地叙述法国的内政史了。《拿破仑与亚历山大》一书的主要新奇之处是证明沙皇的不忠实。《波拿巴家族的发迹》[⑤]一书的主要论点则是，"雾月政变"不是毁灭自由而是恢复秩序与繁荣的行动。这个论点，不仅使梯也尔的论旨复活，而且还以新的论据来使它更加强有力。本书一开始就

① 谚语，意为诡计多端，诈取钱财的骗子。拿破仑用来指其反复无常，不守信约的行为。——谭注

② 唐·卡洛斯(Carlos, Don, 1788—1855 年)，西班牙王斐迪南七世之弟，觊觎王位，于 1833—1839 年发动内战。俄皇保罗一世于 1801 年 3 月 11 日被弑。其子亚历山大事先知悉并同意这一阴谋，旺达尔为此作出类比。——谭注

③ 恰尔托雷斯基(1770—1861 年)，波兰公爵，改革派领袖，俄皇亚历山大的密友。1804—1806 年任俄外交大臣时，建议俄国与拿破仑谈判，将注意力集中于东方。1830 年参加波兰起义，失败后流亡巴黎。——谭注

④ 波萨，全名为 Pozzo Di Borgo Carlo Andrea (1764—1842 年)，出身科西嘉贵族之家，早年追随拿破仑。科岛并入法国后返乡任民政长官，转向反对法国。1804 年经恰尔托雷斯基介绍，入俄国外交界，历任要职。波旁王朝复辟后任俄驻法大使。——谭注

⑤ 该书的一种廉价版本于 1912 年作为纳尔逊丛书之一出版。其中有洛兹伯力勋爵的导论。——原注

是一幅用最暗淡的色彩来描绘的督政府的图景。暴力继续存在，活力与热情却已消逝了。在逐出卡诺后，法国完全被一个由巴拉斯领导的卑劣的寡头政府所控制①；而巴拉斯是一个在不乏卑鄙无耻之徒的时代里以道德败坏而恶名昭彰的人。当时盗贼拦路抢劫，贿赂盛行，财政紊乱，政治与宗教自由绝迹，报刊受到束缚。到处是松弛与怠惰的现象。这幅暴虐与紊乱、堕落与沮丧的图景由于旺达尔的习惯是力避谩骂，而更加动人。这样的情况绝不能长久存在，因为这个国家根据经验得知改变政府是多么容易的事情。西耶士②是第一个站出来的人，他环顾四周，要寻找一个有成就的将领来发动政变，并成为新政府的挂名首脑。他首先想到儒贝尔③；儒贝尔被杀后，他又想到莫罗；但是，正在这个时候，波拿巴回到法国来了，法国人对他的盛大欢迎给了西耶士以暗示。

如果说旺达尔的第一个任务是要说明“雾月政变”只不过是执
254 行了人民对腐败的督政府的判决，那么，他的第二个任务就是要叙述执政府成立后的魔术式变化。虽然他对于后期的拿破仑的评论是根据需要尽可能地严厉，但他不肯以他对结局的了解来歪曲他对开始时期的判断。拿破仑绝不是破坏自由的人——自由已经被破坏了，他是从雅各宾虐政里拯救了他的同胞的人。第一执政虽然对于法国政治懂得很少，但学习得异乎寻常地快，而在马伦哥战役后，他对自己的前途感觉很有把握。这部书的最引人注目的特

① 1797 年 9 月 4 日督政府内以巴拉斯为首的民主派发动清洗，控制了政府，卡诺等人出亡。——谭注

② 西耶士，E. J.（1748—1836 年），神父，大革命初期为君主立宪派，督政府后期操纵政局。——谭注

③ 儒贝尔，B. J.（1769—1799 年），法将军，1796 年起参加了远征意大利，1799 年 8 月在诺维之役中战死。——谭注

色之一是它证明了这一点：拿破仑的无可争议的至尊地位正是在他作为法国代表而获得第一次胜利的时候开始的。最初，人们称他为“公民”；共和派的朴素传统被保存着，他的同僚康巴塞雷斯和勒布伦[①]同他肩并肩地在政府中一起工作。我们看到第一执政出席委员会，并学习他的业务，但他的主要原则在这时已经确立了。作者拒绝把他的取得政权同任何形式的反动东西联系起来。“雾月政变”是1789年的温和派所干的事；而这些温和派是一些站在两个极端党派之间的，像以前的政治派站在天主教同盟与胡格诺派之间那样的人。

从政治的观点来看，马伦哥战役是除了滑铁卢战役以外拿破仑战役中之最重要的一个。如果这次战役失败的话，富歇及其他阴谋家马上就会把他推翻：胜利径直把他引向终身执政和帝国的建立。在胜利归来时，他所受到的热烈欢迎是自“结盟节”以来从未有过的；于是他开始以主人的态度说话了。教会大门本已开放，但《教务专约》表示了对宗教传统与情感的惊人的遵从，而协定的缔造者希望它会成为同天主教西方的一项和约。他的第二个大胆的步骤是准许大多数“逃亡者”返国。在马伦哥战役前被看作是疯狂的行动，在马伦哥战役之后变成了谨慎的行动。在几年的紧张与混乱之后，终于有了一种恢复健康的感觉。抢劫之风被压制下去，节约的做法被采用了，督政府所容忍的投机商被取缔；司法工作办得清廉而又敏捷。书的最后一章的标题是《走向帝国》。法国人认识到法国是多么需要拿破仑的支撑，他们切望避免紊乱状态

① 康巴塞雷斯(Cambacerés，1753—1824年)，在执政府中任第二执政。勒布伦(Lebrun，1739—1824)任第三执政。——译者

的重现或波旁王朝的复辟。这样看来，他虽然是专制者，却不是篡政者。他曾给与法国以它迫切需要的秩序，但既未给它以自由也没有给它以和平。旺达尔同情那些最优秀的法国人的失望，但他反问道，在他那个时代，有什么人能够比他的行为更为宏伟豁达
255 呢？“他是法国人的绥靖者、民族团结的恢复者——这是他的无可争辩的光荣。如果他也给予人们的自由的话，那么，他就会是超越他的时代的了。”这是否定他的天才所办不到的，很难说。但这为他的性格所不允许，却是可以肯定的。

旺达尔的第二项巨大成绩同第一项一样，使人们为之轰动。全书文笔流畅优美，主导思想鲜明突出。自从梯也尔以来，一直还没有人认真地研究过执政府，不过，大批可以说明公众舆论和政府行动的新资料已经积累起来。有些批评家指责旺达尔过高估价了拿破仑的功绩和政治才干。旺达尔的父亲是第二帝国时期的邮政总长，而他本人是马蒂尔德公主和维克托·拿破仑亲王的朋友，但他同皇室的熟识关系，并没有在他的著作里留下什么痕迹。他明智地拒绝对拿破仑作出总的判断。在谴责皇帝的“狂热行动”的同时，他仍保留着为第一执政喝彩的权利。但他认为称帝的野心是晚期才出现的以及宗教妥协政策是他的独创的看法，引起了较多的异议。缔结“教务专约”的功绩应归拿破仑。（如果它可以算是一项功绩的话）；但马德兰说明，促成王党分子返国的动力，至少应部分地归之于富歇，而如果拿破仑没有他的顾问们对他的规劝，雅各宾党人就会遭受更大的苦难。

著名的三大拿破仑崇拜者当中的第三位是亨利·乌塞。① 乌

① 参阅马德兰为乌塞关于耶拿战役的著作（1912 年在作者死后发表）所作传记

塞曾于1870年参军并表现杰出。由于他曾参加法国东部的保卫战争因而想到研究第一拿破仑在同一块土地上遭受失败的战役。在他的研究工作越来越深入时，他内心充满着极大的惋惜和热诚。他的研究成果采用一个简单的书名《1814年》，发表于1888年。历史家们都忽略了莱比锡战役与拿破仑退位之间这段时期的历史。乌塞的功绩是补足了这几个月的历史，并揭示珍藏在这几个月里的英雄主义和忠诚表现。虽然战斗没有获胜希望，但士兵的勇敢堪与将领的天才比美。这场殊死搏斗的描写是出自一个士兵和爱国者的手笔。他宣称，“我力图保持公平，但公平不等于无动于衷。当我看到每件事情都在伤害法国时，我情不自禁地因惋惜和愤怒
而战栗。我虽然并不站在帝国一边，但我为皇帝的胜利而欢呼，因 256
皇帝的失败而悲伤。在1814年，拿破仑不再是君主，而是将军，是法国军人中的第一名。”

虽然这卷书几乎完全是讲军事的，但这位历史家并没有忘掉背景情况。自从西班牙战役开始以来，尤其是从征俄溃败以后，法国已经厌战，而在莱比锡战役后，它更是渴望和平。然而，法国虽然淌着鲜血，虽然已经破产，但五分之四的法国人不希望拿破仑倒台，甚至连想都没有想到这一点。反对力量来自自由派；他们的愤怒是正常的，但不合时宜。早在两年之前，他们的反对可能会阻止侵略行动，但现在，这种反对只能起到使防御瘫痪的作用。作者把士兵与民众的热情同资产阶级与上层社会的冷淡和最后叛离加以对照。虽然逐出入侵者是不可能的事，但让波旁王朝复辟却不是必然的。沙皇相信法国不愿让这个王朝复辟，因而准备承认拿破

性导论。——原注

仑二世；沙皇只是在塔列朗和其他不满分子向他保证，说他听到的情况不确实以后，才放弃自己的主张的。拿破仑还有军队六万人，并准备保卫首都；但马尔蒙的背叛[①]给了他最后的打击。他的退位是由法国人而非由入侵者造成的。

这本充满着生气与色彩、英雄主义与冒险事迹的著作受到读者由衷的欢迎。作者对绝望的领导人的热情激起了曾经感受过失败与沦陷的恐怖的一代人的共鸣。书中有关军事方面的叙述得到了它应得的称颂，但政治方面的判断势将遭到严厉的批评。乌塞是如此深厚地同情法国士兵与他们的伟大的将领，因而不能理解那些反对他们的人。他的根本错误在于把拿破仑（即使是在一个短暂的战役里）单纯地看作法国国旗的保卫者。他所看到的，只是“小伍长”、善良的爱国者、农民的朋友、叛卖者的牺牲品。但拿破仑也是欧洲的无情征服者，而 1814 年的战役，即作者怀着“悲愤交集的心情”来描写的战役，是那些受害人民对这个狂人的回报；他们遭受他的奴役已太久了。很多善良的法国人像欧洲人那样相信，只要拿破仑在位一天，就不会有太平的日子。塔列朗，乌塞戏剧中最大的坏蛋，至少同他的老主人（他在他的老主人垮台前遗弃了他）一样地称得起是爱国者。

《1814 年》一书的成功，使这位历史家决定把他的叙述继续到
257 帝国的倾覆。《1815 年》讲的是第一次复辟和“百日王朝”，几乎完全是政治历史。书中通过对舆论的透彻分析，揭示了军队与群众

① 1814 年 3 月 31 日，拿破仑退至枫丹白露，准备开战。此时法军元帅马尔蒙（1774—1852 年）已与巴黎反拿破仑当局通谋，于 4 月 4 日至 5 日夜将部队向凡尔赛方面调动，暴露了枫丹白露。——谭注

对波旁王朝的敌对情绪。关于拿破仑从厄尔巴岛返回的描写是乌塞的写作中最有说服力的几章。他谈到百日王朝时，略述了雅各宾情绪的奇异爆发。那是由波旁王朝的短暂统治所激起的。1793年的热情复活了，对僧侣和贵族的仇恨再现了，而群众把拿破仑看作革命的拥护者。与其说拿破仑是作为皇帝而回来的，不如说他是作为第一执政，作为人民的仆人而回来的。他宣称，“我是革命的儿子”；他指令本雅明·孔斯当起草宪法。但“开明帝国”来得太迟了。虽然乌塞不喜欢复辟时期，但他却无法证明它是真正残暴或专横的。路易十八的政府是异乎寻常地温和，而且在政府中的人事方面，也只有很少的调动。波旁王朝的不得民心，是由于一些小事，由于策略上的错误以及“逃亡者”的奢望。在百日王朝时期，并没有真正的民众运动。皇帝本人也不抱什么幻想。他对莫利昂说，“他们让我来，就像他们让别人走那样。”乌塞对于拿破仑从厄尔巴的归来，没有一句责备的话。那些欢迎皇帝的人都是“爱国者”，而那些不信任和反对他的人都是“极端的王党分子”。

这一套书的第三卷是专讲滑铁卢战役的。关于军队的精神和特点的介绍颇具特色。老的队伍已散去，但新的队伍甚至更加好斗。他们因缺乏训练，而容易感到惊恐，但他们对外国人的仇恨达到了疯狂的程度，而且他们崇拜自己的首领像崇拜偶像一样。“拿破仑还从未掌握过这样猛烈而又这样脆弱的战争工具。”皇帝也没有辜负他的士兵。有人说他用兵已失去他的精明机警，他在他命运的紧要关头处于一种冷漠的精神状态。乌塞反对这种说法。“他的计划是他最精密的战略思想之一。一切失败都是由于执行上的缺点；部分由于皇帝自己的缺点，大多由于他部下的缺点。”内伊的

过错是他未曾取得林尼战役的决定性胜利;拿破仑的失策是他在四臂村没有把英军消灭[①]。在滑铁卢战役中,拿破仑做了一切人力所能做到的事情。他原来打算在早晨开始战斗的,但地面太湿,不适宜于使用大炮。如果地面干燥的话,威灵顿就会在普鲁士军队到达之前被击溃了。虽然拿破仑既不缺乏体力也不缺乏智力,但他后来在圣赫勒拿岛时承认:他当时已没有他以往的自信心了。
258 尽管军官们拙笨,军队缺乏训练,但如果战斗能按照他规定的时间开始,这次惨败原是可以成为光辉胜利的。就这样,乌塞再一次从失败中找出慰藉。

最后一卷叙述拿破仑第二次退位和白色恐怖。书名是《法国被钉在十字架上》;它是在极其热烈的情绪中编写的。热泪滴在豪侠的内伊的墓上[②]。"法国四分之三的人民怀着恐惧的心理忍受着胜利者的骄横压制,普鲁士人的棍棒和王党凶手的刀剑。"可是几年以后,法国又恢复了元气,再次站到列强的行列里。"既有这样的活力,那么我们永不应失望。对于一个在一千年当中从复兴走到复兴的民族,我们怎能怀疑它的命运呢?"第二次复辟同第一次复辟是大不相同的,但作者只顾指责回击的主持人,似乎竟然忘记滑铁卢战役与白色恐怖是拿破仑从厄尔巴回来的后果。他无权把全

① 1815 年 6 月 16 日林尼之战,由于统帅内伊未能严格执行拿破仑的计划及其他原因,粉碎普军的意图落空。与此大约同时的四臂村之役虽获胜利也听任敌军撤退。某些历史家认为拿破仑低估了林尼和四臂村两个方面的困难,后来又在内伊激战时改变原计划。对此,也应负一定的责任。——谭注

② 内伊,M.(1769—1815 年),法军元帅,大革命和拿破仑战争时期的宿将,忠于拿破仑。当这位皇帝宣布退位后,他声明效忠之心不变。拿破仑重返法国,他即纠集部众,前往投效。在滑铁卢之役中负重伤后被捕,以叛国罪处决。他的忠贞博得了许多文人学士的同情和赞扬。——谭注

部过错推到列强和王党分子身上，从而使真正造成这些灾难的人逃脱罪责。乌塞的善辩的著作，对我们了解帝国的倾覆来说，是宝贵的贡献，但在那些满足人类的判断力和良心的少数著作中，却没有它们的位置。

马松、旺达尔与乌塞三人的著作同时出现，对法国舆论产生了深刻的影响。朗弗里被遗忘了，泰纳关于皇帝是文艺复兴时期意大利人这一大胆论点，也很少有人提起了。马松揭示了拿破仑这个人；虽然这幅画像远不能引起人愉快的感觉，但无论如何还是有人情味的。旺达尔重提第一执政的有益工作。乌塞描绘皇帝为了法国而进行反对入侵者和可恨的波旁王朝的战斗。马尔博的《回忆录》表现的正是这种英雄主义的与传奇的精神；该书于 1891 年的出版使“大军”在人们心中复活。法国似乎刚刚开始觉悟到它这个过继的儿子[①]的真正伟大，于是作家们争先恐后地宣扬他的美德。

在拿破仑的崇拜者当中，最热烈的是阿尔蒂尔·莱维。他的《内心里的拿破仑》(*Napoléon Intime*)描绘了一个主要品质是善良，感恩和诚恳的人。该书以证明主人公对他的家庭和早年朋友的忠诚作为开篇。在他的早期生活里，找不出什么野心的痕迹，而在他第一次惊人的成功后，他既没有忘记对家庭的义务，也没有忘记他的微贱出身。他的多情的生性也反映在他结婚的罗曼史里。如果

---

① 科西嘉岛自西罗马灭亡后先后为西哥特人、萨拉森人占领，1481 年归属热那亚。1768 年，法政府在镇压了本地居民激烈反抗后强行占有。大革命时期，独立运动继起，1794 年在英国支持下建立王国，1796 年 10 月始告收复。该岛居民在种族成分、历史和文化传统上与法国本部颇有差异。拿破仑出身于拜西加旧族，故有此称。——谭注

约瑟芬忠实于他，他是会继续忠实于她的。人们用了许多年的时
259 间，来说服他为民族的利益牺牲个人情感，而离婚使他同她一样的痛苦。至于玛丽·路易丝，她也很快就知道了这位科西嘉魔王是多么宽容和多情，而她在维也纳时是一听到他的名字就会发抖的。他热爱孩子们，而孩子们也爱他。他同他的兄弟姊妹的关系，也显露出他良好的品质。至于乱伦的故事，那是有人为了讨好路易十八而捏造出来的。在对待他的部属方面，我们可以看到无数仁慈与体谅的事例。对于他的仆人，只要他们行为端正，他从来不调换他们。他只用过三个私人秘书，他们是：布尔里埃内（他为了无可掩饰的欺骗行为而被免职）、梅内瓦尔（他的《回忆录》是对他主人的一首长篇颂词）以及凡（Fain）男爵。他的侍从孔斯当自始至终伴随着他。他忠实于德塞、拉纳与迪罗克[①]，而为了他们的死亡曾深感悲痛。他代朱诺[②]还债，赦免贝尔纳多特的早期背叛，并宽大地对待莫罗。他从来不因他的胜利，也不因人民所要求举行的豪华庆典而头脑发昏。他生性倾向于慈悲和温和。除了当甘公爵的处死，莱维找不出什么可以非议的地方，而这件事也不是他的残暴的证明，而是他决心保证国家安全的证明。对于这位主人公生活中的一些丑事，他都不提及。他拒绝接受像雷米扎夫人和斯塔埃尔夫人这样的见证人的证词，理由是她们的献媚曾遭拒绝。但这种说法是不能令人信服的。

他的第二部著作《拿破仑与和平》所尝试的是一项更艰巨的工作，那就是证明最大的征服者是一个爱好和平的人。他认为圣

① 德塞、拉纳、迪罗克，三人都是追随拿破仑多年，立有战功的将军。——谭注

② 朱诺，拿破仑部属，以战功封阿布朗泰斯公爵。——谭注

赫勒拿岛上的流亡者所说的话字字都是真实的。“我只是为了自卫而进行征服。欧洲从来未曾停止过反对法国、反对它的原则、反对我本人的战争。‘联盟’一直是存在的？——无论秘密的也好，公开的也好。”拿破仑自始至终都是为了捍卫共和国所获得的边界而作战；如果他放弃既得的领土，他将犯下怯懦之罪。莱维写道，“为我提出那项违反一般观念的理论的证据时，我并不是毫不担忧的，而且，要相信这个伟大的将领会憎恨他曾因之赢得了这么多光荣的战争，当然是困难的。”如果说表面现象是不利于他的，那只是因为我们未能认识他的敌人的政策。“英国的永不改变的竞争、列强对新兴皇朝的畏惧、阻止自由观念扩张的希望以及所有强国的秘密野心——这一切正是欧洲联盟中使他为和平所作努力破灭的因素。”他的老实的生性妨碍了他的外交政策的实现。“他几乎一生中都对列强君主有一种尊敬信赖的心理。他几乎相信世袭的君主是属于一种优越的人类。”他需要经受许多痛苦的经验，才能移 260
去他眼睛上的障眼物。他对正统君主的敬重和他想要避免战争的诚挚愿望，最清楚地表现在他同普鲁士的关系上。他要同普鲁士缔结同盟的急切心情，遭到那美丽的王后的嘲笑，而她却偏要选择战争[①][②]。同样，他也是英国对法国的无休止的对立的牺牲品；他后来在圣赫勒拿岛上曾宣称，他一直希望以任何不违犯法国民族尊严的方法来谋求同英国的和平。有人说他的目的是建立世界帝国，这种说法，完全是虚构。他在敌人的包围之下，就像一只被困的公

① 对于1806年战争，伦茨在他所著《拿破仑传》中也有同样的看法。——译者

② 普王弗里德里希·威廉之后路易莎反对与法国结盟，她到处散布反对“魔鬼”和“地狱的渣滓”的言论，宫廷内外都有她的支持者。——谭注

牛，而要保证自己的安全唯一的办法是迅速出击。“这只野兽凶得很呢。只要它遭到攻击，它就要保卫自己。”

莱维的著作叙述到耶拿战役为止，因而他就不必以后期帝国的无休止的战争来说明这位主人公的和平本性了。然而，从书的最后几页里，我们也能看到，如果他说明这个问题他将怎样谈法。那不勒斯和西班牙的王朝被赶跑，是因为它们违反了条约，并阴谋反抗法国；关于法俄同盟的问题，他认为，旺达尔已经证明了造成1812 年法俄破裂的是亚历山大。“如果拿破仑不是那么忠于和平，不是那么尊重敌国的主权，巴黎就不会在它的城门之内看到亚历山大、腓特烈·威廉和弗朗西斯，因为他原是能够把他们都废掉的。”这位垮台的统治者说，“虽然我被称为近代的阿提拉和骑在战马上的罗伯斯庇尔，但他们心里是明白的。如果我真是像他们所说的那样，今天我也许还在统治，而他们早已下台了。”莱维的著作，是富有学识的和诚恳的；但即使是谬论，也有它的限度。他同他书中的主人公一样，没有看到在政府背后的民族的力量。关于路易丝女王的描写是一幅讽刺画，而且他忘了福克斯以及其他一直坚决反对同法国革命进行斗争的辉格党人都认为同拿破仑维持持久和平是不可能的事。的确，拿破仑不得不应付那并非由他造成的局势，但是，如果他愿意把他的宝剑纳入鞘中，没有一个欧洲国家是不乐于同他和平相处的。

拿破仑爱好和平的理论在索勒尔的著作《欧洲与法国革命》里也可以看到，只是说法有所改变。这个历史家原来打算截至1815年的历史简单扼要地叙述一下，来结束他的著作的，但后来他用了一卷的篇幅写督政府，三卷的篇幅写拿破仑。这部著作的后半部

就力量、学识，尤其是论断来说，显然比不上前半部，而且由于他不知道英国档案，他常常误入歧途[①]。“自然疆界问题，是战争的关键问题，也是在1815年之前把革命中产生的历届政府连接起来的 261
环节。法企图实现它的传统野心，这是无可指责的；它的错误在于，它认为它可以不要欧洲的承认而保持新疆界，或者在这个疆界以外进行征服来保持新疆界。所以，拿破仑的休战条约是从来没有什么安全性的。”欧洲为了恢复旧的疆界而作战，法国则要保卫这些疆界，拿破仑只不过是他的国家的宝剑，是实现他的同胞的意志的工具。“1799年是第一次围攻战——对法国的围攻战，这种围攻继续了十六年之久，十六年当中充满着进攻、出击以及在边远地带建筑碉堡。1812年，法国进行了最大的出击，被围城市的守兵从一个驻地被逐退到另一个驻地。欧洲与法国革命之间的战争开始于瓦尔米，终止于滑铁卢。”在斗争的后期阶段，个人野心的成分降低了它的价值，但索勒尔同旺达尔和莱维站在一起，强调这位主人公的爱国精神和列强的背信弃义。在德里奥[②]评述拿破仑外交的一些颇具学术性的专著中，他描绘了一幅不那么爱好和平，但更令人相信的拿破仑画像。

除了一些自称拿破仑崇拜者的作品外[③]，近来还有几种以拿

① 参阅盖尔在他所著《拿破仑：赞成者和反对者》，第253—307页中所作的严厉批评。——原注

② 德里奥，法国史学家，以研究拿破仑时代知名，在外交方面的著作有：《拿破仑与欧洲》（*Napoléon et l'Europe*），五卷，《拿破仑在意大利，1800—1812年》（*Napoléon en Italie, 1800—1812*），《拿破仑的东方政策》（*La politique orientale de Napoléon*）等。——谭注

③ 乔治·迪律伊为巴拉斯的《回忆录》所写的序言，是一篇近乎歇斯底里的颂赞。——原注

破仑为主题的极其重要的著作。许凯以马松的《不为人知的拿破仑》里所刊出的文献为起点，收集了有关拿破仑在布里埃纳[①]与巴黎的生活、有关他的同学与战友的大批资料。他以宁静公平的态度编写了《拿破仑的青年时期》。这一著作是关于拿破仑到土伦前以及在土伦时期生活的标准的权威著作。马德兰在他所写的极好的富歇传中，对拿破仑从“雾月政变”到第二次退位时期里几乎每个阶段的经历都有所说明。“雾月政变”之后没有接着采取报复行动，无论王党分子还是雅各宾党人都没有遭受磨难，西部的叛乱被平服，叛乱阴谋刚一冒头即被遏制，福堡·圣日耳曼的敌对军队被解除武装[②]。这一切主要应归功于那位沉着冷静、抱怀疑态度的雅各宾党人。布伦纳哈塞特夫人所撰写的斯塔埃尔夫人全传[③]，是属于同一类型的著作，尽管她对皇帝的态度没有那么友好。朗扎克·德·拉博里的综合性著作《拿破仑统治下的巴黎》则是属于另外一个不同的领域。该书第一次充分地描写了帝国的内部生活、社会状况与行政制度。此外最近又出现了具有巨大价值的原始资料。马尔博的《回忆录》和古尔戈[④]在圣赫勒拿岛上的日记都是重要的；前者的重要性在于它所表现的气氛，后者的重要性在于它所记
262 载的事实。由德布罗利公爵编辑出版的《塔列朗回忆录》，是如此地枯燥乏味，因而有不少人怀疑它是伪造的；这部回忆录的重要性

① 布里埃纳在巴黎东北，拿破仑青年时代就读于此地之军事学校。——谭注

② 福堡·圣日耳曼当时为巴黎郊区，系保王党、保守派聚居之地。此指雾月政变后，王党敌对势力被解除了武装。——谭注

③ 布伦纳哈塞特夫人（Blennerhassett，Harman，1764?—1831）所著《斯塔厄夫人传》（*Frau von Staël*），三卷，1887—1889 年。——谭注

④ 古尔戈，曾任拿破仑的副官，屡升至将军。随侍拿破仑来到厄尔巴岛，1818 年 2 月离去。——谭注

当然比不上由帕兰编辑出版的塔列朗的外交通讯集。由德里奥特主办的《拿破仑研究杂志》于1912年开始刊行。维克多·雨果的名言:“他〔拿破仑〕随时随地都在”,永远是正确的。

Ⅲ

在关于复辟时期的四部详细的历史著作中,只有内特蒙[①]的著作[②]是赞扬波旁王朝的。内特蒙是尚博尔伯爵[③]的朋友,也是19世纪中期一个最有权威的新闻记者,因而从贝里耶[④]及其他重要人物那里了解到大量情况。沃拉贝尔的著作[⑤]反映了路易·菲利普时期的温和自由主义;维埃尔-卡斯泰尔以同样观点,极端完备地追述了议会的讨论[⑥]。在四部历史著作中,以杜韦尔瑞·德·奥兰的作品[⑦]最为出色;他曾经参加他所描写的事件并表现突出。他以一个“空论家派”开始他的政治生活,因此他欢迎1830年的革

① 参阅比雷著《阿尔弗雷德·内特蒙》,1901年版。——原注

② 内特蒙的著作名:《复辟史》(*Histoire de la Restauration*),八卷,1860—1872年。——谭注

③ 尚博尔伯爵(Chambord, Henri-Charles, Comte de, 1820—1883),波旁王朝后裔,查理十世之孙。七月革命后逃亡国外,图谋复辟。——谭注

④ 贝里耶(Berryer, Pierre-Antoine, 1790—1868年),律师、政治活动家、正统主义者,第二共和时期任制宪议会和立法议会议员。——谭注

⑤ 沃拉贝尔所著为:《两次复辟史》(*Histoire des Deux Restauration*),共八卷,1857—1868年。——谭注

⑥ 维埃尔-卡斯泰尔所著书为:《拿破仑三世统治时期回忆录1851—1864年》(Mémoires sur le régime de Napoléon Ⅲ, 1851—1864)共六卷,1881—1884年。——谭注

⑦ 迪韦尔吉埃的著作为:《1814—1848年法国议会政府史》(*Histoire du gouvernement Parlementaire en France, 1814—1848*),共十卷,1857—1872年。——谭注

命，并利用他在议会的地位来支持新政府；但当基佐开始提倡一项不妥协的保守主义政策时，他参加了反对派，并帮助组织那些警告政府风暴将至的“宴会”。1851 年被放逐后，他专心编写他的历史，他克享大年，能够及身欢迎第三共和国的成立。他原想把这段历史叙述到 1848 年，但当他叙述到 1830 年时，他已经是一个老翁了。他的十大卷巨著，作为议会雄辩的黄金时代的记录，具有持久的价值。

在差不多一代人的时期之中，路易·菲利普的统治，大部分都是通过路易·布朗的痛斥而为人们知道的[①]。基佐把晚年用于编写他的长篇《回忆录》；这部回忆录不仅为他自己的行为作了详尽的辩解，而且记下了这个代表资产阶级的君主政体的谨慎精神。直到法国最后一个国王被逐出四十年之后，才有人认真试图详述这个时期的历史。蒂罗-当让[②]，一个右翼王党分子，把路易·布朗遗留在阴影里的东西——议院与内阁——放到显要的位置上来。他宣称，1830 年革命使得自由政府更难实现，但还不是不可能的。这个时期构成复辟时期的一部分，尽管有它的缺点，却给予法国以繁盛与荣誉、和平与有秩序的自由。他讨厌共和派、激进派、社会主义者、自由思想家与圣西门派。他凶猛地攻击拉菲特[③]；说拉法韦
263 特是个老糊涂了的煽动家；斥责梯也尔是这个时期的恶魔。甚至

① 指路易·布朗的《法国革命十年史——1830—1840 年》(*Révolution française histoire de dix anms, 1830—40*)。——谭注

② 蒂罗-当让所著书名《七月王朝史》(*Histoire de la monarchie de juillet*)，七卷，1884—1892 年。——谭注

③ 拉菲特(Laffitte, Jacques, 1767—1844)，法国大银行家，奥尔良党人。1830—1831 年曾任政府首脑。——谭注

在文学的领域，他也找出了“1830 年夏天的时疫[1]”的痕迹。维克多·雨果蜕化了，拉马丁变成了政客，巴尔扎克是不纯洁的，欧仁·苏[2]是卑鄙的。他蔑视人民，称之为“我们的醉醺醺的、衣衫褴褛的主人”；他指责这个资产阶级统治者为接近他的微贱臣民所采取的一切措施。他对国王很少尊重，虽然他热情地承认他的爱好和平。“七月王朝”之始源于群众，是一个不可抹去的污点。这个历史家所喜欢的政治家，是卡齐米尔·佩里埃[3]和基佐；这两个人是坚决反对民主政治；但他比基佐还要保守，因为他嘲笑“1789 年的幻想”，并谈论第三共和国的无能为力的和毁灭性的无政府主义状态。“一切都表明，上帝为法国保留着这项不可估量的特权，那就是，从重新再做那 1830 年被置于危险境地、1848 年暴力中断的试验的特权。”蒂罗·当让关于“七月王朝”的著作[4]散发着福堡·圣日耳曼的令人窒息的气味，但他根据大批未刊资料所编写的外交政策概述是精彩的。

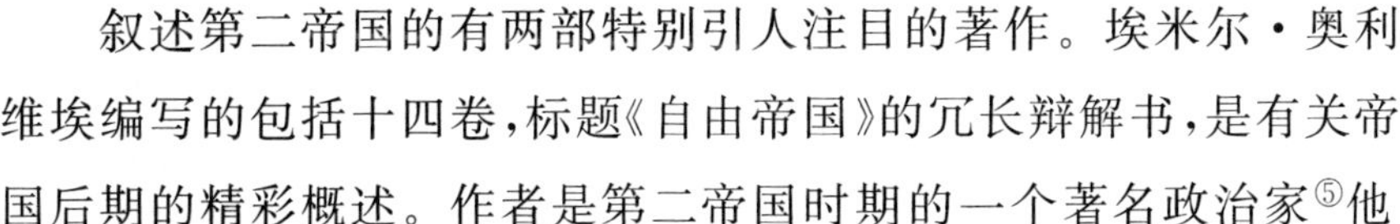

叙述第二帝国的有两部特别引人注目的著作。埃米尔·奥利维埃编写的包括十四卷，标题《自由帝国》的冗长辩解书，是有关帝国后期的精彩概述。作者是第二帝国时期的一个著名政治家[5]他

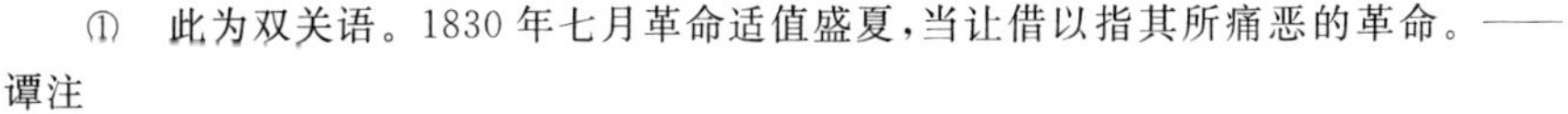

① 此为双关语。1830 年七月革命适值盛夏，当让借以指其所痛恶的革命。——谭注

② 欧仁·苏（Eugène Sue，1804—1857），小说家、政治活动家。1850—1851 年任议会议员。——谭注

③ 卡齐米尔·佩里埃（Casimir-Périer，Jean，Paul，Pierre，1847—1907），反动政治家，1893—1894 年任内阁总理。——谭注

④ 书名为《七月王朝史》（*Histoire de la monarchie de juillet*），共七卷，1884—1892 年，以强烈的王党观点写成。——谭注

⑤ 奥利维埃，爱弥儿（1825—1913 年）原为温和的共和党人，60 年代末为波拿巴主义者，1870 年 1 至 8 月组织了标榜自由主义的内阁。——谭注

由于1870年帝国崩溃而中止了政治生活。另一部著作，拉戈尔斯的《第二帝国史》的部分价值是从它的超脱精神得来的。他宣称，“就出身或交谊来说，我同皇帝的朝臣或他的反对者都没有关系。”拿破仑三世先是吃了阿谀奉承的亏，后来又吃了恶意中伤的亏，而现在两者都不需要了。他的统治，是光辉而又死气沉沉的，虚浮而又悲惨的。他原是马基雅弗里与堂吉诃德的混合体，对这种人是不可能有恨的。无论拉戈尔斯对他的为君和为人给与多么严峻的评判，他的七卷著作遗留下来的印象，却与其说是愤怒，不如说是悲伤。《第二共和国史》是用以作为这部较大著作的导论的；在该书中拉戈尔斯显露出自己是一个王党分子，一个天主教徒。1848年王朝被推翻后的局势是一种不能继续维持下去的局势，但他谴责1851年的政变。然而，资产阶级很快就集合到政府的周围，同时，资源的迅速发展和巴黎的改建工程也使工人阶级获得工作。那些声名狼藉的、分裂为正统派与奥尔良派的王党分子，不再捣乱了，而教会也热心的响应帝国的友好表示。他带着温和的恶意地写道，“僧侣爱好香，是为了香所代表的宗教，可是或许也不自觉地为
264 了他们自己。”皇帝使屈从比自由更受人欢迎。但是供神的火焰在1851年并未完全熄灭，而在60年代的早期，它的火光燃烧得更炽烈了。梯也尔重新登上政治舞台①；像帕拉多尔②和朗弗里这样的出色政论家开始发表不满论调，而圣伯夫则提出关于思想自由的轰动性要求。理性主义与激进主义正在迅速增长，甚至

① 1863年，梯也尔被选为立法议会议员。——谭注

② 帕拉多尔（Paradd，Prevost 1829—1878），法国作家，拿破仑第三王朝的反对派。——谭注

在1867年博览会的闪烁灯光中，人们也已普遍感到一种不安的情绪随着甘必大[①]与罗什福尔[②]的出现，开始了一个公开斗争的时期。在关于帝国衰落的精彩的一章里，这位历史家追述了它的下降过程。色当战役，仅仅是给了那垂死的角斗士以宽大的一击而已。

拉戈尔斯的著作第一次提供了对第二帝国外交政策的详细叙述。他指责皇帝的意大利政策；这项政策直接导致教皇世俗权的破坏。他对于皇帝与普鲁士的关系的研究是最成功的。聚贝尔从来没有责备过德意志同法国打交道的态度，而拉戈尔斯却对莱茵河两岸的政策执行者，都给予谴责。他从不企图掩饰法国的混乱、懦弱、踌躇以及意见分歧的情况。他承认俾斯麦的天才，但否认他具有高贵的品质。法国理应失败，但普鲁士也并不是理应胜利。要求对方保证不再提出霍亨索伦家族候选人，是一个致命的错误。战争爆发后，法国军队的勇敢，被准备不足和将领无能所抵消。虽然他公平地叙述皇帝的宽容思想、个人魅力与仁慈品德，但对于他的事业则描写得很暗淡。一个批评家宣称，这本书应该可以置波拿巴主义于死地了。尽管我们肯定第二帝国的一切优点，它还是代表着专制政治和战争。拉戈尔斯所盛赞的奥利维埃改革，来得太

① 甘必大(Gambetta, Léon, 1838—1882)，资产阶级共和党人。1866年，有一批左派共和党人为1851年十二月政变中被害的议员博丹建造纪念像募捐受到法庭审讯。当时的青年律师甘必大在法庭上发表了指控拿破仑主义制度的热烈的起诉词。——谭注

② 罗什福尔(Rochefort, Victor Herni, 1830—1913)，新闻记者，左派共和党人。60年代末创办《灯笼报》，揭露拿破仑三世政府。后又创刊《马赛曲报》，在这个报上发表了第一国际的宣言。普法战争中为国防政府委员。同情巴黎公社起义，用他的《口号报》揭露梯也尔的阴谋。公社失败后，被判处终身流放。——谭注

晚了。“第二帝国的历史可以用两个词来归结——光辉与悲惨。”谈到1870年的事件,就来到了一个过近的时期,因而不可能有确定性的叙述。有一些根据个人了解的情况编的有价值的专著,如朱尔·西蒙论述梯也尔的著作[①]约瑟夫·雷纳克对甘必大的短期内阁的颂赞[②]、朗博的朱尔·费里传[③]、莱昂·塞关于财政方面的著作[④]、弗雷西内与朱利埃特·亚当[⑤]的生动的回忆录[⑥],都对共和国早期的历史作了可喜的阐明。阿诺托以温和共和主义的精神编写的详细论著[⑦]为研究第三共和国的关键性年代,包括宪法的制订和1877年的失败政变在内,提供了最有权威的指导。剧中的主人公,就是老资格的爱国者梯也尔。

① 朱尔·西蒙有关梯也尔的著作有:《梯也尔政府》(*Le Gouvernement de M. Thiers*),二卷,1873年;《梯也尔·基佐·雷米扎》(*Thier, Guizot, Rémusat*),1885年等。——谭注

② 雷纳克所著书为《甘必大内阁》(*Le Ministère Gambetta*)1884年。——谭注

③ 《朱尔·费里传》(*Jules Ferry*),1963年。费里(Ferry, Jules-François Camille, 1832—1893)温和的资产阶级共和派领袖之一。曾任国防政府委员、巴黎市长、国民议会议员。80年代初两度出任内阁总理。——谭注

④ 莱昂·塞(Say, Léon, 1826—1896)编有《财政辞典》(*Dictionnaire des finances*),二卷,1889年。——谭注

⑤ 弗雷西内(Freycinet, Charles-Louis de Saulces de, 1828—1923),温和的共和党人,历任部长、内阁总理。1892年因涉及巴拿马舞弊案,被迫辞职。——谭注

⑥ 朱利埃特·亚当(Adam, Jullète, 1836—1936),著名女作家,政治家,《新评论》杂志的创办人和主编。——谭注

⑦ 阿诺托所著书名《法国现代史》(*Histoire de la France Contemporaine*),四卷,1903—1908年。——谭注

汉译世界学术名著丛书

十九世纪历史学与历史学家

下册

〔英〕乔治·皮博迪·古奇 著

耿淡如 译

卢继祖 高健 校

谭英华 校注

2017年·北京

第十四章　哈兰和麦考莱 265

I

早期英国历史的认真研究以及其档案资料钻研成果的发表开始于沙伦·特纳，他的《盎格鲁-撒克逊人史》出版于1799至1805年间[①]。他的叙述能力逊于休谟，但他的著作却是学术研究上的一大进步。他在1820年为该书第三版所作的序言里曾宣称，他的热烈愿望已经实现。"我们对于伟大祖先的历史与遗迹的爱好已告复活，并显然有增长之势。"

就在特纳进行研究的同时，一位才能比他大得多的人正在从事一部范围更广、意义更深的论著。这就是哈兰[②]，他曾业律师多年，以后转入文学方面；但在他的《中世纪欧洲简史》(书出版于1818年，是继吉本之后英国第一部重要历史著作)使他成名之前，

---

① 关于英国史学的最好鸟瞰，首推华德勋爵所著论文，见《剑桥英国文学史》，卷Ⅻ，第14章与卷ⅩⅣ，第2章。皮尔登的《英国历史著作的过渡，1760—1830年》，1933年，是一部学术性专著。格兰特的(A. J. Grant)，《英国历史家》(1906年)与华克的《维多利亚时代文学》(1921年)在这方面也具参考价值。——原注

② 奇怪的是，哈兰身后无传可查。米涅所拟之讣闻中有关死者生平部分见《历史赞颂》，也非他的着意之作。费希尔于其《辉格党的历史家》(见《前人文选》，1939年)中曾将他的保守主义与麦考莱的激进主义作过对比论述。——原注

他已四十一岁。三十年后他虽对这书增补过注释一卷,但这书却从未认真修订过;它反映了19世纪初期尚欠成熟的学术水平。书从克洛维叙述起,至查理八世出征意大利止,所历时间包括千年。其序言说明:书的目的在于概述各个国家的统治方式及其法律制度。这部书另有别的局限性一点,还可以从下述一段话中看出,而这也说明,作者究竟是休谟与伏尔泰时代的人。他希望能写出使哲学探索者感到兴味的事物。这段话是:“过去若干历史时期,尤其是12世纪以前的一段,直可视为严重缺乏重要事件不值得记忆
266 的时期,其间一些帝王的整代经历与漫长朝代,其性质如何,往往只消三言两语,已足交代。”

哈兰此书的写法是:先依次叙述各主要国家,而将它们间的共同问题列后。其中法国、意大利与西班牙诸章叙述还较详细,至于德意志与东欧的部分便嫌薄弱。较有创见的部分是他讨论封建主义与教会权利的一些综合评论。他也像其他辉格党人那样,厌恶僧侣的控制,而在谈到希尔德布兰与英诺森三世[①]的要求与托词(指关于教权地位而言)时往往语含轻蔑。他痛恨宗教狂、迷信与不容忍态度。书的结束部分对社会状况、文学、教育以及商业等作了综述,可说是文化史著作的一个雏形。书中的图景是暗淡的;这位历史家自己后来也承认说他的论断未免失之苛刻。在使中世纪的思想与性质重新为人们理解这点上,他的情形也不比罗伯逊好些[②],因为两人都非常缺乏一种富于同情的想象力;不能做到使远

---

① 英诺森三世(1161—1216年)任教皇期间(1198—1216年)许多国王自认为教皇的附庸,王位继承也多由他决定,教皇权力臻于极盛。——谭注

② 罗伯逊在所著《查理第五在位时期史》(*The History of the Reign of the Emperor Charles V*)一书的导论——《中世纪社会状况概览》中有夸大中世纪阴暗面之处。——谭注

古变得切近，使生僻的事物变得易于理解。他抱持的是一副不动声色的一秉至公态度，既不颂扬，也不谩骂。总之，他是律师不是艺术家。米涅在记述一个与他自己在品质和方法上颇多相似的人时说道，“他具有古时人的智慧而没有古时人的情操”。他不是在搬演戏剧而是在吸取教训。他的文体倒也适合于他的思想。虽然精致与韵味不足，但明晰有力，有时颇为庄严酣畅之至。但另方面，他也受了文章过多的使用警句的影响，这在当时不少历史家中几乎是一种通病，这种情形在帕尔格拉夫与爱里逊身上就越发严重。

再一个作家对英国中世纪史的传播曾著有功绩，这便是林加德[①]；他的著作部分替代了休谟的书，是格林的英国史问世之前最负时誉的一部。林加德的正式史学家声誉得自他的《盎格鲁-撒克逊教会的古制》。书的目的虽在歌颂天主教的盛行时代，但由于他行文上知所趋避，它的叙述也能合于新教徒的胃口。他之所以采取这种保留态度，在当时天主教受歧视的情况下，理由原是明显的，但他的著作受到主教密尔纳的猛烈攻击，理由是他的书贻害于教会的地方也不在小。这部书的成功鼓励他承担起一项更大的伟业；他的漫长的余生即花费在这件工作上面。他在《英国史》(前三卷的结束部分叙至亨利第八登位时期)的序言中称，他写此书时从 267
未参考过近代史家的著作，以防渗入他人的偏见和重复错误。书中并未表明作者的天主教教士身份，而读者也不大容易猜测到这一点。他的宿仇主教密尔纳愤慨地指斥说这乃是蓄意要助长新教徒的错误；但他的多数教友，无论在英国或在罗马的，则认为他机敏

① 这方面有海尔与蓬纳所作极好的传记(1912年)供参阅。这部《历史》1904年时曾有人加以删节增订。——原注

多智。他给一个朋友的信里说，他的目的在于使天主教的立场在一般英国公众面前保持其尊严。他对人物与事件的论断非常审慎；他对贝克特的不偏不倚的描写表明，他的天主教与庇护九世所倡导的严格教皇全权论是全然异趣的。他对狂热并不同情，因而认为贞德是受骗者。这部书的叙述纯属政治性质，其中几乎丝毫未涉及文学或社会方面。但它却是长期研究的成果；是充分利用梵蒂冈与其他意大利图书馆而著成的翔实作品。

除非对于未刊印的资料知道得更为充分，历史研究上的真正进步是谈不到的。1800 年时曾有档案委员会的成立，其任务为负责更好地安排、保护与使用国家的宝贵资料。但文献手稿仍散放在伦敦塔、案卷堂、西敏寺僧院的会堂及其他各地，散乱而无人过问。鼠害猖獗之外，收费高昂，限制苛刻，每每使人却步。在这种情况下，该委员会正应更好行使其职权以便有所改进，但由于组织上的不够健全，它所发挥的积极效用终嫌不大。它的成员多属主教、内阁大臣、枢密大臣一流人物；但他们却缺少档案知识，又无余暇来有效地履行其职责。据说，直到它成立二十五年后，麦金托什进入了委员会时止，其中的委员们尽是一批不懂历史的人。所刊的东西往往无甚历史价值，编纂既劣，成本又高；甚至许多已经刊过的版本，例如赖麦的汇编等类作品竟又再次付印。这种情形正像梅特兰所说的那样，“劣货挤掉了好货”。

英国社会对于这事之必须加以根本改变的认识，主要来自哈里斯·尼古拉斯[①]（亦即纳尔逊书信的有名编者）的大声疾呼。他在

① 参阅《英国名人词典》。——原注

一系列的小册子里曾一再缕述过他在进行研究工作中身历的种种 268
苦况。1830 年，他写了《对历史文献状况的观察》一文并以之献给内务大臣墨尔本；文内他表示了如下意思，即希望新政府与新内阁对上述情况能有改善之举。“英国的历史作品不仅太不完善与充满错误，而且简直是一种国耻，因为几乎每一新出的文献都证明了现行的历史作品纯属虚伪。几乎无一成说堪经真实一驳。故政府宁可使档案毁灭也不应再准许它被据以来例解英国历史。”1751 年古文物学会成立，但在推进历史知识方面所取得的进展，尚不及黑恩[①]之类学者的个人成就。而档案委员会，资料来源虽多，所取得的成绩也很有限。因此，必须指派新的委员，另外委员会的收入应专门用于刊印重要手稿。大部由于他的努力，新的特别委员会终于 1836 年成立，由查理・蒲勒任主席。尼古拉斯与其他见证人所提出的证明终使调查委员会认识到现在档案的确亟待一番收集清理与分类工作，以利使用。于是一个新的委员会遂即成立；而这 1836 年便是我国丰富遗产从此得到认真管理的开始。

档案委员会中成绩最好的，是帕尔格拉夫[②]；他在律师业务之外兼好研究古文献。他所出版的《国会文书集》曾受到尼古拉斯的难得赏识，但却也批评了他在出版上所费不赀，因而这两个学者中间发生了裂痕。1838 年，帕任代理馆长后，他把以前散置于各地的宝贵文献汇集起来，集中保存。他自己除了刊印过大量原始文件

① 黑恩（Hearne，Thomas，1678—1735 年），英国文献学家，校勘出版了一批后代英国学术著作。——谭注

② 参阅其子的回忆录，见帕尔格拉夫，《历史论文集》，卷Ⅰ，1919 年。他关于英国制度的理论见他为维诺格拉多夫的《英国贱农制》（1892 年）所写的导论部分。——谭注

外，也编写些一般性的著作。他的《英共和国的兴起与发展》的出版，正当“改革法案”通过之年[①]，乃是英国立宪史的最早一部综合研究。作者原拟将书写至斯图亚特朝，但在叙述诺曼入侵时期前的两巨卷完成之后，这书没有继续写下去。实际上萨文尼关于罗马法的残存的划时代大作前此数年业已完成，但这位英国史家却声称他在阅读那个德意志法学家著作之前便已获得自己的研究成果；另外关于王室特权的增长的问题也属于自己的独立研究，并未看到过约翰·爱伦的那部名作（爱伦为荷兰爵士的友人与秘书）。
269 爱伦曾证明，王权这种理论在所有从罗马帝国发展而来的各民族当中，都是一样。这种专制主义来自罗马帝国而非来自条顿部族，而英国的王权也绝非欧洲大陆上所理解的那种特权；在条顿人的实践与罗马人的理论之间还是有着相当的距离的。不过帕尔格拉夫对自己之具有创见一点虽颇坚持，但在序言中对其前辈们倒也作了相当的赞誉。“两位学人对于欧洲法律与政府的起源颇有新的阐明。萨文尼清楚地证明罗马的社会组织在中世纪时代还有留存，而爱伦也指出，我们君主政体理论大都来自罗马帝国政府。”这些从一开始便表明，他确乎是这个世纪中最坚决的“罗马派”之一。

帕尔格拉夫对于盎格鲁-撒克逊的历史给予了一种全新的解释。他对当时流行的那种研究必须先政治事件，后制度与法律的看法大胆提出异议。“法律史乃是最能说明英国政治史的有力的线索。民族的性格主要取决于其法律。”他谈起法律时总是一副极为恭谨的态度。“立法者的职能及是人类所能行使的最高职能。立

① 指1832年在辉格党领导下通过的第一次国会改革法。——谭注

法是一种义务，它必将使有关的人担负起异常重大的责任。”英国君主政权乃是从罗马君主政权派生而来并受到其条顿实践限制的。其中罗马的成分使我们免于成为一盘散沙；而条顿的成分则使我们摆脱专制政体。在起限制作用的诸因素中，其中最重要的是自由的司法制。英国的州、百户村与市镇并不仅仅是行政区划，同时也是政治团体。社会机构就是这样而一直曾是这样，尽管其间经历了多次外族入侵与王朝更替。罗马帝国时期，入侵的蛮族只改变了它的“维兰制”[①]的形式。不列吞人[②]语言的消灭并不能证明不列吞人的消灭，这也犹如高卢地区凯尔特人语言的消灭不能说明凯尔特人已被法兰克人所消灭。至于丹麦人与诺曼人的侵入的遗迹就更要少些。中世纪的英国乃是建立在罗马基地上的。帕尔格拉夫的这些著作立论大胆也有新见。他这个历史延续性的信念，是以他对社会状况的惯性力(Vis inertiae)的认识为依据的；他虽说才气横溢，学识渊博，但却未免武断和太多幻想。他是处处只见罗马，而闭眼不见条顿遗迹。他对资料的安排也极不好。书的第一卷从各个罗马皇帝的章节开始，而第二卷名为《证据与例
举》却不恰当，叫作“拾遗补缺”或更合适一些(这后一标题乃系《爱 270
丁堡评论》为其代拟)。

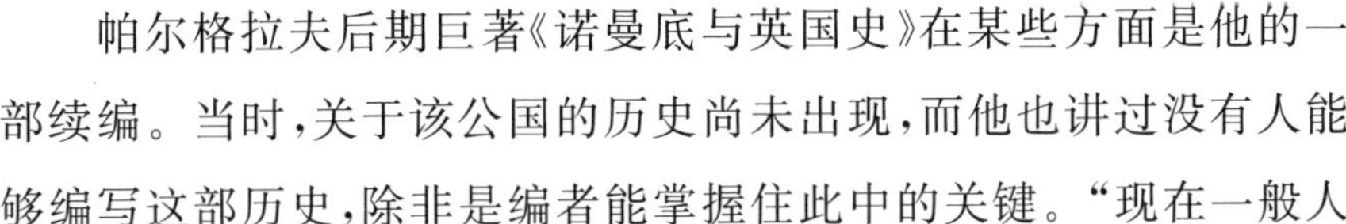

帕尔格拉夫后期巨著《诺曼底与英国史》在某些方面是他的一部续编。当时，关于该公国的历史尚未出现，而他也讲过没有人能够编写这部历史，除非是编者能掌握住此中的关键。“现在一般人

① “维兰制”(Villeinage)，一般认为即农奴制。近代学者对其形成与发展尚有争议。我国学者通用音译。——谭注

② 不列吞人(Britons)，罗马入侵前居于英国南部的凯尔特人之一支。——谭注

对中世纪时代，尤其对中世纪的基督教，攻击甚烈，说它完全沉浸在黑暗与野蛮状态之中。”但是一方面中世纪与基督教从新教徒与理性主义者那里遭到的贬抑固然失之公允，它们从糊涂的卫道者们手中蒙受的损害也并不小。如果说一副不偏不倚的态度乃是做好这件工作的第一条件，那么第二条件便是对罗马影响的清楚认识。“想要真正理解中世纪与近代的重要理论关键便是，一切权力导源于罗马与欧洲各国的继承性二点。”因此这位史家的第二部著作，也正像他第一部那样，不过是他关于罗马主题的老调重弹而已。书从加洛林帝国的历史详细叙起，而后谈到诺曼人在罗洛定居诺曼底[①]前的情形。二卷专述早期各公爵；三卷的叙述迄诺曼征服止。四卷叙述鲁夫斯[②]的统治并讨论了征服的结果。但这书因作者逝世于1861年而中断；故征服这段历史未能写出，但作者对征服一事性质的看法早已阐述得十分明显。与梯叶里完全相反，他把征服看作不过是一种改朝换代。这位英国人对诺曼人的一片热情，恰和那位法国人对撒克逊人的看法不相上下。他书中说明，当时土地的转移并不如梯叶里所说的那样，但种族的融合则比梯叶里所认为的更加迅速。所有法律上所进行的改变，并非是威廉征服者的事而是亨利二世的事。帕尔格拉夫的著作在细写诺曼各公爵与在纠正梯叶里对征服的谬误看法等方面是有成绩的，另外他的书还有下述一个优点。正因为他发现了罗马帝国并非终止于476年，于是他抓住了进入中世纪史的钥匙。在开首的

① 罗洛，领洗后改名罗伯特，北欧诺曼人的首领。加洛林王朝查理三世于911年将后来的诺曼底大部分土地封赐与他。——谭注

② 鲁夫斯，即威廉二世，征服者威廉之次子。1087年嗣位，暴虐无道，1100年暴卒。——谭注

一章里他写道，“罗马的残暴行为（数量之大令人不解），它的种种罪恶以及它对上帝的极端仇恨，等等，都受到了应有的惩罚，”但没有人比他更加佩服罗马的政治天才。他著作中的最好部分是关于喀罗林帝国和它后继者的叙述。弗里曼[①]说得很对，“在不出罗马帝国这个富于魅力的范围之外，他确实发挥出了他的最高才能。”

然而这部著作的缺点却比它的优点更加明显。帕尔格拉夫的文字饶舌噜苏、太好使用格言和堆砌词句。所以他得到惩罚是：他 271
的书无人阅读；他的历史研究的成就也几乎久被遗忘。他的第二个缺点是他对资料的使用缺乏批判能力。不错，他推翻了曾将梯叶里陷入迷途的虚构的英葛尔夫[②]的著作。但他自己对待价值不同的资料也是一视同仁。再有，他的重点几乎完全局限于制度与统治者方面，而对于整个民族生活则很少注意。他甚至比哈兰更好通过法律的眼镜来看问题。不过尽管有这许多缺点，他在这方面的拓荒者中仍应占有一个光荣席位。麦特兰曾以他那特有的生动笔法写道，“如果有一支大军前来，他完全可充任一位伟大司令官的。我们这里虽然不乏燕子；而且它们也都是很美丽的鸟类；但德意志同样有过它的春天[③]。”

如果说盎格鲁-撒克逊英国的历史从帕尔格拉夫身上有所获益，那么得益于肯布尔[④]的地方更多；肯布尔是英国的第一个日耳

① 见《爱丁堡评论》，1859 年 4 月。——原注

② 英葛尔夫（Ingulph），英人，克洛兰（Crowland）寺院的住持，据说《克洛兰寺院史》即出自他的手笔。他死于 1086 年。帕尔格拉夫力图证明这部所谓“历史”，只是一部小说，可能系 13 或 14 世纪时僧侣所写。——译者

③ 希腊谚语：“孤燕不成春”。——译者

④ 参阅《英国名人词典》。范妮·肯布尔的《少女时期的记录》（1878 年）中常提起他。另参阅维诺格拉多夫的《英国贱民制》的精彩导论。——原注

曼派，正像帕尔格拉夫是英国的第一个罗马派那样。在剑桥时，他曾是阿瑟·哈兰、但尼森兄弟、莫里斯、斯特林与米尔恩斯的友人，但未卒业即离校。那时他的主要兴趣在于行动而不在学问。他的妹妹范妮写道，“他的心思时间往往被一种热情所萦绕，以至损害和几乎排除其他一切研究。”他崇拜边沁；赞成无记名投票、撤销国教，还有其他一些先进建议。一句话，“他对政治上几乎到了狂热的地步。”1830 年他曾和几位朋友同往西班牙去帮助托利约斯的注定要失败的事①。在这悲剧性的冒险结束后，他置身于条顿语言学的研究，在格林的指导下进行工作。他一生的主要工作是收集盎格鲁-撒克逊的宪章；然后据以重新构制出早期英国的社会与政治生活。他的《古文书汇编》收入文献达一千五百件之多，按年代顺序排列，自厄脱尔柏特的改宗②至诺曼征服止，主要是从大学与教堂等图书馆搜集的。不少这类文献前此已曾由赖麦、黑恩及

其他学者刊印过，但在可能范围内，这些都是经他重新录出的。他曾得意地说过，“这里开放给语言学家、法学家与古文物学家的这份知识宝库所将产生的结果，必远远超越我国与我们时代的界限。”这些宪章对不动产法、占有性质以及国王、贵族与教会的权限等等颇能提供资料；同时其中遗嘱部分在家庭对动产与不动产的安排处理方面也能告诉我们许多知识。但这部著作的主要价值仍

272 在大量收集的资料上面，而不是对资料的处理。麦特兰曾说，“肯布尔是个了不起的人，但即使按照他那时候的标准，他也够不上一个良好的法律文献编辑家。”

---

① 1830 年，西班牙将军托利约斯举行反对国王斐迪南七世的起事。——谭注

② 厄脱尔柏特，肯特国王，于 597 年皈依天主教。——谭注

“英国人身上的最高贵部分是从盎格鲁-撒克逊人继承而来。尽管有着各色各样的影响，我们和我们祖先之间，还是存在着惊人的相似之处。”肯布尔的伟大著作正是在这种十足的日耳曼主义的精神下写成的。《英国的撒克逊人》一书出版于1849年，曾经题献给女皇。书的描述主要以自己的《文书汇编》与索普的法律汇编[①]为依据。实际上这本书不是一部完整的叙述，而是本论文集；内容讨论了制度、阶级与一些其他问题，每篇文字独立成篇。社会的每个方面几乎尽行涉入，其中关于异教徒一章并对入侵者的文化背景作了概述。从这部书中我们可以望见工场的尘埃，但它的卷帙中却充满着新资料与新见解。通过考察地名，部分地帮助他证明，条顿人的征服在定居地有史可查以前早已开始。他同意帕尔格拉夫的主张：入侵者不费力地征服了凯尔特族，而且没有消灭他们；但它认为当时社会制度的根基则是由入侵者所携来的“马克公社制”。由于入侵者人数比较少，他们只分掉了所征服的土地的一部分，其余土地则以公社土地的名义仍留在居民手中以供来日之用。封建主义的产生正是因为这批保留土地落入了少数豪强之手。这时自由人已不复能够获得新的土地，而只能从领主那里谋求生计。土地乃是政治与社会关系的基础，这在自由社会时代是如此，在庄园制取代它们之后也无不如此。无论不列吞人还是罗马人都不曾在他们后裔的生活上或制度上留下痕迹。说盎格鲁-撒克逊英国本质上及是属于条顿的这种论断是正确的，但他关于

---

① 《古代英国的法令与条例》(*Ancient Laws and Institutions of England*)共二卷，1840年，收有自厄斯尔柏特至亨利一世诸王及7至10世纪英国教会的法令规章。——谭注

社会结构的描绘却有严重错误。例如“马克公社制”便绝不是定地的通例，而只是个别现象。至于把族有地看作不占领但凭托管的认识也纯属一种虚妄。但另方面，他对宪章的熟悉却也使他能够对法律领域中的各个方面问题均能有所阐明。虽然他的书更像一部百科全书，而不大像历史，但它支配了英国的学术达一个世纪之久。经康拉德·摩勒[①]介绍入德国后，他对研究中世纪制度的德国学者产生过持久的影响。

Ⅱ

273 林加德关于中世纪英国初编诸卷的成功稍逊于他后出的几卷[②]；后者把历史一直叙述至1688年革命。他对自己在书中不大拿见解一事所提的理由是，“我对一些事件的动机、起因等有时无知，对一般所说的历史的哲学缺乏体验，因为这些在我看来实无异传奇的哲学，因而在权威默不作声的地方，我宁愿让读者们去自行判断。”在叙述德意志宗教改革的起源时，他承认教会内部存在着严重弊端，并谴责了那项反对亨利八世的教令，认为这是蓄意报复，而将教会领导权凌驾于国家领导权之上，只会败坏人民的精神和导致消极的服从。他对任何地方出现的虐政暴行都毫不偏私地加以谴责。“玛丽统治时期的最大污点莫过于她对宗教改革者的

---

① 摩勒（Mourer，Georg Ludwig，1790—1872年），德国研究古代和中世纪日耳曼社会制度的著名学者，在探讨马克公社的历史方面作有贡献。——谭注

② 林加德于1806年出版《盎格鲁-撒克逊教会的古制》，后在1819—1830年间出版《自罗马首次入侵至1688年威廉与玛丽即位时期的英国史》（*History of England from the First Invasion by the Romans to the Accession of William and Mary in 1688*）八卷。——译者

残酷迫害[①]。结果弄得人心恐慌，期盼着一个能有立法的清明时代。”在论述玛丽·斯图亚特时，他不表示自己站在任何一方；至于对伊丽莎白，他的立场也几乎同样不够明朗。按新教徒的说法，她的治下非常幸福；按旧教徒的说法，这个时代便是民族遭劫。但是他虽对这整个时代不作判断，他倒也说过这位女王缺乏果断、偏私易怒，并暗示她私德败坏。

关于斯图亚特朝的诸卷，同样是这副过于谨慎的味道。“现在有人怀疑我可能有时受到宗教偏见的左右。流露这种怀疑当然一点都不费事，只是我不了解他们发现了什么这类重大错误。”他宣称劳德与他的仇人都是“同样顽固、同样自以为是、同样毫不容忍。”查理一世的被弑是“对王室的一个可怕教训，说明它必须注意舆论发展，善自节抑，以勉副臣民的合理要求”。但是在论及胜利的清教徒时，他却忽而措辞激烈，大异平日。例如他骂威克斯福与德罗厄达的征服者[②]是“无情的野蛮人”，而克伦威尔本人则是盛气凌人、自私自利、野心勃勃，这人竟把掩盖真情视作人类智慧的完美境界。书的第八卷出版于1830年，结篇时对詹姆士二世进行了一番审慎的辩护。林加德的书是论述英国史上两个重要世纪的第一部近代著作。他的宗教态度是属于法国高卢教派的；而他的政治观点则属于辉格党。约翰·爱伦在《爱丁堡评论》中曾多次对他加以攻击，指斥他掩盖和歪曲事实。哈兰称颂他的锐利与勤奋，但惋惜他根深蒂固的偏见。爱里逊也说他是一个有党派偏见的人，但

① 玛丽在位期间(1553—1558年)一贯迫害新教徒，至1555达于极点。是年，被烧死的新教徒约三百人。——谭注

② 威克斯福(Wexford)地在爱尔兰东南部，德罗厄达(Drogheda)在爱尔兰东北部，两地1649年时均遭受过克伦威尔军队的蹂躏与屠杀。——谭注

没有人比他更善于掩饰他的偏见，他的偏见不在其所言，而在其所
274 不言。骚塞对他宗教改革各卷的评论意见使他扩展成了他的《教会书》。这时林加德的语调逐渐变得较为率直。他承认道，因为他必须在新教徒中间取得信任，所以他著作的初版里态度极为谨慎；现在即已取得信任，他才把起初回避的刑法等问题也一并载入。他把"新教徒思想上对天主教理论的革命"归功于他的著作。由于新教的需要，他对原书作了修改。1851 年当他八十岁时他很高兴生前能看到自己书的节本与几种文字译本的问世。

第一部具有国内外意义的近代英国史著作，是哈兰的《宪政史，自亨利七世登位至乔治二世逝世》。书写于托利党的优势尚未衰落之时，因而它无异一篇政治宣言。骚塞在《季刊评论》发表的一篇辛辣的论文里曾指斥过"它的狠毒、傲慢、不公与乖张气"①。实则，哈兰属于辉格党的极右翼。他厌恶政治与宗教的暴虐，但对于群众的智慧也无信心；"改革法"虽出于他的友人之手，也因过激而不能为他接受。他的著作是对都铎朝与斯图亚特朝专制政治的一种持续的攻击和对 1688 年原则的一番歌颂。于是休谟的影响被打了下去，17 世纪的托利见解也被普遍放弃。正当"改革法"开始了一代辉格党政治的同时，哈兰也开始一代辉格党史学。他的影响的增长还与他语气的温和以及文体的谨严有关；他的文章曾被人比作公家文书或法官判词。

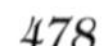

哈兰颂扬了"那位冲破罗马羁绊的伟大君王"②的功绩。然

① 哈兰对这项攻击不胜痛恨。参阅斯迈尔斯《约翰·墨累》，卷Ⅱ，第 263—264 页。——原注

② 指倡导英国宗教改革的国王亨利八世。——谭注

而，他书里的亨利仍是一个有才而凶横的君主，“属于愤怒上天所树立而为卑顺的臣民所难耐的无数暴虐君主之一”。他看不起克兰麦[①]。他对玛丽的迫害行为的谴责也并不比他谴责她妹妹[②]严惩天主教徒的行为更加厉害。都铎王室的人都专横暴君；直到伊丽莎白统治末期垄断权问题的冲突发生的时候，公众舆论才开始发挥作用。宗教改革是由世俗、自私的人们所进行的一场有益的运动。在一个爱好法治者看来，都铎朝和斯图亚特朝几乎是同样可恶的，但在他们的臣看来，斯图亚特朝的压迫似乎更加难于容 275
忍。哈兰对作为一个宗教运动的清教并没有什么同情，但他对律师与乡绅反抗王朝的侵犯权利的做法却给予全心全意的支持。没有一个专制政府在文字上遭受过这样令人晕眩的严重打击。林加德曾温和地谴责过开头两个斯图亚特君主的顽固；葛德文也曾痛骂过他们的专制主义[③]。但哈兰对斯特拉福的背教[④]、劳德的不容忍以及其主人的不可悛改的不忠实态度严厉斥责，却产生了远为深刻的效果。艾撒克·狄士累利[⑤]力图为詹姆士与查理挽回名誉的做法，并未使舆论受到影响。哈兰虽以英国历史家所未曾有过的力量与权威来讲话，他所发表的判断仍然没有引起什么反响。不过他也绝不是对民党的行动乱加恭维的。他倒更愿意只将斯特拉福永远放逐。他认为查理作恶的权力在1641年时已告结束，因而

① 克兰麦(Gramner，1489—1556年)，在亨利八世与其后天主教徒西班牙公主离婚时任坎特布里大主教，支持国王与教皇决裂。——谭注

② 指伊丽莎白女王，她和玛丽均亨利八世所生，为同父异母姊妹。——谭注

③ 葛德文在所著《英吉利共和国史》(*History of the Commonwealth*)中严厉谴责斯图亚特朝诸王，特别是查理一世残民以逞的暴行。——谭注

④ 似指斯特拉福任爱尔兰副总督时既压迫天主教徒也压迫清教徒。——谭注

⑤ 艾·狄士累利著有《查理一世的生平及其统治述评》(*Commentaries on the Life and Reign of Charles* Ⅰ)共二卷，1851年。——谭注

无再使用武力之必要。他对处死劳德与国王的做法是不满的。

日后的研究成果表明，哈兰的名著当中恰恰是这一部分最欠完善。在他看来英国当日已有一部明确的宪法可加破坏，而斯图亚特朝的开首两个国王便是这种破坏者。在这一点上，他确实不如休谟；后者认识到这两个英王也大有可争辩的余地，因为先例所指示的方向并不一律。国会享有着立法与控制物资的实权，但内政外交政策方面的领导权却一向属于王权的职能范围。王座特权不是法律的仇敌，而是一个补充权，包括法律所未曾特殊规定的事项；在君主与国会的多番决战中，合法权利绝非仅是永远属于后者一方。这位辉格历史家对“共和国”与“护国主政府”的好感并不比他对斯图亚特的专制政治多些。麦考莱便说过，“他是一个绞刑法官。他的黑冠[①]是经常能派用场的。在那长长的名单当中，难得有哪一个能逃得脱判决及其执行，尽管他们都不缺乏品德的证明与宽恕的保举”。他承认克伦威尔使英国再度成为一个强国的功绩，但作者把他描写成为一个拿破仑式的自私暴君，并慨叹他“吸吮了一种昏乱狂热的渣滓”。另一方面，他对保守的1688年革命加以祝颂，而他关于这个事件的讨论形成了辉格党政治理论的一种古典解释。此书在详述了威廉时代新订宪法的运用后，略谈了
276 继他之后三个朝代的情况。《宪政史》是英国历史著作中的一部巨制，曾被大学采用为课本，国会中经常为人引用，维多利亚年轻时就和她丈夫一起熟读过此书，把它看作一本政治指导。这部书还在基佐的主持下被译成法文；并得到了全世界爱护宪政自由的友人们的无形接受。

① 英国法官宣判死刑时戴黑冠。——译者

如果说哈兰是辉格党历史哲学的第一个权威代言人，麦考莱[①]则是它的最著名而又最雄辩的解释者。我们要读通哈兰的三卷《宪政史》是得费一番气力的。书中的议论阻塞了叙述，法律与政治的学说掩盖了人物；但任何人却能够顺利地阅读麦考莱即使有人害怕阅读他的大部头《英国史》[②]，他也不难从他十余篇精彩的论文里滤出他的见解。他们两人一道对一般人看法的形成起到过决定作用，直到后来兰克与加迪纳才把17世纪的历史提到超出辉格党与托利党斗争之上。

正像提尔华尔与小穆勒[③]那样，麦考莱也是一个特别早慧的人。他开始编写《通史》和著文作诗的时候，正是其他孩子还在幼儿园阶段。他难于忘记，正像别人难于记忆那样。一次，他竟开出一张一百年来"剑桥数学甲等生"的一张名表，连他们的试期与所属学院也都全部注出。他说，任何呆子也能够把坎特伯雷里的大主教们的名字倒背如流。他一次说过，如果《失乐园》、《天路历程》[④]或《查理·格伦狄逊勋爵》[⑤]的所有版本全部被毁，他也能把它们全部默写出来。他对政治的兴趣发生得较迟，但并非不够浓

① 参阅屈维廉的古典传记，1876年；马礼逊的一卷，见《英国文人》，1882年；R. C. 俾替，《麦考莱爵士，维多利亚时代的自由党人》，1938年。评传方面计有：摩莱《杂文》，卷Ⅱ，1877年；李斯廉·斯提芬《图书馆内札记》，卷Ⅱ，1892年；巴佐特《文学研究》，卷Ⅱ，1878年；赫伯特·保罗，《人与书》。麦克维伊·内皮尔《通讯集》，1879年，集中所收资料丰富。——原注

② 此书全名为：《詹姆士二世即位以来的英国史》（*History of England from the Accession of James Ⅱ*）五卷，1849—61年。——谭注

③ 小穆勒，即约翰·斯图亚特，穆勒（Mill，John Stuart，1806—73），英国著名经济学家和哲学家。——谭注

④ 《天路历程》为英国传教士兼文学家班扬（John Banyan，1628—1688年）所作之著名宗教寓言小说。——谭注

⑤ 《查理·格伦狄逊勋爵》为英国小说家黎吉生（Samuel Richardson，1689—1761年）所作之小说，查理·格伦狄逊是书中的男主角。——谭注

厚。在克拉时，那些常到他父亲家访问的福音主义者尽是些托利党人，但后来在剑桥时他却逐渐厌恶起托利政府，因而出校后他已是一个坚定的辉格党人。他最早出版的作品中古典与近代的题材都有。罗马与雅典杂记以及那本精妙的《考莱[①]与密尔顿关于内战的谈话》，已显示出他文章的气势与流利。1825年在他的密尔顿论发表于《爱丁堡评论》后，大家觉得一颗最明亮的巨星已经升起。他驾驭知识的娴熟、引喻的丰富与语言的敏捷有力都是惊人
277 的。杰弗雷说道，"我越想越想不清你是从哪里学来的那种笔调"。辉格党的这个大机关报不仅招收来一名有才干的论文家，而且也获得了一个有力量的新兵。他以拥护《失乐园》的作者的同样热情来拥护作为政治家的密尔顿。于是这位今后将一生从事于破坏斯图亚特朝名誉的作家遂向该王朝发出了第一炮，而克伦威尔也被置于与华盛顿和玻利瓦尔并列的地位。如果说这篇文章对于政治与风尚等严重问题未免自信过度的话，这个缺点当时的人也几乎未曾注意到，那个世代的人们是惯于谩骂的。

四年后，麦考莱在一篇题为《历史》的论文里就他自己对于历史家的任务的认识作了说明。他宣称，想要作一个真正伟大的历史家，也许是智力上最稀有的成就。在科学上，诗歌上与演说上是有不少的完善作品的，但没有完善的历史著作。希罗多德不过是一位可喜的传奇家。修昔底德是最伟大的洞察力很强的专家，但思想很不深刻。普鲁塔克[②]颇有稚气，波里比阿[③]文章枯燥。李维对真

① 考莱(Cowley，Abraham，1618—1667年)，英国诗人。——谭注

② 普鲁塔克(约公元46—120年)，罗马统治时期的希腊史学家，所著《希腊、罗马名人列传》对后代思想、文化与史学发展有很大的影响。——谭注

③ 波里比阿(约公元前204—前122年)，罗马统治时期的希腊历史家，著有《通

实性漠不关心，其严重程度为历史家中所罕见。塔西佗是古代最伟大的肖像画家与最伟大的戏剧家，但他却不可凭信。近代历史家们对真实的观念较为严格，在综括推论方面也较优越，但他们的偏见却往往引导他们歪曲事实。休谟的著作是一大堆诡辩。骚塞①是英国国教的文人，林加德是罗马教的文人。吉本恨教会，密特福恨雅典人。他们忙于争辩，而忽略了叙述的艺术。事实仅仅是历史的渣滓。理想的历史家不仅必须懂得怎样画，还必须懂得怎样绘；不仅必须掌握人类的行动，还必须掌握人类的文化。

这套主张在他的《史论》之中得到了充分的表述，其中有些具有永久价值，另一些只是因为文章不错才幸免湮沉。他最好的文章是关于17、18世纪的英国历史论文，而其中关于哈兰的论文是早写成的也是最重要的。在评论的掩护下，麦考莱乘机对托利党人关于英国历史的解释大加攻击。他对克兰麦的指斥几乎和对“傲慢的背教者”斯特拉福的指斥同样严厉。他宣称，查理一世一生充满虚伪，并说，他对他臣民自由的仇恨曾是他行为的指导原则。他一笔扫除哈兰对长期国会行动所作的重要批判。他自认他对劳德，“一个可笑的老顽固”，比对我们历史上任何其他人物都抱着更多的十足轻视态度。他谴责内战在它的早期阶段的半心半意的进行：只是到1649年它的最后一幕时，他才发出抗议之声。虽 278
然他不是清教的爱护者，但他关于克伦威尔的性格与政策的有力颂赞却为卡莱尔铺平了道路。复辟时期的黑暗图景引向了1688

史》，不仅记罗马帝国的扩张过程，兼叙地中海沿岸各族的历史，并发扬了修昔底德的注重客观公正和求真的精神。——谭注

① 骚塞，罗伯特(1774—1843年)，英国桂冠诗人、历史家。——谭注

年的光荣革命，不过说到光荣，也只是威廉一个人“光荣”。论罕普登部分地讲述了同一范围，不过文笔更有节制罢了。詹姆士一世的描写，是这个历史家写得最坏的一篇；关于无污点的英雄[①]的描写则显示出他对这个人的崇拜；他和威廉两人在他自己的情感中都是占有主要地位的。关于玛金托希的论文则为这次革命提供了理由充分的辩护。关于贺拉西·华尔波尔与查塔姆的研究表明：他关于18世纪的知识殊不亚于他关于17世纪的知识。他从印度归来后所写的论文更有分量但论战性质不强。论腾普尔[②]是他最成熟的作品，而再论查塔姆则是人物肖像的一篇杰作。几年后他为《英国百科全书》撰写的庇特传具有更大的价值。但绝不是篇篇论文都达到了这样的高度。麦考莱对于斯图亚特朝以前的知识是不足的。论柏力[③]便写得平庸；至于论培根一篇则是他一生中最明显的失败。如果说这篇关于培根哲学的讨论以及这篇文字对理想主义的讽刺和其间流露的庸俗功利主义严重地打击了麦考莱的思想家的声誉，他的那篇政治叙述，（按指论柏力的那篇——译者）也不见得好些。这位哲学家被抬高到太不合理的程度，而那位政治家被贬抑到不公平的程度。虽然几年之后斯佩丁[④][⑤]把钟摆太过

① 按即克伦威尔。——译者

② 腾普尔(Temple，Sir William，1628—1699年)，英国外交家、散文家。曾促成英、荷、瑞典缔结反法同盟，促成奥伦治亲王与玛丽公主的婚姻。复辟时期拒不接受查理二世的任命。——谭注

③ 柏力(Burleigh，W. C.，1520—1598年)亨利八世及伊丽莎白两朝历任要职，主张开放贸易，废除了一些专利事业。——谭注

④ 斯佩丁(Spedding，James，1808—1881年)，英国历史家，致力于研究F.培根及其著作的搜集整理，编著有《佛兰西斯·培根的生平及其书信》(Letters and the life of Francis Bacon)七卷(1861—1874年)。——谭注

⑤ 他的《评论家夜话》，共2卷，1848年，其中载有一篇系统攻击《论文》的文字。——译者

分地推到另一方向，但这至少是对这位论文家的明显不公道的一种揭露。

麦考莱自加尔各答返回后不久所著成的两篇关于印度的著名论文属于他最动人的作品。他埋怨说，任何学童都能指出欧洲史上主要战役的日期，但许多英国人对自己民族在亚洲赢得立脚地的种种胜利战役的名称，竟也茫然无知。在这两篇论文中，《克莱武[①]》虽不够出名却写得较为确切。这个离开办公案桌而前往战场指挥军队的青年，曾赢得普拉西战役于是飞黄腾达，声势煊赫，但终因被其国人控告盗用公款，而致自刎。其人其事，充满着为麦考莱所喜爱的色彩与传奇。《华伦·哈斯丁斯》把这个大总督放到了重要的位置。这总督一方面同他的行政院冲突，另一方面同印度土王冲突；一番经历饶有趣味。增强英国权力所施的诡计、同敖德的贵妇们所进行的钩心斗角[②]以及南科马的陷害案[③]，一件接一件地迅速发生。画面上重新呈现出富饶东方的魅人景象、奇风异俗与绚烂色彩。这位超人的魔术般的巧思乃是西敏寺厅的大审案和柏克的雷霆般的报复攻击[④]的前导。虽这些描绘是作者画廊中

① 克莱武(Clive Robert，1725—1774 年)，英国将军，为英国奠定独占印度的局面。——译者

② 哈斯丁斯任总督后将一切地方权力收归东印度公司，对孟加拉的拿瓦布给予年金。当时敖德的拿瓦布年幼，由其父后宫妃嫔照料，于是哈斯丁斯乘机从贵妇们手中掠夺土地和财富。——谭注

③ 南科马亦译难德·拘摩罗(Nund Kuma)，孟加拉封建主。因不堪哈斯丁斯的勒索，对他提出控告。哈斯丁斯买通孟加拉高等法院以伪造文书图谋叛乱罪将拘摩罗判处绞刑。——谭注

④ 在哈斯丁斯受指控期间(1788—1795 年)，时任议员的柏克对他多次进行弹劾。——谭注

一幅最夺目的艺术品，它却是一幅非常失真的画像。哈斯丁斯的出名虽有赖于麦考莱，但他的名誉却还有待他人的辩护。

麦考莱关于欧洲大陆历史的知识是有限的；因而当他写这方面的著作时，他笔下就不那么自如了。他的论马基雅弗里与其说是历史研究倒不如说是政治论文。他关于西班牙继位战争的描写，因为插入安妮女王会议室的内幕消息而显得内容丰富。但他关于兰克《教皇史》的论文则完全徒有其名。他把教廷利用种种新运动之技巧拿来与造成卫士力的错误的莽撞的迂腐态度相比，而殊不知罗马因未能避免掉宗教改革，失策更大。他论腓特烈大王的文章是他最坏的著作之一[①]。关于腓特烈·威廉一世的讽刺描写，其根据是威廉美那的回忆录，他使用时丝毫没怀疑过回忆录很不可靠。他说，这个国王最好把他描为摩洛赫[②]与帕克[③]之间的混血儿。麦考莱此文著于兰克的《普鲁士史》问世之前，因为我们很难因他对这个普鲁士行政制度的创立人之重要性未能认识而予以指责，但他却完全应当能够对蕴藏在那个粗暴外表之下的优点稍有察觉。再有，关于腓特烈大王的描写也几乎同样不够真实。他被描写成一个坏心肠的人，一个无忌惮、无信仰、无慈悲的暴君。称之为暴君，正是不理解“开明专制主义”，而这主义正是19世纪中的突出特征之一，它完成过很多有益的改革。

如果说麦考莱并未发明史论这种体裁，那么他初看见它时它

① 关于德人的愤懑，参阅豪塞《文集》卷Ⅰ与巴斯·雷蒙《英人目光里的腓特烈二世》，《演讲集》卷Ⅰ。——原注

② 摩洛赫(Moloch)，古腓尼基人所供奉的火神，以人身为祭品。——译者

③ 帕克(Puck)，西方民间传说中的好恶作剧的妖怪。——译者

是砖造的，而他离开它时，它已是云石造的了[1]。他的文章在尘埃厚积的《爱丁堡评论》里面简直像钻石一般的闪闪发光。我们只要把他的稿子与锡德尼·斯密士[2]、杰弗雷或布鲁姆[3]的比较一下，马上便可看出新旧文体之间存在着多么大的距离。麦考莱史论为17、18世纪所完成的工作，殊不下于莎士比亚的戏剧为15世纪所完成的工作。麦考莱是第一个使人人对历史感到兴趣的英国作家。一个到澳洲的旅行家曾记载说，他看到每个移民的书架上都 280

有的三部书便是，《圣经》、莎士比亚与《史论》。他旧时读书的学院礼拜堂的自己纪念铭文上刻着："他这样地写作，使历史可愉快地阅读，如小说然；"这是千真万确的。一本能打动各个种族的人们的著作，一定是有其特殊的优点的。他的引力的秘诀即在：他是从来写史人中最有魔力的讲故事者。他曾被称为史学上的鲁本兹[4]。他的画像萦回于记忆之中，仿佛我们曾在舞台上亲自见过一般。在表达的生动上，他足以与卡莱尔、摩特莱与米什莱比肩。1830年他进入议会后乃一跃而成为第一流的演说家，在他以前或以后，没有哪个历史大家能像他这样地懂得议会政府的精神。戏剧能力而外，他兼备着无穷尽的学识，因而他遂能以千变万化的生动笔法来增强他的叙述。

虽然戏剧本能、政治生活经验以及无限知识都有助于他写成

① 拉丁成语："Latericiam accepit, maroream reliquit"（他接下砖城而遗下玉城）。——译者

② 锡德尼·斯密士（1771—1845年），英国国教教士，散文家。——谭注

③ 杰弗雷与布鲁姆，均系辉格党刊物《爱丁堡评论》，创刊初期的主编。——谭注

④ 鲁本兹（Rubens，1577—1640年），荷兰大画家，名作有：《耶稣自十字架降下图》（*Descent from the Cross*）与"圣彼得被钉死在十字架图"（"Crucifixion of Saint Peter"）。作品特色为有力、生动、富于想象等。——译者

卓越的史论，但它们成功的决定因素，仍在文章。对于一个读惯了沉重庄肃文体的世代，他的迅畅、精彩、明净的散文，简直像一个渴饮者的一掬清泉那样。不过这文体有时对演说比对论文更为适合；这种光华四溢的雄辩，时时会变得浮夸而迫人。繁词缛句，叠床架屋，致使人们有不堪重压之感。在他论密特福的早期论文中关于雅典文化的一段颂赞，原是一篇惊人的演说文学，但一旦印成白纸黑字，读起来便会感到令人作呕。阅读麦考莱仿佛像在清爽的空气里快步疾走一样——令人无恨兴奋，但却不是一种适宜于任何体质或任何生活时期的运动方式。从这些史论的轻松精神、充溢自信与丰盛浮夸的词藻来看，基本上是一个年轻心智的产物；因而它们对于初露才华的青年人们也就感染最强。

关于麦考莱无所不知的说法纯属一种神话。他的知识宝库虽说是惊人的，但是其中也存在着巨大缺陷。他对古典文学的精熟是可观的，但关于中世纪时代，除但丁与佩脱拉克而外，他却几乎毫无所知；即使对英国史的伊丽莎白前期，他的修养也是不过是有普通教养的水平。关于大陆国家的成长，他熟悉的程度非常有限。他精通近代英国文学与拉丁族的南方文学，但对德国文学便所知甚少。他对于宗教与哲学思想的知识更是异常有限。就在他编写他自己著作的时候，他对创造了历史科学的那种耐心研究精神竟然毫不了解，这是他的一大缺点。第二个缺点则是他的政治偏见。他的史论大部是以评论形式出现的，其主要目的则在传播某种主
281 张。如果以评论专业学者论文的标准来应用于他的论文，那对他是不公道的。我们不该以评断科学论著的标准来评断一篇政治宣言。在他那里，中立性或超脱性是根本不存在的。他忠实地

相信：辉格党的原则是政治智慧的全部内容。直到他生命终了时期，他仍然是一个1832年时的人。所以这位最出色而又最著名的英国历史学家，便同时又是一位最不够分量的历史学家。

《史论》的第三个缺点则是它们的那种铁链般的粗暴的文风，正像一个颇以自身的膂力为快的巨人那样，他好发出使人晕眩的打击。一位敬佩他的朋友麦金托什曾说，他的缺点恰在他对他的对手们的才能与性格不能给予适当尊重。墨尔本也说过，他但愿自己对任何事情有点自信，正像麦考莱件件事情都很有自信。1843年《史论》重印时，其中某些带触犯性的词句曾作了一些削删或缓和，但这项簸扬工作却做得不够严格。在评论博斯伟尔的著作出版时，他很高兴乘此机会对一个政治反对派进行猛攻：他写道，"我把克罗克打得鼻青脸肿[①]。"他晚年时曾公开忏悔过他对老穆勒的攻击[②]，但却很少由于良心上受到这类谴责而感到不安。不论在论骚塞、萨德勒[③]、巴勒尔[④]与罗伯特·蒙哥马利[⑤]的文章里，都

① 克罗克见第十二章释注。此指麦考莱所作《克罗克刊行的博斯威尔著〈约翰逊传〉》一文对克氏的抨击。——谭注

② 即詹姆士·穆勒（1773—1836年），著名的苏格兰哲学家、政治经济学家、历史学家，鼓吹功利主义。麦考莱抨击穆勒的论文有：《穆勒论政治的文章》（*Mill's Essay on Government*），《西敏寺评论家为穆勒所作的辩解》（*Westminster Reviewer's Defence of Mill*），《功利主义的政治理论》（*Utilitarian Theory of Government*）等篇。——谭注

③ 萨德勒（Sadler，M. T.，1780—1835年），政治经济学家，下院议员，著有《人口法则》一书。——谭注

④ 巴勒尔（Barére，de Vieuzac，1755—1841年），法国政治家，曾任救国委员会委员，著有《回忆录》。——谭注

⑤ 罗伯特·蒙哥马利（1807—1855年），英国诗人。麦考莱对他们作品的评议，分别见《骚塞关于社会的对话》（*Southey's Colloguies on Society*），《评萨德勒的〈人口法则〉》（*Sadler's Law of Population*），《驳萨德勒的申辩》（*Sadler's reftation refated*），《评巴勒尔的〈回忆录〉》（*Barére's Memories*），《罗伯特·蒙哥马利先生的诗》（*Mr. Robert Montgomery's Poems*）等文。——谭注

充满着咆哮的谩骂。他爱用夸大词句。腓特烈大帝的诗,是“神人共厌的”。我们正是由于劳德的鲁钝而容易忘记他恶毒心肠。他甚至以阅读那勒兹的《柏力传》与踩踏轧机相比,认为后者更加愉快轻松。对于一个这样的人来说,深浅分寸就都谈不到了。勒那说过,“真理即在分寸”;但对麦考莱来说,真理有时完全可以换成一句有力语言或响亮词句。他的最后一个弱点便是,他对于有些的思想类型与性格类型缺乏一定的洞察能力。他的豪爽脾气与率直性情使他难于理解复杂个性。他对于自己的时代思想的终极性——“历史上最开明的民族的最开明的世代”——过于相信不疑,以致使他不能深入了解其他时代的思想。卡莱尔曾简洁地说过他,他是“一个有魄力,真正有力量的人,但不幸他没有圣洁的思想”。他键盘上的音调是很少的,他的感情经验的范围是异常有限的。他对于被剥夺者们的强烈不满或神秘者的渴望都是不同情的;他还公开蔑视自柏拉图以来的哲学家们的一切理论。麦考莱既不是一个思想家也不是一个预言者,而只不过是一个通情理和有文化的庸人。

282 麦考莱在大学时期所写的关于威廉三世的论文表明,这位救星的性格对这个年轻的辉格党人曾产生过深刻印象;而关于哈兰与玛金托希的论文,也曾热烈地表达过他的景仰之心。1838 年,他计划编写一部英国史,自复辟时期叙至乔治四世逝世,而次年他已动手编写。1841 年当墨尔本政府下台时,他曾表示:他希望能够长期处于反对派的地位,以便把他叙述的历史一直叙述到安妮女王死时为止。但这工作比他所预想的要庞大得多。他放弃了替《爱丁堡评论》的撰稿工作,辞掉了剑桥大学近代史的讲座聘请,以便以全副精力投入这项著述。当1859年死神突然来袭的时候，他的叙述还没有达到威廉统治的末朝。1843年他《史论》的重印表明了他读者数量的可观；而“无穷尽的需要”也鼓励了他加紧他的更加沉重的劳动。1848年在《英国史》的开首两卷销行时，他傲然自得地写道，“我甚至时常想到2000年乃至3000年”。他在写给马克维·内皮尔的信中说，“我是不会感到满意的，除非我写出的东西能在几天之内替代了年轻淑女们桌几上的最新时髦小说。”这种雄心实现了。自从《威弗利》[1]出版以来，从来还没有过一部书有过这种盛况的。书译成各文明国家的文字；荣誉从外国学术界里似潮水般地涌来。除了他的宿怨克罗克在《季刊》里发表过一篇激烈的攻击文外，各个学派的评论者全都异口同声一致称颂。爱里逊虽指出过它的片面性，但也誉之为一部高贵的书。

这项成就也是完全应得的。虽然整个来说《英国史》不如他的《史论》精彩，却是一个远为伟大的重要成绩[2]。这著作属于他的思想更趋成熟时期的作品，在那里旺盛的精力与一种清新而可喜的成熟性得到了完美的结合。他这时宣称，英国对于它历史上的两个政党，都有其需要。这里，不论学识与准确性都提高了。他慢慢地写，在收集与编排资料方面都花费了无限辛苦。为他作传的外甥写道[3]，“他的心神始终不能安定下来，直到每一段文字都能以一般警语结束和每一句子都能似流水般地顺畅。”他从他读者的

---

① 威弗利(Waverley)，原为司各特第一部小说《威弗利》中主人公名，嗣后成为斯各脱小说全集总称。——译者

② 最佳版本为斐司的版本，1913年，斐司的遗著《麦考莱的英国史》(1937年)是一部杰作。——译者

③ 屈维廉著有《麦考莱的生平与书信》(*Life and Letters of Lord Macaulay*)。——译者

欣赏里找得了酬报，而在这些人中间，有的是很少阅读其他书籍的。有一个集会上曾通过一项对他表示感谢的决议，因为他“写了一部工人都能读懂的历史”。一个在印刷所工作的读者告诉麦考莱说，他在这两卷里只有一处措辞不能在一瞥之下抓住意思，他对于这句话特别感到满意。二十年的研究工夫才写成了同样长时期
283 的一段历史。虽然这些书只是整个计划的一个片断，但它还是自吉本以来在英国语言中的最伟大的历史著作。“我的目的不仅要叙述政府的历史，而且要叙述人民的历史，要探索实用与装饰技艺的进步，描写宗教派别的兴起与文学爱好的变化，以及描绘历代的风尚习惯。”那论述1685年时英国状况的有名的第三章为戏剧提供了背景 。如其说《史论》显示了一种罕见的概括能力，那么《历史》的成功却有赖于更为宽阔的活动余地。但他在方法上的缺点是：他的方法只能应用于一个短暂时期，而对于这个时期来说，资料却丰富得容纳不完。

在对英国复辟时期以前历史的一番简描之后，接着是关于查理二世期间的精彩一章以及关于全国情况的一个综述；在这之后，详细的叙述便从詹姆士二世的登位时期开始。故事是一连串夺人心目的场面：开始于蒙穆斯的冒险①与血腥巡回裁判所（Bloody Assizes）②，历史遂以对大学的进攻③、七个主教的遭审④、威廉的

① 蒙穆斯，查理二世的私生子。1685年率军潜往苏格兰，自称国王。兵败，被杀。——谭注

② 蒙穆斯失败后，英王组织巡回法庭审处作乱者，备极残酷，因有此称。——谭注

③ 詹姆士二世压迫新教，向国教势力强大的牛津大学施加压力，没收学院财产，企图建立天主教神学院。——谭注

④ 1687年，詹姆士二世颁布信仰自由公告，命于教众中宣读。以坎特布里大主教为首的七主教吁请收回成命，因而被捕受审。——谭注

登陆与詹姆士的逃亡为其高潮。关于詹姆士二世诸卷，是在快到1848年时写成的，结束部分对于1688年革命作了一番尽情的赞颂。“这是一次严格防御性的革命。在几乎每句言论与每件行动上都可以看出它对过去的深刻尊重。由于它在所有的革命中是最少强暴性的，它在所有革命中便是最有益的。为了法律的权威，为了财产的安全，为了我们街道的和平，为了我们家庭的幸福，我们除对掌管国家兴亡的上帝感谢之外，便应感谢长期国会、代表国会[1]与奥伦治·威廉。”七年后，叙述威廉三世的两卷续出。饱经人世沧桑变幻的英雄壮志，冷峻的外表背后对他妻子、对本廷克和对凯佩尔[2]的一副缱绻柔肠以及他如何把自己的身心全部置之于新教欧洲的利益之下的精神；这一切错综交织起构成了一幅麦考莱所绘过的最惊人的形象。在与这伟岸的形象对比之下，甚至最好的政治家，无论辉格党的还是托利党的，都不免显得矮小和偏私。他为这两卷所做的准备工作，甚至比前此几卷所做的还要艰苦。“我首先要通过阅读与旅行，来获得关于威廉统治时代的完备知识。我必须考察荷兰、比利时、苏格兰、法国各地。我必须查遍荷兰与法国的档案。我必须察访伦敦德里港、波印河[3]、奥赫里姆[4]、

① 代表国会(Convention Parliament)，英国两次非常国会，以其非由国王命令召集，故称。一次为1660年时蒙克将军所召集；另一次为1689年时为赐王冠与威廉与玛丽而召集。——译者

② 本廷克勋爵是威廉宠信的荷兰籍将军；凯佩尔子爵是威廉宠信的海军将领。——谭注

③ 波印河，在爱尔兰东部。1690年7月，威廉军在此击败詹姆士军。——谭注

④ 奥赫里姆，在爱尔兰。1691年7月，威廉军在此击败詹姆士军。——谭注

284 利默里克[1]、金萨尔、[2]那慕尔，[3]再次访问兰登与斯坦扣克[4]。我必须翻阅百种千种小册子。”他日记里这样记下的计划，竟一一忠实地执行了。《历史》一书的生动性很多是与他对书中涉及的各地有直接了解一点密切有关。全书不少部分固然精彩，其中伦敦德里之围[5]与葛伦科大屠杀[6]的叙述，就尤其写得绘声绘色。关于国家公债的起源、英国中央银行的创立与出征德利安[7]等部分也都篇篇是精心之作，能够当作短篇专著来读。

《历史》是对1688年革命及其主要发动者的一篇颂歌。更富批判精神的新一代虽然接受了麦考莱关于1688年的恩惠的说法，但对这场戏中的扮演人们则颇有着不同的看法。在他搁下其史笔不多几年之后，近代史学家中最称伟大的一位便部分地涉猎了这同一范围。兰克[8]争辩说，麦考莱把查理二世时的长期国会的功绩都推给了辉格党，但这个党却很难说是一个独立的团体；另外兰克还把托利党人通通写成极端僧侣主义者与极端君主派的做法提出争议。托利党人曾主张对法开战，并安排过玛丽与威廉的婚事，

---

① 利默里克，1691年10月爱尔兰抵抗威廉的军队在此地投降。——谭注

② 金萨尔，爱尔兰滨海市镇，詹姆士二世自法来英，在此登陆。——谭注

③ 那慕尔在西属尼德兰(今比利时)境。为1692—1695年间路易十四与威廉三世激烈争夺之地。——谭注

④ 兰登、斯坦扣克，均在西属尼德兰境内。1692、1693年法国先后在此两地击败英军。——谭注

⑤ 伦敦德里是17世纪初英国殖民爱尔兰时所建的城市。1689年4至7月，拥护威廉的军民被詹姆士军围困于此。——谭注

⑥ 威廉即位后，苏格兰高地葛伦科部落首领麦唐纳未及时宣誓效忠。1692年英军诛杀麦唐纳及其部众多人。——谭注

⑦ 德利安地峡，在苏格兰北部。1695年威廉计划移民前往定居，遭到强烈反对而作罢。——谭注

⑧ 对于这两位历史家的讨论，见努尔登的论文《兰克与麦考莱》，《历史杂志》，卷XVII。——原注

而这两件事都是辉格党人所反对的；另外，托利党人还准备限制詹姆士的权力，而这事和他们的反对者所做的也并无两样。他们对抵抗的权力谈得确实不多，但当危险迫近教会与宪法的时候，他们却也同样愿意奋力加以保卫。麦考莱在谈到詹姆士时自始至终是一派轻蔑嫌憎的口吻，这种描写也是无法让人完全接受的。至于威廉的形象，则又因聚光过强而弄得面目失真；他的洗刷葛伦科污点的企图，也是一个失败。

对优点缺点夸张过度以及对某种类型人物缺乏理解能力的毛病在《历史》中又有重现。马尔巴罗公爵是“一个卑劣恶毒的怪物”——守财奴、放荡之徒、卖国贼、暗杀凶手。约翰·帕泽特[①]曾对这幅画像作了一个深入的分析。依他的话来说便是，在那里，“文献被隐瞒，日期被窜改，无耻之徒的论调被充作纯洁和无可非议的证据而列出，那些久已遗忘的，措词恶毒的匿名诽谤竟又跃然纸上。”那个袭击布雷斯特计划的泄露[②]，被说成是“他所有几百件卑鄙行为当中的最卑鄙的一桩”，但是这个计划路易十四早就完全知道。公爵[③]也被描成一个泼妇，既无才干，又无品格。乔治·福克斯[④]在他早期史论的拙劣笔调下被骂得一塌糊涂。他对潘恩[⑤]

① 《新检视》，1861 年，这是一部叙述有力而又饶有趣味的作品。——原注

② 1694 年 7 月英军计划偷袭法国布雷斯特，因泄密未果。——谭注

③ 女公爵，似指查理二世的情妇露易莎（Lousisa）。她是法国人，由路易十四介绍入宫，深得宠信，受封朴次茅斯女公爵（Duchess of Portsmouth）。《英国史》专门描写了她在查理二世临死前的行为。——谭注

④ 乔治·福克斯（1629—1691 年），英国“公谊会”（“贵格派”）的创立者。——谭注

⑤ 潘恩（Penn，William，1644—1718 年），公谊会（贵格派）的领袖，美国宾夕法尼亚州的开创者。——谭注

的论述激起了“公谊会”的正当愤怒。亚敦[①]挺身而出，对丹第[②]的受攻击作过声援。巴宾吞对麦考莱笔下的僧侣阶层的品质与社会地位的描写发表过一篇详细答辩。麦考莱太好把他那时代一些小
285 册子与传单内记载的东西当作证据。穆勒在谈到关于威廉三世的各卷时，曾说它们不失为有趣读物，但非正确的历史[③]。“他对效果的追求往往言过其实，对所描写的许多人物歪曲过度，以致许多人的成就都变得无法解释。他与格罗特是多么不同；格罗特才气稍逊，但叙事简朴真实，反而更吸引人，另外还因为格罗特不求惊人而力图理解和说明。”卡莱尔在他的日记中写道，“四百次的再版也不能给这些书带来永久价值，其中往往缺乏深意，不过徒逞辞令而已。”这些非难不免过苛，但麦考莱对于他的题材中的一个重要方面的掌握却是有限的。他关于1688年革命的描写过分拘泥于岛国的观点。他提供了新的资料，例如，关于三国同盟[④]、多佛条约[⑤]、巴利隆与反对派的谈判[⑥]以及立兹尉克的和约[⑦]等等，但在这些地方他却把握不住事情线索。于是，兰克的全欧观点再次补充了这个前辈的不足。最后一项批评意见我这里还须提出。麦

---

① 亚敦(Aytoun, W. E., 1813—1865年)，苏格兰诗人，爱丁堡大学修辞学教授。——谭注

② 丹第子爵，名约翰·格拉汉，复辟王朝将军。1684—1685年奉命率军镇压迫害苏格兰的护教者。1689年5月在苏格兰以詹姆士二世名义进行复辟活动。——谭注

③ 穆勒《通讯集》，卷Ⅰ，第188—189页，1910年。——译者

④ 三国同盟，1668年英、荷、瑞典缔结的反法同盟。——谭注

⑤ 杜佛条约，1670年英法订立的瓜分荷兰的密约。——谭注

⑥ 巴利隆为法国驻英大使，秉路易十四之命在英国贿买反对派，扰乱政局。——谭注

⑦ 立兹尉克和约，1697年9月英、法、荷、西所订有关英、法、荷领土及英国王位等问题的条约。——谭注

考莱长于描写而短于说明。像他这样对思想感情的内心世界毫无感受，对漂浮在事件表面的背后实质完全不肯费力探索的人，求之于第一流的史学家中，委实不多。

哈兰与麦考莱的共同努力曾使英国历史上的一个重要时代摆脱了休谟的支配，但托利主义却又找到了艾利森[①]这个新的拥护者。他写道，“鉴于局势的发展会在我们国内引起一场社会与政治的巨大动乱，因而动念著述一部法国革命时期的欧洲历史[②]。多年以来遍及全国的革新狂热、社会上流行的种种不切实际的空洞思想以及政府采用这些意见时的轻率态度——这一切已都使我对前途产生悲观。”此书的第一卷出版于1833年，第十卷1842年。书的序言对他自己的政治与宗教哲学表述得异常坦率。“如果说法国大革命的探讨对人们有什么重大启示的话，那便是潮流的危险性；因为投身于政治革新浪潮的人已经被卷入其中”。幸而人们的愚蠢行为受到了一个巨大力量的制止。“行动者们在一个看不见的力量之下受到制服，这力量恰恰把他们的罪恶与野心变成了伸张天理正义的工具，因而使道德最后战胜邪恶，整个人类得到拯 286
救。”这段话完全是那种不肯妥协的托利主义精神。法国革命乃是一个混乱的爆发，无论其原则还是结果都纯粹是破坏性的；正像其他激烈的暴乱那样，势必自食其果。“自从路易十六死去之后，转而扶持秩序与宗教的趋势已在全世界上开始呈现。”这种维护者之一，便是乔治三世。他从未在少数有头脑的人中失去威信。书的

① 见《自传》，第2卷，1883年。——原注（一译爱里逊）

② 书名《法国革命时期欧洲史》（*History of Europe During French Revolution*）十卷。——谭注

结尾部分还用了上百页的篇幅讨论道德问题。“民主政治在一个古老社会里是不可能存在的，也从来没有长期存在过。它不是毁掉社会，就是毁掉它自己。”

这部被它的著者天真地称之为促进保守派立场的巨大努力的《欧洲史》，成了托利党的圣经；该党在改革国会的初期曾从这部书中找到了所需要的滋补剂。然而，使这书获得世界声誉达三十多年之久，却并非靠它的托利主义。艾利森自己曾把这个成功正确地归之于他的题材的特别诱人和他在这个领域内的优先地位。读者对书中的种种陈腐议论完全能够将就，因为这部著作乃是关于近代史上最多事之秋的一段历史的第一次综合叙述。一时英、美社会的书斋中很少书架上不备有这位苏格兰官员的大部卷头；它的译本还把他的见解传遍全欧。但民主潮流的高涨与公正的历史研究的发展，终使他的名声衰落下去。《欧洲史》的续编叙至路易·拿破仑政变，但不如它的正编富于戏剧兴趣。作者1867年死后不久，这部《欧洲史》已经逐渐扫进旧书铺内积满尘埃的角落里去了。

艾利森巨型剧中的一个场景，却另由内皮尔根据很不同的资料，更详细地作了叙述。[①] 他的《伊伯利安半岛战史》[②]一书是英文中一部最好的军事史，编写时曾得到过威灵吞与苏尔特[③]二人的帮助。但书中所流露的偏见却和艾利森或麦考莱的书同样明显。“西班牙人曾大胆提出，而人们也都相信：半岛之得到拯救乃是出

① 关于因这部书而激起的大量著作，参阅《英国名人词典》。——原注

② 此书全名为：《1807—1814年伊伯利安半岛及法国南部战争史》（*History of the War in the Peninsula and in the South of France from the Year 1807 to the Year 1814*），六卷，1824—40年。——谭注

③ 苏尔特（Sout，Nicolas-Jean，1769—1851），法国元帅，伊伯利安半岛战争的法军指挥官。——谭注

自他们之手。我反对这种说法。”他宣称，西班牙覆败的首要原因，在于它那迷信的朝廷与残忍的僧侣阶层相结合。他们暴虐固执，愚昧矜夸，他们在战争里所表现的极度残暴简直是人性的一种耻辱。另一方面，法国人则激起了作者的钦佩，他们是那样英勇，以 287
致只有英国军队才能够打败他们。虽然他也指责拿破仑的欺诈与暴虐，但他还是认为拿是历史上最伟大的人物、最了不起的统帅和最有深谋远虑的政治家。他对苏尔特以及其他法国将领公开地表示了钦佩。书的主角是约翰·摩尔勋爵[①]，连葡萄牙人也获得了称颂。然而作者的强烈情感并没有影响到他军事叙述的价值。他对亚尔布拉[②]及其他他参加过的战役与围攻的描写，比他的唯一真正对手金拉克对克里米亚战争的描写[③]要更生动些。这是一部军人的著作；在他看来，战争是世界的规律；所有生物，上至人类下至虫豸，时时都在斗争。

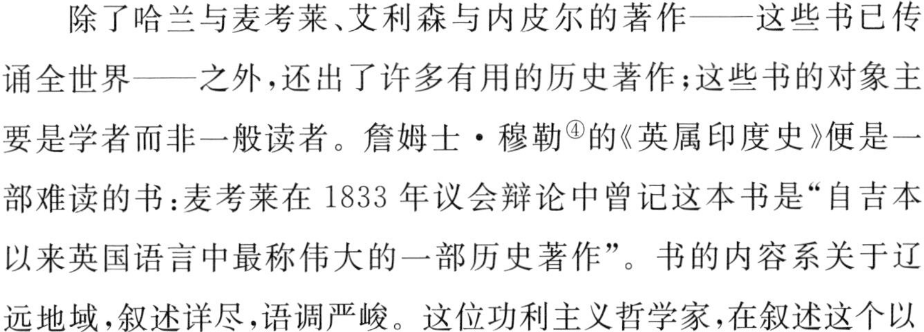

除了哈兰与麦考莱、艾利森与内皮尔的著作——这些书已传诵全世界——之外，还出了许多有用的历史著作；这些书的对象主要是学者而非一般读者。詹姆士·穆勒[④]的《英属印度史》便是一部难读的书：麦考莱在1833年议会辩论中曾记这本书是“自吉本以来英国语言中最称伟大的一部历史著作”。书的内容系关于辽远地域，叙述详尽，语调严峻。这位功利主义哲学家，在叙述这个以

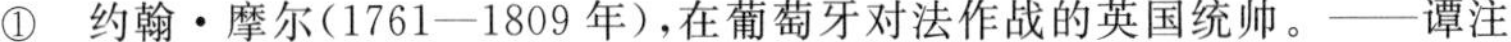

① 约翰·摩尔(1761—1809年)，在葡萄牙对法作战的英国统帅。——谭注

② 1810年5月英军击败法苏尔特军于亚尔布拉。——谭注

③ 金拉克著有：《入侵克里米亚》(*Invasion of Crimea*)，共八卷，1863—1867年。——谭注

④ 参阅贝因《詹姆士·穆勒》，1882年与李思廉·斯提芬《英国功利主义者》，卷Ⅱ。——原注

种姓与传统为基础的社会时，他的同情心是不太丰富的。正当威廉·琼斯勋爵[①]在社会上对印度文化掀起了热潮的时候，穆勒对印度各族的法律制度、风习、艺术、宗教与文学的叙述方法，实在无异于一股刺骨的冷风；不过他对东印度公司及其代理人的评断也同样不少宽假。在谈到他的“浩繁的卷帙”时他的态度倒也谦逊，他认为他对印度缺乏直接知识——而这正是公正态度所必不可少的——这点，往往使他下笔不易恰合分寸。他的同情与想像也都不够。《印度史》的价值，主要在于它的丰富资料和它的分析能力。它被列入当时的经典著作之一，因而为它的著者在印度部中赢得了一个席位。三十年后，这部书经过贺拉西·威尔逊的改订与续写，仍然是此后几十年内的标准著作，并被采用为印度文官候补人员的一种课本。另一方面马克斯·穆勒[②]声称，这部著作对印度所遭遇的某些最大灾难，是负有责任的，即使威尔逊所加的注释可

288 作为它的解毒剂。

哈兰与穆勒时代的作家再也没有像威廉·科克斯那样地不倦于出版新资料。他所写的华尔波尔传、马尔巴罗传与柏兰[③]传迄今还是研究18世纪者之必不可少的著作，而他关于奥国王室与西班牙波旁朝之大部头历史著作[④]则开辟了一个新的研究领域。虽然他完全缺少叙述能力与文学本领，但他却是一个勤恳的编辑者；

① 琼斯勋爵(Jones，Sir William，1746—1794年)，英国东方学家、语言学家，第一个娴熟梵文的英国学者。曾将一些著名的印度典籍译成英语。1784年创建“孟买亚细亚学会”。——谭注

② 见《印度所能教导我们的是什么?》第二讲，1882年。——原注

③ 亨利·柏兰(1695? —1754年)，是1743—1754年间的英国首相。——谭注

④ 第一部书名《奥地利王室史，1218—1792年》(*History of the House Austria，1218—1792*)，共四卷，1893—1895年。——谭注

他的著作构成了才隽之士从中汲取资料的仓库。更为通俗的则有斯特里克兰的《英国女王传记》与泰特勒的《苏格兰史》，虽然它们也是根据手稿资料的广泛研究写成的，而后者则是在华尔脱·斯各脱的怂恿下编写的。还有一部富有思想性的综合著作——《三十年和平时期英国史》，这是由马蒂诺写成的；此书迄今仍有参考价值，因为它是由一位渊博多闻的当代人编写的著作。

289 第十五章　提尔华尔、格罗特和亚诺尔

I

自文艺复兴以来，对古典著作的一般性研究，在英国比在任何其他国家更为普遍，因而古典时代第一部多少带有几分学术性质的历史遂出自一个英人的手笔。当吉本发现他友人密特福[①]是一位希腊文学的爱好者时，曾建议他编写一部希腊历史。这部著作在开始编写时并未涉及当代的问题；其第一卷出版于 1874 年。但在法国大革命爆发后，这个历史家却利用过他的著作来打击辉格党人与雅各宾党人。对于那些艳羡希腊共和国的自由，并强调它们的制度是最适合于培育幸福的人们，他的回答是，那种认为这些制度在它们起源的国家里曾经确保过繁荣康乐的假设，及是一个完全的错误。在那里人身与财产的安全是谈不到的，统治者间的关系主要是争权夺利，而社会则是建立在奴隶制基础之上的。其中最好的城邦斯巴达则干脆不去标榜什么民主。在密特福看来，民主实即专制；乔治三世时期的英国宪法便是世间出现过的最好宪法。

---

① 参阅他的兄弟勒兹达尔爵士的回忆录，见 1837 年版，卷Ⅰ。在马哈斐为度律伊的《希腊史》英译本所作的导论里，可以看到马对密特福及其他后继者的若干有趣评论。——原注

他对波斯人、迦太基人与马其顿人的好感是甚于希腊人的。他对僭主们备至颂扬，但对于民主派与民主活动家的任何不利的流言，则欣然接受。他天然地站在了马其顿一方，而指斥狄摩西尼是懦夫与无赖。弗里曼写道，“密特福是一个不高明的学者、一个不高明的历史家和一个不高明的英文作家！虽然如此，我们觉得对他还是有些眷念的。因为他毕竟是第一位揭示出希腊社会的生动现实及其所具实际意义的极有声望的作家。”麦考莱[①]则声称，几乎所有近代的希腊历史学家都剥夺了希腊人的个性特点，使之成为单纯的类型，但这一严重缺点密特福倒能避免。但他的唯一优点也就在这里；而就连这个优点也多少是他那漫无节制的党派心理所带来的结果。这部书的成功主要由于他的政治偏见。当时的托利党人引用它，正像在三十年后他们引用爱里逊那样。1824 年时 290
麦考莱写道，“密特福享有着巨大并且与日俱增的声望。他在历史家中间达到了一个极高的地位，几乎无可动摇。他本该在他第一卷出版时就受到攻击。但现在要来拦阻他声誉的发展已属一种近乎绝望的做法。”这篇攻击性的文章颇使辉格党人称快；但对于一个业已确立的声誉则很少影响，于是那经过作者修订的再版便又在 1829 年刊出。但是思想解放的时期已不远了。“改革法案”的出现标志着一个与这个历史家观点全然异趣的新时期，而同时另外两部既富于学术价值又具有较宽容精神的希腊史的问世，迅速变成了有力替代。

在攻击密特福的同时，麦考莱表达了他所想望的真正的希腊史的出现；它不仅包括希腊的政治，而且包括它的社会、艺术与文

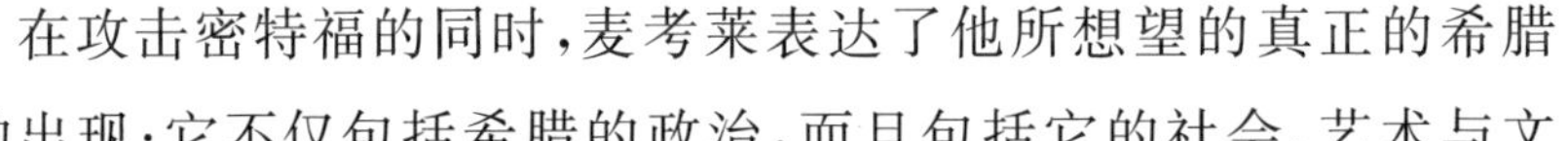

① 《密特福的希腊史》，见《杂文》。——原注

学，以便使近代世界能认识到它从希腊所承袭到的遗产。数年之后，在各国语言中第一部堪称具有学术价值的希腊历史著述遂由提尔华尔发表。他在获得了剑桥大学三一学院研究员资格之后，曾经担任大法院的律师①多年。1827 年时他被授圣职，复回三一学院，在那里他参加朱里安·哈尔翻译尼布尔著作的工作。他接受约克郡一笔王室领地圣俸，并于 1840 年擢升圣大卫主教。当他受邀为拉德纳《百科全书》编写一部希腊史时，他欣然接受了这项工作。书的第一卷于 1835 年出版，第八卷 1844 年出版。修订与扩大版出于 1845 至 1852 年间。书的作者表示他对该书所受到的欢迎感到十分满意，认为他的原意不过是“使希腊史的著作在某些方面比原来的情形稍胜一筹”。由于他在发表意见上的拘谨，兼之风格与热情不足，他比较缺乏吸引人心的艺术，但他那精粹的学术水平与稳健的识见，曾使他成为那些悉心研究希腊历史者们的良友。

著作的开篇包括，希腊世界的地理概述，它的早期种族情况，以及关于它的英雄时代文化的描写，等等。与相信荷马史诗中人物具有真实性的密特福不同，这位尼布尔的门生则仔细地对传说
291 与历史加以区别。他的雅典黄金时代的概述部分，具有冷静、清晰与就事论事的特点，但缺少风格与应有的气氛。他从没有考察过希腊，也从来没有过这样的愿望。马拉松战役的描写没有什么激动人心的地方，而伯里克利时代的艺术与文学所占的篇幅则嫌过

① 参阅他的《通讯》，1881 年，和提尔华尔（J. C. Thiriwall），《康诺普·提尔华尔》，1963 年。关于评传，参阅《爱丁堡评论》，1876 年 4 月号（由普兰普脱所作）和克拉克，《在剑桥与别处的老朋友》，1900 年。他在黎德的《豪吞勋爵传》，1890 年，常被提及。关于德国对英国古典学者的影响，参阅杜克洪，《德意志历史主义在英国》，1950 年。——原注

少。叙拉古的斗争描写缺少了它应有的某种悲剧情调；而亚尔西巴德[①]也失掉了他的不少光辉。在提尔华尔眼光中，除了苏格拉底之外再无别的英雄。他关于伯罗奔尼撒战争期间及其战后雅典内部局势的一章乃是一篇四平八稳的总结。“他们浮薄、狂热并且常常是不公平，但他们同时也能慈悲为怀和对人怜悯。”腓力与狄摩西尼之间的斗争则描写得详尽而又公允。后者在他看来，是“善良而又伟大的”——比福西昂要伟大得多，因为福西昂虽然在个人方面具有高尚的品格，但却成了征服者的奴隶。而腓力虽然肆无忌惮而又好搞阴谋，但并非完全没有宽大胸襟。从来很少有历史家对于亚历山大的目的与事业采取过这样宽厚的看法。“他的雄心，在那些颇足以使之变为高贵与纯洁的次要目的中几乎已长成为一种为人类所可能达到的最高境界。”他的征服是大大有利于被征服者的。但是亚洲从他的功绩所感受到的赐福，在希腊却几乎不为人知。“在许多重大方面，它的状况已变得每况愈下。”书的结尾为大事述略，直至希腊由于科林斯的毁灭而变为罗马行省为止。提尔华尔的长处是显而易见的。他博采众长，吸取了博赫奥弗里·穆勒、韦尔克尔、德罗伊曾、克累散与洛贝克的研究成果，而这些人都是在将古希腊的文明揭示给近代人方面著有成绩的。他的见解也与他的学力相称。豪吞爵士是一个交游很广的人，但当他被问起谁是他所熟识人中最杰出人才时，他竟毫不踌躇地回答说是“提尔华尔”。书的缺点是在消极方面而非在积极方面。剧中人物显得

① 亚尔西巴德(公元前 451—前 404 年)，雅典将军，以雄材博学见称于时。415 年率舰远征西西里。在围攻叙拉古城之时，雅典政府命其回国受审，于是投奔斯巴达。——谭注

象影模糊，另外也给人以陈旧剧目的感觉。至于要使那种雅典民主起列回生，并把世人的注意力集注在它的辉煌成绩上面，这项工作就有待于一个才能更为出众的同代人了。

早在二十八岁的青年时期，格罗特[①]便已开始了希腊史的系统研究，1826 年他在论述密特福的一篇文章里已经拿出他自己在这方面的见解。在承认希腊民主政体中种种缺点的同时，他提出，我们必须对这些作出公正论断。“我们只须把它们和任何其他古代政体比较一下，便会毫不踌躇地宣称它们具有无可怀疑的优点。
292 它们为良好行政所提供的安全保证远远不够这一点，我们完全承认，但是寡头政治与君主政治则是对此完全没有提供任何安全保证。”他对密特福的下述论点一一提出反驳，诸如：希腊的议会是反复无常的，民主政治是不够稳定的，富人的赋税过重等等，并严厉批评了他学术研究上的种种重大谬误。格罗特的结论是，“十分明显，一个历史家如果在转述具体史实上尚且如此脱离根据，那么他在任何一般性的论断方面便更加不会有多大信实可凭。如果希腊历史将来被人以认真信实的态度重写之后，我们敢于断言，这位作者的声誉必将一落千丈。”这个年轻银行家此时早已熟悉边沁与老穆勒，并被认为是那个为数不多然而颇有影响力量的哲学急进派中的一个很有前途的新兵。当 1830 年辉格党在长期失势后重掌政权的时候，他决定参加议会；并于 1833 至 1841 年间充任伦敦议

① 参阅格罗特夫人《乔治·格罗特的个人生活》，1873 年，和贝因的格罗脱《次要著作》(*Minor Works*)导论，1873 年。关于专家的评价参阅白尔曼《论古代与现代》，1895 年；勒尔斯《通俗论文》，1875 年；龚佩士《论文与回忆》，1905 年；弗里曼《历史论文》，第二辑，1873 年。——原注

员。他与洛巴克与摩尔兹威司一道，努力引导格雷[1]与墨尔本[2]在民主政治的道路上更前进几步。这是一桩既饶趣味又有价值的生活经验，不过他并无意于长此继续下去；因而到1841年辉格党失势时，他就又退出了政治舞台。两年后，他甚至脱离了银行；从此专心致志于他的《希腊史》的编写，书的第一卷出版于1846年，第十二卷于1856年。他的学问本有基础，又得益于“德国学术研究的极有价值的帮助”。他事先精详地研究过其他文明的早期历史。他是一个修养有素的哲学大家，因而古希腊思辨哲学中的种种玄妙之处在他丝毫不是困难。另外他又是一个民主政治的坚决信奉者，热烈地同情希腊各城邦为实现民主所作的努力。最后，他在政治生活方面的经验还有助于使他自己以及他的读者体会到希腊政治家与思想家们所企图解决的种种问题的真实性。

这部著作从探讨早期希腊的传说开始，他在这方面的见解在其在关于希腊传说与早期历史的一篇文章里已经作过说明。任何想使传说合理化的企图都不可能获得鉴别真伪的结果：它们不过是一个富于想象力的民族的幻想的创造物。这个态度支配了《希腊史》的开始两卷。“据我所知，再也没有比把这些模糊时代及其人物的一些所谓证据掂来掂去更加令人丧气和更无益处的了。如果读者责备我没有帮助他，如果他问我为什么不揭开幕布展出图画，那么我将引用画家宙克息斯[3]的话回答他说，幕布即是图画。”

① 格雷(Grey，Charles Eart of，1764—1845年)，辉格党改革家，1830—1834年任首相，在其任内通过了第一次议会改革法。——谭注

② 墨尔本，一译梅尔波恩(Melbourne，William Lamb，1779—1848年)，辉格党政治家，1834，1835—1841年两任首相。——谭注

③ 宙克息斯(Zeuxis，约公元前464—前393年)，希腊画家，古代世界最著名的艺术家之一。——译者

如果格罗特不是看到神话在显示人类的萌芽思想方面具有相当意
293 义，他是不可能以那么多的篇幅来叙述传说的。随着科学的宇宙观的发展，许多神话逐渐被当作寓言看待。他对于古代传说与神话方面具有广博的知识，并利用了最近德国的研究成果。书中关于史前期希腊的论述是以荷马诗篇的分析作为结束的。他在荷马撰著说与沃尔夫和拉赫曼的民谣说之间，采取了折衷说法，宣称《奥德赛》很有可能出自一个人的手笔。另一方面《伊利亚德》原系关于阿喀硫斯的纪事诗，后来其他次要情节也都连缀上去。这些诗产生于公元前 9 世纪，约有二百来年系靠人们的记忆流传下来直至庇士特拉图时代才形成了我们今天看到的这种式样。

书中的“历史期希腊”(Historical Greece)部分，开篇时首先对地理情况作了扼要介绍。接着作者叙述了斯巴达的政体；不久又接触到了索伦，他已经是历史家们的第一个实实在在的人物了。行文到此，亦即到了希腊开始在历史上起着作用的时候，作者通过对小亚细亚、腓尼基人、亚述人与埃及人各章的叙述，综观了当时的整个世界。在这样地描绘了一幅政治地图之后，他略述了地中海区希腊殖民地的建立。书的核心是以克来斯特尼的改革为开始的雅典民主政治。他宣称，改革运动在人民中间迅速兴起。“它的积极原因则是人民主权的这个伟大新观念，即是主权属于自由平等的公民全体的观念。这个观念产生了电流一般的迅速效果，创造了一系列前所未闻的思想、情绪、动机与才干”。这种兴奋鼓舞的状态一直维持喀罗尼亚战役之前五十年左右，这时雅典人已降至其他希腊城邦的一般水平。“主要因为民主政治不大适合于大多近代读者的胃口，于是他们总习惯于从这种思想的最乏光彩的表现方面去观察问题，正如亚理斯多芬的讽刺作品所表现的那样。而我们却需要，按伯里克利的讲法那样去理解这个问题。”波斯战争表明，雅典人不仅能说而且能做。但他们对于胜利的将军则小心提防。格罗特很惋惜米太雅第在马拉松战役后的失意①，但却认为他的耻辱是咎由自取。反复无常并非是雅典人的一般属性，他们对尼细阿②与福西昂的态度便曾始终不渝。只要他们的首领忠心于雅典的时候，他们也是忠心于首领的。波斯战争之后，雅典宪法达到了它的异常完备的形式。克来特尼斯扫除了出身所造成的差别，并减少了以财产为基础的等差。至于其余法律上各种没有资格现在也已消失。雅典这时已由一个主权的会议来进行治理；这会议由全体公民所组成，并从中选出一切国家官吏。这个政府第一次以法律代替暴力，是世界上所曾出现过的最好政府。它的理想性质（即使不是它的真正实践，）曾在伯里克利的不朽演说中得到了光辉的表述。这是合乎理性的自由的黄金时代。“我们从这里所读到的这种宽厚容忍精神是目前各个国家中都见不到的。”不幸的是这种情形在很大程度上依赖于伯里克利本人，而一旦他不在之后，衰落便立即呈现。“他的清廉公正的政治品德、他的谨慎与坚定的整个希腊史上都是无与伦比的，因为在那里这些品质本来是难得的，而它们集于一身就更属罕见。”

294

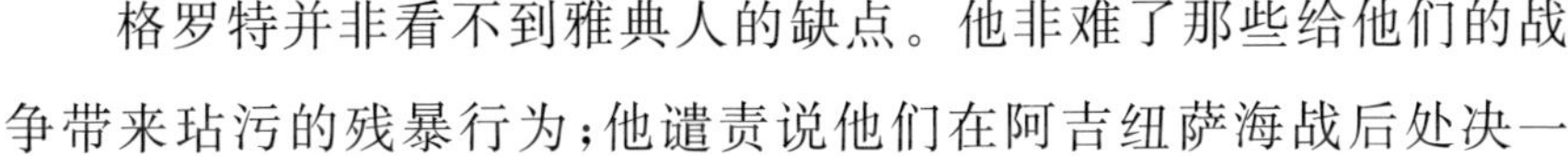

格罗特并非看不到雅典人的缺点。他非难了那些给他们的战争带来玷污的残暴行为；他谴责说他们在阿吉纽萨海战后处决一

① 米太雅第以在战争中未能占领派各斯岛受到惩罚不久病死。——谭注

② 尼细阿，雅典保守派领袖，在伯罗奔尼撒战争中力持和议。公元前421年主持与斯巴达签订了“尼细阿和约”。——谭注

些将领是违法行为[①]，虽然他相信这些将领是有罪的。在称颂尼细阿的清廉时，他补充说，这种品质在希腊政治活动家中间是罕见的。他严厉指斥了西西里远征。但另一方面，他却认为雅典人在不止一个方面遭受了不公平的责备。他对贝壳流放制作了解释辩护，认为这是一种替代弹劾与死刑的温和办法。他拥护克利温[②]，反对亚理斯多芬的讽刺与修昔底德的恶意。关于诡辩派与苏格拉底诸章可为书中最具创见的部分。正像"律法师"[③]与"法利赛人"[④]那样，人们对诡辩派的印象是他们的反对者替他们而留下来的。"据我所知，历史上很少有人遭到这样苛刻的对待。他们横遭了他们这个恶名的惩罚。"他们的任务曾经是教导青年如何思维讲话与行动，训练他们如何执行公民的义务与责任。他们乃是道德家而非哲学家，他们属于一种行业而非属于一个教派。我们找不出任何线索可以让明他们产生了坏的影响，或者他们流行的时期就是一个道德衰败的时期。他痛斥那种认为雅典品质堕落的说法为纯属无稽之谈。"我认为，雅典人不论在政治上在道德上均已较过去大有进步，他们的民主政治在这件事上是颇著成效的。苏格拉底自己也是一个诡辩家或大众的教师；他与其余诡辩家的不同仅在于，他公开讲授，拒不收费与具有传道士般的热情。说他是一个好人不等于说他们便是坏人，或者说他的教诲便比他们的教诲

① 公元前406年，雅典海军于阿吉纽萨群岛大败斯巴达舰队。战后有八名将军以不关怀遇难水兵之罪受审，六人被处决。——谭注

② 克利温，雅典民主派领袖，继伯里克利之后执政，主张对斯巴达作战，在安菲波利斯之役（公元前422年）中战死。——谭注

③ "律法师"（Scribes），古代犹太神学家与法学家，主张保护旧礼教者。——译者

④ "法利赛人"（Pharisees），古代犹太的一个宗派，以严格遵守法律与圣法生活为特征。——译者

更为有益。他的同时代人是不曾像我们那样地透过柏拉图雄辩滔滔的金色雾霭来看待他的宗教革新者无论在异教时代或基督教时代都从来不曾得到过仁厚对待的，只有雅典人才可能那么长时期地容忍了苏格拉底。”

公元前4世纪时雅典已经不复是这出戏剧中的主要角色，但希腊文明之灯却依然如往日那样光辉灿烂。格罗特对伊巴密嫩达①的景仰是说不尽的。他认为，这位著名的底庇斯人政治才干
虽然逊于伯里克利，但军事才干则有过之；他是唯一堪与之比拟的 295
重大人物。这位历史家对亚吉西劳②的评价是恰如其分的；而他对于提摩利温③——那个古代的华盛顿——的经历行事则不胜低回留恋。雅典本身不乏高贵的公民，但他们却无力避免其自身的覆灭。她曾受到暴力征服一点绝不应成为我们应当拜倒在其征服者面前的理由。他承认她的覆亡在某种程度上是咎由自取。“公元前360年时的雅典人似乎是已经衰老了。他们已经变成了平和安稳、安土重迁的文雅公民。”处在这样一个时期，福西昂的影响确实是一个致命伤。如果不是他，雅典完全足以挫败腓力，而不致使之变得那样强大无敌。格罗特虽惋惜福西昂的政策，却承认他的个人方面的巨大优点。但他在狄摩尼西身上则深激赏那种道德与智慧的结合。正如伯里克利体现了雅典全盛时代的精神代表，同样，

① 伊巴密嫩达，底比斯民主派领袖之一。公元前371年，以新的战术在留克特拉城附近大败斯巴达军，予伯罗奔尼撒同盟以重大的打击。——谭注

② 亚吉西劳，斯巴达国王，于公元前396年多次大败波斯军，但未能巩固其战果。——谭注

③ 提摩利温，科林斯的执政者。公元前4世纪60年代末迦太基人侵西西里。提摩利温率军赴援，击退迦太基人并在该岛宣布民主宪法建立了温和的寡头政治，然后撤军。——谭注

狄摩尼西则是希腊世界衰落时期的主要光荣。希腊民主政治正是由于忽略了他的忠告,才使自己在喀罗尼亚的战场上遭到暴亡。

格罗特对腓力的描写是具有敌意的,但在根本上却无不公道之处。腓力是一个良将,不过他也幸而没有遇到过能力卓越的希腊将领的对抗。他并非没有文化修养,但他缺少稳健节制,对于妇女保持着东方人的看法,并常因嗜酒而失了体统。他的儿子亚历山大则远远比他恶劣得多。这个曾经受到特洛伊曾的歌颂与提尔华尔赞美的国君,在格罗特看来,正像在尼布尔的眼中那样,不过是个有些才具的野蛮人,他的能力只是在于破坏。他那不可控制的强烈冲动是从他野蛮的伊庇鲁斯族(Epirot)的母亲遗传来的。他把底比斯夷为平地的做法即使在那个残暴的时代也是一件没有先例的残暴行为。他对菲洛达斯与帕米尼奥的杀害[①]显出了他的无情无义,而杀死克来图斯[②]又表明了他的难驾驭的激情。战争与征伐不仅成了他生活中的正事,而且成了他的乐趣。他的侵袭亚洲正像阿提拉的进攻欧洲那样。在大流士死后,他也摆出了那套豪华的架子,一切采用了波斯王的习惯。"他不是要希腊化亚洲,而是要亚洲化马其顿与希腊。"他所建造的"城市"仅仅是设了防的前哨站,借以保持占领地的服从。在他一切的建设中,只有亚历山大城尚处繁荣状态。如果说希腊曾经代表过自由,那么希腊化时代的亚洲却是无可救药的专制。马其顿征服所带来的唯一确切利益便是:交通发展、商业的扩大与地理知识的增进。如果这个

① 菲洛达斯系腓力手下的大将帕米尼奥之子。父子二人以涉及所谓阴谋案为亚历山大杀害。——谭注

② 公元前 328 年,亚历山大在一次宴会上将其密友,救命恩人克来图斯杀死。——谭注

征服者寿命再长的话，他也许会要征服掉整个有人居住的世界，包括罗马在内。但他和他的父亲已经干尽了坏事。“到了亚历山大以后，希腊的政治活动已经难以开展，它的影响也日益衰微，这对历史读者不再感觉兴味，对于世界命运也不再起作用。”狄摩西尼因避免死于马其顿人手下而饮毒自尽。而亚加亚同盟——那个 296
“从希腊自由的枯树上所发出的柔条”，从来没有达到枝繁叶茂的地步。在一切构成希腊伟大的事物中，唯有各种哲学派别算是幸存了下来。

《希腊史》这部著作获得了异口同声的赞颂。他的老同学提尔华尔有一次曾说过，“格罗特正是一位编写希腊史的最好人选”。他在阅毕第一卷后写道，尽管他所设想的目标颇高，但它还是大大超过了他的这个标准。“它提供了一种真实保证，这是在这个题目上我们的或任何其他的著作里从来没有这样处理过的。它使我感到相当满意的是，他的见解除了在个别重要问题上，一般与我自己的见解没有多大分歧的。”在起首四卷出版后，提尔华尔承认他自己的成绩“差得很多”。“我已很满足于我著作所获得的暂时性的成功与作用，并能为了一切最崇高的目的而毫不虚假地甘愿它被替代。”他们两人也能相互佩服，因为格罗特也曾宣称，如果提尔华尔的书能够早出几年，他很可能根本不去动笔了。格罗特的《希腊史》堪称世界上伟大的历史著作之一。它的笔调虽缺少色彩与优美，但很少著作能够给人以这样一种坚实的思想力量。他表明，在希腊史经过密特福的介绍而渐为人知的时候，他已开始计划撰写这部著作，其目的在于提出一种较公正的解释。在他看来，“希腊人乃是第一次在我们的天性中潜伏的智力上点燃起火花的民族”，

而他的著作正是一种对他们感激与景仰的热烈颂辞。在他以前或以后，没有一个作家在使世人认识到希腊对政治家与公民的重要性方面，做过这样重大成绩。弗里曼也完全会作出这类说法，即阅读格罗特的著作在人的一生中是一件不同寻常的大事。正当其他作家在宣扬这个哲学与科学、文学与艺术之母的时候，格罗特则遗憾地说，她在文学上的光荣未免掩盖了她在政治上的伟大。她的最高的成就，她对人类的最宝贵的贡献，乃是政治自由。以这种角度观之，希腊的历史，尤其是雅典的历史，开始以一种新的面貌呈现在人们面前。勒尔斯写道："他是第一个给了我们一幅希腊图景的政治家。"穆勒也宣称，几乎没有一个重要事实，在他重新对之检视之前，曾经为人们所透彻了解。

一个世纪的研究与探讨，迈锡尼文明的出土，以及《政治学》[1]的发现，已经推翻或部分改变了格罗特的许多结论，但是不管我们如何需要阅读别的著作，至少格罗特的部分著作总是必需读的。

297 他的序言表明，他已察觉到了历史家所可能碰到的陷阱之一。"尽管整个希腊世界显然是多种多样的，但我们都不得不根据为数有限的文件来作论断，而这些文件却是太偏于雅典方面的了。"虽然抱着这种警惕，他的书还是关于雅典的太多而关于希腊的太少。由于这个缘故，希腊早期与后期的历史的叙述也都受到影响，而其中一些小的城邦并未得到应有的篇幅。他对僭主的仇恨，使他昧于这样一个事实即，僭主的统治并非单纯出于个人的野心而是为了适应某种需要的结果。他也忽视了雅典城邦的若干缺点。瑟

① 《政治学》(*Politicia*)，亚里士多德的名著；1890 年在纸草文献背面发现，1891 年出版英译本。《雅典政制》是此书的最重要部分。——译者

曼[①]写道，"格罗特驳斥了那些加在雅典民主身上的不少指责，缩小了其他指责的分量，解释了并删减了那些无可称颂的事情。但是，我们虽然乐于同意他关于雅典人所说的一切优点，这并不能使我们对于他们的民主所作的论断有所改变。甚至雅典人民也渐渐体会到它的种种不良后果"。不过他的偏见究属为害有限一类的。弗里曼宣称，"他的著作使人觉得他的道德品质甚至比他的智慧品质更可尊敬，因为他所提出一些事实往往恰好反驳了自己的结论。当我们阅读他的种种议论时，我们感到他的话不像一个法官的判词，而像一个律师的辩词，但是能够得到这样的一位律师来作辩护也自是一大佳事"。另一个明显的缺点则是他对经济影响的忽视。他没有看到在资产者与无产者之间所逐渐扩大了的鸿沟。由于他把自己的叙述在公元前 4 世纪时作结，这样便可免于对自己歌颂的制度所产生的后果进行考究，而这种结果当时已呈现得非常明显。最后，麦考莱对于亚历山大的事业所形成的概念则是根本错误的。把他看作一个不懂得希腊的蛮族人，仿佛薛西斯或大流士那样，乃是一个严重的错误。马其顿王朝与希腊血统原是密不可分地联系在一起的，马其顿宫廷上渗透着希腊的影响，而亚历山大，这个亚里士多德的门生，曾是一个希腊文学的热烈爱好者。希腊文明通过他的征伐而传至近代世界，其作用之大殊不下于通过罗马。梅里韦尔讽刺地指出说，格罗特恰恰是在他的故事开始有趣的时候，突然中断了他叙述。弗里曼也编写了一部关于希腊联

① 《格罗脱所述雅典宪法史》，博山奎的英译本，1878 年。——原注

盟的历史[1]，其书证明，希腊人的政治本能曾怎样适应了那个业已改变了的环境。

Ⅱ

英国关于罗马史的批判研究是从翻译尼布尔的著作开始的，他的享名主要有赖于托玛斯·亚诺尔[2]。没有一位英国学者曾以他那样大的愉快来欢迎尼布尔的修订本各卷；也没有人以更深厚的
298 尊敬来看待这著作；他还亲去波恩访问了书的作者。他写道，“这是一部以非凡的天才与学识所著成的作品，对我来说可谓广扩视野，顿开茅塞”。他之所以计划要编写一部罗马史，并非因为他存心要和这样一个伟大作家的作品赌赛，而是因为那部书在英国不易受人欢迎。尼布尔死后，他比以前更加积极于重述尼氏的某些结论和续成他的著作。亚诺尔的雄心便是模仿尼布尔的研究方法，“去亲自实践一下他的那个正确怀疑与正确相信的卓绝技艺”。他曾以适度的谦逊态度处理了他的工作。他写信给哈尔说，“至于说任何人可以作为尼布尔的一个适合的后继者，那是荒谬的；但我至少具备这样一种资格，即我对他的一切成就有着不可限量的崇敬，并愿试图把我从他身上学到的种种思想与观念表达出来”。亚诺尔的《罗马史》第一卷于1838年出版，内容包括罗马侵入高卢前的时期。其中的传说部分系用古语写成，以示其仅属稗史类型。在

① 书名《希腊、意大利联盟政府史》(*History of Federal Government in Greece and Italy*)，1863年。——谭注

② 参阅史坦莱，《托玛斯·亚诺尔的传记与通讯》，1844年。——原注

罗马国王的故事里，他只找到了很少材料属于历史事实。在他著作的这一部分里，文笔是亚诺尔的但精神则是尼布尔的：甚至连后者对于歌谣的大胆假设[①]也都被他接受了过来。第二卷叙述到第一次布匿战争末期。第三卷所述内容接近第二次布匿战争的末期，但于1841年书接近完成时，著者突然去世。亚诺尔的书的运气，正像他老师的书那样，仅以残编遗世。

他的早逝注定使他这部史书的价值不超过尼布尔的改编：如果他能活得更长一些，他必将表明他有能力独立进行一番事业。他具体描绘一个国家的生活的能力远比他重新构制出一个早期文明的模糊轮廓更要适合得多。他的才力随着工作的前进而日益增长；因而他的第三卷便已优于第二卷，正如那第二卷曾优于第一卷那样。他的朋友哈尔在文章中说，他最杰出的才干便是他对地理的独特眼光，因此他在看到一幅地图时所感到的愉快正像一个绘图爱好者在看到一幅拉斐尔的作品时所感到的那样。由于这项才干以及他在军事方面的兴趣，他遂能够解释汉尼拔的军事行动。他那出色的文体轻快、流利而又富于色彩，在第二次布匿战争这类题材里找到了再适合不过的表现机会。但可惜的是这位描绘迦太基伟人形象的非凡妙手，竟尔天不假年，未能得以叙述革拉古弟兄的命运乃至罗马共和国末期一段历史，这实在是文学上的一大损失。他关于罗马史的一个早期草稿的后半部曾作为续编刊出，多少作为那未成诸卷的一种弥补。它的意义主要在于它表出了作者对恺撒的公平谴责。“就道德性质而言，通观全部历史也几乎找不出一幅更加畸形的图景。从来未曾见过任何人这样无缘无故地

① 参阅上文第二章。——译者

299 搞出这样大量的人间灾难。”他关于奥古斯都的描写也几乎是同样严峻的，因而这部著作构成了一篇对恺撒主义的激烈控诉。亚诺尔历史概念的基本原则是，历史乃是一个神定的过程，而人则是一个道德动物，他对自己的行动是负有责任的。他对那种认为支配私人关系的道德律不适用于统治者的行为的辩解，是嗤之以鼻的。在他看来，罪人的地位愈高，则他的罪过也就愈大。目的永远也不能成为辩护手段的理由。这一道德标准他在罗马史的各卷中从来没有放弃过，其后 1841 年当他以钦定讲座教授的身份在牛津大学授课的过程中则更加强调了它。在这些一度曾享盛名的演讲里，我所看到的不是一位历史家而是一位神学家。历史那是通过完成上帝的使命，借以说明他的光荣。“我们已是生存在世界史的末季之世。我们即是世界的最末一批后备兵员——世界的命运已经掌握在我们手中。如果我们不能勇于承担，上帝的事业甚至有不能完成之虞。”尼布尔的时代统治了一个世代之久，而亚诺尔便是他的最后一名使徒。1855 年，出版了康华尔·留伊斯的一部著作[①]，这书指斥了尼布尔的推测方法，也否定了他关于早期罗马史的重新阐释。留伊斯的怀疑主义不免有些超过限度，但他到底也揭露了尼布尔基础的不坚实性。几年之后，尼布尔的时代遂告一终结，而被蒙森取而代之。

当罗马共和国的历史在尼布尔与亚诺尔的著作中被认真研究的时候，罗马帝国的探讨则迟至这个世纪的中叶之前几乎完全受

---

① 《早期罗马史之可靠性的探讨》(*Inquiry into the Credibility of the Early Roman History*)。——谭注

到忽略。1840 年梅里韦尔[①]为“实用知识传播协会”撰写了一本关于帝国的篇幅不大的书，但该学会在他完成这项工作之前已经瓦解。1845 年他对这座“永恒之城”的访问增加了他的兴趣，因而 1850 年时他的《帝国时代的罗马人史》开始出版。书的序言特别提到，“在我们近代著作里，特别缺少关于罗马史上最有兴味的一段时期的任何完整的叙述”。他补充说，他之所以编写这书，主要因为亚诺尔未编写过。虽然他自称是亚诺尔的“崇拜者与朋友”，但他的政治立场则是与亚诺尔根本不同。开首两卷从第一次三头政治叙起至恺撒之死为止，恺撒的事业被视作以后四个世纪历史的前奏。“这个帝国政治的继承人沿袭共和国这位最贤明政治家所规划的路线而发展至伟大而稳定的局面。”他在书的后一版序言里曾写道，他原应该从革拉古兄弟叙起。“这会表明，罗马社会有在君主制基础上完全重建的必要。罗马寡头政治确为文明世界所 300
曾经历过的最靡费不赀的虐政。只是为了使百余户家族得以肆无忌惮地互相攻击，互相残杀，便让大多数人呻吟于愁苦与屈辱之中。寡头政治必须消灭，而破坏它的正是他们本族的恩人。”梅里韦尔是强权政府的崇拜者；当拿破仑三世在 1851 年发动政变时，他曾指出，他也会采取同样做法。他承认恺撒私人生活是腐化的，但他的公共事务上则是做了有益的工作。书的下两卷专写奥古斯都这个“天才”。他不认为早期帝国是一个专制国家。坏皇帝是确实有的，但大体上他们还是受着元老院的约束，而他们的联合统治曾给罗马世界带来了和平与幸福。“人类社会中再也没有哪个政

① 参阅《自传与通讯》，1898 年。——原注

府在恪守法律这件事上,比得上奥古斯都至珀蒂纳克斯[①]时期的帝国政府。”不过他虽然对于那些罗马皇帝并不过苛要求,他却并没有想要为提庇留[②]加以粉饰,或把罗马社会加以理想化。他承认罗马存在着一个日趋专制的发展倾向,不过他提出罗马人对此倒也容易忍受,理由是他们自己便也是专制者。在朱里亚王朝倾覆以后,叙述渐趋草略。全书终止于马卡斯·奥理略[③],一方面为了避免与吉本出现争赛,另方面也是因为罗马帝政的立宪时期至此已告结束。

梅里韦尔的著作是在一个没有其竞争者的时期中写成的。它的学术性是很强的,叙述也清楚而有力。他是一个坚决而热情的帝国拥护者。他揭露了塔西佗、斯韦托尼[④]和狄翁[⑤],书中缺乏公允的地方,并向读者提出:他们也都是在时过境迁之后很久才动笔的。他把克劳第[⑥]从冤枉的轻蔑中挽救了出来,并认为吉本所给予安托尼朝[⑦]的崇敬实则应当归于法雷维朝时期[⑧]。另外,杜密

① 珀蒂纳克斯(Pertinax,Publius Helvius),公元 193 年为元老院所立,同年被军团暗杀。——谭注

② 提庇留皇帝,公元 14—34 年在位期间帝国发生过两次军团大暴动及意大利奴隶起义,旧贵族所代表的共和派残余势力也图谋推翻现政权。为维护君权,他竭力加强中央集权,派遣耳目,刺探情报,严刑峻法,锄除异己。——谭注

③ 马卡斯·奥理略,公元 161—180 年在位。——谭注

④ 斯韦托尼(公元 75—160 年),罗马帝政时期的大史学家,有《罗马十二帝本纪》流传至今。——谭注

⑤ 狄翁(Dion,Cassius,约 155—240 年),罗马统治下的希腊历史家,著有《罗马史》80 卷,记建城至公元 229 年之事,今存十九卷。——谭注

⑥ 克劳第皇帝,公元 41—54 年在位时期进一步巩固君权,完善官僚政治,扩大帝国版图。——谭注

⑦ 安托尼朝,自公元 138 年安托尼·庇护即位至 193 年孔茂德之死,凡四帝五十五年。——谭注

⑧ 法雷维朝时期为公元 69 至 96 年,凡三帝,27 年。——谭注

善[①]本人在开始统治时期曾是一个改革家。如果说亚诺尔常以过高的标准来论断统治者，那么梅里韦尔对人类本性的要求则不免过低。他对于帝国外表的煊赫功绩印象过佳，以致他对其内部的腐朽糜烂注意不足。他把恺撒与奥古斯都说成仿佛是人民党派的首领；而殊不知他们不过是在腐败的寡头政治的废墟上所建立起来的统治，而没有把他们看成是波拿巴家族之类所建立的那种假民主的专制政权。这部著作之失掉权威，并非因为它被后来同一题材的著作所取代，而是因为它根据单纯局限于文献方面资料。就在他编书的时候，蒙森及其门生们已在他们的《拉丁碑铭集》(*Corpus Inscriptionum Latinarum*)里打下了关于帝国的更深一层的知识基础。

① 杜密善，法雷维朝末帝，公元81—96年在位。——谭注

301 # 第十六章　卡莱尔与弗劳德

I

在整个19世纪前半个世纪中，英国作家中除麦考莱外，再没人像卡莱尔[①]那样给过历史研究以重大的推动。那位英格兰辉格党人曾利用历史来辩解他的政治信仰，而这位苏格兰喀尔文教徒则利用它来说明他的道德教诲。他早年悉心于德国文学的研究，直到中年初期，才开始了范围更加广阔的活动。他的论文《论历史》出版于1830年，代表了他的初期思想。他宣称历史乃是无数传记的精英，强调了卑贱者在创造文明上所作出的贡献。“在那赢得坎尼与特拉息米战役[②]的人与那第一个为自己铸成一把铁铲的无名穷人之间，究竟谁对人类的恩惠更大呢？所有战役与战争骚

---

① 弗劳德的四卷集传记、阿勒克·威尔逊(David Alec Wilson)的六卷集传记，卡莱尔的《回忆录》与通讯以及卡莱尔夫人的《通讯》等提供了丰富的资料。迦涅特(1887年)与尼科尔(1892年)还编写了他的略传。最好的评传为：摩莱，《杂文》，卷Ⅰ；昆威，《卡莱尔》，1881年；马松，《卡莱尔》，1885年；李思廉·斯提芬，《图书馆内札记》，卷Ⅲ。罗伯特森(J. M. Robertson)的《近代人文主义者》中一篇有关文章，1895年，也是一篇有力的论战文字。——原注

② 特拉息米战役，公元前217年迦太基统帅汉尼拔大败罗马军于意大利北部之特拉息米湖。——谭注

动，不过像旅馆的喧嚣那样，转瞬即逝。法律与政治宪法本身，并非我们的生命，而不过是暂供我们栖宿的屋舍而已。甚至只有过是屋舍内的光秃墙壁而已；而屋内的一切主要家具却件件是一批久被遗忘了的艺师工匠的成绩；他们自一开始就共同教导着我们如何思维如何行事。”新的更高尚的事物正开始期待于这位历史家。“自古以来，经常有人指出，史家每每过于偏爱论述元老院、战场，甚至国王厅室而忘记了远离这些场所之外的思想与行动的滚滚洪流正在滔滔奔腾不止，就在那成百成千个流域里面一个蓬蓬勃勃的世界正在经历着盛衰荣枯，与某次战役的胜负全然无干。”这个时期，他日记中对司各脱《历史》的批评意见，也表露过同类主张。“奇怪的是，一个人记录了一个淫荡少妇与乖戾蠢材私奔被炸的故事，竟自以为他便是在编写民族历史。”两年以后，在一篇题为《传 302
记》的论文里，曾这样地提出问题即，历史的全部目的是否即在传记；并在带有见解的第二篇文章《再论历史》中，更加强调了历史的道德价值。“历史不仅是最切要的学问；它简直是唯一的学问，其他一切尽在其内。它是真正的纪事史诗，是普遍的神圣经典。”但在卡莱尔真正写起历史时，历史却成了伟人的传记而并非芸芸众生与无名氏们的记录；他中年与晚年时期潜心写成种种的论著，恰恰是他在 1830 年时要别人提防的那种东西。

待到卡莱尔提出他的《补衣裁缝》[①]的论点时，他业已与 18 世纪的理性主义思潮很少联系，但他的兴趣所在却始终是朝向那时代。他关于伏尔泰与狄德罗的论著代表了他对这些“哲学家”

① 《补衣裁缝》(*Sartor Resartus*)，此书以谈论服装为题泛论宇宙和社会，暗示虚浮的风俗与习惯，官场仪节无异于陈旧的服装，不仅掩盖了社会的本来面目而且窒息了社会有机体的呼吸，发表于 1833—1834 年的《弗拉散杂志》(*Frasers Magazine*)。——译者

(Philosophes)的评价;他关于卡略斯特洛[①]与“钻石项鍊”[②]的论文阐明了旧制度的黑暗角落,而他关于米拉波的描写则跨进了新时代的门限。这一批出色的论文,是他对历史的初步贡献,也是他日后杰作的前导部分。1837 年他的《法国革命史》[③]的出版为他赢得了全国声誉;这是 19 世纪上半期英文历史著作中(麦考莱《史论》除外),至今还为人广泛阅读的一部书。它的优点是独特的。首先,它是一部伟大的文学作品。在一个读惯了哈兰的冗长论文、爱里逊的夸大笔调与麦考莱铿锵有力的文章的世代里,一部洋溢着热情与诗味的著作的问世实在是一件启人心智的事。通过一种高度的创造性的想象力量,他竟使读者对他书中景象的感受和他本人同样真实。他说过,“这事[④]在我头脑中已经一清二楚,我也不想对它再多作什么调查研究,现在主要的是如何把我所了解的种种以大量的各种彩色绘饰出来,这样远远望去,简直如声势煊赫的巨焰烈火一般。”这书是英国历史著作中最带史诗性的一篇纪事。它在作者的心目中绝不仅仅是一部事件实录,此书体现了他最深刻的道德与宗教信念。读者所听的乃是一位先知召唤罪人进行忏悔的激越呼号。当他写成这部著作时,曾对他的妻子说过,“我不知道这部书究竟有多大价值,也不知道世人如何对待它;但是像这样
303 从一个活人心底直接涌现出来的火热作品,百余年来,实为仅见。”

① 卡略斯特洛(Cagliostro,1743—1795 年),意大利眼科医生与骗子手。——译者

② “钻石项链”(The Diamond Necklace),指法国史上牵涉王后玛丽·安托瓦涅特的钻石项链事件(1783—1785 年)。——译者

③ 参阅夫勒契与洛兹版本,附导论与注释,1902 年。见阿尔杰的卡莱尔的错误附录一文,见《巴黎,1789—1794 年》,1902 年。——原注

④ 指法国革命。——译者

他写给约翰·斯脱林的信中说这是一部粗犷强悍的书。“这是一部从我灵魂深处倾泻出来的书，它产生于黑暗、疾风与痛楚。”读者对他的一些伟大场景的描写将永远留下不可磨灭的印象。袭击巴士底狱，向凡尔赛进军，联盟节庆典，向瓦伦逃亡，法王的审讯与处死，吉伦特派与丹敦，夏洛特·科代的短暂一生的悲剧，罗伯斯庇尔的倾覆——这些景象都是我们毕生难忘的。在描写恐怖与希望、炽烈热情与兽性狂暴等气氛的渲染力量方面，米什莱而外，再没有任何作家比得上卡莱尔。他对于书中主要人物品格的洞察力，也是同样惊人的。洛威尔曾说，许多历史家所描绘的形象不过像塞满着砻糠的布娃娃，但卡莱尔的人物则异常真实，用针来刺要流血的。虽然他像当时的其他历史家一样，对吉伦特派颇有误解，但他笔下的法王与王后，米拉波与拉斐特，以至丹敦、罗伯斯庇尔、马拉的形象，却不需要修改。“材料虽欠充分，但态度异常公正”——这是屈维廉博士[①]对该书的评语。那时，卡莱尔还没有尊崇那种有损于他后期著作的英雄崇拜主义。他既不同情于旧秩序也不同情于新秩序；他往往站在党争的呐喊之外来注视人类灵魂中的剧烈斗争。

卡莱尔为英语世界阐明了法国革命，他绘出了一幅迄今仍不褪色的鲜艳图景；但这书也有它的严重缺点，其中一些与他所处的时代有关，另一些则由其他的洞察力不够，他关于这时期的知识太有限了。他放弃了对克罗克所收藏的大量书册的探索，原因是他不能在书架上自由查阅。关于档案的研究也未开始，而他从未曾想到过该这么做。他的主要资料不外：《箴言报》、布舍与鲁的《议

① 《历史上的偏见》，见《自传与其他论文》，第74页。——原注

会史》、拉克勒德尔与梯也尔的记载以及几本回忆录。书籍所由建立的根基如此单薄，大量错误的潜入也就毫不足奇了。在一篇关于《革命史》的论文里，他曾尖锐地攻击过梯也尔缺少正确性，但他自己的正确性也不无可以指责之处。他竟把下面这类传说，信以为真，例如索布勒叶尔女士饮过一杯血（1800 年后的传说）[①]，“复仇号”的沉没（巴勒尔的虚构）[②]，卡佐特的预言[③]（实系事后所编）以及吉伦特派的最后晚餐[④]（诺第安的捏造）。再如巴巴鲁（不是布佐）倒成了罗兰夫人精神上的情人[⑤]。但是他最严重的错误还是在向瓦伦逃亡的那一节。由于他把一百五十英里的距离搞成了
304 六十五英里，同时使逃亡者所乘坐的车又大又笨，一件精心预谋的冒险简直成了一桩注定要失败的儿戏。其次，他的书与其说是一部历史不如说是一部画册。导论诸章对于此后即将发生的种种灾难既根本无意于说明，而全书以 1795 年葡萄弹的爆炸事件[⑥]作结，也收得过于突然。法国与欧洲的关系没有重视，而地方情况则

① 索布勒叶尔，革命前为残废军人宫总管。1792 年 8 月被捕。据说其女为挽救父亲，声称：他们不但不是贵族而且仇恨贵族，并饮了一杯贵族的血水以表明态度。——谭注

② 卡莱尔书记述了“复仇号”在 1794 年 6 月 1 日海战中被击沉，船员高呼“共和国万岁”的口号英勇赴死的情节。——谭注

③ 卡佐特，侯爵。1792 年 8 月被捕，其女陪同入狱，不肯离去，感动了看守，暂获释。十天后，法庭判以谋反罪处死。——谭注

④ 1793 年 10 月 30 日夜，在狱中的吉伦特派首领二十二人得知已被判决后，有一人自杀，一人服毒，余众歌唱叫嚣，通宵达旦。——谭注

⑤ 巴巴鲁，大革命初期为马赛区议员；布佐，山岳党，国民公会议员。罗兰夫人，是吉伦特党核心人物罗兰（曾任议员、内政部长等职）之妻，1793 年 11 月被处决。——谭注

⑥ 1795 年 4 月 1 日（萌芽月十二日），巴黎市民走上街头，要求面包和 1793 年宪法，遭到政府军的开枪镇压。——谭注

全被遗忘。一些无足轻重的情况，如南锡兵变[①]，叙述得极详细，但是宪法与经济上的重大问题却反被略去。他在终卷之前早已厌倦，所以靠近结尾部分便写得比较草率。读者往往弄不清这场革命是怎样发展的，并也不了解一个阶段怎么过渡到另一阶段。抬高戏剧性成了降低历史性。

第三个缺点则更带基本性质。卡莱尔对他所叙述的事件的性质，并不能正确理解。他把这整个民族写成由于痛苦与压迫而走向疯狂，而且从一开始起便认为这场巨变必不可免。因此，他把这个革命看成是纯属破坏性的，是"对恶魔及其所作所为的一次卓越反抗"，是将古老法国的腐朽封建制度付之一炬的熊熊烈焰。他对弗劳德说过，"如其不是借助于法国大革命，我将不知道应该怎样理解这个世界。"这个误解还不单因为他把法国革命从 18 世纪欧洲各种运动割裂开来。正如他的朋友玛志尼在一篇深刻的书评中所指出，他缺乏人群的概念[②]。"他看不到一个民族里面的任何集体生活或集体目标。他所看到的只是个别人物。所以在他看来没有而且也不可能有任何可以理解的因果联系。"法国革命乃是 19 世纪的直接根源，在它的恐怖的背后还滋育着一种更加宽广的生活种子，它作出过带有永久性的建设性的工作，它汲取过旧制度里面的不少观念与倾向——这一切他都是不理解的。卡莱尔要我们观看的是"神的曚光"[③]而米什莱欢呼的则是民主分娩阵痛。没有

① 1790 年 8 月，驻南锡的瑞士卫队及法军二团叛乱，同年为布依耶侯爵平定。——谭注

② 《约瑟夫·玛志尼的生活著作》，卷Ⅳ，第 110—144 页，1891 年。——原注

③ "神的曚光"(the dusk of the gods)意即世界的最后毁灭。据北欧神话，洛基(Loki)不断制造纠纷与祸害，最后他被十条铁链系于岩石上面；据说，他将继续被系着，直到神的曚光出现时止，那时，他将挣断他的铁链，天空将消逝不见，地面也将被海水淹没。——译者

人能够理解法国大革命，直到他认识了它的双重性质。卡莱尔是最伟大的演出家，但也是最渺小的解说人。他称自己的著作是“几个世纪以来一部最狂暴的书，一部狂人所写的书”。人们对这书的态度可说是毁誉不一。华兹华斯扬言苏格兰人是写不了英文的。哈兰声称，此书的文体令人生厌，使他不能卒读。普雷斯科特写道，整个这部书，从形式到实质，都是十足可鄙的；他这样极力去渲
305 染那自然已经过事渲染过的东西，实在是很错误的。但是另一方面，对这书赞颂之声却更响。穆勒誉之为那种自成规律的天才作品之一；金斯利称之为近代独一无二的纪事史诗。不少完全不是一派的批评家们，如杰弗雷与阿诺德、斯特林与萨克雷等人也都一律承认书中的天才。骚塞曾把这书读过六次。作为一部散文的纪事史诗，它的地位是无可攻击的，但它的权威性却早已失掉。

在“法国大革命”一时在社会上还不够出名的期间，他的友人马铁努等人曾帮助卡莱尔举行公开演讲，以增加他的收入。卡莱尔作过四个专题演讲，其中最后一讲，也是最好的一讲即《英雄与英雄崇拜》获得了出版机会。他关于穆罕默德、但丁、莎士比亚、路德、克伦威尔与诺克斯①的人物研究，激起了听众很大热情。每篇演讲都是一场布道。他写给他母亲的信中说，“在我听众中间，从主教到各种各类的人们都有。我老实告诉他们，这个可怜的阿拉伯人②身上也自有他的种种优点，大大值得他们学习；或许他们比他还更好自作聪明。”他已经习惯于对一般常人的德才加以轻视

① 诺克斯(Knox,John,1505? —1572 年)，苏格兰新教教士，卡尔文派宗教改革家，与玛丽·斯图亚特的宗教迫害作过坚决的斗争。——谭注

② 指穆罕默德。——译者

了。弗劳德也证明这点说，“世上的芸芸众生在他看来尽是一批可怜虫，感情上可怜，智慧上也可怜”。正像加尔文派神学家们那样，他认为优秀者人数很少。一旦离去了牧羊狗，羊群就要走入迷途。这时他所尊崇的已不复是民族的无名恩人，而是那种能够推翻社会制度，为后人开辟道路的能力非凡的英雄人物。英雄的创业行事要按照事实，而承认这种永恒真实便是敬奉上帝。正义的事业必然获胜——从这个论点出发，势必要得出获胜利的事业亦必是正义的事业的结论。康威曾为他求情说，卡莱尔所崇拜的并非武力而是功业，亦即是拨乱反正。这话固然不无道理，但是他对为达此目的所采取的手段如何却是太不关心了。他 1832 年时把自己宣称为“一个急进分子与一个绝对主义者”，但这个绝对主义者却很快吞噬了这个急进分子。出现在《英雄》一书中的未成熟价值学说，不仅影响了而且也损害了他不少后期著作。在《过去与现在》[①]里，领导权的概念在住持参孙身上带着它很动人的外表，但在关于巴拉圭独裁者法兰西亚博士[②]的论文里，这个概念却显露出了它最可憎的面目。所谓“诚实”的人，便是对横在他权力道路上的一切障碍坚决铲除，毫不留情的人。卡莱尔对独裁一事，对于统治者与被统治者双方究竟效验如何，从来也没想到过应当调查调查。尼采的这位先驱者忘记了穆勒的一句言论所包含的至理名言：老师如果代替学生做了一切功课，学生便永远也没进步。

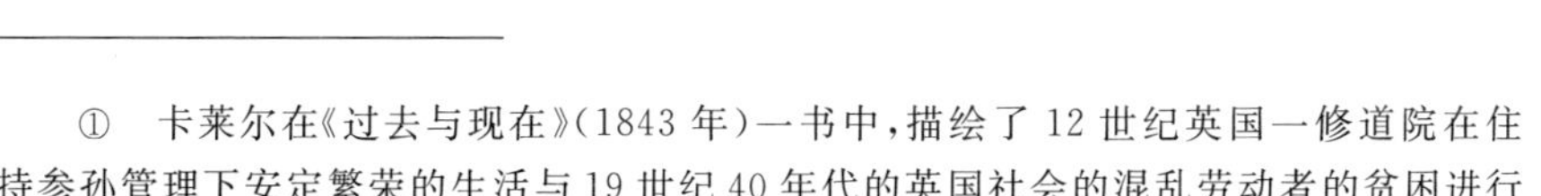

① 卡莱尔在《过去与现在》(1843 年)一书中，描绘了 12 世纪英国一修道院在住持参孙管理下安定繁荣的生活与 19 世纪 40 年代的英国社会的混乱劳动者的贫困进行对照，抨击了资本主义制度，表达了自己的历史与道德观点。——谭注

② 法兰西亚(1756—1840 年)，神学家、律师，曾领导巴拉圭独立运动。1814 年起建立独裁政权。对外锁国，对内致力于破除宗教迷信，扶植农业和教育。——谭注

306 在《英雄》里，克伦威尔被描写为“一个伟大而真实的人”。当1822年卡莱尔阅读克拉伦敦的著作时，他已计划研究英国内战，并写了一批人物札记，这些作品曾在他死后出版。《法国革命》出版后，他再度拾起了清教时代的研究。他对那必须跋涉的“无边无岸的污水湖沼”满腹抱怨。1840年他在日记簿中写道，“我已看出，关于那个不可以言语形容的混乱时期——那块葬满死狗的墓地——是没有什么真正的历史好编写的。可是我对自己说，一个伟大人物确曾埋葬在这块荒芜的瓦砾堆之下。”他同亚诺尔博士一起参观过纳斯卑战场，并亲临过当年曾经发布过历史性命令：“抛弃你的无聊事，出来吧，先生”的伊利大教堂。最后他决定范围不超过收集克伦威尔的通讯与演说[①]，这样范围小了，计划也就迅速实现。的确护国主义从来未曾有过一个知心朋友。对于王党，他是一个嗜血的人；对于共和派，他是一个背教者；对于休谟一类怀疑派，他则是一个“狂热者”。麦考莱崇拜他，但却不了解他。

卡莱尔有志为他作品中的主角的性格与政策作点剖白。关于前一点，他的成功是无可争论的。克伦威尔在大约两个世纪以来所遭受的全部曲解与诽谤至此在卡莱尔的手下得到了洗刷，允许了他为他自己申辩作证。詹姆士·摩兹雷与邱契曾宣称他们完全未能信服；但他们在这点上则几乎是孤立的[②]。福斯脱承认自己的认识有了改变，而现在一个头脑清楚的人再也不会相信护国主

① 参阅斐司(Firth)为洛马斯版本(Lomas edition)所作的导论，1904年。威尔勃·阿波特的巨型版包括有新资料，出版于1937—1947年，哈佛大学出版社，共四卷。——原注

② 参阅摩兹雷(J. B. Mozley)，《论文》，卷Ⅰ，1878年；和丘契，《偶谈》(*Church*, *Occasional Papers*)，卷Ⅰ，1897年。——原注

曾是什么伪君子或狂热者了。这位历史家一生中最可骄傲的成绩便是给英国的一大伟人恢复了名誉。但另一方面，他关于克伦威尔政策的解释，则说服力不大。他首先认识到宗教因素在这斗争中所起的作用是何等重要，但他却未能对那个在政治上要求自治的力量进行正确衡量。由于他本人对代议制度便毫不重视，他对这种制度何以会成为热烈追求的对象一点也就始终未能理解。这样，他不去追溯克伦威尔在种种局势下所发生的政治思想变化，而把他自己的专制信仰归到克伦威尔头上。后来的《克拉克文件》表 307
明，这个超人之走向最高权力绝非出于自愿，他曾怎样诚恳地企图与议会合作；他怎样深信不疑慈善的专制政体的脆弱性。卡莱尔从来未曾认识到，以刀剑维持的政府，即使是好政府，也是不如没有的。他认为时代已失去了它的常态，遂有英雄出而匡正。他肆意讥笑拉德罗与凡纳，正像蒙森肆意讥笑西塞罗与庞培那样。他认为：共和国的历史证明了人民议会没有统治的能力。实际上，这只说明了个人政府在近代英国已不可能存在。

在编辑的技术性工作方面，卡莱尔是完全不胜任的。他把《乡绅文件》——这本是他的书出版后作为恶作剧而伪造的一部文件——信以为真，并不去查究其根据，也未曾看出这里面充满着多少现代词语。他很少费力去寻找最好版本，往往任意篡改原文，并把一些演说词的用语弄得太近代化了。这做法对于一位专业学者的声誉是会很不利的，但卡莱尔所关心的主要是如何使他主角生动活跃起来，至于技术问题则很少注意。如果按照格林的恭维说法，这部著作显示了古董专家的渊博与诗人的才华等特征，那么它同样也露出了剧场中人的全般表演本领。谁也不能否认，他帮助了

读者去想见他所描写的那个人物，并且也不时地使一些隐晦不明的段落变得具有意义。尽管批评家们把它骂得体无完肤，这部克伦威尔大著仍不失为一部神奇之作。其中丹巴之役①与这位英雄之死等段落都是文学上的杰作。《通讯与演说》也不愧为一部经典作品，罕有其匹，堪称两个同属伟大甚至并非完全不同的人物的一座合碑。

长期沉浸于克伦威尔研究的结果加强了卡莱尔的一个信念即，实际行动家是构成历史的骨干。他对英国政治的看法越来越趋于暗淡。他同时代人所宣称的进步，在他看来只是退步。他既不相信民主，也不相信科学。“改革法”乃是一个失败。议会正是国家的弱点，而不是它的长处，是工作的障碍而非它的工具。随着他对议会政府的信仰的日益减退，对仁慈专政者的崇拜也逐渐抬头。《论近世》一书的作者对于过去的 18 世纪往往不胜其怀念之情，因为那个世纪虽说是一个宗教的怀疑时代，却不失为一个有血有肉的活人统治的时代。1852 年他曾参观了腓特烈大王的战场，这事标志着他最后的也是最可惊的历史工作的正式开始。在他《英雄》的演讲里，老佛里慈②尚未曾出场；而经过多年的研究之

308 后，他曾指出，“我对于他从来未曾看得过重”。但是他却宣称大王是历史上的最后一个君王。如果说大王缺少参孙修道院院长或克伦威尔式的信仰，他至少信任事实和接受工作的福音。如果说他欺骗过别人，他却从来没有欺骗过自己。

---

① 1650 年 6 月，查理二世在苏格兰登陆，同年 9 月 3 日克伦威尔大败勒士利统帅的苏格兰军于丹巴。——谭注

② 老佛里慈(Old Fritz)为对普王腓特烈大王晚年的昵称。——译者

当卡莱尔的巨著[①]问世的时候，腓特烈的事迹在英国还属比较陌生：麦考莱的第二篇论文对他来说非但不是帮助，反而成了障碍。另外他也未曾从他的德国先行者们那里获得多大帮助，这些人，他曾粗暴地斥之为“愚昧糊涂的蠢物”[②]。普罗伊斯曾收集过关于大王的大量资料，兰克也曾简述过他的政策与行政；但却从没有人重新构制过他的人格。而这个正是卡莱尔给他自己规定的工作。关于腓特烈威廉一世的全部描写，也许恰是他全书中最成功部分。这位仰尊上帝、俯事庶民宵旰辛勤的缄默行动家，深深地感动了这位史家。吸烟议会[③]上的种种喧闹的取乐，对于这个卑夷宫廷虚矫的历史家非但不觉厌恶反而成了具有吸引力的事情。年轻的腓特烈似不如他那粗鲁的父亲更合他心意。卡莱尔对于作诗吹笛等事的兴趣并不比威廉更大，但是当这位主人公以一个实行家的面貌出现时，他则开始对他敬意有加。他对于普鲁士索求西利西亚的理由之正确与否虽然兴趣不大，但他对这个决定的果敢与行动的疾迅却赞不绝口。他在《克伦威尔》里已充分显出他作为一位军事历史家的本领。1858 年时他的再次访德，更把那里战场上的每一细节深深铭刻在他的顽强的记忆之中；他对这些战役记叙得如此精详准确，简直成了德国军官们的教科书，直到普鲁士总参谋部编写了他们自己的历史为止。但另方面，对于介于两次大冲突

① 指《腓特烈二世传》，1858—1865 年出版。——译者

② 关于早期作传者，参阅辛策，《历史与政治论文》(Hintze, *Historische u. Politiche Aufsätze*)，卷Ⅱ。至于德人的权威作品，参阅克劳斯克(Krauske)的《麦考莱与卡莱尔》，《历史杂志》，卷CⅡ。——原注

③ 吸烟议会(Tobacco Parliament)，普王腓特烈·威廉一世的朋友集团之绰号。他们和他常在晚间集合，一边吸烟，一边讨论国事。——译者

中间之十年改革与复兴这一段成效卓著的整个时期[①],他所提供的却不过是简略纲要。1763 年当七年战争结束时,腓特烈的统治仅仅不过一半时期,以后的二十三年期间他仅用了半卷书的篇幅便草草叙过,而且主要限于叙述他的外交政策。至于在财政改革、土地资源的开发、新工业的计划以及法律的合理化等方面所作的不绝努力,卡莱尔很少谈到,甚至略而不提。曾经帮他编写这部著作的助手亨利·拉金[②]曾说:卡莱尔原拟编写一部关于腓特烈重建其王国的相当完备的著作,因为他认为这是腓特烈事业中至关重要而又最富教育意义的教训;但这书的篇幅已超出他所预计的
309 范围,另外他已经精疲力竭了。再有,他认为,生动的图景是不可能根据官方报告与统计数字而构制出来的。

《腓特烈》一书对知识的增添不多,但其间却不乏绚丽的段落,曾被比之为历史著作中的最称规模巨大而又花样繁多的展览箱。卡莱尔夫人是一位严格的批评家,但她也说这是她丈夫的最好著作。它无论在布局、幽默和刻画人物方面都显示了一种迄未减退的气势。爱默生也宣称这是前所未有的精辟之作。书中关于伏尔泰在波茨坦的种种妙语逸事的记载最是他的精彩段落,而他关于欧洲统治者们的描写也都属于他的最佳文笔。书出之后,不胫而走,甚至超过《法国革命》或《克伦威尔》并被立即译成为德文。当他开始他的著作时,很少人曾梦想到德意志未来的戏剧式的变化;

① 指自 1745 年第二次西利西亚战争结束到 1756 年七年战争爆发之间的十年。——谭注

② 《卡莱尔》,1886 年。——原注

当他结束它时，俾斯麦的铁锤已经第一次敲下了[①]。一个新兴强国的惊人的崛起，激起了人们对于造成普鲁士之伟大的创造者的兴趣；卡莱尔作为一位历史家与作为1870年德意志立场的拥护者的双重功绩使他荣获了连腓特烈自己也垂涎不置的"功绩勋章"(Order"Pour le Mérite")，但是这部书对于读者是太长了，正如对书的作者太长那样。书的主角似乎远没有他所想像的那般气概非凡。他在写给凡哈根的信中说，他在这书里只能找到辛苦与悲哀，并说，"我与你们的腓特烈鬼知道有半点相干？"但事实上，老佛里兹在某些方面却是一位比他所想像的更加伟大的君王，因而科塞的杰作[②]反而留下了某种为这位英雄崇拜专家所未能表达出的印象。

卡莱尔的最高成就便是他不愧为最伟大的英国历史肖像画作者。迦凡·达菲[③]讲过，卡莱尔的习惯是把他所要进行描绘的人物的图像一张一张挂在帷幕之上。这位"圣人"讲道，这能使人物的形象经常呈现眼前；我们必须在心中先对一个人物有了清楚印象，才有可能使读者也能看清他。但是作家虽能以无比清晰的目光详察个别人物，却竟闭眼不见群众的根本存在。他晚年时甚至对贫苦无知的人们流露出某种迹近轻蔑的言论。他的《射击尼亚加拉》[④]相当粗暴地表达了他对1867年时工人阶级的看法[⑤]。他曾颇带几分正经地对武尔兹力说过，他真希望他能把议会的大门

---

① 此书最后一卷(第六卷)于1865年出版，前一年2月普鲁士对丹麦开战，次年6月，普奥战争爆发。——谭注

② 德国史学家R. 科塞写的《腓特烈大王传》(共二卷，1893—1903年)是一部名著。——谭注

③ 《与卡莱尔谈话》(*Conversation with Carlyle*)，1892年。——原注

④ 尼亚加拉(Niagara)美国大瀑布名，书名意味着危险。——译者

⑤ 指对1867年英国工人阶级争取扩大选举权斗争的看法。——谭注

锁闭,把议员们都赶出去。在美国解放黑奴的问题上,他站到了南方一边,并和州长爱尔一起反对西印度黑人。他的全部哲学便是:普通凡人只能交由他们的主子去管教惩治。当一般英人已经变得更加乐观和民主的时候,他却变得更加反动和消沉了。

310

Ⅱ

卡莱尔的主要门生与作者弗劳德[①]是按他老师的精神来研究历史的;在他完成的著作里辉煌的优点与刺目的缺点不可分地糅杂在了一起。一位曾把弗劳德称之为民族历史家的著名比利时批评家指出过,他在欧洲大陆上几乎无人知道,他的书也没有一本被翻译过。“他是十足英国式的,充满着激情、狂热与排外主义。”他的研究是在牛津运动[②]的赞助之下开始的。当纽曼着手编写圣徒传记丛书的时候,曾拉过赫勒尔·弗劳德[③]的幼弟作自己的助手,并对他发过如下的进军令:“证据不足时,则应以说理代之;而当证据有力时则易于取信”。弗劳德的选题是关于艾尔弗雷德的一个同时代人圣尼奥特[④],并曾以下述话语作结:“这便是我们关于

① 参阅赫伯特·保罗的精彩著作:《弗劳德传》,1905年;萨罗利亚,《论文,第一集》,1905年;斯基尔顿的《瑟力的席间闲谈》。腓特烈·哈里逊《坦尼森、拉斯金、穆勒等》,1899年;阿尔杰农·塞西尔《六个牛津思想家》,1909年。——原注

② 牛津运动是英国国教内部反对自由主义、理性主义倾向的运动,因其在1833—1841年间发端于牛津大学,故名。——谭注

③ 赫勒尔·弗劳德(Hurrell Froude,1803—1836年),“牛津运动”的首领之一。赫勒尔是史学家安托尼·弗劳德(James Antony Froude,1818—1894年)的长兄。——译者

④ 圣尼奥特(?—877年),相传曾为国王亚勒弗烈德的顾问,后隐居虔修,徒众甚多。——谭注

他的生平所知道的一切，甚至不止一切”。他在圣徒传记这个朦胧领域的跋涉终于使他成了几分怀疑主义者，因而1845年他虽然被授圣职，他的信仰却逐渐动摇。1849年他所著《信仰的天罚》一书的公开焚毁，是他一生的一个转折点。他的研究员职位受到撤销后，他离开牛津去了伦敦。正是在这个倒运时刻，他遇到了卡莱尔；这使他转入了一个新的信仰。他的史学与文学论文使他迅速成名，而他关于伊丽莎白时代海员的一篇文章鼓舞了《向西去啊？》的精神①。

凡是亲自经历过牛津运动的人不可能不联想到宗教改革。在纽曼的所有门生中，以异常强烈的轻蔑口吻来谈论宗教改革者的，再无过于赫勒尔·弗劳德其人，但是当他的幼弟开始亲自研究16世纪时，他吃惊地察觉到原来亨利八世当年在世时曾经深得民心。当他准备编写一部关于英国反对罗马的斗争详史的计划在他心中初步定型时，他获得了卡莱尔的热情鼓励；后者不久之前在一本《论近世》的小册子里已严谴过耶稣会徒，并把罗马教会视作天字第一号的大骗局。弗劳德的《英国史，自1529年至伊丽莎白逝世止》一书的前四卷所引起的震动之大，仅次于麦考莱的著作。“高教会”运动②曾使宗教改革家很失人望；辉格党人如哈兰与麦考莱等便曾抨击他们的谄媚态度。弗劳德为亨利与宗教改革所作的辩

① 弗劳德的文章：《十六世纪的英国海员》(*English Seaman in the Sixteenth Century*, 1895)；《向西去啊！》(*Westward Ho*！—1855)为金斯利(见本书541页译注)所作小说，记伊丽莎白时代英国与西班牙在海上和美洲角逐的故事，讴歌英国海外掠夺的先驱者的业绩。此后，这个标题常被用为鼓舞不列颠臣民进行海外扩张的口号。——谭注

② 高教会(High Church)为英格兰教会中之一派，主张维持僧侣的要求，并重视宗教的外表形式与仪节等。——译者

311 护是建立在最阔大的基础之上的。基于他的罗马教会当时和历来都是人们心智的奴役者这一深刻认识，他对那些曾经动摇过其权势影响的人们是充满着由衷的感谢的。他认为休谟的下述论点都是不正确的，例如说，英国的民众曾像东方奴隶那样，或者，英国议会除了它同意英王的政策外不可能有任何其他理由来支持他。从这个角度观之，则所谓专制云云，实际上并不存在。英王既然陷入在这场生死斗争之中，他势不能不动用一切可以进攻与防御的武器，而人民也赞赏他的行动。宗教改革乃是我们历史上的最重大不过的事件。这不是敌对教条之间的冲突，而是要解决英国应自己统治还是被僧侣统治这个问题的斗争。英国与罗马的决裂是英国日臻伟大的开端，是它为人类自由与思想真诚而进行的斗争。他毫不踌躇地承认，有很多好人站在错误的一方，但是那些相信正确一方获得胜利的人们，则应当感激他们的拯救者。

弗劳德并不满足仅仅表明亨利八世的胜利是对我们民族的拯救。他深信，这位英王比一般人所想像的要好得多——他相当真诚，而并非那么残忍、自私和淫乱。他坚持认为，英王的离婚乃是出于真诚的顾虑，即是，安妮·博林[1]与凯瑟琳·霍华德[2]确曾犯有通奸罪，而他的臣民正和他同样盼望能有嫡出的男继承人。在处死安妮的翌日即与简·西摩[3]结婚一事及是“当时出于职责需要

---

① 安妮·博林，亨利八世的第二位王后。1533年亨利与原配西班牙公主离异，和她结婚，教皇不予批准。此事是英国宗教改革的导因。1536年安妮以奸淫罪被处死。——谭注

② 凯瑟琳·霍华德是亨利八世的第五位王后，1540年结婚，1542年被处决。——谭注

③ 简·西摩，亨利八世第三位皇后，1536年结婚，数年后病故。生一子，即爱德华六世。——谭注

的一种官方行为”。他并不爱她，但是“在一个突然而又悲怆的必要情势之下”他和她结婚了。弗劳德又根据下列理由来辩护对莫尔[①]与费希尔[②]的处死：他们准备勾引外国军队入境以使国家陷于内战状态。在这些迅速决定的措施里，国王是在执行民族安全受托者的职责。解散寺院也是必要的，因为这般人不仅是罗马的卫戍站，而且他们严重败坏风纪；况且没收所得不仅入了朝臣腰包，而且也用在了教育与国防方面。

除去麦考莱这一仅有的例外，弗劳德关于亨利八世的诸卷，是19世纪中叶英国所产生的最精彩的历史著作。书中所涉及问题的广阔，著名人物的生动描写，强有力的国王的具体形象，在此都很引人注目。弗劳德，这位天生的小说家往往善于以最简朴的方法来产生效果。读者好像乘着一叶扁舟驶过晶莹的水面。没有一

个英国作家具有这样浅易、流畅而明晰的笔调。但是，尽管受到金 312
斯利学派[③]好战的新教徒的热烈欢迎，这部书也引起了尖锐的批 539
评。《爱丁堡评论》便对这位历史家的道德概念给予了接二连三的攻击[④]。很难想象，他曾看到过英国法官的嘴脸；他关于亨利八世的解释，也是一种彻头彻尾的怪论。他天真地认为，1529年时的议会是自由选举的，而其实，它只是由各郡的郡长所指派的。他丝毫未曾注意到这样一个事实即，从来没有哪个审判官或陪审官曾

① 莫尔(More, Sir Thomas, 1478—1535年)，世界名著《乌托邦》的作者。因拒绝向“至尊法案”宣誓，被处死。——谭注

② 费希尔(Fisher, John, 1439—1535年)，罗彻斯特主教，以拒绝向“至尊法案”宣誓被处死。——谭注

③ 金斯利(Kingsley, Charles, 1819—1875年)，英国文学家、神学家，剑桥大学近代史教授，鼓吹基督教社会主义，1864—1865年曾与纽曼进行论战。——谭注

④ 1858年7月。——原注

使一个王家公诉案中的牺牲者得以无罪开释。他竟抓住法令的前言来充作公众的舆论的可靠证据。全部著作受到了武力崇拜的毒害。《评论》的批评者下结论道，“卡莱尔由于树立了突出和危险的例子而损害了一本原来可以成为很好的书，对此他应负很大的责任”。柏根洛特曾宣称他根本不懂历史。保利与兰克则拒绝接受弗劳德对于这个朝代的解释。斯塔布斯在关于亨利八世的卓越演讲里也声称他绝不能接受弗劳德关于英王的见解；弗里德曼在关于安妮·博林的论文里证明，当时的议会不过是一个陪衬。弗劳德关于爱德华与玛丽的几卷则由于缺乏一个强有力的角色而显得平淡，但它们却具有较高的历史价值。关于克兰默纯系一名谄媚者这个观念，现已不复存在，而消除这一看法上，弗劳德是功绩特著的。他最早说明了萨默塞特[①]的形象，他的宽大理想和他对老百姓的同情。玛丽是相当真诚的，的确她在解释那个可恨的宗教上未免太有点忠诚过度了。史密斯菲尔德[②]的火刑提醒了英国人天主教的真正意义是什么，和怎样完成了它的信仰转变。所以，玛丽的统治期间尽管有着它无法形容的恐怖，却是不易觉察福祉；而这统治的教训必须永远不再重演。

著作的后半部或大半部主要用于叙述伊丽莎白。就写作技巧论，尽管其间不乏精彩段落，但它已逊于前面诸卷，因为这里弗劳德向读者提供了过多资料。不过，在这点上他倒也并非情无可原，因为这几卷在很大程度上是依据于西曼卡斯档案的，而他则是第

① 1547年爱德华六世嗣立，年幼，其叔萨默塞特公爵摄政（1547—1550年），施行了一些较为宽大的政策。——谭注

② 史密斯菲尔德（Smithfield），伦敦广场名，曾用作烧死异教徒的场所。——译者

一个探索这些档案的英国史家。正像他早期对亨利八世的厌恶，在深入调查之后曾经转而变为同情，同样，他少年对这个女王的忠诚至此也化为某种轻蔑。他不相信关于她个人人品方面的某些谣言，但她的事迹过去却从来未曾受到过精密考察，而它们是经不起考察的。他写道"柏利与沃尔辛厄姆的信件最后消除了那迄今萦绕于我心头的一个偏见即，她尽管有着种种缺点，却是一个有才干 313
的妇人。她统治的伟大成绩乃是因为施行了某种并非来自于她但倒受过她不少限制与阻挠的政策的结果"。这个历史家把伊丽莎白从宝座拉了下来，但却把她的首相捧了上去。他以毫不缓和的语调宣称："柏利乃是伊丽莎白与英国的伟大的独一无二的功臣"。我们关于这个大政治家的不倦努力的全部知识都是从弗劳德那里得到的。柏利是一个持重胜过才华的人，遇事往往要经过长期考虑才能见之行动。而他也竟得到了四十年的时间来进行考虑，借以把新教建立在坚固不拔的基础之上。这出戏剧中的若干苏格兰场景写得极其精彩，但也极不可靠。而同时书中对玛丽·斯图亚特的三十年[①]则一直抱无情的敌意。她的异母兄，即摄政墨累[②]却又被写成一位屹立于一群自私自利的阴谋家中间的清白无瑕的骑士。《银匣信件》[③]被全盘接受了；这个严肃的新教道德家在揭穿那个天主教罪人的假面具时感到了一种正义的喜悦。这故事的主角是诺克斯，即一个合乎弗劳德自己心意的人；他拯救了宗教改革。书中爱尔兰的各章，则以其千篇一律的恐怖事件而使读者生

① 指玛丽于1553年即王位至1587年被处死，在位约三十四年。——谭注

② 墨累，James于1564年起兵击败玛丽，立其子为苏格兰王，自任摄政。——谭注

③ 见上文第十章。——谭注

厌。西曼卡斯档案与柏利文件的摘要确实过于浩繁了，以致这位历史家在叙完无敌舰队之后竟搁笔不再往下写去。这倒是一个聪明的做法。现在卷帙已多达洋洋十二厚册之巨，而所叙不过六十年之事。况且，这部著作究竟是一盛满冲突矛盾的戏剧，因而从艺术上讲，它也未尝不应该在欢快的凯奏声中宣告收场。就实际效果而论，这个从 1529 年起为争取民族自由而开始的斗争便在 1588 年[①]结束了。用弗劳德的话说，棋手在将近终局时，已把棋盘上的棋子一扫而空。

这部著作的长处及其弱点现在一般已有公论。它是关于我们历史上两个最重大时期的最早的一部（而且是迄今唯一的一部）独立完成的详尽纪事。它使得宗教改革的发动者们重新获得了生命，并以无数激动人心的叙事篇章丰富了英国文学。弗里曼在《星期六评论》里所发表的攻击文章并没有多大分量。他在写给一个朋友的信里说，“我敢说，我从无休止地攻击弗劳德中竟获得了对于那个时代仿佛知之颇多的虚名。但人们要攻击弗劳德并不需要多大知识。实际上我对于 16 世纪是茫然无知的”。他对弗劳德对他的主角的残暴行为视而不见加以指责，这一点乃是正确的。他埋怨弗劳德忽略了考察王室与议会以及与朝廷的关系也是有理由的。他提请人们注意校对上的粗疏与细节上的差错等等，也都不算出格。但他在 1870 年在这部书出齐时所下的最后论断，却超出
314 了批评的公正界限，这话是，“弗劳德先生不是一个历史家。他的

① 亨利八世的离婚申请受到教皇驳斥之时，主持国政的红衣主教武尔塞对此事态度暧昧，1529 年被免职。1588 年英国击败西班牙“无敌舰队”，奠定了此后英国海上霸权的基础。——谭注

全部著作便是四卷聪明的奇谈怪论与八卷宗教书册。它之所以不得享有历史美名的原因乃是：事实方面的极度疏忽与辨别是非的完全无能”。这个被批评者曾向《星期六评论》提过挑战，要求请两位有资格的专家来核对书中任何上百余页的引证，尽管没产生效果。他在写给斯基尔顿的一封信里说，“在十二卷中我承认有真正错误五处以及细小疏忽约二十处，例如 i 上未加点，t 字上未加划，而怀有最大恶意的人所发现者，不过如此。”几年后，弗里曼在发表关于贝克特的几篇论文时，又责备弗劳德说他“对英国教会，无论改革的或未改革的，都怀有疯狂的仇恨”，并指斥他具有“一种天生和不可救药的怪癖；而这个怪癖使他无法对任何事情作出精确的陈述”。对这篇首次署了名的攻击文章，弗劳德给了郑重的回答，指出他的批评者所寻出不过是几处细小的印刷错误而已。

弗里曼的恶毒攻击只是损伤了他自己的名誉。《诺曼征服史》的作者往往避去手稿文献，而弗劳德的大部资料则取自档案。在抄录那些往往字迹模糊而又用几种文字写成的文献时，差错乃是无可避免的。他是一个特别粗心的抄写者与校正人，对于完整引语与他自己的节略引语往往并未标清。但故意的篡改则是没有的事。在他的想象杂文：《火车站侧线》里，他曾对自己遭受的伪造指控作过声辩。斯基尔顿，即梅特兰与玛丽·斯图亚特的作传者宣称，弗劳德对真实具有热烈的尊重。斯基尔顿虽然不能接受他的全部结论，但他以强有力的事实证明了他的朋友的非凡辛劳与坚实可靠。和弗劳德研究范围大体相同的安德鲁·朗则宣称，虽然别的历史家也许在立意上不如弗劳德忠实，但别人的失误也同样并不这么严重。布鲁尔甚至惋惜地说，在关于托马斯·克伦威

尔[①]早期生活的叙述里面，几乎没有一句陈述是正确的。在编辑卡莱尔《回忆录》修订本时，埃利奥特·诺顿在弗劳德的版本开首的五页中即作了一百三十处的更正，并宣称，在他所校订这部《传记》中，几乎其中每个字母印刷上都有错误。另外，在他的游记诸卷也显出他的记忆力是多么的不可靠。

他在细节上的粗心虽是一个严重过失，但是使他不得进入第一流历史家行列的原因却是由于他持论不够公允。波拉德曾申辩
315 说，弗劳德对于亨利八世的看法并不像他批评者所说的那样夸大，但是他的心智对各种不同的思想方式则缺少冷静与洞察能力。他一生的主要任务局限在对罗马教会的斗争。在完成了他对宗教改革的辩护之后，他又在新的一章中继续着这同一斗争。在他大胆地为都铎王朝的暴虐进行辩解之后，他进行了甚至更加乏味的工作，即为英国在爱尔兰的统治进行辩护。就连他的作传者赫伯特·保罗，一位对他抱有同情的人也不能不承认，“每当天主教与新教发生冲突时，弗劳德总是本能地，几乎不自觉地站到了新教一边”。他的这种偏见在后期甚至比在前期著作里更为令人讨厌。在18世纪的英国政府已不再有这样的托词即，英国是为了它的肉体与灵魂而进行着殊死的斗争的。《爱尔兰的英国人》中所表现的正是卡莱尔的精神。虽然他也喜欢爱尔兰的农民，而且也觉得在克里(Kerry)那里钓钓鱼，真是其乐无比，弗劳德却沾染了他老师对这个民族的轻蔑观点。他在写给斯基尔顿的信中说，“我已对我那

① 托马斯·克伦威尔(约1485—1540年)，英国政治家，青年时代在法国军中服役，返国后历任议员、亨利八世朝大臣。1539年受命监督“至尊法案”的实施，大肆进行迫害活动，后因未支持国王与安娜离婚，被处死。——谭注

本关于爱尔兰的书产生了厌恶。这会使那些可怜的爱尔兰人也讨厌我,虽然我并不希望其如此”。在他的目光里,爱尔兰人是一个劣等民族,而天主教则是一种退化的偶像崇拜。在叙述到格拉顿议会[①]时,他竟与那些最狂热的托利党人站到了一边。格拉顿乃是被狂热的民族情感引入了迷途,而克莱尔[②]才是真正的政治家。他谴责了1793年时在选举权上对天主教徒所作的让步,赞成对菲茨威廉的召回[③],称颂奥伦治会社[④]并为国王反对恢复天主教徒的公民资格喝彩。在弗劳德眼中,杀死天主教徒不是罪行的讥讽不是没有一定理由的。这本书无异一篇奥伦治会社的宣言,其目的在于表明调和政策的愚蠢。当葛拉斯吞提到有人认为爱尔兰人犯有双重的原罪时,他心中所指的人中即包括有弗劳德在内。虽然这部书包含着很多有价值的资料,但它在道德上则是站不住的,在政治上也是有毒害的。他不听从柏克的警告,竟把控诉的目标指向了整个民族。卡莱尔对这部反映了他自己偏见的书是喜欢的,但它的权威很快就被莱基推翻。

当他以蒙森的笔调撰作了一篇对恺撒的热烈赞颂并编写了卡

① 格拉顿(Grattan,Henry,1746—1820年),爱尔兰温和的反英派,要求爱尔兰独立及解放天主教徒。1775—1800年间是爱尔兰议会的首脑,1798年协助英政府镇压爱尔兰起义。——谭注

② 克莱尔(Clare,John Fitzgibbon,1749—1802年),爱尔兰政治家,自1784年以来是爱尔兰政府的指导者,一贯反对对人民的要求让步,反对改革,反对给予天主教徒政治权利。——谭注

③ 菲茨威廉于1794年底被任命为爱尔兰总督,支持格拉顿的政治纲领,次年3月被调离。——谭注

④ 奥伦治会社(Orange Lodges or Clubs),北爱尔兰的一个反对天主教旧教拥护新教的秘密社团纪念奥伦治·威廉而得名。——译者

莱尔的传记之后[1]弗劳德在晚年时期又回到16世纪，著成了亚拉冈的凯瑟琳一卷[2]，这表明他并没有再学到什么新的，也没有忘掉什么旧的。他很失望他对亨利八世的解释未被接受，并伤感地说，要改变群众的判断不是一件容易的事。但是他的意见却看不出有
316 什么地方需要收回或改变的。他并不标榜公正，他是相信宗教改革的。“亨利八世与他议会的立法乃是近代世界的大宪章，而所争求的东西则是人类的自由。凡是相信正义能战胜错误的人，便无需为下述那些勇毅之士的所作所为而感到面红，这些人或从讲坛之上或从议会室里，或在断头台边或从火刑柱上而为人类赢得了今日已堪称世界之法则的精神自由。”他继弗里曼之后，在牛津大学任教期间所作的三种讲演（内容系特兰托会议、16世纪的海员与伊拉斯姆的信件）同样表现着那种充满战斗精神的新教思想。弗劳德结束了业余历史家的时代。他的一些伟大场面的描绘直堪与麦考莱的媲美，腓特烈·哈里逊曾把他比之为李维与弗鲁瓦萨尔；但是他在思想上还不及卡莱尔，另外他所做过的工作甚至有推倒重来的必要。他从没有认识到，历史家的责任既非颂扬也非谩骂，而是对复杂的过程与矛盾的理想冷静地进行解释。

① 书名《恺撒传略》(*Ceasar, A Sketch*)，1870年；《托马斯·卡莱尔前四十年史》(*Thomas Carlyle, a history of the first forty years of his life*)共二卷，1882年，《托马斯·卡莱尔在伦敦的生活》(*Thomas Carlyle, a history of his life in London*)共二卷，1884年。——谭注

② 书名《亚拉冈的凯瑟琳的离婚》(*The Divorce of Catherine of Aragon*)，1891年。——谭注

第十七章　牛津学派 317

I

在麦考莱·卡莱尔与弗劳德的著作成千累万本行销的同时，更加严密的史学方法开始被应用到研究上面。斯塔布斯[①]早在就学时期便已着手盎格鲁-撒克逊语的学习，并利用假日研究其本乡内尔

兹巴勒郡旧法院的案卷。到他进入牛津大学时，他已对查询中世纪 547
文献的方法十分熟悉。二十五岁时，他在埃塞克斯接受了一个牧师职位，就在那里，在此后十六年平静的岁月中，他颇余暇研究，竟成了当时英国最高的中世纪专家。他第一部著作追述了数百年来英国主教的接续情况。《英国宗教实录》曾得到一些学者赏识，推为一部有功教会历史的重要贡献，迅速成为这方面的必备参考书之一。

他的谨严学风使他成了当时档案委员会出版物的一位严峻的批评家。他指出，公家资金往往浪费在次要文献的刊印上面，而当时权威资料却很少受到选录。另外，对于编辑者的责任的观念也

① 参阅《威廉·斯塔布斯通讯》，胡登编辑，1904 年；梅特兰，《英国历史评论》，1901 年 7 月号；《季刊评论》，1905 年 1 月号。赫伦·卡姆，《七十年后的斯塔布斯》，《剑桥历史杂志》，1948 年，第 129—147 页，总结了此后的批评意见。——原注

是狭隘的。当忏悔者爱德华[①]传记出版时,他写道,“我遗憾地看到在这些出版物里,关于语言的东西竟成了编者注意的中心”。这种编辑标准不少在这位批评者自己的手中果然得到了提高。1875 年,案卷部主任罗密里爵士,得财政部的准许,进行了关于中世纪末期之前英国资料的校订版本的刊行工作,这件事主要由达夫思·哈第来主持,他对于《英国史的资料与文献》的研究是一部具有经久价值的作品。斯塔布斯立即自荐参加这项工作,但直到 1863 年,这位编辑大家方才得到委任。在此后二十五年的长期内,他确曾以种种既以技术见长又富于历史学识的杰作丰富了《卷帙丛书》,可谓开英国
318 中世纪历史资料研究的先河。他具有从事这项工作的各方面必备条件——古体文的精通、广博的学识与冷静善断的性情。他的最早一卷:《理查一世[②]行程》出版于 1864 年;他的最后一卷,即《马姆斯伯里的威廉[③]》的结束卷,出版于 1889 年。他关于邓斯坦[④]的一卷,为这位英国杰出教士洗刷了种种诬陷,而关于早期安吉文朝的诸卷则都附有历史导论,在这里他对许多统治者的个性特征第一次给予了恰如其分的描绘。这些洋洋大观的序言中所显露的高度文才是和它们的渊博学识同样惊人。他是在资料的直接印象下进行编写的。1866 年时他说过,“我正在凭借天赋来撰写我的亨利二世。除非我感到一切不啻出自我的自身,我便简直写不下去”。

① 忏悔者爱德华(1042—1066 年在位),盎格鲁-撒克逊国王。——谭注

② 理查一世(1189—1199 年在位),即王位后,参加第三次十字军,返国途中为奥地利公爵所俘,1194 年被赎出。——谭注

③ 马姆斯伯里的威廉(1095—1143 年),马姆斯伯里修士,编有自撒克逊人入侵至 1128 年的王朝历史。——谭注

④ 圣邓斯坦(924—988 年),坎特布里大主教,10 世纪英国寺院复兴运动的主要人物,曾被指控为排斥异己和滥用威权。——谭注

正当斯塔布斯全身沉浸在编年史的时候，他忽受其母校之聘，担任了近代史讲座教席，时为1866年。格林曾就这件聘请事于《星期评论》撰文表示欢迎，认为此事足堪与剑桥之聘请名小说家来做教授或牛津之擢升大哲学家去讲教会史等相媲美。的确，他乃是第一位堪充此任的积学有素的历史学家。这个新教授在他的就职演讲里很坦率地说明他对自己职务的看法。“近代史的研究，是神学之外精神上所可能受到的最彻底的宗教训练。正是基督教赋予了近代世界以统一性，而同时使之与过去时代的陈死事物一刀两断。”但是他的政治与宗教信仰却从未干扰他的工作。演讲最后表示，他希望能够帮助建成一个历史学派，以期在这项共同任务上与外国的学者通力协作。

斯塔布斯在他在牛津的二十年间一方面忙于授课，一方面忙于《宪政史》[①]的编写。他给自己规定的责任极重，但是他的许多最精彩的篇章也多成就于此时。他在辞去讲座后，曾把自己认为有出版价值的讲义刊印了出来。对于这个历史家，我们从《中世纪与近代史讲义》里所获的印象要比从他的任何其他著作所得的更为完备。他那浩博的知识与多样化的题材虽也引人注目，但那种轻盈的笔触，生动的人物刻画，幽默诙谐与欣快活泼，同样也很动人。他关于亨利二世宫廷上文学与学术以及关于亨利七世与八世等的卓越论述，都不失为他的辉煌论著中的杰作。他死后又陆续刊出过讲义数卷，但这些对他的声誉已无重大增益。他的主要兴趣仍在宪政方面。他说过，作为一个文明民族，它的学者仅对雅典

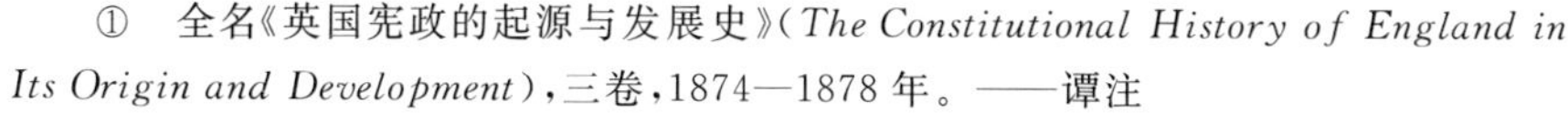

①　全名《英国宪政的起源与发展史》(*The Constitutional History of England in Its Origin and Development*)，三卷，1874—1878年。——谭注

319 罗马的典章制度非常熟悉，而对自己祖先的体制风习则一无所知，这并非一件值得嘉奖的事。在受牛津之聘的第二年，他对一位朋友说，他将就宪政史作十八篇讲演，从塔西佗起讲至亨利二世止，并且已经写好大部分讲稿。这些讲稿曾于其死后出版；有趣的是，现在发现了这部名作的初稿。他的下一步骤为1870年出版的《宪章选集》(*Select Charters*)，书出后一时成为其他时期或国家的同类著述之楷模。书前的导论部分以至简峻的笔墨概述了迄爱德华一世止的宪政历史。弗里曼颇称赏此书，誉之为“无论学问之笃粹与识见之卓越，均无愧当今一流学者手笔的一部著述”。通过头等重要史料的选择——法律与宪章、条约与编年史，等等，——他使早期英国史的研究变为一种生动的现实，其中他所作的种种扼要阐释对法律与惯例的许多模糊处颇能不乏新鲜。尤其经过多番修订，这部《宪章选集》尽可视作《宪政史》的一部可靠注释资料。

斯塔布斯的杰作开始问世于1874年，书出后立即被公认为属于英语语言中六七部历史巨著之一。书中所涉领域之广，远过于书名所示范围。它实际上是自朱里安·恺撒至都铎王朝登基止的一部英国史，是关于我民族生活的第一部权威论述。书中在外交、经济状况或军事细节等方面失之简略；但它包括了教会、国家、法律、司法、行政与财政。梅特兰说过，没有一部关于宪法发展的著作曾经写得这么鲜明具体。“当我们亲眼看到各种典章制度在我们周围生生灭灭的时候，作者却使我们一刻也忘记不得，这一演进与解体的过程没有一处不是依赖人们的具体行为组成。”凭借着把带分析性与带叙述性的各章交替排列的做法，他做到了使社会结构的研究与民族运动的研究结合在一起。虽然他正确地认识到，重建宪法发展的主要路线是他的最大任务，他却从来不使读者忘记一个民族的生活之网的编织是何等千头万绪。

斯塔布斯的著作是处理中世纪整个英国宪政问题的第一次尝试。他爱好法律；人们曾说过他本来可以成为一个出色的法官。他在牛津的一位同事布赖斯教授便说过，斯塔布斯与弗里曼和格林不同，他对法律问题有着巨大兴趣，并非常善于掌握这类事物。320 《宪政史》的第一卷叙述至诺曼征服止，是书中最少创见与经久性的一部分。关于那个时期的资料本极匮乏而又难于解释。梅特兰在三十年后写道，"在绘出那块荒漠地域的准确地图之前，很多调查研究者很可能已经暴骨沙碛。值得怀疑的是，他曾否充分觉察到他所穿越的地带的险恶性。"另一方面，他的法国批评者珀蒂-迪塔伊与贝蒙则埋怨说：他的结论往往小心翼翼，他在文献不足的时期面前往往显得踌躇莫决，并且回避困难问题，不作结论。不过谨慎从事也许倒是聪明做法。他非常熟悉魏茨与格奈斯特、摩勒父子[①]、布伦纳与索姆的著作，有时还对他的德国向导步趋过甚。在他的英国前辈中，他把肯布尔看得最高。1859 年时他曾称誉肯为"我的学术楷模"。1866 年他又写道，"我很抱歉我对于帕尔格拉夫不敢信任。肯布尔也同样往往成为他自己的理论之累，但我认为他的一些看法倒还包含着较多意义"。斯塔布斯是英国社会依赖于条顿基础说的信仰者；他接受摩勒关于"马克"公社的理论。但揭示盎格鲁-撒克逊社会的复杂性的工作，原是属于下一个世代的；他不应因为他未能预见他们的研究成果而过受苛责。他也不

① 摩勒（Maurer，Georg Ludwig von，1790—1872 年）及其子康拉德（Konrad，1823—1902 年）均为德国的法学历史家。——译者

应因为他和所有维诺格拉道夫[①]以前的学者们同样误解过族有地的性质而受到严厉指斥。但是到了诺曼时代他则站立在了较坚实的基础之上。这时史料已很充分,问题也不似过去那么棘手。待到他叙述至亨利二世及其子嗣时,他已进入佳境,这里的任何一条僻路曲径他都无不熟悉。由于他对这个时期十分烂熟于胸,所以他遂能在短短六周之内为某个通俗丛书写成一个关于金雀花朝的出色简编。正是在这里,他的笔下最为稳妥,他的人物刻画也最为生动和令人信服。甚至在14、15世纪时期,亦即那个"阴暗、凋敝、无所作为的时代",他也能巧妙地使情节的兴味保持不衰。他夸大了封建制度的混乱,承袭了那种认为《大宪章》是一个觉醒的民族所作的功绩,而非男爵们为要保持其自身特权而产生的结果的传统错误看法。另外对爱德华一世的称颂也失之溢美[②]。但在第2、3卷里却很少有重大错误。书结尾处载有他对中世纪末期的社会与政治影响的一篇评述,为他综合能力的最高表现。

在《宪政史》的种种优点中,最突出的是他持论公允。在政治与宗教见解上与他很不相同的梅特兰曾说过,"阅读斯塔布斯的著
321 作乃是一种司法上的训练"。不过斯塔布斯在著作以外发表意见却是相当直率的。他在1859年表示支持奥国,评论过那些"糟糕的意大利人"。他在1863年指斥过"那些可恶的波兰人",并讥笑过加里波第到英国的访问。布赖斯记载,他拒绝过会晤一个单一神教的牧师;这位教授还得意地对牛津的听讲人说,他曾如何从格

① 维诺格拉道夫(Sir Paul Vinogradoff,1854—1925年),俄国法学家及历史学家。——译者

② 参阅坦普尔曼《爱德华一世及其历史学家》,见《剑桥历史杂志》卷Ⅹ,第1期。——原注

林手里把一本勒南[①]的书丢到了字纸篓里。他任圣保罗教堂的牧师时，曾庄严地焚毁过赫伯特·斯宾塞[②]的一卷著作。他还嘲笑过弗里曼为土耳其虐政下的牺牲者而打抱不平的过度热情。由于厌恶清教，他不赞成格林对17世纪斗争所作精彩叙述。他自称他已浸沉在了僧侣与保守的原则。然而，这个反动成性与偏见强烈的人在判断很久以前的是非时，却能做到完全不偏不倚，一秉至公。他还十分得意地自诩说（而这话也一点不假），谁也无法据其大著来评断他的政治立场。实际上他曾因为赞成兰开斯特派与议会政府友好和因为对较有权的约克派态度严厉而遭过谴责。他在一次牛津演讲里曾说，他的任务并非要把人们强行分作辉格或托利，而是要使辉格成为善良聪明的辉格，与托利成为善良聪明的托利。他的书中没有虚美溢恶之辞。他宣称，最高的正义只能表现在对犯错误者与迷路者的最深刻的同情上面。他没有重蹈那个曾使弗里曼陷入其中的迷途，即把盎格鲁-撒克逊制度加以理想化；另外在亨利二世与贝克特之间的问题能持论公平。珀蒂-迪塔伊在他的三卷更正性与补充性的著作[③]中因为这事对他颇感钦佩，甚至竟认为斯塔布斯的书大有自由主义倾向。他宣称：斯塔布斯实际上属于那个赞成选举改革与政治机构完善化的新的一代，并且受了德国爱国主义学者所宣扬的原始德意志制为人类尊严与独

① 勒南，见本书第二十五章。他的著作《耶稣传》、《基督教的起源》，试图把基督教作为一种历史事实来看待，扫除其神秘性，被正统神学家视为离经叛道的作品。——谭注

② H. 斯宾塞（1820—1903年），有名的英国哲学、社会科学家，将达尔文的进化论搬用于社会历史领域。——谭注

③ 《对斯塔布斯著作的补充研究》，1908—1929年。——原注

立泉源这一见解的影响。

斯塔布斯在他那篇颇具深意的前言里曾说过，“制度中的精熟掌握甚至初步熟悉绝非是一件轻而易举之事。它有着它特有的观点与语言。它以完全不同于武器的虚假闪耀的真正光芒来阐明人类的功绩与品质。如其人们必须引诱方才前去研究真理的话，那么它所能给予的引诱是微弱的”。题材的庄重严肃以及其中许多论点的隐晦费解等特点都使《宪政史》一书颇不易读，但它的文体
322 却清晰而有力，若干章节甚至达到了很高境界。在其长达二千页的巨制中，几乎找不到一个芜词赘语，因而受到举世学者的共赏。作者曾称，他的第一卷在德意志所受到的称颂与理解比在英国还多。如果情况真是这样的话，这是因为在德国有更多的人能够认出它的分量。他访问过戈丁根的魏茨，但他的两个最亲密的朋友则是属于稍年青一代的。保利，这位研究中世纪英国的历史家[①]，在他的著作出版时曾为他写了书评。他和李伯曼的友谊甚至更要密切一些，后者称他为研究中世纪英国的最大历史学家，而这位牛津教授也称颂李伯曼关于盎格鲁-撒克逊法律的巨著[②]为“一部内容精彩、极具价值的作品”。他在外国获得过多种荣誉；到处被尊为以谨严著称的历史学派的领袖人物。陶特与朗德即是他最著名的门生。

1884年斯塔布斯接受了支斯脱郡主教职。他在牛津的临别

① 保利，R.（1823—1882年），德国著名史学家，曾受业于兰克和达尔曼，后留学英国，《英国史》（*Geschichte von England*）共三卷，是他的代表作。——谭注

② 李伯曼，F.（1851—1925年），德国中世纪史、法制史专家，精研英国古代史，《盎格鲁-撒克逊法律》（*Die Gesetze der Anglo-Sachsen*）一书（共三卷，1898—1916年）是他在这方面的代表作。——谭注

演讲里宣称，他不打算放弃过去的研究，希望出版《不列颠宗教会议》(*British Councils*)的第四卷，并完成他出版马姆斯伯里的威廉著作的工作，甚至再出一部关于宗教改革时期的宪政史大纲。在这些计划中，仅仅第二项得到实现。他的新职务使他相当烦恼，因为他几乎没有什么时间留在书房里面；所以，我们也就失掉了一部修订本的《宪政史》。他不想压缩这部书的篇幅，他在后来各版里所作的更动也都非常有限。他以从不衰竭的注意力追踪着一些年轻人的研究活动，但却很少认真吸取他们的成果。当赫伯特·霍尔指出他在关税记载中的错误时，他作了纠正。他接受了维诺格拉道夫关于族有地的解释，但还主张有某些公地的存在，虽然对自己的说法提不出什么根据。他在一条注释内提到了朗德关于骑士仪式的论述，但他的原作却仍留着未改。梅特兰在他逝世时写道，“我们觉得我们曾经有了一个国王，而现在则没有了。”他补充说，再没有一个英国人曾经把从素材搜集与具体叙述到推论概括这一历史家的全套过程这样完备地向世人举授无遗。他的教导与榜样曾使牛津蔚为系统学习与研究的一大中心，但他不是一位渊深的思想家。当巴克尔的著作出版时，斯塔布斯曾说过，“我不相信历史哲学，所以我也不相信巴克尔”。他也不接受弗里曼关于历史统一性的看法，以及一些从莱辛获得的更加富于哲理的概念，这些主教坦普尔[1]在其著名论文《人类的教育》曾作过阐述。斯塔布斯是 323
他所在时代的英国最大历史学家，在将德国学术研究方法介绍入

① 坦普尔，F.（1821—1902 年），英坎特布里大主教，自由主义思想家，社会改革家。长期从事教育与教会工作，认为宗教与教育是改善劳苦人民生活的重要手段。——谭注

我国这点上，他的功绩是任何他人所难比拟的。

Ⅱ

虽然弗里曼[①]的年纪比斯塔布斯稍长，但对后者一向以师视之。他们二人与格林一起形成了一般所称的牛津学派；格林曾把他最著名的书奉献给“我在英国史上的师长们”。但是弗里曼与斯塔布斯无论在气质与观点上都很不相同。斯塔布斯冷静而沉着，而弗里曼则是一个英雄崇拜者与宣传家。斯塔布斯的文章扼要简洁，而弗里曼的文章则详尽枝漫。前者是一个极端保守者，后者则是一个好战的急进者。他们著作的范围也不相同。斯塔布斯毕生专攻中世纪英国，而弗里曼则对雅典、罗马、亚琛[②]、君士坦丁堡、卢昂与温切斯特[③]等也都同样谙熟。1841年他进入牛津大学时，纽曼的影响正还极盛，他的兴趣被吸引到宗教建筑学方面，并一度摇摆于建筑行业与牧师职业之间。但世俗历史渐渐成了他的主要兴趣所在；参加过关于诺曼征服的影响的论文奖金竞赛，忙于阅读梯叶里、林加德、帕尔格拉夫的书以及编年纪事等著作。他第一部有分量的著作《建筑学史》抨击过一些忽视历史的考古学家。不久以后，他出版了一本关于窗格细工的著作，书中附有自制插图；一两

① 参阅斯蒂芬斯，《弗里曼的传记与通讯》，共二卷，1895年；布赖斯，《现代传记研究》，1903年；贝蒙，见法国《历史评论》，卷XLIX；约克·鲍威尔，《札记》，1906年。——原注

② 亚琛，今西德，北莱茵，威斯特发利亚省之一城市，为查理大帝、鄂图大帝陵墓所在地。——谭注

③ 温切斯特在罗马占领时代为英国第五大城，艾尔弗雷德王以后为韦塞克斯首都，中世纪为羊毛贸易重要商埠。——谭注

年后，他还参加过一部关于圣大卫咨礼拜堂历史的合编工作。他对建筑学的爱好仍然存在，但此时他对建筑的重视主要已不是从审美角度出发，而是因为它们足资作为以往时代的见证。

弗里曼既具有独立的研究方法，遂决心终身致力于史学。在取得学位后的二十年间，他曾以大部分时间潜心于古典世界的研究，特别是希腊世界。他把希腊沦为奴役状态视为历史上最悲惨的事件，并梦想重新发现古君士坦丁堡。他还以近代希腊语言写信和演说，歌颂过芬雷[①]并与特里库匹斯[②]结成了持久的友谊。对于那种说希腊人是杂种的嘲笑，他的回答是，希腊的血缘并不比我们的血缘更加混杂，而他们的民族性格并没有发生重大变化。他对近东基督徒所抱有的热情，正如他对土耳其人的仇恨同样强烈；他极力反对克里米亚战争，认为这是企图支持野蛮虐政。他计划 324
编写一部《联邦政府史》，从希腊叙起，中经瑞士与尼德兰迄美国止。书仅完成一卷，但这个巨型片断对希腊史上最少为人了解的篇章作了有价值的贡献[③]。他对希腊于其失掉自由后所组织的联邦的详尽研究，迄今还是必要的参考。书的第二卷叙述瑞士；在察访瑞士后，他宣称从心底爱好瑞士。他在关于英国宪法的著名演讲里反映了他对瑞士各州那种简朴民主的极大热情。

弗里曼在专攻古代世界的同时，从来没有忽略对后来时期的注意。1865年，亦即当他四十三岁时，他决心成为研究诺曼征服时

① 芬雷（George Finlay，1799—1875 年），希腊史学家，著有《希腊史》（1844—1861 年出版）。——译者

② 特里库匹斯（Tricoupis，1788—1873 年），希腊作家与政治活动家，著有《希腊革命史》。——译者

③ 参阅伯里为该书 1893 年版所作序言。——原注

期的历史专家。在宗教改革之前，我们历史上的这个重大事件从来不曾有过认真的研究。梯叶里这方面的著作缺乏谨严性，立论也多不够可靠。帕尔格拉夫则在叙述至“征服者”之前便已死去。那时，斯塔布斯也还未曾开始编写他的《宪政史》。《诺曼征服史》自盎格鲁-撒克逊英国与在法国的诺曼人的定居等简况开始叙起，诺曼诸公爵的叙述在书中是极具精彩的部分，而关于丹麦诸王的研究也第一次显露了他们的动人之处与重要性，但作者的叙述到忏悔者爱德华时，文笔才开始纵横驰骋起来。这里的主角是葛德文[①]；在将他从他的仇敌手中拯救出来时，弗里曼把他与西蒙·德·蒙福尔并列，尊之为“伟人”，并在他的墓碑上写下诔辞。对于哈罗德[②]的描写，甚至比对他的父亲更多谀词。在诺曼人与撒克逊人的斗争中，他寄同情于后者。他对威廉的伟大处感触很深，但所描写的形象，虽然确切周到，却缺少生气与文采。他的征服对于整个民族生活所带来的动乱，远比想像的要少得多。尤其是作为英国的光荣与骄傲的自由宪法，并未受到严重干扰。民主成分并未被完全淹没，那保卫自治政府神圣原则的贤人会议，曾于1085与1086年开过。

这部书乃是热情的辛勤成果。作为一个崇尚政治自由的人，他自以为他在条顿民族中间，特别是在自己的祖国之内找到了它。一个德国的批评家宣称，“人们不免要认为，昔年撒克逊族的血液

① 葛德文，10世纪末丹麦国王卡纽特(Canute)统治时期最强大的伯爵。1036年卡纽特死后，葛德文家族扶植爱德华为王。1051年被放逐。次年，向伦敦进军，国王屈服。1053年死。——谭注

② 哈罗德二世，葛德文的长子。1066年1月爱德华卒，哈罗德被推选为国王。同年，诺曼底公爵侵入英国，哈罗德战死。——谭注

今日依然纯净地在他的血管里流转着。”他说，他会欣然在哈罗德的麾下战斗于森拉克[①]的。尽管书的篇幅极大，它还是勃勃有生 325
气的。这座广厦是建造在坚固的基础之上的；因而格林誉之为学术研究之一大奇迹。他的学识不仅表现在书的正文里，而且也表现在每卷的无数附录内，其中有不少属于具有高度价值的评论。他的第二大优点则来自他对所写事件的发生地点的熟悉。他是英国历史家中最早认识到地理位置与历史遗迹的确切知识在重现历史上的重要性。他的《诺曼底与缅因记行》完全可作为《诺曼征英史》的诠注来读。“征服者”及其夫人的生地墓地，其所居城市、其赢得声名之战场及其所建造的城堡与教堂等等，——这一切有形可见的遗迹均有助于以使其人其事重现在我们眼前。

弗里曼关于诺曼征英在历史上地位的看法不无可以訾议的地方。在反对梯叶里在这个问题上的灾难时说，他过低估算了动乱的范围并过分夸大了种族同化的速度。由于立意建立所谓连贯性，他对证据往往过于轻信，另外对“征服者”晚年所召开的贤人会议给予了过分民主的解释。他对征英前后宪法中的民主成分也有夸大之嫌。他写道，“我们一般归功于‘征服者’的那些法律与政治上的重大变革，在许多情形下却是属于亨利二世的。”但这样一来却未免把过多的创造性归功于那个安茹王朝[②]的君主，亨利二世发展了他父亲亨利一世的一些观念，但与他父亲的差别并不很大。弗里曼对于征英结果的论述，比较缺乏完整性，因为他忽略了民族

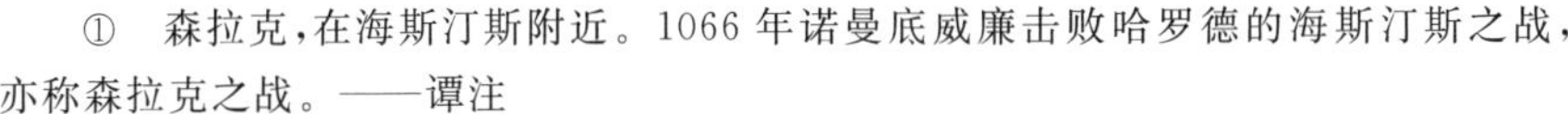

① 森拉克，在海斯汀斯附近。1066年诺曼底威廉击败哈罗德的海斯汀斯之战，亦称森拉克之战。——谭注

② 即金雀花王朝。——译者

生活的若干重要部门，特别是关于阶级间的相互关系以及这些阶级对国王的关系。在这里，我们触及到了该书的主要弱点。它是政治的论述，而不是人民生活的描写。格林在《星期六评论》所发表的一系列率直的批评文章中，正确地指出了弗里曼在道德与思想的同情上面的某种狭隘性①。“他略而不谈宗教、思想与社会状况。他赞赏集合在贤人会议里的人民，但却从不带领我们去看看那些自由民的屋宇或农户的茅舍。关于我们祖先的实际生活、风习、好恶，书中没有提供我们任何东西。它实际上不过是一卷史学翻案文章。”这个批评虽然严峻，但基本上则是正确的②。在弗里曼看来，唯有行动才是历史，而在这范围之内，不论事情多么微不足道，他也都能毫无疏漏。在叙述“征服”本身的第三卷内，一切详
326 情细节概在欢迎之列；但是其中一些较小战役与叛乱的记叙却和那些决定民族命运的重大事件同样详尽无遗。他缺乏斯塔布斯与格林所具有的那种选材本领。

弗里曼关于编年史的知识是无所不备的，但他对手稿缺乏审辨能力并且没有学过古文字学。他在索谋利兹城自己的藏书室里写作时，所依据的尽是刊印的资料，但就是这些，他也未做到充分利用。因为缺少法律或社会结构方面的兴趣，他对宪章的重要性并未能充分认识。他的《末日审判簿》一章的写法是肤浅的。朗德③关于弗里曼属于过了时的学派的提法，并非没有根据。他没有作出什么发现，因为不去研究手稿而要有所发现是不可能的。他

① 重印于格林的《历史研究》，1903年。——原注

② 德国《历史杂志》，卷XXXVII。——原注

③ 评《历史研究》，《十九世纪》杂志，1898年，12月号。——原注

不懂得，制度与经济状况的重要性殊不亚于帝王将相的盛衰陵替。至于书中的细小毛病则为刺目的条顿系词语，某些中意的词句使用得过于频繁，用字的不够雅驯，例如“不公正”、“非法”、“大量的”[1]等等。在他与朗德关于哈斯丁斯战役的激辩中，他所下的判断也是对他不利的，好在这事尚无重大影响[2]。尽管有着这种种来自“作为”与“不作为”的过失，这仍不失为一部具有经久意义的作品。《诺曼征英史》还有一部关于威廉·鲁弗斯的著作作为其补编。虽然鲁弗斯的统治时期不长并且比较平静，他还是用了两大巨卷来加以叙述。编年史上所记载的每桩事实现在又都被重新转录到这位历史家的卷帙之中，许多地方还附赘着冗长的议论。保利曾指责他对那些仇视鲁弗斯的僧侣所加给的诬蔑也都一概接受，不过要想能证明这些诬蔑之误也是办不到的。

当斯塔布斯接受了主教职后，弗里曼当然被选作他的继任者。除了他关于希腊与诺曼英国的巨著外，他还出版了重要著作《近代欧洲历史地理》一部，有关萨拉逊人与奥斯曼人的论文与讲稿三卷、《英国宪法》与《比较政治学》以及某些历史名城与地区的许多研究论著。正如斯塔布斯那样，他对讲授他聘约上所规定的一些课程兴趣不大，并每每慨叹英才的缺乏，但在完成教学任务上还是不遗余力的。他首先讲授了《历史研究法》课程，作为开端，而后讲授 5 与 8 世纪欧洲概论以及《欧洲史上的主要时期》史纲。奇怪的 327
是，这位讲近代史的皇家教授对于近四个世纪的历史竟很少了解，

① 原文为 unright、unlaw、mickle。——译者

② 参阅《季刊评论》，1892—1893 年，与施帕茨，《哈斯丁斯战役》，1896 年。——原注

因而他的大部分题目都是关于中世纪的。

他晚年时期所致力的问题与他讲课的范围距离很远。他对诺曼英国的研究，燃起了他对一个也曾由诺曼国王统治过的美丽岛屿的兴趣。一个时期中，他曾想编写一部诺曼人在西西里岛上的历史，但不久他又认为他必须把历史继续追溯上去。该岛的位置使它成为东西方的冲突之地。它应是非洲还是欧洲的一部分呢？"迄今还没有人把这段历史的整个经过视作对世界史的一种贡献。我愿读者按照这个标准来判断我的著作。这里是帮助我们认识武断划分的愚蠢的再好不过的材料；而这种划分常把历史的研究弄得空洞而没有意义。"他愿拟把这段历史叙述至腓特烈二世死亡时止，但这注定是办不到的。他从来不懂得如何对材料进行压缩，因而当他去世时，他的四大巨卷也仅把内容叙述至公元前3世纪初期[①]。他宣称他在《诺曼征英史》中虽然阐明了许多事实，但在西西里早期的历史中却难于找出一个绝对新颖的事，霍尔姆已经把这个题材研究得详尽无遗了[②]。他自己的贡献主要限于他对此岛的知识方面。他的热情简直是冲决一切的。他说，"希腊语是语言课中最高贵部分，希腊史是世界史中最有教育意义的部分"。所以，每次重读修昔底德，这位"最伟大的历史教师"的作品，总是其乐无穷，他并论证了自己早年时所作的种种判断。"至于叙拉古的民主，正如雅典的民主那样，我们有格罗特可作为我们的老师。而经过多番体验，我愿再次强调，提尔华尔迄今还没有人能胜

① 书名《远古以来的西西里史》(*History of Sicily from the Earliest Times*)共四卷，1891—1894年。——谭注

② 霍尔姆著有《西西里古代史》(*Geschichte Siciliens im Altertum*)共三卷，搜集原始资料颇为丰富。——谭注

过，甚至格罗特超不过他。”

这部著作从论述西西里历史的特征一章开始。整个全景的描述广阔宏伟，西西里与其他岛屿的比较部分也具有启发性；但书中重复之处过多，引喻也有时非但不能说明问题，反而徒乱人意。其后紧接着的一段关于岛屿自然特征的描写属于他的最好文章，而叙拉古城的建立一节中，在写到该城在历史上的地位时，作者有机会写下一篇华丽辞藻的专论。叙拉古与迦太基、意大利的战争叙述过于琐屑，令人生厌；但关于雅典远征的细致叙述，读者则不会有任何意见。第四卷叙述至亚伽多克勒的暴虐止，在他死时尚未完成，后由其女婿阿瑟·伊文思整理出版。这部著作被译成德文，328
并受到霍尔姆的热情嘉许。阿道尔夫·鲍尔也声称，自格罗特以来，在论述古代的英文著作中，没有一本著作显示了这样博大精深的学识[①]。这是一部宏伟的未竟之篇，的确它正如《诺曼征英史》那样，不免失之冗长，但也充满着那种洋溢于其全部著作之中的特殊感人力量。

弗里曼的中心理论便是历史的统一性。从早期希腊到罗马帝国，再从罗马帝国到中世纪与近代欧洲，其间不存在任何中断；这种历史连续性的强调正是他对历史思想与历史教育的一大贡献。但是，斯塔布斯在他一次演讲里他花了一定时间反对他朋友的这种哲学。他宣称，古代、中世纪与近代历史的分别研究会有好处的。在行动的世界里是存在着连续性，但在思想与情感的世界里，即在这个弗里曼知之不多，注意得较差的世界里，却存在着巨大的裂口。我们现在还可提出一项更有分量的批评意见。自弗里曼发

① 鲍尔，A.，《希腊史研究》，1899年。——原注

表他的理论以来，历史家的眼界已大为开阔。而他的视野则局限于欧洲。但希腊已不能视作是文明的起点，因为古代东方的发现已使我们的看法有所改变。再者，尽管一再强调古代、中世纪与近代世界应当并重，但他的历史观念却是纯属表面的。《诺曼征英史》中包括了一章关于古代建筑的论述，《西西里史》中也用了几页篇幅来论述早期希腊文学以及亥厄伦[①]与品达和埃斯基勒斯的关系。然而，正像腓特烈·哈里逊所埋怨的那样，十分之九的人类历史却对他没有什么兴趣。他的老友布赖斯宣称，“他性格的基调是，他对自所喜爱的人们、事物与地方等等，热情洋溢；而对于那些素不关心的事情，则几乎冷若冰霜。他把历史看成了单纯政治事件的记录。他不仅自己对宗教、哲学或社会状况一概不感兴趣，而且还认为别人感觉兴趣是件怪事”。他对英国与西欧的教会与城堡的知识比他同时代的任何历史家都多得多，但据说，他只去看过一次画展，而这次还是被格林拖去的。他对柏拉图、希腊悲剧家们与莎士比亚虽毫无爱好，但却喜爱英国的古老歌谣，称颂司各特的小说和欣赏麦考莱的短抒情诗。观念的世界对他是不存在的。历史在他看来只不过是事件的记录，因而他只承认它的继续性，而不承认它的有机的进化。不过他的偏见还没有使他陷入卡莱尔与弗
329 劳德的狂热地步，因为他是厌恶暴行的。他夸大了葛德文与哈罗德的德性，但他从来不为一个坏人掩饰罪过。格林虽然感到《诺曼征英史》一书中有许多地方该受指责却也承认这书的崇高品德。指出“书中洋溢着对人民自由的强烈热爱和对一切残暴与非正义

① 亥厄伦(Hieron)，叙拉古僭主；在位时期是公元前478—前467年。——译者

行为的深恶痛绝。如果说其中也有英雄崇拜的话，这种崇拜则不是对野蛮暴力的怯懦崇拜”。弗里曼心中最值得景仰的对象乃是提摩勒翁与华盛顿一类人物，因为他们很懂得放下权力。尽管存在着种种偏见与局限，他在历史学家与历史教师中仍然占有极高地位；任何学派的读者在他生气勃勃的篇章中总可以吸取到一定教益。

Ⅲ

格林[①]虽然从斯塔布斯与弗里曼学到了一些东西，但他比他们两人都更能富于创见。当他还是儿童时，他已在他牛津的家宅附近的教堂内探索事物，摹拓黄铜铭文。二十二岁时开始着手著作，编写了一系列关于 18 世纪时期牛津的论文。他那流畅、秀丽的风格此时已大体形成；这座古城以及大学中的神权论派导师与喧闹的大学生的情景形象，在他笔下写得极为精妙。二十四岁任神职后，他曾在穷苦人中间工作过九年。他后来常对人讲，他在伦敦东部贫民区的经历对于他的著述事业大有帮助，因为在那里他获得了对群众的真实兴趣。1862 年他在索美塞特考古学会上所宣读的一篇关于邓斯坦的论文，成了他一生事业中的一个转折点，因为在那里他遇到弗里曼。这个年长的学者对这篇论文——“为一个崇高而受到诽谤的人所作的崇高辩护”——很感惊奇，因为文

① 参阅，《格林的通讯》，斯蒂芬编辑，1901 年；布赖斯，《现代传记研究》，1903 年；约克·鲍威尔，《札记》，1906 年；摩诺《画像与遗著》，1897 年；艾迪生，《格林》，1946 年。——原注

章表明，作者不仅长于叙述，而且长于举证。自此弗里曼感到他有责任，用他自己的话来说，“去为小格林到处说项”。他们之间的友谊一直维持到二十年后格林去世为止，尽管他们各自的历史观点很不相同。弗里曼讨厌格林的想象式的方法，而这个年轻人则惋惜那个年长者只注意单纯事件。但是他们之间还是有着许多共同兴趣，并乐于在国内外互相来往。弗里曼慨然承认他从那位杰出的友人处获益匪浅。“我从格林城市史的研究方面，得益最多。他那善于抓住城市地形与历史上主要特征的才华是使人惊奇的。在
330 这方面，我所做的一切都是从他那里学来的”。一年后，格林与斯塔布斯在访问他们的这位共同朋友时初次见了面。这位教授的性格不很开朗，因而他们两人之间的关系并不密切。但斯塔布斯对格林的著作和他对英国史的功绩仍然非常激赏，并且一遇机会便对他不吝赞誉。

他最初想起撰写《英国人民简史》的念头开始于 1869 年。那时，即使是关于英国史上的明显的事实也缺少较好的新式史纲可以凭据，至于它文明的发展情况就更找不到像样的综合论述。1874 年《简史》的问世是历史学上一件划时代的大事，因为英语世界第一次获得了一部关于自己过去世代的系统连贯而又令人满意的记载。书的主角成了人民；只有这样，英国的历史才能完整地得到说明。国王的事迹被归入到他们的适当地位，这里鼓角之声开始敛息。乔叟①比克勒西战役占据了更多的篇幅。王朝尽管经历了无数更替，战也打了不少，但人民始终还是人民。这种解释历

① 乔叟（约 1343—1400 年），英国第一位伟大的诗人，所著《坎特布里故事》为传世名篇。——谭注

史的方法，现在虽已不觉新奇，却主要是格林的功绩。他虽不是最早发明这个方法的人，但他却是最早以一个大国的历史来阐明这个理论的人。过去历史家曾企图把金字塔立在它的顶端之上，而现在则把它放在了它的基础之上。他的著作还具有传记式的生动趣味与史诗般的连贯剧情。

格林书的结构布局固然出色，它的实际贯彻也很好。由于他巧妙地归并了时代，删去了繁冗的细节，加之文笔生动，并对生活的各方面——不仅政治，而且兼及社会、宗教与艺术等等给予了同样注意；这样，他遂能在一卷的范围之内重述了一个民族的发展历史。无论在英国或在别处，都是前所未有的创举，从这一事实，也可想见这项成就具有多大困难。他与传统的第一个不同，便是在历史的分期上，不是按朝代或王朝来划分，而是按它们的主要特征来划分。他的归并时代，也是富有启发性的，尽管他以爱德华四世为新君主制度的开端的做法受到过严厉指摘。他与传统的第二个不同是，他对战争外交等仅作简述，而不详叙，这样，叙述的重点便从具体行动与军事场面转到了内部发展，从而倾其全力于那些足以显示或影响国民生活的人物、书籍、观点与理想等方面。他在写给弗里曼的信中说，“很可能，当你看到玫瑰战争只用了七页，而科勒特[①]、伊拉斯姆与摩尔只用了十五页的时候，你也许会要咋舌。但是我越是把我们的整个历史通盘进行考虑，我就越发觉得，它的政治历史完全是它的社会与宗教的历史所形成和产生出来的，虽然关于这方面，你是不免要嘲笑我的。”他的早期研究主要是
331

① 科勒特（Colet，John，1467—1519 年），神学家、教育家，曾游学意大利，将人文主义思想传入英国，为《圣经》注疏之学开创了新路。——谭注

在中世纪方面，而《简史》中的这一部分也大体上写得最好。亨利五世这一类单纯实行家从作者所激起的注意，远不如艾尔弗雷德或约翰·保尔，朗兰[①]或卡克斯顿[②]等人。书中他强调了市镇的所起的影响，讨论了黑死病的经济后果，并指出了玫瑰战争与社会和经济改变的关系。在他的书写成前不久，他回顾他整个工作时说过，其中关于新学术(New Learning)、农民起义与城市等部分，是他所写过的最好作品。在进入到近代史的领域之后，他所熟悉的程度便较差了。但其中宗教改革诸章仍然具有高度价值。斯图亚特朝的章节则稍有逊色；18 世纪对施展其专长所提供的机会，比以前任何世纪都更少些。这部著作以拿破仑战争的结束而终篇。

《简史》立即获得了成功。自麦考莱以来，没有哪部历史著作曾经这样迅速售出。虽然弗里曼提出过这书的相当部分必须有较高知识程度才能读懂，它还是被许多学校采用作读本与程度较高学生的指导书，成千上万不同年龄的人们第一次对其祖国的历史开始产生了学习兴趣。这本书见解的新颖与学识的广博得到了普遍的承认。另外，书中笔调的清新与其中所洋溢的朝气，这在一个已是死期不远的肺疾患者来说，尤属难能可贵。英国历史不再是一本陈年旧历，而是英国人民这个生气勃勃民族的发展历史。的确这部书可谓才人之笔。而这点恰是作者的两位老师所望尘莫及的。不过成功尽管相当成功，它却仍然难逃批评。格林自己写道，

① 朗兰(Langland，William，约 1332—约 1400 年)诗人，14 世纪有名诗篇——《农夫庇尔斯》据说是他的作品。——谭注

② 卡克斯顿(Caxton，William，约 1422—1491 年)，英国第一位印刷家。——谭注

“整个书的靠前部分，我见到散文家难免的特性，处处暴露出短篇的小品文作家的那种行文倾向，纤巧文风，敷衍连缀，把乏味部分忽略过去，等等。我是通过写作而学会我的行业的。”在这样的一部著作里，错误乃是无可避免的。斯塔布斯对此说得最为清楚。“正像别人一样，他有时也犯错误，但这些无论对事情的真相或议论的力量都并无影响。”也有人指责说书中在民族发展的叙述上有党派偏见。布鲁尔，亦即研究武尔舍的历史专家，曾在《季刊》[①]里指斥它是一篇民主宣言，它理想化了人民而轻视了他们的统治者。詹姆士一世被描写成了一个不道德的丑角、懦夫与酒徒；查理一世
成了贪婪与卑鄙的化身；乔治三世成了浮夸、自私与残忍的君主。332
同样他对英国国教也怀有异样的敌对情绪。他认为战争不过是屠杀，并认为，战争在欧洲各国的真正历史上所起的作用是微小的。毫无疑问他是具有天才的，但他的同情看来不是寄予秩序方面而是寄予动乱方面。“在历史课本的外衣掩盖下，他在政治与宗教方面散播了不少十分过激的见解。对全书旨趣与所讲内容，我们提出郑重抗议。”

虽然布鲁尔的批评意见未免过甚其词，但他在看出其“左派”观点这点上则是不错的。格林的这种自由主义倾向的确与年俱增，他属于最早的英国地方自治派。他爱护和尊敬格拉德斯通，衷心同情人民的疾苦与理想，并对在教会与政府中那些压迫人民的人，深为憎恶[②]。在统治者与被统治者间的任何冲突中，他总是站

① 重印于布鲁尔，《英国研究》，1881 年。——原注

② 比较格林夫人在耶稣学院匾额揭幕典礼上的演说，见《泰晤士报》，1909 年 6 月 7 日。——原注

在后者一方。他对弗里曼坦白说过,“我将继续爱护自由,爱护那些为我们争取得自由的人们,至死不渝。”因而他能以深厚的同情心来叙述1381年的农民起义和热烈地支持国会反对斯图亚特起初二位国王的斗争。他没有很好去理解王党的立场,这一点加第纳已开始加以阐明。在论述美洲殖民地的反抗方面,他也缺乏像勒基所表现的那种宽广胸襟。尽管如此,但持平而论,这部书还是不能称之为充满党派偏见的。在许多场合下它还是非常明显地不偏不倚。他对新教与旧教的殉道者能一视同仁,而对他们的迫害者则一概严峻谴责。他对庇得与福克斯都能公正相待。这部书并非是对英国民族的狂热赞歌,也不是对英国政策不顾是非的辩护。他以道德的原则来检验政治,因而对政府在对待爱尔兰、苏格兰、印度、美洲与法国的政策上能够无所畏惧地加以谴责。

布鲁尔提出了另一项指责。“社会上对于历史的需求——那种希望把历史写得生动,引人,精彩的需求,已经使这种货色应运而生。这个引诱力是巨大的,格林也往往抵抗不了它。他具有这样一种天然的倾向,即以他的丰富而狂热的想像来提供他那些冰冷而无色彩的资料中所缺乏的戏剧性细节。”在他的友人里面,也间或可以看到类似的温和指责。布赖斯曾说,“想像的能力乃是他的心智与写作上的主要而突出的特征。在这部著作的较早版本中有时便出现过那种为了生动而不顾准确的情形。他的判断能力有时竟为其才华的光辉所掩蔽。”他通过形象色彩的角度来看问题。
333 《爱丁堡评论》中说,“他的文体的缺点是,通篇过于敷彩着色,以致有时使人感到单调,甚至生厌。这种感觉恰与我们在过久翻阅一本画册后所产生的厌倦相似。”但另一方面,斯塔布斯则称赞他在

“情节叙述上的惊人的质朴与优美”，这与上述批评适成一种对照。

当《简史》正以各种文字的版本成千累万地销行时，格林决意对英国的命运重新进行详述。他以非凡的毅力投入了这项工作，因而，待到1880年时，他的四巨卷本《英国人民史》已告完成。这部“大书”的篇幅约为原来“小书”的一倍，但体系与方法仍和以前一样。作为英国史的导论来说，除了在以前出版的“小书”外，它可说优于任何其他著作，但是问题在于这书是否有编写的必要。这部书与前一部的间隔过短，以致无暇纳入新的研究成果以纠正过去某些问题的论断，因而遭受到和以前同样的批评。加第纳指责他惯于忽视宪法方面问题，特别关于17世纪时船税、恩税[①]以及其他一些有争执的问题。

虽然业已身染沉疴，但格林仍以大无畏英雄气魄投入了新的工作。他很惋惜地说，“民族形成的时期”在一般人们中竟还几乎毫无所知，而其间的种种斗争对大多数英国人来说只不过是老鹰与乌鸦之争。他所已经完稿的《英国的形成》与未经他修订的《征服英国的遭侵》包括了他的一些最好作品。教长史坦莱有一次曾对他说过，“我看你越来越有过趋彩绘的危险。请注意这点。我自己是有同病的。”这次他接受了这个警告。他在攫取景物特征以及这些在历史发展上的影响方面，具有一种稀有的能力。他熟悉英国，热爱英国；1880年时他和他妻子便合出过《不列颠群岛地理》一书。他对于全国地貌、古物遗迹、森林、沼地与道路等的这方面确切知识，在编写“英国的形成”时曾起到过有益作用。他的无数地图第一次把英王国在各个时代的不同疆界描绘清楚。除了对外

① 恩税(Benevolence)，往时英王借名献金，从民间勒捐的税金。——谭注

族的入侵与内战的详尽研究外，他还特别另辟一章来叙述征服者的定居问题及其文化与制度。他不同意罗马文化继续论，而赞成弗里曼的主张，认为盎格鲁-撒克逊制度是极其民主的。在继爱格柏之后的《征服英国》部分中，他以绚丽的色调描绘了艾尔弗雷德与卡纽脱，并重申其对葛德文毫无好感的评价。克莱顿在读了格
334 林与弗里曼的书后写道，“格林与弗里曼之间的分歧是很大的。弗里曼企图使你了解每一细节的做法是孤立的，或是附以 19 世纪背景。他虽一再申说，而你还是不懂。在《形成》与《征服》中则不然。整个全景是生动的。”①

1883 年格林的去世（死时年仅四十六岁）是对历史研究的一个沉重打击。在讨论选择什么作铭词时，他曾说过，“你们知道人们将会怎样说我吗？他们会说，‘他弥留之际犹不忘学问。’”格兰特·达夫曾说，如天假以年，他会成为从吉本以来英国最伟大的历史学家。布赖斯也相信，许多人会把他放到几乎与麦考莱并列的地位，因为他虽然才力稍逊，但却更为聪颖，和同样引人入胜。另外他认为格林的身上颇有吉本之风，这即是“在那些足以支配民族命运，引导帝国航程的种种影响深远的力量与关系方面，既能备极周详，熟谙精审，又能胸襟博大，高瞻远瞩”。

① 克莱顿的《传记》，卷Ⅰ，页 264，1904 年。——原注

第十八章　加第纳、莱基、西莱与克莱顿 335

I

正当弗劳德埋头于都铎王朝的研究时，一位才华虽然稍逊但却更加信实可靠的历史家也正在以斯图亚特王朝为其毕生研究目标。加第纳①值得赞美的地方即在于，他是第一个以全部知识与冷静识见对我国充满危急与争论的一段时期进行了叙述的人。可能除斯塔布斯的《宪政史》外，他的著作是19世纪后半期英国史学上最坚实而经久的成绩。迄今为止，还没有人曾经完全根据其时代的记录作出考察以发现那个时期事件的真实情况。王党与辉格历史家只不过见到了他们所愿见的东西。兰克的巨著也才刚刚出版。加第纳常常指责基佐的《英国革命史》只从查理一世开编，理由是，关于詹姆士一世的深入研究对理解整个斗争实属必要。加

---

① 参阅《全国名人传记词典》(弗思作)；约克·鲍威尔所作评传见《英国历史评论》，1902年4月号；《两位牛津史家》(格林与加第纳)，见《每季评论》，1902年4月号。乌瑟对他的无偏袒态度的攻击，见《对加第纳历史方法的批判研究》(1915年)，对此弗思曾作过答复；见后者在《泰晤士报文学副刊》发表的一系列文章(1919年)。——原注

第纳著作①的开首两卷出版于 1863 年，内容包括这个统治时期的前半段时间。在将近四十年的长时期内，这项工作始终不松不紧地进行着。他曾立意要叙述到复辟时期，但在叙述至 1656 年时，他死去了。

他的著作乃是第一部根据详尽研究大量公私案卷资料而著成的作品。报章书册也曾广泛加以征引。至于各类回忆录，则不论其作者如何著名，也仅仅视作第二类资料而不当成头等资料。试把加第纳著作中一章的附注与以前著作的附注比较一下，便可看到这方面的进步。终于法官把所有事实摆在了面前，然后对之加以正确处理。辉格党关于斯图亚特开头两个国王统治时期所作的解释，自哈兰与“改革法”以来本已非常流行；现在加第纳对此提出

336 了异议。但他对议会曾站在未来方面以及詹姆士与查理政策的失败正是好事则从未加以怀疑。他的创见，并不在于他对这个巨大冲突的结局作出过什么判断，而在于他对当时主要的活动家的描绘，在于他对当时的不同政策与过去实践和传统的关系所作的估计。他沉着地说，“在这个充满着复杂动机的世界里，一个政治或宗教信条的正确并不能成为据以辨别一个人的高贵与卑鄙的标准。”如果说历史家主要任务之一便是使其剧中的角色变得可以为人理解，那么加第纳确实无愧为一个最伟大的历史家。他的完备知识与平和气质往往能够使他了解某些他们彼此之间还不能互相了解的人们。他能像斯拍定一样，清楚地看出培根理想的宏伟之

① 加第纳穷毕生之力研究英国革命史，写成的专著三种：一、《自詹姆一世即位至内战爆发时期英国史》(*History of England from the Accession of James I to the Out Break of the Civil War*，1603—1642 年)共十卷。二、《大内战史》(*History of the Great Civil War*，1942—1949 年)四卷。三、《共和国及护国政府史》(*History of the Commonwealth and Protectorate*，1649—1660 年)共四卷。——谭注

处，也能像麦考莱一样，很尊重科克[①]与庇姆。他从来不会使读者忘掉在英国的缔造这件事上各个方面都有自己的贡献。

他和辉格传统的分歧首先是在关于詹姆士一世的看法上。过去作家对于詹姆士的看法主要不出回忆录与稗官野史范围，而一般人的看法则从《尼格尔的命运》[②]中来。麦考莱描写过詹姆士的容貌和强调过他的怪癖，但加第纳在这些外表方面则谈得不多。他摈弃掉那些关于他嗜酒与淫乱等等传说，指出，这个君王与一般书上所说的那个丑角很不相同。“就其本意来讲，他很希望能做到办事合理，执法公正，引导臣民日益臻于承平熙和之境，防止以宗教为外衣掩饰派系私忿。他个人的思想一般也较明敏犀利。他可惜缺乏谋略，另外对于他自己肯定能成为英主的非凡才能自恃过高。”他的对内对外政策不能不说是一个失败，并为日后革命与灾难的直接肇因。对詹姆士之子的描写，则与流行传说的出入不大，虽然作者对他也有微词。“〔查理一世〕缺乏想像力实在是他的诸种过失之源。由于他自以为动机纯洁，遂一向把人们区分为两种简单类型——那些同意他的人与那些反对他的人，也即可以欢迎的善类与需要摒弃的歹徒。在对待后一类上，他以为使用欺诈手段也是对的。而这善恶两类，他都有先例可援。”在15世纪时，议会特权曾占优势。而在16世纪时，王室特权又占优势。新世界的精神是站在议会一边的，但同时到处还存在着有力的君主政体。

① 科克（Coke，Edward，1552—1634年），詹姆士一世朝任大法官，反对征收献金被更职。与议会反对派有密切联系。“权利请愿书”大部分出于他的手笔。——谭注

② 《尼格尔的命运》（*Fortunes of Nigel*），英国司各特所著小说。按尼格尔为苏格兰一位年轻而骄傲的领主，曾赴英格兰劝使英王詹姆士支付对其父亲庄园的债款，以免这个庄园遭到破产。——译者

关于开明专政是最好的政体这个信念，不仅为统治者们自己所信
337 奉，而且也曾为当时最伟大的人士所主张。詹姆士在他登上英国王位之前便曾以书面形式有力地表述过这种见解。培根也曾诚实地相信，一位哲人国王的统治要比人民代表的统治贤明得多。对于这种开明而敬畏上帝的专制理想，加第纳给予了相当的肯定，同时认为詹姆士与查理固然过于庸碌而无法实行之，另外这种体制也只适合于尚未成熟的人民。

英国在财富与文化方面正在一往直前，政治自由的新思想已经宗教改革打下了基础，因而个人统治，过去在伊丽莎白的强有力的手里虽曾似乎合理，现在在詹姆士这里则显得不够自然了。况且，英国争取民族生存的斗争业已随着西班牙无敌舰队的覆灭而告终。国内争论的尖锐化，完全起于政治方面以外的原因。货币购买力因为从西班牙属美洲矿场来的贵金属的大量增加而急剧下降，另外赋税已不复能够适应国家的需要。于是经费的增加引起人们的怀疑，因而要求对其开支进行严密的监督。引起事态恶化的第二个因素是，这两个国王采取了“高教会英国国教”的种种做法[①]，而这些在不少清教徒看来几乎与罗马教难以区别。这种疑虑之续有增加还因为，他们在三十年战争中不愿以英国的全力投入新教方面，以及他们对天主教国家维持了友好关系。查理和法国公主的结婚暗示着城堡的钥匙已交付了敌人。加第纳证明，这两个国王确曾为新教徒；他们拒绝直接卷入大陆战争旋涡的这项政策乃是正确的。他认为，欧洲政治对议会下院来说成了一个没有线索的迷宫。这部著作中一个极有价值的部分即是书中第一次

① 注见前第十六章。——译者

说明了詹姆士的外交政策指出这个政策在执行上虽不免笨拙，但在设想上却并不乏政治家的风度。关于摩擦的第三项原因，颇具新意。最使群众激愤的事情，莫过于这两个国王对白金汉[①]的宠信；辉格党的历史家早已把他描成一个典型的宠臣，自私自利、虚浮而又无能。加第纳对他的描写不像兰克的描写那么充满赞扬，但认为他还具有爱国思想。“不过，如果对他不以宠臣而以大臣视之，那他就不论在这个国家或在别的其他国家都得归入特别无能一类。”加第纳指出，他即不接受议会行政执行权说，也不接受君权神授说，因而斯特拉福的参加政府绝不能说是背教行为，并声称他是一个培根的继承者，一个具体而微的黎塞留。他的主要过错在 338
于，他不能认识到伊丽莎白的制度已经过时，以及稳固的宪政大厦不能以查理作为它的基础而建造起来。

虽然加第纳不承认对英王的专政改革与背叛国教的指责，但他却也相信个人统治制度已行不通，并且日趋衰落，而国王的缺乏权谋与轻视妥协，都更使这种制度显得特别令人讨厌。另一方面，虽然他像任何辉格历史家一样，对议会领袖们的品质评价颇高，但他却觉得他们的眼界在某些方面却比这两个国王还更狭窄。他在讨论 1625 年的冲突[②]时指出说，“我们虽极力想找出一些虚心接受新思想的痕迹，或者他们所生存于其间的世代与以往的世代在观念上有何不同，而终归无效。”他对科克的思想意识的分析表明，科克与他的国王至少具有同样的保守心理。其次，要说那些赞成

① 白金汉公爵（1592—1628 年），詹姆士及查理两朝的大臣，一再煽动对法国及西班牙作战，丧师辱国。——谭注

② 1625 年 6 月查理一世召开第一届议会。议员要求罢免并惩办白金汉，国王不允，解散议会。——谭注

王室特权的法官便是谄媚行为，实际上也并无根据。许多先例也是互相矛盾的，忠实的人们对此也尽有其不同的看法。他虽然承认劳德的热诚与善意，他在总结里却强烈反对他的政策。这个大主教是一个忠诚的新教徒，但当清教徒们看到他们朋友遭尽禁锢与残害的时候，也就难于相信这点。对宗教犯罪的报复性惩罚是比任何别的事情更容易激起群众的愤慨。“星法院”本来很少审理政治案件，但现在却赢得了专制政治的工具与罗马化政党的机关的恶名。他严峻指出，极力想把那种不要任何政治自由的意识培养成为一代人们的思想风气。在长期国会的早期阶段里，这个历史家是反对宫廷的；他把内战爆发的主要责任放在了国家身上。庞姆在为国会要求行政控制权上，是打破先例与传统的①；但这项要求只是在未能获得可信任的大臣之后，在他确信没有别的办法可终止个人统治制度之后。方才正式提出的内战爆发以后，国王身上的品质，亦即反复无常，终于驱使他走向灭亡。加第纳在精细研究外交档案之后证明英王曾经不顾一切地去恢复他的权力，妥协当时已属没有可能。由于他深刻理解到查理确已走投无路，因此对他的处死也就不再加以责备。

到了克伦威尔（加第纳即是他的后裔），我们又遇着了新的问
339 题。“他是一位勇敢可尊敬的人，时刻希望尽其所能，把他自己的同胞引入和平与正直的道路”。加第纳把他描写为一个具有善于随机应变倾向、温和稳健，甚至保守的人，对于周围盛行的平等主义很不放心，他之走向最高权力并非出于自愿，他深感任何不基于议会同意的统治都将是缺乏持久性的。克伦威尔解散残阙议会的

① 庞姆是长期国会中操纵下议院一派的首领，他们强迫国王接受政府必须信任代表国家福利的议会，非经议会同意国王不得解散议会等议案。——谭注

做法，正是作为回复到代议制政府的一个步骤。在获得最高权力后，他的最诚挚的愿望便是要变军事独裁为一个文治国家。加第纳他自己虽对克伦威尔一生诚实这点深信不疑，但他宣称别人把他看作一名伪君子也是自然的事。关于克伦威尔的为人及其事迹，他在福特讲座中题为《克伦威尔在历史上的地位》与在哥比尔丛书内附有插图的专文中所发表的意见比较成熟。从没有一位历史家对克伦威尔的高贵品质与崇高理想给予过这样公允的论述，但关于他才干的评价则稍失严苛；对于他的政治风度也批评得比较尖锐。就将才论，克伦威尔比不上蒙特罗斯[①]。克伦威尔在爱尔兰的政绩及其外交政策也都有所谴责。“清教在他的内心仍然极具影响，但尽管如此，至少就外交政策来说，政治的物质方面，亦即世俗方面，还是占着上风”。他明白：护国政府由于克伦威尔处境的固有困难，是注定要失败的。克伦威尔所代表的是少数派，因而他只能以武力来维持自己。军费的开支浩大，一个代表性的议院很有可能拒予拨款。从他们那里我们所得到的悲伤印象是，一个好人正在和厄运挣扎，而他的建设性的工作终归无成。“因而不可避免的结论必然是，克伦威尔在他所拆毁的地方并没有完成什么称得起建设的工作；没有一项护国政府的法令在复辟时期不是被彻底扫除，从此再无恢复希望。”

加第纳曾被恰当地说成是一个涤除了所有刻薄与窄狭性的清教徒。有人认为，他与伊尔文派[②]的关系曾使他比较能够理解各种

① 蒙特罗斯侯爵(Montrose, James Graham, Marguis of)，王党将军。1644 年 6 月潜入苏格兰纠集武力多次击败长老会军，一度占有苏格兰大部分土地。——校者

② 伊尔文派(Irvingites)，以苏格兰神学家爱德华·欧文(Edward Irving, 1792—1834 年)命名的教派，否认“原罪”教义，宣扬耶稣即将再临人间，被指控为异端。他死后才成为教派。——译者

教派在信仰上的那种高超境界，但从他的书中谁也说不出他究竟属于那个教会或党派。在许多作家矢志于复燃或煽起宿仇旧根的时候，他不仅是一位法官而且还是一位和事佬。他的最高功绩即在他能以同等的深刻见解为近代人说明了王党与议会派的各自立场，但他的著作也还有许多其他优点。他根据在西班牙与其他各国的调查研究所作出的外交政策方面的论述，实在是我们历史上
340 各个时期中最好的作品之一。他关于财政方面的研究也开辟了新的境地。作为一位军事历史家来说，他的才干曾使他《内战史》的读者感到惊讶，他关于共和国与护国政府的著作表明，他对于海战竟也是同样熟悉。

除了一项短缺之外，加第纳具有着为他行业所必需的一切工具——缜密的心智、镇定的情绪、对性格的洞察能力以及对不同于自己观点的观念的理解本领。而这项短缺即是他短于文笔。如果他再兼具了这种魔力，他那高贵的著作是肯定会成为有名的经典之作的。他的笔下太缺少优美与特色，但是我们仍不时可以感觉到生活的脉搏在他那副谨慎的外表之下悸动着。可能斯特拉福的审讯与处决诸章是他最好的文笔，那些关于不可避免的覆灭的暗示之笔是极具感人力量的。他曾以其毕生精力从事于对两个危急世代中的事件加以叙述；他所成就的业绩已是如此彻底，因而这一时期似已再无必要以同等宏大的规模来重做一番。我们完全没有必要因为他对文化、经济状况与社会生活等叙述得过简而对之多所责难。他毕竟履行了那个首先需要完成的责任，并打下了基础，从而使别人得以从那里继续其建造工作。他过着一个学者的平凡生活；安心自己的研究工作，也重视全世界其他历史学家们的成就，

既不好名也不好利。由于一心忠诚于他给自己所规定的任务，所以当弗劳德死后牛津大学聘请他继任钦定讲座教授的职位时，他竟固辞不就。他为《全国名人传记词典》编写了他所熟悉时期的条目。在三十年长期中，他始终担任着卡姆登学会的会长职务，为学会编辑过十二卷著作。他还接替克赖顿担任《英国历史评论》编辑。当杰勒德神父著论提出炸药阴谋[1]乃系由罗伯特·塞西尔[2]所组织，其目的在于毁坏天主教和巩固其自身的地位时，加第纳当即为其主要论点提供论证。在他同时代的英国人中，他是最能把历史著作的责任感提到一个较高标准的人，而且他也给我们留下了一部在我们民族各时期中最为令人满意的著作。对他史学见识的最好赞语便是，属于他自己领域内的唯一对手的弗思，在许多问题上也达到了与他大体相同的结论。

Ⅱ

加第纳曾以毕生之力从事于一个世纪的研究，但莱基[3]的研究则广泛地涉及过去各个时代。因为出生于南爱尔兰的家庭，他曾在都柏林三一学院学过神学；但在二十一岁时他出版了一本论述当代宗教倾向的没有具名的著作，书中流露，教会不是他的安身立命之地。他最早而又最强烈的兴趣是他祖国的历史与文学。他 341

① 炸药阴谋是一个图谋炸毁议会的计划。1605 年，因被告发而事败。——谭注

② 塞西尔，即索尔兹伯里伯爵（1563—1612 年），曾任詹姆士一世的首席大臣。——谭注

③ 参阅其妻所作《对莱基的回忆》，1909 年；与奥克缪特《莱基传》，1945 年。——原注

大学时的一位同学写道,“他研究过大演说家们的不少讲演并能背诵其中的许多段落。他心中装满着爱国党派的诗文,对于《谁怕谈1798年?》的作者,他怀着无限景仰。爱国主义简直成了他的独一无二的情感”。他的这种少年狂热在他的《爱尔兰舆情的领导者》里得到了尽情的宣泄。不成熟的印记暴露在它的全部篇章;尾声部分吐放着火热般的民族主义,但书中不少文章并非没有气势。作者没有公开他的姓名,结果只售出了三十本。

这本书的失败使他的精力转到了一个与以前完全不同的方面。他的那种博览群书、游踪甚广以及他对巴克尔的景仰等特点,使他走上了一条特殊的研究路子,其中一项成果即是他的《理性主义史》[①]。这部著作既是一位思想家的书,也是一位学者之作。虽然书的作者彼时不过二十七岁。乔治·埃利奥特[②]曾以相当的篇幅评论过书的种种缺点,但它仍然是每个研究人类心理演变者的一部必读著作。四年后他的《奥古斯都至查理曼时代的欧洲道德史》出版,标志着作者更大的进步。书中所表现的学识更加广博,编排更加精巧,也更富于文采与气势,因而毫不奇怪,它也始终是它的作者的最称得意之作。坦尼森对此书的评价是,“一个青年人而能写出此书固堪称奇,任何人能写出它来也堪称巨著。”但当这位诗人接着说这证明书的作者具有着真正的天才时,他却不免言过其实了。莱基的心智是批判性的,但非创造性的。理性主义的稳定而又无可抗拒的前进的图景曾经引起过广泛的惊恐。在这后

① 此书的全名是《欧洲理性主义精神之兴趣与影响史》(*History of the Rise and Influence of the Spirit of Rationalism in Europe*),1865年。——谭注

② 她的这篇文章曾重刊于其《论文集》。——原注

一著作，概述伦理理论的一篇导论中，作者表明他不赞成功利主义的解决办法，他认为，近代世界中知识的进步在道德领域内是不会产生什么损害的。他关于理性主义与道德的研究论著曾经传遍世界，而这些书的成功也是应得的，因为它们乃是凭借深入行动的幕后以扩大历史的概念的最早的著名尝试。下述这封有趣的信足以说明其作者的意图。"这两部书是紧密相连的。它们意在按照历史方法以检查若干神学主张的价值。第一部是关于把这些主张强加于世的历史。第二部是关于其衰退过程的历史。它们是属于一个很小的历史学派，创始人为维科，中经康多塞、赫德尔、黑格尔、孔德等加以继承，而以巴克尔为其最后的伟大代表。这些作家的 342
特征是：他们不把历史看作一系列的传记、事件或图景，而把它看作一个巨大的有机整体"。

三十岁时，莱基已由其在思想发展方面的论著而赢得全欧声望，但他的后半生时间则以之治近代政治史。弗劳德已经占据了16 世纪，加第纳正在专攻 17 世纪，唯有 18 世纪尚属空缺。斯坦诺普关于 18 世纪大部头历史著作[①]，虽不失为认真而有益之作，但却缺乏广度与色彩。莱基的雄心则在写出一部包括这个时期中的生活、政策、制度、倾向等在内的综合研究。他大量压缩传记、军事与党派利益的篇幅以腾出地方来论述国教派与非国教派、农业、制造业、商业、出版业、社会状况以及宗主国对其附属国的关系等等多方面的问题。他的《十八世纪英国史》分八卷于 1878 至 1900 年间问世后，立即取得经典著作的地位。在后来的版本里，他把关

① 斯坦诺普，P. H. 英国伯爵，历史家，著有《英国史》两部，第一部为 1701—1713 年史，共二卷(1872 年)，第二部为 1713—1783 年史，共七卷(1858 年)。——谭注

于爱尔兰的诸章从英国的诸章分开，因而这部书尽可看作由两个独立的部分所组成。英国部分诸卷还不能说是一部论述 18 世纪的全部历史。它的叙述虽延止于 1793 年大战的爆发[①]，但关于乔治三世登位前的时期，则仅仅是个概要。关于辉格党自革命时期以来发展情况的论述不无相当兴味，但作为一部宏大规模的历史来看，这部著作则只涉及乔治三世最初三十三年的时期。莱基也具有一些加第纳的那种对争执的双方都能正确理解的优点。他对于美国战争的叙述即是这种不偏不倚的典范。正是关于这一部分，阿克顿在写给作者的信中说道，其中所包含的政治教训要比好久以来一般书中所提到的完备得多。如果书中有什么主角的话，那么这个主角既不是查塔姆，也不是庇得，而是柏克。阿克顿又说，查塔姆是不少伟人当中江湖气特别浓厚的一位，他本人和他的儿子都沾染了一种不轻的浮夸习气。而另一方面，柏克与福克斯则为了他们的原则而作出了无可比拟的更大牺牲。书中最成功的部分首推那几乎可称之为离题漫谈式的两大章：第一章系关于卫斯理[②]的功绩与宗教思想的情况的论述；第二章为对法国革命起因的分析。

但在全部著作中最具创见而又最有价值的地方则是有关爱尔兰的部分。在开始编写 18 世纪历史之前，他曾对他的《公意的领
343 导者》一书进行过改写，删去了其中浮夸词语，但保留了它的民族主义观点。在着手撰作这部大作时，他之所以下定决心要对爱尔

① 指 1793 年 2 月法兰西共和国对英宣战，英、西等国长期的反法战争开始。——谭注

② 卫斯理（Wesley，John，1703—1791 年），传教士，美以美教派的创始人。此派对英国下层社会有很大影响并在美国得到广泛的传播。——谭注

兰历史上的这个重大时期进行一番详尽缕述，主要是由于弗劳德著作的出版所引起的。莱基的妻子写道，“他对弗劳德所鼓吹的那一整套不容忍精神及其资料引用方法，可谓反感已极”。经他在都柏林城堡档案库内进行长期探索之后，他揭示了格拉坦议会、1798年叛乱与“联合[①]”等的历史真相。这项研究工作他做得十分彻底，以致以后已无需重做。这些著作在价值上可与加第纳关于17世纪斗争的叙述比美，代表着他学术上的最高成就。

关于爱尔兰的诸卷，正像他的英国诸卷那样，也仅仅略述了18世纪前半期的历史，不过在这里可以原谅的地方要稍多些。史实的复杂性随着义勇军的出现与1782年独立立法机关的建立[②]而日益加大起来。这个议会虽是由新教徒选出的新教立法院，但它却似乎受到某种正常的民族主义的影响。它对天主教多数派的态度并非是不友好的；它对英国方面的忠诚也没有什么可以责备的地方。它的主要代言人格拉坦也许是当时的最高尚的政治人物，因而各卷中对格拉坦的人品、政策与天才始终赞不绝口。1793年所采取的巨大的前进步骤便是把选举权给与天主教徒；斐兹威廉爵士的派遣似乎也是为了预示更多的让步。在关于他的政策及其召回的争执上，莱基毫不踌躇地站在了总督一方；在此后那些恐怖的岁月里，他也毫无保留地谴责了盲目的镇压行为。他争辩说，正

① 在法国大革命影响下，爱尔兰民族主义者于1791年组成“爱尔兰人联合会”。1797年6月该会在洛尔发动起义，次年6月被镇压。1801年英议会通过“大不列颠与爱尔兰联合法案”。——谭注

② 北美殖民地独立战争爆发后，爱尔兰各地新教徒纷纷组成义勇军。他们愿以武力抵抗法国的入侵，但要求英政府废除损害爱尔兰工商业利益的法令及允许爱尔兰议会独立。1782年，英国在北美独立战争取得胜利的压力下被迫承认爱尔兰享有独立的立法权。——谭注

是由于政府的严酷与鲁莽政策才把群众驱赶到反叛阵营，而合理的让步本可能使他们保持忠诚的。他认为，1798 年的叛乱已使“联合”成为无可避免，但对完成联合所使用的方法[①]，则几乎与格拉坦同样不胜愤慨。他的耐心研究使他终于揭露了这个肮脏事件的全部线索。他不否认克莱尔的能力与卡斯尔雷的手腕，但宣称，爱尔兰的不受收买的整个知识界则是反对过这项措施的。他的书中多处说明，“联合法[②]”之与普通法的关系正如戒严法之与民法的关系。

正当莱基忙于格拉坦国会的研究，“自治法案”的争执在国内爆发。他那半被遗忘的著作《爱尔兰领导者》又被搜索出来当武器用，但他却毫不踌躇地站在格拉德斯通的反对派方面。他传记中发表
344 过的信件清除了关于他前后不一致的指责。他曾欢迎过 1870 年的土地法[③]；他对像他友人加万·达菲与奥尼尔·道特那样的“自治派”也怀着极大的尊敬，但他对巴涅尔[④]及其一伙则非常厌恶。他对他爱尔兰同胞的能力的强烈不信任态度充分表现在 1880 年的一封怪信里。“我想你不久即将看到，各方面会产生这样一种强烈舆论即爱尔兰即使对它目前所享有的这点代议制度也是不适应的；那按印度方式组成的政府也许会成为一种必要制度”。他也

① 英国为了通过“联合法案”，用一百万镑以上的巨资和封赐爵位的办法来收买爱尔兰议会议员。——谭注

② “联合法”，1801 年 1 月通过。规定爱尔兰与英国合并，爱议会并入英议会，取消了爱尔兰的自治权力，天主教徒仍然没有参政权。——谭注

③ 该法令规定佃农在他所租佃的土地上享有可以变卖的产权，对被无理驱逐的佃户给予补偿，对购置土地的佃农给予贷款，远未满足佃农的基本要求。——谭注

④ 巴涅尔（Parnell Charles Stewart，1846—1891 年），自 1877 年以来为爱尔兰自治运动的领袖。——谭注

不喜欢他自己政党所通过的1898年《地方政府改革法[1]》，曾说他"但愿它不造成巨大灾难就好"。自法法案的冲突使他搞起了政治，并且进入议会。他对未来抱着悲观的看法；在1893年最后的一天，他在自己的备忘录里写道，"这个世界在我看来似乎已经变得非常衰老而又惨淡"。正是在这种悲观主义的影响下，他撰写了《民主与自由》，这是对政治与工业世界里新近趋势的一篇激烈攻击。这部书纯粹是一部充满党派怒火的作品，其中关于爱尔兰的部分牢骚尤大，但是他对爱尔兰历史的说法则迄无改变。他生命的最后几个月时间主要用在进一步扩充那部曾于1861年出版并于1871年修订过的著作。书中的格拉坦仍被称为一位在忠实于英国的精神下为其国家的进步而作出崇高努力的政治家。这部书详尽地讨论了斐兹威廉的召回；这是根据罗斯伯里爵士与阿什伯恩爵士在他们的近作庇得传记里所提出的新解而写成的。他承认这个总督在做法上不无失误，但却强调庇得在罢免一位绝大多数爱尔兰人所信赖与爱戴的长官这事上则犯了一桩无可补救的错误。第二卷专门论述奥康内尔。在委婉地承认自己缺点的同时，他却深信他的诚恳用心与爱国忠悃。实际上莱基对那种尊重财产权利，反对暴动，效忠于英王的民族主义并无异议。试想一位以为格拉坦议会作声辩而大大著称的学者，现在于其生命将终之际，复为这位爱尔兰的最伟大的民族主义者撰就一部成熟的甚至多情的传记，这也是件顺理成章的事吧。

---

① 此法案的主要精神是将爱尔兰郡议会的权力交与由各郡地主组成的委员会之手。——谭注

Ⅲ

虽然西莱[①]对历史范围的看法比起其同时代的任何历史学家
345 都更来得狭窄些，这却并非是因为他自己的兴趣不广。自从他开始出版李维《罗马史》第一卷的有批评的版以后，他曾以《请观此人》(*Ecce Homo*)[②]作者的身份而声名大噪，另外晚年期间他还写过一部优美的歌德事略。他最早的历史著作是他的《演讲与论文集》，出版于1870年，亦即在他接替金斯利担任剑桥大学近代史钦定讲座教授的后一年。他的就职演讲曾专门论述了政治学的讲授问题。为什么需要研究历史呢？那答案是，因为历史是政治家的学校。“我们的大学乃是，而且必须是，一所政治家的巨大培养所。没有至少起码的历史知识，一个人不可能对政治感到合乎理性的兴趣，而没有丰富的历史知识，一个人也就不会对政治作出合乎理性的判断”。这条明显的真理之所以很少为人认识，乃是因为一般人往往误以为历史只讲辽远的过去。他提请青年们注意近代史的研究，因为“下一代的立法者与政治家势将出自他们中间”。也正是在近代史方面产生出他的三部主要历史著作。

他的最早也是最大的著作是他的《斯泰因的生活与时代，或拿破仑时代的德意志与普鲁士》一书。他的计划是从一个新的角度

① 参阅普罗特洛的回忆录(载于他的《英国政策的成长》卷首，1895年)；坦纳《英国历史评论》，1895年7月号；费希尔的文章见《双周评论》，1896年8月号；阿道尔夫·勒因：《西莱，关于这个历史家的研究》，1912年。——原注

② 此书的副标题为《综述耶稣的生平与业绩》(*A Survey of the Life and Work of Jesus Christ*)，是一部耶稣传。——谭注

来研究拿破仑的历史，从而说明拿破仑与其敌人之间所争执的原则。普鲁士在耶拿灾难后所完成的建设性改革这一伟大事业，当时尚少为人所知，而斯泰因在英国还仅仅是个空名。书中新的发现不多，因为西莱没有查阅过手稿，但已刊印的资料他都见到了。他的论旨是，德意志的这场改革所引起的深远的影响殊不下于法国，但却不曾带来恐怖。这个变普鲁士为一个近代国家的问题，大体上系经斯泰因所解决；故西莱依照豪塞[①]的先例，也将他比之为杜阁。虽然英雄崇拜的事不适合于他的严肃性情，而传记式的细节也对他没有什么兴趣，他却毫不讳言他对这位大政治家的勇敢与明智不胜景仰，因为斯泰因的名字已无异其民族独立与内政改革的象征。

西莱对拿破仑与世界帝国的思想毕生怀着憎恶心理。他把善与恶的原则——民族性之于世界霸权——的斗争体现于斯泰因与拿破仑的身上。他指责腓特烈·威廉三世在耶拿战役的前一年，以及在此后的1809与1812年都该打而不打。如果他在奥斯特里茨战役那年曾参加了俄奥两国作战，结局可能另是一种情形，但在
1806年他便陷于孤立了。如果他在1809年与奥联合作战，他本 346
来可能扭转局面。如果他对1812年惨败后的拿破仑进行侧面夹击，完全可以免掉莱比锡与滑铁卢的几场血战。西莱从未怀疑过这个平庸国王的爱国心，但这事的后果却主要应由别人承担。斯泰因之外他特别推崇费希特，他对费希特的那部激发壮志的《告德意志人民书》非常欣赏。西莱的著作在那些曾经引起农奴制的取消

① 德国史学家豪塞（Hausser, Ludwig, 1816—1867）在所著《1786—1815年德国史》中对斯泰因有较详细的论述。——谭注

与城市自治的建立这一系列划时代的变革方面向英国读者提供了最好的总结。在造成普鲁士复兴的诸种因素当中，沙恩荷尔斯特与格奈塞瑙的陆军改革，柏林大学的创立，尼布尔的高贵性格以及洪堡弟兄的教育工作等等，都起到过相当作用。《斯泰因的生活》并未成为一部非常流行的书，但是它的价值是每一个肯去阅读的人都会看到的。对英国说，这部书主要在于它写出了一位大政治家生平及其英雄时代。这位历史家曾经满有理由地表示过，他的书的篇幅之所以这样浩繁，并非由于文笔的芜漫，而是由于内容丰富，对德国说，书也是受欢迎的，因为它是关于这个政治家的第一部合用的传记；过去佩茨所编的斯泰因巨型传在对他的描写上每失之晦涩。所以直至下一世代马克斯·勒曼的专书[①]问世以前，西莱这书始终享有相当地位。如果说这书也有缺点的话，那便是关于拿破仑的描写。他在为《英国百科全书》所撰写的《拿破仑传略》中，以及又一次暴露了他不能认识这个人的伟大。这在据此而重新出版的增编中都再次表明他对这个人物有何伟大完全不能认识；他的品格与政策只能招他嫌恶。

如果说《斯泰因》未曾获得它应得的成功，西莱的第二部著作则带来很大的补偿。《英国的扩张》不仅史学史上而且在政治史上也都占有一席地位，因为书的出版恰值英国对殖民地与帝国等兴趣渐浓的时候。据他讲，我们在一阵尚非充分自觉的情况下已经征服了半个世界；然而时至今日，我们思想上仍然始终认为自己不过是欧洲北岸之外的一个岛国。这种岛国特点对我们的历史家大

---

① 勒曼所著为《斯泰因男爵传》(*Freiherr von Stein*)，共三卷，1902—1905年。——谭注

有影响，他们过于重视了 18 世纪的议会纠纷，而未能看到我们的
历史已更多地出现在美洲和亚洲，而本土则较少。他有两个讲座
内容都谈英国对加拿大与印度的征服问题，清楚地分析了英帝国
的形成与对法冲突之间的关系。“自路易十四时起至拿破仑时代
为止，这一时期中英国的主要斗争乃是为了占取新世界”。西莱惯
以对主要因素投射强烈光照的手法来增加其叙事效果，善于从一
些表面看来似乎孤立的事件中间揭示其内在联系，进而使读者通
过多种不同的途径而达到相同的结论。他爱好全景式的观察、综 347
合性的概括与国际问题的研究。他的一个门生写道，“他讲述一个
世纪比讲述十年时期更为擅长。他心智的整个趋向是重大事件启
发性的论述而不是显微镜下的细节考察。他的方法是天文学式
的。他惯于以望远镜横扫整个天空”。这部书的主题非如他所认
为的那样独出心裁，但他却是第一个说明这个主题的人。

虽然《英国的扩张》成了英帝国主义者们的《圣经》，此书的精神却绝非对帝国本身或帝国所由建成的方法的过度狂热。虽然他也强调了这个趋势的重要性，但究竟这事值得高兴还是只能引起遗憾，他却留下未说。“巨大不等于伟大。如果我们在规模上的不过保持第二位而在道德与智慧上却能够跃居首位，那就让我们宁可牺牲单纯物质上的规模数量吧。”他对白人的殖民地与对印度是显然有所区别的；认为对印度的占有增加了我们的负担而不是增加了我们的力量。他并不认为帝国版图的庞大足以证明我们民族的不可战胜的英雄主义或者它的异乎寻常的统治天才。此书所引起的是思考而不是得意，它所强调的也是我们继承下来的负担的沉重而不是它的光荣。正像马汉的《历史上的制海权》与奥利弗的

《亚历山大·汉密尔顿》等书那样，西莱的书并不仅是科学探讨，而更主要是政治理论。

西莱一生的最后十年主要用于研究英国的外交政策。正如对他教益最大的兰克那样，他也认为历史研究的对象主要为国与国之间的生活与关系。他自己的著作一向主要是国际关系的研究，他也特别喜欢演述威廉与马尔巴罗时代的英国外交。他为此收集了大量原始资料，而且擅长于摄取其中精华。他最初计划即从1688年开始叙起，但后来感到非常需要某些导入的部分，遂把书的起点一步步向上倒推。最后，他从伊丽莎白登位讲起；但由于死亡提前到来，仅仅叙述了威廉三世时代。这些残稿构成两卷小书，于其死后出版。他的《英国政策的成长》追述了一个强国的形成以及大陆上宗教与王朝的斗争对这个岛国的国策所起的影响。他写道，“英国人的眼睛总是过多地盯在议会上面；英国的历史一向颇

348 有简化为单纯议会史的倾向，因而几乎所有的英国史学大家在论述外交关系上都往往不能达到他们自己的应有水平。”他的志愿是要在英国产生一种相当于德国特洛伊曾的作品，但他自称他的书仅是一部论文而非一部历史。在台前受人注意的为伊丽莎白、克伦威尔与威廉三世等人，这些人曾使英国能在后来18世纪一开始就屹立于欧洲列强之林。这部书丝毫没有炫耀博学的痕迹。书中绝少引证，一切详情细节统统退居背后。但这部书在流畅与透辟上所留给人们的印象则是其他书籍所远远不及的。他那驾驭事实的本领是出众的，尤其成功的地方是他能使读者充分感到欧洲在外交上的统一性。这部书的开篇部分系关于哈布斯堡族成长历史的研究，其中一些章节中英国几乎很少提及，但不需多久各条线索复又

交织合拢起来。他认为，一国命运之有赖其世界地位的程度往往甚于其制度本身。弗思惋惜地说，书中一些思想虽颇大胆新颖，但事实有时却有牵强之处。概括乃是一个危险的方法；西莱有时把事件结果过多地追溯到外交因素上去了。

西莱著述的数量虽然稀少，但却质量颇高。他的作品在问世之前往往经过反复推敲；他最痛恨懒惰的思考、草率的句法与粗糙的研究。他非常藐视那些卖弄词藻的作家，他曾因为指斥卡莱尔与麦考莱为走江湖的而触怒了少壮派乔治·屈维廉。史实正像一位律师办案那样，总是务使其种种理由最后汇集于一点。他的结论往往被强有力地铁锤般敲打入人们心中，使人无从误解或遗忘。虽然他故意把过去生活中的广阔地带排除于历史家的视野之外，但没有曾经这样热心地宣传过历史在指导与影响现实上所具有的巨大力量。历史既具有意义也富于教训，而历史家的主要职务则在于去发现这些意义与教训。正是这种与当前问题的直接联系才使《英国的扩张》赢得其非凡的成功。在历史荣誉考试制建立后，他曾提出将政治学列为其中主要科目。他的朋友普罗思罗在他死后写道，“在他看来，历史细节除了作为概括的依据外，再没有什么别的意义。在论述历史时，他一向抱着一个确定的目的——解决
某个问题，确定某项原则，以便引起研究家的注意，或对政治家有 349
所裨益。不带有概括的论述对他是没有什么兴味的”。他自己也说，政治如果没有历史来开拓其境界便难免流于庸俗，而历史如果看不到它与实际政治的关系，便流于单纯的辞章文学。为了从历史中获得实际教益并筹建一门政治科学。他还在自己家中特设了一个富有启发性的讨论班。这的确是一种殊可敬佩的志行。但是这

种旨在教诲的历史，尽管其立意非常符合科学和非常富于启发性，却也有其严重弊害。再有，他在强调研究近世历史的卓越作用时，往往忽视了这样一个真理即今天不仅是昨天的结果，而且是过去无数世代的产物。

Ⅳ

克莱顿①正像西莱那样，最感兴趣的是国际关系、外交技术与会议室内的秘密。两人都惯以兰克式的冷静与超脱态度来从事其工作，两人也都重视行动胜过于思想。他的试笔习作阶段是在牛津度过的，在那里他讲演过中世纪史与近代史，并编写过关于罗马、西蒙·得·蒙福特与伊丽莎白时代的通俗读物。这些初级作品的成功使他在接受诺森伯兰郡恩布勒得学院牧师职后，开始从事其较重大的著作。他热爱意大利，曾编写过关于伊尼阿·锡尔维以及其他意大利题材的论著。1877 年他对一位友人说，他正在忙于一件他准备作为其毕生事业的工作，即编写一部从教会大分裂起讫特棱特宗教会议时止的教廷史。“我的书将不是论战性或宗教性的。其目的为论述当时较重大的政治问题，内容包括意大利的历史及其艺术文学，并进而对全欧的历史加以综述。它将填补密尔曼的书与兰克的《教皇史》之间的一段空隙；前一项著作在接近结束处是太杂乱无章了。我的目的乃是要将前者的描绘技巧

① 参阅其妻所编著的《曼德尔·克莱顿的生平与通讯》第 2 卷，1904 年；理查·加尼特的文章，见《英国历史评论》，1901 年 4 月号；戈斯《画像与札记》，1912 年。——原注

与后者的博大政治观点融合为一”。他以高度的积极态度研究了教廷史。他写道，“一般新教对宗教改革的事实真相往往歪曲过度，以现在罗马天主教用以令人改宗的一个最好方法便是向那些肯于聆听的人们证明他们对于历史上某些事实的认识是错误的”。他没有整套理论，没有什么历史哲学，也没有想要证明或驳倒什么 350
的愿望。他的志愿不过是聚集资料，以便绘出宗教改革之前与宗教改革时代的整个图景。从来的宗教史是很少以这样一种精神来研究的；这部著作确实现了其作的“有光无热”的理想。

《教廷史》[①]开首两卷于 1882 年出版，内容叙述至 15 世纪中期。书中表现的广博学识与公平态度得到承认，并为他赢得了剑桥大学宗教史教授的职位。他的邻人与意大利史的同好霍奇金在回顾他与克莱顿在其编写这著作过程中的交往时证明说，克莱顿曾举出过历史书籍编写所应遵守的原则。克莱顿曾说，“我一向喜欢紧密依据我的资料；而他的著作也表明了他曾怎样严格履行了他的职责。书中有关资料的讨论属于该书极有价值的部分。”的确，这部著作甚至可说因为在材料处理上的过趋谨严而受到影响。这个时期的种种阴谋，教皇与伪教皇斗争的过程等等，在书中都得到了详尽的叙述。如果不是因为其中的胡斯运动与宗教会议在改革教会上的一番壮举等等的描写，这部书很有可能是沉闷乏味的，甚至会像书的作者半开玩笑时所说的那样，是十分沉闷乏味的。至于这许多教皇，其中除尼古拉五世与庇护二世外，几乎都非常缺乏个性。但这事并不怨他。他说过，“当事情本身就乏趣时，你也只

① 全名《教廷史：从教会大分裂到洗劫罗马》(*History of the Papacy from the Great Schism to the Sack of Rome*)，共 5 卷，1882—1894 年。——谭注

有跟着乏趣。”但是这部著作却在国内外的学者中间赢得了颇大声誉。尤其使他满意的是，他的这种公平美德竟也获得了罗马方面的承认。阿克顿这位在他看来唯一能够评断其书的人，也称誉他的这种公允态度，但却认为他对宗教会议运动的评价未免偏高，另外指出他对思想的发展注意不足。其实克莱顿倒更希望从自己一方多听到些不同意见，因为他的原意便在于“廓清新教徒们在对待其所谓福音主义精神的成长上的精神误解”。

他的最值得一提的成绩是在第三、四卷中关于文艺复兴早期诸教皇的论述。他爱好写绚烂色彩与杰出人物，这使他给这个意大利教皇时代罩上了一层特殊迷人的色彩。书中关于学术与文化的研究得到了毫无保留的赞美，但在有关那些曾使教廷成为巨大的世俗权力的教皇们的论述方面则遭受了严峻的批评。要知道，想让他去满口仁义道德，痛心疾首般地向着那些头戴冕旒的罪人去历数其罪状，这他是干不来的。他写道，“我现在正忙着写波尔查家族，这滋味，活像天天待在一个地方警察局中办事那样很不好过。但我的任务并不在表明教皇们在罗马怎样过活，而在要表明
351 他们怎样影响了欧洲”。他不想多写洛德里戈·波尔查[①]在道德上的重大劣迹，而尽量给他凑上几条一般优点。他在出书之前还写道，“亚历山大身上的种种弥天大罪乃是出于一般人想为16世纪时意大利的衰败寻找一只替罪羊的心理。他是有不少罪孽的，但还罪不至此。”他之所以蒙受特殊恶名，主要倒是因为他还没有再犯伪善这条。克莱顿指出道，“许多好人并不一定如他们自己所

① 洛德里戈·波尔查（Rodrigo Borgia，1431—1503年），教皇亚历山大六世，于1492年登位。——译者

认为的那样好，而坏人也未必便像一些好人所认为的那样邪恶，”对人的要求从来不应过苛。

但这新出的两卷则使得阿克顿颇形愤怒。“他往往不是力图去证明一个案情或去探求什么结论，而只是冷眼旁观地驰骋于种种是非激战之场，既不判断，也不决定，徒然戴着一双白手套①而已。”在这位严肃的天主教道德家看来，教廷的堕落乃是一出可耻的悲剧。“历史科学的任务，正在坚持以道德作为衡量人和事的唯一公正准则，同时也是一切真诚人士所能同意的唯一准则”。他的第二个批评意见稍有普遍意义。阿克顿认为这种以生活与行动来代替思想与法律的做法“减轻了他自己的负担”。这不过是一句委婉责备，暗示他的论述是表面的因而是肤浅的。克莱顿重场面而不重问题，重叙述而不重思考。这个重要批评意见引起了他们之间的一次有意义的信件往来，其间阿克顿更着重申述了他的看法。“我不能接受你所提出的那个准则，即我们对教皇与国王的批判须不同于其他人们亦即先从一个偏袒的假设出发，认为他们不可能有错。如果真要有任何假设的话，那倒恰恰相反，那是不利于掌权者的，而且其权力愈高，这种不利也就愈大。”克莱顿对此的答复是他不赞成把历史变成伦理科学的一个部门。那些视异端为罪恶的人可以指责为思想上的错误，但未必便是道德上的罪行。“历史给我所提供的英雄不多，所记载的善行亦少；但历史上的这些扮演者也正像我这样的人一样，都不过是权力之欲的受惑者。余也何人，

① 按英国惯例，当巡回法院没有犯人时，执行吏即以一双白手套捧送法官，以示无讼。这来源于英国古代审判时不准戴手套这一习惯，故以手套交给法官即表示他无需开庭。——译者

敢妄訾前哲？其实，他们也不过罪在不知而已。”

阿克顿所指责的这些特点，在他著作的最后一卷。(亦即从利奥十世登位至罗马城遭劫掠[①]为止)中表现得更为明显突出。克莱顿由于他的宁静性格很适于处理纷争繁杂的时期，但他的思想却太偏于入世类型，因而往往未能很好把握宗教改革时的问题。
352 如果引用理查·加尼特的妙语来说便是，“他对 15 世纪学术的爱好往往胜于 16 世纪神学。对他来说，意大利人胜于德意志人，政治家胜于战士，学者胜于先知”。这书开首的两章，德意志人文主义者与刘希林[②]争论，也都是以他对文化的那种宿有的热忱著成的。正如人们天生便有柏拉图派与亚里士多德派之别，因而他们也就天生有的爱好路德有的爱好伊拉斯姆。克莱顿是站在伊拉斯姆一边的。这部书中虽也不乏某些精彩段落，但对他的声誉却未见有多大提高。对于历史上的这一重大事件他没有认真作出什么说明。无论关于对罗马教廷的不满，对教会世俗化的愤怒还是关于道德家、布道者与讽刺家所提出的抗议，他却谈得很少。一场巨大变革在 15 世纪时即将发生本已是一件明显事实，但这次改革的来临在他的书中却仿佛突如其来。他开始这段叙述所用的字眼也是怪的；“路德所发动的宗教叛乱像晴天霹雳一样突然降临”。他摈弃了新教徒的那种认为它的到来是不可避免的这个传统观念，而认为宗教改革以分裂教会统一的做法出之，殊为基督教国之莫大

① 利奥十世，1513—1521 年在位；1527—1529 年，皇帝查理五世军队掠夺罗马。——谭注

② 刘希林(Reuchlin，Johnn，1455—1522 年)，德意志人文主义者，曾提倡过希腊文的近代读音法(即刘希林读音法)；关于犹太圣经问题他曾与科伦的多米尼克派发生过激烈争论(1510—1516 年间)。——译者

不幸。不过他也宣称，路德所提出的诸种要求亦均在教会可予应允之列。“对于迫使路德走上反叛一事，教廷实应负其责任。”

书中的这位改革家确实显得异常平淡无奇。在天主教徒看来，他不过是个大胆的坏人，在新教徒看来，是个大胆的好人，而在克莱顿看来，是一个不觉走上而非被迫走上叛乱的人。路德是克莱顿书中所接触到的第一个大人物，而他也未能充分认识路德的伟大。他也部分地觉察到自己这个问题。他在写给查理·利的信中说，“我所写的路德部分我自己也不满意。科尔德是赞赏它的，但认为对路德必须从宗教方面来进行理解，而我自己却主要是以政治方面来论述他的”。这个德国学者的批评触及了问题的核心。克莱顿称，他尽量采取当代政治家的目光未观察问题；他关于沃尔西的专著中所描写的对象即是他最感熟悉的世俗世界。他对群众的生活与思想以及宗教改革家的火热信仰都是缺乏洞察力的。不过《教廷史》尽管有它的局限性，仍不失为一部名著。虽然书中并无新的发现——因为克莱顿未曾探索过档案这个朦胧世界——但对已刊出的资料则能做到巧为利用。他的公正是显著的，文笔也清楚而饶有趣味。在论述那些他能深感同情的人物与运动时，无论在描写上在解释上他都达到了很高水平。书的缺点主要在于对宗教生活中的重大经验相对说来往往漠不关心。1891 年他的第 353
五卷大部分行将告成之际，他受到了主教职的任命，而这项任命对他的历史著述确实是个致命损失，正像斯塔布斯的情形那样。他的最后一部作品是为《剑桥近代史》的首卷所撰写的简要导论，文中他把文艺复兴视作近代史的开端。

354 第十九章　阿克顿与梅特兰

I

600

阿克顿①的家世使他自出生之日起即投入到本国以外的环境里:他的祖先在拿破仑战争时期曾任过那不勒斯王国的首相,并属于德意志的达尔堡旧族;而这个环境又因他母亲与格兰维尔爵士的结婚而更形扩大。因为未能进入剑桥大学,他转去了慕尼黑,在那里他曾在窦林格尔家住过六年之久;德林格尔为天主教学术界的最有声望的代表人物,对于阿克顿的一生中起过最有力的影响。嗣后阿克顿以非常的毅力投身于教会史的研究,凡是见过他

---

① 他的著作汇编,附有以前未曾刊印过的通讯,将由贺力斯与卡脱整理出版。参阅赫伯特·保罗的回忆录,刊于《阿克顿给曼丽·格拉德斯通讯》前面,1904 年;《自由的历史及其他》(1907 年)的导论(菲吉斯与劳伦斯作);《爱丁堡评论》,1903 年 4 月号;普尔《英国历史评论》,1902 年 10 月;布赖斯《现代传记研究》,1903 年;《传记年鉴》(1905 年)中布伦纳哈塞特女士所作部分;《英国名人词典》中菲吉斯所作部分;赫伯特·费希尔《阿克顿的历史著作》,《每季评论》,1911 年 7 月;格兰特·达夫《略谈过去》,卷Ⅱ,1903 年;拉利《阿克顿语录》,1942 年;大主教马修《阿克顿的成长时代》,1946 年;格特鲁德·希米尔法布《阿克顿关于自由与权力的论文》的导论(波士顿,1948 年);巴特菲尔德《阿克顿爵士》(历史学会丛书),1948 年。关于他思想的详尽分析,见乌尔里克·诺亚克的 3 卷集:《历史科学与真理》,《天主教活动与自由精神》及《自由的政治保证》,1935—1947 年,以及法斯纳克特,《阿克顿的政治哲学》。——原注

的人深为他那过人的渊博知识所折服[①]。离开慕尼黑后，他到柏林聆听过兰克与博赫的演讲，并去美国做长途旅行，他还伴随其继父参加过俄皇亚历山大二世的加冕典礼。

由于痛感当时德国思想界的生动活跃与他本国天主教会的思想僵化，他下定决心要把近代学术研究的酵母输进英国。在杰出的改宗者辛普森，亦即坎皮恩[②]传记的作者的帮助下，他曾利用《漫游者》月刊来论述欧洲的思想运动和讨论历史、政治与哲学方面的 355
问题[③]。自童年时起，他已广泛涉猎过多种文字著作，摘录其重要段落并将摘要排列在箱笈抽屉之内。二十三岁时他开始建立他那宏大的藏书楼；这是他生平第一得意的事，后来这些藏书转予了剑桥图书馆[④]。他的工作的确是一番辛苦挣扎。因为按他的主张，最重要的并非仅是学问本身，而是在于揭示真理的神圣性，信仰的权利，以及政治与宗教绝对主义的罪行。他非常渴望能获得纽曼的支持，但这位最伟大的英国天主教士对于《漫游者》月刊言论过激的讨厌程度并不亚于对曼宁[⑤]与华德[⑥]的蒙昧主义。在回答一封批

① 参阅伯恩哈特·冯·迈尔《经验谈》(*Erlebnisse*)，卷Ⅰ，第 12 章，1875 年。“每逢我回忆起与这位青年的一番交往，总是不胜欣悦，因为彼时他早已广有学识，邃密德国学术”。——原注

② 坎皮恩(Campion，Edmund，1540—1581 年)，牛津大学出身，知识渊深，曾任修辞学教授。1573 年加入耶稣会，1581 年以谋叛罪被绞死，为英国第一个以身殉道的耶稣会教士。——谭注

③ 参阅加斯奎《阿克顿爵士及其交游》的导论，1906 年；《加斯奎与阿克顿-辛普森通讯》，见《剑桥历史杂志》，1950 年；威尔弗里德·华德关于华德(W. G. Ward)与纽曼的传记。——原注

④ 参阅特德，《书籍收藏家阿克顿爵士》，英国科学院议事录，卷Ⅰ。——原注

⑤ 曼宁(Manning，H. E.，1808—1892 年)，神学家，初为新教徒，1851 年，皈依天主教，极力宣扬教皇绝对权威之说。——谭注

⑥ 华德(Ward，M. G.，1812—1882 年)，牛津大学出身，在母校任教。1844 年发表《基督教会的理想》一文触怒国教当局，被剥夺学位与教职，改奉天主教。——谭注

评有关庇护五世的论述的信里，阿克顿的语调是忧郁的。“关于科学的权威性与真理圣洁性，一般舆论从来很少单纯为此而予以承认的。我们的目的在于鼓励真正的科学精神与无私的真理爱好。但可惜这项原则在一般天主教刊物中均未见认真采纳”。在这个月刊被禁出后，他创办了《国内外评论》季刊来进行这种活动。这位新的编辑在第一期出版时写信给纽曼说，“只有一件事你也许不会喜欢听，这即是保罗三世曾有过一个儿子，而不是一般所说的一个侄子。我深深感到，这事必须公之于众，因而我不得不指出这中间包含着有意的说谎。”及至 1864 年时他的上级已到了忍无可忍的地步。最后他只有屈从于权力，停出《评论》。

阿克顿在这六年期间〔1858—1864 年〕所写的东西不论在数量与范围上都是颇为可观的[①]。其中比较重要的论文在他死后曾进行重印。除关于詹姆士·得·拉克洛什[②]的研究与对巴克尔的一篇抨击文章外，这些论文大都直接间接与天主教会及其反对者们有关。在最早的一篇论文《对于教会的政治考虑》里，他叹息宗教动机已为政治见解所替代，认为这种情况导源于新教国家之僭窃教会的职能。罗马教廷在保守派眼中被认作是一种政治危险，在自由党人方面则认作是自由的敌人。“我们必须为我们的宗教
356 体系在任何其他领域之内，正像在教义的领域之内那样，做好斗争准备。”中世纪时代乃是一个“我们为人类以后所享受到的一切幸福与所完成了的一切伟大事业，奠定了基础”的时代。基督教的信

---

① 参阅 A. W. 肖为王家历史学会所编的传记集，1903 年，以及拉利与希米尔法布的著作。——原注

② 詹姆士，得·拉克洛什(1647—1669 年)，政治骗子，自称英国查理二世的私生子，未获承认，后皈依耶稣会。——谭注

仰观念，需要一个相当程度的个人自由；而教会不能容忍任何不承认这项自由的政府。教会乃是国家专制主义的不可调和的反对者，因而教会便是自由与信仰的保护人。绝对专制的君主制曾是教会的最大敌人，但理性主义的民主制也是一个同样的危险。宗教改革曾是“近代的大规模背教运动”，对它清算的日子终要到来，正如过去对于异教曾经到来过那样。但是英国“在它背教的运动中尽管对宗教犯过偌大过错”，它在政治制度内所曾保存的天主教精神却比在任何其他国家的情形要好得多。

阿克顿对意大利1860年后所发生的种种事件颇为愤慨，曾写过一篇论述加富尔之死的辛辣文章，认为他所寻求的乃是国家的伟大而非人民的自由。加富尔1859年对奥国的进攻被称为是一桩不可宽恕的事件，他与教会的敌对态度则是一场灾难[①]。“皮埃蒙特法律与政府同教会自由的不可调和性，乃是足以引起教会世俗权的丧失的一个真正危险”。几个月后他在评论窦林格尔的新书《教会与诸种教会》时，复以教会世俗权为主题著过一篇长文。正像他的老师那样，他宣称新教是注定要灭亡的，“是一个无组织的教会，其教义已处于解体之中，其牧师对之已感绝望，而只是在它与罗马教廷敌对时才是团结有力的”。首主教的职权于基督的教会乃是绝对必要的，没有这样的职权，这副机体势将分裂为无数你争我夺的小单位。宗教改革实际上是反对信仰自由的剧烈行动，因为否定教皇必将直接导致君权神授的做法，这正是路德所制造出来的。教皇国的政府诚然是需要改革的，但那里却既没有专制主义也没有精神腐败。在题为《新教徒的迫害理论》一篇精彩的论文

① 加富尔任皮埃蒙特王国首相时，颁布法令取消天主教会特权，解散修道院，重新分配神职人员收入，被教皇逐出教门。——谭注

中，他进一步把战斗勇猛地推进到敌对营垒之内。他重复道，新教业已将那尚能对国家万能加以节制的唯一权威扫除尽净。宗教改革者在这样一个宗教统一性已经消逝的时代里，依旧传播和实行以死刑来惩罚宗教错误实已丧失其任何借口。但阿克顿对天主教所施行过的迫害却没有说过一句谴责的话；在评论戈尔德温·史密斯的《爱尔兰史》一篇论文中，他曾对人们说罗马教廷是迫害者的这个指责进行过辩解。他认为，中世纪的迫害是有其理由的，因为当时的种种教派尽是一些革命党派，天主教对于那些并不属于其教会的人是从未迫害过的。在评论黑费勒的《希梅内斯[①]传》一
357 篇长文章里，他抨击西班牙的宗教裁判所压制了宗教思想并支持了绝对专制政治，但却说这对消除罪恶颇曾有益。尽管《漫游者》月刊具有着战斗的天主教精神，怀斯曼还是公开抨击过它，指出它“在对待一些一般心目中认为神圣的人或事上缺乏审慎与恭谨的态度，往往逼近错误深渊的最危险的边缘，另外它一向所爱好的种种天性、倾向与动机恰恰是非天主教的而非天主教的。”阿克顿在他的新刊物上发表了一篇火气旺盛的答复，辩护了自己的忠诚与独立性。“近代社会迄未提供过自由的保证，进步的工具，以及达到真理的手段；而对于真理我们却抱着漠视或怀疑的态度。”这篇辩护没有能够与他的批评者们达成和解，因而他的名文《与罗马的冲突》便是《国内外评论》宣布其停刊的搁笔之作。“目前并不缺乏那种脱离宗教而谈科学或脱离科学而谈宗教的刊物。《评论》曾经试图结合二者于一道。刊物所标举的原则将不致随其停刊而消

① 希梅内斯(1436—1517年)，西班牙人，红衣大主教，1506、1517年两任摄政，痛恨异端，曾处决异教徒数千人。——谭注

逝，正相反，它将于适当的时期重新获得其必然的辩护者与胜利”。

但纽曼的信件则认为，这次引起不满的却主要由于辛普森而非阿克顿，但是一个具有批判性的个人主义者，在一个强调神圣权力的教会里，其处境必然是艰难的。诚然罗马教廷自宗教改革以来从未在英国得到过这样一位辩护士，但是英国的领袖们对于以德林格尔及其门生为代表的德国学术的怀疑却愈益滋长。纽曼、曼宁与华德早已离开他们曾受洗礼的教会，因为它向“自由主义”投降；他们不愿让恶魔进入他们所皈依的教会。1869 年当安布罗斯·圣约翰朝见庇护九世时，教皇对他谈起过那些本质上并非天主教的人们，阿克顿即属于此种类型[①]。这位不知疲倦的宣传家还为一个叫做《时报》的周刊撰写社论；周刊创立于 1867 年，但只存在了一年时期。之后，他又按照自由派天主教的方针帮助改组了《北英评论》。在这里刊出了他关于圣巴托罗缪惨案的长篇论文；文章反驳了那种为教会开脱责任的企图。“当我们看到真实性乃是能够赋予历史以尊严与价值的唯一美德时，这类东西将不复为人编写了。”这位辩护家正在发展为历史家。

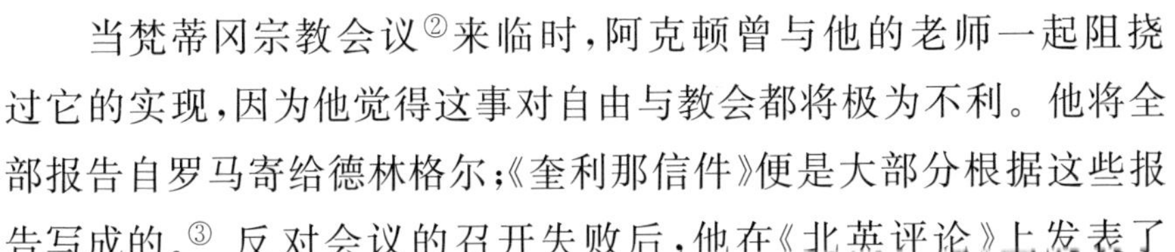

当梵蒂冈宗教会议[②]来临时，阿克顿曾与他的老师一起阻挠过它的实现，因为他觉得这事对自由与教会都将极为不利。他将全部报告自罗马寄给德林格尔；《奎利那信件》便是大部分根据这些报 358
告写成的。[③] 反对会议的召开失败后，他在《北英评论》上发表了

① 华德，《纽曼传》，卷Ⅱ，页 167。——原注

② 梵蒂冈宗教会议是在 1869—1870 年间召开的。1870 年 7 月梵蒂冈会议重申“教皇无谬论”并宣布关于信仰和伦理的决定，企图将教权置于政权之上，将信仰与伦理扩大到政治领域。——谭注

③ 1870 年 8 月，德国一些天主教神学家、教授在纽伦堡集会，对当年 7 月梵蒂冈会议所颁布之教皇敕令，提出异议。次年 3 月，德林格尔发表《奎利那信件》（*Letters of Quirinus*），被逐出教会。奎利那为罗马七丘之一，借以指罗马。——谭注

他的《给一位德国主教公开信》以及另一篇文章。信中阿克顿将其中少数派在早期阶段的豪言壮语与他们在紧要关头的缄默无言作了对照，宣称，为了对其自身的名誉负责，他们必须抵抗到底。而在那篇文章中他详述了宗教会议的起源、问题与过程，指出如若不是因为教皇受了耶稣会的控制，它原可成为讨论改革的会议。但是不论诉诸启示还是诉诸传统，诉诸理性还是诉诸信仰，结果概未生效。近年来，几乎每个真正为天主教服务的作家迟早总要蒙受耻辱或遭到怀疑。罗马教已在天主教中占了优势。会上教皇无谬论的突然提出便是一个阴谋。阿克顿关于一个容忍而有学术性的天主教的理想的最后失败，使他的余生一直笼罩了一层阴影。他所梦想的教会截然不同于庇护九世与曼宁的教皇全权论，正如哈纳克的新教主义之不同于斯珀吉翁[①]的"基要主义"[②]。他与德林格尔一样，拒绝参加"老天主教会"[③]，但他仍受到这胜利派的怀疑；曼宁便不止一次地请求他说明其立场。他感到他将被驱逐出教，并对格拉德斯通说过，现在所剩下的问题只不过是这打击什么时候到来[④]。不过他并未受到烦扰，因而终身保持了一个虔信天主教徒的身份。使他感到宽慰的是，他后来发现 1870 年会议所要求过并

① 斯珀吉翁(Spurgeon，Charles Haddon，1834—1892 年)，英国浸礼会派教士，一个坚定的喀尔文派，不相信近代的圣经批判，反对因受浸礼而可得到复活的说法，曾每周出版他的布道讲演(后集成五十卷)。——译者

② 原文为 Fundamentalism。——译者

③ "老天主教派"(Old Catholics)，指反对 1870 年梵蒂冈会议宣布的"教皇无谬论"的天主教徒。他们的目标不是根本改革教会，而是恢复古代天主教制度，因而获得此名。这一派以德国为基地，法、奥、意、瑞士等国都有他们的同情者和支持者。——译者

④ 曼宁曾称他为格拉德斯通的邪恶的守护神(阿克顿与格拉德斯通私交甚笃，在宗教问题上意见又常相左，故云)。参阅珀塞尔《曼宁》，卷Ⅱ，第 434—435、490—491 页，1895 年。——原注

得到过承认的那个极大权力，在他有生之年尚从未被使用过，但他对教皇全权论精神的厌恶心理则迄无改变。赫柏特·保罗曾把他比诸萨毕；但如其说他在对教廷的关心上不如萨毕，他对宗教的兴趣则要比这位伟大的威尼斯人浓厚得多。阿克顿代表其教会所作的最后发言是他 1874 年写给《泰晤士报》的一系列信件[①]，内容系答复葛拉斯吞对“梵蒂冈主义”的攻击。在反驳关于天主教徒既效忠于一个外国统治者便不可能再效忠于自己国家这个论点时，他提出，尽管教皇长期以来一贯坚持其有国君废黜权，英国天主教徒却从未进行过而且将来也不会进行叛乱行为。在他的后期著作里信条主义（Confessionalism）已完全不见了。

阿克顿在早年时期便曾计划完全根据原始资料来编写一部《自由的历史》。1877 年时他作过两次讲演，足以说明他自己思想的倾向。讲演一开头便说，“宗教而外，自由一向是善良行为的动
机与罪恶坏事的通常借口。”他所理解的自由是，保证任何人得以 359 607
进行其自认为在责任上应做之事，而不受权威、多数、风俗与舆论的压力。“我们据以测验一个国家是否真正自由的最可靠的标尺便是看其中少数派所享有的安全程度的多寡如何”。据此则希腊与罗马的自由很少，因为那里个人完全要听命于国家。基督的格言，“把属于恺撒的还给恺撒，把属于上帝的还给上帝，”正是对绝对专制主义的否定与自由的开端。在中世纪时代，正是由于教会的抵抗，欧洲才没有堕人拜占庭式专制主义。从世俗与宗教权力的冲突里兴起了公民自由，因为政教双方都不得不逐渐承认了人民的主权。如果说古代的政治是以在奴隶制度的基础上建立的绝对国

① 重刊于《阿克顿爵士的通讯》，卷Ⅰ，第 119—144 页，1917 年。——原注

家为结局，那么中世纪时代则是政治权力受到了代议制与教会的限制。但这个过程遭到了马基雅弗里与宗教改革家们的阻挠；他们恢复了绝对专制的理论。但英美两国对自由进行了拯救。一年之后他在评论厄斯金·梅的《欧洲的民主》这篇杰出的文章中所讲的也基本上是这个问题。“古代民主政治即使在其黄金时代，也只是部分与虚假地解决了人民政府的问题。”基督教输入了一些民主思想，但却未见施行。民主政治的复兴，既非由于基督教教会，也不是由于条顿国家，而是来自它们之间的冲突。在强调指出路德拥护消极服从的原则后，他宣称，利尔伯恩是懂得真正民主条件最早的一个。民主政治在欧洲的胜利及其影响却是有赖于美国。“在那里，民主政治在严防其软弱与过度的情况下，达到了它最完善的境界。”他指责法国大革命给民主政治注入了不可和解的仇恨宗教心理，并认为，它的平等理论恰是自由的大害。文章的结尾部分讨论了联邦制、比例代表制以及其他关于自由的保证问题。历史的教训便是，自由的唯一希望即在权限的分散。

但《自由的历史》却始终没有写成，甚至没有正式开始，因为这项工作在他看来是人的力量所达不到的。1869 年格里哥罗维在他的日记簿里写道，“阿克顿正在使全世界到处供给他资料，但我担心他非被这汗牛充栋的材料淹没不可。”[①]阿克顿说德林格尔的话也完全适用于他自己。“他总是不愿意根据不完全的资料来进
360 行写作，而对于他，资料却总是不完全的。”德林格尔也说过，如果阿克顿在四十岁前写不出一部巨著，那他也就永远写不出了，这个判断是正确的。布赖斯在他的一段相当出名的话里说道，“二十年

① 《罗马日记》，第 340 页，1910 年。——原注

前的一个深夜，他在他自己戛纳的书房里，曾向我说明过关于这样一部自由的历史应该怎样编法，甚至怎样使之成为全部历史的中心线索的意见。他不过谈了六七分钟，但那谈话却是像一个受了灵感的人的谈话；他仿佛是从高空的某个山巅之上望尽了脚下人类进步的辽远曲折的道路，从史前混沌的息米立亚人[①]岸边的朦胧阴影一直到光焰较强但仍然闪烁不定的近代。他那滔滔的雄辩是壮丽的，但比这雄辩更为奇伟的则是他那洞悉一切的惊人想象；它通过一切事件并且就在一切时代之中窥见了那些道德力量的作用；这些力量时成时毁，但却始终不停地转化；它们曾经形成并一再形成着人类的制度，并曾经将其瞬息万变的能量转化形成赋予了人类的精神。这情形恰似是人类历史的全部图景在一道阳光的照射之下而骤然闪烁起来。我从未曾从其他别人的口中听到过这样的精彩议论，甚至从他自己的口中也再没听到过”。

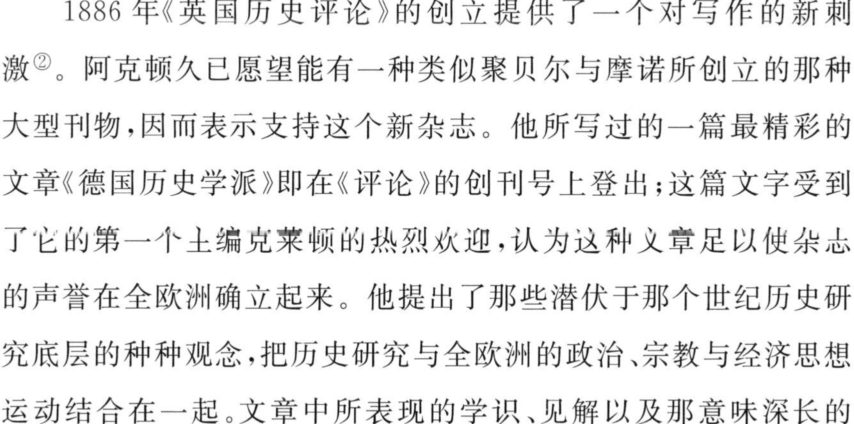

1886 年《英国历史评论》的创立提供了一个对写作的新刺激[②]。阿克顿久已愿望能有一种类似聚贝尔与摩诺所创立的那种大型刊物，因而表示支持这个新杂志。他所写过的一篇最精彩的文章《德国历史学派》即在《评论》的创刊号上登出；这篇文字受到了它的第一个主编克莱顿的热烈欢迎，认为这种文章足以使杂志的声誉在全欧洲确立起来。他提出了那些潜伏于那个世纪历史研究底层的种种观念，把历史研究与全欧洲的政治、宗教与经济思想运动结合在一起。文章中所表现的学识、见解以及那意味深长的

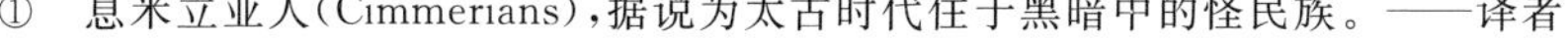

① 息米立亚人(Cimmerians)，据说为太古时代住于黑暗中的怪民族。——译者

② 参阅克莱顿的《传记》，卷Ⅰ，第Ⅱ章，1904 年。——原注

笔调等等也都同样非常突出。其次是他论述德林格尔的一篇长文，为纪念他那位九十余岁老师的逝世所作。文中提到："他曾比以前学者更大规模地使用归纳法以此形成他自己的历史哲学。"他为基塞布勒希特所写的悼词，文虽不长，却很好地表出了这位历史家的性格与成就。阿克顿所写的书评也和他自己的论文同样出色。他为利的《宗教裁判所史》与布赖斯的《美国共和制》所撰的书评与这些书中所论及的那些经典作品多能相称。他对下列一些稍次要著作的书评——例如弗林特《法国的历史哲学》，克莱顿有关教皇的著作，布罗格利关于马比荣的研究，莫尔斯·斯提芬斯《法国革命史》，西利的《拿破仑》与布赖脱的《维多利亚时代》等
361 等，——其中处处不乏识断，因而使其评论颇具经久意义。他的笔调也愈来愈变得精辟含蓄，读后给人的印象是：作者是从一个在学识上高于当时其他人水准之上进行写作的。他的稿件构成了《评论》最初十年期间最突出的特征。在《十九世纪》杂志里，他还评论了关于乔治·埃利奥特和霍顿爵士[①]的传记和赞扬过塔莱朗与托克维尔所写的回忆录。尤其值得一提的是他为柏德出版《君主论》所作的长篇导论，文中他追述了马基雅弗里的理论在各世纪里被有意无意采用的情况，并遗憾地认为，马基雅弗里并非一个业已消逝的形象而是一个长在的与现实的势力。

他于1895年在西利死后，受聘担任为剑桥大学近代史讲座一

① 乔治·埃利奥特(George Eliot，1717—1790年)，苏格兰人，将军。1775年任直布罗陀总督，抵御西班牙对该城的围困达三年之久(1779—1782年)。霍顿爵士名米尔恩斯(Milnes R. M.，1809—1885年)，英国政治家、诗人，初为保守党人，后改入自由党，在反对谷物法运动中起了很大的作用。他爱好文艺热心扶植作家和出版事业。——谭注

事曾引起过人们非常的注意[①]。虽然一般人几乎还不知道他的大名，而他也从来没有出版过一本书；但在近四十年来他早已是学术界的一位显赫人物；曾在本世纪中最大宗教冲突里起主要作用；他与政治家们的熟悉程度丝毫不下于欧洲学者。而且他也确是当时英国人中间最有学问的人。他作为半个德国人，受过一些德国教育给剑桥大学带进了国际的气氛。一个信奉天主教的历史教授不能不是一件奇事，但这个选任却是大有道理的。剑桥大学还从来未曾有过一个教师能够这么善于启发其学生进行研究与思考，或者这么愿意关心他们的生活与兴趣。他在就职演讲中的一些提法[②]乃是这两座著名学校里从来没有听到过的。在开首的几段讲话里，他捣毁了他的前任曾用来束缚他自己并企图束缚其学生的枷锁。“政治与历史是交织在一起的，但并非是等同的。我们的领域则超出于政治事务的范围。我们的任务在于注视并指挥思想的运动，而这些思想乃是政治事件的原因而并非它们的结果。”人类所关心的事务，首推宗教，其次便是自由，而二者的命运是交织在一起的。在从历史的范围与内容转到那应该支配历史研究的精神时，他强调指出了道德法典的圣洁性。“我劝告你们永远不要使道德的通货贬值，而要以那支配你们生活的终极准则来审察别人；另外不容任何人与任何事逃脱那个永存的处罚，这即是，历史有权对作恶行为所施加的处罚。”“如果说我们由于把握不定而必然常常出错，那么，我们有时宁可失之过严而不可失之过宽。”“如果我们 362

① 参阅波洛克，《阿克顿爵士在剑桥》，《独立评论》，1904 年 10 月与《近代史讲义》导论（菲吉斯与劳伦斯作），1906 年。——原注

② 这种主张曾受到利与普勒希特的反对，见利《历史的道德价值》、《美国历史评论》，卷Ⅸ，与兰普勒希特《德意志历史科学杂志》，1898 年。——原注

降低历史上的道德标准，我们在教会与国家中将愈加不能维持这个标准。”有人担心他会掩护他的教会，但当人们看到他对宗教在教导人们为善这件事上失职时所宣布的异常严厉的判决的情形，这种疑惧也就涣然冰释。他在写给克莱顿的信中说，“在判断人物与事件时，道德应走在教条政治与民族的前面①”。他躬行了他所宣示的主张；他在其王家教授的身份上，从来未曾写过或说过一句表示其教会派属的话。

阿克顿在那里讲授过两门课程，其讲义曾于他死后出版。那部近代史课讲义概述了自文艺复兴至法国革命前夕的一段历史。这门课原是为普通大学生讲的，因而内容当然包括了许多人们已经知道的东西，但我们觉得他的性格还是反映在书中不少严肃的论断上面，另外在许多地方也都不乏新解。虽然这部书主要叙述的是事件而非思想，但它的主要论旨仍是人类向着有秩序的自由不断前进的情景。“要想阐明近代政治中的这种千头万绪的复杂状况，我们除了有向完整与确实的自由发展与自由人具有天赋权利这些思想之外，再不可能有别的其他线索。”他大胆地宣称，信仰从权威中的获得解放便是近代史的主要内容。他对 1555 年奥格斯堡和约、南特诏令以及对英国革命与美国独立战争的理论家们，等等——这里不过略举一二——所作的评论，足以充分表明自由对人类生活的贡献是何等丰富。在活动家中间，威廉沉默者与华盛顿得到了他的行为善良的奖誉，但大多数著名的统治者，自查理五世至腓特烈大王，却得不到他多大赞许。当人道的进步被

① 参阅一封有趣的信，见克莱顿的《传记》，卷Ⅰ，第 13 章与希米尔法布的《传记》，第 357—373 页。——原注

视作进步的量计与标尺时，宗教与种族的成见便会降至其适当地位。

他的法国大革命课程的讲义却更有趣味与更有代表性。这里阿克顿所讲述的乃是近代史上的一个最重大的题目，一个思想与行动错综交织在一起的运动。一个简短的撮要是表达不出这样一部精彩著作的全部力量、文才与丰富的思想的。其中的第一讲“革命的先驱”的特色是书中给了费内隆以特别显著的地位，指出“费内隆是最早能够看穿宫廷上的种种虚伪浮夸作风与察觉到法国已走上崩溃道路的第一个人[①]”。费内隆深深感觉到绝对权力乃是 363
一副毒药，而唯一的解毒剂则是宪法。而那些继他之后的哲人们仍是在继续他那捣毁专制权力的工作；但是其中没有一个人（尤其是卢梭）真正想要或者懂得政治自由。“那个使思想转化为行动的火花乃是由《独立宣言》所提供的。”书中关于美国的影响一讲也是其中最有价值的部分之一，这不仅是由于他从美国政论家文中所作的种种摘要以及由于他对柏克早期哲学所作的讨论，而主要由于他对这场伟大的斗争所作的论断。“他们〔美国人〕的冤屈是难以证实的，在范围上则是琐细的。但如果说一方面是利害关系，那么，另一方面还有着一项显著的原则——而这一原则竟是这样神圣，这样清楚，以致绝对要求人们牺牲其生命、家庭及其财产。他们认为自由是这样神圣的一桩事业，所以他们必须以全社会的存在作为孤注以防止自由的最高权利受到哪怕极小的侵犯。”而每当阿克顿谈到自由的时候，他的语气之间总是带有感情的。

① 费内隆，生平见第一章译注。他在为路易十四的王孙所写的读物《死人的谈话》及小说《黛雷马克》中谈论治国之道，借古讽今，抨击时政，发抒己见。——谭注

法国理论与美国实践的结合导致了1789年的事件。《陈情书》所提出的要求是封建制度与专制政治的取消而不是民主共和国的建立。泰纳曾把大革命中的人物描绘得相当阴森可怖，但阿克顿则认为，他们都不过是一些平凡的人，其中很多人的能力与性格不过稍高于普通标准，但米拉波与西哀士则是具有天才的。“我们将永远不会真正理解法国大革命，除非我们能看到它也是符合于一般规律的，而并非特别出奇与特别例外，因为不少别的场面也是同样可怖的，也同样有不少的坏人。”他把造成改革运动退步的主要责任推诿于宫廷。法王自己是情愿前进的，但他却受到了坏主意的顾问的包围，其中尤为恶劣的便是那个王后。在谈到《人权宣言》时阿克顿是热情洋溢的。“提出《宣言》宣告了关于人类义务并非都可归因于契约、利益或武力的这一理论的胜利。这区区一纸的分量实超过无数座图书大楼与拿破仑的庞大军队。”但是它也有一个重大缺点。它为了平等而牺牲了自由；它把国王的绝对专制换成了议会的绝对专制。

在国民议会还完全没有来得及去处理那些最紧要问题之前，欧洲列强早已开始对革命进行了威胁。逃亡者从边境上阴谋反对着新秩序，而国王王后则从推勒里宫中进行对抗。向瓦伦的逃亡
364 顿时向法国表明，国王乃是背弃允诺，言行不一的。阿克顿与奥拉尔在政见与宗教上虽然立场不同；但他们却一致认为，迫使革命采取极端措施的原因则是宫廷与外国的勾结。但另一方面，那个为国王所痛恶的“教士法”也是一个致命的失策。国民议会实际优于立法议会，而立法议会又优于国民公会。他对王朝的倾覆，不胜惋惜，对9月大屠杀、国王与王后的处死以及恐怖政治等颇多谴责，

但却认为这一切也都自有其原因。暴力统治始于边境危机的尖锐化而终止于这种危机的解除。处在那个威胁要把革命及其一切成果统统毁尽杀绝的布伦斯威克宣言的面前，一个专制政府乃是不可避免的事。于是吉伦特倒台而由雅各宾派上台，而这派的人物更为恶劣，而且更加不顾什么自由，但他们却懂得怎样捍卫祖国。丹敦的行为遭受到了严厉谴责，我们唯一能为他缓颊的话不过是：他还没有坏到罗伯斯庇尔的程度。在下面这句十足的攻击话里，这位演讲者对一群掩饰真相之徒曾经横加讥笑。“佩带宝剑的强人之后尾随了一批拿着海绵的弱者。”不过这场革命尽管有它的种种恐怖，却是为人类解放事业所作的一番伟大努力。“人们梦寐以求的最好事物乃是宗教与自由；而并非逸乐或繁荣，也不是知识或权力。但是宗教与自由的道路上却都涂染了无穷鲜血。”

在阿克顿受聘的几个月后，剑桥大学出版社邀请他主编一部综合性的近代世界史[①]。他接受这个任务，“因为我的职务本身使这事成为义不容辞，另外也因为任何人都难得有这样一个机会来充分表达他自己对处理历史的看法。”他在一篇详细的备忘录里说明了他的编辑计划。“我们将力避发挥不必要的议论或拥护某一立场。撰稿者必须懂得，我们所编写的滑铁卢战役必须使得不论法人、英人、德人与荷兰人阅后都能感到满意；另外谁也不能在还未检定作者名单之前便能够说出，哪里哪里那位牛津主教的叙述告一段落，而下文开始由费尔贝恩还是由加斯奎[②]、李伯曼或哈里

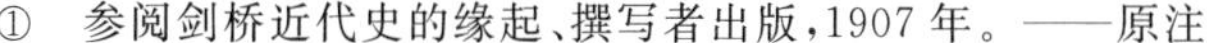

① 参阅剑桥近代史的缘起、撰写者出版，1907年。——原注

② 费尔贝恩（Fairbairn, A. M., 1838—1912年），苏格兰神学家。加斯奎（Gasquet, F. A., 1846—1929年），英国天主教主教、史学家。——谭注

森[①]继续执笔”。在检视了各国大批包括有新资料的刊物后，他宣称，一位勤恳的研究者会必将发现他自己往往不断被历史文献中的经典著作所遗弃、阻碍和误引。“在我们这一代中十分完善的历史是不可能写出的，但我们却还能够处理传统的历史著作。”他以特别愉快的心情期待着《近代史》后面诸卷的出版：认为这些卷帙
365 将因改为含有从书本中所得不到的秘密而更趋富赡。“某些私人刊印的回忆录并非是绝对不可能获得的，另外城市中还有不少年迈的人们头脑中充满着秘密的东西。”他晚年期间在剑桥所写的论文《普法战争的原因》足以说明，那些以创造历史的人物身上所可获得的材料是如何丰富地深藏在一个人的脑袋之中。布赖斯指出，“他一直是在搜寻那密室的钥匙，而把前厅楼梯只看作装饰罢了。人们有时不免要发生怀疑，他是否对幕后的事物重视过多，但他却曾在那里看到过许多正在酝酿中的历史。”这位主编拟定一张撰稿者的名表，并征得了其中很大一部分人的同意，但1901年春他突然中风，因此不得不辞去这项职务。1902年时他即死去，距第一卷出版前没有多久。正像马克・帕蒂森[②]那样。他把相当巨量的未曾用过的知识带进了坟墓。

亨利・西季威克常说，不管你对什么事情懂得的如何之多，阿克顿却肯定知道得更多。德拉弗莱曾因发现他居停主人书桌上“各式各类的每本新书都加满批注”而惊异不已。托尔马契也说，格拉德斯通每逢在谈话中遇到什么疑难地方总是停下来说，“这事

① 哈里森(Harrison,J. E. ,1850—1925年)，英国史学家、古典学家。——谭注

② 马克・帕蒂森(1813—1884年)，英国神学家，多方面的学者，对教育、文化、政治均有研究，逝世前，一些研究计划未能完成。——谭注

我们得请教阿克顿爵士。”当然对这些赞词我们不能理解得太死。他对科学便完全不懂，对于纯文学与艺术也很少关心，而只是在中世纪后期与近代世界史方面才是出奇的渊博。但另一方面，广泛的书本知识而外，他还具有对人的宏富知识。他接触过半个世纪以来欧美政治与学术界中不少起过重大作用的知名之士。早年他曾经是平民院的议员，后来又充任贵族院的议员。莫利爵士的文中记载道，格拉德斯通总想和他更多地交往，而《给曼丽·格拉德斯通的信件》中也表现了这位学者对这个政治家的热烈钦敬[①]。阿克顿作为格列里温俱乐部[②]的成员，非常熟悉英国社会的上层人物。在国外不仅德林格尔与度蓬卢[③]，甚至像勒南与泰纳或蒙森与赫尔姆霍斯[④]这样人物，也都乐于与他结交。他常常今天晚上与梯也尔一道进餐，明天晚上在布罗伊公爵席上做客。连腓特烈王后也都是他的好友之一。他的一个忠实的门生写道，“与阿克顿交，即是与全欧最有文化的人士来往。在他那深沉的音调里仿佛可以听到历史的语言。”

他认为，历史研究不仅是深入理解当前现实的基础，而且是德性的学校与人生的指导。“史学的伟大任务在于发展，改善与加强 366
信仰。”历史首先是一个精神的历程，思想与理想的形成与运用的记录。而自由则是一个种族在其前进与上升的行程中的标记、目

① 比较，曼丽·德留，《阿克顿爵士留给自由派的遗产》，《乐观派》杂志，1908年1月。——原注

② 格列里温俱乐部(Grillion's and the Club)，系伦敦著名文艺俱乐部，成立于1813年，成员多属知名人士。——译者

③ 度蓬卢(1812—1878年)，法国奥尔良主教。——谭注

④ 赫尔姆霍斯，H. L. F.(1821—1894年)，著名的德国生物学家，自然法学家。——谭注

的与动机。“常识告诉我们，构成人类历史之网的主要思潮与心理状态往往不下二三十种。对这一切，每个严肃的人都应当有所了解，无论是关于它们的优点缺点还是关于它们的原因、结果与关系。而其中的多数不是属于宗教性的，便是宗教的替代物。”他曾为一个“受过教育并具有常识的”青年拟过一张包括有上百种著作的必读书目①。他还以一段崇高的语言说明它的目的，“即在使他的心灵日臻完美与打开他各方面的眼界，即在使他的认识达到其时代的水平，从而能够理解那些曾经造成我们今天世界甚至今后仍将支配这个世界的种种力量，即在使我们能够防范对猝然而来的外部事件发生惊慌和对内心之中错误的经常的缘由以有力的纠正，即在给予我们以最强烈的刺激与最可靠的指导，使我们的思想具备有力量、充实、透彻、诚恳、独立、高尚、慷慨、沉着等等优点，从而懂得克服错误与赢得真理的方法与法则，以及我们对事物进行取舍的充分理由，并更好地理解制度的起源、优点与活力以及做了错事的人们的良好动机；另外还在于使我们不为文采与才华所迷惑，因而使其中每一本书都足以可成为一种新生活的开端”。

在阿克顿看来，历史家不仅是事件与意识形态的解释者，而且是道德的捍卫者。他宣称，“道德法典的不容伸缩的完整性，在我看来乃是历史的权威、尊严与效用的秘诀。”他认为自基督教兴起以来，过去的人们也和今天我们同样懂得什么是“是”什么是“非”；基督教信仰过去便是我们行为的指南针，此外我们再不需要别的东西来指引我们。他在评论莫尔斯·斯提芬斯时写道，“我们对于人

① 参阅克莱门特·肖特，《阿克顿爵士推荐的佳著百种》，《帕尔·马尔杂志》，1905年7月。——原注

物与党派的判断乃是从他们所达到的最低点来开始的。作为此事最低点的凶杀对于我们的衡量基础具有极大的价值。如果我们没有科学的零点作为开始，所有对腐败、虚伪或叛逆的谴责都将没有意义，而道德与历史也必将分道扬镳。”同样他对超人及其崇拜者也是厌恶的。卡莱尔去世后，他在写给曼丽·格拉德斯通的信中说，“弗劳德而外，我认为他是最可憎恶的历史家。”他这一系列的
警语，包括他对历史家的一些劝告在内，处处吐放着一种严肃气 367
氛，可能会使西斯蒙第与施洛塞尔感到满意。“判断不应按照一种体系的正统标准来进行，无论在宗教方面还是在哲学或政治方面，而是应按照是否能促进信仰的优美、完整与权威这个标准。”“最大的罪孽是杀人罪。同谋者并不比凶手好些，而策划者便更坏。”“杀人勾当不止可以通过毒药或刀剑进行，它还完全可以通过合法手段，通过貌似正义但又有利可图的战争，通过诬告等进行。”历史教导研究者们要寻求并讲述全部真实，坚持证据，反对模棱两可的言语与消除偏见。历史家须是一个不为世俗权势、功利或谄谀所动的审判官，一个主持正义公道，为人昭屈雪冤的人。他对他那年迈老师的冷淡超脱态度曾深表惋惜。1879 年时他写道，“德林格尔对于事物差异的根源，往往只知道到思辨性体系里去找，到知识的缺陷里去找，而唯独不到道德原因方面去找；在这点上他与我之间存在着一条完全无法接通的深阔鸿沟。他对人性中一切罪恶是闭眼不看的。”阿克顿这种顽固态度：即他拒不承认道德风尚也正像别的事情那样可能发生改变直到其弥留之际方才有所转变。他的儿子[①]写道，“在几乎是我们最后的那次谈话里，他郑重地教诲我

① 给《泰晤士报》的信，1906 年 10 月 30 日。阿克顿的这些先知式的言论受到巴特菲尔德的反对，《辉格党的历史观》，第 6 章。——原注

不要像他过去所做的那样草率地判断别人，但要尽量宽恕人们的弱点。”这种至死仍在学习的态度确实是这位一生以追求真理为志职的人的一个很好总结。

Ⅱ

英国制度研究者当中最杰出与最有创见的历史家梅特兰[①]，在他以史学作为其终身工作之前原是学法律的。1879 年，二十九岁时，他就英国不动产法的改革所发表的一篇文章中显出他对布伦纳及其他外国法学家的著作相当熟悉；这篇文章引起了波洛克爵士的注意，成为双方友谊的开端。波洛克勋爵在其友人死后写道，“我是一个法学家；在我看来，一个人如果没有远远超出一般课本的更多的历史批判知识，他是不可能理解英国法律的。”他找到
368 了梅特兰这个气味相投的人，因为他们对古往今来都感兴趣。1884 年他在牛津遇到了维诺格勒多夫，于是又开始了第二个著名的友谊关系。“那一天决定了我的一生。”在一席谈话的鼓舞之下，梅特兰去了档案局。这件事的结果便是他的《格罗斯脱郡的英王公诉状》这一著作。格罗斯脱郡为他的生地，他曾认为这个地方乃是 13世纪早期英国生活的写照。同年他被聘为剑桥大学英国法律

① 参阅费希尔，《梅特兰》，1910 年；史密斯《梅特兰的两篇讲演稿》，1908 年；波洛克勋爵《每季评论》，1907 年 4 月；维诺格勒多夫，《英国历史评论》，1907 年 4 月；《塞尔登学会》，卷 XXII，1907 年；《剑桥大学报道》，1907 年 7 月 22 日。关于国外对他的评价，参阅贝蒙，《历史评论》，卷 XCIII 与《法律季刊评论》，1907 年 4 月。另外《剑桥杂志》1950 年 12 月号中载有过一篇极好的百年纪念论文。——原注

史讲师，于是放弃了他的律师方面业务。他的第二个尝试则更加与这位俄国学者直接有关，后者在《雅典娜》[①]杂志上曾论述了英国博物馆内的一部手稿，内容为亨利三世时代几百件判例，认为这手稿显系为布雷克顿[②]所编或别人为他所编，曾经他加过注释并在他的那篇名文写作时充分采用过。梅特兰的研究证实了他友人的假设；他的《布雷克顿的笔记》一书曾于1887年出版。这些判例经过出色的编辑后，不仅帮助说明了当时的法律概念与实践方面的许多问题，对于整个社会生活也极具启示。一年后，他被聘为英国法唐宁讲座教授[③]。他的就职演讲的标题为《为什么法律史尚未编写》，他在回答自己提出的这个问题时指出，因为这事在传统上一向与其他一切研究相隔绝。我们的档案无论在数量上与连续性上都是独特的，这中间蕴藏着人们梦想不到的宝物。"法律文献往往是关于社会与经济史、关于道德史或关于实际宗教史方面我们所有的最好的甚至是唯一的证据。这些广阔、富饶的历史地带却往往使历史学家裹足不前，因为这对他们来说法律性质太强不易把握。"法律必须视作民族生活的一部分，而通过法律所表达的种种思想必须加以恢复。"一部法律的历史必然也是一部思想的历史"。一般历史家往往不具备法律方面的详细知识而一般法律家又常严重缺乏历史观点。为了沟通这个困难，他遂担起这项近乎终身的工作。

① 原文为Anthenaeum。——译者

② 布雷克顿(Bracton，E.，？—1268年)，英国法学家，对英国法律与审判记录进行系统整理写有专著。——谭注

③ 唐宁讲座教授(Downing Professor)，乔治·唐宁勋爵在剑桥大学所创设的法律讲座；担任这个讲座者叫做唐宁教授。——译者

《英国法律史》曾于1895年出版；虽然名为波洛克与梅特兰的合著，实际上主要出于后者之手。书前长达二百页的导论篇是对英国史的一个宝贵贡献。他宣称，盎格鲁-撒克逊法律几乎是纯属日耳曼式的。即使凯尔特的习惯在条顿征服后尚有留存，它的痕迹已经无从寻索。另外也没有什么真实证据足以表明，罗马制度在条顿族侵入后曾经延续下来，或者曾有助于英国法律的形成。在法律领域内一切属于罗马或罗马化的事物，都可以后来输入的东西中得到说明。在早期盎格鲁-撒克逊文献内，一切罗
369 马的东西都只是宗教方面的。在后来的年代里，某些罗马的形式与成语乃是从法国渗入的。直到诺曼征服以后，罗马成分，亦即由诺曼公爵们所袭用的法兰克政治制度内所包含的罗马成分，才真正有大量地传入英国。另外也只是直到12世纪中期，当博洛涅重新兴起了关于查士丁尼法典的研究后，这个潮流才开始大量涌入；而在一个世纪之后，即又开始呈现退落。自爱德华一世以来法律方面的活动一直没有中断。我国的法律从未像在德意志那样被罗马成分的整批输入所消灭。13世纪，亦即法德两国法律的古典时期，曾得到过欧洲大陆学者们的彻底探索，但欧洲的法律则只有在认真研究了各种体系之后方才能做到充分理解。“我们必须一个个弄清那些将用以比较的事物，然后才能拿它们进行比较。在这件事的准备工作上我们已经着手担任了其中一小部分。”这两位作者的研究范围虽然实际上仅限于法律史方面，但他们偶尔也讨论到宪法上的问题。“我们感到，那些致力于中世纪时代私法研究的人们，即使从一些政治事件当中也每每能窥出若干线索，而这些，对于那种由于其素养关系只习惯于或只懂得从政治方面看问

题的人们，则往往会视而不见。”同样，这部书有时也会撇开教会的体制不谈，而涉入教会法的领域之内。书的两大卷中很大部分系对安吉文朝法律的分析研究，内容涉及各色各样的租赁权、社会阶级、各类审判权、契约与继承权、婚姻法、刑法、程序法等等。虽然这种百科全书式的概述里面有些部分必然专业性较强的，但这由于文笔的灵活以及其中牵涉到的民族生活范围较广，这部书倒也并不枯燥。1898 年的第 2 版内还增入了关于前撒克逊时期，亦即罗马时代一章，内容颇具启发性。

两位作者原打算以《末日审判簿》的研究来充实他们对金雀花朝法律的概述。“我们想迫使《末日审判簿》吐出其蕴藏的秘密的唯一希望，以及我们想让盎格鲁-撒克逊土地册成为一件意义明确的东西的唯一希望都决定于我们是否能彻底弄通安吉文朝时代的法律。”但是这本“秘录”的研究却受到了耽搁；《末日审判簿与嗣后》一年以后方才出版，仅由梅特兰单独具名。这个论题要远比金雀花朝法律的整理困难得多，但他的尝试则是在这方面研究中成绩最卓越的一个。早在 1883 年时西博姆业已出版过《英国的村 370
社》，由于书中对中世纪农业的生动描写、书中所体现的广博学识以及在农奴制起源的资料上的巧妙地处理，曾使书出后产生过深刻印象。西博姆以大家熟悉的中世纪后期的庄园制为起点，通过《末日审判》与盎格鲁-撒克逊时代由此而上至于罗马占领时期的逐步追溯从而找到这一制度的主要特征。他由此得出结论说，罗马大农庄乃是庄园的最早来源，而村庄则是拉丁族的产物而非条顿族的产物。于是，马克公社的理论立即垮台；一个时期之内，好像他的进攻已把日耳曼派从战场上扫除净尽。但是这个新理论实际上却是

和那旧理论同样不够严密的。它所采用的一系列证据，乍看起来虽很完备，但其中充满着很大缺陷。许多具有同等重要性但属于另一方面的事实则完全被他忽略。西波姆不仅在其得出的结论上，甚至在他的思想习惯上很像斐斯特尔·得·库朗热，他具有一种善于把事物描绘得鲜明突出的稀有本领。维诺格勒多夫关于“维兰”制的经典著作，（梅特兰曾誉之为英国法律史上的最为杰出的伟业）不久便证明了英国社会结构并非如西博姆所想像的那样简单。这位英国学者所看到的无非是从罗马时代以来一脉相承而来的一个单一制度，但那位俄国学者从中所见出的却是非止一种类型，而是一个随其时代与地点而变化的各种法律与社会关系的复合体。维诺格勒多夫对农奴制的罗马起源说的否定主要以《末日审判簿》以后的事实为依据，而梅特兰的根据则是他对《末日审判簿》本身的研究。他的结论是，庄园与领主制并非罗马田庄产生的后果；英国自由农民愈在过去人数愈多；自由村庄过去即曾存在；英国在诺曼征服时代还只是部分庄园化；真正的庄园制度只是迟至12世纪时方才出现。那时各种庄园的性质不一，在这里面有着为数不少的自由租地农，以及不同程度的自由。我们的村社属于日耳曼来源，起初包括那些占有土地的克尔(Ceorls)[①]与他们的奴隶。这个自由阶级由于后来领主司法权与封建制度的增长而受到压迫。自由的村社乃是农业单位而非政治单位。它没有议事会与法院，而法律也没有承认它的地位。梅特兰的这篇论著，以至轻快的笔调论述极繁难的问题，毫不费力地推翻了英国农奴庄园制单一性的概念。

① 克尔(Ceorls)，是盎格鲁-撒克逊早期(5至7世纪)的自由农民。——谭注

一年后，梅特兰发表了第二篇专著，亦即《市镇区与市邑》属于福特讲座书的规模虽然不大，但却是根据牛津与剑桥的资料来探讨市镇起源与特权问题的一部著述。这里他的任务又是反对过分简化。他倾向于接受刻特根的一种理论，即市邑（borough）起源于郡的炮台（county fortress）。市镇区（township）连同它的市场、 371
法院与炮垒逐渐变成市邑或特权市镇（privileged town）。在诺曼征英之后，许多市镇曾请求并获得过类似的特权，但没有一种假说可以解释通各种情况。例如，剑桥便没有领主而只有国王。书中讨论了法团观念，这是梅特兰所喜欢谈的一个概念，认为这是形而上学、法律与历史的结合。基尔克曾说明过法团在中世纪生活里所占据的重大地位：信托会或友谊社乃是一个有生命的有机体，一个真人，既非国家的创造物，也不是一个虚构。梅特兰在1900年翻译过基尔克关于法团理论的一章[①]，并在所写的一篇精彩导论中对这个概念作了说明与发挥。

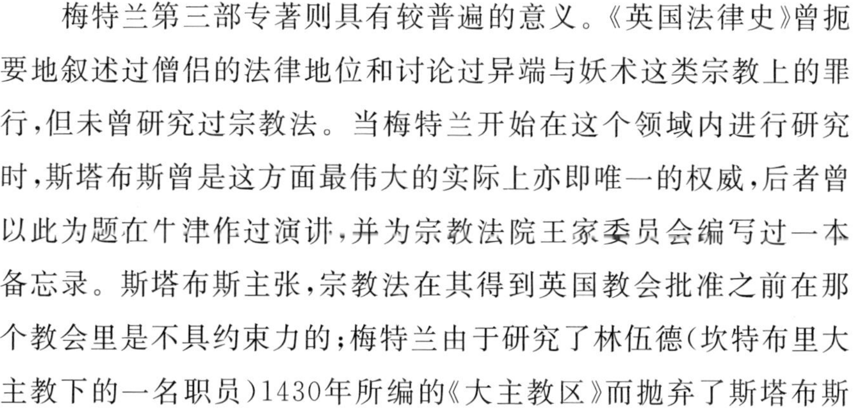

梅特兰第三部专著则具有较普遍的意义。《英国法律史》曾扼要地叙述过僧侣的法律地位和讨论过异端与妖术这类宗教上的罪行，但未曾研究过宗教法。当梅特兰开始在这个领域内进行研究时，斯塔布斯曾是这方面最伟大的实际上亦即唯一的权威，后者曾以此为题在牛津作过演讲，并为宗教法院王家委员会编写过一本备忘录。斯塔布斯主张，宗教法在其得到英国教会批准之前在那个教会里是不具约束力的；梅特兰由于研究了林伍德（坎特布里大主教下的一名职员）1430年所编的《大主教区》而抛弃了斯塔布斯

① 书名为《中世纪政治理论》（*Political Theories of the Middleages*），摘译自基尔克的名著《德意志社团法》。——谭注

的看法。其他一些教科书中也都载有着类似的写法；但他的著作证明，英国也和其他国家一样，是服从教会法的。于是，那种认为英国在很大程度上独立于罗马之外和宗教改革在英国未曾产生过多大变革的传统说法也就立不住脚了。《英国宗教法》在某些范围内曾引起过震动，甚至不满，但它的结论则是站得住脚的。另外他在《剑桥近代史》第二卷里关于伊丽莎白的《宗教处置法案》与苏格兰的宗教改革的描述，也是极具价值的作品。以前很少注意 16 世纪的历史，但他很快掌握了他所要解决的问题的性质。在不过短短的一章的篇幅里，他异常透辟地阐明了伊丽莎白的宗教处置法案[①]，由于他一贯善于把握和分析半法律半政治的概念，因而完全能深入到宗教改革妥协的核心。亨利八世的盎格鲁——天主教已经一去而不复返，继之而来的则是“长久的伊丽莎白和平”。“这个和平的出现乃是整个局势得到普遍改善的一种结果，是与稳定的币制、费用低廉但效能颇高的政府、民族的独立以及民族自豪感的复兴等等密切相联系的。”

在这样地忙于论述与调查研究的同时，梅特兰还在他 1887 年
372 所创立的塞尔登学会上花费了不少时间与精力。在这个学会在他逝世之前所出版的二十一卷刊物中，他便编辑过不下八卷。其第一卷树立了以后诸卷的楷模。《英王公诉状选辑》的导论，说明了 13 世纪前半期王家法院分院之间的分歧问题。《庄园法院公诉状选辑》追溯了私人法权的衰落过程。《布雷克顿与亚速[②]》衡量了布

① 1559 年，英国议会通过法案，肯定教会最高权力属于国王，否认教皇的权力，并规定以《公共祈祷书》为做礼拜的唯一合法依据。——谭注

② 亚速（Azo，约 1150—1230 年），意大利法学家，波伦亚大学教授，著有《法典大全》（*Summa Codicis*）。——译者

雷克顿对罗马法与意大利学术的继承关系，而在这方面梅因普走入迷途。在以塞尔登学会的刊物来阐明某些具体问题的同时，他还提醒国人注意这个方面那些几乎完全为人忽视的大量资料，因为这对英国法律史的知识具有重要意义。他说，"总有一天，人们会认识到过去那种以为不用年鉴也能写中世纪英国史的做法是何等奇怪。"正是因为他过去曾探索这些"年鉴"，致使《英国法律史》未能续写下去。他以极大兴味投身于这项研究，并高兴地发现到这些在帮助弄清法律与行政制度的各个方面具有多么大的启示作用。他从爱德华二世的统治开始，完成了三卷。他毫无困难地揭示了一些他称之为欧洲最早的"辩论"[①]的独特价值。他关于法文文献的翻译是语言学上的一个出色成绩，因为在翻译过程中帮助确立了英法两国的法律用语。他在死前生病时期的几个月内仍忙于这项异常艰辛的工作。

梅特兰死时年仅五十六岁，这是学术界的一个无可补救的损失。在不过二十年期间，他奠定了英国法律史的基础，另外对其中若干部门也都制定出详尽计划。他曾使他的门生与同事，其中包括玛丽·贝特森，在这方面产生了浓厚兴趣。他的著作与功绩受到了人们充分的肯定。维诺格勒多夫称他是一位天才。在斯塔布斯与加第纳还在世的时候，阿克顿便称许他为英国最有才干的历史家。戴西把他与布莱克斯通[②]与梅因[③]并列。在德国，他的著作得到人

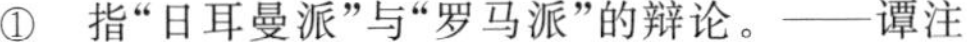

① 指"日耳曼派"与"罗马派"的辩论。——谭注

② 布莱克斯通（Blackstone，W.，1723—1780 年），英国法学家，曾任律师、法官、女王法律顾问，著有《英国法注释》（*Commentaries on the Laws of England*），共四卷。——谭注

③ 梅因（Maine H. J. S.，1822—1888 年），见本书第二十七章。——谭注

们的认真研读。李伯曼说他曾把档案的尘埃变成了黄金，布伦纳也说他使英国一脱其孤立状态而汇入欧洲思潮的中流。基尔克则认为他是自己思想的天才诠释家，也是法团研究上的一个同道。类似的赞语还来自法美等国的史学和法学家。这种普遍赞美的原因主要由于他一身兼备各类优点的稀有结合。史密斯写道，“自吉
373 本以来，很少有人能像他这样地既长于科学又长于文学，既是分析家又是艺术家，集斯塔布斯与弗劳德之长于一身”。他既有才气又极谨严，既善想象又能勤勉。不唯在业务的具体技术方面醇然无疵，甚至在法律与惯例等赖以表达的概念的洞察力上也属罕见。斯塔布斯在制度的分析方面可谓鲜有其匹，但梅特兰在说明这些制度所由体现的概念上则较他犹胜一筹。由于他善于从法律程序与羊皮纸的背后发掘出人的因素，他把法律与生活联系了起来。他按最广泛的方式解释了历史。“人们在行动上与言论上的成就，尤其是他们在思想上的成就——这便是历史。”法律的历史实即思想的历史，但这种思想不是指抽象的思想，而是那种在活人中间起着作用的思想。他的鲜明而优美的文体也反映了他的机敏与活泼的精神。他善于随手举出近代的相类事例来体现一个概念或解释某种行动。他的伊丽莎白“宗教处置法案”一章表明，他在叙述方面完全可能做到和他在解释制度与思想方面那样同等成功。他关于《英国宪法》的早期讲稿处处闪耀着机智与轻快。他在里德讲座(Rede Lecture)所作的《英国法律与文艺复兴》中则以寥寥无几的粗放笔墨表出，当罗马法业已进入德国与苏格兰之际英国曾经如何确保其本土的法律。他写东西虽然文笔敏捷，且无斧凿痕迹，而笔锋所至，无不使篇页生辉。波拉德经一再考虑后说过，他不仅是

他时代最伟大的历史学家，而且也是英国所曾有过的最伟大的历史学家。

至于其他众多英国学者的辛勤成就，这里只能作一个简述了。以只手之力而毅然完成中世纪史的叙述者则为詹姆斯·拉姆齐爵士。他所苦心孤诣编写的数卷[①]一直叙述至都铎朝的开始。他的著作在创见性与文笔上并不见长，书的价值主要来自他对已刊资料的审慎研究。朗德主要阐明了诺曼诸王的制度[②]，而泰特的书则系关于早期诸自治市的状况[③]。凯特·诺尔盖脱进一步研究了英王约翰与亨利三世早年的历史，这是继她在格林的提示下所成的金雀花朝诸卷之后的续作。[④] 关于后期中世纪的历史以韦里所

① 拉姆齐爵士所著中世纪英国史有以下五种：1.《英格兰的奠基，英国千二百年史》(*Foundations of England or Twelve Centuries of British History*, *B. C. 55—A. D. 1154*)，共二卷，1898 年。2.《金雀花帝国，亨利二世、理查一世与约翰三朝史》(*Angevin Empire or the Three Reigns of Henry* Ⅱ, *Richard* Ⅰ, *and John*, *A. D. 1154—1216*)，1903 年。3.《宪法的起源，亨利三世与爱德华一世两朝史》(*Dawn of the Constitution or the Reigns of Henry* Ⅲ *and Edward* Ⅰ, *A. D. 1216—1307*)，1908 年。4.《兰开斯特王朝的创业，爱德华二世、三世与理查二世三朝史》(*Genesis of Lancaster or the Reigns of Edward* Ⅱ, *Edward* Ⅲ, *and Richard* Ⅱ, *1307—1399*)，二卷，1913 年。5.《兰开斯特家族与约克家族，英国百年史》(*Lancaster and York*, *a century of English History*, *A. D. 1399—1485*)，共二卷，1892 年。——谭注

② 朗德(Round, J. H.)著有《封建制的英国，十一、二世纪历史研究》(*Feudal England*: *historical studies of the* Ⅺ*th and* Ⅻ*th centuries*)一书(1895 年初版)。——谭注

③ 泰特(Tait, T.)与巴拉德(Ballard, A.)合编有《英国自治市特许状》(*British Borough Charters*, *1216—1307*)一书。——谭注

④ 凯特·诺尔盖脱(Kate Norgate)，有关金雀花朝的著作名《金雀花朝诸王治下的英国》(*England under the Angevin Kings*)，共两卷，1807 年。有关亨利三世的专著为《亨利三世的青少年时代》(*Minority of Henry* Ⅲ)，1912 年。——谭注

编的亨利四世时期部分[1]发掘最为透彻。布鲁尔曾将自己为亨利八世公文所作的很好前言汇集为两巨册[2]，这样遂将这段统治的历史叙述至沃尔西舍的失败时期，书中也揭示了他的伟大之处。波拉德对 16 世纪历史的研究结果，体现在他的一系列老练成熟的专著方面[3]。英国海军史的研究与普及应首推约翰·劳顿勋爵与朱利安·科贝特勋爵[4]，而前者还是海军档案学会的创立人。斯佩丁一生致力于培根著作的搜集与其名誉的维护[5]。大卫·马森
374 则以密尔顿为枢纽来对他的时代作包罗万象的综述[6]。弗思以下列一系列工作阐明了 17 世纪中期的各个角落：编订出版《克拉克文件》，勒德洛的《回忆录》及许多其他新旧资料；撰写《全国名人传记

① 韦里（Wylie, J. H.）所著书名《亨利四世治下的英国》（*England under Henry Ⅳ*），共四卷，1884—1898 年。——谭注

② 布鲁尔（Brewer, J. S.）所著书名《亨利八世朝：自即位至沃尔西之死》（*Reign of Henry Ⅷ, from his accession to the death of Wolsey*），共两卷，1884 年。——谭注

③ 波拉德（Pollard, A. F.）有关 16 世纪的专著有：《1547—1603 年的英国》（*England, 1547—1603*），《亨利八世》（*Henry Ⅷ*），《托马斯·克拉麦与英国宗教改革》（*Thomas Crammer and the English Reformation*），《护政大臣萨默塞特治下的英国》（*England under Protector Somerset*）等。——谭注

④ 朱利安·科贝特勋爵（Julian Corbett）关于海军史的专著有：《德雷克与都铎朝海军》（*Drake and the Tudor Navy, with a history of the rise of England as a marintine power*），《德雷克的后继者》（*Successors of Drake*），《英国在地中海上》（*England in the Mediterranean, a study of the rise and influence of British power within the Straits, 1603—1713*），《七年战争中的英国》（*England in the Seven Year's War, a study in combined strategy*）等。——谭注

⑤ 斯佩丁（Spedding, J.）所著书名《弗朗西斯·培根的生平与书信》（*Letters and the Life of Francis Bacon, including all his occassional works*），共七卷，1861—1874 年。——谭注

⑥ 马松（Masson, D.）所著书名《密尔顿传》（*Life of John Milton, narrated in connection with the political, eccesiastical and literary history of his time*），共六卷，1859—1894 年。——谭注

辞典》中有关条目与克伦威尔及其军队的专著[①]，并将加第纳的英国史续至护国主死时为止。关于复辟时代则有克里斯蒂所著的沙夫茨伯里传[②]与福克斯克罗夫特小姐对哈利法克斯的研究[③]。

18世纪时期的主要政治家们也逐渐有了他们的传记作者。西奇尔为博林布鲁克编写了一部极有气势的申辩书[④]；巴兹尔·威廉斯第一次提供了查塔姆的详细传记[⑤]；菲茨莫里斯爵士为其祖先谢尔本作了辩护[⑥]。乔治·屈维廉爵士继其对福克斯的早期生涯所作精彩简述之后，又回至其主角的晚年时期，实际上把这部传记写成了一部美国战争的历史[⑦]。约翰·莫利关于柏克的传记与论著已成为英国政治书中的一部经典著作[⑧]。霍兰·罗斯关

① 弗思(Firth)所著书名《克伦威尔的军队》(*Cromwell's Army, a history of the English soldier during the Civil War, the Commonwealth and the Protectorate*)。——谭注

② 克里斯蒂(Christie, W. D.)所著书名《安东尼·阿什利·库珀传》(*Life of Anthony Ashley Cooper, first Earl of Shaftsbury*)，1888年。——谭注

③ 福克斯克罗夫特(Foxcroft, H. C.)所著书名《乔治·萨维尔的生平与书信》(*Life and Letters of George Savile, first Marquis of Halifax*)两卷，1898年。——谭注

④ 西奇尔(Sichel, W. H.)的书名《博林布鲁克及其时代》(*Bolingbroke and His Time*)，共二卷，1901—1902年。——谭注

⑤ 威廉斯(Williams, B.)所著书名《查塔姆伯爵威廉·皮特传》(*Life of William Pitt, Earl of Chatham*)，共二卷，1913年。——谭注

⑥ 菲茨莫里斯爵士(Fitzmaurice)所著书名《谢尔本伯爵威廉传》(*Life of William, Earl of Shelburne, afterwards marquess of Lanodowne*)，共三卷，1875—1876年。——谭注

⑦ 屈维廉(G. O. Trevelyan)于1880年出版《福克斯早年的历史》(*Early history of Charles James Fox*)，继之写出《美国革命》(*American Revolution*)一书，最后，以《乔治三世与查理·福克斯》(*George Ⅲ and Charles Fox*)作为记述美国革命史的终篇。——谭注

⑧ 莫利(J. Moley)著有：《埃德蒙·伯克，历史的研究》(*Edmund Burke, a historical study*)，1867年，《伯克传》(*Burke*)，1879年。——谭注

于拿破仑与皮特的传记则体现了他多年的研究成果[①]。福蒂斯丘异常详尽地叙述了英国陆军的命运并对其政治上的名声表示了绝大的轻视态度[②]。斯宾塞·沃尔波以一位温和的辉格党人精神编写了珀西瓦尔与约翰·罗素勋爵[③]的传记，以及自1815至1880年间的英国史[④]；这一系列著作横跨了整个19世纪时期。赫伯特·保罗编述了维多利亚时代后期的历史[⑤]。英国素以官方政治传记众多著称，其写法继承了格雷维尔《回忆录》[⑥]的传统，主要以揭示维多利亚时代政治家的动机与筹划为目的。英国18至19世纪之间社会经济的过渡情况则从韦伯夫妇、劳伦斯与巴巴拉·哈蒙德等人的研究中[⑦]获得较好的说明。苏格兰历史的编写则有伯

① 罗斯(H. Rose)所写的传记为：《拿破仑一世传》(*Life of Napoleon I*)，共二卷，《威廉·皮特传》(*Life of William Pitt*)。——谭注

② 书名《英国陆军史》(*History of British Army*)，共十三卷，1899—1930年。——谭注

③ 珀西瓦尔(Perceval, S., 1762—1812年)，英国政治家，反对解放天主教徒，1809—1812年任首相，遇刺身死。约翰·罗素勋爵(1792—1878年)，辉格党领袖，1831年提出议会改革法案，1865—1866年任首相。热心学术，编辑刊行了C. J. 福克斯和托马斯·莫尔的回忆录与书信。——谭注

④ 沃波尔(S. Walpole)著有：《约翰·罗素勋爵传》(*Life of Lord John Russell*)，共二卷，1891年；《1815年大战结束以来的英国史》(*History of England from the conclusion of the Great War in 1815*)，共五卷，1878—1886年。——谭注

⑤ 《英国近代史》(*History of Modern England*)，共五卷，1904—1906年。——谭注

⑥ 全名《格雷维尔回忆录：乔治四世、威廉四世及维多利亚女皇三朝杂记》(*Grevelle memoirs, a journal of the reigns of King George Ⅳ, King William Ⅳ and Queen Victoria*)，共八卷，里夫(Reeve, H.)主编，1874—1887年。——谭注

⑦ S. 韦伯夫妇有关18、19世纪英国社会经济史的主要著作有：《教区与州郡》(*The parish and the County*)，《贵族领地与自治市镇》(*The Manor and the Borough*)，《英国济贫法政策》(*English Poor Law policy*)，《工业民主》(*Industry Democracy*)，《近代实业问题》(*Problems of Modern Industry*)，《英国工会运动史》(*The History of Trade Unionison*)等。J. B. 哈蒙德夫妇的有关著作见本书《导论》译注。——谭注

顿·安德鲁·朗与休姆·布朗[1]。爱尔兰的历史仍属一个争端较多的地带。格林夫人尖锐地指责了英人对中世纪时期爱尔兰的贬抑观念[2]；这项挑战的答复人为奥彭。巴格威尔从统治种族的立场讲述了16、17世纪的爱尔兰史[3]。利顿·福基纳的惨死使爱尔兰史的领域内丧失了一位自莱基以来最有修养的学者。

在近时英国学者关于外国史方面的著作中间，布赖斯的《神圣
罗马帝国》占有着极高的地位。经过多次修订后，这部书已成为全
世界研究者了解中世纪欧洲的理论与实践的一部指导著作。霍奇
金的《意大利及其入侵者》，由于其叙述的本领以及论题所具有的浪 375
漫趣味，也赢得了其应有的声望。这位英国的达恩[4]给阿拉列与
查理大帝之间的漫长的几世纪注入了生命；英国历史书中很少有
哪部著作能像他在描述西奥多里克的哥特王国及其遭到查士丁尼

① 伯顿(J. H. Burton)著有：《自阿格里科拉入侵至肃清詹姆士二世党叛乱时期的苏格兰史》(*History of Scotland, from Agricola's invasion to the extinction of the last Jacobite insurrection*)，共八卷，1867—1870年。——谭注

安德鲁·朗(A. Lang)著有《罗马占领以来的苏格兰史》(*History of Scotland from the Roman Occuption*)，共四卷，1900—1907年。——谭注

休姆·布朗(H. Brown)著有《苏格兰史》(*History of Scotland*)，共三卷，1900—1909年。——谭注

② 见格林夫人所著《爱尔兰的缔造与毁灭》(*The Making of Ireland and Its Undoing, 1200—1600*, 1908)。——谭注

③ 格林夫人(Mrs. J. R. Green 原名 Alice Stopford Green)著有《爱尔兰民族》，《爱尔兰国史——至1014年》(*History of the Irish State to 1014*)。奥彭(Orpen, G. H.)著有《诺曼人统治下的爱尔兰》(*Ireland under the Normans 1216—1333*)，共两卷。

巴格威尔(Bagewell, R.)著有《都铎朝治下的爱尔兰》(*Ireland under the Tudors*)，共三卷；《斯图亚特朝及空位时期的爱尔兰》(*Ireland under the Stuarts and During the Interregnum*)，共两卷。——谭注

④ 达恩(Dahn, 1834—1912年)，德国政论家、历史家与诗人。曾任尼斯堡与布勒斯劳大学的法学教授。——译者

军队的毁灭等场景时那样富于魔力。另外一些虽不很出名，但却颇有价值的史学著作为，豪沃思的《蒙古人史》，阿姆斯特朗的《查理五世传》，马丁·休姆关于西班牙的卷帙繁多的著作[1]以及华德关于三十年战争与汉诺威选侯领的研究[2]。威廉·亨特勋爵一生曾致力于印度史的研究[3]。赫伯特·费希尔研究了拿破仑在德意志的行政制度[4]；奥曼重述了半岛战争的故事[5]。金莱克的多卷本《克里米亚战争史》，曾一度为人们所争相阅读，而现在已几乎被遗忘。法伊夫编写过一部关于欧洲历史的清晰概论，时间自法国革命时期至柏林会议止[6]。在近时著作中间，乔治·麦考莱·屈维廉论述加里波第的著作[7]则由于书中的鲜明色调而赢得热烈欢

① 马丁·休姆(M. Hume)有关西班牙史的专著有：《西班牙：从伟大到衰微，1479—1788 年》(*Spain, its greatness and decay, 1479—1788*)，《西班牙腓力二世》(*Philip II of Spain*)，《腓力四世的宫廷》(*Court of Philip IV; Spain in decadence*)，《近代西班牙》(*Modern Spain, 1788—1898*)等多种。——译注

② 华德(Ward, A. W.)的有关专著有：《三十年战争中的奥地利王室》(*The House of Austria in the Thirty Years War*)，《反宗教改革》(*The Counter Reformation*)等。——译注

③ 亨特(W. Hunt)勋爵著有：《英属印度史》(*History of British India*)，共二卷，1899—1900 年，《女皇的印度及其他，论文集》(*India of the Queen and Other Essays*)，1903 年等，主编《印度的统治者》(丛书)(*Rulers of India*)，共二十八卷。——译注

④ 费希尔(H. Fisher)的专著名《拿破仑治国方术之研究》(*Studies in Napoleonic Statesmanship*)，1903 年。——译注

⑤ 奥曼(Oman, C.)的专著名《半岛战争史》(*History of the Penisular War*)，共六卷，1902—1922 年。——译注

⑥ 书名《欧洲近代史，1792—1878 年》(*History of Modern Europe, 1792—1878*)，共三卷，1880—1892 年。——译注

⑦ G. M. 屈维廉有关加里波第的著作是：《加里波第保卫罗马共和国》(*Garibaldi's Defence of the Roman Republic*)，1909 年；《加里波第与千人军》(*Garibaldi and the Thousand*)，1909 年；《加里波第与意大利的缔造》(*Garibaldi and the Making of Italy*)，1911 年。——译注

迎。吉本与格罗脱所兴起的那种由有学问的史家所形成的优良英国传统一直绵延不绝，这对学术与文学都产生过无可估量的益处。《维多利亚英国诸郡》还在慢慢陆续出版；英国地名学会的刊物也在不断填补着我们关于早期英国知识中的缺项。而《剑桥近代史》一书中则载入了英国与外国学者的某些最为成熟的作品。

376 # 第二十章　美　国

I

关于美国历史文献方面的认真研究始于贾雷德·斯帕克斯，他最初的工作是收集华盛顿的著作[①]。华盛顿已发表的书信散见于许多书籍之内，另外大量文件从未为人见过。起初，华盛顿的家族曾计划出版一部他的私人文件选辑，因而不允许斯帕克斯去查
636 阅弗农山庄[②]上的珍藏案卷，但在最高法院首席法官马歇尔的劝告下，他们没有继续坚持。1828 年斯帕克斯并查阅了伦敦与巴黎的档案。他的著作于 1834 至 1838 年间按十二卷出版，不仅使这位共和国开国元勋的性格与活动充分为世人所知而且提供了美国史上这段关键时期的第一部详尽记载[③]。书的重要性立即获得了

---

① 参阅亚当斯(H. B. Adams)，《贾雷德·斯帕克斯传》，共两卷，1893 年。关于一般论述，参阅 J. F. 詹姆森《美国历史编纂史》，1891 年；巴西特《美国历史家的中部集团》(*The Middle Group of American Historians*)，1917 年；迈克尔·克劳斯《美国史学史》，1937 年；《关于美国史学的马库斯·W. 杰尼根论文》，哈钦森编辑，1937 年；H. E. 巴恩斯，《历史编纂与历史科学》。见《二十世纪美国》，纶塞克编辑，1950 年。——原注

② 弗农山庄，在弗吉尼亚州，是华盛顿的产业。他卸任总统后，息影家园，死后安葬于此。——谭注

③ 书名《华盛顿的生平及其著作》(*The Life and Writings of George Washington*)。——谭注

人们的承认。基佐主持了该书法文节略本的翻译，并在书前冠以这位英雄的精彩事略一篇，同时，劳默尔也准备出其德文版本。斯帕克斯的勤劳虽然到处得到了承认，但他在执行编辑责任方面却未能逃脱批评。马洪爵士指责他抽去了那些对美国官员不利的文字段落；其他的人也指责说他窜改与润饰了某些信件。斯帕克斯答复说，如果说他曾略去了若干信件，那只是因为这些的内容已在他所出版的书籍中刊出过。对另外一些批评者他的答复是，由于华盛顿遗留下的很多文件有几种草稿，而他在年老时期曾修改过他的早期信件，所以他觉得有责任按其最后形式来进行刊印；而且他对原文的更动部分仅仅限于抄录者的明显笔误方面。但这个申辩并非是完全正确的，因为其中有少数文字段落的删略乃是出于
政治方面的原因，另外若干文字上的改动则是无可原谅的。如果 377

说斯帕克斯不是一个理想的编订者，另外在草稿上的重后期轻前
期的做法是欠考虑的，他的真诚用心却是无可指摘的。他还在政 637
府的指示下出版过十二卷文献，阐明美国革命时期的外交政策[1]；并且收集过富兰克林与莫里斯[2]的著作。他的《美国传记丛书》载有传记六十篇，其中颇有些篇即出于他的手笔，涉及美国史的全部领域。斯帕克斯也是另一个领域内的先驱者。1839 年他被聘在哈佛大学任教席，这事那标志着美国第一次承认历史讲授在大学中的地位。早在 1861 年他去世之前，他已被公认为美国历史学界中的耆宿。

---

① 书名《美国革命中的外交通信》(*Correspondence of the American Revolution*)，1830 年。——谭注

② 莫里斯(1752—1816 年)，美国政治家、外交家，参加大陆会议的代表，曾任美驻法大使。属联邦派，以思想保守著称。——谭注

班克罗夫特[①]标志着美国史学的成年,他最有资格担当起其民族历史家的称号。这位哈佛大学出身的青年人在拿破仑战争后平静的岁月里游历了欧洲;在柏林他聆听过黑格尔、施莱尔马赫、萨维尼、博赫的讲演,在戈丁根听过黑伦的讲演,并访问过歌德。他虽出生于马萨诸塞州,却是属于杰斐逊民主派。1826 年他在 7 月 4 日纪念美国国庆的一篇演说中讲道,"人民之声对于我们便是一切;这就是我们的神谕;而这个,我们还当承认,就是上帝的纶音。"他在 1835 年所发表一篇题为《人民在艺术、政治与宗教上的职务》的演说,是对人民群众的另一篇颂歌。"真正的政治科学是尊重群众的,应当谦恭地听取下层人民的呼声。"他怀着这种朴素的哲学思想开始了美国史[②]的编写,书的第一卷出版于 1834 年。"殖民地的精神自一开始即在要求自由。美国在人类平等权利的实践与保卫方面都曾着了先鞭。"这里没有军队,没有公债,宗教是自由的。知识的传播无比普遍。在班克罗夫特所描绘的图画上见不到一点阴影,另外书中没有提到过奴隶制。在这里我们呼吸到的是杰克逊时代的那种轻快的气息。

当然,对于最后造成这个完善境界前此各个世代的种种功绩也都应当受到一定的表彰。第一卷便是叙述早期的冒险航行与居留地的;并以《清教教义的性质》一章作结。在这书看来清教教义的唯一缺点即在它的不容忍态度,但这点也出于防御的考虑和带

① 参阅豪(Howe)夫人,《班克罗夫特的生活与信件》,2 卷,1908 年与奈(Nye)的《乔治·班克罗夫特》,1945 年。——原注

② 书名《发现美洲以来的美国史》(*History of the United States of America from the Discovery of the American Continent*),简称《美国史》,共十卷,1834—1875 年。——译注

暂时性的。这些“移民祖先”[①]从未曾企图改变过别人的信仰，而只不过保卫其政体免受别人攻击。“这不过是像笼罩在清澄河流上的一股浓雾。”他们的法律除对已婚妇女的堕落的规定外，一般
则是温和的。美国人过去能有这样一个黄金时代也确实是值得骄 378
傲的。书出之后，当然受到热烈欢迎。班克罗夫特所表达的是一个新生民族的思想，同时也表现这个乐观时代的一切自足思想与饱满情绪。因为这部书不可能不受到他自己对民主政府与美国宪法的坚强信念的影响。这著作也在旧世界里引起了注意。年迈的黑伦自戈廷根写道，“我平生所感到的最大快事之一，便是我多少帮助培养了这位美国历史家。”书的第二、三卷叙完了美国殖民时期的历史，也是以这同样的赞颂口气写成的。罗杰·威廉斯[②]被称誉为宗教压迫的反对者。乔治·福克斯及其教友派的描写部分则极富感情，潘恩的名誉也得到了有力的辩护。班克罗夫特嫌恶任何形式的宗教控制；他骄傲地宣称，教士手段未曾从旧世界里迁来。在叙述迫害女巫的流行风气时，他感到遗憾；但却同时提醒读者，这种风气并未延续过久。“罪恶的自私自利性质往往会导致其自身的灭亡，支配人间的仍是上帝。”1854 年他在《关于人类进步的演说》中宣称，进步是不可避免的，这种保障来自于上帝与人类同在一起。“天意决计不会不认我们这个民族。一个专制魔王的脚步踏毁不了一种思想。世界是不可能倒退的。”用富兰克林·詹姆森的生动语言来说，他的早期诸卷都是投的杰克逊的票。

① “移民祖先”(The Pilgrim Fathers)，指 1620 年乘“五月花”号至美洲的一百零二名清教徒。——译者

② 罗杰·威廉斯(约 1603—1683 年)，英国出生的新英格兰新教教士。因持与英国国教不同的观点，被逐出马萨诸塞州，创罗德岛殖民地。——谭注

1838年，卡莱尔在感谢作者赠给他的第二卷时写道，“书的某些部分使我联想起约翰·穆勒的《瑞士史》，一本见解最为大胆的书。但你的理论方面使我感到不够满意，你的说教气味太浓了些。”虽然卡莱尔不是一位什么反对说教性历史的人，但这个批评却是很有道理的。书中的哲学思想是幼稚的；那些在五六十年前曾赢得赞扬的品质，到了现在已成为非常不合乎近代胃口的东西。但这本书却具有坚实的价值，而且越到后面越有价值。美国人往往以能向这位民族历史家提供他们个人回忆与家庭信件而引以为荣。他自己到柏林查阅过普鲁士外交部的档案。帕斯夸尔·德加扬戈斯帮他在西班牙查档案，另外他的友人与助手帮他在海牙、巴黎与维也纳等地替他做搜寻资料工作。在十二年的政治生活与在伦敦大使馆的工作之后，他复于1852年出版了第四卷。在整个十年中，前三卷叙述至1748年，而后七卷则叙述美洲殖民地与英国的争执与独立国家的创立。书中他对英国的政策的批评是严峻的。他说，“1774年的惩治法令[①]瓦解了两国之间的精神联系。大
379 不列颠对人类自由进行了挑战。自由在欧洲与在英国本身都受到了威胁。而举兵起义则是殖民地对全人类的进步的有力维护。”英国本应当让美国独立的，因为她那强壮的子孙已经成年。这是一场残酷与违反自然的战争，不过这事的后果对两国都很有利。随着和约的签订，英国也抛弃了自己的凶恶作风。而美国方面则能够对英国政府与英国人民有所区别。它对于母国的敬爱依然存在。一个民族在没有社会动乱的情况下竟诞生出来。《独立宣

---

① 指英政府颁布的封闭波士顿海港，取消马萨诸塞自治条例、新驻营条例、司法权条例和魁北克条例第五项法令。——谭注

言》,亦即杰斐逊的那篇不朽之作,表达了正义与公道的永恒原则。上帝的援助是自始至终可以看到的。

书中与英冲突的部分带有一般爱国主义历史著作的通常缺点。那种把殖民地居民说成是个个满腔神圣火焰,誓死捍卫自由的描绘不过是一种梦幻。当时殖民地居民对这场斗争的热情实际上是如何微薄,一些无聊的妒忌心理是如何常见,甚至整个这番事业曾经如何濒于失败,这一切都只好留待下一代人去叙述了。那些效忠于英国的人不过代表了一种相当普遍的认识。书中对法国的帮助未曾给予足够的肯定,而德国义勇军的作用却得到了过分高抬。另外书的注意力过分局限于新英格兰一地。因而后面诸卷遂引起了尖锐的争辩。一些在战争中曾起过主要作用者的后裔乃出书揭露该书对待他们的祖先不够公平。虽然作者曾作了种种有力答辩,但不少的批评意见却是正确的。这部书颇有叙述支蔓,偏重词藻与故作精练的缺点。为了要叙述德国人的帮助,他竟一下追溯到"民族大移动"的时代。连篇累牍的陈腐议论妨碍了叙述的正常进行。卡莱尔对他说,对于人所熟知的事情的起源,他每每论述得过多。这部著作虽然一直迟至 1874 年时才全部完成,但始终不脱其初期的种种特征。杰克逊依旧是他最心爱的政治家。当班克罗夫特以驻柏林公使衔再去德国时,兰克曾问他道,"你知道我在上课时怎样对学生谈到你吗?我对他们说你写的历史是从民主观点写成的最好著作。"他听了这句内藏批评的表面恭维稍稍吃了一惊,然后说道,如果他的书中有着民主思想,那主要由于题材,而不由于这历史著作者。但尽管在见解与编写上有这种种缺点,这部书却不失为一项卓越的成就。这是关于美国殖民时代历史的第一

部详尽系统的叙述。书中载有从新旧大陆公私档案所搜来的巨量原始资料。他认识约翰·亚当斯、麦迪逊以及其他许多历史的创
380 造者。冯·霍尔斯特曾说，“每个美国历史家必须以班克罗夫特为起点来前进”。后面诸卷在编写技术方面有所改进。编写的速度减慢了些，搜索的范围更广了些，摇旗呐喊的喧闹声也稍小了些。美国人通过痛苦的经验得知，新世界也未能把旧世界的一切艰难与缺陷完全避掉。

1882年时班克罗夫特以八十有二的高龄续成论述美国宪法的形成[1]二卷。这是他多年的宿愿至此终于得偿。为此目的，他走遍了十三州大部分档案馆，研究了奥、荷、法、英各国公使的报告。此书对华盛顿的伟大善良赞颂不衰。麦迪逊[2]被誉为宪法的总设计师，但对汉密尔顿的评价则未能恰如其分。他检视了宪法，觉得确实很好——对秩序好，对自由好，对每个公民的个性好，无疑是力量与灵活的奇异混合物。这部论著最后对旧世界与新世界的形势作了简要对照，前者仍呻吟于虐政之下与处在革命的前夜，后者已进入了理想之乡。“在美国，一个没有国王，没有亲王，没有贵族的新民族已经崛起。他们比以前任何一个共和国的人们都更笃信宗教、更有教育，更加纯洁和具有更加宁静的心智。在他们生存的幸福初期，他们便把公理认作自己的行动指南。”

班克罗夫特的这种把清教式的美国理想化的做法在帕尔弗雷身上又得到了重复，他所编写的《新英格兰史》叙述至独立战争爆

① 书名为《美国宪法形成史》，共二卷。——译者

② 麦迪逊（Madison，J.，1751—1836年），法学家，历任大陆会议代表，制宪会议成员，对宪法中的中央政府结构与权力的规定，提出了方案，主张建立有力的中央集权政府。1807—1817年任总统。——谭注

发时止。由于他对殖民地居民的敬仰过甚，对他们为政治自由所作出的功绩感戴过深，因而势必对问题缺乏分析。他虽尚未为不宽容的态度喝彩，但总是尽量为之开脱。他曾深入挖掘过英国的档案；他以前历史家谁也没有这样细密地研究过新老英格兰清教时代紧张时期的相互关系。虽然他声望不如班克罗夫特，但却达到了一个较高水平；詹姆逊曾声称他的书是整个殖民时期的一部唯一佳作。另一位历史家希尔德雷思则使用了较多的批判性方法，他的写作时间虽早于帕尔弗雷，但在精神上却属于下一个世代。他编写《美国史》的明确目的即在减少那种已被班克罗夫特弄成风气的歌功颂德做法。希尔德雷思告诉他的读者说，他的目的在于提供“我们祖先的不加修饰的画像”。这种试验的结果见之于书的第二版的序言。“我对于这个充满着神话式的纯洁与德行的地域与黄金时代的揭破，已大大开罪于人，特别是新英格兰人。”他大胆地宣称，1789年前的时期大半属于神话的领域；他那充满怀 381
疑主义的著作正像一股凛冽的北风，吹散了许多爱国主义的传说。例如，在班克罗夫特看来，萨伦巫术案[①]至多仅是一件令人遗憾的失误而已，但希尔德雷思则在无情地缕续了这个事件之后，宣称这乃是足以判定这个社会无异一个野蛮社会之无可争辩的证据。他著作的第二部分叙至1821年，在这里，他开辟了前人未历之境，开始对早期的各届总统提出了批判性的评述。美国的历史学家，正如美国政治家那样，是分为联邦派与民主派的。班克罗夫特的英雄是杰斐逊，但杰氏在希尔德雷思看来不过是一个群众煽动家罢

① 萨伦(Salem)，美国马萨诸塞州海港，在17世纪后期为“巫术狂”的中心；那里在1692年有十九个妖巫被处死刑。——译者

了；他宁可去爱好汉密尔顿，同时也沾染上了他后者轻视一般人的观点。他很少去查阅官方或私人收藏的资料，他的文笔拙劣，但是他那种比较实际的叙述方法则对美国人是一个教育，即是，他们也必须以其他国家那种同样的批判精神来研究自己国家的历史。

关于美国历史的科学性的探索研究则是在19世纪最后的二十年内才开始的。美洲殖民的最早权威记述为哈佛大学著名的图书馆长贾斯廷·温泽所主编的一部集体著作；这部《叙述与批判的美国史》首卷叙述了美洲本地土著，以下各卷追述了欧洲人的探险与移殖过程，最后以美国的建立终篇。其中关于资料来源的批判性论文、详尽的注释以及所附插图与地图等等都使这部著作获得某种独特的重要性。出于主编手笔的诸章属于全书最有价值的部分；他本人即是早期殖民地历史与制图学方面的专家。其次马卡姆叙述了比萨罗征服秘鲁的经过与南美洲的解放。但另方面，书

644 中对英国殖民在与其母国冲突前后时期的历史，则讲得很少和缺乏系统。马卡姆著作的最后一卷杂叙了有关赫德森湾公司、北冰洋探险、英王统治下的加拿大与西班牙属美洲等问题。这部书与其说是一部叙述性的历史，不如说是一部为高年级学生所编的辅导书，内容总结了百年来新大陆殖民事业的成就。

另有一个不甚成功的集体合编的例子是在加利福尼亚富翁休伯特·豪·班克罗夫特①的提倡下所著成的巨型汇编；他也是一个业余的历史家。他自中年时期退出出版业后，曾以大量资金从

382 事书报手稿的购置与地方记录的抄写工作。他派了一个俄国人去

---

① 他在自己的《回忆录》(1912年)中曾叙述和辩护过他的文学方法。比较科甘《休伯特·豪·班克罗夫特》，1946年。——原注

阿拉斯加，又派了几个西班牙人到墨西哥，访问了老开荒人，记录了他们的回忆。他聚集了异常宏富的图书，以作为详尽研究中美与西美等地的基础。根据这些资料，洋洋三十四巨卷的《太平洋沿岸诸州史》遂在他亲自主编下由他的一批助手修成。虽然这些书由于充满文献而很有用处，但缺少历史著作的较高的质量。它们很像贝德克尔或墨里所编写的一类指南书籍[①]，那里作者的姓名性格都不见透露，读者在那里查到的只是图表事实。书的叙述自中美诸州开始，而后转向北方，经墨西哥、得克萨斯、加利福尼亚，直至俄勒冈、华盛顿、不列颠哥伦比亚与阿拉斯加。遗憾的是，这批资料上的无价之宝竟完全委之于档案保管部门。由奥斯古德与比尔执笔的殖民时期部分还写得较具客观精神。《美国政治家》[②]这部出色丛书包括自殖民地与英国的冲突至内战的结束这段时期。其中大部分书都有较高水平，个别书籍，尤其是卡尔·舒尔茨的《克雷传》[③]，甚至具有经久价值。在关于早期各届总统的作品中，最有价值的是亨利·亚当斯所编的关于杰斐逊与麦迪逊的巨型论著[④]。他的九卷本论著是他根据在新旧世界长期的调查研究所著成，内容清楚地叙述了美国政府在十六年多事之际的内政外交政

① 贝德克尔或墨里所编的旅游向导书。19 世纪 30 年代后期开始分册发行，内容包括各大洲，大国、重要地区、历史名城，介绍其历史、地理、民情风俗等。——谭注

② 《美国政治家》，莫尔斯(J. T. Morse)主编。第一辑共三十二卷，1898—1900 年出版，第二辑共八卷，1905—1917 年出版。——谭注

③ 克雷(Clay，H.，1777—1852 年)，美著名政治家，曾任参议院议员、国务卿，在南北冲突中持调和主张，力图避免内战。——谭注

④ 亨利·亚当士编著的书为《美利坚合众国史(杰斐逊、麦迪逊总统时期)》，(*History of the United States of America* 〔*during the administration of Jefferson and Madison*〕)，共九卷，1889—1891 年。——谭注

策。麦克马斯特所编[1]的巨著，包括从革命到内战这个时期，也是有用之作。但在钱宁的大型著作《美国史》[2]出版后，班克罗夫特及其同时代人的著作已经不复有参考价值。

至于离我们较近的历史最重要的为福特·罗德斯所编的“1850年妥协以来的美国史”，内容主要叙述关于解放黑奴问题斗争的重要年代。他和他的同时代人一样，也憎恶黑奴制；因而对于它的取消感到喜悦；但他对那些似乎是为了维持这制度而作战的人们，却也不加责备。开首二卷描写这个风潮的酝酿过程，后面三卷叙述这个冲突本身。他强调指出了这样一个重要事实，即，交战双方都不曾把这件事看作是一场奴隶制与自由之间的冲突。许多北方人对黑奴本不关心；而很多南方人，包括李将军在内，也同样认为黑奴制是不对的。事实上，北方是为了维持美国统一而战；南方则是为了要求分离的权利而战。作者对李将军高尚与石壁杰克逊[3]的勇敢所给予的赞颂之热烈，甚至有过于南方人。不仅对于这些军人，就是在对待政治家上作者也是同样毫不严苛；杰斐逊·大卫斯竟被称之为一位可敬的敌人。书中林肯的描写不愧是一篇具有判
383 断与观察力的杰作。林肯两位秘书尼古拉与海的包罗万象的著作[4]于1890年出版，但林肯的独特性格反被十大本的浩繁卷帙所

① 指麦克马斯特所编的《美国人民史：从革命到内战》(*History of the People of the United States, from the revolution to the civil war*)，共八卷，1883—1913年。——谭注

② 《美国史》共六卷，1905—1925年，起殖民时代止于1865年。——谭注

③ 石壁杰克逊(1824—1863年)，原名Jackson, Thomos Jonathan，美国内战中南方陆军将军，骁勇善战。1861年7月21日以少敌众解庄士敦(Johnston)将军之围，获得了“石壁”(“Stonewall”)的称号。——谭注

④ 尼古拉(Nicolay, J. G.)与海(Hay, J.)合著有《阿伯拉罕·林肯》(*Abraham Lincoln, a history*)一书，共十卷。——谭注

淹没。罗兹的书[1]则取消了林肯头上的光轮，不承认他具有军事天才，并婉转地纠正了一般对其智力的夸张说法。但这位总统虽有所失，也有所得。当我们看到他也在竭力抵制其自身的诱惑与在困难之中反复探索时，他反而显得更近乎人情和更加可爱了。林肯比任何人更能清楚地看到，这战争必须宣布为目的在于保卫联邦统一的战争而非为了反对畜奴制度，并依此原则进行。如果依照了极端"取消黑奴制派"的引导，他只会给他所保护的双重原则招来灾难。罗兹原拟把自己的叙述写至 1884 年；那一年民主党人克利夫兰的当选总统一事表明，南方与北方的旧分界线业已消失。后来，当他逐渐接近于自己的目标时，他认识到，他并不需要写这么多，决定在 1877 年打住，因为当时最后一次围绕黑奴问题的总统竞选已告解决，最后一批军队已从南方撤出，而南方也可以按照自己的办法来处置黑人问题。最后描述重建南部时期历史的两卷也显出同样的冷静态度。他对安德鲁・约翰逊[2]与布莱恩[3]的写法比较严厉；强调指出了格兰特的无能，并认为他的统治是美国行政腐败的高潮。罗兹的著作标志着自班克罗夫特以来美国学术研究上所迈出的行程[4]。粗俗的得意精神与民族傲慢这里已不复见；年轻的一代已开始懂得尊重人们的某些动机，尽管这些动机

① 指罗兹(J. F. Rhodes)所著:《1850 年妥协以来的美国史》(*History of the United States from the ,Compromise of 1850*)，共七卷，1895—1906 年。——谭注

② 安德鲁・约翰逊，林肯遇刺身死后继任美国总统(任期 1865—1869 年)，主持重建南部的工作。执行偏袒奴隶主，图谋恢复奴隶制的政策。——谭注

③ 布莱恩，J. G.(1830—1893 年)，民主党人，1863—1876 年任议员，以不关心公共利益及牵涉格兰特总统不名誉案件受到弹劾。1881—1891 年任国务卿。——谭注

④ 参阅沃尔夫・豪的《罗兹》，1929 年。——原注

所造成的行动曾受到过世人的一致谴责。

Ⅱ

就在美国人开始研究自己国家历史的同时，华盛顿·欧文[①]却把他的目光转向了旧世界。他本质上是一位四海为家的人，能够随遇而安，并容易感受各种影响。虽然他主要是一位小品文作家与幽默作家，而非历史学家，但他在美国史学史中的发展上却占有一席地位。他的文学生涯始于1809年，他假托尼克博克的名字所写的《纽约史》主要描写荷兰人在新大陆的占领，其中事实与幻想、幽默与讽刺交融在一起，书出之后，轰动了整个美国。几年之后，他乘船去到欧洲，在那里他留居了十七年。他的《见闻杂记》的

384 出版，其中载有《吕伯大梦》[②]一篇，使他在新旧两个世界中都备受欢迎。他对旅行与传奇的嗜好使他于1826年去了西班牙；两年后，他出版了《哥伦布传》书系根据纳瓦雷特[③]所搜集的资料，加上他在马德里与塞维尔的研究结果而成。这是关于这位伟大的发现家第一部带学术性的叙述；书以作者素有的纤秀文笔写成，史学与文学的爱好者读来都能感到兴味。由于书的声誉传布极广，因而作者立即把它编成节本，以防美国的抄袭者。书中的叙述也许有些渲染过甚，但却是以诗人之笔来写梦想家的一部很好作品。

---

① 参阅欧文(P. M. Irving)，《华盛顿·欧文的生活与通讯》，共四卷，1862—1864年，和沃纳的著作，见《美国文人》，1884年。——原注

② 《吕伯大梦》系一虚构的故事，记一荷兰移民吕伯在卡茨启尔山小憩，沉睡二十年的奇遇。——谭注

③ 纳瓦雷特(Navarrete，1765—1844年)，西班牙航海家与作家，曾奉命搜集有关西班牙海军史的文献。——译者

翌年，欧文出版了《格拉纳达征服纪》；这部书他认为是自己的最好作品。正像他在写荷属美洲滑稽史时曾经假托过一个杜撰的古董家之口那样，这里他也编造了一位西班牙高僧来记述摩尔王国的倾覆。虽然背景尽属虚幻，却包括很多事实，复由于作者对格拉纳达知之极详，内容亦颇充实。之后，他又续成关于红堡[①]的《杂记》一卷，其中景物描述与传奇轶闻纷然杂陈，使作者的幽默与情趣得到了淋漓尽致的表现。他不绝出入于这座古城之间，颇能得其地之精神，因而使他自己的姓名竟与该城造成不朽的联想。“我们只要凝神思虑一下这块美妙的住所便不能不对当年设计这座人间乐园的人们的天才和诗情深致赞美。他们确实无负于他们的美丽国土。他们不仅英勇地赢得了它，而且慷慨风雅地享用了它。在这里，智慧豪侠、彬彬有礼、诗情雅趣的痕迹几乎随处可见。我不禁要说；他们甚至是从来唯一无负于这块国土的民族，我但祝愿他们能再度从非洲渡海前来重领此地。”1832 年欧文回到美国时已是一位闻人；十年后，他复被派赴马德里任公使。他原拟编写一部墨西哥征服史，但由于得知普雷斯科特业已从事此事而作罢。他晚年潜心于编写《华盛顿传》。他对于调查研究素少兴趣；因而历史学家的一番重任他有时遂力有不逮。但在轶闻与传奇的轻松文学范围内，则是无可匹敌的。作为美国文学的创始人与西班牙魅力的发现者，他的声誉也是不可动摇的。

关于西班牙的历史，华盛顿·欧文不过触及了它的光耀的外

① 红堡(Alhambra)，13 世纪摩尔王在格拉纳达建造的卫城与宫殿。——译者

表而已，普雷斯科特①才深入掘发了它的基础。他在哈佛大学读书时期，留下过一件极不愉快的回忆，这便是一次偶然事故竟使他
385 一目失明，另一只眼也受到无可补救的损伤。于是阅读成了经常困难，甚至无法进行，但由于好学情殷，生理上的缺陷也阻挡不住。就他后来的工作来看，奇怪的是，在他大学之后长期旅欧期间并没有把去西班牙列入他的游程之内。彼时他的兴趣主要在法国与意大利文学。直到1824年他的友人蒂克诺在哈佛大学讲西班牙文学时，他的注意力才转到了那个国家，自此他的名字遂与该国密不可分。在考虑了若干历史题目之后，他决定编写斐迪南与伊萨伯拉统治时代的详史。他的财产使他有可能聚集起极其可观的资料，他还从马德里的美国公使处获得大批书籍手稿。因为几乎每一行字都得要人读给他听，所以这部书至1837年出版时，所历时间凡十年。虽然华盛顿·欧文在他之前已撷尽史料中的精英，普雷斯科特的卷帙较之他那位杰出的国人并不多让。他的画面更加阔大，他的学识更加深广，甚至文笔也无逊色。半岛之上各个文明间的冲突，新世界的发现，阿拉冈与卡斯提尔联合建成单一强大王国的过程，以及那里两国统治者的性格，宗教裁判所的肇始——凡此种种，都是历史家借以成名的绝好题材。斐迪南在他的笔下是一位贤明而有成就的统治者，尽管他的性格冷酷自私。伊萨伯拉为全书的女主人公，在心智与感情上同样高贵，可谓一位具有男人头脑的完善妇人。她的唯一缺点是在宗教上缺乏宽容态度，但这

① 参阅蒂克诺:《普雷斯科特传》，1864年；奥格登的著作，见《美国文人》，1904年，以及佩克(Peck):《W. H. 普雷斯科特传》，1905年。另一篇较好杂记，见塞科姆《秘鲁征服史》导论，《人人丛书》。比较《蒂克诺的生活、通讯与日记》，共二卷，1876年。——原注

也属于她时代的过错。普雷斯科特唯有在谈到宗教裁判所时情绪相当激昂，这种情形在他那平静的篇章里是较罕见的；但他却能对天主教完全不存偏见。他的笔下的希梅内斯虽刚愎而专制，却是一位颇具威仪的人物；哥伦布则是一位无所畏惧而又无可指责的英雄；绰号"大队长"的贡萨尔伏[①]，有时虽也难免使用欺骗手段，却也是个长处很多的人。除人物的详尽描写而外，这位历史家对于政事文学，风尚习俗，也给予密切注意。

在撰写这部著作漫长年月里，普雷斯科特常常怀疑自己是否有足够才力来真正写好这样一个巨大题材。另外他的国人是否会对这样一部详细论述感到兴趣。但这种疑虑不久即涣然冰释。丹尼尔·韦伯斯特宣称，一颗彗星已经以其全部辉煌突然显现天际。帕斯夸尔·德·加扬戈斯，一位盎格鲁-撒克逊学者们的共同朋友，在《爱丁堡评论》发表了一篇热情的称颂文章，而著名的《手册》

作者福特[②]也在《季刊》上著文加以赞扬。荷兰爵士称这书为自吉 386 651
本以来历史著作中一部伟著。基佐与米涅也对之赞不绝口。书被译成不少国家文字，堪称美国第一部在国际上享有盛誉的历史著作。《斐迪南与伊萨伯拉的统治时代》也是无愧于其声誉的。这书虽还够不上十分精彩，但允称作者的最为坚实之作，迄未为人胜过。以后各版中由于新资料的继续补充，书的价值也不断有所增高。尤其是 1841 年刊印的第三版；通过加扬戈斯的帮助，所得"天

① 贡萨尔伏（Consalvo，di Cordova，1453—1515 年），职业军人，初为摩尔统治者服务，后投效那不勒斯斐迪南二世，一度为西班牙驱除法占领军，夺回那不勒斯。——谭注

② 福特（Ford，Richard，1796—1858 年），英国人，曾在西班牙长途旅行，1845 年出版《西班牙旅行手册》。——译者

主教国王"的通讯手稿大大丰富了书的内容；这些都是在打开萨拉戈萨修道院时找到的。当然这书也不是每个部分都是无懈可击。格兰纳达覆亡前阿拉伯政体与文化那部分概述便主要是依据孔德[①]不扎实的研究所编成。他所描绘的伊萨伯拉形象便未免渲染过甚，虽然它比柏根洛特[②]的那个专制伪善者形象更接近于实际情形。贾斯廷·温泽认为他对哥伦布的描写词多溢美。另外在宗教裁判所的叙述上，他对洛伦脱[③]过于轻信。但那个时代的著作当中却很少有哪部书能够这样不须大改便可足敷今日学者之用。

从写斐迪南与伊萨伯拉到写对新世界的征服，其间只是一步之隔。普雷斯科特雇用了助手去西班牙图书馆内抄录其中有关墨西哥与秘鲁的手稿。加扬戈斯从英国博物馆寄给他不少抄本，而加尔德龙亦即西班牙驻墨西哥的公使，则从当地替他搜集文献；他本人也是一位著名的文人。书中对于蒙特祖玛[④]的王国的一番盛大铺叙，虽不免为其人祭的残酷所掩，却为入侵历史提供了一篇出色导论。而他关于科尔特斯从海岸向内地的进军的描写构成了他笔下一节最动人的题材。这个首领的一幅威风凛凛的形象占据了舞台的整个中心。这位西班牙"征服者"虽然毫无怜悯顾惜，他们所推翻的帝国则更残酷无情。《墨西哥的征服》是普雷斯科特的最

① 孔德(Conde,Jose Antonio,1765—1820 年)，西班牙东方学家，著有《阿拉伯统治西班牙史》，现在历史学者对此书一般已不重视。——译者

② 柏根洛特(Bergenroth,Gustav Adolf,1813—1869 年)，出生于东普鲁士，死于马德里。以研究西班牙塞曼卡斯档案中有关英国的历史著称。——译者

③ 洛伦脱(Llorente,1756—1823 年)，西班牙教士，曾任宗教裁判所要职，著有《西班牙宗教裁判所批判史》。——译者

④ 蒙特祖玛(Montezuma,1480？—1520 年)，墨西哥的最后皇帝，为西班牙征服者科尔特斯(Cortez,Herhando,1485—1547 年)征服，1520 年饿死。——译者

出名的著作。它不论过去现在，它一直是一切爱好冒险与传奇的
老幼读者爱读的书。书中关于进军、战役与围攻都城的描写真可
与麦考莱的辉煌篇章比美，直接打动着每个儿童的心灵。少数批
评者曾指责他对入侵者过于宽容，但这位历史家在谴责他们的行
动的同时，却没有因为他们不曾走在时代的前面而对之加以呵斥。
他在自己的日记簿里写道，“永不破口谩骂；这是非历史的、非哲学
的与有失忠厚的。”他的特点是一般尽量少加评论。天主教人曾称
颂这书对其教会的态度公允；昆西·亚当斯则认为，从书中不易看 387
出作者是新教徒还是旧教徒，是君主派还是共和派。老作家亚历
山大·冯·洪堡对他的好评尤其使他感到特别愉快；他认为洪堡
是“我的著作所遇到的最有资格的批评者”。华盛顿·欧文的评语
也同样充满着赞美。但书中最严重的错误则不曾为人注意到。当
考古学揭示了阿兹台克人墨西哥的真相后，蒙特祖玛国家的文明
已证明远非如以西班牙编年史家为依据的普雷斯科特所曾想象的
那样灿烂。《秘鲁的征服》也是一个缺乏吸引力的题目。皮萨罗的
才具也比不上科尔特斯；而他的恶魔般的残暴行为则没有什么可
以原谅的地方。再如“征服者”之间的内战，也破坏了整个事件的
戏剧性的统一。他悻悻然地认识到他的题材不过是次要题材，而
那些匪帮的种种冲突不过是起于分赃不均。在墨西哥问题上，他
的同情完全属于西班牙人一方，而在秘鲁则反对西班牙人。书中
关于当地古文明的叙述是他著作中的另一特别薄弱部分，后来克
莱门茨·马卡姆的调查研究证明情形完全是另外一种样子①。

① 克莱门茨·马卡姆著有：《秘鲁史》（*History of Peru*，1892），《秘鲁的印加族人》（*Incas of Peru*，1910）等书。——谭注

1842 年，福特力劝普雷斯科特编写腓力二世传，认为这里“几乎是一片处女地”；这个历史家在顺利实现他的计划之前，预先搜集了大量资料。米涅为他在巴黎弄到种种文献的抄本，加扬戈斯则不仅深入到伦敦与锡曼卡斯的档案库内进行发掘，而且取得了阿尔瓦家族与其他重要家族中所珍藏案卷的阅览权利。这部著作于 1849 年开始编写，开首两卷于 1855 年出版[①]。对外方面，为西班牙与英国的争雄，尼德兰境内的战争、土耳其人的失败等；对内方面，摩尔族的叛乱，宗教裁判所的统治，唐卡洛的悲剧等；这一切都是足以吸引一位具有世界声望历史学家进行一试的有趣题材。由于他的死亡，书只叙述至 1580 年，但已完成的三卷，虽非完璧，仍然颇有可观。按腓力时代的思想来判断腓力，作者认为仍应对他给以宽恕甚至嘉许。热情的莫特利写道，“你天生具有一颗公正的心”，但他私下对他的妻子说，普雷斯科特的腓力实在未免把那

个令人可憎的人物写得过分文雅高贵了。他一项突出成绩便是使这个面目狰狞的天主教统治者变得可以为人理解。

在编写腓力的同时，普雷斯科特特别腾出了几个月的时间来记述腓力父亲的晚年景况。曾经一再有人劝他编写查理五世的历史，但他认为罗伯逊的著作已十分翔实，因无重新缕叙之必要。不过，他倒愿意补记一些关于这个皇帝禅位之后的修道院生活。他从那些为他抄送的锡曼卡斯文献里早已了解了他的特点，另外利
388 用了已见于他《腓力二世》的第一卷中许多材料；书成于 1851 年，但 1854年才出版。在这期间，真相已为至少三位历史家揭示出

---

① 《西班牙王腓力二世统治时期史》(*History of the Reign of Philip Ⅱ King of Spain*)。——译者

来。一位锡曼卡斯的档案管理人编辑了一部有关该皇帝退隐的记事，其中附有大量档案摘要。这份手稿他死后曾为法国政府所购得，送至巴黎外交部，从此即被束之高阁，直到斯特林-马克斯韦尔于1849年参观尤斯特[①]后，方才用它编成《查理五世的修道院生活》出版（1852年）；这部书的成功引起米涅与盖查也去追寻这个线索。这三者的著作[②]颇曾有助于普雷斯科特于1855年所编的纪事，但他对他们的研究并未有新的补充。另外罗伯逊的那部旧作经过这一大批新材料的增补后，也开始获得了新的生命。普雷斯科特是一位最称杰出的业余历史家之一；他的著作在19世纪中期曾培养了全世界对历史的兴趣。但是他的注意所及主要是具体生活方面而非思想方面。他具有编写庄严纪事的才干，很懂得如何选择适当的题材来充分发挥自己的特长。但他有时不能批判地使用自己的资料，也不能像一位富于哲理思想的历史家那样，经常留意社会的演进问题。另一方面，格罗脱、麦考莱、卡莱尔、弗劳德、班克罗夫特、莫特利等往往把自己的历史著作，当成政治与宗教的宣传工具，而普雷斯科特的书中则很少带有那些英雄崇拜与党派偏见。他自居于政治生活之外，无意扮演一位先知或道德家的角色。如果说这种谨慎态度曾使他的著作缺乏活力，那么至少这些书籍也不至如一些群众口号那样不久就又过时。

　　正当普雷斯科特长年埋头于腓力二世的统治之际，他听说一个年轻的本国人正在研究尼德兰的叛乱问题。他鼓励后者继续前

① 尤斯特（Yuste），西班牙的修道院，即查理五世退隐所在地。——译者

② 米涅著有《佩雷斯与腓力二世》（*Antonio Perez et Philippe II*，1845）一书。盖查（L. P. Gachard，1800—1805年），法国史学家，自1831年起供职于比利时档案馆，辑有腓力二世有关尼德兰事务的通讯集。——谭注

进，把资料借他使用并为他将出书的事作了宣扬。《荷兰共和国的兴起》于1856年的出版使他很感满意，因为编者终能不负所望。莫特利[①]出生于马萨诸塞州，正像班克罗夫特与普雷斯科特，他属于自幼早慧一流人物；还在哈佛时期，奥利弗·温德尔·霍姆斯已看出他的前途不凡。他在班克罗夫特任校长的一所学校里念过德文，立志要以班氏为自己今后的学习榜样。其后入哥廷根大学，与俾斯麦结下终身的友谊；两人转入柏林大学后，曾经共住一室。返
389 国后，莫特利决定写荷兰共和国的兴起史。“我并不是先有修史念头，然后再去四下寻觅题目。我的情形是，问题找上我来，拖住了我，甚至把我深深卷入其中。”1851年他出国赴欧洲后，便全身投入进比、荷、德等国的档案库之中。他说起过他当年在地下室内从六七种不同文字的黑字对折本中发掘材料的情景，周遭一切阴暗肮脏，简直像煤井下面那样。但他却又接着说，如果他不是因为希望能使某些人借此变得更加良善聪明，他也绝不会这么长久地在地下室中枉费苦心了。但他终于在这中间找到了一位毫无个人野心，德勇兼备的伟大人物[②]。足堪与华盛顿匹配。莫特利还尽量使自己对其剧中的具体场景十分谙熟。在谈到布鲁塞尔的大广场(Grande place)时他写道，“我常去其地，因为那里便是我的剧场，这里曾经搬演过多少人间悲剧与庄严故事，我对这些地方久已熟识，恍如我自己也在此地弄到一分家私似的。”经过十年不间断的努力后，他的著作终于1856年以自费在伦敦刊出。正像普雷斯

① 参阅霍姆斯，《莫特利》，1878年；《莫特利的通讯集》，共二卷，1889年，以及《莫特利与他的家庭：附信件》，1910年。——原注

② 指的是尼德兰革命的领导者奥伦治亲王威廉(沉默者威廉)。——谭注

科特那样，这位无名作者遂也一举成名。弗劳德在《西敏寺评论》里宣称，这部书势将在历史经典著作之中占一席位，另外以描绘之生动而论，则近代史家中除卡莱尔外，几乎无人能出其右。温德尔·霍姆斯甚至把他比诸鲁宾斯。在他本国内，他立刻跃居于与班克罗夫特、欧文与普雷斯科特诸大家比肩的地位。基佐曾为这书的法文译本撰过一篇导论，荷兰档案馆馆长也亲自监督荷兰文版的出版。

这个题目的确是精选得来的。历史上这样一个关系重大的时刻，近代自由发展史上这样具有头等位置的一章，过去不过出之于一些文人之手。莫特利的作品，无论在其感情的炽烈与文笔的诱人等方面，都比普雷斯科特所写的东西更高出一筹。另外，这本书的写成曾根据了既广阔而深厚的研究。在业余历史家时代的产品之中，能像这样大量利用当代文献的著作，并不多见。他在写给霍姆斯的信中说，“我每天都去档案库里工作。这里我陪伴着我的蠹鱼同事们啮食着那些霉烂的桑叶，以便我们以后能吐出丝来。现在居然能够见到奥伦治·威廉、埃格蒙、亚历山大·法尔内斯[1]、腓力二世、红衣主教格兰维尔[2]等人的亲笔签名，实在是莫大的幸事。”这部著作充分表明作者不愧为本世纪中杰出的文章妙手之一。他的作品既无班克洛夫的浮夸，也不像普雷斯科特那样生硬，足以代表美国历史文学的最高成就。书中不少重大情节的描写，不论爱格蒙与和伦之死还是来登城的保卫战与沉默者威廉的遇 390

① 亚历山大·法尔内斯(Alexander Farnese，1545—1592 年)，1579 年起任西班牙驻尼德兰总督。——谭注

② 格兰维尔(Granvelle，1517—1586 年)，西班牙红衣主教，政治家，曾任哈布斯王朝枢机大臣，1559—1564 年任尼德兰总督马格丽特的首席顾问。——谭注

刺，都无愧为英文散文中最宏伟的篇章。

这位视自由为宗教的摩特莱对于自己立志要描写的斗争，往往能把全部身心投入进去。他曾对他的父亲说，他因为能够“称心如意地投入到阿尔瓦与腓力之中”而感到满意。书出之后普雷斯科特写道，“值得庆贺的是，这样一场重大革命的讲述工作，终于假我们国人之手而完成；而这场革命与我们自己的革命在许多方面都颇有类似之处。”他对荷兰人叛乱的看法是，这是一场夺取自由的斗争，一次神圣的战争，正像他那世代每个美国人看待十三州殖民地的叛乱那样。腓力是剧中的十足反派人物，阿尔瓦是他凶残的代理人；而沉默者威廉则是自由的英勇卫士，他曾为人民而生，为人民而死。在莫特利看来，正如在弗劳德看来那样，那个以宗教裁判为其象征的天主教不过是奴隶者与顽固派的宗教；新教才是自由人的信仰。这种狂热的偏见，在半个世纪以前虽然极为自然，但在我们今天的冷静头脑看来却已变得不好接受。甚至在这部书刚才出版时，基佐已经婉转指责过它的偏颇，虽然他自己也是一个新教信徒，不过他也指出，这种偏颇因为过分明显，也许不致造成不利。普雷斯科特也说他对待腓力的态度过苛了些。勒登霍夫与其他旧教的作家则把莫特利所捧上宝座的几位英雄都一一拉了下来。实际上，以弗鲁因与布洛克为首的荷兰历史家们自己在对待其先人的态度上反而比这位美国卫士还更严格一些。今天，我们仍能和我们的父辈一样地欣赏那些炽热文章，但它的魔力则已无存了。

莫特利的编写大纲包括自尼德兰独立战争至 1648 年共和国的受到承认这段时期。书的第一部分刚刚才将出版他已进入《统

一的尼德兰史》的编写。“我的画面很广阔，但我却没有找到一个中心英雄人物来使这些情节具有统一性和变得有血有肉。因此我担心这部书必然要枯燥乏味和不够生动。”英国参加了这场斗争；那些联合的国家也曾使得西班牙的国力大受损伤。但起义各省区的命运始终长期悬而未决。法尔内斯是一个可畏的仇敌，而新教徒由于失掉其可爱首领也蒙受了损失。莫里斯[①]的将才超过他的父亲，但却缺乏政治本领与个人魅力。如果说这本书必然不如头一部那样受人欢迎，那原因倒也不在作者。他第一次探索了伊丽莎白后期的外交政策；但她的声誉并不曾因此而有所提高。此书的开首两卷在兴味方面几乎并不逊于他先前的一些著作；但三、四两卷中外交斗争占据了过分篇幅。他写道，“我说不清我的最后两 391
卷是好是坏；我只知道这些是真实的——但这点并不意味着它们便一定有趣。”

他原希望把那部书叙述至三十年战争，因而《巴涅味特[②]传》的编写便只能算是离题而不是一种续编。这里所叙述的不再是荷兰反对西班牙与日内瓦反对罗马的斗争，而是关于荷兰内讧的龌龊故事。他在海牙发现了巴涅味特一生最后几年期间的亲笔信件；而这些信件写得那么潦草，以致没人想去阅读它们。这项宝物的发现遂成了他这部著作的基础。他很想使这个人们很少知道的人能够见知于世，并称他为“欧洲新教的内阁总理”。但他自以为

① 莫里斯(1567—1625年)，沉默者威廉之子，有将才。其父死后，率军于佛兰德等地区大败西班牙军。——谭注

② 巴涅味特(Barneveldt, Johan vandden 或 Oldenbarneldt, John Van, 1547—1619年)，17世纪初与以莫理斯为首代表大贵族利益的奥伦治党对立的商人贵族政党领袖。——谭注

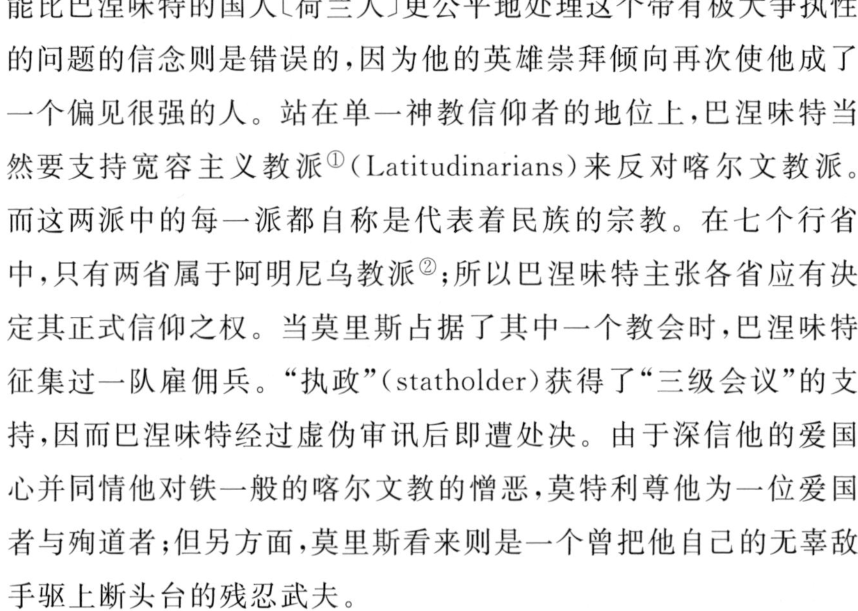

能比巴涅味特的国人〔荷兰人〕更公平地处理这个带有极大争执性的问题的信念则是错误的,因为他的英雄崇拜倾向再次使他成了一个偏见很强的人。站在单一神教信仰者的地位上,巴涅味特当然要支持宽容主义教派[①](Latitudinarians)来反对喀尔文教派。而这两派中的每一派都自称是代表着民族的宗教。在七个行省中,只有两省属于阿明尼乌教派[②];所以巴涅味特主张各省应有决定其正式信仰之权。当莫里斯占据了其中一个教会时,巴涅味特征集过一队雇佣兵。"执政"(statholder)获得了"三级会议"的支持,因而巴涅味特经过虚伪审讯后即遭处决。由于深信他的爱国心并同情他对铁一般的喀尔文教的憎恶,莫特利尊他为一位爱国者与殉道者;但另方面,莫里斯看来则是一个曾把他自己的无辜敌手驱上断头台的残忍武夫。

他的前几本书虽然在荷兰曾受到欣喜若狂的欢迎,《巴涅味特传》则激起了尖锐的批评。格罗恩·凡·普林斯脱勒,亦即《奥伦治通讯集》的编辑,对此曾撰写过长篇答复[③]。这部书在基佐看来虽是一部为宗教与政治自由而作的伟大历史申辩书,但在这个喀尔文教历史家看来则是对其民族英雄的一种侮辱。他把莫特利对喀尔文教的政治价值的所作的证明的话与其对该教的信条和哲学所说过的轻蔑论调作了一番对照。他补充说,这个单一神教信仰者没有注意到这种福音主义的宗教。巴涅味特的处死,并非是由

① 宽容主义教派是查理二世时出现于英国新教内部的教派。这一教派既反对高教会,也反对清教,不重正统的教义教规,故有"宽容"之称。——谭注

② 阿明尼乌教派是17世纪初兴起于荷兰,与喀尔文教对立的教派,后传入英国及北美英殖民地。——谭注

③ 《那骚的莫里斯与巴涅味特》,1875年。——原注

于莫里斯而是由于一般民众，民众曾起来保卫合乎圣经的宗教以反对阿明尼乌的虚伪基督教。莫里斯只不过保卫过“归正会”[①]与中央政府的权威，使之免受攻击而已。他本无意将巴涅味特置之死地，虽然他很可以制止这事的发生。当然莫特利对于“执政”显然有些不够公道。但莫里斯也绝不如格罗恩所说的那样无辜。布 392
洛克认为，巴涅味特的过失来自他的刚愎自用与缺乏容忍态度，但他的处死是一宗冤狱。“双方都有罪过，但执政的一方则罪过更大。”莫特利在他最后一部书出版后的第三年上死去了。他虽没有实现其全部计划，但所作成绩之大已足使他不朽。他肯定了尼德兰反西班牙斗争的重要意义。以在这件事上的认识与表达的深切程度而言，没有哪个美国历史学家能及得上他。自由乃是他的毕生热爱，此外他还使其读者体会到今天的种种文明无一不是建立在过去斗争与牺牲的基础之上的。

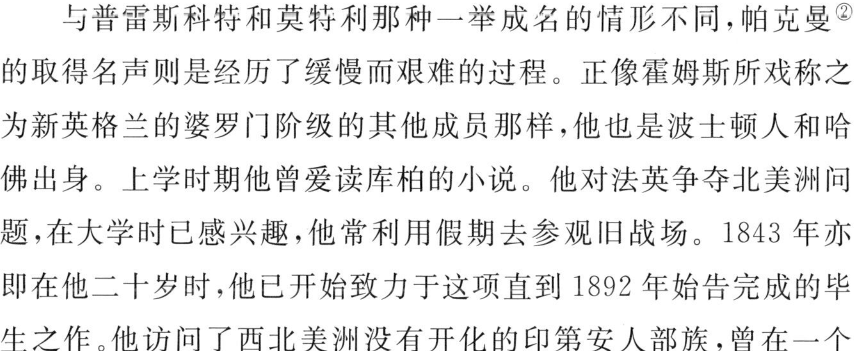

与普雷斯科特和莫特利那种一举成名的情形不同，帕克曼[②]的取得名声则是经历了缓慢而艰难的过程。正像霍姆斯所戏称之为新英格兰的婆罗门阶级的其他成员那样，他也是波士顿人和哈佛出身。上学时期他曾爱读库柏的小说。他对法英争夺北美洲问题，在大学时已感兴趣，他常利用假期去参观旧战场。1843 年亦即在他二十岁时，他已开始致力于这项直到 1892 年始告完成的毕生之作。他访问了西北美洲没有开化的印第安人部族，曾在一个

---

① “归正会”(Reformed Church)，喀尔文派的教会。归正意谓新教经过宗教改革而复归于正确的基督教。——译者

② 参阅法纳姆，《帕克曼传》，1900 年；塞奇威克的著作，见《美国文人》，1904 年；韦德《弗朗西斯·帕克曼》，1942 年；《季刊评论》，1897 年 4 月，以及西孔勃《庞蒂亚克的阴谋》的导论，《人人丛书》。他的日记分为两卷，于 1947 年出版。——原注

叫苏的乡村住过好多星期。他在那里的经历以后载入他的第一部书《俄勒冈记游》里面，这书虽然清新生动，但没有引起人们注意。他的《庞蒂亚克的阴谋》是他进入史学界的第一部书，但运气同样不佳。在沃尔夫胜利并将法国从加拿大逐出之后，接踵而来的是1763年印第安人的起事。庞蒂亚克是印第安人的最后一个酋长；在他的覆灭之后，加拿大的印第安人遂逐渐退出历史舞台。帕克曼由于熟悉这些战场与幸存的部族，因而能够将其祖先的生活与制度原般再造出来。当时少数有眼光的批评家已注意到他那活泼的文风与驾驭材料的本领，而他自己也没有因为未得鼓励而中断这项自行承担的任务，但长达十年之久却曾因病重而不能进行吃力的工作。他在寄居印第安人期间曾经备尝艰苦，以致损害了他的健康；另外他的眼睛也弄得像普雷斯科特那样不大抵用。

《庞蒂亚克的阴谋》对他一生的主要工作来说仿佛只是一个附
662 393 录而不是它的一篇绪言。当沃尔夫与蒙特姆的最后斗争[①]已是人人皆知的时候，法国人在加拿大的殖民情形外界还很不了解。他的《新世界中法国的殖民先锋》记述了佛罗里达的胡格诺殖民地及其遭到西班牙人残酷消灭的经过，并接着叙述了卡蒂埃[②]在圣劳伦士河的探险与尚普兰[③]在魁北克建立殖民地等情况。两年后关于耶稣会传教士的一卷，写出了那批教士的忠诚献身精神；这些人挨受着种种难言之苦，甚至牺牲性命去帮助休伦人与易洛魁族摆

① 1759年9月沃尔夫统率的英军与梦坎姆统率的法军激战于魁北克，英军获胜，占领魁北克，为征服加拿大奠定了基础。——谭注

② 卡蒂埃（Cartier，C. J.，1491—1557年），法国海员，曾三次探测至劳伦斯河。——谭注

③ 尚普兰（Champlain，S. de，约1567—1635年），法国探险家，在圣劳伦斯河以南创建了殖民地——魁北克。——谭注

脱其蛮荒状态。这位清教自由思想家对天主教传教士所作的那一番赞颂，在他的这套书中尤其令人感到激动，第三部著作主要记叙拉·萨尔的英勇壮举[①]，即以一条法国的堡垒线来连接加拿大与密西西比河口，借以包围英国的殖民地带。第四部叙述加拿大的旧日制度，绘出了法国治下的一幅黑暗图景。第五部记弗隆特纳克的功业[②]，一个个才调回出群伦的杰出总督，既是全书的中心人物，也是这位史家心目中的英雄。

帕克曼现在已把这段历史叙述到了 1701 年，但他（这时他的年事已高）没有继续下去，而是一跃而翻回到半个世纪之前的梦坎姆与沃尔夫之间的紧张斗争。两位指挥官的种种壮志豪情与这场争端的巨大规模给这个冲突带来了史诗般的特征。最后，他以《半世纪以来的冲突》一书连结了这个缺口。他的名声传播很慢；因而当菲斯克在 1880 年一次伦敦演讲里宣称他是美国史家中的第一人，他的名字对英国听众还很陌生。的确，他在其国人中间，是无出其右的。西奥图·罗斯福曾把自己的著作《西部的赢得》题献给他。“我们中间那些曾经久居边境的人们认识到，你的著作乃是所有关于新社会建立方面史学著述中的最佳典范。”哈特称他为最伟大的美国史作家。戈尔德温·史密斯则把他比之为美国的塔西佗。他的题目，虽然不如西班牙帝国或荷兰共和国那样容易引起广泛兴趣，较少动人，却是法国大革命的直接序幕。殖民地当时没

---

① 1679—1682 年法国探险家拉·萨尔完成了从密西西比河上游至墨西哥湾入口处的探测，以法王的名义占领了河谷地区。——谭注

② 弗隆特纳克公爵系法属新法兰西总督，在任期间在安大略湖上建弗隆特纳克堡（1673 年），频频唆使印第安人侵袭新英格兰。——谭注

有力量驱走法国人；但当法国势力一旦被逐出后，殖民地便有了反抗英国的可能了。

帕克曼对欧美档案的研究是深厚的。他对上演这出戏剧的那座舞台的每一个角落都十分熟悉，并且能够摆脱党派偏见，虽然法属加拿大人仍认为，他对他们不够公平。他对印第安人的了解，乃是从生活中而不是从书本中得来的。起初虽稍偏于华丽，却变得越来越朴素和有力，他的描写文章也属于美国文学中的优秀作品。
394 他的勇武气质也使他适合于描写危急惊险场面。他一生对强有力者与勇敢行动怀有敬意。他之所以能够度过重重困难，全靠他的一副钢铁意志，读他的书时绝想不到这一切竟是一个病夫所作。他痛恨懦弱，轻视“取消蓄奴制派”和不相信民主政治。他的友人及其传记作者写道，“他天然生就一副军人的脾气性格，喜欢为战斗而战斗，为战斗所唤起的毅力、勇敢与力量而战斗。”他从未曾宽恕过教友派，因为他们拒绝对印第安人作战。他曾渴望能参加内战，但实际上他在自己的图书室内也尽有机会来一示他的勇敢的。

在帕克曼业已搁笔不作的时候，一颗新星在史学领域冉冉升起。这即是马汉。他被聘为新港海军学院讲师后不久认识到，海权的影响从来还未为人认真地考查过[①]。对于海军史上若干重大方面受到忽略一事，在英国这样一个头等海军强国中尤其明显。马汉的《制海权对历史的影响，1660—1783年》一书出版于1889年，此书开首便讨论了影响海上实力的诸种条件，如地理位置、自然结

① 参阅泰勒，《马汉将军传》，1920年。关于他开首两部著作的一位专家评论，参阅《英国历史评论》，1893年10月。——原注

构、领土与人口的范围、人民的特征以及国家的政治制度等等。海洋本身实即一条巨大的公路，或更正确些说，一片广阔的公地。欧洲二百多年来的历史，实际上大部分便是西方列强争夺海上控制权的斗争史。马汉从查理二世与荷兰的战争叙起，强调指出了英国商业利益在西班牙王位继承战争中所牵涉的范围；从这次战争中英国遂以地中海区的一大列强而雄视海上，并使直布罗陀海峡与马洪港[①]都尽入其掌之中。在七年战争中，如果没有海军，沃尔夫[②]的成功便不可能；因为正是这批海军才开放圣劳伦士河和阻止了法国援军的到达。在美国独立战争中，海权的重要性表现得尤为明显。舒瓦瑟尔曾加强过法国的舰队[③]，这样再联合上西班牙的舰队，其实力与英国的海军相等。正是由于这个缘故，英王乔治三世遂未能攻下大西洋沿岸，因而也未能有效地对付叛乱。而最后，由于德格拉塞[④]在切萨皮克湾上的出现，而迫使约克镇不得不投降，并使英军面临崩溃。这本著作的非凡成功使书的作者继续写了下去。他的第二部著作接着于1892年出版，追述大法兰西战争的历史[⑤]，他认为这次战争是英国的一次商业战争。他反对 395
麦考莱对皮特的攻击，因为作者认识到海上控制乃是问题的关键，不利局面在特拉法加海战以后业已成为过去。“那些为〔法国〕‘大

① 马洪港，西班牙米诺卡岛上的港口。——谭注

② 沃尔夫，J.（1729—1759年），英国将军。1759年9月13日在魁北克之役中战死，数月后英军击败法军，夺得魁北克。——谭注

③ 舒瓦瑟尔，E. F.（1719—1785），法国政治家，外交家。历任海军大臣、陆军大臣，在俄期间扩充海军，改革陆军。——谭注

④ 德格拉塞（De Grasse，1722—1788年），美国独立战争时期法国海军司令。——译者

⑤ 《海权对法国革命与拿破仑帝国的影响》（*Influence of Sea Powe upon the French Revolution and Empire，1793—1812*）。——谭注

陆军'所从来不予重视的远航大洋、经历风暴的军舰，现在则站列在她自己及其世界霸权之间。"大陆封锁政策原意在于毁掉英国，但它对法国所造成的损失反而更大，因为英国的枢密院命令连同作为对此命令之答复的柏林与米兰命令，大大地破坏了中立船只的运输；这事使法国受害最深，因为他最需要这些中立运输船的帮助。

马汉继而把他的注意力集中于这些多事年代中的一位最伟大的人物身上[①]，"一个最能总结和体现海权所包含种种可能的伟大的人物，这个人由于天才与机缘的妙合而成为英国海军的具体化身。"书中所包含新资料并不很多；它的新奇之处主要在于对纳尔逊功绩所作的论述与说明。他指出纳尔逊的长处在于他的行动的敏捷；这个并非由于临时的英明措施，而是来源于战斗前审慎考虑的结果。马汉的主要目的是要衡量一下这个人的功绩，"只消提起他的名字，便会使人不仅想起他的人格或他的事业，而且想起他的伟大力量。"但是他也要揭示这个人的内在本质，从而把他的本来面目从他的身外盛名之中分解出来。在关于纳尔逊对待那不勒斯共和派的态度[②]这场激烈争论中，他也为他的行动作了有力辩护。"虽然他也有着我们人类的共同弱点，但他却遗给了我们一种足以垂之永久的赤胆忠心的典范。"他第四种关于制海权影响的著作[③]

① 此为马汉的第三部著作，书名《纳尔逊传，大不列颠海权的体现》(*Life of Nelson, The Embodiment of the Sea Power of Great Britain*)，1897年。——原注

② 1798年冬法军进驻巴勒摩，至次年1月占领了整个那不勒斯。当地共和派举行起义，建立了共和国。英军登陆后，共和派战败投降。6月，纳尔逊来到该城，否定了双方和约，逮捕起义者，许多人被处死。——谭注

③ 《制海权与1812年战争的关系》(*Sea Power in Its Relation to the War of 1812*)，共二卷，1905年。——谭注

论述了 1812 年的战争；这次战争起于英国在与拿破仑激烈斗争期间所推行的某些政策。这部著作由于分析了导致这场冲突的种种原因而价值极高。他指出，在英国人的眼中看来：第一英国不仅有必要而且有权利强制它的侨民为其服务，不论他们住在哪里；其次英国当时所从事的斗争乃是一场生死的斗争；第三它之忽视国际法，是因为非此不足以取得胜利。而另一方面，美国对那些有损于自己的种种措施加以抵制，也是完全合理的。

马汉著作的重要性在于他能以不同于流俗的眼光来观察某些问题。他书中包含的新材料并不很多，而其中某些专门性的讨论还会使一般读者感觉厌倦。有时他对海权的因素在某一具体结果的决定作用方面，也有强调过度之处，而对其他因素则考虑不足。396
他虽不是海军史的最早专家，但他却是第一个能充分认识到海军史的广大意义，并使非专业的读者也能对之感到兴趣的人。他不愧为这方面学派的创立人，因为对于制海权的研究，尤论在旧世界和在新世界里，目前都正在大力开展着。另外，他的著作是不仅具有着史学意义，而且更重要的有着政治意义。他力图使美国认识到发展自己海军的重要性。在他的第一部著作里，他便说明过美国独立曾经多么有赖于法国与西班牙的舰队。他在所作的法拉格特[①]传记里又一再提起海军在北部的胜利中所起过的重要作用。他的著作对于德皇甚至比对英国政策的决策人所造成的印象还深，这点已是一件人所共知的事实。这可说是一位历史家而兼充历史的记录者与创造者的另一著例。

① 法拉格特（Farragut，1801—1870 年），美国南北战争时海军将领，有卓著战功。——译者

美国现在这一代历史学家的研究范围几乎主要限其自己本国。历史学家的精彩客串时代业已成为过去。现在正式学历史的人都要横渡大西洋到柏林或莱比锡去学专门技术。今天美国的历史家在回顾殖民地时代时已不复有那种崇高非凡的感觉，同时哈奇森[①]总督的种种高贵品质与对英效忠派的一番真诚用心，也都获得了人们的充分承认。查尔斯·弗朗西斯·亚当斯严峻地批评了马萨诸塞州史上“冰河期”间在宗教上出现过的不容忍主义，另外对班克罗夫特与帕尔弗里[②]的“忠孝主义”学派也很不客气。另一位史家特纳还从威斯康星的高地开始，叙述了美国中西部疆界西移与其移民的过程。如其说今日美国在世界史学上的贡献尚不如普雷斯科特、莫特利、帕克曼等人当年那样气势宏阔，那么至少令人在学术上的成果则更为坚实牢固。

① 哈奇森(Hutchinson，Th.，1711—1780 年)，1771—1774 年任马萨诸塞州总督，效忠英国，认为英政府有权向殖民地征税。1774 年离美，财产被籍没。——谭注

② 帕尔弗里(Palfrey，J. G.，1796—1881 年)，美国第一代史学家，著有《新英格兰史》(*History of New England*)，共五卷。其书歌颂新英格兰先辈，词多溢美，缺乏历史批判精神。——谭注

第二十一章　诸　小　国 397

在大多数国家里，历史研究都是伴随着民族感情的复兴而来，但在波希米亚，却是历史研究创造了这种感情[①]。1620年白山战役[②]后开始的瘫痪状态，持续了两百年。那时，文字表达不再使用捷克语；它的地位已被德文和拉丁文所取代。在奥属地区内出版的任何书籍必须经过两道检查手续，一是代表政府，一是代表教会。教育事业掌握在耶稣会会士手里。可是，由于五个学者的努力，这个国家从长期的昏睡状态中被唤醒了。在18世纪末，杜布鲁斯基开始激发起对波希米亚文学的兴趣。科拉出版那些充满热爱斯拉夫人情感的短诗汇编，容曼编写了一部波希米亚文学史；萨法利克刊行了他的《斯拉夫古文物》。但其中最最著名的是帕拉茨基；他是最伟大斯拉夫历史家，波希米亚民族意识的倡导者。他的父母属于路德教派；他在波希米亚兄弟会的传统精神下成长起来。他受教育于普雷斯堡，却经常宣称，他不是德意志文化的产儿。杜

---

① 关于诸小国近时的历史研究的最好概述，见《历史与历史家，1876—1926年》，共二卷，1927年，和《近代欧洲若干历史家》贝尔纳多特·E.施米特编辑，1942年。关于波希米亚，参阅吕差伯爵：《关于波希米亚历史家的演讲》，1905年，和《波希米亚文学史》，1899年；塞顿-华生：《捷克与斯洛伐克人的历史》，1943年，莱热：《斯拉夫研究》，卷Ⅱ，1875年；马萨利克：《帕拉茨基关于波希米亚人民的观念》，1899年。——原注

② 1620年11月，天主教联盟统帅梯里在白山战役中击败新教联盟领袖，捷克国王腓德烈。从此，捷克沦为德国的属地，天主教恢复了在该国的统治地位。——谭注

布鲁斯基把他介绍给那些对波希米亚历史感兴趣的贵族;这些贵族不久之前曾在布拉格建立了民族博物馆。以前,捷克人自己对这个机构很少表现热情,而奥国官吏则以怀疑的态度对待它。在帕拉茨基大胆声称,这种漠不关心的态度不应责怪公众而应责怪主持人时,斯腾堡伯爵,即这个事业的领导人回答说,要使波希米亚民族起死回生,已为时太晚了。这个青年学者反驳说:没有人曾
398 做过这个尝试。1828 年他创办了一份该博物馆的杂志;他研究的初步成果总结在关于早期波希米亚历史家的一卷著作里。

帕拉茨基在察觉到城堡档案库内储藏着丰富资料以后,就决心要以研究整个波希米亚历史作为己任。他被聘任为领薪俸的史官;虽然这项聘任在维也纳被否决,但议会得被允准支付出版费用。受到这样的鼓励后,他开始编写他的著作[①];第一卷在 1836 年出版,叙述斯拉夫人在波希米亚的移殖。由于充满爱国的狂热,

他把早期捷克人的文化和品德理想化了。在叙述到胡斯的时代,此书才表现出民族的重要地位;但那个似天启般地激动他同胞的篇章,也恰好是在维也纳引起最大愤怒的部分。在德意志和天主教的刊物上,胡斯和他的信徒被歪曲为野蛮的宗教狂信者,但帕拉茨基指出:捷克人的仇敌的残暴比捷克人更甚,他还说明了瑞日卡和普洛科比阿[②]的伟大。他说,胡斯在法庭上的勇敢连他的反对者也不得不赞佩,这一说法,曾引起检查官的挑剔。帕拉茨基宣称,"天主教会看不见勇敢,所看见的只是出于极端愚昧的傲慢和顽

① 《波希米亚史》,共五卷,1836—1867 年,布拉格版。——谭注

② 瑞日卡·杨(Žižka,John,约 1360—1424 年),捷克民族英雄,胡斯运动领袖之一。塔博尔派统帅。普罗科比阿,即普罗科普(Brocop,Andrew),胡斯运动领袖,继瑞日卡任塔博尔派统帅,屡立战功,1434 年 5 月战死。——谭注

固”。这个历史家向维也纳提出了一个英勇的抗议。“我不相信，天主教有必要来无条件地谴责胡斯的任何行为和思想，来删除任何有利于他的情节。检查官所希望的，似乎就是这样；但我宁可丢开我的工作，放弃我的历史研究也不愿这样做。”尽管如此，他还是被迫删去了书中的若干段落，并把检查官所增加的字句插入书中，作为出自自己的手笔。在对一个大学者这样无理强迫后不久，爆发了1848年革命。因为警察检查出版物的做法已被撤销，这个历史家又恢复了那些被删除的部分，并改掉了插入的字句。现在他已成了一个伟大的全民族的人物。他主持布拉格的斯拉夫人大会，并当选为出席维也纳制宪会议的代表。在绝对专制政治复活后，他回到他的研究岗位；但十年后，在缓和政策开始时，他被任命为终身贵族。关于法兰西斯·约瑟夫将在布拉格被加冕为王的诺言使他在晚年感到高兴，因为他未能预见到这项诺言是永远不会实现的。

帕拉茨基原想把历史写到1620年这一个不幸的年份，但他终于决定只写到1526年哈布斯堡族的登位。他从天主教检查官所受到的经历已够使他感到不愉快。那个哈布斯堡族尊严保卫者会 399
使他实际上不可能叙述宗教改革时期的历史。而且，他的资料浩繁，甚至按他有限的计划也需要写成十卷的篇幅。著者原是以德文写的，1848年后，它同时刊印两种文字的版本；在改订时，它的早期诸卷也译成捷克文。帕拉茨基的功绩是：重建一个国家的历史，发现并利用大量新资料，阐明中世纪中欧历史上许多模糊的地方。关于胡斯派的诸卷构成了该书的核心。赫尔斐写了一部相反的传记，但帕拉茨基的最固执的批评者是霍夫勒；霍夫勒从慕尼黑被派

到布拉格来和他抗衡的。帕拉茨基轻而易举地表明:霍夫勒的著作。虽由帝国印刷局刊印,却几乎是无价值的,因为它十分缺少批判性;他不懂捷克文,也是一个致命的障碍。巴赫曼[①]在19世纪末期也研究这同一范围的历史;他宣称,帕拉茨基的著作现已没有什么价值,但这个严厉的评断只适用于该书的第一卷。帕拉茨基误信了那些伪造的《刻尼金和夫手稿》,即9、10世纪的歌曲;这些手稿显示出一种不受条顿影响的高度的本地文化。他把斯拉夫人理想化,借以对抗德意志人对捷克文化的蔑视;他还主张,波希米亚的文明,在12和13世纪时不亚于任何国家(法国和意大利除外)。所以他的著作,不仅是一项学术上的成就,而且是一个政治事件,一个唤醒被压迫民族的号角,要它抬起头来证明自己是无愧于它的过去时代的。

帕拉茨基的毕生的劳绩鼓励了人们阅读并编写波希米亚的历史。而他的最著名的门生托米克[②]毕生致力于编写布拉格的历史。他的这本著作虽在波希米亚境外不大为人所知,但是在重要性上却仅次于他老师的著作;因为这本著作的内容远远超出了一个城市的历史。他在布拉格担任大学教授四十年之久,做过1881年创立的捷克大学的第一任校长,又是一个政治家和议员;所以,他在他国家的精神生活上起过领导的作用。他的十二卷著作[③]在1855到1901年间出版,把历史叙述到1609年止。这部著作比起属于浪漫主义时代的帕拉茨基的著作,带有较多的批判性而较少词

---

① 《波希米亚史》,卷Ⅰ,1899年。——原注

② 参考勒革的关于托米克的文章,见《捷克文艺复兴运动》,1911年。——原注

③ 《布拉格市史》。——谭注

藻修饰。他虽然是一个天主教徒，却能描写出一幅15世纪天主教会的黑暗图景，并承认胡斯的诚实和高尚的雄心。波希米亚的第三位著名的历史家，是安东·京德利[1]；他不同于他的同时代的前 400
辈：出身于一个异族通婚的家庭，能摆脱种族的偏见。他的德国父亲只能讲德语，而他的捷克母亲能讲德、捷两国语言。他的第一部重要著作，是叙述波希米亚兄弟会，旨在开始深入研究波希米亚的宗教改革[2]。他埋头于布鲁塞尔、海牙、巴黎和锡曼卡斯的档案中。在锡曼卡斯，他找出了出乎意料的宝贵文献。他写道，"我所收集的文献，一半是完全新的，而另一半则使我们可用一种完全不同的见解来说明已知道的事情。我常常为此欣喜若狂。"返国后，他担任布拉格大学教授和档案馆长；在三十年战争初期他还监督波希米亚议会议事录的出版。他在回来后出版的鲁道夫二世的统治史[3]，阐明了历史上的一个黑暗角落。随后，他发表了关于三十年战争的历史四卷[4]，叙述到1623年止。这时，他突然中断，转而编写了一部关于这次战争的通俗历史；它是部分根据他为王太子鲁道夫讲授时的原稿而编成的。然后他出版了两部专著：关于瓦伦斯坦在1625到1630年间的经历和关于柏特棱·卡波尔[5]的生活。京德利是一个最公平的人。虽然他信仰天主教，但他的宗教见解

① 参阅华德的文章，《英国历史评论》，1893年7月号。——原注

② 《波希米亚兄弟会史——至1609年止》，共两卷，1857年。——谭注

③ 《鲁道夫二世及其时代》，共两卷，1862、1865年。皇帝鲁道夫二世统治时期(1576—1612年)是天主教势力扩张和竭力排斥新教的时期。——谭注

④ 《三十年战争史》，共四卷，1869—1880年。——谭注

⑤ 柏特棱·卡波尔，特兰西瓦尼亚王公。1613—1619年间与反哈布斯堡王室的欧洲贵族结盟提高了该邦在欧洲政治中的地位，并使该邦成为匈牙利的文化和民族感情的中心。——谭注

是不能从他的著作中推测出来的。他揭露帝国内各新教王公在政治上的无能，他也拒绝从王朝的或教派角度对斐迪南二世的歌颂。虽然他对于哈布斯堡家族没有什么迷信的尊敬，但他认为华伦斯坦是皇帝的一个叛徒。他的德意志气质大于他的捷克气质。当布拉格大学分成为德捷两部分时，他选择了德意志分部。

几乎毫不足怪，匈牙利史学具有强烈的爱国精神[①]。民族自觉的热情，不仅要在马扎尔人的故事里寻求匈牙利人要求自治的理由，而且在多难之秋还可寻求力量的源泉。因此，历史学者对历史概论的注意甚于对某一问题和时期的耐心探究。直到马萨里出现，匈牙利历史学才打破了窄狭的爱国主义框框。他关于匈牙利人民发展史的通俗简编和关于约瑟夫二世时代的匈牙利的较大著作[②]，可以代表马扎尔学术研究的最高成就。

虽然意大利统一的概念开始于拿破仑时代，但这个国家的破碎河山却鼓励了区域史的研究：托斯卡纳人一般研究托斯卡纳史，
401 威尼斯人研究威尼斯史，那不勒斯人研究西西里和南意史[③]。在拿破仑垮台后几年时期中，最引人注意的两个历史家所写的历史著作是富有强烈的政治气味的。在法国革命的早期，博塔[④]作为一个共和党人曾被逮捕，后来他追随法军充当医生。他的主要著作《革命和拿破仑战争时期的意大利史》是自由和民族主义思想的宣言。意大利被描述成外来野蛮人的牺牲者，无论过去或现在；

---

① 参阅法勒格勒，《匈牙利史学评价稿》，《历史杂志》，第 XIX 卷和《历史综合评论》第 II 卷。——谭注

② 《匈牙利史》，1911 年；《约瑟夫二世统治下的匈牙利》第三卷，1882—1888 年。——谭注

③ 参阅克罗齐，《十九世纪意大利史学史》，共两卷，1921 年。——原注

④ 参阅帕韦西奥，《卡洛·博塔》。——原注

他大声疾呼意大利应享有独立生活的权利。他曾亲眼看到过他所描写的许多场面;他的生动笔触使这部著作成为很受欢迎的书;热烈的爱国精神还有助于在反动时期使民族观念历久不衰。科莱塔[①]的《那不勒斯王国史》,在大法兰西战争前期、中期与后期,具有更大的重要性。1798 年他参加了反对法国人的战争,但他也知道波旁王朝的腐败;因此在法国革命军队入城的时候,他也不感到遗憾。他在国王约瑟夫和缪拉时期曾担任过文武要职。他参加了 1820 年革命,并担任陆军部长;在立宪运动被镇压后,他被禁锢于奥国。两年后,他获准在佛罗伦萨城,在那里他编写了他的这一杰作。该书是对波旁统治的一个严肃的长篇控诉状。虽然他憎恶纷乱和革命,但他说明:这种情况由于政治腐败,已成为不可避免。他对于缪拉统治的阿谀描写,使波旁复辟更显得暗淡无光。科莱塔曾被比拟为塔西佗,因为他力图再现后者的高傲的抨击。这样的一部书是不能在意大利出版的,但它的日内瓦版本却越过阿尔卑斯山而找到了归路。

在意大利,像在英国和法国一样,对过去的兴趣在很大程度上是由小说和戏剧所引起的。《许婚》[②]于 1827 年出版,是根据对 17 世纪伦巴底的认真研究而写成的。虔诚的曼佐尼虽然有心要使教会处于有利地位,但他对当时生活和思想的描写是相当真切的。这部意大利最伟大的历史小说,是大批后来出现的小说的原型。尼科

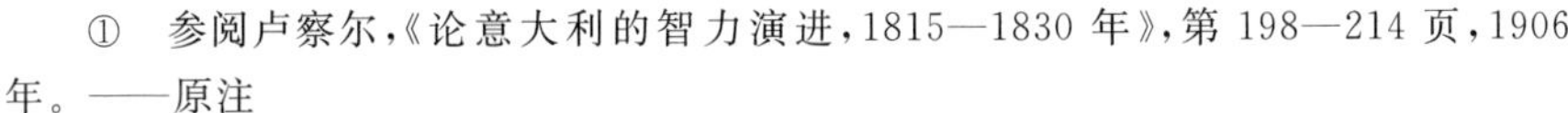

① 参阅卢察尔,《论意大利的智力演进,1815—1830 年》,第 198—214 页,1906 年。——原注

② 《许婚》(*I Promessi Sposi*),系意大利浪漫主义诗人和小说家曼佐尼(Manzoni,1785—1873 年)的著名小说。——译者

利尼在《普罗奇达的约翰》里，颂扬了西西里晚祷事件[①]；并在《布
402 雷西亚的阿诺尔德》里对教廷进行攻击。属于相似类型的有：切萨雷·巴尔博的《菲耶拉莫斯卡》和《尼科洛·德拉皮》[②]。意大利的戏剧、小说与诗歌在1825—1850年间似雨后春笋般出现；它们大有助于刺激民族发展的自豪心理；而这种心理经过一定时期后就促进了认真研究意大利历史的倾向。这类著作中的第一部，是特罗亚[③]关于早期中世纪的汇编。这个那不勒斯学者曾长期研究卡西诺山及其他寺院的档案。他的《中世纪时代的意大利》虽然是一部卷帙浩瀚且有残缺的著作，不过它对研究意大利史的发展，却极为重要。从穆拉托里以来，没有人曾这样彻底地考察过档案；他的巨大文献汇编使编写伦巴底王国的历史有了可能性。他写信给一个朋友说："我的任务是：记述事实——这是一种粗浅的历史，不配与维科和赫德的著作相提并论。"这种谦逊的意图——目的既不在于哲学，也不在于艺术——并未妨碍他发表自己的见解。他显示伦巴底人是一些野蛮人和暴君，教皇则是罗马法、拉丁语和基督教文明的保护人。该书指示出意大利应通过梵蒂冈以实现复兴的道路。

特罗亚对历史的态度获得他的那不勒斯同乡，即有学问的卡西诺山寺院修道院院长〔托斯蒂〕的共鸣；他欢迎彭茨和蒙森，勒南和格雷戈罗维乌斯来到他的山顶上的图书馆。托斯蒂[④]曾以编写

① 1282年8月31日，西西里人民在巴勒摩举行了反对法国统治者的起义。这次行动以晚祷钟声作为发难的信号，故有此称。——谭注

② 这两部书并非切萨雷·巴尔博所作，而是另一位意大利政治活动家阿泽利奥(Azeglio)的作品。——译者

③ 参阅马约基，《特罗亚》，1876年；德尔朱迪切，《卡洛·特罗亚》，1899年；和马克·莫尼埃，《意大利是绝地吗?》，第11章，1860年。——原注

④ 参阅勒南，《道德与批判论文》，1859年。——原注

关于他所主持的寺院的历史而知名；他关于卜尼法斯八世的论著维护了这个著名的教皇极权论者，称之为人道和意大利的卫士。他赞扬教会是代表精神而反对暴力；他从教廷和卫尔夫派[①]的背后看到了民主和民族性。他在1848年出版了《伦巴底同盟》，那是在革命爆发前几个月编成的。该书献给庇护九世；它表彰教皇为意大利反抗侵入者之领导人。“我以为这些篇章作为一项神圣礼物来献给圣座。请还给我们亚历山大三世[②]的旗帜。时机已至，人类正在等待您。”托斯蒂是属于不妥协的卫尔夫派。他认为意大利诸共和国的文明已达到为其他地方诸君主国家所不能攀登的高峰。意大利属于它的公民，而其他国家则属于它们的统治者。他以这样的思想来欢迎革命的年代，因而后来的反动时期使他深感失望。卡西诺山寺院被军队占领，寺院的住持逃去了。当法军的刺刀破坏了马志尼和加里波第的短命的罗马共和国，并恢复了教皇统治时，关于教廷代表自由和独立的这个梦想，就化为泡影。

费拉里[③]是一个才气远过托斯蒂的作家；但他们两人关于意大利历史的概念在若干方面是一致的。他于1840年离开本国；他的主要著作是用法文写的。他的《意大利革命》于1858年出版，是从西罗马帝国的倾覆到1530年佛罗伦萨共和国的垮台止这一时期的生动概述。他宣称，每个作家都寻找某种统一国家的原则；有些人求之于教廷，有些人求之于城市。事实上，所有争执的党派都是

① 卫尔夫派，意译为教皇派，它是12至13世纪间佛罗伦萨的大资产阶级政党，长期与吉伯林（意译为皇帝派）争权。1250年，卫尔夫派获胜，建立了大资产阶级的统治。——谭注

② 教皇亚历山大三世（1159—1164年在位），在任期间竭力维护教会独立，多次与日耳曼皇帝腓特烈一世和英国的亨利二世进行斗争。——谭注

③ 参阅勒南论文《意大利革命》，见《道德与批判论文》，1859年。——原注

在不同名称下属于卫尔夫或吉伯林派的。所以，在1000—1500年间发生的七千二百次革命和七百次大屠杀，只是这两个党派间的斗争。教皇与皇帝仅仅是象征而已。他的著作暗示：意大利历史上的流血和混乱状态都是真正的好事。他肯定说，意大利人自己从未愿意以这种狂热的生活来换取宁静的生活，因为这种永恒的沸腾情况是他们创造性成就所由产生的条件。西斯蒙第悲叹他所崇拜的自由之弊病——无秩序状态，但费拉里则不然：他以玫瑰花冠戴在这种状态的头上。他的著作缺少准确性和严肃性，因而克罗齐称他的思想为非历史的；但是他却空前大胆地重新展现出意大利城市生活的心理。

南意的最大学者是西西里的阿马里[①]。他初期的成功主要是因为他著作内的政治低调。他的《西西里晚祷事件史》于1842年出版，详细地叙述了这次叛乱，但尽管它长达千余页，它的作者却是一举成名。这部著作在他生前曾刊印过八版，并译成为好几国文字。在记述法国人被逐出的时候，他和他的读者都会想到那不勒斯的波旁王朝。该书是一部严肃的论著，对资料的批判是非常彻底的，但它的主题和它的成功使它受到了怀疑。阿马里因此被免职，并被传唤到那不勒斯去，但他却以为巴黎较为安全。后来他回到巴勒摩，任职于1848年的临时政府，在立宪运动崩溃后，他再一
404 次避难于国外。在流亡时期，他在巴黎各图书馆内研究阿拉伯文手稿。他的六卷《穆斯林在西西里》，是近代意大利少数突出的历史

① 参阅托马西尼《历史著作与批判》，1891年；德棱堡《一个阿拉伯学家的小品文》；安科纳，见《阿马里》，卷Ⅱ，1896年；和精装本：《阿马里诞生百周年纪念集》，1910年。——原注

著作之一，因为它阐明中世纪时代的黑暗角落，并填补了罗马与诺曼征服时期之间的空隙。在“千人义勇军”解放西西里后，他回到他的出生的岛上，担任了几年新王国的教育部长；死时年八十三岁。

南意少数分散在各处的学者在不利的情势下进行他们的研究，而在北意各邦学者们却进行了更有成果的活动。在北意第一个最著名的学者是切萨雷·巴尔波[①]，虽然他并不是皮得蒙学者中最渊博的。他以编写历史剧和小说开始了他的文学生涯。他的政治活动所得的结果是放逐；他寓居巴黎，用其闲暇时间编写了《意大利史》，其中两卷于1820年出版。好多年后，他自认，他从青年时代就梦想要编写自己国家的历史，但他的叙事也像特罗亚一样，只写到了伦巴底人的末期。可是，这本著作虽然几乎只是一部关于战争和侵入的编年史，它却作为第一部由意大利人所作的关于意大利早期功业的总结而受到欢迎，书中虽然缺乏更崇高的品质，但却以其洋溢的民族情绪而稍微得到补偿。1845年他为一部都灵百科全书匆忙编写的《意大利史概要》甚至获得了更大的声望。他的教训是：幸福有赖于独立地位，外族统治是民族精神的毒药。巴尔波像特罗亚和托斯蒂一样，把教会描述成民族独立的堡垒，但他同时也强调指出萨伏依王族的功绩。在其他举国知名的皮得蒙学者中间还有：斯克洛比伯爵和科皮[②]，前者著有意大利立法史，迄今还是必不可少的书；后者一生从事于续编穆拉托里的编年史。更重要的著作是利塔伯爵的《望族》，其中第一编专述斯福

① 参阅列梦，《同时代的人们》，第Ⅰ卷，1862年。——原注

② 参阅列梦，《传记小丛书》，1878年。——原注

尔扎家族[①]，于1819年出版[②]。他死于1852年，在这以前，他已写完百余个名门望族的历史；其中有：维斯孔蒂族、伊斯特族、美第奇族、贡扎加族和本蒂伏利奥族[③]。在利塔以前，意大利的家史都是一些伪造的东西。查理·艾尔贝特因其王族先人之缺点被揭露而发怒；这个历史家还受到奥国和皮得蒙的出版检查的为难。

切萨雷·坎图[④]与巴尔波属于同一学派，即在19世纪前半期
405 支配意大利历史学的自由天主教学派。坎图在伦巴底起着相似的作用。然而，他的影响不限于他的本省之内，因为没有人在以意大利史教导意大利人方面，写过这样多，并参加过这样多的活动。他关于14世纪的历史小说《马格里塔·普斯泰拉》(*Margherita Pusterla*)赢得了很大声望；他关于17世纪伦巴底的论著获得过曼佐尼的帮助；这本著作原意是作为《许婚》的注释。他一生的主要工作，是编写《意大利全史》；书分十二卷，叙述罗马建城到克里米亚战争止这一时期的半岛命运。关于宗教和文学、经济发展和社会生活的论述使它具有独特的价值。坎图行文冗赘，见解肤浅，不能深入观察历史成长的过程，但他却具有通俗化的艺术。

在拿破仑失败后的几十年中，佛罗伦萨是意大利精神上的首都。托斯卡纳政府也像其他政府一样，是反对思想自由的，但在那

---

① 斯福尔扎家族的祖先是意大利佣兵队长F.斯福尔扎，与米兰大公之女结婚，于1450年夺得米兰公国的统治权。——谭注

② 参阅列梦，《同时代的人们》，第Ⅱ卷。——原注

③ 维斯孔蒂家族于14世纪中叶两度统治米兰；伊斯特族，奎尔夫系的分支是15世纪长期统治费拉拉的家族，美第奇族是长期统治佛罗伦萨和托斯加纳的世家；贡扎加家族，是意大利北部的望族；本蒂伏利奥族是1462—1506年间波伦亚的实际统治者。——谭注

④ 参阅塔巴里尼，《历史的批判研究》，1876年。——原注

里的警察的活动较少，检查制度也不大严苛。19 世纪中期，在他的公民中间，卡波尼伯爵[①]以其学识、热诚与资财，为促进意大利历史研究所做的贡献比他的任何同胞都多。像巴尔波和坎图一样，卡波尼也属于自由天主教学派。在英国时，他曾痛感巨型杂志的重要性，想望以《爱丁堡评论》作模型，创办一种意大利杂志。后来，他得维厄苏的帮助而实现了他的计划；后者是一个侨居佛罗伦萨的有文化的热那亚人。1821 年《文汇》杂志开始出版；迫于检查制度，编者大体上只限于文学的论题；虽然如此，它却成为意大利学术研究的荟萃之所。二十年后，这两个人采取了一个更重要的步骤，创立了《意大利历史文库》(*Archivio Storico Italiano*)。起初，它主要是刊印文献，但很快成了一种真正的历史评论，并长久存在而能看到大批区域性杂志的诞生。在半个世纪时期内，卡波尼的住所是国内外学者的集会地点。他虽然是大公爵的顺民，也主张在教皇领导下实现意大利联邦计划，但他兼容并蓄，不同那些倡导更大胆的解决办法的人们进行争执。在近代意大利学术史上，最引人注目的人物，是托斯加纳人梅森那斯；尽管他中年失明，却从未丧失研究的热诚。他的终身工作是：编写他出生的城市和国家的早期历史。他积累了大量的资料，断断续续地编写，但他犯 406
了一个错误，即延迟出版。到 1875 年该书出版时，它已不能满足那个较多批判性的时代的期望了。像巴尔波和坎图一样，他也是始终显出对卫尔夫派的强烈同情。

关于威尼斯的历史，在好多年中都是从达律[②]的著作来研究

① 参阅列梦的精彩传记，《卡波尼》，1880 年。——原注

② 达律，法国史学家，有《威尼斯共和国史》，1819—1821 年。——译注

的，但当他的著作出版的时候，有两个学者正在该城内做研究工作，并打下了更深入观察的基础。1824年，《威尼斯碑铭集》第一卷出版；奇科尼亚[①]为此书曾长期艰苦地工作。由于这些研究成果，他的著作才胜过了达律。塞缪尔·罗马宁，特里雅斯特的一个犹太人，于1821年移居威尼斯，经过几年的探索，在1853—1861年间[②]出版了他的根据文献编成的《威尼斯史》，全书分成十卷。这部著作的价值，不仅在于它有新资料，而且在于它有论断；这些论断驳倒了达律的许多指责。这两个历史家的最大分歧点，是关于这场戏的最后一幕。那个法国人〔达律〕把共和国的倾覆归咎于它的腐败，而罗马宁则认为：它只是在武力压迫下才屈服的。

在意大利王国建立的同一世代或稍后一个世代的历史家中间，最著名的是维拉里[③]。1827年，他出生于那不勒斯，1849年移居托斯加纳，并在佛罗伦萨找到了他的终身工作。在十年期间他努力编写萨沃纳罗拉的传记；他根据对后者的著作和书信的研究，写成了第一部关于这个先知的详细论著[④]。他从未动摇过他的信念：即这个大布道师本质上是属于天主教的；他不愿使世界屈服于教会；他是意大利最光荣的思想家、英雄和殉道者之一。《马基雅维里传》是他们的更大的更重要的著作。1827年，麦考莱曾写道，"在马基雅维里的目的实现以后，他的坟墓和名字将受到尊敬"。这个预言应验了。维拉里作为一个统一意大利的公民，以感激的心情回顾了它的先知之一。他发现马基雅维里著作中的一贯思想

① 参阅列梦，《传记小丛书》，1878年。——原注

② 参阅《死者小传》(*Necrologia*)，由波里多里作，见第10卷内。——原注

③ 巴尔达塞罗尼，《维拉里传》，1907年。——原注

④ 《萨沃纳罗拉的生平及其时代》，1859—1861年，共两卷。——谭注

是要看到国家的统一，不受外来的控制。这本传记的观点虽然不是完全新的，但它却是以挑战的姿态出现的。卡波尼在不久以前曾指责这个《君主论》作者；外国学者还侮蔑他是意大利诈术的典型。但维拉里由于重建历史背景而有可能作出公平的论断；后来，托马西尼[①]的学术性著作也证实了这个赞许的评断。他的第三部重要著作：《关于佛罗伦萨最初二百年历史的研究》，在 1893 年出 407
版，并在 1904 年大部经过改写。该书是一组论文，以描写但丁时代的佛罗伦萨作为终篇。他对自己侨居的城市之爱护热情，有时竟打破了这个学者的审慎态度。“在中世纪黑暗时代，佛罗伦萨看来是一星电火，照耀着世界”。在 19 世纪意大利历史家中，只有他不仅能获得欧洲的声望，而且获得欧洲的公众。在政治领域之外，弗朗切斯科·德圣克提斯的《意大利的文学史》占得首位。

19 世纪西班牙产生的第一部历史著作之所以知名，倒不是由于写得好，而是由于选题好。洛伦托[②]的《宗教裁判所史》具有一种揭露内幕的辛辣气味。他是马德里宗教法庭的秘书，趁波旁王朝被逐，裁判所暂停活动的时机，借助官方文献未编写它的历史。该书于 1817 年以法文刊行，不久，出西班牙语版，曾被译成几国文字；它增加了信奉新教的和自由的欧洲对宗教裁判所的憎恶情绪；但书中资料的引用是武断的，因而引用本书时须极其审慎。几乎同样著名的，是康突的《西班牙阿拉伯人史》。在一个关于阿拉伯文知认很少的时代，康突被认为是掌握着研究阿拉伯史的钥匙。

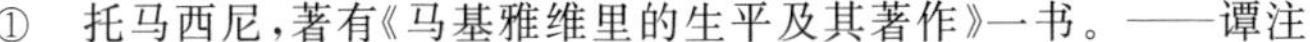

① 托马西尼，著有《马基雅维里的生平及其著作》一书。——谭注

② 参阅敌对的分析，见赫斐尔，《希梅内斯》第 XVIII 章，1844 年。美国宗教裁判所历史家 H. C. 利也揭露他的滥用数字。——原注

这个历史家被约瑟·波拿巴指派为马德里图书馆长，后来同法国人一起撤退到巴黎，直到1819年才回国，然后去世。他的著作在他死后立即出版，被译成几国文字，在一个世代里一直是一部权威著作。它的权威由于帕斯夸尔·达·加扬戈斯的精装本《马卡里的穆罕默德王朝》的刊印而第一次受到打击。但直到1849年多泽《西班牙政治和文学史研究》出版后，它才被证明是一座建筑在沙滩上的大厦。康突所知的阿拉伯文，几乎只限于字母。“他以无可比拟的厚颜，编造了几百个日期，虚构了几千个事实，而冒充它们是翻译出来的。更正这些差错，揭破这些谎言，比清扫奥吉亚斯[1]的牛棚还要困难”。这个伟大的荷兰阿拉伯学家在他的《研究》和
408 后来出版的《西班牙穆斯林史》里，驱散了僧侣传说的烟雾，从而使关于中世纪西班牙的批判性的历史有可能出现。他的最轰动的成绩，是重新展现锡德的真正性质和他历尽沧桑的一生。

在复辟时期的起初几年，也出现了关于西班牙君主国英雄时代的第一次认真的研究。王家历史科学院开始这个巨大工作：《未刊文献汇编》；它的出版现已超过一百卷：没有一个小国能够以这样的一种综合性著作或以这样早开始的著作而自豪。此书出版后，学者们才开始认识到锡曼卡斯的民族档案库的重要性[2]，并从那里汲取了许多材料。在18世纪，罗伯逊要求在那里为他的《美洲的征服》查考文献，但被拒绝；直到1843年盖夏尔才进入这个在巴利亚多利德附近的小村庄，抄写了腓力普二世的信件。在他之

① 奥吉亚斯（Augeas），希腊神话中的伊里斯王。他养牛三千头，三十年未曾清扫过牛棚。赫尔克里斯曾决心一天之内洗净它。——译者

② 关于这些档案的历史，有一篇很好的记载，见《历史评论》，卷XCVI。比较卡特赖特，《古斯塔夫·柏根洛特》，1870年。档案库现已移至塞维利亚。——原注

后少数外国学者也去过；他们都埋怨在那里所碰到艰苦的物质条件。柏根洛特和穆伦布勒歇尔来自德意志；京德利来自波希米亚；得·列瓦来自意大利；弗劳德和加第纳来自英国。柏根洛特在档案库花了十年光阴中最好的部分，损害了健康，并死于热病。在朝谒过这个神殿的少数西班牙人中，有拉富恩特[①]；他是第一部详细而又完备的西班牙史作者。他的著作分为三十卷[②]，在 1850 年到 1867 年间出版，赞扬西班牙君主国和教会。尽管他摒弃了旧编年史中的许多谬说，却没有充分的勇气拒绝一切谬说。他的笔调冗赘，像大多数南欧历史家一样。书中叙述的每一部分都已由于新资料的发现而被修正；该书并已被《西班牙通史》[③]所代替。这部通史是在卡诺瓦斯指导下由历史科学院成员编写的，于 1892 年开始出版。这个著名的保守派政治家也是一个学识渊深的学者，他的《腓力四世》诸卷，显示出他在研究和叙述两方面的才能。这部汇编中最出名的部分，是丹维拉-科利亚多所写的关于主张改革的统治者查理三世之附有文献的著作，后者是波旁朝最好的国王。

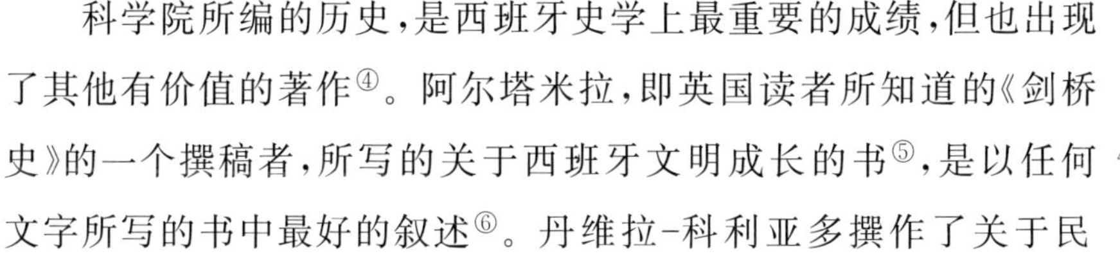

科学院所编的历史，是西班牙史学上最重要的成绩，但也出现了其他有价值的著作[④]。阿尔塔米拉，即英国读者所知道的《剑桥
史》的一个撰稿者，所写的关于西班牙文明成长的书[⑤]，是以任何 409
文字所写的书中最好的叙述[⑥]。丹维拉-科利亚多撰作了关于民

① 参阅他的《西班牙通史》，卷 XXX 中的详细传记。——原注

② 《西班牙通史，从远古至现代》。——谭注

③ 此书共十八卷，1892—1899 年出版。——谭注

④ 参阅《历史综合评论》，卷 Ⅵ、Ⅸ。——原注

⑤ 《西班牙历史与西班牙文明》，1900—1911 年。——谭注

⑥ 参阅《近代欧洲若干历史家》，施密特编，第一章。——原注

政权的论著[①];该书虽强调立法和行政方面,但它也几乎是一部西班牙史,从斐迪南和伊萨伯拉到1812年宪法止。费南德斯·杜罗关于无敌舰队的著作[②],揭示了这次出征的西班牙方面的情况。西班牙近代学者中最伟大的是梅嫩德斯-佩拉约,他在五十六岁时去世,是对欧洲学术界的一个打击,他比国内外任何其他作家更好地阐明了西班牙思想的发展。他关于西班牙异教徒的巨著[③],讲述了一段凄惨的故事;该书出版时,他才二十六岁。他的西班牙科学史和美学思想史以及他的无数文学论文,接触到了民族生活的许多方面。佩雷斯·加尔多斯是西班牙的沃尔特·司各脱;他的历史小说是任何历史概论所不能忽略的。他的《民族历史中的插曲》叙述从特拉法加战役起的国家命运之变幻,分成四十卷;它非常生动地描写了反拿破仑的反叛、斐第南七世的专制和卡洛斯派战争的残暴。

古与今的对照在任何地方都没有在葡萄牙那样鲜明,在任何国家中对过去的膜拜没有像葡萄牙那样缺乏识别力。在那里,认真的历史研究是从1846—1849年间埃库拉诺德卡瓦略[④]第一部著作〔《葡萄牙史》〕出版而开始的。该书四卷虽然几乎只涉及一个世纪,它很快就刊行了三版,但它不仅引起了注意,而且引起愤怒。他在序言里大胆宣称,爱国主义是历史家的一个坏顾问;他擦去了传说的镀金;至于若干古代传说,他连提也不屑一提。他表明:葡

① 《西班牙的民政权》,共六卷,1885—1886年。——谭注

② 《卡斯提尔-阿拉贡王国联合后的西班牙无敌舰队》,共九卷,1895—1903年。——谭注

③ 《西班牙异教史》,共三卷,1880—1881年。——谭注

④ 参阅多林格尔,《科学院演讲》,卷Ⅱ,1889年,和巴克斯曼,见《历史杂志》,卷Ⅸ。——原注

萄牙的历史并不像设想的那样英勇、光荣和独特。他由于强调摩尔人血缘的大量混入而损伤了他的同胞的最敏感之处。葡萄牙所引以自豪的少数几个学者都欢迎这部书，认为它是说明实际情况的一个忠实尝试；但许多批评家则攻击他是为外敌收买了的卖国贼，渎神者和路德教派。他尖刻地宣称，他本应该表明每一个葡萄牙人都相当于三个西班牙人，两个法国人，本应该相信那些通俗的传说和老妇的虔诚谎言。他的同胞的愚顽使他感到非常不悦，因而他未完成他的著作。在决心中止他所编的历史后，他转到另一
个几乎同样容易激动人心的题目。他关于葡萄牙宗教裁判所的成 410
立的巨著[①]，是完全根据未曾用过的法令和信件编写的。它比洛伦特的著作虽然范围较狭，不大出名，但却是一部更坚实得多的著作。骚泽有一次曾说，葡萄牙宗教裁判所是一个谋财害命的机构。这项控诉经过埃库拉诺的研究而得到了证实；他称自己所叙述的故事是一出犯罪的戏剧。他这第二部著作引起了强烈的敌意，以致使这位沃尔脱·司各脱的老崇拜者转到历史小说方面去了。他的《攸立克》是关于摩尔人毁灭西哥特王国的故事；它由海涅译成德文；并以节本形式刊印了法文版。埃库拉诺虽然受到他大多数同胞的漠视，却在他的门生的忠诚和景仰中得到了一些补偿，可是没有一个门生能达到老师的水平。

在瑞士[②]也像在葡萄牙一样，直到传说的迷雾被驱散，民族传统从属于批判性探究时，才有可能作认真的历史研究。科普[③]是一

① 《葡萄牙宗教裁判所的起源与确立》，共三卷。——谭注

② 参阅冯·韦斯，《瑞士史学史》，1895年，和费勒，《十九世纪的瑞士史学》，1938年。——原注

③ 鲁托尔夫，《科普传》，共三卷，1868年。——原注

个热烈的爱国者，虔诚的天主教徒；他完成了偶像破坏的工作。在卢塞恩担任历史教师的时候，科普曾编辑供学校使用的约翰内斯·缪勒文选[①]，他对这部“不朽”著作的热情颂赞，表明他内心中原是没有什么怀疑的。当他从事编写关于卢塞恩加入邦联五百周年纪念论文的时候，他的信仰才开始转变。他转到查阅档案时才发现：那些由缪勒天真地抄入他书内的楚第的故事，大部分是后来的虚构。他决心不接受任何没有早期证据的遗闻轶事。这个决心从根本上改变了瑞士历史的研究。他下一步的工作，是编辑一卷文献，在1835年出版。按照他的新说法，盖斯勒和退尔都不复出现了[②]。因而他使读者感到惊讶，但他的批判的洞察力使他扬名国外。在朋友的鼓励下，他决心叙述瑞士邦联的开始。关于奥国虐政和残暴的众所周知的故事被斥为无稽之谈；奥国人看到他对哈布斯堡·鲁德福的辩护时，感到喜悦。像这样没有爱国偏见的

688 411 一个历史家，当然在国外可以得到极大的赞赏；但是魏茨和伯默尔惋惜道，这样重要的一部著作竟写得这样坏；前者是最大的中世纪史专家，后者是作者最亲密的朋友。现在瑞士人已不再是从他的著作中，而是从那些吸收了他研究成果的课本中来阅读瑞士的历史。然而，爱国精神大部分渗入了研究各个州的领域，因为那以本州自豪的心理，是每个公民的本性。在促使过去时代感兴趣的各种影响中，还有康拉德·费迪南德·迈耶的小说。

1830年，即独立的比利时诞生那一年，开始了一个热烈的历

① 参阅亨金，《约翰内斯·缪勒》，共二卷，1909—1928年。——原注

② 盖斯勒(Gessler，Hermann)与退尔(Tell，William)，瑞士史中的传说人物。据说盖斯勒系奥国驻瑞士的行政长官，在1307年为威廉·脱尔射死；后者被称为争取瑞士独立反对奥国统治的民族英雄。——译者

史研究和写作的时期①。比利时的历史家一般以刊印资料，而不是以精彩叙事见长。他们的注意力大部分集中于紧要的16世纪时期。盖夏尔以其漫长生活之大部分时间来研究的正是这个时期。盖夏尔生于法国，少年时期来到比利时；1831年被派为新王国的档案总管。他刊印了沉默者威廉与腓力二世的多卷通信集，这使对这两大敌手的研究有了可能。虽然他的主要任务是发现并刊印资料，但他也编写了一本关于唐·卡洛斯的专著，一部18世纪比利时的历史，以及若干卷论文。刻文·德·勒登霍夫较为著名而远少批判性，他的《法兰德尔史》是在比利时出现的最大的叙述性著作之一。由于他的爱国热情，他轻率地投入了法国与城市公社之间的斗争旋涡。他的缺少判断力在他最出名的著作：《胡格诺与乞丐党》甚至表现得更加明显。这部著作是以好战的天主教的观点编写的，因而它把莫特利所描绘的图颠倒过来。他厌恶沉默者威廉，并辱骂他的支持者。1830年成功的反叛是朱斯特所选的研究领域。他关于"比利时君主国的开国元勋"的许多专著具有持久的价值，因为他使用了国王利奥波尔德、施托克马、凡·得·韦耶及其他有功于比利时独立的政治家的私人文件。在最近一个世代里，还兴起了一个使用法、德大学的专门方法的历史学派。由于这两个世代的认真研究，比利时最著名的历史家比伦才能编写出关于他国家的批判性的历史②。

格劳秀斯和荷夫特的国家〔荷兰〕密切地注意它的光荣历

① 参阅波特文，《比利时文学史》，卷Ⅳ，1882年，和《比利时全国传记集》。——原注

② 《比利时史》(*Histoire de Belgique*)，共六卷，1900—1926年。——译注

412 史[1]。盖夏尔在比利时所占的地位,在荷兰则是由格罗恩·凡·普林斯脱占据。他毕生大部分时间用于刊印 1688 年前的奥伦治家族的档案[2]。他是加尔文派教徒,王朝的热诚拥护者,因此他的论断不无可议之处,但他的导论和说明,确是对历史的一个真正的贡献[3]。弗莱因的声望更大[4];他是兰克的一个缩影;如果他曾编写过大部头著作,他的声誉会流传得更广;但大著作是否会像他源源不断出版的那些收录他研究成果的专著那样有用,还值得怀疑。他的最著名著作《八十年战争的十年时期》[5](1588—1598 年)于 1857 年出版,使他获得了莱登大学荷兰史教授的位置。他叙述的是沉默者威廉死后的关键时期。无论在学识、论断或文采方面,它都被认为是荷兰最完善的历史著作。他的论文和研究报告集十卷,主要涉及 16 和 17 世纪,是研究荷兰史上光荣时期的最可信的指南。弗莱因在莱登大学的接班人,是他的门生布洛克;后者的《荷兰人民史》提供了第一部关于民族发展的综合而又有批判性的概述。它在民族历史方面立即取得了地位,并享有译成英文、德文的荣誉。荷兰民族生活的各方面——政治和社会、宗教和文学、工业和商业——都受到注意,作者还不时停下来纵览全面形势。书

① 参阅布洛克的杂记《荷兰的历史编纂》,1924 年。——原注

② 《奥伦治-奈梭亲王未刊书信档案》,共二十七卷,1835—1917 年。——谭注

③ 参阅马开,《荷兰的宗教思想》,第一讲,1911 年。——原注

④ 参阅布洛克的颂赞,《宣传研究》(*Verspreide Studien*),1903 年和拉克法尔,《历史杂志》,卷 XCVIII。——原注

⑤ “八十年”,指自 1568 年尼德兰革命爆发至 1648 年威斯特发里亚和约西班牙承认“联省共和国”这段时期。“十年”指 1588 年,西班牙无敌舰队舰为英国击溃至 1598 年。西班牙对法国胡格诺战争干涉最后失败。——谭注

的最后一卷是描述 18 和 19 世纪的，它为近代史上很少为人所知的一章提供了可喜的图景。赫鲁恩·范·普林斯特勒尔在前一世代所树立的榜样，由雅比克斯和科伦布兰德继承；他们刊印了关于奥伦治家族后期历史的多卷集资料。

丹麦历史研究的创始人是阿伦[①]，即第一部丹麦近代史的作者，这部著作的法文译本曾长期是外国学者的独一无二的指导书。他的《北欧三王国史，1497—1536 年》，虽然内容仅是总结已知的事实，却是他长期探索的成果。服索厄选择了斯堪的纳维亚的早期史作为题目。从丹麦的太古时代起，他追述了诺曼人到英格兰、 413
苏格兰和爱尔兰的过程[②]，继之，他概述了丹麦对英格兰和诺曼底的征服[③]。他的著作译成为英文和德文，在一个世代里是北欧海盗的主要知识来源；由于插图丰富，它引起了对古代斯堪的纳维亚研究的兴趣。斯腾斯特鲁普在他的基础上，但使用了较多批判的方法，编写了关于诺曼人的巨著；它的后面各卷显示出，斯堪的纳维亚影响在英国的遗迹比一般曾认识到的要多得多。关于丹麦人的历史，现在可以阅读在 1897 年开始出版的那部集体著作[④]，其中有斯腾斯特鲁普、弗里德里希、欧斯拉夫、爱德华·霍尔姆及其他宿学之士的撰稿。

① 参阅斯腾斯特鲁普，《十九世纪丹麦的历史编纂》，1889 年，和乔根生，《十九世纪丹麦的历史研究》，1943 年。——原注

② 英译本书名《记在英格兰、苏格兰和爱尔兰的丹麦人和挪威人》(*Account of the Danes and Norwegians in England, Scotland and Ireland*)。——谭注

③ 英译本书名《丹麦人征服英格兰、诺曼底史》(*The Danish Conquest of England and Normandy*)。——谭注

④ 《丹麦王国史》，共八卷，1897—1907 年。——谭注

瑞典历史研究的创始人是盖吉尔[①];他是教授、诗人、政治家和经济学家。1832 年,他出版了第一部关于他国家的通史。该书略述中世纪时期后,就放宽幅度来描写古斯塔夫·瓦萨[②],而后详细讲述古斯塔夫·阿尔道夫的事业;并以他的女儿克立斯提那[③]的退位结束。这部著作成为一个全民族的财富,译成为好几国文字。后来他的门生卡尔逊继续编写;加上了第 5、第 6 卷[④],但在完成查理十二统治史以前即死去。弗律克塞尔,即瑞典的弗赖塔赫,由于编写《瑞典史故事》而使历史研究通俗化,在这方面,他所做的工作比任何其他作家为多。该书于 1823 年开始出版,第 46 卷在半个多世纪以后才完成。虽然这部著作越到后面学术性越强,但它始终没有达到高度的学术水平。在活着的瑞典学者中间,没有人在重要性和影响上能与哈罗德·赫耶纳相提并论;他现任乌普萨拉大学的盖吉尔和卡尔逊讲座教授。

近代第一个挪威历史家,是鲁德福·凯塞尔;他的著作以及他在克立斯提尼亚大学的演讲引起了对斯堪的纳维亚古代和中世纪史的兴趣。他最杰出的门生明希曾帮助他的老师刊印挪威古法律,他本人也挖掘出大量资料。明希的主要著作是《1397 年与丹麦联合前的诺曼人民史》八卷集;该书是挪威历史研究中最重要的巨著;其中对社会和文化的注意不少于对战争和政略。他的研究也不局限于自己的国家;他是在罗马城研究文献手稿时死去的。他

① 参阅尼尔逊,《盖吉尔》(*Erik Geijer*),1902 年。——原注

② 古斯塔夫·瓦萨即古斯塔夫一世。在位期间(1523—1560 年)加强王权,支持宗教改革,宣布王位世袭。——谭注

③ 克立斯提那于 1654 年退位,查理十世·古斯塔夫嗣立。——谭注

④ 盖吉尔与卡尔逊编写的通史,名《瑞典史》,共七卷,1832—1908 年。——谭注

是条顿语言学专家；格林也承认他的才识；他关于语言、神话学和历史的演讲引起了对诺曼文明的广泛兴趣。亚历山大·巴格所选的研究领域是关于“北欧海盗”活动的时代；萨斯批判地论述了在丹麦统治下挪威历史的屈辱时期。 414

俄国第一个本民族的历史家是卡兰姆津[①]。在叶卡捷琳娜[②]和保罗时代，他曾是一个自由主义者，并有一些世界主义的倾向，但后来他认为俄国是独立于并优越于西方国家的另一个世界。他在这种“斯拉夫本位主义”(“斯拉夫派”)的精神下着手工作，少谈它的野蛮状况，并在他的叙述中加上了幻想的浓墨重彩。他未来著作的基本论点已在一篇《古代与近代俄国》论文里提出；他赞扬专政原则而攻击立宪理论。有种种原因促使他的庇护人亚历山大一世放弃自由主义，并导致斯彼兰斯基的倾覆[③]。这本书也是原因之一。《俄罗斯国家史》，分为十二卷[④]，在1816到1829年间出版。他把俄罗斯早期的一些国王描写成专制统治者，而把那个使俄国人摆脱鞑靼统治的伊凡三世说成是理想的君主。他的书一直被称为专制政治的史诗。教会是王座的砥柱。“信仰是国家的基本力量之一”。普希金把这第一个史官说成是古俄罗斯的哥伦布，索洛维约夫称赞该书是雄壮的诗篇。的确，他是在几乎没有海图

① 关于卡兰姆津的评论，见赖因霍尔德和瓦利舍夫斯基编的《俄国文学史》和培品，《十九世纪上半期俄国的思想运动》，第4章，1894年。马佐尔，《近代俄国史学大纲》(1939年)是最好的概论。——原注

② 以前译喀德林。——译者

③ 斯彼兰斯基(1772—1836年)，于1808年后受沙皇亚历山大之命，草拟改革方案计划实施立宪，并限制地主对农民的专横统治，遭到大农奴主反对，于1812年被流放。——谭注

④ 此书只出版了十一卷，其第十二卷因作者逝世，未能完成。——谭注

的洋面上航行，但无论在学术性和论断方面，他都没有达到高水平。他文字优美，但缺乏批判能力；他接受权威而不予鉴别，对人民的生活很少注意。

俄国第二个鼎鼎大名的史家是索洛维约夫[①]。他使卡兰姆津的著作被束诸高阁。他的〔《俄国通史》〕第一卷于 1851 年出版；以后每年出版一卷。1879 年他死时，第 29 卷已几乎准备付印。卡兰姆津叙述到 1611 年，索洛维约夫则叙述到叶卡捷琳娜二世统治时代。他仔细探究档案，他的著作是对于已有知识的一项总结，也是它的一项增补。虽然他充满尊重古代的浓厚情感，但他认为俄国人对西方文化的向往是自然而又值得称赞的。在答复卡特柯夫和莫斯科“斯拉夫派”的文章里，他主张：俄国人是欧洲人；没有什

415 么欧洲的东西对他们是陌生的。他强调彼得大帝的改革是必要的；并表明这项改革怎样自然地从过去演变而来的。他能够理解并同情自由派和“斯拉夫派”的理想，这标志着一个巨大的进步；他还把社会、经济和文化因素考虑在内。他的俄国史简编负有盛名，该书只有一册，于 1859 年出版。它的法文译本使外国人能估计它的作者的成绩。老一辈的历史家们被克柳切夫斯基代替了；他是俄国最大的历史家，在莫斯科多年从事卓有成效的活动后，他被说服修改并出版了他的讲义[②]。他不想在详述政治和战争方面同他的老师索洛维约夫较量短长，在很大程度上也忽略了外交；他擅长于叙述人民的社会和经济生活。还有大量的资料从公共档案以及

① 参阅克利尔的献辞，见《历史杂志》，卷 XLV 。——原注

② 《俄国史教程》，共五卷，1904—1922 年。——谭注

现在英文译本，分为五卷。参阅《近代欧洲若干历史家》，施密特编，第 9 章。——原注

伏朗佐夫和其他大家族的档案中涌现出来。得·马腾斯花费了四十年时间来编辑俄国与外国缔结的条约[①]，从而使编写俄国外交史成为可能。很少有人利用这样积累起来的资料来编写综合性的著作，这部分地是由于实施出版检查条律的缘故。瓦利舍夫斯基关于帝王（从伊凡雷帝到保罗）的精彩传记获得了欧洲的读者[②]。比耳巴索夫原来打算编写十二卷关于叶卡捷琳娜二世的著作；但其中大部分被砍掉了，那是检查条律所造成的最大的损失。这部著作除了它的大量参考书目外，迄今还是手抄本。赫鲁晓夫斯基用乌克兰文编写了乌克兰史的巨著[③]；这部著作类似帕拉茨基的波希米亚史。俄国的历史研究还由于驱逐或流放著名学者而遭受了损害。维诺格拉多夫避难于牛津。米留科夫[④]，研究俄国文化的自由派历史家，在被剥夺他的教授位置后，参加了政治活动。沙皇统治下阴沉的蒙昧主义高压在历史研究之上，正像它压着民族生活的其他各个部门那样。

波兰历史家，像波希米亚历史家那样，是在屈从外国政权检查律的限制下进行写作的。他们所遭受的苦难，可以用勒勒威尔的经历作为例证[⑤]。在维尔纳任历史教授时，他已鼓起他的学生的

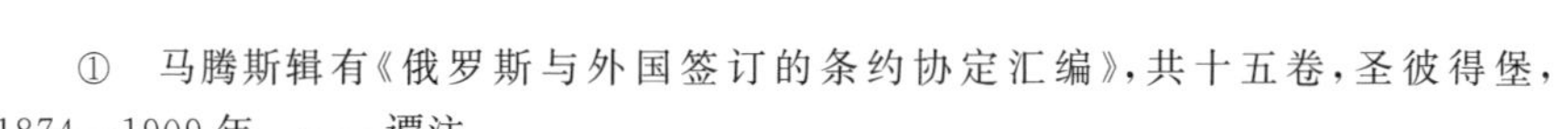

① 马腾斯辑有《俄罗斯与外国签订的条约协定汇编》，共十五卷，圣彼得堡，1874—1909年。——谭注

② 瓦利舍夫斯基撰有：《伊凡雷帝》、《彼得大帝》（共二卷）、《女皇叶卡捷琳娜二世传奇》（共二卷）、《保罗一世》、《亚历山大一世在位时代》，共三卷，均有法、英文译本。——谭注

③ 《乌克兰民族史》，共八卷，1898—1917年。——谭注

④ 米留柯夫，巴·尼·（1859—1943年），俄国史学家，立宪民主党首领。流亡国外后出版有《俄国史》（共三卷，1932—1933年），《俄罗斯文化大纲》（共三卷，1942年）等书。——谭注

⑤ 参阅尼采曼，《波兰文学史》；摩斐尔，《波兰》，章XIII，和腾平斯基、哈勒基和汉德尔斯曼，《波兰史学》，1933年。——原注

爱国热情,因而在取缔秘密结社时他失去他的职位。1830 年革命爆发后,他当选为民族政府的一个成员。革命失败后,他逃亡巴
416 黎,再转到布鲁塞尔,在那里消磨了他最后的三十年生活。他的《中世纪的波兰》不足之处在未能看到档案;这个热烈的民主主义者在早期波兰史中所看到的人民的影响比它们实际存在的要多。尽管如此,他仍然是一个杰出的人物;他的学识和爱国精神在他的故国仍被人们怀着感激的心情纪念着。密茨凯维支的诗篇,克拉舍夫斯基和显克维支的爱国小说[①],则比任何学究气的历史家都更有力地唤醒了民族的兴趣。

除了在波希米亚外,历史研究没有比在希腊产生过更大的影响。在逐出土耳其人后,希腊仍处于穷苦和愚昧的状态中;因而有教养的希腊人只能以追念它的古典文明作为慰藉。但正在这个解放的时候,有一个巴伐利亚人叫法尔麦拉耶,否认了希腊人的人种继续性,从而使学术界深感惊讶:他宣称,近代"希腊人"实际上是斯拉夫人。希腊人痛恨这项攻击性的论断;他们欣然看到霍普夫、芬莱、辛开森和赫茨堡对他这种怪论的反驳。帕派里哥波洛斯以希腊生活的无间断的连续性作为他的著作的论旨。1837 年当雅典大学创立时,他由于答复法尔麦拉耶的文章及其他历史论文而获得了希腊史教授的位置。在 1865—1876 年间,他出版了他的〔希腊〕历史[②],其中包括了他毕生研究的成果。像其他"民族性"

① 密茨凯维支(1798—1855 年),波兰革命家,诗人。所作叙事长诗《塔社施先生》是传诵一时的名篇。克拉舍夫斯基(1812—1887 年),波兰小说家、历史家,著有历史小说及研究波兰古文化的论文。显克维支(1864—1916 年),波兰爱国志士、文学家,其代表作是描写 17 世纪波兰人民反异族侵略斗争的小说三部曲:《火与剑》、《洪流》、《伏沃迪约夫斯基先生》。——谭注

② 《从远古至现代希腊人民史》,共五卷。——谭注

历史著作那样，它具有一种申辩书的缺点，即强调希腊人的文化和英雄主义，而夸大其压迫者的罪恶。在他的简明的《希腊文明史》中，他重申自己的主张；该书的希腊文版和法文版于 1878 年同时出版。他宣称，外国学者几乎不能认识到近代希腊人与古代希腊人之间的密切关系。西欧过去使希腊受了委屈，现在它必须帮助这个小国合并所有希腊血统占优势的地区。希腊的学生和教师们对他们国家的史诗的传统，都是充满热情的。比克拉斯[①]宣称，“现在希腊人所具有的无论在形体或智慧方面完全属于希腊性质的特征，都是我们民族的活力强度的一个光荣证据”。在青年一代希腊作家中，没有人能像安德雷亚德斯[②]那样闻名于西方世界；他是东南欧财政经济史的主要权威。在罗马尼亚，研究拜占庭帝国、奥斯曼帝国和罗马尼亚人的历史家若加，是无与伦比的。在巴尔干国家中，近百年来的战争和革命造成了不利于安静的教学和研究的环境。

① 《关于基督教希腊的七篇论文》，1890 年。——原注

② 安德雷亚德斯（Andrèadès，A. M. 1876—1935 年）的代表作有《希腊经济发展史》、《英国银行史》等。——谭注

417

第二十二章　古代东方

古代东方的复活是19世纪最动人视听的事件之一。现在我们才知道，希腊和罗马并不是接近有记录的历史的发轫点，而是一系列成熟的文明的继承者。我们的整个看法改变了。古代东方已经不仅仅是走向基督教欧洲的前厅，是按持续时间说占据有记录的历史的较大部分[①]。

I

古埃及遗迹的发现，开始于1798年拿破仑的远征。对这个古国一知半解，来自它分散在欧洲各国首都的方尖碑和木乃伊，以及游记中所引述的事情；但对于它的生活和艺术、宗教和科学的兴趣却早已丧失。伴随法军到埃及的几个学者的观察，被记录在一系列宏伟卷帙里，但铭文由于不可理解而被转写得错讹百出，以致对语言学家没有什么用处。更重要得多的是：一个法国军官在尼罗

① 参阅达姆斯特泰尔：《法国的东方研究》，见他的《关于东方论文》，1883年；霍格思：《资料与考古学》，1899年；希尔普勒希特：《圣经地区的探索》1903年；《剑桥古代史》，卷Ⅰ，第3、第4章，1923年；凯尼恩：《圣经与考古学》，1940年；法因根：《来自东方的光明》，1946年；西兰：《众神、坟墓与学者》，1949年；丹尼尔：《考古学的百年》，1950年；沃利斯·巴奇：《尼罗河与底格里斯河畔》，1920年；舍斯：《回忆录》，1923年以及皮特里：《考古学的七十年》，1931年，都是有用的。——原注

河口罗塞塔为造工事而挖坑时发现的一块损坏了的石板；这块石板现藏大英博物馆。这就是罗塞塔石碑，铭文内有公元前 197 年的一项关于赐给显赫者托勒密[①]以荣典的祭司令，用希腊文、埃及圣书体〔正体字〕和民书体〔俗体字〕[②]写成，提供了一把理解古埃及历史和文明的钥匙。但是谁能用它来开锁呢？西尔韦斯特·德·萨西和瑞典人阿刻布拉德首先进行这项研究；他们猜出了俗体字中的几个字母，并认明在两种碑文中有似乎相当于专名的几组单字。他们认为，铭文不会完全是象形文字，因为一个外来的专 418
名不能以一个形象来指示；但他们拈出了专名而不能确定它们的组成部分。另一次较成功的尝试是由托马斯·杨，即光线波动说的创始人所作出的；他认出了那些相当于 n、f、p、t、i 的音符。用马斯伯乐的话说，杨看到了乐园的景色，但从未走进那里。

这个谜是被商博良[③]猜中了，因而他成了埃及学的泰斗。在学术史上谁也不像这个才子的短暂经历那样令人惊奇。像施利曼在童年时梦想特洛伊城那样，商博良的思想转向埃及。这个十一岁的儿童认识了那个参加过法军远征的医生傅立叶以后，研究他所收集的东西，并欢喜若狂地倾听这个旅行家所讲的故事。十四

① 显赫者托勒密（Ptolemy Epiphanes，约公元前 210—前 181 年），埃及王托勒密五世（在位期约公元前 203—前 181 年），他免除僧侣团体的捐税，因而祭司为之立碑颂扬。——译者

② 埃及圣书字（Hieroglyphics），通译埃及象形文字。古埃及有三种字体：圣书体（正体）、祭司体（草体）、民用字（俗体）。圣书体多半用在碑铭上，祭司体多半写在草纸上。圣书体起源最早，民用字最为晚出。三体之名是从古希腊流传下来的。——译者

③ 参阅哈特尔本的《大传记》，共两卷，1906 年。——原注

岁时，他偶然看到一本科普特[①]语的文法，于是他专心致志地研究它，并相信它可能包含那探索未知文字的关键。在巴黎，他在西尔韦斯特·德·萨西指导下，做研究工作，学习阿拉伯文和其他东方语言。当他转到罗塞塔碑问题时，他注意到：某种草纸卷开首所描写宗教场面，他也在圣书字铭文的开头看到过。他猜想原文也可能是一样的，于是他就找出了圣书字中的相同符号。在未读出一个单词以前，他已发现，草纸卷上的文字仅仅是圣书字的草书体。他就从圣书字转到钻研草书字，并以证明了下列专名：柏勒奈西[②]、亚历山大和克娄奥巴特拉[③]；于是他认识了十九个字母；从而他能部分地读出埃及俗体字。他再回到圣书字，并从若干国王名字旁所加的花边[④]里获得了发音字母。这些从铭文里探索出的字，给他一系列很像熟悉的科普特语的词。这样，埃西斯[⑤]女神的面纱就被揭开了。他曾指出：圣书字中约有十分之九是标音的，十分之一是象形的，三种书写形式：圣书字体〔正体〕、祭司字体〔草体〕、民用字体〔俗体〕、构成一个单个的体系。在这以后，统治者的名字可以认出来了，王朝和纪念物也可以各归本位了。达姆斯特泰尔把商博良研究工作又快又好的成绩比诸第一执政的功业[⑥]。贬

① 科普特，原意为阿拉伯人对埃及原有居民的称谓，后来指信仰科普特派的基督教徒。科普特文采用希腊字母，但吸收了六七个埃及民用体字为希腊文之“埃及”变体，一般用于宗教仪式。——谭注

② 柏勒奈西(公元前28？—70年)，犹太女王。——谭注

③ 克娄奥巴特拉(公元前69—前30年)，古埃及女王，以其美艳博得恺撒与安东尼之欢心得拯救其国。克死后，埃及乃为罗马所灭。——谭注

④ 花边(cartouche)，(埃及)王及神的名字周围所加之轮形(常用于纪念碑上)。——译者

⑤ 埃西斯，古埃及主神之一，丰收女神。具有很大的神通，法老被认为是她的儿子。——谭注

⑥ 指拿破仑远征埃及的事业。——译者

低他的劲敌的成绩，但商博良却能毫无困难地指出，他的字母除了
5 个符号外都是错的。西尔韦斯特·德·萨西赞赏他的门生的成
功，但克拉普罗特痛斥他伪造原文。“这样的一个奇迹不是人的批
判精神而只是神的直觉才能做到；而我们竟被要求相信：一个学者
在几年以内能单独做出了理性和常识证明是不可能的事情”。这 419
个轻蔑的攻击却成了最高的颂赞，因为商博良 1822 年的《给达西
埃的信》和 1824 年的《圣书字体系纲要》所宣布的发现，似乎是出
乎人力之外的。他被聘为格勒诺布尔大学教授，但 1826 年他回到
巴黎，担任埃及博物馆保管人。当时，他已研究过宝贵的都灵纸草
卷；这纸草卷列举了埃及国王的名字，直到拉美西斯二世。1828
年，在法国和托斯卡纳政府支持下，他和洛塞利尼同到埃及游览。
这次游览使他的健康受到损害，但 1829 年当他回到巴黎时，已经
为他设立埃及考古学讲座。他只发表了他的就职讲演，于 1831 年
死去，年四十一岁。商博良在使古代东方重现于近代世界方面，作
出了最伟大而又最早的成绩。他的《埃及古迹》即他旅行的成果，
在他死后出版；接着又出版了他的《埃及文文法》和《埃及圣书字字
典》。他的最高功绩是译解了圣书字。他没有完全掌握埃及俗体
字；这一个难关最后是由布鲁格希攻破的；掌握这种知识并不是迫
不及待，因为埃及最重要的铭文都是用圣书字写的。

莱普西乌斯[①]在埃及学上又跨进了一大步。从戈特弗里德·赫尔曼学习了正确的方法后，他进入哥廷根大学内奥特弗里德·缪勒的学术讨论班，决定研习语言学的考古方面，而不学文法方面。他觉得需要了解整个古代，所以去听黑伦、埃瓦尔德、博赫和

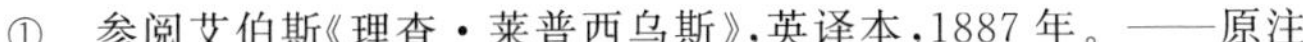

① 参阅艾伯斯《理查·莱普西乌斯》，英译本，1887 年。——原注

博普的讲课。他的博士论文的选题是《攸古比铜牌》(*Eugubian Tablets*);就是15世纪在谷俾奥[①]地窖中所找出的七块铜牌。铜牌上的铭文原是一种意大利语的最古文献,所以它们使解释翁布里亚人语言有了可能,并阐明了他们的仪式和宗教。这些铭文已由奥特弗里德·缪勒在关于埃特鲁斯坎人的著作里分析过;正是由于这个可爱的老师,莱普西乌斯的注意力被吸引到那里。他使问题的讨论远远超出缪勒达到的水平;他证明了他对释解未知语言的本领。在巴黎一年,他完成了他的学生生活,在那里他听过勒特伦的讲课;后者对商博良的许多研究结果提出了质疑。他被本森邀请到意大利去,本森希望他研究埃及语言。在接受邀请之前,他决定考查一下商博良的著作是否建造在坚实的基础上。他考察
420 的结果是使他满意的;他突然悟到在埃及学方面大有可为。他先学习科普特文,然后钻研埃及俗体字和圣书字。本森和洪堡像父亲般地关心他,并从柏林科学院为他领到了一笔补助金。罗塞利尼也把自己的研究成果送给他;他还被准许查阅商博良的手稿。在遍查巴黎的资料后,他去查都灵的珍藏,首先是关于埃及国王名表的纸草卷。本森相信,他已经找到商博良工作的继承者。当时本森正在计划编写《埃及在历史上的地位》一书,因而切望获得这个年轻学者的协助。这个计划虽未实现,但两人之间结成了终生的友谊。

1837年莱普西乌斯发表了他的《给罗塞利亚的信》,证实了商

① 谷俾奥(Gubbio),古称攸古比,意大利中部古城,1444年在该城发现的九块青铜板,刻有翁布里亚人祭祀丘比特等神之祈祷文及仪节,对研究古代意大利宗教具有重大意义。——译者

博良的主要发现，并摒弃了批评他的人使用的方法。开放这个宝库的大门，成为让大批业余研究者涌入的信号。他的功绩在于坚持应用严格的批判原则，扫除幻想和空论。1842 年，他写出了《帝王书》(*Book of Kings*)草稿；他在游历埃及后，对该书加以补充。他还研究神话学；把混乱的众神排成有秩序的等级。在第一次游览都灵时，他已认识到：在纪念品、木乃伊和纸草卷上的宗教文献大部分是属于一种被他指称为《亡人书》的著作。为了理解神话学，显然需要对它进行彻底的研究。1842 年，他出版了都灵纸草卷摹本；虽然这是一种后期而又有差错的摹本，但它继续保持它的地位，直到四十年后那维尔出版了它的最好的原文。当莱普西乌斯请求本森替他设法得到游历埃及的资助时，这个公使同意尽力为之。洪堡支持了这项申请；1840 年腓特烈威廉四世的登基使这项计划得以实现。柏林大学还为他设立了埃及学讲座。于是一个私人旅行计划发展成为科学考察队的计划。

1842 年底，莱普西乌斯在埃及登陆时，已经学到欧洲所能提供给他的一切。穆罕默德·阿里准许他自由发掘，而且表示普鲁士王需要什么，他就赠送什么。考察队送回本国的古物和石膏模型约有一万五千件，包括来自孟斐斯的三座古墓，来自底比斯和斐利[①]的圆柱以及方尖碑、雕像、石板、纸草卷和其他无数古物。这个考察队继续工作了三年时期；关于这方面的故事，由它的领队记述在他的《埃及、埃塞俄比亚和西奈半岛通信》里。他长期逗留在孟斐斯，探究古王国，发掘了百余座坟墓，把十二王朝与十八王朝

① 斐利，在第一瀑布附近，今阿斯旺水库区，有托勒密二世所建埃西斯庙，庙前有巨大塔门及圆柱，柱上有铭刻。——谭注

421 分开，确定了喜克索人入侵的日期，并研究了金字塔的建造方法。斐利的铭文，使他能够确定托勒密朝诸王的顺序。他最早研究了尼罗河流域第一瀑布外的地区，他参观过麦洛伊[1]，并发现了埃塞俄比亚的文明。他在底比斯花了六个月的时间，赞赏埃及十八和十九王朝统治者的丰功伟业。在游历西奈半岛后，他满载宝物返国。他的收获超过了他的最高期望。于是，他被聘为柏林埃及博物馆馆长，实际上他是这个博物馆的创始人；普鲁士王还拨了经费出版他的研究成果。该书分十二巨册刊行，约有图版千幅。他的《埃及和埃塞俄比亚古迹集》是一座极其丰富的铭文、地图、略图和画片宝库，其中很多是彩色图。页边还注明地点和朝代，但未附释文。《帝王书》的编写，开始于他的埃及旅行之前，出版于1852年；因此它几乎是一部必备的姐妹篇。用艾伯斯的话说，《古迹集》必然永远是研究埃及学的最基本的著作。

如果我们没有坚固的编年学基础，就不可能清楚地理解埃及史。莱普西乌斯的论著《埃及人的编年学》于1849年出版；它不仅是根据对古文献的研究，而且企图恢复曼涅托的佚著[2]；曼涅托是托勒密王朝的历史家，他的片断摘要散见于后来的历史家著作里。虽然莱普西乌斯不想编成一部叙述性著作，但他坚实地勾画出埃及史的轮廓。他在晚年从事于不间断的研究和旅行。1866年重游埃及时，他发现了卡诺帕斯碑，那是用圣书字、民用字和希

---

① 一译梅罗伊，为古代埃塞俄比亚首府。——译者

② 公元前3世纪埃及托勒密王朝祭司曼涅托用希腊文写成《埃及史》一部。其书久佚，公元1至4世纪罗马作家约瑟夫·弗拉维优斯，优塞比乌斯书中有简短摘录。传世的片断中有三十个王朝法老名表，并附有依年代记载的日期，具有很大的史料价值。——谭注

腊字写的长篇铭文;它证明按相同的原则来释解罗塞达碑及其他铭文的方法是正确的。七十岁时,他出版了《努比亚文文法》;这项工作在他游历埃塞俄比亚后就已开始进行。在该书的导论里,他广泛地论述了非洲的民族和语言。1884 年,七十四岁,莱普西乌斯死去,他一生忙到最后一刻,名满世界学术界;他对埃及学所做的工作,除了它的创立人外,比任何人都多。他的审慎的方法和精确的学识使他的著作特别坚实。除了布鲁格施外,那些继续他的工作的德国大学者:埃贝斯和杜密坎、埃曼和维德曼,都是他的门生。马伯乐在他死时写道,"莱普西乌斯是我们英雄时代的最后残存者之一。他长期以来是我们大家的老师。我只希望,在我死时, 422
人家认为我为我们的科学所做的工作能等于他所做的一半。"

在莱普西乌斯从他的第一次考察旅行返国后不久,马里埃特[①]被罗浮博物馆派到那个和他的名字永远联系着的国家去。几个星期后,他发现有一条立着一百四十一座狮身人面像的大道,通往孟斐斯附近的塞拉比尤姆(Serapeum)即奥西里神庙。神庙已经毁灭,但还有许多巨型地窑留存,在那里埋着神牛石像。他还找出六十四座坟墓和无数铭文及艺术品,包括从十八王朝到托勒密王朝时期。于是他挖出基泽的狮身人面像神庙。1853 年,他回到巴黎,意图出版他所发现的全部记载。他虽然很快把它们分类成编,但他太缺少学者的修养,不能作出正确的解释,因此只出版了一篇简述。1857 年,他被埃及王指派为古物管理委员,并在布拉克建立了博物馆。他在孟斐斯和萨卡拉找到了几百座坟墓,挖掘了阿

① 参阅马伯乐的《传略》,见马里埃特:《杂文》,卷Ⅰ,1904 年,和查姆斯:《埃及》,1891 年。两人都是他的知交。——原注

拜多斯城[1]遗址，在登得拉和伊德富探索了托勒密朝的诸神庙；并清查出底比斯附近山中的默狄涅-哈布和特尔-埃尔-贝哈里的宫殿[2]。虽然他的技术粗糙，他却是第一个、又是最大的发掘家。他认为这个博物馆是他的最大成就。他知道在那里最能表现自己的特长，所以拒绝接受法兰西学院埃及学讲座的聘书。他的忠诚的朋友和同行布鲁格施说过，“马里埃特与其说是一个学者，不如说是一个诗人。他不擅长译解圣书字，他也很了解他的翻译不太可靠。他自己承认，他绝对没有这门科学的语言学方面的才能，因而深自慨叹”。

马里埃特是与商博良、勒普瑟并列的第三个埃及学大家。他的最高成就是揭示了古王国，关于这方面，他已被正确地称为哥伦布。在萨卡拉，他发现了第六王朝的陵墓；并找出了古王国最早的长篇宗教文献；而《亡人书》是属于中王国和新王国时期的。他证明：古王国的艺术和文明绝不是原始的，而是高度发展的；它本身就是许多发展时代的顶点。达姆斯特泰尔写道，“马里埃特所要进行的斗争，不仅是对未知的东西，而且是对自然界和人们。他胜利
423 的三十年是同疟疾、愚蠢、冷酷和偏见的无休止的而又猛烈的冲突年代。他必须使用非凡的外交手腕，迫使这些持有的宝藏愚昧的人了解它们的价值。发现的垄断权使埃及的古迹避免了愚昧的那种彻底的破坏，而另一世纪的旅行者和古董投机商是会造成这种破坏的。”在他死时，埃及王赐给花岗石棺以殓其遗体。“他长眠在

① 阿拜多斯，在上埃及尼罗河西岸。在这里发现了塞提一世所建奥西里神庙，拉美西斯二世所建之庙及走廊上的书板(Tablets of Abydas)。——谭注

② 默狄涅哈布的宫殿是反映埃及艺术暂时复兴的第二十王朝时代作品。特尔-埃尔-贝哈里有十一王朝，十八王朝的庙宇。——谭注

他的博物馆的入口处，即由他的天才所恢复的四千年历史的进门处，由从塞拉比尤姆神庙移来的四座狮身人面像保卫着。”

商博良死后出现了许多幻想的空谈；法国埃及学直到鲁热[①]才又开始沿着坚实的路线前进。鲁热被委派为卢浮博物馆埃及古物保管员，这说明他的学术性专著的价值得到了承认。并在1860年接任了埃及学讲座。在他长期游历埃及时，马里埃特做他的向导。虽然他的名字既不与轰动的发现又不与综合的论著相联系，但他对科学的埃及学的贡献，已被一些有资格下判断的人列入了最高等级。另一个更出色的语言学家是布鲁格施[②]，德国的第二个埃及学大家。1848年，他的《埃及俗体字文法》的出版，使他一跃而跻于学者的前列；腓特烈·威廉四世按照洪堡的意见派他到埃及去译解俗体字铭文。当塞拉比尤姆神庙区被发现的时候，他正和马里埃特在一起，并和这个发掘者之王结成了终身友谊。可是，他和莱普西乌斯的关系是紧张的，他们有时甚至公开敌对。洪堡是他们两人的朋友和赞助人；当他企图为这个年龄较轻的学者获得柏林博物馆长的职位时，莱普西乌斯宣称，这个位置应给他本人，否则他将辞去教授职位并离开首都。但他对布鲁格施的最大著作《圣书字和俗体字字典》则表示赞赏；并声称，在埃及学上再也没有像这样的著作。艾伯斯是他们两人的朋友和门生；他宣称，布鲁格施在译解埃及语言和研究其演变方面，远远地领先。爱德华·迈尔宣称，就天才、广博和推测本领说，他可与商博良比肩。

① 参阅马伯乐的杂记，见鲁热：《杂文》，卷Ⅰ，1907年，和瓦隆：《颂赞》，卷Ⅰ，1882年。——原注

② 参阅他的自传，《我的生活和旅行》，1894年，和纳维勒的文章，见《全德名人传记集》。——原注

莱普西乌斯限于研究铭文,而布鲁格施则大胆地处理手稿。

布鲁格施主要是一个语言学家,但他却首先认真地企图根据
424 同时代的记录来编写埃及历史。他宣称,莱普西乌斯已经做到了一个人根据曼涅托所能做到的事情,但古文献却在很大程度上证明这个托勒密朝的祭司是不可信的。该书附有大量的铭文和纸草卷的译文。关于古王国和中王国,叙述得不很详细,但第一卷以一半篇幅专述那个伟大的十八王朝的故事;通过他的手笔,这个王朝才得以被研究者充分了解。这部著作享有盛名,但由于它引录原文过多和任意作出假设,是不能完全使人满意的。第三个和马里埃特有联系的这者,是杜密欣[①]。当这个大发掘家〔马里埃特〕掘出阿拜多斯的塞提庙时,他并没有停下来详细考察它收藏的宝物。不久以后,杜密欣在他第一次游历埃及时在那里的墙上发现有一张埃及国王名表——塞提和他儿子拉美西斯二世对其列祖列宗献祭的名单。这张保存完好的名单就成了埃及编年学的主要基础。

马里埃特晚年最亲密的朋友是马伯乐,他的博物馆和埃及古物管理员的职位是由后者接任的。像商博良那样,马伯乐在学校时已经显示出爱好圣书字的倾向。1867 年,他碰到马里埃特,正时后者正在为展览会的事情留在巴黎。那个有名的埃及学者给了他两篇新发现而又困难的文献去研究,而这个自修的学者把它们翻译了出来。1869 年,23 岁,他被聘在新成立的高等学术研究院讲授埃及文;鲁热死后,马里埃特还为他获得了法兰西学院内那个被人垂涎的讲座。1880年,马伯乐率领一个考察团到埃及;这一

① 参阅艾伯斯:《埃及研究》,1900 年。——原注

团体后来发展为法国东方考古学研究所；他留在那里，直到马里埃特去世。他的第一项工作是开掘出一座萨卡拉金字塔[①]，它提供了数以千计的宗教文献。他的最轰动一时的发现是：1881 年他找出了从十八到二十一王朝陵墓以及塞提、拉美西斯二世、拉美西斯三世和图特摩斯的木乃伊；这些木乃伊堆积在底比斯附近王公山谷中的一个洞穴里。他曾监督博物馆移到开罗，并刊印了它的目录。他是在法国普及埃及学的第一人。过去，商博良和鲁热的著作太难懂，而马里埃特的报告则太简略，都不能赢得广大的读者。马伯乐则不然：他是探险家、语言学家和历史家，因而他关于东方人民的长篇和短篇的历史著作，最先明显地展示东方的图景。

马里埃特去世前，埃及学的主要研究工作是由法、德两国人进 425
行的；而现在轮到英国人来插手了。1883 年，英国设立埃及探测基金会，它标志有组织的研究的开端。在它的早期，主要活动者是弗林德斯·皮特里[②]；他第一次游历埃及是在 1880 年。他从三角洲开始，发掘塔尼斯，即《圣经》上的琐安[③]，并根据它的早期希腊文铭文证实瑙克拉提斯[④]；铭文显出那个以前未曾想到过的有三百年历史的希腊殖民地。不久以后，又发现了第二个希腊城市达夫尼。然后他转到发雍，住在哈华拉做研究工作。在发雍他进入

① 萨卡拉在孟菲斯附近，即马里埃特发现塞拉比尤姆与狮身人面像之地。马伯乐在此地第五、六王朝金字塔内部墓室发现了大量宗教经文以“萨卡拉金字塔铭文”之名发表。——谭注

② 他的早年发现，总结在《十年的埃及发掘》，1892 年，关于这方面的全部故事，叙述在他的《考古学的七十年》，1931 年。——原注

③ 琐安（Zoan），即塔尼斯（Tanis），尼罗河三角洲上荒芜了的古城，喜克索人曾建都于此。——译者

④ 瑙克拉提斯（Naukratis），古埃及尼罗河三角洲上的希腊城。——译者

金字塔并发现了一座陵墓以及许多宝物，包括从宝石到儿童玩的娃娃。在他看来，任何发现，哪怕是极微小的，也是重要的。他确定了米立斯湖和“迷宫”的地点[①]；探索特尔·厄尔·阿马那，即宗教改革家埃赫那吞（图坦喀门的岳父）建立的短命城市。约在公元前1380年，他放弃底比斯以求摆脱祭司权力的控制。1887年，有一个农妇偶然看到若干只破碎木箱，里面藏着几百块公元前14世纪巴比伦楔形文泥版，包括埃及王及其在叙利亚和巴勒斯坦的附庸之间的通信；经过温克勒编辑后，这些通信为古代东方史专家开辟了一个新世界。有些信件已被英国博物馆收买。1905年在开罗以北20英里处，又发现了一所喜克索人的大营。皮特里的一系列附有插图的专著包括埃及各部分的发掘地点，直到西奈半岛；这些专著证明了他工作卓有成效。作为一个挖掘家，皮特里的地位可与马里埃特和马伯乐并肩；他参加的集体著作：《埃及史》是第一部用英文写的有权威的记载[②]；其中开首四卷是他执笔的。

美国参加埃及学研究较晚，但布雷斯特德[③]是一个才识超群的学者。法国的埃及学研究的崇高传统，是由勒维荣和阿梅利诺继续的：前者研究埃及的法律，后者研究它的道德和宗教思想。兰布洛索根据纸草卷和铭文详细地评述了托勒密朝时代的政治和经济生活。艾伯斯[④]编辑了公元前16世纪的埃及医学巨著，叫做艾伯斯纸草卷；这部著作是他在底比斯找到的；他还编辑了通俗图解

---

① 米立斯湖与“迷宫”始见于希罗多德《历史》著录。——谭注

② 《埃及史》，全书共六卷，1898—1905年。——谭注

③ 参阅C.布雷斯特德：《研究古代的先驱：J. H. 布雷斯特德的故事》，1947年。——原注

④ 参阅艾伯斯：《我的生活故事》，1893年，和爱德华·迈尔：《论学杂著》，1910年。——原注

的记述。在《埃及公主》及其他小说里，他描述了埃及历史上的许 426
多场面；这些小说已传遍全世界。厄曼，即莱普西乌斯在柏林的继承人，除了他的巨著：《埃及文字典》外，还为埃及人的生活和思想描绘出有学术性的综合性的图景[①]。

19 世纪最后二十年期间的主要事件，是揭示埃及的起源[②]。1895 年，当马伯乐出版他的叙述著作[③]时，故事是从第四王朝的金字塔建造者开始的。现在我们不仅发现了埃及的一些古王朝，而且发现了新石器和旧石器时代的埃及。奇异的陶器和燧石早已为人所知，但直到德摩根系统地探究阿拜多斯和伊德富之间的原始墓地后，才发现曾有过一个石器时代。皮特里曾暗示过，这些墓地与古王国和中王国之间的利比亚的侵入者有关系；而现在他也改变了主张，按照陶器来划分埃及史前时代的阶段。这个原始文明的发现使人们从一个新的配景里来看埃及的历史。关于埃及起初三个王朝的历史，我们也是新近才知道的。那些可能属于塞姆族出身的侵入者，聚集在上埃及和下埃及的两个中心；亥拉康波里斯诸王终于征服了北部，并建立起第一王朝。这里，又是从坟墓得到了说明。由于德摩根、阿梅利诺、皮特里和奎贝尔在阿拜多斯和亥拉康波里斯的努力，我们在古代史上才增加了这个新篇章。孟斐斯城是在第一王朝时代建立；而迁都该城，则是在第三王朝时代；对这片广阔地址的系统探索，是由皮特里开始的。努比亚的麦

① 厄曼还著有《古代埃及人的生活》(1885—1887 年)、《埃及宗教手册》(1905 年)等。——谭注

② 这方面的成绩已由金(King)和哈尔极好地总结在《从新近的发现来看埃及与西亚》，1907 年。——原注

③ 指《古典东方民族古代史》(*Histoire Ancienne des Peuples des l'orient classique*)。——谭注

罗埃的发掘是属于埃及史的另一端的。虽然关于埃及古史已有惊人的进步,但还残留两段空白。在第六王朝以后笼罩着一片黑暗;直到十一王朝的一个大不相同的世界,这帷幕才揭开。同样,中王国崩溃后,舞台又变得一片黑暗。关于喜克索人我们虽已知道一些,但这方面的消息还是微乎其微。我们从曼涅托知道:他们的文化是低下的。他们遗留下来的是使人憎恶的回忆。可是,他们所造成的破坏的痕迹却一点儿也没有被发现过;他们曾使用圣书字,并崇拜埃及的神。大家都同意,他们是从亚洲来的;但他们是属于贝督因阿拉伯族,还是一个与赫梯人有关的小亚细亚种族呢[①]?
427 由于这两个黑暗时期的存在,古王国和中王国的朝代纪年依然未能确定。皮特里按照传统的计算法,把第一王朝日期放在约公元前 4300 年时,而厄曼、爱德华·迈尔和布雷斯特德都主张它的日期约在公元前 3400 年时。对于这两个极端的看法,马伯乐都不同意。

Ⅱ

关于美索不达米亚文明的发现,甚至更加动人听闻[②]。在尼罗河流域还一直可以看到已经消逝的伟烈丰功的无数遗迹,而美索不达米亚则辽远而又不易到达,冒险的游历者除平原上的几堆

---

① 曼涅托认为喜克索人是腓尼基人或阿拉伯人。现代学者有人认为他们可能是塞姆人或塞姆人与胡里特人的混血种。——谭注

② 参阅希耳普雷希特:《圣经地区的探索》,1903 年;巴奇:《亚述学的兴起和发展》,1925 年;肯尼恩:《圣经和考古学》,1940 年;和丹尼尔:《考古学的百年》,1950 年。简略的总结,见于达姆斯特泰尔:《关于东方的论文》以及霍梅尔、罗杰斯与爱德华·迈尔所编的历史著作。——原注

土山外,找不到什么东西。一个消逝了的世界,又是由于语言学家和发掘者的共同努力而被发现了。第一步,是译解旅行家们搜集到的铭文。译解楔形文的钥匙,从波斯诸王在波斯波利斯和苏萨①的铭文中可以找到;而这些铭文已有卡斯登·尼布尔②的抄本。1802年格罗特芬认明波斯波利斯铭文的三种文字是波斯文、米太文和巴比伦文,发现大流士·喜斯塔普斯和他的儿子薛西斯的名字,并认出了若干字母。1836年,柏努夫和拉森又认出了另外几个字母,但决定性的胜利是由亨利·罗林森赢得的③;他是译解楔形文的商博良。1835年,当游历波斯时,他在哈马丹看到了两块楔形文碑铭,并认出了波斯诸王的名字。于是他就看格罗特芬的研究成果,并宣称,在他所说的三十个字母中有二十二个是错误的。1838年,他出版了贝希斯敦波斯文铭文④开首两段的译文。于是柏努夫把自己哈马丹铭文⑤的论文送给他,其中包括若干个不同的解释以及关于赠达语⑥的研究论文,这种语言虽比铭文晚出,却是波斯语的古体文;他帮助于罗林森掌握了波斯语的语法结

---

① 波斯波利斯,在今设拉子东北,为古波斯王大流士所建都城。17世纪初意大利旅行家在此摹写了所见楔形文符号,1765年德国旅行家K.尼布尔拓下了波斯、埃兰、巴比伦三体铭文。苏萨,古埃兰首都,公元前645年为亚述所灭,后又归入波斯帝国版图。1884—1886年法国考察团在此发掘出埋沉地下的大流士宫殿及记有大流士功业与宫殿建筑的铭文。——谭注

② 卡斯登·尼布尔(Karsten Niebuhr,1733—1815年),德国旅行家,著名史学家B.G.尼布尔之父,东方学家,1761—1767年在阿拉伯调查考察。——谭注

③ 公元前516年,波斯王大流士于巴格达附近贝希斯敦悬岩上刻石纪功,碑文以古波斯文、埃兰文、巴比伦文三体书写。——谭注

④ 哈马丹,波斯西部城市,古米底亚国首都,公元前549年为波斯王居鲁士所毁。考古学者在此发现了居鲁士的铭刻。——谭注

⑤ 赠达语,古波斯语。——谭注

⑥ 参阅C.罗林森:《H.罗林森勋爵》,1898年。——原注

构。1838 年，罗林森开始与拉森通信；他们两人发现，对于几乎每一个字母双方的看法都是一致的。

1844 年，罗林森被任命为驻巴格达政治特派员后，立即出发到贝希斯敦。罗塞达碑包括希腊文这把钥匙，但大流士的铭文上
428 的三种书体都同样是未知的。而且罗塞达碑文能舒舒服服地加以研究，而这项布告却是镌刻在离地三百英尺高的陡峭石壁上的。波斯楔形文流行于波斯；巴比伦文流行于巴比伦，而米太文不止在一个地方可以看到。克服无限困难，他抄下了波斯文和米太文，但巴比伦文他起初抄不到。他的前辈们曾试图译解的波斯文是最容易的；他也集中他的主要注意力于这方面。他使用哈马丹铭文中所译解的喜斯塔普斯、大流士和薛西斯这三个名字作为钥匙，试译全部铭文。译文和他的论文发表在《皇家亚洲学会杂志》。奥佩尔是最有权威的判断者，他在 1895 年宣称，在罗林森之后，波斯楔形文解释这片田野里只能再检一些落穗了。然后，罗林森转到巴比伦文字；这种文字难得多，因为有几个符号代表同一字母，使用的字体约有三百个。并且，关于波斯文书体，他已有前辈研究过，而关于巴比伦文书体则没有。当莱亚德[①]的宝物从底格里斯河顺流运到巴格达时，他取得了铭文的抄本，并注意到亚述泥版书体与贝希斯敦的巴比伦文铭文几乎完全相同。所以，在 1847 年他第二次旅行到那里；他本人不能攀登崖壁，就雇了一个库尔德族青年进行摹拓。铭文几乎已经剥蚀了一半，因而只能揣测，但他总算设法摘取到主要之点。1849 年，他返回英国后，在《皇家亚洲学会杂志》上发表了关于巴比伦和亚述记录的文章。十年后，有人发现了一

① 莱亚德（A. H. Layard，1817—1894 年），英国东方学家和考古学家。——译者

个圆柱形土器，刻着关于提格拉-帕拉萨一世的编年史约八百行。这个圆筒送到罗林森、奥佩尔、塔尔博特和欣克斯处；他们的译文实际上都是相同的。于是，这个问题事实上已经解决了，虽然甚至今天还有若干字体未能确定下来。卢林森从来没有认真研究过米太文的铭文，但波斯和巴比伦文的铭文已经被他掌握了。他的晚年大部分消磨在英国博物馆内，拼凑并翻译泥版和石碑上的片断文字；并在乔治·史密斯和平奇斯帮助下，为博物馆董事会编辑巨型汇编：《西亚楔形文铭文》。1904 年董事会还派遣它的两名职员去重拓贝希斯敦铭文；1907 年，出版了它的确定版本。

把亚述学置于科学的基础之上，首先应该归功于施拉德和弗里德里希·德利奇两人。前者是艾华德的门生，于 1872 年出版他
的《楔形文铭文与旧约全书》；它是第一次详细讨论[1]对犹太人历 429
史的新见解。在那个时期，他开始在耶拿大学讲授亚述学，不久从那里被聘到柏林大学。在这以前，德国学者曾倾向于轻视这门新科学；在施拉德尔开始写作以前，古什密德[2]曾表示他的怀疑态度。这个亚述学家帮助东克尔刊印他的《古代史》新版[3]；当后者受到古什密德挑战时，他立即给予援助。于是古什密德从东克尔掉转矛头，在他的《德国的亚述学》里对施拉德尔开始猛攻。他宣称，施拉德尔是一个热情的人，但缺少严格的语言学训练和批判的本能。这个批评者比那个柏林大学教授学识更渊博，智力更高强；他的锋利的攻击好像马队冲锋一样。他确实揭露了若干易被攻破的结

① 参阅爱德华·迈尔的杰出杂记：《小品文》，1910 年。——原注

② 参阅吕尔的杂记，见古什密德：《小品文》，共五卷，1894 年。——原注

③ 东克尔（Max Duncker，1811—1886 年），德国历史家，著有《古代史》，共九卷。——译者

论；他进攻的结果是教会别人更谨慎；但他所列的罪状夸张太甚；他闭眼不看越来越多的已确定的事实。施拉德尔在他的最大著作《楔形文铭文与历史研究》里给予答复。他虽不善于争辩，但他的书由于学识充实而获得了信任，于是学术界不复怀疑，亚述学的基础已很好地并认真地奠定下来。在他死前好久，他的最大门生德利奇的正确的语言学方法已经使这门学科不会再受到攻击。

在柏努夫、拉森和罗林森从事译解楔形文的时期，挖掘美索不达米亚文明遗址的工作也开始了。1842 年，当波塔到达摩苏尔任法国领事的时候，他接到法国政府关于挖掘柯萨巴[①]的训令；结果他发现撒玛利亚征服者萨尔贡二世的宫殿。很多遗迹送回巴黎，在那里它们构成了最早的亚述博物馆。关于一个丰富而强大的文明的揭示，激起了全世界的兴趣，庞大有翼的石牛还引起了公众的热情。波塔首开风气，莱亚德[②]继踵于后。1840 年，莱亚德在美索不达米亚旅行时，以贪恋的目光看着那些土山；1845 年，他率领探测队到摩苏尔附近的宁罗德地方，掘出了亚述伟大统治者的宫殿和宏伟纪念物，这些古物现存英国博物馆。然后他转到库米尼克，
430 即古代尼尼微，在那里他又掘出西那基立布的宫殿；它墙上的雕刻显示出西亚古文明——服装和风俗、打猎景象和船只，国王的事业和政治。在那里王家图书馆藏有各种关于天文学和占星学、记录和年谱、圣歌和咒语、行政和国务报告的泥版文书。在这些宝物中，最有意思的，是关于亚述洪水故事的记载，那是1872年由乔治·史

① 柯萨巴，在伊兰北部，今为农村。1843—1845 年波塔在当地废墟上发掘出萨尔贡二世宫殿，其壁上的浮雕，镌刻了国王的事迹，后又发掘出镌有带翼牡牛的城门，引起学术界的瞩目。——谭注

② 除了他的杂记外，参阅他的《自传与信件》，共二卷，1903 年。——原注

密斯译出的。

继亚述的惊人发现后，很快就进行了发掘更古老更偏向南边的巴比伦文明遗址。莱亚德掘开巴格达附近尼普尔的土山。罗林森探索了那久已被认为“巴别尔塔”的比尔斯·宁罗德。洛夫特斯在华喀，泰勒在乌尔，进行发掘工作；奥佩尔率领法国探测队到巴比尔。但他们很少看到大理石和石头的遗迹，也找不出宏伟的遗物，因而西方人的热情被浇上了冷水。而且这一地区住着无法无纪的愚昧的部族，并常常遭受水淹。另一方面，从尼尼微泥版中逐渐清楚地看到：亚述的大多数文献仅仅是巴比伦原著的抄本；当世人再注意于巴比伦区时，轰动的发现即将出现。1877 年，法国驻巴士拉领事德萨泽克开始系统的挖掘[①]。由于决心探索南巴比伦或称迦勒底，他选择了特洛即古代的拉加西域[②]，他一直在那里工作了二十余年，直到他死亡为止。他发现的东西由卢浮博物馆东方古物管理人厄泽加以鉴定和描述。在波塔和莱亚德揭示出亚述的奇迹以后，任何亚洲的发现在重要性上都比不上特洛地方的发现。那些被罗林森称为前塞姆族时代的古文献，曾在尼尼微图书馆被找出，洛夫特斯和泰勒也在稍南的地方偶然发现过类似的铭文；但从史学角度，在特洛发现了苏美尔人和几千块泥版文书，其中大多是账目。美国的普姆佩利探测队在俄属土耳其斯坦的阿瑙城的发掘，还提示了这个种族的可能的起源；这个种族有复杂的语言、灌溉体系和高度发达的艺术。从收集到的闪长岩石像，可以想见约

① 特洛地方的探索已由喜尔普勒希特描述。后来时期的挖掘，总结在金和哈尔《从新近的发现看埃及和西亚》，1907 年。——原注

② 德萨泽克误认特洛即拉加西，直到 1953 年才得到小雅各布森的纠正，小丘希巴才是拉加西城邦的首府。特罗为古代的吉尔苏城，隶属拉加西城邦。——谭注

在公元前 2600 年拉加西王古狄亚统治时代的丰功伟业。拉加西的铭文还证明它与阿拉伯、西奈半岛和地中海地区有贸易关系。431 1901 年，当德萨泽克死时，他已写出了历史上的新篇章。欧洲人在 19 世纪中叶对亚述统治者萨尔贡和西那基立布的宫殿，曾惊叹不已，但这些古迹与特洛的大量古物比较，似乎都是属于比较近代的。当认识到巴比伦文化，包括书写术在内，大多是塞姆族从苏美尔人承袭来的时候，人类经历的链条就加长了。

在德萨泽克忙于发掘特洛时，1886 年一个美国探测队在彼得斯和喜尔普勒希特领导下被派到巴比伦城南五十英里的尼浦尔。再没有什么地方曾发现过这样多的铭文；几千块碑构成了神庙图书馆的一部分。那些记录发掘结果的许多长篇巨帙，为我们关于北巴比伦的知识作了最重要的增补。最有趣的发现是苏美尔人关于洪水的传说，它比亚述和犹太人的叙述还早几百年。在晚近时期，德国东方学会(创立于 1898 年)发掘了巴比伦的使人扫兴的遗址；科尔杜威[①]的图案曾试图重建它的光荣古迹。虽然在无石头的巴比伦城未曾找出像波塔和拉雅德发现的那样动人的古迹，但文化的证据在数量上却大大超过，而且重要得多。从发现记载洪水的圆柱形土器以来，再也没有像《汉穆拉比法典》的发现那样轰动全世界；法典是在 1901 年由雅克·德·摩根[②]在苏萨地方发现并由雪尔译出的。这块闪长岩石高八英尺，刻有二百八十二条法律。

① 科尔杜威(Koldewey, Robert，1855—1925 年)，德国考古学家，发掘巴比伦古迹的领导人。——译者

② 除了他的大批报告外，参阅他的简略总结：《探测队在波斯的历史和工作》，1905 年。1891 年，在南波斯参观苏萨时，他看到四个大土山，于是建议法国政府向波斯王购买发掘波斯古迹的独占权。这项工作于 1897 年在苏萨和其他地方开始进行。——原注

这个法典像摩西法典那样致密，突然展示出一个复杂而又精美的古文明。在逐出埃兰人以后，汉穆拉比，即巴比伦第一王朝的最大统治者，合并北方和南方，建立起一个统一的国家；他希望实行统一的法律，所以颁布了冠上他名字的法典。在波斯、帕提亚和阿拉伯统治的遗迹里，德摩根还发现了大批可以显示埃兰早期历史的铭文；在那以前，只是从巴比伦和亚述的记录里模模糊糊地知道埃兰。在苏萨出土的古物，占着卢浮博物馆的两个大厅。在19世纪最后十年期间重新进行了亚述的发掘工作。尼尼微开发未尽的旧址，也再一次被挖掘；安德累考察了舍尔加特，即位于摩苏尔和巴格达间的底格里斯河畔的古城，在那里他找出了亚述城旧址，即亚
述国家的最早的首都。对于该城，德国东方学会也已进行了系统 432
的调查。这样，我们才知道亚述成为强大国家以前的情况；当时它还是在巴比伦总督统治下的一个行省。为了揭开乌尔的秘密，也已作了初步的尝试。

当东克尔在他的《古代史》中提供关于古代东方的最早的综合论述的时候，乔治·罗林森在他的著名长兄[①]和乔治·史密斯帮助下，也用英文编写了一部类似的著作。他的《古代东方五大帝国史》叙述了迦勒底、亚述、巴比伦、米太和波斯的地理与历史、宗教与风俗、艺术和科学；接着，还出版了关于帕提亚、萨桑朝或新波斯帝国和腓尼基的著作。和东克尔一样，他也不懂东方语言，但他的论述却是具有学术性的。他对文化给予较多的注意；书中的插图也构成一个新颖可喜的特征。马伯乐的《古代东方各族人民史》

① 即亨利·罗林森(Sir Henry Rawlinson，1810—1895年)，见上文。——译者

简编第一版于1875年刊行;20年后,他更详细地叙述同一范围的故事,出版了精装本三卷[①]。虽然只有关于埃及的历史是根据第一手资料写的,但这部著作却仔细论述了古代帝国的功业。最后,爱德华·迈尔在他的大著《古代史》里,以一个大师的手笔描写了巴比伦的最古的文明。该书于1884年初版;1909年二版;第二版与其说是改订本,不如说是新著作——因为在这两版中间的时期,已出现了许多新的资料。在温克勒给赫尔摩特的《人类的历史》所撰写的著作里[②],和金所编的关于巴比伦文明史的出色著作里[③],都使用了最近二十年期间的发现。

现在我们已能够试验性地、轮廓式地再现出底格里斯和幼发拉底两河流域的特征。爱德华·迈尔相信:塞姆族在苏美尔人之前已占领了这个地区;这个主张虽然得不到普遍的同意,但这两个敌对种族究竟在什么时候进入两河流域,两个部族都在那里留下了痕迹,还是不能确定下来。这个地区看来曾长期分裂为许多城邦——基什、拉加西、乌尔及其他城邦——它们的命运和相互关系经常在改变着。在公元前第三个千年时代,萨尔贡似乎是一世之雄,不仅因为他们是阿喀德和苏美尔的统治者,而且因为他是一个扩张到地中海岸的帝国的创立人。萨尔贡的大厦被埃兰人推翻了,但当侵入的浪潮退却后,巴比伦城成了一个辉煌而强大的帝国

① 即《古典东方古代民族史》。——谭注

② 温克勒(Winckler H.)为《人类的历史》丛书所撰的专著名《古代西亚》(*Das alte Westasien*)。——潭注

③ 金(King, L. W.)氏著有《苏美尔与阿卡德史》(*History of Sumer and Akkad*),《巴比伦史,自王国创建至波斯征服》(*History of Babylon, from the Foundation of the Monarchy to the Persian Conquests*)。——谭注

中心。在交替的诸王朝中，我们了解最多的，是约在公元前 2000 年的第一王朝，汉穆拉比就是它的最伟大的人物。除了他的细密的法典外，大量的官方信件、司法判决和法律文献都显出一种非常 433
近代性的文明。亚述是从附庸逐渐升到独立地位的；关于它的历史，早期诸章薄弱，而后期诸章则详细。如果说温克勒判断它是“一个军事强盗国家”过分苛刻，无论如何它的文化远低于那个终于被它推翻了的衰朽的帝国。一直有人在说：巴比伦对古代东方的影响正像罗马对欧洲的影响一样。在法律和科学、宗教和艺术方面，它的影响是无法估量的。犹太人从古代东方所受到的影响已被揭示出来；这不仅引起兴趣，而且若干集团里引起了震惊。根据铭文的显示。洪水的故事只是许多抄袭中的第一种；虽然学者们对犹太人所受影响的程度有不同的估计，但没有人否认，古老的宗教对年轻的犹太教曾产生过很大的影响的。

Ⅲ

在最近的轰动一时的揭示古代东方的发现中，有关于公元前第二、第三千年代克里特岛上一个高度文明的发现。在埃及和巴比伦，知识的界限被延伸到古代；而在克里特，像在迈锡尼那样，一个未知的世界得以重见光明。关于古代世界的一个最著名的故事确定了它古代的基础，因此浪漫的兴趣就更浓了。故事是这样：密诺托即一个半人半牛的怪物，怎样在迷宫里吞噬从雅典七年一次献来的童男女；提秀斯怎样加入了这些牺牲者中间；阿里哀德尼即米诺斯的女儿，怎样钟情于提秀斯，因而授他一把宝剑和一条绳索；

前者用以杀死密诺托，后者用以引导提秀斯退出迷宫。这个故事是每个希腊儿童都熟悉的，并且刺激了几个世纪的幻想。要探索那个被荷马称作“大克诺萨斯”的古城是施里曼的雄心之一，但这项发掘工作，还要等到土耳其人的被逐出和一个英国富翁的出现①。阿瑟·伊文斯在雅典看到了一些刻有一种不知道的书体的印章，就在 1895 年购买了克诺萨斯旧址的一部分，又在 1900 年购买了其余的部分。他对这项工作已有准备，因为他对于地中海地区的历史和地理具有包罗万象的知识。在他发掘的第一期，他出土一座前迈锡尼时期的王宫，规模远远超过泰林斯和迈锡尼的王
434 宫，并有壁画作装饰，证明一种高级文明的存在。贵妇们所穿的精致的低领长袍几乎和现代的晚礼服分辨不出来；一个法国学者不禁惊呼，“这些简直是巴黎的妇女服式”。一块图样美妙的游戏盘还证实这个印象：那里的文化比迈锡尼文化要丰富得多。那些捉牛的壁画——抓住冲撞的牛的角，并跳过它们——及其他证据，表明牛在人民生活和思想中所占的地位多么重要。王宫下层的分支错综纷复，使人可以想到迷宫是在这个建筑之内，而不是在它外边。1900 年，经过九周的工作后，为东地中海早期历史开拓了一幅重要性无可估计的新前景；后来几年的探索证实了这个黎明时期的期望。虽然约在公元前1400年，王宫遭到劫掠和焚毁，但它

① 阿瑟·伊文斯勋爵的传记，由他的异母姊妹琼·伊文斯编写的，很精彩。全部故事，由发现者本人叙述在他的《米诺斯王宫》，1921—1935 年。伯罗斯，《克里特岛的发现》，1907 年；格拉斯哥：《米诺斯王朝》(*Minoans*)，1923 年；和彭德尔伯里：《克里特岛的考古学》，1939 年，都是有用的总结。——原注

阿瑟·伊文斯青年时代经营造纸业致富，由于企业需要进行水文地质探察，对考古产生兴趣，改变了他一生的方向。——谭注

的结构和内容还留下相当多，从中可以想象出当时米诺斯首都的生活。那里缺少防御工事和战争题材的壁画，由此可见，它当时觉得没有遭受攻击的危险；这和泰林斯与迈锡尼的坚厚城垣以及埃及和亚述的军事标记形成了一个显明的对照。

在克诺萨斯的开创工作鼓舞了人们对岛上其他部分的探索。意大利的学者们探索斐斯托斯和哈吉亚·特里达，在前一地方有一座值得骄傲的壮丽宫殿，在后一地方附近有一所乡村别墅。哈立特·倍德在谷尔尼亚发现了一座城市；雅典的英国学校在帕莱奥卡斯特洛[①]发现了另一古城。虽然铭文至今仍不可理解，但现在我们已有可能以陶器为主要线索勾画出克里特早期历史的轮廓。古代的残余片断暗示有一些比米诺斯文明更早的殖民地。米诺斯文明可分为早、中、晚三个时期，每个时期可再分为三段。克诺萨斯宫殿在中米诺斯的第三段开始建造，而在米诺斯晚期的开首两段完成。它在完成后，很快就遭到破坏。斐斯托斯和哈吉亚·特里达二者同时毁灭表明：米诺斯的整个文化约在公元前1200年同遭浩劫，也许是迈锡尼人造成的浩劫；而迈锡尼人本身则是被厄基亚人驱逐出来的。米诺斯曾在一个时期中继续出产艺术品，随着多利安人的侵入而出现黑暗状态。在〔埃及〕古王国和中王国时期它和埃及交往频繁，这一事实可由两国内不断增加的大量证据获得证明；但埃及的编年学直到十八王朝才可以有定论，所以，我们还不能确定米诺斯文明的较早阶段之精确界限。阿瑟·伊文斯勋爵同意那些缩短埃及历史时期的学者们；因而他指出米诺斯早期约 435

① 帕莱奥卡斯特洛(Palaiokastro)，在克里特岛的东北海岸，在那里发现米诺斯中期和晚期的古城遗迹。——译者

在公元前3400年。但无论如何，克里特岛上的发掘揭示出至少两千年时期的历史。米诺斯文明是希腊文化的渊源之一；在它的贡献中包括字母，腓尼基人仅仅是把这些字母加以简化而已。如果我们要寻求欧洲文明的开路先锋，最好求之于最早的海上主人翁，即米诺斯克里特的统治者。

赫梯的文明[①]是最后被揭示出来的文明。18世纪和19世纪初期的旅行家曾报告过：看到了在小亚细亚他们无法确认的遗物和读不出的铭文。《旧约全书》提到过的一些事使人想起在以色列的最早时期已有很多国际交往，但我们从埃及史上还获得了更多的说明。我们有拉美斯二世与克塔国王之间一项条约的埃及文抄本，这是历史上最早以文字记载的条约；他们在泰勒阿马尔奈[②]信件中被提到过。亚述的记录也说到过喀梯人：他们约在公元前1100年及以后的若干时期是叙利亚北部一个强盛的部族，直到公元前717年萨尔贡二世谈到他结束了他们独立地位时止。另有一些证据来自亚美尼亚的凡城[③]铭文，这些铭文一部分已被译出。根据这些资料可以确定，赫梯人在被亚述并吞之前的千余年间曾在叙利亚北部和小亚细亚东部建立过一个重要的强国；他们起初是好战的、侵略的，后来从事商业，变为富饶的国家；他们同附近部族有过密切的政治和贸易关系。近年来，由于研究他们的遗址，这种证据已大大地得到补充。乔治·史密斯在幼发拉底河畔杰拉卜卢

① 爱德华·迈尔：《赫梯帝国与文化》，1914年，提供了一部良好的概论。考利：《赫梯人》，1920年，和霍格思：《赫梯诸王》，1926年，是有用的斯威希讲稿。所有已往的论著，都已被加斯敦：《赫梯人的领土》，1927年所替代。——原注

② 泰勒阿马尔奈（Tell-el Amarna），尼罗河畔的交通站，位在底比斯与孟斐斯的中间；在那里，1887年发现重要古文献。——译者

③ 凡城（Van），古城，在凡湖东南岸。——译者

斯(据猜测，就是卡尔捷密士)曾看到雕刻品，于是英国博物馆就在
那里发掘，找出的铭文据称是赫梯文。对博阿兹柯伊山岩上的遗
迹及小亚细亚各地山岩上的其他雕刻进行研究后，塞斯于 1880 年
宣布：曾存在过一个能与埃及和亚述比肩的赫梯大帝国，它的版图
从托罗斯延伸到爱琴海岸。1884 年，一个英国传教士赖特出版了
他的《赫梯帝国》，这是关于这个题目的第一部著作，它讨论了《旧
约全书》中的证据以及埃及和亚述的证据。塞斯首先试图译解铭
文，但梅塞施米特，即赫梯法典的编辑者在 19 世纪末、20 世纪初 436
仍宣称，在两百个已知的圣书字中，只能对一个符号作明确的解
释。后来，匈牙利人赫罗兹尼作了最大胆的尝试。

虽然赫梯的语言还无人能懂①，但探测和发掘已有了迅速的进展。在北卡帕多基亚的博阿兹柯伊所做的工作最重要；1906 年，柏林考古学会和近东学会在温克勒指导下所组织的联合探测队，在那里开始了系统的探索。属于公元前 14 世纪的二万块泥版文书——从泰勒阿马尔奈信件以来，关于成文记录的最轰动的发现——是在王宫废墟中发现的。它们是用赫梯和巴比伦的楔形文字写的，最后总会提供出解决许多问题的关键。北叙利亚的萨克泽吉西，即最近由加斯敦所发掘的地点，是很重要的。1911 年，英国博物馆开始发掘卡尔捷密士，即帝国在北叙利亚地区的首都。辛泽里和泰勒哈拉夫则由一个德国探测队查勘过。所有这些北叙利亚的遗址都显示出受到亚述很大的影响。埃及的克塔战士图画和

① 1906 年德国考古学家自赫梯首都带回数以千计的楔形文泥版，赫梯文字研究自此开始。1915 年匈牙利学者赫罗兹尼将大部分泥板解读成功。赫梯人早期所用象形文字在 1946 年于西里西亚・卡拉小丘(Karafepe)发现了腓尼基字母和赫梯象形文字的双体铭文，终于获得解读。——谭注

赫梯雕刻的图画极其类似。加斯敦曾试验性地概述了帝国的历史；他主张：赫梯帝国分两大时期，前一时期的中心在博阿兹柯伊，后一时期的中心在卡尔捷密士。多数人已接受了这种主张。

在最近以前，对小亚细亚的发掘主要局限于希腊化时代和希腊—罗马时代的遗址。特洛伊城由于时隔太远，不能对半岛的一般历史多所阐明。在这种情况下，自然会设想：希腊人关于东方的知识大多是有赖于腓尼基人的。但从移民运动的日子以来，推罗人和西顿人的声名已经消歇了。阿瑟·伊文斯表明：克里特书体是独立于，而且肯定早于腓尼基书体；关于腓尼基艺术遗迹的种种新发现都证实了这种艺术平庸无奇的印象。现在没有人再同意佩罗特的信念：塞浦路斯仅仅是一个属于腓尼基的艺术附庸。我们看不到公元前 9 世纪以前腓尼基文物或货币，直到更后时期它才有文字，虽然《旧约全书》和荷马的诗篇表明他们在较早时期已有文明。他们的商业活动是无可怀疑的，但他们既不是唯一的也不是主要的提供东方文化的人。所以，赫梯帝国的发现使小亚细亚的历史有了意义和次序，并说明了东方影响的传播[①]。从它的废
437 墟上兴起过弗里吉亚人和吕底亚人的权力。前者曾强烈地激发过希腊人的想象，并留下了宏伟的遗迹；后者是希腊与东方之间最后一个环节。对萨迪斯的发掘是由美国人在 1910 年开始的。伍德没有触动过以弗所的阿耳忒弥斯圣殿的更深的地层，何伽茨关于这方面的探索则显示出东方的丰富影响。虽然东方文化在某种程度上是通过米诺斯人和腓尼基人传到希腊的，几乎可以肯定，主要路线是经过陆路而非海路，这条道路是穿过赫梯帝国的广阔

① 参阅何伽茨的精彩演讲：《爱奥尼亚与东方》，1909 年。——原注

领地的。

阿拉伯半岛也许是塞姆族的摇篮。世界上很少地区像这个半岛那样精心地保守其秘密。它的腹地还未被参观过，自然界和当地人联合起来警告闯入者要他们小心生命危险；但卡斯敦·尼布尔和布克哈特、伯顿和帕尔格雷夫、道蒂和本特总算掀开了这块面纱的几个角。直到19世纪最后三十年，阿莱维和格拉泽尔[①]才勾画出阿拉伯南部早期文明轮廓[②]。在几次旅行中，他们探索了萨那[③]周围的地方，收集到几百张铭文；这些名文已刊入《塞姆族铭文集》。格拉泽尔的《穆罕默德以前阿拉伯的历史和地理》奠定了后来学者进一步研究的基础。亚述的资料已经稍微扩大了一些从犹太和古典作家的引证中得到的片断知识；但这些阿拉伯铭文却使人们看到了公元前千年时期的一个伟大的文明。铭文中大部分是还愿文；少数有历史性的铭文也并未注明日期，但还是可以看出一些头绪。从中可以找出四个文明王国，人们对其中两个王国即舍俾安人[④]和密尼安人王国[⑤]已有比较详细的了解。关于前一王国，即《旧约全书》上的示巴[⑥]，铭文可上溯到约公元前800年，指出它的各个

① 格拉泽尔(Glaser E. 1855—1908年)，奥地利考古学家，曾三次赴阿拉伯调查，发现伊斯兰教以前的铭刻千余件。——谭注

② 参阅鄂图·韦伯：《格拉塞在南阿拉伯的考察旅行》，1909年，和何伽茨：《阿拉伯半岛深入记》，1904年。——原注

哈莱维(Halévy, J. 1827—1917年)，法国东方学家，长期在也门一带进行考古发掘，获得有关亚述、巴比伦的宗教资料甚多，对巴比伦文字的起源也有研究。——谭注

③ 萨那，今阿拉伯也门共和国首都。——谭注

④ 现译萨巴人。——译者

⑤ 两王国均属塞姆族，在阿拉伯南部。铭文为古阿拉伯语，一度流行于半岛西南部及埃及，今已消亡。——谭注

⑥ 示巴(Sheba)，阿拉伯半岛南部的古国。——译者

据《旧约·创世记》第十章，示巴是挪亚的后代拉玛的儿子。——谭注

时期、统治者和首都，并揭示它的神话和宗教。关于密尼安人王国，我们所知较少。

19世纪中期以前，对伊斯兰教的兴起并没有认真地研究过。这项研究工作的第一步是由魏尔开始的，他是德籍犹太人，在德萨栖指导下学过阿拉伯文。他根据在欧洲可以见到的最早资料，编写了先知的传记；他更重要的著作：《哈里法史》则是细心意译阿拉伯史家已刊印的和未刊印的著作，据以编成的。第二步是施普伦格尔迈出的，他的巨著〔《穆罕默德的生活和教训》〕迄今还是有用的。关于穆罕默德以前阿拉伯半岛上宗教运动的概述和关于《古兰
438 经》的详尽分析，是该书的明显特征；他自豪地说，他为理解《古兰经》提供了钥匙。对于这个宗教的创立人，他很少赞赏：他斥责他耽于肉欲，说他柔弱而又有歇斯底里症，并否认他的天才。米尔同意他轻视〔穆罕默德〕的意见；米尔的长篇和短篇传记①，第一次为英语世界提供了关于伊斯兰教兴起的可信的论述它们都是根据第一手资料编成的。下列著作对于早期穆罕默德教的历史和背景也作出了宝贵贡献：德哥杰主编的达巴利②著作的纪念版，坎塔尼亲王的《伊斯兰教编年史》，韦尔豪森③关于前伊斯兰教阿拉伯的专著④

---

① 米尔（Muir）著有《穆罕默德传》(*Life of Mohammad from Original Sources*)，共四卷，1858—1861年，《哈里发王国兴亡史》(*The Caliphate: Its Rise, Decline and Fall*)，1896年。——谭注

② 穆罕穆德·伊本·查瑞尔·达巴利(846—932年)，阿拉伯著名史学家。著有《编年史》记自远古至回历302年(公元914年)之事，广搜文献，博采旧闻，内容详赡，是穆斯林世界的第一部通史，有法译本四卷。——谭注

③ 韦尔豪森著有：《法利赛人与撒都该派教徒》、《以色列史序论》等。——谭注

④ 韦尔豪森在其《杂记与随笔》(*Skizzen und Vorarbeiten*，1884—1899)(共六卷)及《阿拉伯帝国及其倾覆》(*Das arabische Reich und sein Starz*，1902)中对伊斯兰教兴起前后的阿拉伯世界作了全面的探讨。——谭注

以及内尔德克和戈尔德则尔关于《古兰经》的专门论著[1]。《伊斯兰教百科全书》于1908年在莱顿城开始出版；其中有托马斯·阿诺德爵士及其他主要的阿拉伯学家的撰稿。

关于重建古波斯史[2]的第一个重要步骤是1754年由昂克蒂尔·迪佩罗采取的；二十岁时，他出发到印度，去求袄教的神圣经卷。他应募当法国东印度公司的兵士，经过四年的战争和疾病后，终于达到他旅行的目的地苏拉特。他在帕尔西人[3]中间待了三年，学习赠达语和钵罗婆语[4]，并研究他们的宗教仪式。1762年，他带着手稿回到巴黎；1771年出版他的《赠达语阿维斯陀经》译本，附有关于帕尔西人风俗和仪节的叙述。社会上有些人指斥这部著作是近代的伪造品；有些人斥之为荒谬绝伦；关于学术史上这个最英勇事业之一的重要意义很少得到承认。所以，这项发现似乎始终劳而无功，直到赠达语研究的第二个创始人出现。比尔努夫首先是一个梵文学家，但对印度的语言和文明的研究促使他研究赠达语；他认为这种语言是古波斯语。他很快发现，昂克蒂尔的译本很少帮助，因为他所从学的人们既不太懂赠达语，也不太懂钵罗婆语；神圣经卷在中世纪时已译成这些语言。柏努夫的功绩是：根据神圣经卷之一的梵文译文，使自己摆脱了近代帕栖人的窳劣的学术研究。他

① 内尔德克，T. 著有《古兰经史》(*Geschichte des Korans*，1860)，戈尔德则尔著有《穆罕默德研究》(*Muhammedanische Studien*，1889)、《伊斯兰教讲座》(*Vorlesungen über den Islam*，1910)等。——谭注

② 参阅达米斯特脱：《法国的东方研究》，第一章，《关于东方的论文》，1883年。——谭注

③ 帕尔西人系公元7、8世纪为逃避宗教迫害而移居印度的袄教徒的后裔。——谭注

④ 钵罗婆语，流行于公元3至8世纪的古波斯语，多用于书写袄教经典。——谭注

的《雅斯那注释》[①]确定了古波斯的语言和宗教二者的真正性质。他相信波斯诸王的语言不会与神圣经卷有实质的区别，所以他把
439 注意力转到了波斯波利斯的楔形文碑铭；他对它们的解释远远超出格罗脱芬已有的成就。在他死后，波斯研究是由德国学者而不是由法国学者继续进行的，但古什密德和内尔德克都是在柏努夫的基础上重建波斯史的。

关于古印度的研究[②]是由于威廉·琼斯爵士、科尔布鲁克和博普的语言学研究才成为可能。在研究梵文时，琼斯很快察觉到它同拉丁和希腊文的相似处。在他留居印度充任法官时期，他建立了孟加拉亚洲学会，翻译了梵文文学的选本，并写了关于古印度许多方面的论著。虽然他的学术造诣并不深广，但他的热情却引起了广泛的兴趣。他的工作的继承者是科尔布鲁克，即欧洲的第一个梵文专家；他一生中大部分是在印度担任法官。为了阅读印度法律书，他学习了梵文；1805 年，他出版一篇关于《吠陀经》的论文；这是第一次关于它们的可靠叙述。他还编了一部梵文文法。他的精确的翻译和分析适当地纠正了那些业余研究者的狂想空论。如果说英国学者迈出了揭示古印度的第一步，第二步则是由德国学者接替的。弗里德里希·施勒格尔在他的精彩论文《印度人的语言和智慧》中指出了梵文与其他语言之间的密切联系，博普的功绩则在于详细地证明了这一点。在阅读《摩诃跋罗多》和《乌

① 《雅斯那》，为祆教经典《阿维斯塔》(*Avesta*)中的一篇，收有祈祷文及宗教仪规等。——谭注

② 参阅本斐：《东方语言学史》，1896 年；达姆斯特泰尔，《法国的东方研究》，第二章；马克斯·穆勒的关于科尔布鲁克的论文，见《一所德国工场的琐记》，卷Ⅱ；勒夫曼：《法兰士·博普》，共二卷，1891—1897 年。——原注

尔斐拉》[1]时，他震惊于梵文与哥特文之间的酷似之处。他计划编写一部比较文法：《梵文与它的女儿们》；1816年，他出版了《动词变位法体系》；这本书确立了梵文同拉丁文、希腊文和波斯文的关系。继这项成功之后，他编写了一部梵文文法；他以其晚年撰作了他的最大著作《比较文法》。他的孜孜不倦的努力阐明了印欧语系各种语言之间的相互联系；这样，一道探索的光照亮了未经记录的经验的广阔空间。

梵文一旦被彻底了解后，很快就对重建古印度的文明作了尝试。拉森[2]最先从事综合性的论著；他是挪威人，曾受教育于波恩大学；在1847—1862年间，出版了他的百科全书式的概论[3]。他 440
的著作涉及〔印度的〕地理和自然条件、欧洲人殖民地建立以前的历史、文学和艺术、宗教和风俗。虽然范围过于广阔，以致不能使每个部分都有权威性，但是拉森的巨著确实大大推进了研究工作。在重建古印度史方面，最重要的发现是布赖恩·霍奇森所找出的佛经。1821年到尼泊尔任助理驻扎官后，他借助于一个印度学者，获得了庙宇所藏经卷的主要手稿的抄本[4]。他的结论并不全都正确，但他作为佛教研究创立人的声誉却是稳固的[5]。他把得到的经卷分给六个图书馆，使之各有充分的数量，足以对佛教进行综合研究。最大部分的经卷落到巴黎，引起柏努夫的注意；他的划时代

① 乌尔斐拉(Ulfilas，约311—383年)，哥特人的主教，译《圣经》为哥特文。这里指他的译文。——译者

② 参阅《全德名人传记集》。——原注

③ 《印度古文化》。——谭注

④ 参阅威廉·亨特，《布赖恩·霍奇森传》，1896年。——原注

⑤ 霍奇森著有《佛教文学与宗教图解》(*Illustrations of the Literature and Religion of Buddhists*)，1841年。——谭注

的著作《印度佛教研究导论》，就是根据这些资料写的。人们对亚洲宗教中这个最有吸引力的宗教一直在做着认真的研究。塞纳尔和其他少数学者对佛陀的存在提出挑战[①]的企图已告失败。奥尔登堡总结了半个世纪以来研究的可靠成果[②]。马克斯·穆勒的《东方经卷汇编》[③]使英国学者可以自行判断，在宗教范围内亚洲对西方究竟能提供多少教益。佩罗和齐毕士编的《古代艺术史》，插图精美；由于考古学迅速进步，这部著作中有些部分已显得陈旧，但它对于研究古代东方的整个区域依然保留其价值。布林克利的《日本和中国》共十二卷，于1903—1904年间出版；它是第一部关于远东的百科全书式的概论。

① 塞纳尔在《论佛陀传说之特点及其由来》(*Essai sur la légende de Buddha, son caractère et ses oringines*, 1882)一书中对佛陀是否存在提出了疑问。——谭注

② 奥尔登堡总结性著作名《佛陀的生平与学说及其徒众》，第五版，1906年。——谭注

③ 《东方经卷汇编》(*Sacred Books of the East*)，共五十一卷，1875年开始出版。——谭注

第二十三章　希腊和拜占庭 441

I

由于奥特弗里德·缪勒的早死，搜集古史资料的工作落到了两个年轻人身上。东克尔①的《古代史》在普及古史知识方面，起了有益的作用。它的第3、第4卷是专讲希腊的，但只叙述到波希战争。到晚年，他又回到古典的世界，重写这本著作(从1860年以来未曾修改过)，并增加两卷，叙述到伯里克利的死亡。他的关于希腊的各卷之所以重要，并不是由于他的学识，而是由于他的政治观察力。在东克尔看来，一个国家的至上需要，是保卫自己防御袭击的力量。他的英雄是地米斯托克利，即“阿提喀权力的创立人，所有希腊人中最有远见和力量的人”。他虽然承认伯里克利个人有其卓越之处，却否认他的军事能力，并指责他的政策。伯里克利使雅典成为自由的和光辉的，但他却未曾使它有保卫自己宝库的力量。

恩斯特·库齐乌斯②的研究方法与这种政治研究法迥然不

① 参阅海姆，《马克斯·东克尔传》，1891年。——原注

② 参阅《恩斯特·库齐乌斯通讯中的生活杂记》，1903年；格尔策，《同恩斯特·库齐乌斯的旅行和谈话》，见《小品文选辑》，1907年；弗里曼，《历史论文》第二集，1873年。——原注

同；库齐乌斯由于受到奥特弗里德·缪勒的演讲和友谊的影响而转到古典时代的研究。这个年轻的哥廷根大学生在写给他父亲的信中说，“听他演讲，是一个无可估价的特权；他是一个无与伦比的教师。他思想清晰、演讲的生动文雅和知识的丰实，每天都一次又一次地把我迷住，鼓起我对他所复活的科学感到的新热情”。1836年，他作为家庭教师伴随布兰迪斯和他的家眷来到雅典；1840年，当他的敬爱的老师到那里游历因而丧命的时候，他充任向导。库齐乌斯在最后一刻还和他在一起，并以毕生精力从事那项作为这次旅行的目的的事业。缪勒死后，他回到德国；1844年，他在柏林一些著名的人物面前作了关于阿克罗波利斯的演讲，因而一举成
442 名。这个英发的青年学者成了王太子腓特烈的导师、柏林大学的讲师。他的第一部重要著作，是关于伯罗奔尼撒的历史地理[①]，这是以他亲自从这个地区所得的知识和对文献和遗物资料的彻底研究为根据的。1853年，在欢迎库齐乌斯加入普鲁士科学院的时候，老学者博克热情地表示了他的赞扬。“我费了一生精力所做的，是考证并精选细节，作为进一步研究的必要基础。但你看到了这块地方本身，即图画的框子。”这篇演说词读起来好像一首《主啊》颂[②]；难怪这位年轻学者觉得这是号召他去显示出那浮现在这位大师心目中的希腊文明的统一性。

1856年，库齐乌斯受聘担任哥廷根大学奥特弗里德·缪勒讲座；次年，他开始出版他的《希腊史》[③]。这本书与蒙森的《罗马史》属于同一部丛书，它是要总结现有的知识，以供有文化的公众阅

---

① 《伯罗奔尼撒》(*Peloponnesus*)，共二卷，1851—1852年。——谭注

② 即西面(Simeon)的歌颂(Nunc Dimittis)，开首有“主啊”语，故名。——译者

③ 全书共三卷，1857—1867年。——谭注

读。他写给他的门生王太子说,“这本书不是为学者,而是为所有爱好历史的人编写的,它是一本供阅读的书,没有什么注释或希腊文或拉丁文的片断摘引”。对于这项工作,他是非常合适的。他是希腊文明的热情崇拜者,也是通过温克尔曼、歌德和赫尔德林的眼睛来看它的。他把浪漫派的理想主义与批判学派的精确研究结合在一起。首先,他十分熟悉这块地方本身,以及它古代光荣的遗迹。另一方面,他对希腊史的政治方面很少感到兴趣。这些品质反映在他的《希腊史》里,使这部书获得声誉,也使它的权威受到了限制。他以综合地论述这个地区作为开端;他承认自然界所起的作用,这种写法为后来的历史家树立了一个榜样。年老的洪堡写道,“我一行行地阅读了你的第一卷。你关于这个地区的概述,是一幅极好的自然图画。”库齐乌斯指出,半岛位于欧亚两洲的边界上,这使它的交通便利;很有利于它的发展。像东克尔一样,他拒绝格罗特对僭主的敌对看法,也不赞成他对克利斯提尼的赞佩。他擅长描写属于不同时代的文化和文明。《希腊统一性》的一章。评述了那些把希腊世界的分散部分连成一体的纽带——竞技和神谕、文学和艺术。关于德尔斐和奥林比亚等圣地的描写,显出他亲临目睹得来的知识。他本人笃信宗教,因而比大多数历史家更加认真
地考虑希腊人的宗教。他关于波希战争的记事平淡无奇,但《和平 443
年代》一章则是本书的精华之一。在其他任何历史著作里也没有这样生动地体现出伯里克利时代的魅力。对于格罗脱,希腊意味着民主政治;对于库齐乌斯,希腊则是文化的代表。雅典文明是人类的一宗不朽的财富,也是人类精神的春天。他不同意关于马其顿人是野蛮人这种见解,主张腓力是懂得尊重希腊文化的;可是他

把德摩斯提尼与伯里克利并列，虽然前者的工作是为人力所不及的。在德摩斯提尼鼓舞领导下的起事，是自由希腊的最后大事业；书的叙述止于喀罗尼亚战役。

著作的弱点，在于论述行动方面。柏纳士指示说，他叙述事物(res)比叙述功业(res gestae)要成功得多。这一种气质上的缺陷是学殖修养所不能弥补的。他的诗人气质使他从来不很注意制度、战争和党派。他在描写文化方面胜过提尔华尔、格罗脱和东克尔的程度，恰等于描写政治问题上落后于他们的程度。虽然该书的声誉主要是由于它描述文化得来，但甚至这一部分也未能免受批评。他本人属于第一批游历过这块有魔力的地方的人们，这个鲜明的印象从未衰减，希腊在他的书中看来是一颗精美的宝石，而不是历史链条中的一个环节。威拉摩威兹谈到过书中婉约、哀伤的语调，谈到过他对美景消逝的悲痛以及残破城市所引起的伤感。他的文体流畅而又精练，整个著作使人感到的是文雅而不是力量。本森适当地称之为一部有启发性的书。它是根据最近研究之完备知识而编成的；它的真正成绩，在于为德国提供了第一部关于希腊历史的详细概述；但它不能像蒙森的著作那样使竞争者裹足不前。

库齐乌斯的晚年部分是用于考古学的研究方面。他和王太子的友谊使他能够获得物质帮助来完成他发掘奥林比亚的工作；这项工作曾由温克尔曼提出，并在 1829 年由法国探测队开始。发掘工作在1875年着手进行，并得到丰硕的收获，包括普拉克息特利①

① 普拉克息特利(Praxiteres)，雅典著名的雕刻家，生于公元前第 4 世纪。——译者

的海尔梅斯①半身像在内。他最后的重要著作是关于雅典的历史概论，追述这个城市在各个时代的命运。他不仅是一个学者，而且是一个传教师。他宣扬希腊的光荣与美丽；他的通俗论文和演说集成许多卷，把这个看法传布到极广大的读者中去。他的《历史》的大量销售可以抵消专家们对它的冷淡态度。1881 年，他讽刺地 444
写道："当看到一本易读的书而它的作者的眉毛上没有出现汗珠的时候，德国的大学者就要耸起肩膀来了。"他深信：关于希腊文明的知识，不仅是文化修养的一个不可缺少的部分，而且对性格发展也是一个帮助。只有希腊给人类以和谐的自我实现的教诲。他从未真正宽恕格尔策，因为后者以全副精力来研究拜占庭帝国。没有任何历史家比这个学者更加专心致志地对待他的工作；他是在最高精神形式下的希腊主义的大祭司。

在提尔华尔和格罗脱、东克尔和库齐乌斯之后，希腊历史领域内似乎只剩下编写专著的余地了，但在 19 世纪最后二十五年内，施利曼的发现②从根本上改变了对早期希腊历史的论述。七岁时，施利曼看到特洛伊城大火的图画，就想参观这个古城的遗址，并说道，那里的堡垒不会全部消逝的。十岁时，他写了一篇关于特洛伊战争的拉丁文论文。他父亲的穷困使他不得不在十四岁时自谋生活，直到三十四岁他才开始学习希腊文。四十一岁时，他变为富翁，因而放弃了营业。1870 年，他开始发掘希萨里克即特洛伊城遗址；1874年，他出版了《特洛伊城古迹考》。学术界嘲笑他，因为

① 海尔梅斯，古希腊商人的庇护神。——谭注

② 参阅舒赫哈尔特《施利曼的发掘工作》，1891 年，和埃米尔·路德维希《特洛伊的施利曼》，1931 年。——原注

他天真地想指实《伊利亚特》诗篇中所描写的东西和建筑物；他认为这诗篇是实录；他还混淆了那些累积起来的不同地层[①]。他的发现引起了全世界的兴趣，而他的缺点只有学者才知道。他在特洛伊的工作遭到土耳其政府的阻挠，于是他转移注意力于迈锡尼，在那里他发现古代国王的坟墓，其中藏满黄金及其他饰品。在拍给希腊王的一个电报里，他宣布他已找出阿加米农及其家属的坟墓；但经过仔细研究后才看出：他所发现的古物并不属于同一时代；而且这些遗骸的数目与性别也与传说不符。然而，他所发现的究竟是阿加米农的还是其他国王的遗骸这一问题无关紧要，因为他毕竟已揭示出一个消逝了的文明。下一步，他在奥科美那斯又发现了所谓米尼亚斯[②]宝库，并挖出迈锡尼附近的提林斯城堡。

1890 年，当施利曼逝世时，他已名满天下。在二十年内，他使
445 三个城市出土，揭示了迈锡尼文明，并给考古学研究以一个无可估

计的推动。他对希腊满怀着浪漫的依恋感情。他娶希腊女子为妻；他的儿子命名为阿加米农，他的女儿为安德洛玛刻，但他缺少进行科学发掘工作所需要的训练和耐心。他认为迈锡尼人就是荷马诗篇中的亚该亚人。后来，还是由其他学者来指出，迈锡尼文明是属于前荷马时代的；并由他的晚年同事多普费尔德来证明，赫克脱和阿溪里的城是第六个而非第二个城。施利曼是一个先锋，一个“征服者”[③]、一个天才的业余发掘家，如果说他的考古发掘显出

① 他误认其所发掘的希萨里克遗址的第二层为特洛伊城。直到 1932—1938 年美国考古学家布勒根确定了其第七层 a 才是特洛伊城。——谭注

② 米尼亚斯(Minyas)，〔希腊神话〕奥科美那斯(Orchomenus)的国王，米尼亚人所由得名的始祖，以其财富著称。——译者

③ 扎洛蒙·赖纳赫的用语。——原注

浪漫式发掘的可能性，那么他的错误则强调指出专业知识的需要。

施利曼的发现给希腊历史提供了最宝贵的新资料，但在重要性上仅次于它的，是1891年由肯尼昂发表的亚里士多德关于雅典政治制度的论著。越来越多的铭文和草纸卷、遗址的探索、无数艺术品的恢复以及古代东方文明的重建；这一切都鼓励人们重新写一部希腊历史[①]。部索尔的大部头著作（《希腊史》）于1885年开始出版。该书主要用力于详尽评论希腊史的资料和近代研究成果，而不着意详细叙述它的历史。作者称它的第二版为一部新著[②]，因为〔亚里士多德〕《政治学》（*Politica*）的发现已使单纯的修订不能解决问题。他的著作精密地论述了关于迈锡尼文明的资料，并表明荷马的世界是出现于较晚时期，而又较为简朴。作者对于历史时代城邦的建立和雅典帝国的兴亡，给予慎重精密的讨论。他还坦率地宣布，“我编写的历史，是为研究用的而不是供阅读的；就引人入胜来说，它并不企求与库齐乌斯或东克尔的著作分庭抗礼。”该书的大半篇幅是注释。

霍姆的著名历史[③]，是大不相同的[④]；他也像库齐乌斯一样，是为有修养的公众写的。他宣称，他的愿望是要总结成果并区分事实与假设。“希腊人并不是总能想出最好或近于最好的行动路线；但他们是属于非常高级的人类，即力求臻于至善境界的人们。”他在斯巴达与雅典之间，保持不偏不倚的态度。他摒弃了库齐乌斯关

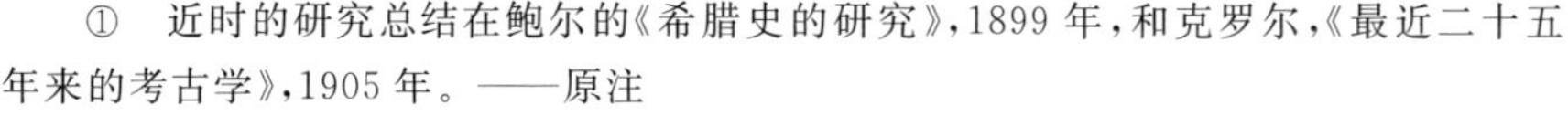

① 近时的研究总结在鲍尔的《希腊史的研究》，1899年，和克罗尔，《最近二十五年来的考古学》，1905年。——原注

② 第二版，1893—1904年，共三卷。——谭注

③ 《希腊史，从历史的开始到独立的丧失》，共四卷，1886—1894年，柏林版。——谭注

④ 参阅《考古学的传记年鉴》，1901年。——原注

于德尔斐影响的夸大说法；他主张神谕所宣示的东西，很少创见或
446 先见，它仅仅是批准已经决定的事情。他尊敬地米斯托克利的天才；否认他是一个卖国贼。他认为伯里克利是一个大政治家，与梭伦并驾齐驱并继承其事业；但这种强烈的敬佩并未使他闭眼不见伯里克利的缺少军事才干。到了公元前第4世纪时，他认为雅典人已到了衰败阶段，但他宣称，马其顿人按广义说是希腊人。“喀罗尼亚战役对被征服者和对征服者都同样是光荣的。”他声称，如果德谟斯提尼获得成功的话，希腊会继续受到波斯的旧压迫，而且，各城帮会仍然处于内战状态。亚历山大是一个纯粹的希腊人；在他的成就中，好事大大超过坏事。第四卷即结束的一卷，叙述到奥古斯都，它第一次企图作出关于政治衰落时代的综合论述。霍姆的著作既充实而又有学术性，没有企图作出什么奇巧的议论或宣传。他没有像德罗伊曾和东克尔那样的政治的天性；关于文学和文化各章写得平凡。对于经济现象的论述也是不够的。可是，该书仍有其自身的价值。它从古币所吸取的资料，多为它的任何对手所不及。他写道，“在援引古币学时，我感觉有巨大的魅力。从这些古币的研究中，比从许多费力的典籍考证中，可以看到更多的历史。”关于西西里的几章具有任何其他希腊中所望尘莫及的权威。在全书中，所有举例性和批判性的注解都是精彩的。它的英译本已替代格罗特和库齐乌斯的著作，而成为学生和教师的手册。

几年以后，那个在罗马长期担任古代史讲座的著名学者贝洛赫，编写了一部与霍姆的历史大不相同的历史[①]。这部历史虽然不太适合初学者，但对高年级学生和学者却是有更大的鼓舞作

① 《希腊史》，共四卷，1893—1904年。——谭注

用——大胆、打破成规，并对传统提出了震动人心的挑战。他按照启蒙运动的精神来写；所以他认为希腊不是民主政治的发明者，也不是美的明镜，而是科学的母亲，理性的拥护者。“我们的整个近代文明是建立在希腊的基础上的。从那里生发出那些使我们值得活下去的好东西——我们的科学、我们的艺术以及我们的知识和政治自由的理想。”他宣称，一切文明的进步归根到底是知识的进步；这句话好像是从巴克尔墓中传来的声音[①]。第一卷叙述到伯罗奔尼撒战争，他的总括叙述比不上他的前辈那样详细。他对于希腊早期历史是完全抱怀疑态度的；他把多里安人的侵入事件看作是学者的虚构。但希腊的历史虽被删略很多，它的一个重要方面却得到
了特别的注意。他长期研究过历史的经济方面；他对希腊和罗马人 447
口的研究开辟出一个新的而又有成果的领域。他埋怨说，希腊的经济史从博赫以来一直受到忽视；他的关于社会转变、贸易、工业、城市的成长、人口、物价的上升以及其他主要问题的诸章，是书中最有创见的部分。他对雅典民主所作的高度批判的估价，已在他的一部引人注意的专著[②]里宣布过。他把伯里克利称做一个操纵会议的能手；这个名称在他的笔下可并不是一个褒词。地米斯托克利和西门[③]曾使雅典帝国达到高峰，而伯里克利未能使之保持这个地位；他的遗业是伯罗奔尼撒战争。贝洛赫与格罗特相同，替克里昂说了一些好话；但除这一点外，他与格罗特没有任何相同之

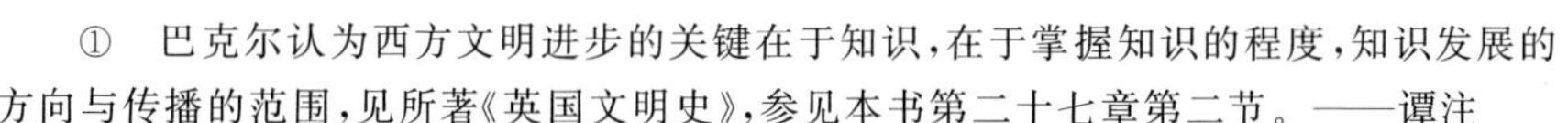

① 巴克尔认为西方文明进步的关键在于知识，在于掌握知识的程度，知识发展的方向与传播的范围，见所著《英国文明史》，参见本书第二十七章第二节。——谭注

② 《伯里克利以来的阿提喀政治》，1884 年。——谭注

③ 西门，雅典保守贵族上层领袖，曾多次远征，击破腓尼基舰队和波斯陆军，公元前 460 年左右执政，后被放逐，451 年返国。——谭注

处。他不同意关于希腊人的腐化是对斯巴达作战所引起的这个思想，因为公元前第 5 世纪的道德水平原是低落的。相反他们由于科学运动的发展而具有更多的德性。索福克勒斯和希罗多德还天真地信迷信，而修昔底德和欧里庇得斯已显出科学思想的萌芽。

贝洛赫对于雅典帝国既然不抱多少敬佩之情，所以也就不为它的覆亡而洒泪。地方本位主义使希腊各城邦不能单独或联合地负起一个国家的首要责任，即自卫。这样的一种状态是不能继续下去的，因此喀罗尼亚战役给希腊带来了统一，即优秀的希腊人求之已久而未获得的统一。地方自治仍被留存，因为腓力是一个宽宏大量的主人。贝洛赫主张：希腊人和马其顿人觉得自己是属于同一种族，因而反抗绝不是一个民族运动。他们都讲希腊语，只是有方言上的分歧，他们由于种族关系而紧密地联系着。希腊人把马其顿人看作野蛮人，只是因为他们缺少文化；而这一缺陷很快就被弥补了。虽然这个历史家把独立希腊的众所周知的故事尽快讲完，但他却留下大量的篇幅叙述那个越来越扩展的希腊文化的帝国；这个帝国开始于亚历山大的远征。他对于亚历山大的统帅和政治家地位评价不高。亚历山大之要求神权，是东方对征服者所发生的第一次反作用，是使最自由的人民走上拜占庭主义道路的第一步。正在开始他的全部功业时，他死去了，但他已推动起来的各种力量继续起着作用，并改变了世界的面貌。关于亚历山大用宝剑所开辟的新地区的精彩论述，占了一大卷的一半篇幅；包括贸易、币制、银行、人口、财政、社会、教育、宗教、科学、文学和艺术。
448 他写道，“世界是属于希腊人了，但他们能够保持住它吗？”第四卷即末卷对这问题作出了否定的回答。亚历山大帝国的分裂开始了

一个阴郁的时代，连贝洛赫也无法写得生动。

爱德华·迈耶一生从事古代史的广泛研究；他关于希腊的著作占据了这类论著的大部分[①]。“无论古代或近代历史为了历史的伟大任务，只有在它觉察到它的世界性的时候，才可以有办法。”希腊历史的真正性质，只在把它和地中海地区各族人民联系起来论述的时候，才能被掌握，几个世代以来学者们的无稽假设也才能被扫除。他宣称，欧洲的历史开始于爱琴海上，他关于早期地中海地区各帝国的知识使他提出的关于迈锡尼文明的论断具有特殊的权威。虽然这种文明并不存在于西部希腊，但它的陶器和坟墓却在意大利、西西里和撒丁尼亚都已有发现。在小亚细亚唯一的迈锡尼大城是特洛伊。迈锡尼艺术带有浓厚的东方性，但整个看来，它的文化本质上是属于希腊的。他承认多里安人的侵入迈锡尼，但他提出一个疑问：他们是一起来的，还是逐步渗入的。无论如何，他们的人数相当众多，足以淹没当地的人口。迈锡尼文化到处逐渐消逝了，因为它已经过了时。关于多里安文明，现在所知甚少；我们必须根据荷马的诗篇和像斯巴达这一类的残余来重建。这个时代的光荣是史诗。荷马诗篇是几个世纪编写的成果，经过一次又一次的编辑和统一而定形的。希腊中期最重要的成绩是地中海地区的殖民事业和逐步赶走腓尼基人；关于这个过程，我们没有什么资料，但它们的遗址本身就是明证。

梭伦是第一个希腊政治家，他的人格是我们所知道的；他的重要性也比克来斯特尼要大。迈尔关于波斯帝国的知识是其他研究

① 迈耶的代表作为《古代史》(*Geschichte des Altetums*)，共五卷，1884—1902年。——谭注

希腊史的专家望尘莫及的；他以这样完备的知识来描述这个帝国的兴起。他关于公元前第 5 世纪雅典的描写在许多方面近似贝洛赫的描写。他宣称，地米斯托克利是最伟大的雅典人：在他以后，出现过大事业，但没有持久的成功。暴民是一个残暴的主人，正像一个毫无慈悲心，最反复无常的专制魔王那样；它对从米太雅第和地米斯托克利以下的人所遭受的不名誉谴责是要负责的。雅典没有真正的政府，他经常苦于无政府状态。伯里克利的政治家风度，比不上地米斯托克利，因为他具有较多的理想家的气质。“从他〔伯里克利〕的伟大处所产生的平衡力一旦消失后，激进民主的弊病就显露出来了。”缺口已在他的脚下出现，而他只是推迟了这个
449 破裂。伯里克利和任何别人都不能制定每个国家所需要的稳定的对外政策。雅典的命运也就是希腊的命运在腓力使用武力之前，这个民族的力量已经在内部冲突中消耗净尽了。“当希腊文化达到它的最高峰并成熟为世界文化的时候，这个民族在政治上的重要性已经失掉。它已经破碎了，任何人可以俯拾那里的断片。”迈耶的叙述停止于伊巴密浓达，但他对马其顿远征所要下的论断已经显然可以看出。迈耶的批判性注释包括了关于资料和近代研究成果的完备的记载。虽然政治事件是放在首要地位，他对文学和艺术、哲学和宗教也同样是熟悉的。他的著作是完全以独立研究为基础的；这一事实从他的《研究》[①]可以看出；它的第一卷讨论了早期历史上的问题；第二卷讨论了公元前第 5 世纪历史上的问题。他关于希罗多德和修昔底德的研究论著具有特殊的意义。他宣称，希罗多德的政治偏见从来没有得到充分的认识，并主张：他的

① 此书全名为《当前的古代史研究》，共二卷，1892—1899 年。——谭注

目的是要拥护雅典霸权，正像普鲁士学派拥护普鲁士霸权那样。另一方面，他对修昔底德景仰得五体投地，他根本不理睬对他的公平性的指责。“演说词是他著作的神经中枢，也是他的艺术和所有历史艺术的顶峰”[①]。

根据新发现的资料重写希腊史的工作主要是由德国学者进行的，但其他两种尝试也值得注意。杜律伊在完成罗马史的著作以后，使用铭文和考古学编辑了一部希腊史[②]。这部著作并不企求进行深刻的或有创造性的研究，但它以动人的形式作出了有学术性的总结。他在这里比在罗马史著作里作的政治论断为少，但他对希腊民主政治的看法比在德国所流行的看法较有好感。在格罗特以后第一部由英国学者所写的重要〔希腊〕历史，是伯里的作品[③]；而且伯里是唯一企图利用大量新资料的人，这部比较简明的总结既有科学性，又有通俗性，是一篇出色的导论。作者并不想详细描述文学和艺术、哲学和宗教，他大体上只限于政治方面，叙述到亚历山大逝世止。

很多最有价值的著作是写成专著的；对于这一规则，希腊史也不例外。在活着的学者中，没有人对希腊文明所提供的知识像维拉默维茨[④]那样多。他关于荷马和欧里庇得斯的专论阐明了文

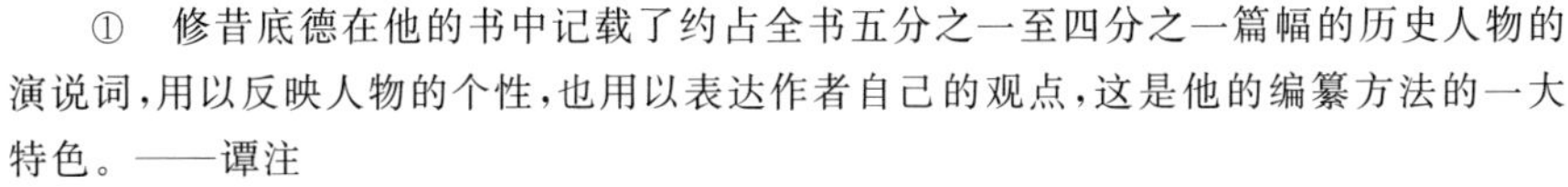

① 修昔底德在他的书中记载了约占全书五分之一至四分之一篇幅的历史人物的演说词，用以反映人物的个性，也用以表达作者自己的观点，这是他的编纂方法的一大特色。——谭注

② 《希腊史》(*Histoire des Grecs*)，1887年。——谭注

③ 《希腊史——至亚历山大大帝逝世止》(*History of Greece to the Death of Alexander the Great*)，1900年。——谭注

④ 参阅他的引人入胜的自传，英译本，1930年。——原注

450 学和宗教的历史①。他的巨著《亚里士多德与雅典》是根据《政治学》再现了雅典的国家制度。他的无数专著和演讲还阐明了希腊生活的各个方面。研究者以迈耶和维拉默维茨作为向导，是不会走入迷途的。随着迈锡尼文明的发现，自然地就出现了活跃的讨论。我们知道，这个文明是属于荷马和多里安以前的时代，但关于迈锡尼人属于什么族这个问题，还是未获定论。就大胆启发方面说，李奇微的著作《希腊的上古时代》，是无与伦比的。霍尔曾宣称，迈锡尼人是亚该亚人；与他不同，李奇微主张：佩拉斯吉人是希腊的原始居民，也是迈锡尼文明的创始人；他们后来相继被亚该亚人和多里安人征服。荷马问题继续有一种不可抗拒的吸引力。但肯定的结果还是未能确定。霍姆斩钉截铁地说，“我们将永远不会知道：荷马曾否存在过，他是什么人，或者他写了什么。”沃尔夫所定的〔荷马诗篇〕写成文字的世纪太晚了，而拉克曼关于它是歌谣汇集这个理论，也同样站不住脚 。安德鲁·兰格重申荷马诗篇的统一性的立场，而吉尔伯特·墨莱却从相反的观点上来生动地描述希腊叙事诗的兴起过程②。贝拉尔根据地理知识和对腓尼基人的探索，写了一篇关于奥德赛诗篇的有启发性的概述③。荷马与梭伦之间的时期还是不清楚的，因为在波希战争之前很少铭文，但斯巴达城的发掘已表明多里安人首都要比我们所设想的更富于艺术性。我们已远远离开了库齐乌斯的美学观点；现在根据粮食供应

① 维拉莫维茨著有《荷马研究》(*Homerische Untersuchungen*，1884)及欧里庇得斯剧本《赫拉克里》校注等。——谭注

② A.兰格著有《荷马与史诗》(1893年)、《荷马及其时代》(1906年)二书，墨莱著有《希腊史诗的兴起》(1907年)。——谭注

③ 《奥德赛札记》。——谭注

问题来讨论雅典帝国。齐默恩描绘出公元前5世纪雅典共和国的政治和经济生活的一幅灿烂的图景[1]。

我们现在已经不像以前那样完全用雅典的眼光来看希腊，并把更多的注意力放到雅典帝国倾覆以后的时期，这个转变大部分是由于德罗伊曾的有魄力的人格[2]。他的《亚历山大大帝》于1833年出版。德罗伊曾所强调的，不是亚历山大的破坏方面，而是他的建设方面。东方与西方之间的相互影响被说成是一个更丰富的历史生活的开端。马其顿人是一个与希腊人有血缘联系的种族；德谟斯提尼是他国家的最坏的朋友。这个年轻的历史家在二十四岁时就已经几乎沉醉于他的英雄的光荣事业，他最先揭示出亚历山
大对全世界历史的影响。在这本著作的后来版本里，浮夸的语调 451
变得平和了，对资料的处理也有了更多的批判性；他具有类似蒙森著作的魄力和热情，因而迄今还有它的地位。在写了《亚历山大大帝》以后，德罗伊曾进而继续研究了他的后继者的命运。他写信给韦尔克尔说，“在我看来，没有任何重要的时期像我冒昧称做‘希腊化时代’的时代受到这样的忽视。”他原想要概述这一整个时代，既写它的战争和统治者，又写它的文化和宗教，但它以政治史作为开端后，并未更向前跨进一步。因此，《希腊化时代历史》是一个气势逼人的片断，而不是他的梦想的全面概述。甚至德罗伊曾也未能把亚历山大大帝的六位将领之间的斗争和竞争的故事写得有吸引力，但他使读者经常不会忘这个酝酿重大问题的时代的意义。后

① 《希腊共和国：五世纪雅典的政治与经济》(*Greek Common-wealth: Politics and Economics in Fifth Century Athens*)，1911年。——谭注

② 参阅G.德罗伊曾，《J.G.德罗伊曾》，卷Ⅰ，1910年。——译者

来，他在进行其他研究的余暇还对这本著作进行了仔细的修订，因而在历史著作中它还继续占有一个荣誉的地位。舍费尔在关于德谟斯提尼的缜密的专著里赞扬了这个大演说家的天才和智慧。尼斯的《从喀罗尼亚战役起的希腊史》则热烈称颂亚历山大大帝的性格和政治家风度；这是一部便于查考的政治性记事。另一方面，卡斯特在他的《希腊化时代史》里，虽然赞颂腓力的节制态度，但他把他的儿子描述成一个有疯狂野心的人，消耗精力于争取神权和征服世界的梦想。对于这些征服者的看法，虽然还有分歧，但现在却已认识到，喀罗尼亚战役并不是希腊史的终结，而是希腊化时代的世界使命的开端。至于同盟的故事，弗里曼关于联邦政府的著作至今还是无有出其右者。没有人能把亚历山大帝国的破碎河山叙述得饶有趣味，但贝凡关于塞琉古朝的著作[①]和布歇-勒克莱尔关于托勒密朝的详细描写[②]则对这一多事时期作出了重要的贡献。虽然希腊制度是很多专著的论题，但由于各城邦的情况繁复，很难作出综合的概述，所以没有人试图写出相当于蒙森的《宪法》[③]的著作，而这种著作是维拉莫维茨认为最迫切需要的。

研究希腊文化所需要的工作量比研究罗马文化要大得多。马哈斐关于希腊生活和思想的研究著作[④]是一部有用的导论，但为了充分处理各个部门，我们必须转向专家们写的著作。布兰迪斯

① 《塞琉古王朝》(*House of Seleucus*)，共二卷，1902 年。——谭注

② 《托密勒·拉戈斯王朝史》(*Histoire des Lagides*)，共四卷，1903—1907 年。——谭注

③ 《罗马宪法》，1871—1876 年，共三卷，参见下章第一节。——谭注

④ 《希腊人的生活和思想，从亚历山大时期到罗马征服》(*Greek Life and Thought from Alexander to the Roman Conquest*)，1887 年。——谭注

出了一部深刻分析前苏格拉底时期思想家的著作；[1]海因里希·里特尔写了一部关于古代哲学的概论[2]，这本著作有无可责难的学术性和清晰的表达法；但是这两本书都未能建立起思想家与思想家之间的逻辑联系[3]。黑格尔在他的《演讲录》里首先企图完成 452
的正是这个任务，这本著作应用辩证的方法来说明各学派的新陈代谢。但它并未企求专家研究的地位。他的解释虽然总富有启发性，但常常是武断的。策勒迈出了更大的一步，他的《希腊人的哲学》于1851年出版，经过多次改订后它成了德国学术研究的光荣之一。在较近时期，冈佩茨的《希腊思想家》获得了几乎与它同等的声望。

宗教研究是更使人望而生畏的。阿达尔柏·库恩和马克斯·缪勒主张：希腊神话是各印度-日耳曼种族的共同财产的一部分；它也主要是太阳系[4]的理论；这个论点现在已不复能找到支持者。在重述信仰的演变这项困难工作上，没有任何学者比乌泽纳和迪特里希[5]能显示出更敏锐的洞察力。铭文已使我们能对某些信仰作出更正确的估价，其中有些信仰如对多度那·宙斯[6]的崇拜证明只是注意于琐屑事情的。阿波罗不再是一个多里安族的或甚至

① 布兰迪斯著有《希腊哲学发展史》(*Geschichte der Entwickelungen der griechischen philosophie*)，1862—1864年。——谭注

② 《希腊罗马哲学史》，1838年。——谭注

③ 参阅策勒的《小品文》卷Ⅰ，1910年。——原注

④ 太阳系，指太阳及所有绕太阳而旋转之星体。——谭注

⑤ 乌泽纳著有《圣诞庆典》，1888年；第特立喜著有《宗教学文献》，1905年。——谭注

⑥ 多度那，位于希腊北部伊皮鲁斯山中，有著名的宙斯圣堂。传说有来自埃及的鸽子降于橡树上，口吐人言，预告休咎。——谭注

一个希腊的神，他已和吕西亚相糅合[①]。法内尔对于希腊各城邦的宗教信仰，作了百科全书式的概述[②]。关于秘密祭礼的研究也在大力进行。克罗策尔[③]曾说，这些祭礼体现了许多神秘的真理，这种天真的想法已被洛贝克驳倒，但很明显，它们提供了信仰所不能提供的情感滋养料，正好像基督教圣餐和神剧提供的是情景和仪式，而不是教义或神学。福卡特和赖岑施泰因、康福特和简·哈里森以无畏的步伐踏进了那个被俄耳甫斯和狄俄尼索斯所支配的朦胧世界[④]。罗德的杰作：《赛姬》[⑤]是一部论述希腊宗教各方面的最令人满意的专著，它追溯了永生概念在各个时代的演变。托洛蒙·赖纳赫的多卷集著作[⑥]，以精辟的创见评述了许多论题。弗雷泽还分析了波赛尼亚斯的证明。至于近代研究工作的详细结果，我们必须到罗舍尔的《神话学辞典》中去寻找。对艺术的研究随着发掘工作的开展而得到迅速进步。佩罗和齐毕士对古代世界

① 吕西亚(Lycia)，古地名，在小亚细亚西南部。据希腊学家研究，阿波罗神话与吕西亚有密切关系。阿波罗的称号及其母的名字，有吕西亚语根；他生于月之七日，而尚七乃是东方人的风习。——译者

② 书名《希腊诸城邦的宗教祭祀》(*Cults of the Greek States*)，共五卷，1896—1909年。——谭注

③ 克罗策尔(Greuzer，G. F. 1771—1858年)，普鲁士语言学家、考古学家。——译者

④ 俄耳甫斯，阿波罗之子，善弹琴，为音乐之鼻祖。传说，其妻死，俄耳甫斯入冥求之。冥司约以出冥前不得回顾，俄失约，其妻遂消逝。狄俄尼索斯，酒神、丰收之神，周游世界，传播葡萄种植之术。福卡特著有《希腊秘密宗教之起源与性质研究》、《希腊神秘宗教》；赖岑施泰因著有《希腊的神秘宗教》；康福特著有《希腊宗教观念》；J. 哈里森著有《希腊宗教研究导论》等。——谭注

⑤ 塞姬(Psyche)，〔希腊神话〕为灵魂化身之美女，相传，系山林川泽女神，因被爱神(Cupid)所爱而得永生。——译者

⑥ 《礼拜、秘密祭祀与宗教》(*Cultes, mythes, et religions*)，共五卷，1905—1923年。——谭注

进行百科全书式的概述[①]，把希腊放在这种广阔的背景里来处理希腊。富特夫伦勒的富有魅力的著作《希腊雕刻杰作》和它大胆的探本穷源的分析，曾激起研究的兴趣。克鲁瓦泽兄弟[②]、克里斯特[③]和马哈斐[④]划出了文学发展的线索。苏塞米尔关于古希腊后期文学的巨著[⑤]以及罗德关于希腊小说的专著，开辟了一片新的领域。

关于希腊历史的资料一年比一年增多起来。博赫的《铭文集》 453
包括了八千张铭文；数字上只少于《阿提喀铭文集》；但它本身仅仅是柏林科学院在巴黎和维也纳帮助下所收集的巨大汇编的一部分。对它们的解释在很大程度上受惠于基希霍夫关于希腊字母的出色著作和乌尔里希·克勒[⑥]的研究成果。前者按照字母的形成来区分地点和日期。纸草卷[⑦]和陶器碎片使希腊化世界各部门的研究工作产生了果实，尽管大多是在行政和文化领域，而不在政治领域内。现在发掘的技术已经完善；在雅典，考古学学校的建立已

---

① 指二人合著之《古代艺术史》(*Histoire de l'art dans l'antiquité*)，共十卷，1881—1914 年。——谭注

② 即鲁洛泽塞，阿尔弗雷德(Croiset, Marie Joseph Alfred, 1845—1923 年)和鲁洛泽塞，莫里斯(Maurice，1846—1935 年)。兄弟，都是法国的希腊学专家，合著有《希腊文学史概论》(*Manuel d'histoire de la litérature grecque*)，1900 年。——译者

③ 克里斯特著有《希腊文学史，至查士丁尼时代》(*Geschichte der griechischen Literature bis auf die Zeit Justinians*)，1880 年。——谭注

④ 马哈斐著有《希腊古典文学史》(*A History of Greek Classical Literature*)，1880 年。——谭注

⑤ 《亚历山大时代希腊文学史》(*Geschichte der griechischen Literatur in Alexandriner zeit*)，共二卷，1891—1892 年。——谭注

⑥ 有一篇良好的通俗概述，参阅牛顿，《论希腊铭文》，见《艺术和考古学论文集》，1880 年。——原注

⑦ 维尔肯，《希腊纸草卷》，1897 年提供一篇极好的纸草学概述。——原注

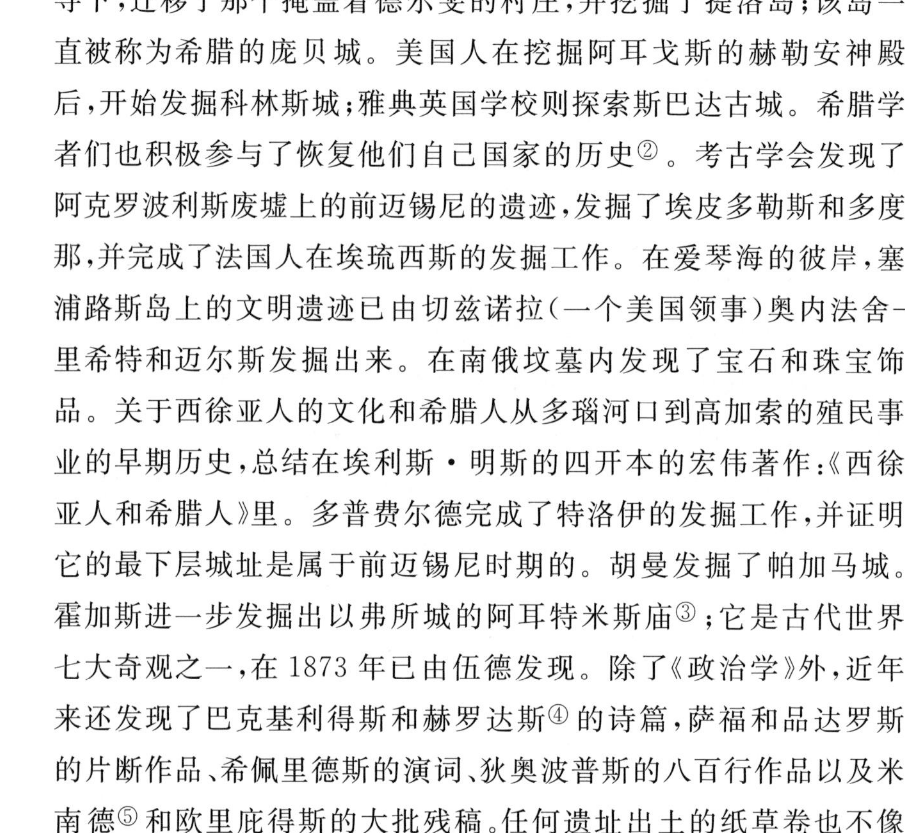

可保证提供热情而且有水平的工作人员①。法国人在欧摩尔的指导下，迁移了那个掩盖着德尔斐的村庄，并挖掘了提洛岛；该岛一直被称为希腊的庞贝城。美国人在挖掘阿耳戈斯的赫勒安神殿后，开始发掘科林斯城；雅典英国学校则探索斯巴达古城。希腊学者们也积极参与了恢复他们自己国家的历史②。考古学会发现了阿克罗波利斯废墟上的前迈锡尼的遗迹，发掘了埃皮多勒斯和多度那，并完成了法国人在埃琉西斯的发掘工作。在爱琴海的彼岸，塞浦路斯岛上的文明遗迹已由切兹诺拉（一个美国领事）奥内法舍-里希特和迈尔斯发掘出来。在南俄坟墓内发现了宝石和珠宝饰品。关于西徐亚人的文化和希腊人从多瑙河口到高加索的殖民事业的早期历史，总结在埃利斯·明斯的四开本的宏伟著作：《西徐亚人和希腊人》里。多普费尔德完成了特洛伊的发掘工作，并证明它的最下层城址是属于前迈锡尼时期的。胡曼发掘了帕加马城。霍加斯进一步发掘出以弗所城的阿耳特米斯庙③；它是古代世界七大奇观之一，在1873年已由伍德发现。除了《政治学》外，近年来还发现了巴克基利得斯和赫罗达斯④的诗篇，萨福和品达罗斯的片断作品、希佩里德斯的演词、狄奥波普斯的八百行作品以及米南德⑤和欧里庇得斯的大批残稿。任何遗址出土的纸草卷也不像

① 参阅米凯利斯，《19世纪考古发现》1908年；加德纳，《希腊史上的新章》，1892年；以及拉得，《雅典法国学校的历史》，1901年。——译者

② 参阅西奥多·赖那赫所写的一章，见《演进中的希腊》，艾博特编辑，1909年。——译者

③ 以弗所，在小亚细亚西岸，为古希腊人所建城市，上有阿耳特米斯（月神）神庙。——谭注

④ 巴克基利得斯（Bacchylides）公元前5世纪与品达罗斯齐名的希腊诗人；赫罗达斯（Herondas），约公元前3世纪希腊笑剧作家、诗人。——谭注

⑤ 希佩里德斯，公元前4世纪希腊演说家支持狄摩西尼，反对马其顿；狄奥波普

在法尤姆省的奥克西林克斯那样丰富；在那里格伦费尔和亨德是为 454
埃及探测基金会工作的；他们使学术界处于欣悦期待的状态。虽然有时发现的东西没有什么重要价值；但它们总合起来，就真是增加了我们对一个古文明的知识；关于这方面，每一点消息都是珍贵的。

Ⅱ

19 世纪，在学术研究领域里，很少有进展，比对东方帝国的兴趣复活更加重要的。拜占庭研究[①]是在 17 世纪由杜孔日开始的[②]，但在两百年时期中它撒播的种子并未曾发芽。18 世纪对于整个中世纪时代是不公平的，而对于希腊帝国尤其显出不友好的态度。在伏尔泰看来，拜占庭历史是一系列可怕而又可憎的偶然事件；在孟德斯鸠看来，它是一连串叛乱和背信的事件。他们的同国人勒博[③]的巨著还证实了拜占庭是讨厌而又沉闷的国家这个通俗印象，并且加上一个不适当的书名《下帝国》。更糟糕的是，吉本未能认识到它的真正性质和重要性。他写的君士坦丁和朱里

斯，希腊历史家约生于公元前第 4 世纪。著有《希腊史》；米南德，公元前 343？—前 291？，雅典喜剧作家。——译者

① 参阅迪尔，《拜占庭研究》，1905 年；克伦巴赫，《拜占庭杂志社论》，转载于他的《通俗论文》，1909 年；以及格兰德，《拜占庭史的研究》，1934 年。俄国的贡献，总结于瓦西列夫，《拜占庭帝国的历史》，第 1 卷，第 1 章，1928 年。——原注

② 杜孔日对拜占庭历史和史料的搜集和钻研，用力至勤，他参加了《拜占庭历史家著作汇编》的工作，还独立编辑出版了《中世纪和近代希腊文作家词典》，被认为是拜占庭史学的创立者。——谭注

③ 勒博（Lebeau，Charles，1701—1778 年），法国历史家，著有多卷本《下帝国史》。——译者

安、狄奥多西和查士丁尼的几章是无与伦比的，但对希拉克略[1]以后的历史，他的兴趣锐减；他带领一队黯淡无光的人物没精打采地穿过舞台。它是“一个关于衰弱和愁苦的沉闷而又单调的故事”，描写一个腐败而又柔弱的国家，徒有一层文明的外表。吉本未能了解拜占庭对文明的功绩，以及它的许多人物的伟大之处。

对希腊史的兴趣随着希腊独立战争和关于近代希腊种族由来的争论而复活起来。乔治·芬利，部分由于他与哥廷根大学的一个希腊同学的友谊，决定游历希腊，去亲自判断希腊人的状况和战争的形势[2]。1823 年他在梅索朗吉昂和拜伦在一起。这个诗人说，“你年轻而有热情；当你像我一样地了解希腊人的时候，你一定会感到失望。”这项预言后来是应验了。当希腊完成独立后，他在
455 阿蒂克买进了一块地产。“我失掉了我的金钱和我的工作，但我懂得了什一制怎样产生一种一个人无从反对的社会状况和教养习惯。当我浪费了我所有的一切以后，我的注意力转到学术研究上来。”他的终身事业是在 1844—1861 年间出版的一系列专著。他晚年致力于彻底改订这本著作，并继续叙事到 1864 年。他死后，他的专著合成一部著作出版，书名《罗马征服以来的希腊史》[3]弗里曼在 1855 年称之为吉本以来英国最伟大的历史著作，也是在英文著作中最有创见的历史著作。克鲁姆巴克尔，即评论家之王，热

① 希拉克略皇帝 610—641 年在位。即位初期曾击败波斯，并夺回被他们夺去的叙利亚、巴勒斯坦和埃及，但这些地区在 7 世纪 30、40 年代又为阿拉伯人占领。——谭注

② 参阅他的简短自传，见托泽版，卷Ⅰ，1877 年。关于他著作的赞颂，见弗里曼，《历史论文集》，第 3 集，1879 年，和法尔麦拉耶，《全集》，卷Ⅲ，1861 年。——原注

③ 此书初版，1844—1861 年，修订版七卷，1877 年。——谭注

烈地赞扬他关于希腊人性质的知识和他的叙事才能。

芬利勇敢地选择了一个不通俗的题目，并唤起人们对它的注意。从古典希腊史专家搁笔之处开始，他从头至尾概述拜占庭帝国的历史，并继续叙述了帝国覆亡以后四百年时期的历史。他虽然一直把希腊放在前景，却提供了一部关于东方帝国的相当完备的史纲。他表明，帝国政府所达到的标准远远超过中世纪时任何其他国家，并主张，它的人民的道德状况在圣像破坏者时代优于任何同等人口的道德状况，无论在当时或早些时候，无论在世界的任何部分。法律是高度发展的，秩序维持得很好，司法也执行得不坏，另一方面，他也承认，帝国的财政压迫和停滞的中央集权制使帝国僵化了。这著作最新奇的特征是把重点放在社会和经济状况方面。的确，他是一个研究法律和经济的学者，而不是一个专业历史学家，而且由于目睹了独立的希腊的种种弊病，使他追溯它们几百年来所产生的影响。他在写作时，对于希腊人民没有表示什么夸饰的同情。他叙述 1453 年君士坦丁堡陷落时，无动于衷，反而称颂穆罕默德二世，并宣扬土耳其人在他们征服时期的高尚道德。另一方面，关于土耳其的统治他描绘了一幅丑恶的图景；其中的主要情节是他们把进贡来的基督教儿童组成土耳其苏丹的亲卫军。在叙述希腊独立战争时，他谴责了它的领导人，而赞赏人民的爱国心和坚忍精神。他对当代希腊的描写虽是高度批判性的，他却承认，希腊的进步已达到了力所能及的程度。虽然芬利已指出法尔麦拉耶的很多证据带有推测性质①，但首先驳斥关于人口全盘移

① 法尔麦拉耶 J. P.（1791—1861 年），奥地利希腊史学者。主张古希腊人种，由于斯拉夫人和阿尔巴尼亚人的不断侵入，半岛已完全消失，近代希腊系一混血的民族。这

456 置的论点，还是霍普夫的著作①；这本著作是以阿拉列的入侵作为开端。他的论著淹没于欧施和格鲁贝尔的《百科全书》之中，因而不为一般读者所知；可是没有别人像他做过这样多的工作，来把希腊中世纪时代的研究放在稳固的基础之上。他的研究成绩被采入赫茨贝格所编的课本；后者的《希腊史》是从古典时代末期讲起，很有条理地总结了别人研究的成果。

约在1870年时，长篇叙述的时代让位给专著的时代。在拜占庭研究上领先的，以前是德、英两国，而现在，由于法国人朗博出版了他的《君士坦丁合法继承人》②一书，而改由法国领先了。该书虽然只研究了一个统治者，可是它体现出关于拜占庭历史的一个确定的概念。他宣称，专政和行政集权制是必要的，因为帝国经常处于战争的局面；政教结合也是必要的，因为帝国只能以基督教来解除野蛮人的武装；它的统治者时常被迫使用贿赂和欺骗手法，因为他们所要对付的是粗野而又无信义的部族。"我们一直无情地对待它的罪恶，而没有注意到它的优点；而它必已具有这些优点，才能使它在西方帝国覆亡后还存在了千年之久。"他补充说，没有任何欧洲国家必须应付像它所遭遇到的攻击。波兰具有研究拜占庭的历史家所需要的一切条件，包括俄文的知识在内，但他很少重

一观点招致了学术界的普遍反对，但也促进了对拜占庭帝国的历史和人种学的研究。著有《摩里亚半岛史》(*Geschichte der Halbirsel Morea*)。摩里亚系伯罗奔尼撒半岛之古称。——谭注

① 霍普夫，卡尔(1832—1873年)，德国学者，以研究中世纪史知名。主要著作有《希腊史》(*Geschichte Griechenlands*)，1876—1878；《拜占庭与奥斯曼帝国史》(*Geschichte der Byzantines und des Osmanischen Reiches*)，1883年；《中世纪雅典城市史》(*Geschichte der Stadt Athen im Mittlealter*)，1889年。——谭注

② 君士坦丁合法继承人(Constantine Porphyrogenitus)，东罗马帝国皇帝，即君士坦丁七世，公元912—959年在位。——译者

新涉足于这个使他成名的领域。他的领导地位后来由施卢姆贝格尔接替了;后者在以《拉丁东方的货币》专题论文获得声誉后,于1884年出版了他的精装的著作《拜占庭印章学》。这本著作的内容由于附入千余幅插图而丰富起来;它对于圣像学、朝廷的显贵和仪节、帝国的地理和行政区划的研究,都证明是极有价值的。他主要是借助于文物资料编出了关于拜占庭统治者的专著[①];这部丛书附有丰富的图片,他也以此最为出名。丛书的第一本是专述福卡的[②],他把后者从利乌特普兰德[③]的恶毒诽谤里拯救了出来;第二本是专述巴锡尔即“保加利亚人的刽子手”的突出人品;最后一本是专述巴锡尔的后继者们。虽然这些传记只涉及了一个世纪的时期,但它们却显示出帝国生活的各个方面,并驳倒了它是一个腐败国家这个传统说法。第三个致力于研究东方帝国的法国学者是第尔;他曾在雅典和罗马的法国学校受过训练。他开始时研究拉温那总督区和非洲的行政区,然后编写了关于查士丁尼和第六世
纪文明的概论[④],该书附有丰富的图片。他关于狄奥多拉[⑤]的单行 457
本专著描写了一个意志坚强、智慧过人的妇女,她度过了一个坎坷多事的青年时期,死后使皇帝眷恋难忘。他关于拜占庭艺术的

---

① 著有《十世纪拜占庭皇帝本纪》(*Un empereur byzantin au Xe siècle*),1890年,《拜占庭伟人传》(*L'Epopée byzantine*),共三卷,1890—1905年。　谭注

② 福卡,拜占庭皇帝,602—610年在位,残暴无能,为军队所拥立,为乱军所杀。——谭注

③ 利乌特普兰德(死于972年),意大利主教,编年史家,于949、968年秉承皇帝奥托二世之命,出使拜占庭,著有《出使拜占庭记》,述其第二次出使经历。——谭注

④ 书名《查士丁尼与六世纪拜占庭文明》(*Justinien et la civilisation byzantine au VIe siècle*),1901年。——谭注

⑤ 狄奥多拉,查士丁尼之妻。史称其出身微贱,以追求权势、凶残奸诈、意志顽强、明敏善断著称,对皇帝的施政有很大的影响。——谭注

论著[1]是关于这一有魅力的领域的卓越的概述。在普及拜占庭历史方面，再没有人比他做过更多的工作；而他的工作也获得了报偿，因为他被聘担任为巴黎大学于1899年创设的拜占庭史讲座第一任主讲人；该讲座，迦兰登关于昆尼南朝[2]的著作虽然较少通俗性，却也具有同等的价值。

在英国，伯里关于9世纪以前的东方帝国的渊博的论述[3]以及他编的吉本著作的校订版，为他赢得了第一流学者的地位。威廉·米勒和伦内尔·罗德阐明了长期湮没的希腊中世纪时期[4]，皮尔斯则重塑了1204和1453年的悲剧[5]。德国最大的拜占庭学家是克鲁姆巴克尔；慕尼黑大学曾在1892年为他创设了讲座；他关于拜占庭文学的百科全书式的概述是整个拜占庭研究领域中最重要的卓绝的著作[6]。它绝不是一个关于诸作家的单纯分析性的

① 《拜占庭艺术概论》(*Manuel d'art byzantin*)，1910年。——谭注

② 即拜占庭史上的马其顿王朝(1050？—1460？年)。迦氏书名《昆尼南两朝史》，1912年。——谭注

③ 伯里在这方面的主要著作有：《后期罗马帝国史，395—800》，(*History of the Later Roman Empire from Arcadius to Irene, 395 A. D. to 800 A. D.*)，共二卷，1889年。《东罗马帝国史，802—867》(*History of the Eastern Roman Empire, from the fall of irene to the accession of Basil I, A. D. 802—867*)，1912年。——谭注

④ 米勒著有《法兰克时代希腊史，1204—1566》(*A History of the Frankish Greece*)，1908年；罗德著有《亚该亚诸王与摩理亚的编年史》(*The Princess of Achaia and the Chroniches of Morea*)，共二卷，1907年。——谭注

⑤ 《君士坦丁堡之陷落，第四次十字军故事》(*Fall of Constantinople, being the story of the fourth Crusade*)，1885年。《希腊帝国之覆灭与土耳其人攻陷君士坦丁堡的故事》(*Destruction of the Greek Empire and the Story of the Capture of Constantinople*)，1903年。1202—1204年第四次十字军远征。——谭注

⑥ 《拜占庭文学史》(*Geschichte der byzantinischen Litteratur*)，1891年。——谭注

书目，而是阐明了帝国的各个方面。他所创立的《拜占庭杂志》也是同样有价值的事情。扎哈里亚·冯·林根塔尔探索了拜占庭的法律[1]，这个领域是萨维尼不熟悉的。皮希勒追述了东方与西方教会的分裂[2]；赫根勒特尔关于君士坦丁堡教长佛提乌的宏伟专著[3]，说明了帝国的早期历史以及东西教会之间的关系。格雷戈罗维叙述了中世纪雅典的命运[4]；勒里希特以毕生精力辛勤地研究十字军[5]。海德关于东方诸国商业的详尽论著[6]成了经济史的古典著作；它说明了帝国的商业史和外人居留地的命运。欧洲地区的斯拉夫人对于帝国历史的兴趣也迅速增长起来，因为他们认识到，如果不知道拜占庭的影响，斯拉夫人的历史是无法理解的。1894 年，俄国学者们创立了《拜占庭评论》；1895 年由乌斯宾斯基指导在君士坦丁堡创设了考古学研究所。关于拜占庭艺术的最有创见的论著，是斯特尔齐戈夫斯基的著作[7]；他是一个奥籍波兰人。

① 其代表作为《希腊-罗马法律史》(*Geschichte des Griechisch-Römisc Chen Rechts*)，1856—1864 年。——谭注

② 《东西教会分裂史》(*Geschichte der Kirchlichen Trennung zwischen Orient und Okzident*)，共二卷，1864—1865 年。——谭注

③ 《君士坦丁教长佛提乌：生平，著作及希腊教会分裂》(*Photius, Patriarch von Constantinopel, Sein Leben, Seine Schriften, und das griechische Schisma*)，共三卷，1867—1869 年。——谭注

④ 《中世纪雅典城市史》(*Geschichte der Staat Athen im Mittlelater*)，1889 年。——谭注

⑤ 勒里希特著有：《第一次十字军史》、《耶路撒冷王国史》、《十字军史纲》等书。——谭注

⑥ 《中世纪东方诸国商业史》(*Geschichte des Levantehandels im Mittlelater*)，共二卷，1879 年。——谭注

⑦ 《东方或罗马》(*Orient oder Rome*)，1901 年。——谭注

拜占庭研究在19世纪后半期获得了极大的进步，但这个领域非常广阔，甚至今天它还是最有前途的历史研究领域，在尼布尔赞助下曾在波恩开始出版《拜占庭汇编》；但编辑得很粗劣，没有多大价值。直到19世纪的最后三十年，才可获得有学术性的资料汇编。没有任何著作比《秘史》[①]引起更多的争论，但一般人已接受了丹的见解：这本著作确实是由普洛科比阿所作。丹是研究民族大迁
458 移的历史家，也是卓越的历史小说：《争夺罗马的斗争》的作者。1904年，国际科学院协会曾决定编辑关于希腊中世纪宪章汇编。现在，在巴黎和慕尼黑、莱顿和莱比锡、圣彼得堡、敖德萨和布达佩斯各大学里，都已设立了拜占庭讲座。由于两个世代的研究，出现了一个新拜占庭[②]：它不是一个贫血的无生气的国家，而是一些大政治家和军人的母亲；当中欧和西欧陷入黑暗状态时它是希腊文化的故乡；是一千年期间基督教欧洲的屏障，是斯拉夫各种族的开化者；它不再是希腊的一个堕落后裔或罗马的一个不肖子，而是具有自己个性的一个基督教国家。生气蓬勃的伊索里亚朝[③]可与西欧的任何王朝分庭抗礼。弗里曼说得对：它在几百年时期中是世界上唯一的正规而有秩序的政府。只有中央集权的官僚制才能把这样一些复杂的地区和种族结合在一起。它的行政机构是世界上所曾有过的最细密的制度；拜占庭宫廷对中世纪欧洲的影响，正像凡尔赛王宫对17、18世纪各国统治者的影响一样。旅行者和使

---

① 《秘史》为著名拜占庭史学家普洛科比阿（约公元500—565年）所作，记查士丁尼皇帝时代的内外大事及宫廷内幕。——谭注

② 由哈里森通俗地总结在他《里德演讲集》，1900年，重印于《在我的著作中间》，1912年。——原注

③ 伊索里亚朝是利奥三世皇帝创建的王朝，利奥出身于伊索里亚省区，因而得名。统治时间为717—802年。——谭注

节们对帝国首都的繁华景象惊异不已；他们感觉自己面对着的是一个比他们以前在国内所了解的更加复杂、有更高度组织的文明。可是，也没有从贬抑转到过分颂扬的另一极端这个倾向。东方帝国是一个官僚制的国家，在那里没有什么政治自由。在文学方面，它未曾产生杰作，对科学、神学和哲学，它也很少注意。只是在艺术领域内，它具有创造性。比克拉斯说得很对，“基督教君士坦丁堡的使命，不是创造，而是挽救”。可是，它在早期中世纪的蛮族时代保存希腊文化，并防止它受伊斯兰教攻击，这也是有功于文明的。

459 # 第二十四章　蒙森和罗马史研究

I

在尼布尔死后，罗马研究的历史大部分是关于一个学者惊人活动的记录。特奥多尔·蒙森[①]是石勒苏益格一个牧师的儿子，是三兄弟中最长者；他们都以研究古典世界而成名。他在基尔大学研究法律时，已将注意力转向罗马；他对古典世界的兴趣又由于
762 奥托·雅恩[②]的演讲而有所增加。他最初的著作：关于罗马社会的拉丁文专论与罗马部族的研究，赢得了学者们的注意；在二十六岁时，他已成为他那一行的专家。由于丹麦政府提供的旅行奖学金，加上柏林科学院的少量津贴，他游历意大利，而意大利之行对他一生正如对兰克一生所起的巨大作用一样。他在永恒之城[③]的

---

① 最完备的记载，见哈特曼，《蒙森》，1908 年。最好的评传是由下列的作家所写：纽曼，见《历史杂志》，第 CXII 卷；卡斯特，见《历史季刊》，1904 年；哈弗菲尔德，见《英国历史评论》，1940 年 1 月号；卡米耶·朱利昂，见《历史评论》，第 LXXXIV 卷；奥托·希施费尔德，见《小品文》，1913 年。吉兰的论文，见《近代德意志及其历史家》，1899 年，该文过分强调他的政治思想。——原注

② 雅恩，O.（1813—1869 年），德国考古学语言学家，基尔等大学教授，曾刊行多种希腊拉丁古籍。——谭注

③ 原文 Eternal City，罗马的别称。——译者

活动中心，是那由本生与格哈德在1829年所创立的考古学研究所[1]在那里，他和该所的秘书亨岑结成了亲密的友谊，后者已经开始收集铭文的工作。

在他关于罗马会社的专论里，这个年轻学者已表示要编辑一部拉丁铭文集的愿望。在1800年以前，已有十余部铭文汇编；但它们都包括一些伪造品[2]。拉丁铭文学的基础是马里尼奠定的；他关于古罗马十二祭司团[3](Fratres Arvales)的著作(1795年出版)包括千件尚未为人所知的铭文。他的榜样为其门生博吉西[4]所仿效；后者重建了罗马执政官的年表(Fasti)。在同博吉西通过
几次信后，蒙森前往他在圣马力诺的家中访问，并讨论拉丁铭文集 460
的前途。柏林科学院聘请奥托·雅恩担任这项工作，而雅恩请他的旧门生帮忙。但法国科学院当时尚未放弃编辑铭文集的想法，博吉西又曾允许给予帮助。由于这一竞争，蒙森决定独自进行收集萨谟奈铭文的工作，于是按照博吉西的劝告，移居到那不勒斯王国。在南意长期漫游后，他重游圣马力诺，而后越过阿尔卑斯山返国。1852年，他出版《那不勒斯王国铭文集》并题词献给"导师、恩人与朋友博吉西"。在搜寻铭文时，他已注意古代世界的其他方面。他游历意大利的主要成果，除铭文集外是掌握了古代方言。他的《奥斯坎语(Oscan)研究》及跟着出版的《下意大利方言》，是对历史和人种学同样也是对罗马时代意大利语言的划时代的贡献。

蒙森回到基尔，赶上参加1848年的骚动事件。在汉堡的一次

① 参阅米夏埃利斯，《德国考古学研究所》，1879年。——原注

② 参阅许布纳，《罗马铭文学》，见伊万·缪勒，《手册》。——原注

③ 祭司团，由祭司十二人组成，主持每年5月奉祀大地女神(Dea Dia)的典礼，以祈丰年。——谭注

④ 参阅杂记，见博吉西，《全集》，第Ⅹ卷，1897年。——原注

街道暴动中，他受轻伤，因而不能追随他的弟兄们参加反对丹麦的志愿军，但他得到机会协助编辑《石勒苏益格-荷尔斯泰因报》即临时政府的机关报。由于同战争和革命的密切接触，他得以洞察那些创造历史的力量与热情，而他编写新闻的短期经验还发展了他的锋利的文风；这种文风正是他的《罗马史》之所以出名的部分原因。这次民族运动的失败使他不能再在荷尔斯泰因待下去，因而他接受莱比锡大学罗马法讲座的聘书，在那里他同奥托·雅恩与莫里茨·豪普特密切交往。但是反动势力是大的；1851 年，萨克森首相博伊斯特将这三位学者一起免职。于是蒙森接受聘请到苏黎世去，在那里从事收集瑞士铭文的工作，惟范围太小因而不久他即移居布雷斯劳。

蒙森在写给古斯塔夫·弗赖伊塔格的一封信里说明他编写《罗马史》[①]几乎是出于偶然的原因。“我在青年时期，曾想到过各种各样的事情：罗马刑法研究、法律文献的出版、《罗马法全书》的撮要，但从未想到过写历史。在莱比锡一次应邀做公开讲演时，我曾发表一篇关于格拉古弟兄的演说。当时，出版家赖默尔与希策尔也在座；两天以后，他们约我为他们编辑的丛书写一部罗马史”。他还写信给亨岑说，“现在该是写这一著作的时候了。现在比已往
461 更加需要把我们研究的成果提供给一个更广大的读书界”。一年以后，即 1851 年，他宣称，他处在这项工作的无穷尽的困难的重压之下。他最初的计划是要用两卷来叙述罗马共和国，用第三卷来叙述帝国，但他很快就认识到，只有在收集铭文以后才能叙述帝国。所以这三卷篇幅都用于叙述共和国。他并按照委托，以结果

① 《罗马史》，共三卷，1854—1856 年。1885 年出版第五卷，此书无第四卷，作者认为塔西佗的《罗马编年史》对这一时期已有记述。——谭注

而非以过程来充实他的著作。在尼布尔的著作里，叙述的线索消失于议论的迷宫里。蒙森则不然，他所求的只是传统说法，用以证实或例解从制度与惯例残余所得的推论对于别的历史家所注意的问题，他一掠而过，而以概略的笔法重说古代意大利人种、制度与社会生活。完全的历史时期开始于皮洛士时代。他关于汉尼拔的论述，不如阿诺德的论述引人入胜；关于格拉古弟兄的描写，他也缺少同情。他以全力论述马略与苏拉，并以无比的魄力与灿烂文笔描写共和国的垂死挣扎。

《罗马史》很快被译成好几国文字[①]。它给近代世界第一次提供了一部关于罗马共和国的全面概述。它那准确的笔法，它那蓬勃的活力，以及人物形象的鲜明色彩给每个读者留下了不可磨灭的印象。几乎在同一时候，格罗特与蒙森各把雅典与罗马带入近代世界的认识与文化范围。普通读者欢欣地迎接这部著作，学者们也证明它的无懈可击的博学，可是有些专家却因看到老的假设已被抛弃而提出新的假设又似乎是无可争辩的事实而大为恼火。其他专家还埋怨它缺少沉着性与严肃态度。的确，它是属于政论家兼学者的作品类型。拉比埃乌斯[②]被看作是一个拿破仑的元帅；苏拉被看作是唐·璜[③]；伽图被看作是桑乔·潘萨[④]。我们可以看到容克地主与非常财政(haute finance)。他写给亨岑的信里

① 关于英国人的评断，参阅弗里曼：《历史论文》，第2集，1873年。比较卡尔·彼得，《罗马史的研究》，1863年。——原注

② 拉比埃乌斯(Labienus，公元前98—前45年)，罗马恺撒的最有才干的将领之一。——译者

③ 唐·璜(Don Juan)，传说中的人物，是贪财、骄傲、美容颜、不信神、放纵类型的人物。——译者

④ 桑乔·潘萨(Sancho Panza)，堂吉诃德的仆人，忠心而饶舌，简朴、愚昧而富有风趣。——译者

说，“关于使用近代语词有很多理由。我要把古代人从他们虚渺的宝座上拉到真实的世界。这就是为什么我必须把执政官看作市长的原因。也许我做得过火些，但我的用意是很对的”。

还有一种更严厉的指责是针对《罗马史》的最后一卷的。全书中没有任何部分写得像恺撒同他敌人斗争的故事那样有活力，因为这位历史家走下他的司令台而跃入了这场搏斗。庞培、西塞罗与伽图都被鞭挞，好像他们是一个可恨的政治派系的活着的首领；
462 同时他们的偶像在舞台上支配一切，容光焕发、举世无双，无敌于天下；他是社会的救星。蒙森对不灵验的天使没有什么好感。他谴责庞培无论在好的或坏的方面都缺乏热情。哈弗菲尔德说，“他在 1848 年碰到过好多西塞罗；他们讲话漂亮而行动软弱”。他轻蔑地谈到元老院中老实的庸人。另一方面，恺撒是支配命运的人；他看出需要什么，就做什么；既不希望征服世界也不希望自己称帝。他的目的，是要复兴这衰败民族的政治、军事、道德与智慧。他论述恺撒的改革时宣称，这座改革大厦中的任何一块石头都足以使一个人永垂不朽。施特劳斯评论说，“把恺撒理想化是多么无意义！一个历史家可以谴责，但不可谩骂；可以赞扬，但不可丧失分寸”。弗里曼叹息道，他是没有什么是非观念的。甚至他的朋友古斯塔夫·弗赖伊塔格对他强烈的憎恶情感也感到遗憾。

蒙森对于说他有所偏袒这项指责，毫不介意。他写道，“凡是像我一样从历史事件生活过来的人都开始看到历史的编写或创造不是没有爱憎感的”。他拒绝政治上的任何绝对标准并嘲笑正统主义。他宣称，“当一个政府失去统治能力的时候，它就不复是正统的；谁有力量推翻它，谁就有权利”。这些言论，在拿破仑三世听

起来是音乐；当这个历史家在巴黎时，他邀请他吃饭；而后者则以自己的恺撒传相赠作为答谢。但蒙森很希望世人不要把他为恺撒辩护和为恺撒主义辩护混为一谈，因而在该书的第二版里，他说明了他的观点。罗马共和国是腐败的。恺撒的工作是必要而有益的，那不是因为它带来了或能够带来幸福，而是因为它的祸害较小。在不同的情势下，它会是一种僭取的政权。“自然规律是：最微小的有机体远远胜过最精巧的机械，按照同一规律，任何给大多数公民以自决余地的不完善宪法，也无限地胜过最合于人道而又最奇异的绝对主义；因为一个是活的，另一个是死的”。罗马皇帝维持国家的统一，并机械地扩大它的版图，同时它在内部却丧失元气而死去。很好，蒙森使这部著作实质上留在他原来的形式上，因为只有这样，它才能保持那使它赢得世界声誉的特点。它是一部天才与热情的著作，一个青年的创作，并且今天仍和当初写它的时候那样新鲜而有生气。就灿烂文笔与持久力量而言，所有德文历史著作中，除了特赖奇克的《德国史》外，没有与它近似的。

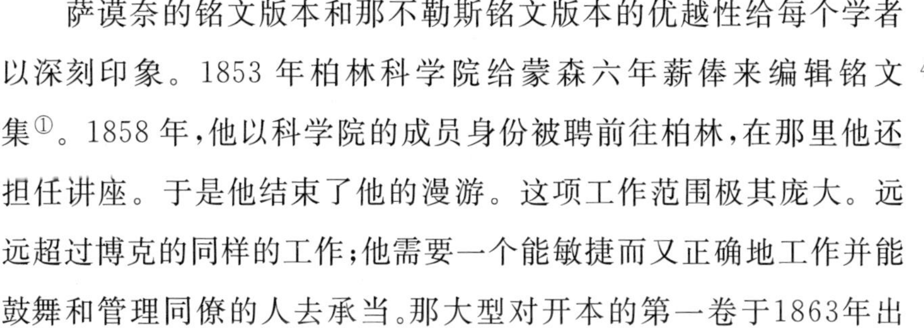

萨谟奈的铭文版本和那不勒斯铭文版本的优越性给每个学者
以深刻印象。1853 年柏林科学院给蒙森六年薪俸来编辑铭文 463
集[①]。1858 年，他以科学院的成员身份被聘前往柏林，在那里他还
担任讲座。于是他结束了他的漫游。这项工作范围极其庞大。远
远超过博克的同样的工作；他需要一个能敏捷而又正确地工作并能
鼓舞和管理同僚的人去承当。那大型对开本的第一卷于1863年出

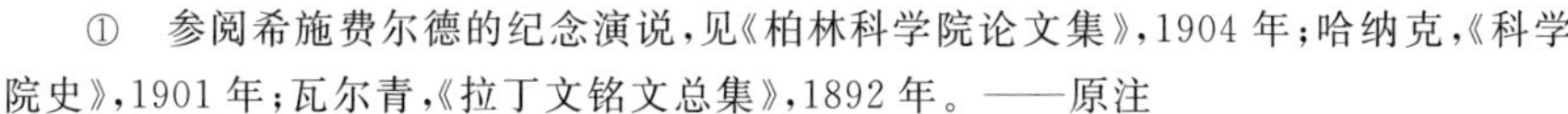

① 参阅希施费尔德的纪念演说，见《柏林科学院论文集》，1904 年；哈纳克，《科学院史》，1901 年；瓦尔青，《拉丁文铭文总集》，1892 年。——原注

版[①]，包括蒙森自编的共和时期的铭文和亨岑所编的执政官年表。两位学者各自对于铭文的责任是：在可能范围内查阅原文，检视刊印本，解释地方与人物的引证，确定日期，并提示恢复断篇残简的方法。在他生前出版的二十册著作中，蒙森所编辑的约有半数，包括山南高卢、南意大利、多瑙河区和东方的铭文，每一部分都经过他的修订并带有他的特点。在这位大师的领导下，兴起一个铭文专家学派，准备在亨岑、德罗西及其他老专家退出队伍后继续这项工作。他在去世前一年，完成了修订东方铭文的工作；在他生命的最后几周内，他还计划出版第一卷的新版。他原来估计铭文集包括八万张铭文，但这个数字已经加倍，而新资料还在不断积累。新版与补编内刊入了最新资料；1872 年所创立的《铭文杂志》并促进了新发现的资料的交流计划的讨论。在罗马史研究的成果方面，没有任何著作曾接近这部铭文集。它阐明罗马公私生活的各部门——行政、城市、军队、赋税、宗教、艺术、社会状况与交通运输。哈弗菲尔德很适当地把它比作科学上的一个最重要的发现；卡米耶·朱利昂还宣称，它是一个学者对有关过去的知识所作出的最大贡献。

在这样地从事于一项要消耗平常人全副精力的工作的同时，蒙森还写了一系列专著，其中的每一部都标志着这一部门的一个时代。第一部，是共和时期的《年代学》，他在其中解决了已往几乎未曾涉及过的一个棘手问题。这部著作是属于开路先锋的性质；
464 在他的作品中它最不经久但它所激起的争论却是富有成效的；佐

① 铭文集，全名《拉丁铭刻集成》(*Corpus Inscriptionum Latinarum*)，共十五卷，三十六册。——谭注

尔陶正是根据二十五年的讨论结果，建造了一座大厦大部分取代了他老师的建筑[①]。第二部，是他的《货币史》[②]，于1860年出版。比前一部更为重要。在旅行意大利时，蒙森已开始他的钱币学研究，现在他试图包罗万象地综述一个广阔而大部未经涉猎的知识领域。他雄辩地证实他的前辈埃克尔[③]与博吉西的工作，但指出他们的著作并不完备。而且，他们只是作为钱币学家来写作，而蒙森则从未忘记他是一个历史学家。他从罗马币制所由产生的希腊-亚洲币制开始，追述币制从罗马城到意大利、再从意大利到世界的发展，讨论各种货币的流通和使用时期、铸币权以及贸易和财政问题。他为德·布拉卡斯出版的法文译本评述了新发现的资料，他从来未曾有过时间来刊行这篇著作的修订版；（而现在它已过时了）。但他仍然孜孜不倦地注视钱币学的发展。他曾帮助创立《钱币学杂志》，支持《古币集》的出版，并和他在荣获博士学位五十周年纪念会上所接受的古币捐赠给它。

在他从事《铭文集》的时期，他所写的最重要的著作是关于《罗马公法》[④]的专著。《公法》的篇幅，倍于《罗马史》；它被作者认为是他最大的成绩。像这样庞大而又详尽的著作是绝不会受到普遍欢迎的，但它尽善尽美的学术成就却使历史学们又钦佩又望尘莫
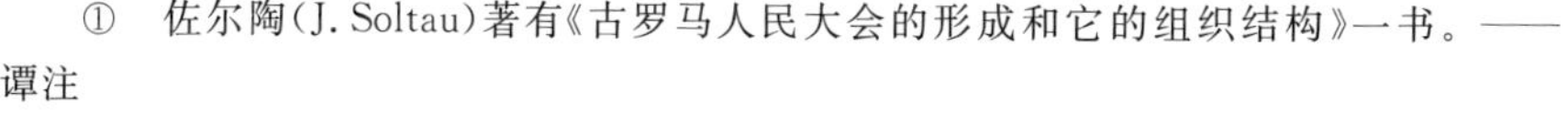
及。它也许是所有关于政治制度的历史专论中最大的一部。他宣称 ."只要法理学忽视国家与人民，历史与语言学又忽视法律，它

① 佐尔陶(J. Soltau)著有《古罗马人民大会的形成和它的组织结构》一书。——谭注

② 原名《罗马货币史》(*Geschichte des römischen Münzwesems*)，1860年。——谭注

③ 参阅肯纳，《约瑟夫·冯·埃克尔》，1871年。——原注

④ 参阅贝尔奈斯，《罗马公法的论述》，《论文集》，第Ⅱ卷，1885年。——原注

们想要敲开罗马世界的大门就是徒劳”。他成功的秘诀之一，是他既是法学家，又是史学家，他早已刊行《法律汇编》的最早的批判版，从那时起这个版本就成了每个法学家的指南。

《公法》共有三千多页，每论述罗马政府和行政的整个过程与体系。每一句话都有论点与权威作为依据，几乎三分之一的篇幅都是注释。它是一系列专题著作而不是一部法制史。各种制度虽
465 然是分别地研究的，但又是作为公法的有机体系的肢体来对待的。这部著作最有创见的部分，在于论述元首制方面。历史家们已在奥古斯都的统治中已看出与旧秩序的剧烈决裂和一种新制度的创立，这个制度实际上是毫无变动地继续了三百年之久。蒙森指出，他希望建立一种双头政治，并审慎地把大部分权力给元老院。元首职位不是世袭的。这个统治者只是第一公民，凭借享有终身权力和没有平起平坐的同僚而高于其他官吏之上。除了海陆军的指挥权与对特选省区的控制权外，新的权力逐渐加到元首身上，直到出现一个真正的帝国。他表明：这个制度既不是帝国也不是君主政体；它是放入旧框框内的一个新首长制；是基于元首与元老院之间的均势；是旧寡头政治与恺撒的专制主义之间的妥协；绝对的独裁要到戴克里先时代才出现。这样看来，罗马是逐步从元首制演变到帝国的。在关于元老院的一卷里，他从另一方面叙述同一个故事。都有些人抱怨说：因为蒙森是一个法学家，他夸大了法律形式的重要性，而且这整个画面过分整齐和系统化。特别是他的双头政治理论受到批评。加德豪森认为他夸大了元老院的权力，过低估计了元首制有发展成为世界君主政体的倾向：罗马人相信他们是生活在个人统治下，这是比共和制度的若干残余更为有力的

证明。十年后还有一篇附录，刊入一卷长达千页的著作《刑法》[①]内。在罗马法的广大领域内，再也没有像这一部分如此密切地与历史接近的了。这部著作概述从罗马历史开始到查士丁尼时代为止的官吏、礼仪、罪行的种类和刑罚；在他叙述的冗长过程中，他还阐明了罗马文明许多方面——道德、婚姻与宗教。

当蒙森以恺撒之死来结束他的历史时，他打算用收集全部现存的铭文打下基础后，再继续写它。随着光阴的流逝，世人不复期望这部只有他能写出的著作，虽然他自己在很久之后才抛弃了这个念头。他在 1877 年所写的一篇未完成的论文在他死后出版，1885 年，那被称为《罗马史》第五卷的著作问世。他的《从奥古斯
都到戴克里先的罗马行省史》，是根据《铭文集》编写的[②]。一个消 466
逝了的世界，由于一个人的天才而得重现，因而有可能来评价帝国的真正性质与影响。在这以前的作家只能通过罗马历史家与讽刺家的眼睛来看帝国，他们把统治者放在图景的最前面。蒙森的成就是确定罗马城不是帝国；罗马君主的残暴与癖性，对广阔无际的整个罗马世界所产生的影响，只是微乎其微的。

他的研究结果证明：首都耸人听闻的恐怖情况绝不是典型的。塔西佗在蒙森以前的权威正如李维在尼布尔以前的权威一样。那被吉本视若神圣的传说，即关于第 1 世纪与第 2 世纪之间和关于提庇留时代与安敦尼朝时代之间的对照已被扫除。这个历史家宣称，各省在酷热的白昼之后享受了一个凉爽的黄昏，因为帝国最伟

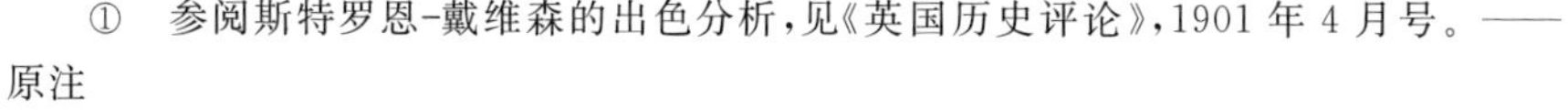

① 参阅斯特罗恩-戴维森的出色分析，见《英国历史评论》，1901 年 4 月号。——原注

② 参阅 W. T. 阿诺德，《英国历史评论》，1886 年 4 月号，和博尔曼，《论古代和现代》，1895 年。——原注

大的功绩是提供三百年的和平时期。他以西欧文明所由产生的稳定秩序的图景来代替关于专制腐败时代的传统说法；其次，他显示行政机构的正确性质。我们因而得知帝国的前进政策与缓冲政策、边境地区与附庸国家、军队制度、卫戍军、城市、赋税与贸易。的确，这部著作是一部不包括意大利在内的帝国的地名词典。关于不列颠的一章，由于铭文稀少，必然是薄弱而不能令人满意的。关于西班牙的论述，也几乎同样是不充分的。但这一切只占全书中的极小一部分；除此之外，各章都提供了重要的知识，有些地区的铭文曾由他亲自编辑过，例如多瑙河地区与小亚细亚就是如此；关于这些地区，他做得最好。关于希腊的部分是以讨论它的腐化的原因为特色的，虽然内尔德克宣称他关于希腊化时代文化的描写过于黑暗。关于犹太人的论述，获得普遍的称赞。《罗马史》的传染性的轻浮气息，在这里已经消失；作者很不愿意渲染景色，而人情偏见也不复见。《罗马行省史》是关于政体的公平无私的研究，而不是一部热情与斗争的记录。如果它曾总述行省政策与行政制度，讨论中央对地方政府的关系并评论社会与经济的力量，那将会更好些；但我们已能毫无困难地看出他的主要思想。《公法》与《罗马行省史》的无比价值使人们更加为这位伟大的历史家始终未能使他的研究成果圆满完成而感到遗憾。我们本应该有关于历代帝王的一个令人叹赏的肖像展览，关于罗马法在帝国体系内地位的一个完善的说明和关于基督教的成长与受迫害的一幅精彩图画。

这个历史家在晚年主要是从事古文献原本的研究。他最著名的出版物，是关于奥古斯都遗嘱的版本。遗嘱原文在罗马城已经遗失，但一份几乎完善的抄本在小亚细亚的安西拉[①]，于 16 世纪由布斯贝克发现。直到 1861 年法国佩罗考查队进行探索后，考订版才成为可能。根据抄本，蒙森把铭文刊印于《铭文集》内；并于 1865 年作为单行本重印。但仍然缺少希腊译文的一部分。1882 年，休曼被推选来揭开那些隐蔽的部分；他把全部铭文制成一个石膏模型。依靠这个新资料，蒙森刊印新版，并附有修订过的注释。关于这个在罗马铭文中最著名铭文之起源问题，发生过激烈争论。编辑者坚决主张碑文是在奥古斯都生前建立的，而别人认为，它是由奥古斯都起草而由他的继承人刻碑并附以必要的增补。蒙森参加《日耳曼史料集成》的管理部，并负责关于古代作家的部分，包括"民族大迁徙"的几个世纪。哥特人的历史是用出版齐丹斯与卡西奥多鲁斯的著作[②]作为说明的，同时《教皇圣务录》[③]、内尼斯及其他第 4 世纪至第 7 世纪的较小编年史阐明了一个模糊时期。他写道，"从古代到近代历史的黑暗过渡时期，必须从两方面予以说明；科学站在这个时期的前面，像工程师站在一条穿山隧道前面一样"。他最后的工作是出版《狄奥多西法典》，附有详尽的绪论。因而他的研究范围一直扩大到罗马帝国淹没于中世纪时代的浪潮里。

蒙森在组织式鼓励一切针对阐明罗马历史的工作上，起着显著的作用。其中之一是探索从莱茵河到多瑙河之间的罗马城墙[④]

① 即今安卡拉。——译者

② 卡西奥多拉斯(Cassiodorus, Magnus Aurelius，约 480—约 540 年)，东罗马官员，著有《哥特人史》十二册。其书残阙，有 6 世纪修道士乔丹斯所作摘要传世。——谭注

③ 原文为 Liber Pontificatis。——译者

④ 原文 Limes。——译者

的计划。1890 年为这项工作成立了一个组织,创立了一份杂志以记录工作的进展情况并设立博物馆以展览所发现的文物。探索的结果,不仅阐明了罗马边境,而且阐明了它设防与防御的方法。他所深感兴趣的第二项工作,是《传记辞典》,这部辞典是在柏林科学
468 院支持下由他的朋友兼同事德绍编辑并几乎是完全根据《铭文集》的。他欣然迎接这项新开辟的工作。当纸草卷的重要性开始被认识的时候,他已进入老年,但他的门生维尔肯证明,他是属于第一批看出这些褐色残片的重要意义的人。这一新科学接触到他自己的著作,尤其是属于罗马的埃及省有关。当一部《纸草卷集》的计划浮现于他的心头时,他帮助创办了一份专门杂志。他希望各国学者会联合起来做那些一个国家的力量所不能胜任的庞大工作。其中之一,是编辑《拉丁语辞源》,即说明直到第 6 世纪为止的每个拉丁单词的历史。1892 年,他力图联合德奥两国科学院进行这项事业,并草拟了联合的条例。但是柏林科学院虽然同意"辞源"方面的协作,却拒绝进一步的联合计划。这个决定使他深感失望,但他的努力已为国际科学院协会铺平了道路;协会于 1901 年在巴黎举行了第一次会议。这个年迈的历史家的想象范围越来越广泛了。他的双目并未昏花,他的精力也未减退。他热切地注视惊人的发现,因为这些发现揭示东方的古文明,并把希腊与罗马放入一个新的前景里。他的思想大部集中于新知识对旧知识的关系方面;他的最后活动之一,是提出一批关于文明社会的最古刑法的问题;他把这些问题送给希腊、条顿、印度、穆斯林与犹太法律专家,旨在协调他们的研究的广泛成果。关于罗马的问题则由他自己作出回答。

蒙森得以成为伟大历史家因素之一，是他对生活各方面的强烈兴趣[①]。这个最杰出学者，同时是一个积极的政治家与思想界的领导人。他明亮的眼睛与表情丰富的面容，显出一个充满活力的性格的一切情感。他曾在1848年用笔来战斗，为了信念，他曾牺牲自己在基尔与莱比锡的职位。1861年，他以进步党成员的身份参加普鲁士议会。1881年，他充任帝国国会议员，参加由他的朋友巴姆贝格尔领导的激进党；当俾斯麦提出《保护关税法》[②]时，该党脱离了民族自由党。他属于这样一批德国人；他们觉得德意志的统一使它担负着一种更高级的文化使命；1874年，他在就任会长的演说里宣称，德国人不能满足于他们已有的成就。可是跟兰克一样，蒙森为他所形容的当时失去人性的趋势而感到沮丧。469
他对施特克尔与特赖奇克所领导的反犹太主义运动的爆发而进行斗争。他指责主张平均地权的人是谷物投机者的酒贩子。当他指称《保护法》为欺骗政策时，俾斯麦对他加以迫害，但他随即被宣判无罪。他反对殖民运动，认为它是侵略主义；反对泽德利茨学校法案[③]，认为它是蒙昧主义。它是启蒙运动的产儿，他抵制在科学、文学与艺术方面侵犯自由的一切措施。他的最后的政治声明，是对1902年农业税率[④]的猛烈攻击。1903年他八十六岁时在睡眠中死去，一生勤于学习并从事教学，直到最后一刻。

① 有一篇亲切的评论，见哈纳克，《论科学与生活》，第Ⅱ卷，1911年。——原注

② 1879年7月，德意志颁布了以保护农业与重工业为主旨的保护关税法。——谭注

③ 原文为Zedlitz School Bill，指教育大臣泽德利茨提出的法案。此法令允许波森及西普鲁士各级学校使用波兰语，还规定发还“文化斗争”中没收的天主教会经费，允许天主教的一个教团在德国恢复活动等。——谭注

④ 1902年通过了恢复一度降低的农产品课税率。——谭注

蒙森与兰克一起并单独跻身于19世纪第一流历史家之列。兰克的著作几乎完全是属于叙述性的，蒙森则不仅以叙述大师而且以制度解释者以及铭文与文献的编纂者而博得盛名。他们两人在多产和把批判技术与综合想象相结合方面，彼此相似。两人都是为几代好学青年所尊敬的大师；两人都能亲眼看到自己的声誉确立，无可匹敌。蒙森著作的出版时期持续达六十多年。在他早期的著作里，没有不成熟的东西，而在他后期的著作里也没有衰退的迹象。只有他能做到对一个古典文明的完全融会贯通并使之重现于世，那是自斯卡利吉尔以来学者们为之奋斗的目标。罗马史在蒙森以前正像欧洲史在兰克以前一样。“他接受的是一座砖城，而遗下了一座云石城”[①]。

Ⅱ

蒙森的两个同时代德国人所编写的罗马历史也是享有盛名的。彼得著作[②]的第一版于1853年出版，第二版是在〔蒙森〕《罗马史》已震惊世界之后刊行的。他属于尼布尔学派，对这位伟大历史家也进行批评，但他否认说他是比较保守的指责。他简略地叙述了关于罗马诸王的传说，警告读者这些传说是不符合历史事实的，但他接受传统作为追述宪法的形式与发展的指导。他的叙述只有在他可以利用波吕比阿的著作时，才渐渐变得详细起来。他赞扬

---

① 原文为 Latericiam accepit，marmoream reliquit。——译者

关于一般论述，参阅克罗尔，《最近二十五年时期的古代研究》，1905年。《古代研究年鉴》于1906年开始出现。——原注

② 彼得(Peter，Karl L.，1808—1893年)，撰有《罗马史大事记》。——谭注

共和时期的爱国、讲道德与有秩序的生活，但他也同意在格拉古弟兄之后已出现衰败。他对最后几次政治斗争中的诸主角之估计，470 是公正而又宽和的。他指出说，"我们不能责备西塞罗没有像我们所看到的那样，看出共和国注定要灭亡的"。他承认恺撒的统治是贤明而良好的，但他否认他有复兴国家的力量。"我们看到罗马极盛时代——就是布匿战争时代——的景象，不能不生起景仰之心"。但罗马人的征服导致他们自己的毁灭；又由于一个世纪的内战，守法的精神荡然无存。旧罗马性质的废墟被奥古斯都与提比留进一步破坏，并被加里古拉、克劳第与尼禄任意践踏[①]。

伊纳的著作[②]，更为著名；他专心致力于共和时期，因而对这一时期的叙述更加详细。这部著作于1868至1890年间断断续续地出版，在某些方面，它是为了非难蒙森而写的；对于后者他原是不抱好感的。他的雄心是要步阿诺尔的后尘。他写道，"如果阿诺尔完成了他的著作，又如果这著采入了最新资料，我可能就不会写我的书了"。他的愿望是要概述现有的知识而不是要提出解决的办法。他关于早期罗马的叙述带有尼布尔与施威格勒[③]的鲜明痕迹。他心目中没有什么英雄；他为罗马人的残暴而感叹。他宣称，"我被指责对待罗马不公平，其实不然；但我对待希腊与迦太基是公平的，因我记起罗马历史家并不是一向讲实话的，他们获得了世人的听信，因而使所有反对的声音寂寂无闻"。在叙述共和国末期

① 见第十五章注。提比留，加里古拉(37—41年在位)，自封为神，令臣民崇祀；克劳第(41—54年在位)，扩大专制权力，削弱元老院实力；尼禄(54—68年在位)，凶残好杀，以残酷手段消灭政敌和鱼肉臣民。——谭注

② 伊纳(Ihne,W.,1821—1902年)著有《高卢颠覆以前的罗马史》(*Rome to Its Destraction by Gauls*)。共八卷，1808—1890年。——谭注

③ 施威格勒著有《罗马史》(*Roimische Geschichte*)。——谭注

时，他认为个人统治的建立已成为一件无可避免的事情。恺撒与庞培互争雄长，但他们未曾真正改变过历史的进程。“共和国的覆亡不是由于恺撒的决定或野心。如果恺撒早死，共和国仍然会找到一个主人。他毫不感情用事，而是以庄严崇高的精神来解决问题”。虽然这部著作缺少魄力与创见，但它不偏不倚的语气倒使它成为那些已厌恶蒙森的明显偏见的读者所最喜爱的书。

在德国以外，拿破仑三世思想开明的大臣杜律伊[①]所写的历史[②][③]是最宏伟的作品。这部著作的最初两卷在1843—1844年间出版；第三卷和第四卷虽然在1850年时已经写好，但因书中盛赞恺撒和罗马帝国而搁置下来，直到〔拿破仑三世垮台后〕1872年才出版。关于早期几个世纪的历史，他依靠尼布尔和施威格勒；而关于向帝国过渡的见解，他预示了蒙森的看法。他在1880年写作

471 时，他指出，共和派只不过是一小撮寡头，他们在征服世界后不知道怎样统治。在共和国倾覆后，虽然有一百个家族遭受损失，但八千万人口却获得了好处。杜律伊在晚年所写的几卷里，充分利用铭文，也同意蒙森关于帝国有功于文明的意见。在详述起初两个世纪的罗马社会时，他认为罗马各行省的健康的生活与首都的腐化生活恰恰形成对照。他把历史叙述到狄奥多西的死亡为止[④]，这样，他就完成了唯一的一部从头到尾详细叙述的罗马史。作者在后来的版本里还补充了插图，因而使它更受欢迎，被译成德文、

① 参阅拉维斯，《维克托·杜律伊》，1895年。——原注

② 《罗马史》(*Histoire des Romains*)，全书共七卷。——谭注

③ 杜律伊并非路易·拿破仑的亲信，这位皇帝读了他的《罗马史》后，欣赏其才学，于1861年任命他为公共教育大臣。在职期间杜律伊对法国教育多所改革。第二帝国崩溃后，他重返史学界。——谭注

④ 狄奥多西(大帝)以395年卒于米兰，帝国自是分裂为东西二部。——谭注

意大利文和英文。杜律伊也是法国史和希腊史的作者；虽然他不可能成为一个有帮助的向导。近来，最重要的工作是加埃塔诺·德·桑克提斯企图写一部关于罗马的详细记载。他的《罗马史》[①]，是第一次大规模地总结蒙森以来研究成果的尝试。他在怀疑主义与轻信态度之间采取了中间路线；他充分论述古代意大利的种族与那里的希腊人。在回想起尼布尔所爱好的一个观念时，他相信在罗马曾有大量诗歌存在过；从诗歌派生出传说；甚至有些古老的民歌也可以尝试从传说中重新编出。海特兰关于共和国的概论[②]，旨在公正的叙述；他抛弃同行研究者的奇谈怪论，但也并未提出自己的论点。在描写盖约·格拉古和苏拉、西塞罗和恺撒时，他表示出他并不依赖于蒙森。他虽然承认恺撒工作的必要性，但并不等于赞成他的品质或谴责那些拥护一个毫无希望的事业的人们。

有些人选择罗马史上特殊的问题或时期来进行研究，他们已作出有价值的贡献。我们关于前罗马时期意大利的知识，由于考古学、人种学与语言学的联合工作，而正在慢慢地增加起来。关于自然条件的影响，尼森第一次作出了彻底的研究[③]。在库齐乌斯以前，希腊史专家对于希腊半岛的自然特征一无所知；同样，尼布尔、施威格勒甚至蒙森对于罗马的自然条件也很少注意。尼森关于山岭、河流、海岸、自然资源与气候的研究，给历史事件提供了一个新的背景。埃托雷·帕伊斯在关于布匿战争前的西西里与意大

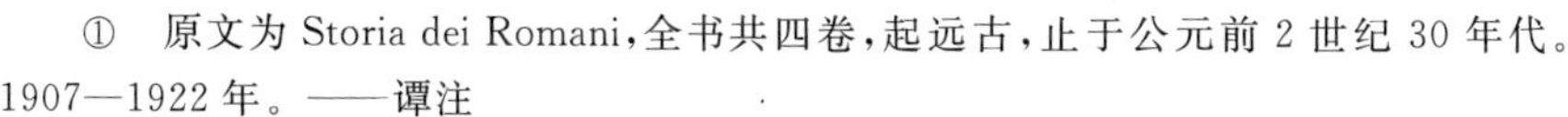

① 原文为 Storia dei Romani，全书共四卷，起远古，止于公元前 2 世纪 30 年代。1907—1922 年。——译注

② 《罗马共和国》(*Roman Poldie*)，共三卷。——译注

③ 《意大利地理》，共两卷，1883—1902 年。——原注

利的著作[1]里，显出他完全怀疑有关早期罗马的传统说法，并认为
472 《执政官年表》是伪造的文献。他更相信考古学、语言与地方名称的证据。《罗马史古传说》是他的一部较大著作的附录，讨论在罗马广场所发现的文物。他相信，许多传说仅仅是关于罗马七丘[2]的神秘的化身。自奥特弗里德·缪勒关于埃特鲁斯坎人写了很精彩的概况[3]以来，发掘工作一直在稳定地进行，因而他们的宗教、艺术与社会状况现时已相当详细地为人所知。可是，他们的起源与种族关系仍然悬而未决，他们的语言仍然难于解释。

人们埋怨蒙森未曾探讨过他所用资料的价值，对这些资料的批判分析是由尼森开始的；尼森对李维(《罗马史》)第四个"十书"与第五个"十书"[4]的研究，以前所未有的彻底性考查了这个历史家的著作与人品。他的研究结果比一般所接受的结果消极性较少，但受到彼得[5]的攻击；彼得认为李维的著作旨在激励爱国心与道德而不在作出严肃的历史叙述。然而尼森的结论获得了尼茨[6]的支持；尼茨在他的《罗马编年史》里宣称，我们能通过第二手、第三手的作品而得到当代的证据。尼茨被称为尼布尔学派的最后一

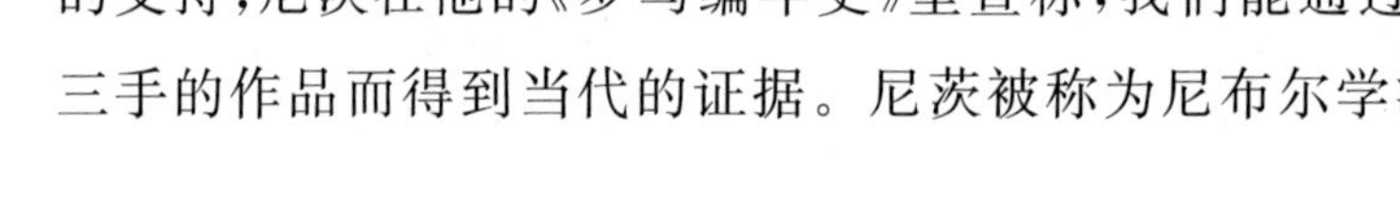

① 《古代意大利、中意、大希腊、西西里、萨丁尼亚之历史与地理的考察》论文集。——谭注

② 在罗马共和国初期，罗马城包括七个山丘。罗马城和罗马国家的建立过程，即是以巴拉丁山丘为中心，逐渐联合其他部落的过程。——谭注

③ 《埃特鲁斯坎人》，共二卷，1828 年。——谭注

④ 李维的《罗马史》，共一百四十二卷，以全书久佚，仅有前"十书"及第二至第五个"十书"传世。以每十卷(书)为一辑("十书")。——谭注

⑤ 卡尔·彼得(1808—1893 年)，德国罗马史专家，以搜集整理古罗马历史文献见称于世。——谭注

⑥ K. W. 尼茨(1818—1880 年)，德国罗马史，中世纪史专家，兰克的门人。——谭注

人;的确,他属于尼布尔学派而不属于蒙森学派。尼茨还写了共和国时期的历史;它的未完成的部分,由他的讲稿补充后,在他死后出版[①]。遗著有力而有创见,使人为他未曾写完这部完备的概论而感遗憾。蒙森的主要兴趣在于国家的政治生活,而尼茨却把注意力集中于社会经济因素,强调农民同商业和运输业的新资本主义所进行的斗争。

共和国末期的场面较之所有以前或以后的世纪更能吸引历史家的注意,乔治·朗所写的一部详细叙述[②],虽然缺少特色,却是对以作者娴熟的文献资料为依据,并作出了公平的论断。四十年后,格里尼奇计划写一部包括共和国的最后一个世纪和早期帝国至公元 70 年的历史的著作[③]。该书从关于社会经济状况的有价值的评论开始,主要讲述格拉古弟兄。提比留满足于社会改革,而盖约〔格拉古〕还要求政治与司法的改变。这两个人制定法律都未经过元老院,因为元老院成为一个阻碍。第一次流血成了内战的开 473
端。格里尼奇在完成第一卷后即逝世,那是对罗马研究的一个严重打击。其他英国学者对这一过渡时期的知识,也作出了有价值的贡献。沃德·福勒关于恺撒的通俗传记[④]。实质上是采用蒙森关于这个英雄的见解的。他宣称,恺撒具有高尚目的与真正的人

① 《罗马共和国史》(*Geschichte der römischen Republic*),共二卷,1884—1885年。——谭注

② 《罗马共和国的衰落》(*The Decline of the Roman Republic*)。——谭注

③ 《共和国后期与元首制初期的罗马史》(*History of Rome during the later republic and early principate*),1904 年。此书只完成第一卷,记至马略重任执政官(公元前 133—前 104 年)止。——谭注

④ 《恺撒与罗马帝国的创立》(*Julius Caeser and the Foundation of the Roman imperial System*)。——谭注

性。当时罗马需要并愿望有绝对专制:城邦制已经衰竭,而元老院又自私又无能。虽然从法律讲他犯下叛国行为,但他当时需要一个合理政府,却证明他是正当的,而且没有哪个政治家曾做过这样有持久价值的工作。虽然他绝不是十全十美的,有时并有残暴行为,但他是和蔼可亲的。恺撒和西塞罗是这个时代最高贵的人物为西塞罗辩护的工作,由于斯特罗思-戴维森所作的传记①与蒂勒尔所出版的《通讯集》②,而被向前推进了一步。对于恺撒的高卢战役和不列颠战役,赖斯·霍姆斯进行了无比透彻的研究③。佩勒姆在他出色的罗马历史小册子④与那些为他的听众所永远不会忘记的牛津演讲里,特别注意于共和国与元首制之间的关系。

自从蒙森以来没有任何著作像费雷罗的《罗马的盛衰》⑤那样引起世界范围的兴趣。虽然它受到学者们的冷淡,它的力量与启发性却是无可非议的。他在开始活动时是隆布罗索的⑥一个门生,后来成了一个活跃的政治家;他以一个社会学家的观点来研究古代世界,他找出共和国覆亡的原因,在于一个旧的农业和贵族的社会之一转入了一个新的商业时代。迦太基覆亡后,财产如潮水般地涌入罗马,而财富导致奢侈风气的增长与需求标准的提高。贫

---

① 《西塞罗传》(*Cicero*)。——谭注

② 《西塞罗通信集》,共五卷,1901—1915 年。——谭注

③ 霍姆斯在这方面的著作有《恺撒征服高卢记》(*Caesar's Conquest of Gaul*),1899 年,《罗马共和国与帝国缔造者》(*Roman Republic and the Founder of the Empire*),共三卷,1923 年。——谭注

④ 指他写的《罗马史纲》(*Outlines of Roman History*),1893 年。——谭注

⑤ 在最好的批评意见中有:柏斯尼尔的文章,见《历史评论》,第 XCV 卷及哈弗菲尔德,《蒙森以来的罗马史》,《季刊评论》,1912 年 10 月号。克罗齐指责本书使意大利学术研究损失信誉,《意大利史学史》,第Ⅱ卷,第 245—247 页。——原注

⑥ 隆布罗索(1836—1909 年),意大利人类学家,法学家。——谭注

富之间的冲突变得尖锐了。外交政策与内政的演变是取决于财富分配的改变的，而剧中的个别演员却无可奈何地沿着经济改变的潮流随波逐流。这样看来，在罗马历史上的关键时期，基本问题是一个经济的问题；是一场属于经济力量间的斗争而不是属于政治集团之间的斗争。共和国不是被苏拉或恺撒而是被“帝国主义”扼杀的。“伟大人物是历史性工作的工具或牺牲品，而对于这个工作，他们是不会觉察的；因为他们像他们的同胞那样，是我们所谓历史命运的玩物”。关于武人互争权力的旧想象，现在代之以人们 474
同一种命运冲突的想象，而对这种命运人们是无能为力的。费雷罗在努力摹想古代方面比蒙森更为大胆。他以早期共和国的罗马人比诸布尔人，以卢库鲁斯[①]比诸拿破仑，以恺撒比诸一个坦马尼协会[②]的党魁，以奥古斯都的权力比诸美国总统的权力。虽然这些及其他比拟使学者讨厌，但它们却受到一般怕读学术性作品的读者的欢迎。

书中的叙述，在苏拉死后，开始变得详细起来。它的新奇点之一，是给卢库鲁斯以重要地位；他是“罗马史上最强的人”，使意大利从内战转到对东方的征服。但这只是一个暂时的转向，因为很快又为分赃不匀而发生争吵。他指责蒙森对恺撒的狂热崇拜，他认为恺撒是一个道地的随机应变者。他是“为进行大事业而受着命运支配的无意识的工具”，但他从来未曾看到过自己事业的目标或探索过它的意义。他之所以在高卢作战，是因为没有别的地方可

① 卢库鲁斯，罗马执政官、将军，在对米特拉达梯作战中屡立战功。公元前69年向亚美尼亚进军途中，部众骚动，公元前67年被撤换。——谭注

② 坦马尼派（Tammany），以纽约坦马尼大厅为会集所的民主党的一派。——译者

以作战；他也茫然不知高卢的征服会是欧洲历史的开端。他首先是一个破坏者；他未曾建设什么可以持久的东西。恺撒占据该书的前半部，他的外甥占据它的后半部。大多数批评者认为蒙森过低估计了元首的权力，费雷罗却认为他过高估计了它。在他的笔下，奥古斯都被描绘成一个能力有限眼光短浅的人；起初是胆怯而又神经过敏，虽然在以后的年代里他的思想与意志都有新发展。他不是恺撒的继承者，而是他的对立面。奥古斯都的政权不是一种君主政治，甚至也不是一种双头政治。他的愿望，是要把国家重新置于元老院控制之下，并给元老院以一个仲裁者的帮助，这样看来，他只是一个立宪共和国的总统；因而费雷罗称自己的著作为《奥古斯都共和国》。奥古斯都英明地主持了这个过渡时期。帝国既不是非常令人不快，也不是特别幸福的。这个历史家至多是说明了经济现象与政治演变之间的关系。他在研究人物与估计政治家的才能方面是才力不足的。他的机械哲学把历史归结为几乎是盲目的力量之间的斗争。可是他否认自己是一个唯物主义者。他宣称，罗马的政治、经济与社会危机取决于风俗的转变，而这项转变是由于财富、开支与需要的增加而引起的，本质上是一个心理的转变①。“历史的基本力量，是心理的而非经济的”。这句话，是兰
475 普雷希特的语言②也是他的精神。罗马历史的关键在于“野心和欲望的自动增加”。东方和西方的混合既是罗马的光荣又是它的弱点。罗马的腐败状况已被大大地夸大。实际上它的财富和欲望

① 参阅《从恺撒到尼禄的罗马史上的人物与事件》，1908 年的洛维尔演讲。——译者

② 关于兰普雷希特的历史观点，见本书第二十七章第二节。——谭注

的增加程度只是像我们今天所看到的那样。娱乐和奢侈的欲望之增长,使智慧和道德,政策和制度都发生了改变。暴发户接替了贵族;而富人,那时和现在一样,都是浮躁的、神经质的和悲观的。这种改变既是进步的条件,同时也是对它的惩罚。

关于罗马帝国的完备的历史迄今尚未写出。蒙森的一个门生赫尔曼·席勒曾作过临时性的尝试[①],但他用心写出的著作都缺少特点。伯里编写了关于帝国头两个世纪的一篇简略而有用的撮要[②]。泽克的六卷著作《古代世界衰落史》,论述罗马从戴克里先到公元476年止的政治与文化。在关于罗马诸帝的专著中间,加德豪森关于奥古斯都的生活与功绩的巨著[③],处于头等重要的地位。亨德森关于尼禄的专著[④]可作为反对塔西佗的帝国概念的典型。格雷戈罗维以有趣的一卷论述了哈德良[⑤]。根据铭文、古币与考古学所作的罗马行省的详细研究,已大有进展。奥托·希施费尔德关于帝国行政制度的分析[⑥]把新的细节加到他老师所作的描写上。卡米耶·朱利昂关于罗马高卢的巨著[⑦],是一部第一流的著作。哈弗菲尔德一生从事罗马属不列颠的研究[⑧]。奥地利法

① H.席勒,著有《罗马帝国史》,共二卷,1883—1887年,记事起恺撒遇刺至395年帝国分裂,系一部政治史。——谭注

② 《罗马帝国史》,1893年。——谭注

③ 《奥古斯都及其时代》(*Augustus und Seine Zeit*),共一卷六册,1891—1904年。——谭注

④ 书名《尼禄皇帝的生平与元首政体》(*Life and Principate of the Emperor Nero*),1903年。——谭注

⑤ 《哈德良皇帝当时希腊罗马世界的图景》,1851年。——谭注

⑥ 《罗马帝国行政制度——至戴克里先朝》,1905年。——谭注

⑦ 《高卢史》(*Histoire de la Gaule*),共八卷,1907—1926年。——谭注

⑧ 哈弗菲尔德著有《罗马不列颠的罗马化》(*Romanization of Roman Britain*, *Roman occupation of Britain*)等书。——谭注

学家米泰斯根据纸草卷与铭文，写了一部学识渊博的专著，来论述东方省区从希腊法到罗马法的过渡[①]。

虽然罗马的宪法史主要应归功于蒙森。但那些按照独立路线进行研究的学者，也作出了有价值的贡献。路德维希·兰格在他的《罗马古制》[②]里，第一次对共和国的制度作了彻底的探索。他的审慎态度与蒙森的不顾一切与坚信不疑的态度恰成鲜明的对照。蒙森的《公法史》企图把罗马政府描写成为一个有机体。在评论这部著作的文章里，兰格为自己的考古研究法辩护理由是：如果遵循蒙森的指导，具体事实可能牺牲于法理的对称之中[③]。《公法史》还碰到另一个更加敌对的批评者，即马德维格[④]。这个伟大的丹麦学者，青年时期曾研究法律，但不久就放弃法律而转向研究拉
476 丁文献原文。在他年老时期，因双目失明而不能进行心爱的研究工作时，他口授他关于罗马宪法的论述[⑤]。他宣称，忽略元老院与
786 人民而先谈行政首长，就像在未打好基础之前先建造屋顶一样。蒙森是以近代理论来说明古代政治形式，而且他的有些假是牵强附会和凭空想出的。马德维格拒绝恢复那些概念的企图，可是只有通过这些概念才能洞察各种制度以及它们相互间的联系。他是按照完全不讲宪法的性质的老方法来讲述帝国的。由于这部著作忽视铭文，奥托·施希费尔德在他出版以前就说它是过了时的而

① 《罗马帝国东方各省的国家法和民法兼论希腊法及晚期罗马法的发展》。——谭注

② 参阅纽曼，《路德维希·兰格》，1886 年。——原注

③ 兰格：《小品文》，卷Ⅱ，1887 年。——原注

④ 参阅内特尔希普，《演讲与论文》，第Ⅱ集，1895 年。——原注

⑤ 《罗马国家的宪法与行政》（*Die Verfassung und Verwaltung der römi- schen Staates*），共二卷，1881—1882 年。——谭注

不予考虑。赫佐格在描写学派与法理学派之间采取了中间路线；他的《罗马宪法的历史与体系》强调指出掌握罗马公法精神的必要性，但他不认为蒙森的著作已获得成功。与蒙森不同，赫佐格是按照宪法发展的年代顺序来全面地叙述它的成长的。

〔罗马〕生活与文化已被辛勤地探索过，但由于资料的极端稀少，重现早期共和国的文明几乎是不可能的。最大胆的尝试是由菲斯泰尔·德·库朗热作出的，他从宗教方面提出关于罗马文明一个完备的解释。在他的《古代城邦》里，他宣称，家族的崇拜是这个结构的基石。建立在宗教基础上的早期罗马社会是纯朴的。随着家族制度的解体，共和国也就衰落了，虽然菲斯泰尔把这个复杂的问题过分简单化了并企图用一把万能钥匙来启开这几个世纪的生活之锁，但他却非常有启发性地重现了古代社会。威索瓦与沃德·福勒也描绘了〔古罗马的〕宗教生活与思想[①]，虽然不很和谐，但说服力较强。还有三部以帝国文明作为题材的极其重要的著作。弗里德兰德的《文明史》于1860年出版，立即成为一部欧洲的第一流著作。在著者死后，经过一批专家的修订，它迄今仍然提供关于从奥古斯都到安托尼朝末期为止的罗马文明之最完备的图景。稍后时期，出版了加斯东·布瓦西埃的极其吸引人的论著；他的《罗马宗教》讨论了东方信仰的传入、崇拜皇帝仪式的兴起与辛尼加的哲学[②]。他的后期著作《异教的终结》继续这项叙述。迪尔关于2世

① 威索瓦著有《罗马的宗教与文化》(*Religion und Kuttus der Römer*, 1902)；福勒著有《罗马人民的宗教体验：从最早到奥古斯都时代》(*Religious experience of the Roman People from the Earlist Times to the Age of Augustus*, 1911)，《基督纪元前一世纪罗马人的神道观念》(*Roman Ideas of Deity in the Last Century before the Christian Era*, 1914)等。——谭注

② 辛尼加(约公元前4—公元65年)，古罗马中斯多葛派哲学的代表人物。——谭注

纪和4世纪罗马社会的令人读着愉快的著作[①]，是以它们的洞察
477 力与学识著称，关于帝国的知识，也从研究其他领域的学者获得助益：例如勒南与哈纳克[②]、纽曼与拉姆齐[③]以及德·罗西关于坟窟的探索和居蒙关于太阳神崇拜的研究。

没有任何部门比罗马城的考古学受到更为辛勤的培养。在法军占领时期，费亚对古罗马广场遗址的部分发掘，给探索工作以必要的推动；在复辟时期，尼比和卡尼纳从事于重现这个古城的工作。本森的《罗马城志》和贝克尔在其《罗马古迹》里的精彩随笔，开始了有系统的论述。莫里茨·豪普特的门生约尔丹所编的《罗马地形学》，标志着自本森以后第一个有决定性的进步。博尼在广场与帕拉丁丘上所作的发掘；已产生轰动的结果。1876年创办了一份关于发掘工作的杂志；兰察尼与许尔森并推广了取得的结果。对奥斯蒂亚[④]的探索，已经开始。对庞贝的发掘正缓慢地向前推进，而它的丰富收获已由莫乌汇集[⑤]。对赫库莱尼恩内[⑥]的发掘，由于必须迁移一个村庄与打开坚实山岩所需之庞大费用而被延

① 迪尔著有《从尼禄到奥利略期间的罗马社会》(*Roman Society from Nero to Marcus Aurelius*，1904)，《西帝国最后一世纪的罗马社会》(*Roman Society in the Last Century of the Western Empire*，1898)等书。——谭注

② 勒南，见本书第二十六章，哈纳克研究罗马帝国的基督教著有《公元一至三世纪的基督教会及其扩张》，1904年。——谭注

③ 纽曼辑有《罗马故物》一书。拉姆齐著有《公元170年以前罗马帝国的基督教会》，《罗马帝国东方省之历史与艺术的研究》等书。——谭注

④ 奥斯蒂亚位于距罗马约一百六十里的台伯河口，第二次布匿战争时为罗马海军重要基地，后又发展为国际贸易城市。公元200年以来历经外族入侵，夷为废墟。1907年以来开始发掘，到1936年已有四分之一的面积出土。——谭注

⑤ 莫乌著有《庞贝的生活与艺术》一书。——谭注

⑥ 赫库莱尼恩，位于威苏维火山之区。初为希腊殖民地，后并入罗马，公元79年火山爆发被淹埋。——谭注

搁。发掘工作已大大增加我们所知道的古典艺术的遗迹；现在关于罗马雕刻是纯粹派生出来的这个传统概念，已被推翻。意大利内部迄今仍隐藏着许多秘密，“永恒之城”所有的考古学校正指望一个富有成效的竞争前途。在半岛之外，最丰富的收获已在罗马非洲省的明珠提姆加德[①]采集到。

① 提姆加德，在今阿尔及利亚境内，罗马人在此建城。——谭注

478 第二十五章　犹太人和基督教会

I

古代东方文明的重新发现和应用批判方法研究犹太《圣经》同
时并进，并促进了这一方法的应用①。尼布尔的主要结论在 17、18
世纪已被预示，同样，研究《旧约全书》的若干成果也已由较早时期
的个别思想家预见到。霍尔斯否认《五经》②起源于摩西③说，斯宾
790 诺莎注意到它是混合物的这一特点。西蒙神父激起了博絮阿的愤
怒，因为它暗示对《旧约全书》应该像对其他著作一样采取批判态
度。1753 年，当法国犹太学者阿斯特律克鉴别《五经》内用“伊洛
欣”称神部分与用“耶和华”称神部分的两种笔调时④，这项批判

---

① 参阅切恩:《旧约全书批判研究的创始人》，1893 年；达夫，《旧约全书批判研究史》，1910 年。——原注

② 《摩西五经》(*Pentateuch*)，《旧约全书》之开首五卷。即《创世记》、《出埃及记》、《利未记》、《民数记》、《申命记》。——译者

③ 摩西，《圣经，旧约全书》传说中犹太人的领袖，率领全埃及为奴的犹太人迁回迦南并创立制度。——谭注

④ 伊洛欣(Elohim)与耶和华(Jehovah)是所谓摩西《五经》中用来称呼上帝的两个词的译音，其中耶和华一词也有学者音译为雅畏(Yahweh)，因此三者所指的都是以色列人所信奉的上帝。

希伯来原文的《旧约》古抄本包含有两种不同来源的史料，其中之一种称上帝为伊洛欣，另一种则称上帝为雅畏。学者一般公认，《五经》中的这两种史料是在不同的历史时期编成的，称上帝为伊洛欣的史料写得较早，思想内容较朴素原始，故事的叙述较

研究又向前跨进了一大步。但是系统批判研究的时代开始于J. G. 艾希霍恩①；他掌握了流行于哥廷根大学的历史研究精神。J. G. 艾希霍恩他认为《旧约全书》诸卷具有东方文化特点，因而我们应按塞姆族的观念解释它们。同时，赫尔德企图以比较灵活的看法对待《圣经》而不那样呆板；他称《旧约全书》为以色列民族灵魂的镜子。J. G. 艾希霍恩与赫德尔两人虽然结成亲密友谊，却各自独立地达到大体上相似的结论。许多年后，歌德以感激的心情回忆他们两人，因为他们在犹太人的文学著作里开辟了一个美不胜收的园地。艾希霍恩的《旧约全书导论》于1783年出版，该书第一次全面地把批判方法应用于《圣经》的研究。他宣称，他是在一个陌生的领域里工作。他只是间接地知道阿斯特律克的发现，并表明他曾独立地达到同一结论。他把《五经》的组成部分按照称神为"耶和华"或称神为"伊诺欣"的译本进行分类，并指出《旧约全书》的许多卷曾经过几个人的手笔。

如果说艾希霍恩是对《旧约全书》进行批判研究的创始人，那么 479
他的门生埃瓦尔德②就是第一个犹太籍的历史学家。1835年，阿诺德在写给本生的信里说，"沃尔夫和尼布尔为希腊与罗马所做的工作，似乎对于犹太也非常需要"。米尔曼在1829年所写的《犹太

多，乡土气味较浓。称上帝为雅畏的史料问世较晚，提供了更多的地理、历史知识背景，思想内容较为精细成熟。

作者在本章中所说的"the Elohim and Jehovah strains of the Pentateuch"应理解为"《五经》中用伊洛欣称上帝（或神）的部分和用耶和华称上帝（或神）的部分"。在本章中作者也把耶和华和雅畏等同，多次通用。——译者

① J. G. 艾希霍恩（1752—1827年），哥廷根大学东方语言学教授，以所著《旧约导论》（1782—1783年）一书知名。本书第四章所介绍的法学家K. F. 艾希霍恩是他的儿子。——谭注

② 最有权威的研究是由威尔豪森所作，见《戈丁根科学院成立150周年纪念论文集》，1901年。——原注

人史》是有用的，因为它坚持研究《圣经》应该和研究任何其他历史著作同样进行；犹太人也应该作为塞姆人的一支来研究；但是尽管斯坦利声称这是德国神学对英国的第一次猛烈冲击，这项论述究属太简短，作者的知识又太肤浅，所以它不能满足研究者的需要。埃瓦尔德出生于戈丁根，并在那里度过他的大半生。他在求学时期已开始研究东方语言并拜艾希霍恩为师。由于他对语言学、神学和历史同样感到兴趣，1827 年，接替他老师的讲座。他讲授梵文、波斯文和土耳其文以及塞姆族语言；他以《希伯来文法》一书初露头角。他注释《诗篇》、《约伯记》、《箴言》和《传道书》(他总称之为《诗卷》)；这些注释表明：他的宗教洞察力和他的语言学修养是相得益彰的；他比他的任何前辈更能深入理解先知的真谛。

埃瓦尔德在青年时代已计划写一部《以色列人民史》；在完成《先知》后，他即着手搜集半个世纪以来所获得的研究成果。这部著作于 1843 年首次出版，作者亲眼看到 1864—1868 年间第三版的发行。在长篇绪论里，他宣称，〔以色列〕历史著作中的空白可用诗歌与先知著作来填补；因为这些著作最能表达这个时代的精神面貌。第一卷叙述到摩西的死亡；他认为早期的历史是神话般的，但并不是虚构的。他把亚伯拉罕描绘为一个有代表性的人物，并认为雅各同以扫的争吵[①]可以说明希伯来人与阿拉伯部族之间的冲突。摩西显然是一个历史人物，是除基督以外最伟大的宗教创始人。关于渡红海的故事[②]是符合历史的，但不是奇迹。关于以

① 以扫，据《圣经》传说系亚伯拉罕之孙，雅各为以扫之弟，因兄弟失和，雅各出逃。——谭注

② 指摩西率领犹太人来到红海、手杖一挥、海水让路的故事，见《旧约全书·出埃及记》第十四章。——译者

色列人本身，这个历史家提供了一幅动人的但过分渲染的图画。他们皈依上帝，在他的指引下勇气百倍。摩西律法[①]最先宣布：上帝会拯救那些以精诚、服从与信仰上寻求他的人们。在这"光荣的远古时代"，对耶和华的信心，在战争中给予〔以色列人〕力量，并鼓舞他们生活的各个方面。在摩西以前，宗教是属于个人的私事；由于摩西，它也成为全民族的事情。埃瓦尔德关于早期历史的论述，
是起刺激推动作用的，但失之于武断。像尼布尔一样，当他仅仅是 480
在充分发挥他的想象力时，他的推测能力才常常获得称赞。在叙述到"列王"[②]时，他是有更为可靠的根据的。他生动活泼地描绘扫罗、大卫与所罗门的形象。他把大卫描绘成一个英雄，并把他的人民理想化；他肯定说这些人民那时尚未腐化堕落。他所描绘的以利亚[③]，色彩鲜明。可是关于后来世纪的叙述，则不如关于英雄时代的叙述那样逼真和动人。

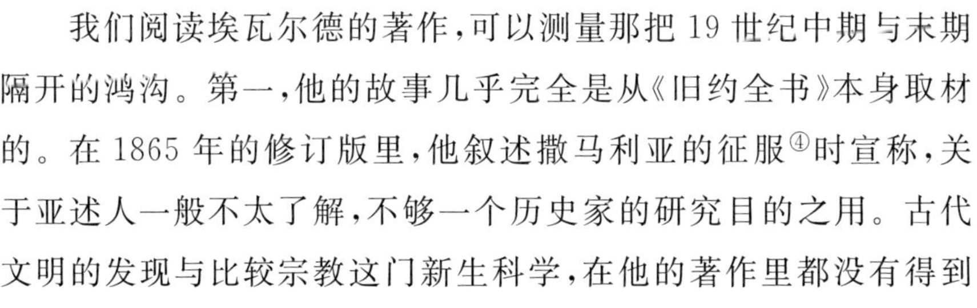

我们阅读埃瓦尔德的著作，可以测量那把 19 世纪中期与末期隔开的鸿沟。第一，他的故事几乎完全是从《旧约全书》本身取材的。在 1865 年的修订版里，他叙述撒马利亚的征服[④]时宣称，关于亚述人一般不太了解，不够一个历史家的研究目的之用。古代文明的发现与比较宗教这门新生科学，在他的著作里都没有得到反映。第二，犹太人始终被看作上帝的"选民"；他们虽然不免有严

① 据《旧约全书·出埃及记》，耶和华写于石版的各种律法。——谭注

② 《圣经·旧约全书》有《列王纪上、下》，记大卫以后犹太诸王统治时期的历史。——谭注

③ 据《圣经》传说，以利亚是公元前 9 世纪人，耶稣诞生以前以色列的伟大先知。——谭注

④ 撒马利亚是以色列的京城，公元前 722 年为巴比伦王萨尔贡二世攻克。——谭注

重过失，但在早期世纪里无论如何是和他们的特权地位相称的。而且他们的领导人物也被过分理想化了。最后，他没有想到法典起源于较晚的时期；威尔豪森认为他的《历史》比不上他的语言学著作的水平。“我不能承认他已像德·韦特或瓦特克那样启开大门或指出道路。他倒是一个学阀，以他的权威来阻止人们接受关于犹太史的真正解释。”普夫莱德雷尔宣称该书是一部说教式的小说，并指责作者阻碍对圣经的批判研究达一个世代之久。尽管有这些有意和无意犯下的过错，他的著作在史学史上还是占着一个显著的地位。他关于塞姆族的学识是无可指责的，没有人能阅读他的著作而不感到犹太人的历史与希腊史、罗马史同样引人入胜。他的著作在英国曾受到热烈欢迎。斯坦利称之为杰出的作品，他的《犹太教会史讲义》就是以它为根据并利用这个作者的圣地知识写成的。

我们关于《旧约全书》概念上的革命，是与威尔豪森的名字相联系的，并把埃瓦尔德的著作束诸高阁；这项革命原是由几个学者的独立工作准备起来的。按照威尔豪森的说法，德·韦特是“在这个领域内的历史批判研究之划时代的先锋”；他第一个注意到士师[①]、列王和先知[②]同样是不知道摩西律法的，并主张，如果说《申命记》比约西亚王[③]早的话，也早不了多少。但他早期著作的大胆假设，到他晚年就变得和缓了；所以，这个问题还要留给一个年轻

① 士师是由选举产生的以色列部落领袖。——谭注

② 先知是所谓受神的启示而传达神的旨意或预言未来的人。早期的先知如撒母耳、以利亚等拥有封立国王的权力；后期的如以赛亚、耶利米等，都是具有一定政治影响的宗教领袖。——谭注

③ 约西亚王，公元前7世纪时的犹太王。——谭注

的学者去解决。瓦特克的《圣经神学》出版于 1835 年；该书坚决主 481
张以色列宗教也是从属于发展规律的。但使它具有突出的重要性的，与其说是著作内的黑格尔哲学，不如说是关于圣经诸卷真正先后顺序的发现[①]。可是，关于祭司法典的后期起源说，还埋没于他的一卷又大又难读的著作里。他最大的成绩，是在诱使威尔豪森写出“我从瓦特克学得最多、最有收获”。当瓦特克在柏林宣布新思想的时候，罗伊斯在斯特拉斯堡也达到类似的结论[②]。他恍然大悟：《各先知篇》早于《律法篇》的出现，而《诗篇》又在两者之后。在摸索犹太人宗教发展的线索时，他碰到一个问题：据说在最早阶段的犹太历史里，存在过完备的利未制度[③]，而在《先知书》里则丝毫未曾提及它。罗伊斯的结论形成于 1833 年，所发表的十二篇论文中；这些论点是如此新奇，以致他不敢发表出来；直到半个世纪以后，才在他的《旧约圣经史》里把它们提出。他认为瓦特克的书看起来是如此令人生畏，以致他不曾阅读它；直到他的看法由他自己的门生发展以后，他才回到他青少年时期的问题上来。在他的听众中间有格拉夫，格拉夫的《旧约全书的历史诸书》于 1866 年出版，它是从早在一个世代前种植于他心里的萌芽成长起来的，后来被称为格拉夫的假设，并被采入杜姆关于《先知书》的权威著作；这部著作把《先知诸篇》作为犹太人的宗教发展之中心；但要推翻传统的错误观点，尚有待于更有威力的作品的发表。

① 参阅贝涅克所编的全传：《威廉·瓦特克》，1883 年。——原注

② 关于《旧约全书》研究的发展，《罗伊斯与格拉夫的通讯》，是具有意义的。——原注

③ 利未制度（Levitical system），《旧约·利未记》第 18 章所记载的“勿乱骨肉之亲”的制度。——译者

奎嫩关于《旧约全书》的研究使他赢得博学多才的学者名声；他的《以色列宗教》出版于1869年，其中采用了格拉夫的假设①。这位莱顿大学的教授虽然缺少埃瓦尔德的口才，却能激发起更多的信任。他否定犹太宗教异乎一般的起源论与独特的性质，拒绝《旧约全书》上的神迹，并宣称《五经》与《约书亚记》里的早期历史大部分属于传说。直到公元前800年左右，当时的资料开始出现的时候，这些传说才能取得可靠的根据。他宣称，由于按年代顺序重新排列《旧约全书》诸书，编写犹太人的宗教思想史已成为可能。他从概述公元前第8世纪的宗教开始，再简略地回顾它的起源。
482 亚伯拉罕、以撒与雅各可能存在过。摩西确曾存在。“出埃及”可能发生于公元前1300年前后。多神教不是一个革新，而是“放逐”②以前大多数人的信条。祭司立法是在放逐之后起草并记载下来的，起源于各个不同的时期，并经过不止一次的编订才最后定形。第三卷专讲犹太教，叙述止于耶路撒冷的陷落。奎嫩的著作连同它冗长的附录和注释，是一系列专论而不是一部叙述。但他的不朽功绩，在于解释以色列宗教的各个连续的阶段；关于这方面，埃瓦尔德是未曾掌握的。

威尔豪森在1876年出版他的《六经的编写》③并在1878年出版他的《以色列史》以后，那些由瓦特克、格拉夫和奎嫩在他们的著作中以及罗伊斯和拉加德在他们的演讲中所阐明的假设，不复是

① 参阅雷维尔《亚伯拉罕·奎嫩》，1890年。——译者

② “放逐”(The Exile)，指公元前597—前586年间新巴比伦王尼布甲尼撒两度攻陷耶路撒冷，将犹太人俘虏到巴比伦之事，又称“巴比伦之囚”。——译者

③ 六经(Hexateuch)，《旧约全书》开首六卷，即《摩西五经》与《约书亚记》的合称。——译者

各个孤立的学者的所有物，而成了公共的财富[1]。虽然作为埃瓦尔德的门生起家，威尔豪森觉得《律法篇》与《先知书》属于不同的世界；他欢迎格拉夫假设的出现。在《士师记》、《列王纪》和《先知书》中，没有《律法篇》的痕迹，而在“放逐”后，它立即变得突出。这些事实，一见自明。摩西律法不是古代以色列历史的起点，而是犹太教历史的起点。《申命记》在约西亚时代的圣殿内被找到。《利未记》直到犹大王国覆亡后才被写出；《五经》直到以斯拉时代[2]才被认为是可信的。这样就有可能估计《先知书》的起源和意义。这一著作在全世界历史家与神学家中间曾引起极大震动。它从来未被续写过，在后来的重版上，采用了较合适的书名：《以色列史绪论》；但他为第九版《大英百科全书》撰写了一篇《以色列与犹大史》概略；并在 1894 年出版一篇更完备的记载。

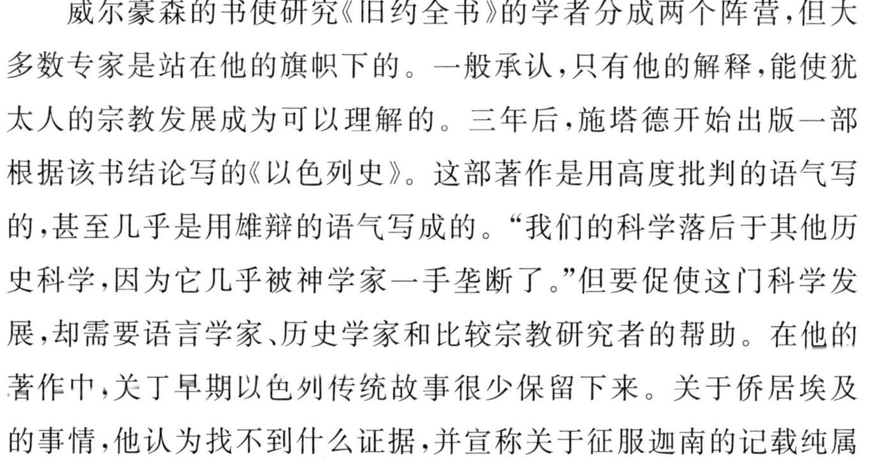

威尔豪森的书使研究《旧约全书》的学者分成两个阵营，但大多数专家是站在他的旗帜下的。一般承认，只有他的解释，能使犹太人的宗教发展成为可以理解的。三年后，施塔德开始出版一部根据该书结论写的《以色列史》。这部著作是用高度批判的语气写的，甚至几乎是用雄辩的语气写成的。“我们的科学落后于其他历史科学，因为它几乎被神学家一手垄断了。”但要促使这门科学发 483
展，却需要语言学家、历史学家和比较宗教研究者的帮助。在他的著作中，关于早期以色列传统故事很少保留下来。关于侨居埃及的事情，他认为找不到什么证据，并宣称关于征服迦南的记载纯属

① 威尔豪森的成绩被很好地总结于普夫莱德雷尔《自康德以来神学的发展》，1890 年。比较罗伯逊·史密斯的评论，见《演讲与论文》，1912 年。——原注

② 以斯拉，公元前 5 世纪中叶的希伯来祭司，宗教改革家，由巴比伦来到耶路撒冷进行改革。——谭注

传说。关于大卫时代，我们有了可靠的根据，但必须提防编年史家过分夸大的说法。大卫和所罗门的王国是弱小的，它的文化是原始的，描写中宫廷和圣殿的繁华只是一个神话。当时，叙利亚分裂为许多小邦；大卫只不过是一个小邦的典型统治者。米沙王[①]铭文的发现，揭示出摩押族及其部族神和与之相应的思想体系。在先知时代以前，没有什么一神教；崇拜祖先和信仰鬼神是普遍现象。"伊诺欣"与"耶和华"之间的差别实际上是微小的。由于吸取了威尔豪森的研究成果，施塔德在约西亚王时代以前找不出摩西律法的痕迹。他相信，"放逐"到巴比伦除了减少了宗教崇拜机会外，绝不是痛苦的。这第一部批判性犹太人历史巨著的力量与学识，不能不给读者留下深刻的印象，但书中的论战口气和经常强调传统的虚伪，却影响了人们对它的欣赏。

在英国，威尔豪森见解的主要鼓吹者，是他的朋友罗伯逊·史密斯[②]。他曾在哥廷根大学从拉加德学习塞姆人语言学的奥秘，1870年二十四岁时，他被聘为阿伯丁自由教会学院东方语言与《旧约全书》教授。1875年他为第九版《大英百科全书》撰写了一篇关于《圣经》的文章，因此他被控为异端。对他的长期审判，曾像对科伦索[③]的审判那样引起很大注意。这个教授最后被免除异端罪，但他的教授职位却被剥夺。他深信自己的批判原则，在爱丁堡和格拉斯哥对广大的听众发表演讲；后来这些讲稿是以《犹太教会

① 米沙王(Mesa Mesha)居于以色列以西的摩押部族之王。初臣属以色列，后背离，为以色列所擒。事迹见1868年发现的摩押碑。——谭注

② 参阅布莱克与克里斯托尔所作的传记，1912年。比较伯基特，《英国历史评论》，1894年10月号。——原注

③ 科伦索(Colenso, John William, 1814—1883年)，英国人，南非那塔尔主教，宣称《五经》是在"放逐"后时期伪造的，因而被开普敦中心主教区逐出教会(1863年)。——译者

中的旧约全书》和《以色列的先知》的书名出版。虽然论述是通俗的,但却是把他所知道的所有大陆上的研究成果和他自己的创见结合在一起的。在被聘为剑桥大学阿拉伯文教授后,他写了《早期阿拉伯的亲族与婚姻制》和《塞姆族宗教讲义》,后者对于希伯来人的宗教和塞姆族人氏族其他支系的信仰与仪式作了系统的比较。他指出:信仰是变幻无常的,因而难以注明日期;只有宗教的仪式是原始而又固定的。他的研究导致他拒绝关于塞姆族和雅利安人 484
之间存在着基本差别的看法。这些著作中充满深刻的研究与精湛的分析。虽然不如他的早期演讲著名,它们却显出在英国也有这样一个研究塞姆族的学者,他在学识方面与洞察力方面,都可与荷兰和德国最有名望的学者不相上下。他的早逝对于《旧约全书》的研究和对于比较宗教这门新生科学,是一个不可弥补的损失。

在法国,按照威尔豪森路线来批判地论述犹太史的工作,是由勒南[①]开始的。在完成他的著作《基督教之起源》后,他回到那个使他成名的领域。他曾写过一部有学术性的塞姆族语言史,参观过有关犹太史的遗址,并劝告铭文学院编辑一部塞姆族铭文集。他宣称,"为了前后一致,我应该以我今天出版的书作为我的《基督教之起源》的开端,因为它们追溯那些把道德引入宗教的伟大先知。"他补充说,他由于感到寿数无常,他首先选择了他工作中最紧要的部分。但是在六十岁时,他看到自己身体尚健,于是勇敢地投入工作,在他有生之年完成了五卷犹太人民的历史[②];

---

① 关于论述勒南的最好的著作,由下列作家编写:格兰特·达夫,1893 年;舍叶尔(Séailles),1895 年;达姆斯特泰尔夫人,1897 年。达姆斯特泰尔,《勒南生活与著作的概要》。1893 年,这本书是对研究塞姆族学者的一个专家的定论。——原注

② 《以色列人民史》(*Histoire du people d'Israel*),1887—1894 年。——谭注

它在这著作中虽不是最能令人信服的却是文笔最为流畅的作品。

第一卷，叙述到大卫时期，包括以色列人的历史传说。勒南深信：传统说法包含宝贵的成分，即使不是属于事实的，也至少是属于气氛的成分。在这个朦胧世界中进行巡礼时，历史家需要有想象力。“即使我在若干点上的推测容有差错，我确信，我已领会那由上帝的呼吸即世界灵魂通过以色列人而完成的独特工作。”他提醒他的读者：他所提供的，与其说是一部历史，不如说是关于历史时期前的社会和宗教的一个半想象的重现。关于下列事情，可以描出轮廓——犹太人在巴比伦的生活、在埃及的流寓、在摩西或其他某个首领率领下的逃出埃及；但在大卫时期以前，没有什么确凿无疑的事实。要问什么事情曾发生过是毫无用处的；我们只能描绘事情可能发生的各色各样的方式。每一句话都应包括“也许”这个字样。普通读者对本书的爱好远胜于专家对本书的爱好。奎嫩宣称，勒南不作资料的分析，好像没有航海图即扬帆开航一样，并
485 埋怨说，他在接受资料与摒弃资料方面也同样是任性的。威尔豪森谴责本书与作者的名望不相称。罗伯逊·史密斯宣称，他关于族长制时代的重塑是全部错误的。史密斯还说，这些族长与游牧民族截然不同，他们近似于列王时代的大家族的家长。勒南相信塞姆人的一神教倾向也同样是无稽之谈；因为一神教只有在以色列，而且是由于先知才发展起来的。他还夸大“亚卫”与“伊诺欣”之间的差别；后者只是他幻想的产物。他把早期以色列人理想化，并相信他们已退化，然而事实上他们的宗教思想却是随着时间的转移而变得澄清和纯洁的。这样看来，第一卷尽管文笔秀丽，却

是五卷著作中内容最贫乏的部分[①]。

犹太人的历史时期据说是开始于大卫，即耶路撒冷和王朝的创立人。但勒南所描绘的形象失之暗淡模糊，正像埃瓦尔德所描绘的形象失之于过分绚丽多彩一样。勒南是不喜欢这个国王的；他相信，国王的权力已被传说夸大，并指出不能把《诗篇》算作是大卫的贡献。大卫被比作阿比西尼亚的一个小王公或阿尔及利亚的军事首领阿卜杜·卡迪尔[②]；他是一个残忍的国君，由他的宫妃包围着，依靠外国雇佣兵的支持，并缺少宗教与道德观念。所罗门是路易十四的缩影，聪明胜过他的父亲，但他是一个彻底的享乐主义者。关于这个分裂的王国，勒南描绘出一幅阴暗的图景。时代是原始的；诸王是残忍的；耶和华又鼓励各种可憎恶的事情。他宣称，以利亚在很大程度上是一个传说的人物，他以嫌恶的心情描绘着他的野蛮的不容忍态度。亚哈[③]看来是一个容忍而又开明的统治者。当时最重要的事件，是把有关族长与战争的传说写成文字，接着分别写成以"亚卫"称神的经文和以"伊诺欣"称神的经文；这些作品在很久以后又都汇总并入《五经》之中。

勒南关于先知的描写遭到普遍的批评。他常常宣称，犹太人代表宗教，正如希腊人代表智慧；但虽然承认以色列的历史重要性有赖于众先知，他却看出他们功过相等。阿摩司[④]又阴沉又褊狭，

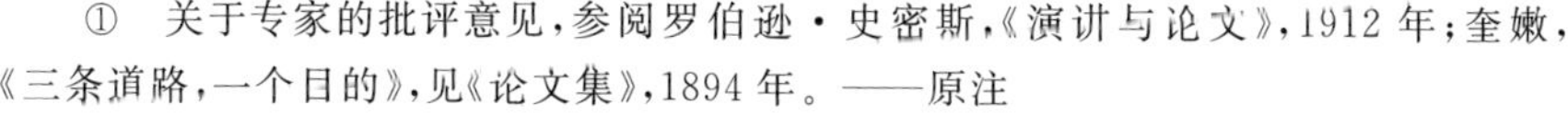

① 关于专家的批评意见，参阅罗伯逊·史密斯，《演讲与论文》，1912年；奎嫩，《三条道路，一个目的》，见《论文集》，1894年。——原注

② 阿卜杜·卡迪尔（1808—1883年），阿尔及利亚部落联盟首领，1832—1847年领导本国人民反抗法国侵略的民族英雄。——谭注

③ 亚哈，犹大王（约公元前874—前852年在位），其妻左右国政，崇祀邪神，欲使国人从之。国中大旱，耶和华频频遣先知示警，图废立。外敌来犯，亚哈迎战，死于阵。——谭注

④ 阿摩司，公元前8世纪时犹大小先知，其说教以上帝的裁判为主题，揭发尘世罪恶，预告灾难。——谭注

狂热地以最后审判日来威胁人们，劝告人们撕裂心灵以示悲伤而不仅仅撕裂衣服。何西阿[1]像〔法国〕天主教同盟的一个传教士或一个〔英国〕清教徒劝世文作家一样。以赛亚[2]的名望大半由于他
486 被认为是那个生活于“放逐”时期的更大天才所写的著作的作者。这个先知是他的人民的良心，但他也似一个颇似布道师的宣传家，一个颇似神学家的政客；他是卡尔文、诺克斯和克伦威尔的先行者。勒南不能掩饰他对耶利米[3]那过度不能容纳异己的态度的轻蔑；他叱责耶利米是宗教迫害的首倡，是君主政治和国家的公敌。以西结[4]使人想起维克多·雨果的《惩罚集》和傅立叶的社会幻想[5]。对道德标准的排他性成见，既无助于文化，也无助于民族威力；诸先知加速了一个民族的覆灭，而这个民族又的确是没有政治才华的。可是，先知们具有不朽的重要地位。他们把一个部族的神灵转化为一个宇宙的正义主宰。他们为穷苦卑微者的事业而呼吁。他们是人类宗教的创立人，耶稣的先行者。早期以色列未曾有过真正的宗教。“伊诺欣”是空中的众神灵，“亚卫”是一个小世界的反复无常的专制魔王，他所索取的只是祭品，并非一颗纯洁悔

① 何西阿，以色列的小先知，阿摩司同时人。以夫妻比喻耶和华与以色列的关系。其讲道简捷，充满狂热 ——谭注

② 以赛亚，8世纪中叶时人，被认为是《旧约》所记最伟大的先知和演说家。反对希伯来诸王干预邻邦事务，认为与亚述结盟后应守信约，对埃及不可依赖。——谭注

③ 耶利米，公元前7—6世纪以色列先知。多次受到反对者的迫害，不断对本民族的罪恶发出警告。巴比伦人攻陷耶路撒冷后，对他颇为优礼，后定居埃及，据说约书亚王对偶像崇拜者发动迫害是受了他的影响。——谭注

④ 以西结，公元前597年，巴比伦攻陷耶路撒冷，被俘，即于是年开始其先知生涯。其预言为谴责以色列的过失，指出充满希望的未来。——谭注

⑤ 《惩罚集》是雨果所作的讽刺拿破仑三世的诗篇。诗中以小拿破仑和其伟大的叔父对比，呼吁上帝惩罚这个窃国僭位者，闪烁着要求报复的憧憬。傅立叶把人类社会历史进程分为四个阶段和三十二个时期，预言生活将由漫长的不和谐的境地进入和美的境界，充满幻想。——谭注

悟的心。诸先知使渣滓化为黄金,并发展了伦理的一神教观念。没有人曾以更大的热情写出第二个以赛亚[①],那个最后而又最伟大的先知。“我们同他一起站在一个高山之巅,从那里我们望见站在另一个顶峰上的耶稣,其间存在着一道幽深的峡谷。”

从世俗国家转化为神权国家的过程,在“巴比伦之囚”时期前已经开始,勒南对这个过程作了详细追述,并未表示赞同。他严厉斥责《祭司法典》[②]的无用,及其注释家枯燥无味的烦琐哲学。尼希米[③]被说成是最早的耶稣会会士,他把耶路撒冷变为一座坟墓。《法律篇》是已发明的最可怕的使人痛苦的工具,是对诸先知传统的不可宽恕的背离;他们的工作只有靠基督来重新进行。精神被文字扼杀。关于犹太教的诸章,虽然包含很多有根有据的批评意见,对错误的驳斥却太多。他赞颂犹大斯·玛喀贝斯[④]的英雄主义,但以极其愉快的心情详细论述希腊化时代的解放影响、对撒都该教派[⑤]和《传道书》的有修养的怀疑主义以及希勒尔与菲洛[⑥]

① 四大先知是:以赛亚(Isaiah)、耶利米(Jeremiah)、以西结(Ezekiel)与但以理(Daniel)。第二个以赛亚指但以理。——译者

② 《祭司法典》指《圣经·旧约·利未记》第1—27章中所记的犹太教宗教仪节、典章和条例。这部宗教法典是以色列人被俘至巴比伦以后逐渐形成的,但《旧约五经》却认定它在摩西时代就已存在了。——谭注

③ 尼希米,犹太人,耶路撒冷失陷后,被波斯王任为犹太总督,重建圣城,恢复民族礼拜。——谭注

④ 玛喀贝斯,犹太玛喀比族爱国首领,于公元前175—前164年领导反对叙利亚人的起义,并一度占领了巴勒斯坦。——谭注

⑤ 撒都该教派(Sadducees),古犹太当权的祭司贵族教派,起源于所罗门时代的祭司撒都(Zadok),否认有复活、来世及天使等说。参见《新约·马可福音》12章18节至28节。——谭注

⑥ 希勒尔(?—公元10年),犹太教拉比,社会改革家,提倡谦逊仁慈,己所不欲,勿施于人。菲洛(Philo,约公元前20—公元40年),亚历山大里亚之犹太哲学家,曾赴罗马向柯利古拉帝请求信教自由。——谭注

的宽大慈悲也倍加赞赏。构成希腊化时代气氛的是它的文化和文学、社会和思想、理想和迷信；关于它们的丰富多彩的论著，表明这个历史家虽然年老体弱，但他的手笔却仍然十分灵巧。他实现了他一生的雄心壮志，因为他的两部巨著构成了一个有机的整体。布伦蒂埃证实说，“有普通文化的法国人对于古代东方、对于比较
487 宗教、对于圣经的注解所知道的一切，都是直接或间接地来自勒南的。”他的成绩就在于唤起兴趣。关于继续与修正他的著作这项工作，要由更务实的学者们去完成。

威尔豪森对以色列古代史的重新解释，一致地或无条件地加以接受。老德利茨施[①]悲叹道，如果威尔豪森是对的，那就不可能再谈论“律法篇与先知书”了。霍梅尔一度接受他的意见，后来又回到传统的见解。在施塔德的反传统的著作[②]出版后，基特尔立即对“囚虏”时期前犹太人的历史提出相反的解释。虽然罗伯逊·史密斯认为这是对威尔豪森的见解的削弱而不予考虑，虽然对批判学派作出若干让步，他的著作仍是属于迪尔曼的保守主义阵营。他相信亚伯拉罕与约瑟，认为《十诫》是摩西所作，还在那些被其他学者称做添加部分而不屑一顾的历史著作里找出真正的传统的片断。这部著作是在传统学派与批判学派之间的一个妥协，而把《祭司法典》的主要部分归属于希西家统治时期[③]，却使发展的线索陷于混乱。它的主要功绩，在于对资料的详细分析。威尔豪森的其

① 老德利茨施(Delitzsch，Franz，1813—1890年)，德国著名神学家与希伯来语言学者，属于保守主义神学派。其子弗里德里希(Friedrich，1850—1922年)被称为小德利茨施，亚述学家。——译者

② 《以色列民族史》(*Geschichte der Volkes Israel*)，共二卷。——谭注

③ 希西家，犹大王，约公元前727—前699年在位。——谭注

他批评者，虽然接受《律法篇》编得较晚的说法，但他们却相信，它的若干部分即使不是在形式上，在实质上也远比他所承认的要早得多。蒙蒂菲奥里在希伯特的演讲中，根据近代的研究成果巧妙地提出了一个犹太人对犹太历史的见解。

除一般性的历史著作外，出现了无数专著，为历史大厦添砖加瓦。罗伊斯、科尼尔与德赖弗提供了关于《旧约全书》著作的有用的概论。乔治·亚当·斯密的《圣地历史地理》是一部第一流的著作。贡克尔研究了希伯来宇宙论的来源与性质。爱德华·迈尔分析了关于族长的传说，并评述早期以色列的邻邦。那个“放逐”后的时期越来越多地吸引着人们的注意。荷兰神学家科斯特斯曾声称：犹太人在居鲁士时代被释返国之说是神话，圣殿是由那些未曾被俘而留在本土的犹太人建造起来的。这项宣布曾震动一时。这个论点被爱德华·迈尔驳倒，他的《犹太教的起源》确定了《以斯拉记》里所引用的波斯文献是真实可靠的。切恩对“放逐”后的宗教生活描绘出一幅最好的图景。许雷尔的巨著《基督时代犹太人民的历史》，是关于犹太人三百年间的政治、宗教和哲学，以及文学和社会之概览，其中利用了铭文、纸草卷和古币的新资料。

犹太人的历史从考古学研究所得的益处，比埃及或亚述历史所得的要少得多[①]。在耶路撒冷，没有发掘出辉煌的建筑物或雕 488
刻品，铭文也极少。在其他地区的发现，对于《圣经》记载很少阐明。对这个地方的系统考察，是由爱德华·鲁宾逊和托布勒两人

① 参阅神父樊尚，《按近时探索的伽南》，1907 年；德赖弗，《斯威奇演讲》，1909 年；布利斯，《巴勒斯坦考察的发展》，1906 年；希尔普勒希特，《圣经地区的考察》，1903 年；麦卡利斯特，《一世纪的巴勒斯坦发掘》，1925 年；凯尼恩，《圣经与考古学》，1940 年。——原注

首先进行的。前者系美国一个希伯来文教师，他于 1838 年出版了他的第一次旅行记录。后者的七卷历史地形学相当于利克的希腊概览。1865 年美国巴勒斯坦开发基金的创立和 1878 年德国巴勒斯坦学会的组织，提供了合作研究的机构。美国和德国在耶路撒冷还设立了考古研究所。弗林德斯·皮特里和布利斯考察了莱基什区，在那里发现了十一个约存在于公元前 1700 至 1400 年时期的古城遗址。舒马赫揭开了米吉多的若干秘密，我们关于撒马利亚的少许知识也是从他获得的。塞林能够说明在他纳[①]与耶利哥的富有成效的考察工作。麦卡利斯特详细地揭示了基色的历史记载，在那里有七个古城的地层可远溯到新石器时代。他的发掘工作的最有趣的结果，是恢复腓力斯人[②]的地位，他们是在两千年间所积累的文物中最有艺术性的作品的作者。现在，我们可以对巴勒斯坦追溯到公元前第三千年代，并看到这些穴居人渐渐被塞姆族侵入者驱逐的情景。耶路撒冷的部分发掘，已揭示出史前期的隧道与排水管网。最惊人的发现，来自以色列与犹大境外。1868 年发现了米沙的石版，即一般所称的摩押碑，它是用塞姆族字母刻成的最古铭文，日期始于亚哈谢与约沙法时代[③]。亚述铭文，包括萨尔贡与西拿基立的铭文，描写希西家时代对撒马利亚的占领和对耶路撒冷的围攻；这些铭文补充了《旧约全书》的记载。那些阐明巴勒斯坦在公元前14世纪的政治和文化的特勒阿马纳书板上

① 他纳，伽南城镇，其王为约书亚所杀。遗址在米吉多古城东南五英里处。——谭注

② 腓力斯人，据《圣经》传说是居于今巴勒斯坦的好战的民族，古以色列人的世仇。——谭注

③ 亚哈谢，以色列王，约公元前 844—前 843 年在位；约沙法，犹大王，约公元前 873—前 848 年在位。——谭注

的文字，谈到察比里人，有些学者认为他们就是希伯来人。那被讨论得很多的麦伦普塔[①]的铭文于1896年被皮特里发现，其中包括以色拉尔（Isirar）这个名词，因而有些专家认为铭文指出，在巴勒斯坦有在麦伦普塔统治之下的以色列人，但关于以色列人寄寓埃及的故事，没有找出任何确切的证据。1904年，发现了关于犹太
人在埃勒凡泰尼岛（尼罗河上第一瀑布附近的一个岛）上的军事殖 489
民地的纸草卷记录；这个发现给公元前5世纪以可喜的阐明。阿拉米文已经代替希伯来文；这些殖民者虽然崇拜“亚卫”却并不是一神教的信奉者。

关于近时《旧约全书》研究之最突出的特点，是讨论犹太人承袭巴比伦宗教和文化的问题；但直到1902年〔小〕德利茨在柏林发表一次讲演后，这种关系才成了普遍讨论的题目。他的《巴别塔与圣经》，数以万计地销售，并断断续续地出版一系列论文来证实并发展书中的论点。他宣称，直到近世为止，以色列曾被看作是最古老的文明之一，并自成一个世界；同时，《旧约全书》被认为是关于古代东方的主要有权威性的典籍。但现在一个更古老、更浩瀚的文明已被发现，以色列的科学和宗教都源出于这一文明。特勒阿马纳书板显示出巴比伦文化从幼发拉底河到尼罗河之间的优越地位；以色列人一开始就受到它的影响。洪水的古传说，当然会在经常受到水淹的地方兴起。创世传说，是属于巴比伦的，造物主是马尔杜克神[②]。关于禁果、蛇和失乐园的故事，出现于一个巴比伦圆

① 麦伦普塔（约公元前1225—前1215年在位），埃及第十九王朝法老，曾击退利比亚的入侵。相传，希伯来人在他统治时期离开埃及。——谭注

② 马尔杜克神（God Marduk），按巴比伦神话，是万神中的主神。本为农神，也可能为一个太阳神；在阿喀德的《创世纪事诗》（*Enuma Elish*）里作为一个风神。——译者

柱形土器[①]上。虽然流行多神教，但关于一个至高无上的神的观念却是普遍的。巴比伦文明的道德水平并不明显地比以色列的水平低，而妇女的社会地位（这是来自苏美尔人的一项遗产），倒是较高的。天文学以一小时分为六十分，一分分为六十秒，是在美索不达米亚平原上发明的。犹太人在宗教和伦理方面的独创性并不比在科学和法律方面的更多。

对于犹太人的创见之否定，引起传统看法的拥护者的激烈论战。最猛烈的回答，来自霍梅尔；他率直地宣布，在〔德利茨〕演讲中所有的新东西都是不真实的。他断言，以色列人创造了他们自己的宗教。德利茨关于巴比伦一神教的概念是错误的；《圣经》中的传说起源于迦勒底人而非巴比伦人。《五经》虽然不是摩西的著作，却是在他以后不很久写成的；迦南—巴比伦的影响只是出现在它的增补部分。不太固执保守的学者，也不大满意。基特尔宣称，

这门科学是这样的年轻，所以传播些耸人听闻的怪事是不可避免的。巴比伦的宇宙论和《圣经》之间存在着基本分歧。巴比伦地区是信仰异教的，而《圣经》是属于一神教的。那些取自巴比伦的部分已经改头换面，而后来的形式要比原始概念具有更多真正的创
490 见性。以色列已把渣滓变为黄金；巴比伦是一个资料源泉而不是一个模型。但是德利茨能站稳了他的立脚点，为他的中心论点提供新鲜例证，在这方面巴比伦的发掘使他获得了新资料。

温克勒、杰里迈斯和齐默恩都同样地宣传犹太人继承巴比伦遗产这项见解：温克勒详尽阐明了巴比伦宗教的星象理论，后两人步武他的后尘。温克勒在他的《以色列史》里主张：从亚伯拉罕到

---

① 参阅本书第716—717页。——译者

所罗门的传说，属于根据巴比伦占星术的体系。杰里迈斯在他精心写成的著作《从古代东方的新发现看〈旧约全书〉》中详细地证明了这项影响。他声称，巴比伦是在犹太人中间发现的所有最高概念的渊源；虽然以色列的公众是信仰异教的，可是领导人的信仰是对"亚卫"的纯洁崇拜；而这种崇拜原是来自巴比伦的。巴比伦的影响是这样地持久，甚至在《启示录》里也可以找到。温克勒与其学派的说法，不管多么怪诞，却使人们把注意力集中于犹太宗教的由来。关于犹太人继承巴比伦遗产的实质问题，还不能贸然作出定论，但承认这一点已足以使早期以色列史的研究工作发生根本变化，并为世界宗教史提供一个新的背景。关于犹太人在《圣经》以后时期的错综复杂的命运，格雷茨在他的多卷本著作里[①]第一次作了充分的描述。

Ⅱ

19世纪的成绩之一，是新教徒的学术研究为教会史赢得了科学地位[②]。各种教派间的冲突从未平息过，信仰与不信仰间的搏斗也在继续进行，可是甚至在如基督教的起源与宗教改革运动这样引起争论的领域里，也已有了某些格局和定论。

最早的详细叙述，是由马格德堡世纪派写的；他们热烈的新教

① 《犹太人史》(*Geschichte der Juden*)，共十一卷，1853—1875年。——谭注

② 参阅鲍尔，《教会史编纂的时代》，1852年；黑德勒姆，《早期教会史的方法》，见他的《历史、权威与神学》，1909年；布拉特克，《教会史资料指南》，1890年；科尼比尔，《新约全书批判研究史》，1910年；尼格，《教会史编纂》，1934年；以及几篇传记，见《新教神学与教会百科全书》。——原注

情绪，使他们只看到从原始教会以来的不断退化，并在罗马教皇身上找出反基督的特征。巴罗尼借助梵蒂冈档案来编写出正式的答辩；他的宏伟著作迄今仍然有用。路德教会陷于顽固而僵化的形
491 式主义；为了反对它，产生了虔诚派。1699 年，戈特弗里德·阿诺德根据基督徒生活的价值无限地高于一个机械的正统这一信念，编写了《诸教会与异端流派的公平史》[①]。宗教改革运动，在开始时原是为反抗天主教会的世俗化倾向，但它也很快就同样走上歧途。像弗拉修斯那样，他虽承认日益加剧的退化趋势，但他不是把责任只归于教皇统治，而是也归于所有那些使教会转变为等级森严的僧侣统治并使基督教僵化为教条的各种影响。基督的福音，主要是存在于异端派中间，他们是该书的主角；他们此仆彼起地对教权主义进行反抗。在莫斯海姆[②]的著作里，我们看不见弗拉修斯的宣传热诚与阿诺德的神秘虔诚。他以冷静的宗教热忱的语调来处理他的论题，写出了第一部属于近代世界的教会史。在他看来，教会是一种像国家那样的机构。他的论述基本上是根据史实的、政治的、世俗的。哥廷根大学的教授们把教会史联系到世俗事件，并不理会大量的传说中的细节，但他们对于辽远时代及其他思想形式缺乏洞察力。他们中间最有才干的斯皮特勒轻蔑地称阿塔纳修斯为僧侣，称伯尔纳[③]为专制魔王。在哥廷根大学，没有人懂得爱好教会史或尊重圣徒。

① 关于阿诺德，可参阅里奇尔的《虔诚派史》中有趣的一章，第Ⅱ卷，1884 年。——原注

② 参阅霍伊西，《莫斯海姆教会史编纂》，1904 年。——原注

③ 伯尔纳（约 1090—1153 年），圣徒，法国西多教团修士，圣殿骑士团创建者。在神学上，反对阿贝拉派。曾发动并参加第二次十字军，一败涂地。——谭注

浪漫主义运动把感情与幻想重新捧上它们的宝座。信仰的时代受到荣宠，而历史家注意追述基督教原则的实施甚于注意叱责罗马教廷。这个新精神在犹太人大卫·门德尔身上得到了体现；他在十七岁时皈依基督教，并取名为奥古斯特·尼安德[①]。他被施莱尔马赫引入宗教哲学方面并研习伯麦[②]与柏拉图的著作，因而他觉得普朗克[③]在哥廷根大学的教导太富于理性主义而不适合于他。许多年代后，他声称，“一个信仰的新生活已经觉醒；它开始鼓舞研究工作。生活与科学都谴责那种肤浅、无情的启蒙运动，因为它公开蔑视过去时代的伟大与光荣。”他很快就学会了爱护“教父”，但他满足于简朴的虔信派教徒的基督教。1812 年，在完成一篇论亚历山大城的克雷芒[④]的论文后，他撰写他关于朱里安的第一部重要著作。次年，在二十四岁时，他被新成立的柏林大学聘任教会史讲座，他担任该职，直到 1850 年去世为止。他关于圣伯纳 492
德、诺斯替教[⑤]、克里索斯托姆[⑥]与特图利安[⑦]的专著，一本接一本地迅速出版。1822年，他出版《基督教生活纪念品》，以一系列图

① 参阅沙夫，《奥古斯特·尼安德》，1886 年；哈纳克，《演说与论文》，第 Ⅰ 卷，1904 年；利希滕贝格，《十九世纪德国神学史》，1889 年。——原注

② 伯麦，J.（1575—1624 年），德意志基督教新教神秘主义者，认为对立物的冲突是按照上帝意志的宇宙力量，具有创造性价值。他的观点长期被斥为异端。——谭注

③ 普朗克，G. J.（1751—1833 年），哥廷根大学教授，基督教新教神学家。——谭注

④ 亚历山大城的克雷芒（约 150—约 215 年），希腊神学家，试图将希腊异教思想与基督教相结合。——谭注

⑤ 诺斯替教（Gnosticism），1 至 6 世纪间，以波斯、希腊神学和哲学来说明基督教教义的教派。——译者

⑥ 克里索斯托姆（345？—407 年），即圣约翰，君士坦丁大主教（398—404 年）。——谭注

⑦ 特图利安（约 180—约 230 年），生活于罗马与迦太基之神学家，著述甚多，文笔优长。——谭注

片来说明基督教生活的精神与效果；1825 年，他的《基督教会史》第一卷问世。

教会史对尼安德意味着描写圣徒的生活多于叙述教条或制度的发展。作为施莱尔马赫的门生，他认为宗教首先是一种情绪的反映；它不同形式的种种表现，是各自有其存在的理由的。甚至对朱里安，鉴于他的真诚信心，他也同情地予以论述。他对教会作为一个伟大权力机构方面不甚感兴趣；他认为教会的复杂机构与它的世俗活动，对原始基督教简朴纯洁来说是一种堕落。他的任务是强调指出敬神生活的美丽与芬芳，使对基督教男女圣徒的研究成为个人修养的工具。在叙述到宗教改革运动之前，这项工作即由于他的逝世而中断。他的著作中洋溢着对罗马和维滕堡所共有的遗产感激之情。虽然他始终相信基督教教条的真理，但他从来不热衷于攻击异端，也从来不主张教义的重要性可以离开道德结果而存在。由于相信基督教是一种神圣的潜移默化的影响，所以他能从无数各不相同的形式中寻求它并找到了它。哈纳克称誉他为一个新教的本尼狄克派。全书的精神是极度和解的。他同情地对待教会的大人物，比起过去启蒙运动时的敌意来，这是一种使人感到舒畅的转变。但它也带着严重的缺点。虽然他强调个性的神圣性并抗议任何摧残个性的行为，但他所描绘的人物却流于单调乏味。所以，他描写意气相投的人物虽然取得成功，但描绘比较粗鲁的人物却有时失败。他认为圣徒比政治家好，学者与神秘主义者比行动家好。由于他厌恶教阶制的世俗方面，他看不见一个有力而常设的组织是必要的。并且，他像其他浪漫派成员一样，缺乏批判的本领。他原封不动地使用所找到的资料，从未认识到有责

任确定这些资料的价值。

尼安德作为一个教师所产生的影响也不亚于他作为一个作家
所产生的影响[①]。他的教室内挤满好学的学生；他的学术讨论班
培养出一些继承师训并能青出于蓝的学者。他讲课时不仅对于他
的论题充满热情，而且向学生灌注一种对生活的态度。他提出严 493
重警告，要防止无论是以理性主义形式还是以教条主义形式出现
的过度的唯智主义[②]。虽然他不喜欢在他周围出现的批判精神，
但他却反对从柏林大学逐出德·韦特；当被问到对于禁止施特劳
斯的《耶稣传》的意见时，他表示反对这个禁令。的确，好战的正教
领袖亨斯滕堡曾经指斥他只是半个信仰者。但在教会历史家中
间，没有人比这个有学问而可爱的基督徒更有吸引力。虽然研究
教会的历史需要更多批判方法，但忽略他的功绩也是不公道的。
他对所有基督教徒发出了他的呼吁。默勒曾听过他的讲课，宣称
他是第一个真正懂得教父的德意志新教徒，并称赞他对天主教教
条与早期教派的惊人的理解。像夏托布里昂在法国那样，他挽救
了基督教会，使之脱离启蒙运动的敌对气氛或半轻蔑的庇护状态。

1826 年，即尼安德的主要著作的第一卷出版后一年，费迪南德·克里斯蒂安·鲍尔[③]被聘任图宾根大学历史神学讲座。他站在另一极端并以不同的气质、方法与结果从事研究，但他所产生的

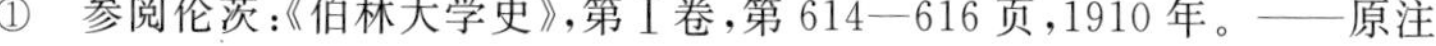

① 参阅伦茨：《伯林大学史》，第Ⅰ卷，第 614—616 页，1910 年。——原注

② 唯智主义，主张一切关于现实的认识来源于智甚或理性的观点。——谭注

③ 参阅泽勒的杰出论文，《F. C. 鲍尔》与《图宾根历史学派》，《演讲与论文》，第 1 卷，1875 年；魏茨泽克：《F. C. 鲍尔》；马克·帕蒂森：《德国神学现状》，《论文集》，第 2 卷；普夫莱德雷尔：《康德以来神学的发展》，1890 年；以及迪尔泰：《全集》第Ⅳ卷，第 403—432 页。——原注

影响持久得多，他为批判地论述教会史奠定了基础。虽然图宾根学派的论点很少被人接受，但当时它却给了教会史的研究以不可估计的推动力。鲍尔是一个符腾堡牧师的儿子，曾在图宾根大学研究神学。他关于《古代象征主义与神话学》一书使他获得那个担任到1860年去世时为止的讲座。他的讲稿构成了他著作的基础；他以惊人的速度一本接一本地出版他的作品，历时三十多年之久。这些著作大致可分为三类，分别讲述教条的发展、《新约全书》诸书和教会史。虽然他早年生活中的主导影响来自施莱尔马赫，但黑格尔却逐步替代了后者。鲍尔的第一类著作以论述摩尼教和诺斯替教的专著作为开端，他并在其他著作里讨论赎罪理论和三位一体的教义；这些著作以其联结思想链条中各个环节的技巧而著称。他的功绩，在于把规律和成长的概念引入教条的领域。“鲍尔擅长
494 于追述那些贯穿于各个时代，深奥得人们不能理解的思想之进程；这在文学上是一件新事物”[①]。他像黑格尔解释希腊哲学那样，解释基督教教条的辩证发展。他的叙述是关于事实者少而关于思想者多。他认为基督教信仰的基础是耶稣复活的观念而不是耶稣复活的事实：他宣称，复活是否确有其事，这个问题不属于历史范围。宣布基督教是一个自然现象或是超自然的现象，不是历史家责任的一个必要部分。

在第二类著作里，鲍尔致力于解决《新约全书》诸书的日期与著作人的问题。他在进行这项工作时深信，研究《新约全书》必须和研究其他文献一样，对作者的人格和观点也必须予以考虑。早期

① 阿克顿，见《德国历史学派》。——原注

学者曾把他们的主要注意力集中于《福音书》，而他是从保罗[①]的著作出发的。他对于这个非犹太人中的伟大使徒的看法，支配着他关于早期基督教的见解：他似乎认为，这整个时期的关键在于彼得和保罗之间的对立[②]。他宣称，基督教不是一个完备无缺的启示，而是由那些逐渐发展起来的思想和倾向所形成的一个复杂体。他起初是完全属于犹太人的，早期基督教徒认定耶稣是关于弥赛亚[③]预言的体现。正是保罗使基督教成为普世宗教；由于这个缘故，他和十二使徒分裂。保罗派普世宗教与彼得派犹太教之间的斗争[④]，使我们能够确定各卷经典编写的日期。《罗马书》、《加拉太书》和《哥林多书》清楚地反映出这项争执；因而它们是唯一真实可靠的使徒书信。有些著作中冲突缓和了，可以说这些著作的编

① 保罗，原名扫罗。最初迫害耶稣门徒，后受启示，相信耶稣，传教于小亚细亚、希腊、罗马等地，成为非犹太人中的基督教使徒。《圣经新约》中许多篇章（如《罗马书》、《哥林多前书》、《哥林多后书》等）相传是他的作品。——谭注

② 彼得和保罗的对立，实质上是基督教是否将成为普世宗教（Universal religion 或 Universalism）或只是一种民族宗教，即犹太教，两种思想的对立。彼得原是一个"没有学问的小民"（《使徒行传》第十四章第七十三节），耶稣受难及复活后，在以色列人中布道，而无意于向非犹太人（外邦人）扩散。保罗则不然。他原是有名的开明派教法师迦玛列的门生，有渊博的知识和较高的社会政治地位。改变信仰后就有志于改造犹太教，使之成为普世流行的宗教。他们之间的分歧表现在这些方面：一、可否吸收外邦人入教？二、外邦人信教要不要遵守犹太教的教规？三、彼得不太重视教会的组织、典章、信条；保罗则热心于到处设立教会，并称信徒为"基督徒"，以别于一般的犹太教徒。四、彼得认为以色列人是上帝的选民，应受到特别恩宠；保罗则提出"因信称义"的教义，使基督教在教理上得以摆脱犹太教的狭隘性。以后，基督教的教义和组织基本上是按着保罗所定的基调发展的。——谭注

③ 弥赛亚，希伯来女，为"受膏者"。古犹太人封立君王、祭司时常在受封者头上敷抹膏油。自犹太危亡以来在犹太人中间流行一种说法，谓上帝将重新派遣一位"受膏者"来复兴犹太国。基督教产生后借用此说，声称耶稣就是弥赛亚，凡信仰他的人，罪可得赦，灵魂可升入天堂。——谭注

④ 见本页注②。

写日期是从第 2 世纪妥协时代开始的；当时基督教的领导人一方面遭到来自诺斯替教的威胁，另一方面又受到政府迫害的威胁，因而不得不把他们的争吵搁在一边。在这些后期作品中，有《福音书》：编写它们所根据的记载现已散失。《马太福音》是最接近于这些原始记载的，因为它最忠实地重现了犹太化基督教气氛。《路加福音》来自另一个阵营，但为了和解的目的已经过修改。《马可福音》则编写得更晚，因为所有的对抗痕迹都已消失。《约翰福音》是一部哲学著作而非历史著作。《使徒行传》是一种巧妙的和解尝试。这种大胆的解释推动了研究工作，但是这座大厦是建造在沙滩上的。他大大夸张了原始教会中的冲突，而忽略了其他力量与运动。首先，他很少注意基督这个人物。人们常说，在鲍尔眼中，
495 保罗是基督教的创立人。他认为基督是他的门徒所讨论的一种思想体系的创始人，而不是他们所追随的一个人物。他按照《新约全书》诸书对彼得派与保罗派之间的斗争的态度来确定它们的编写日期，这种方法和建立在这个基础上的论点一起倒坍了下来。他不得不把《马太福音》列在《对符类福音书》[①]的首位而把《马可福音》列在它的末位，这就充分证明他的设想是错误的。

第三类著作涉及教会的一般历史，是鲍尔晚年时期的主要工作。在这些著作之前，他写了一部关于教会历史家的专著；他看出在所有这些作家中间，没有人能够深入观察演讲过程。教会史的第一卷叙述起初三个世纪，于 1853 年出版；它的重要性在于概括他久已发表过的意见。第二卷出现于 1859 年；还有三卷，完成了这项概述，在他死后出版；其中最后两卷只是他的讲稿的翻版。他

---

① 《符类福音书》(*Synoptics*)，即《马太》、《马可》、《路加》三福音书。——译者

的长处在于论述最初的几个世纪；关于中世纪和近代时期的研究，他是没有什么特殊权威的。他的忠实门生兼同事泽勒宣称，《教会史》无论在形式上或方法上，都是鲍尔最完善的著作，尽管不是最重要的著作。他最长于追述思想的发展，而最不善于处理个别人物。尼安德的研究是从情感出发，而鲍尔的研究是从理智出发。两人的意见都是根本上不完备的。可是鲍尔也像尼安德一样，作出了极大功绩，连他的错误也往往是有启发性的。他的学识、他接受抽象思想的能力、他的源源不断地出版的作品、他的长期担任讲座，这一切使这位图宾根教授成为他那时代的最有影响的新教神学家。他没有丝毫反对崇拜偶像者的气味。魏茨泽克证明说，信仰正统派的学生无需因为听过他的演讲而不敢担任牧师的职位。他把基督教的兴起作为一种历史现象来论述，让他的听众自行决定它是人性的还是神性的。

鲍尔的影响又因为他周围有一群门生而有所增加；他们跟他合作，共同努力来挽救对早期教会的科学研究。然而，其中最著名的，却是不能算作他那学派的一个成员。在鲍尔把主要注意力集中于使徒时代的时候，施特劳斯[①]企图将《福音书》中传说部分与历史部分区别开，并否定基督的神性。这个挑战导致对史料的更富于批判性的考证；如果没有施特劳斯和鲍尔的影响，关于基督教
起源的研究是不会进展得这样快的。在堪称图宾根学派的成员中 496
最出色的要算施韦格勒[②]；他关于使徒后时代著作，概述了他老师

① 参阅豪斯拉茨：《D. F. 施特劳斯》，第2卷，1876—1878年，以及埃克：《D. F. 斯特劳斯》，1899年。——原注

② 参阅泽勒的颂赞，见《演讲与论文》，第2卷。——原注

的研究成果;他也夸大了彼得和保罗之间的矛盾。策勒较为谨慎,他在试作《使徒行传》之批判考证后,放弃神学而转向研究希腊哲学。希尔根菲尔德表现出较大的独立性,指出《符类福音书》的日期比他老师所指出的要早,并扩大了保罗著作的目录。如果说他只能有保留地称做图宾根学派的一个成员,那么那个曾上过鲍尔课的最有影响的神学家里奇尔[①]显然是站在这个学派之外的。他的《早期教会的起源》写于 1850 年,修改于 1857 年,他把彼得派与保罗派之间的矛盾缩小到适当的范围。他对保罗教义的分析揭示出其中有些地方比鲍尔所承认的更密切地联系于犹太化基督教;他对彼得派长期存在这个观念的挑战也是成功的。现在一般批评的意见对保罗派《使徒书》的接受比鲍尔还多,并把《符类福音书》和《使徒行传》的编写日期放到第 1 世纪的下半世纪几十年中。

在鲍尔死后,教会史的各个部门已有极大的进步。大家承认对基督教所由产生的土壤有作出仔细研究的必要。许雷尔和博塞特、豪斯拉茨和普夫莱德雷尔的著作重塑了基督出生的世界[②]。早期教会所受希腊的影响,已由哈奇作出精辟的估计[③]。霍尔茨曼和于里奇尔在他们的《新约全书导论》里,总结了一个世纪以来的研究成果。察恩一生辛勤地专攻教会法的历史。魏茨泽克是在图宾根大学鲍尔的接班人;他在第一流著作《使徒时代》里描写了早期基督教各团体及其分布和制度、风俗和信仰,并描绘了保罗的

① 参阅 O. 里奇尔:《阿尔布雷希特·里奇尔》,第 2 卷,1894—1896 年。——原注

② 博塞特著有《与犹太教对立的耶稣教》、《新约时代的犹太教》。许雷尔著有《耶稣基督时代犹太民族史》,豪斯拉茨著有《使徒保罗传》。O. 普夫莱德雷尔系德国自由主义派神学家。——谭注

③ 书名《希腊思想与习俗对基督教会的影响》(*Influence of Greek Ideas and Usage upon the Christian Church*),1890 年。——谭注

生动形象。关于原始教会的组织,曾引起长期的争论。第一个重要步骤是由罗特[1]采取的,他是一个思想家而非历史家;他唯一的历史著作[2]的第一部分,专门讨论教会观念;他认为教会是手段不是目的。他争论说:基督未曾创立教会;他最早的门徒重视使命多于想到组织。在耶路撒冷陷落前,只有零星分散的宗教集会:只是 497
在众使徒死后和教义分歧开始成为威胁的时候才产生了主教制度。

1892 年,索姆在他的《教会法》导论里,描绘了关于教会民主起源的最生动的图景[3]。这个著名的莱比锡法学家宣称,教会是属于精神世界的,而法律是世俗的;所以教会法是和教会的本质相对立的。天主教会断言,教皇、主教与教士的组织是神圣的;圣公会〔英国国教〕建立在主教制度上而长老会建立在长老制度上。然而,最早教会的职员不是传教士而是行政人员。它们是否从犹太教徒的集会或异教团体抄袭而来或与两者都无关系,这个问题是无足轻重的。这个组织是纯属地方性的,因为早期基督徒仅仅是基督的信徒,它是一个社会团体而不是一个教会。"哪里有两三个人以我的名义集合在一起,那里就有我在他们中间。"直到第 2 世纪中叶,诺斯替教派的威胁才导致基督教建立教会,当时,对组织的要求比信任上帝的指导还要强烈。"教会法的历史,是基督教真理不断遭受损害的历史。"于是,基督教淹没于天主教之中。从

① 参阅尼波尔德:《里夏德·罗特》,共二卷,1873 年,以及豪塞拉茨:《罗特及其朋友》,共二卷,1902 年。——原注

② 《基督教会的萌芽》(*Die Anfänge der Christlichen Kirche*),1837 年。——译注

③ 《教会法》,第 1 卷,1892 年。——原注

主教到教皇，只是一步之差。1870 年梵蒂冈的教谕在逻辑上是跟着这项大背教而来的：就是把不可见的精神世界与可见的教会等同起来。索姆以非凡的力量与渊博的学识来说明他关于早期基督教这个概念，但它的夸大的地方已由哈纳克婉转地予以纠正[①]；后者指出，组织是自然的，也是必要的；正如灵魂需要肉体；法律也旨在体现基督教的理想。

对教条的演进的研究既热烈而又大有裨益。在施特劳斯的《耶稣传》所激起的许多为基督教教义辩护的著作中间，多纳的《基督品位教义史》占有头等重要的地位。这部巨著洋溢着施莱尔马赫和尼安德的精神，并追述基督本人在各个时代支配基督徒的生活与思想的事实，因而它对于研究者还是一部必不可少的参考书。里奇尔关于“因信称义”说的研究也同样重要。

在勒南的才华横溢的著作里，第一次以通俗形式叙述了早期教会的历史。他青年时代的著作《科学的未来》写于 1849 年；他在这部著作中宣称，如果按照科学方法来写一部基督教起源史，那将会
498 使思想发生革命，也将是 19 世纪最重要的著作。1860 年他奉命前往腓尼基，使他得有机会参观圣地，并在那里制定了编写耶稣传与研究基督教起源的计划。《耶稣传》，虽然他的著作中最著名的部分，却最无价值；它关于基督的概念既不能使信徒满意也不能使非信徒满意。《使徒传》简述犹太、罗马和基督教社会，并以巴布教派[②]的兴起和受迫害作为例证，来说明一个新生宗教的热情。关

---

① 《教会的宪法与法律》，附录，1910 年。——原注

② 巴布教派（Babism），约在 1844 年，由伊本·拉狄克（Ibn Radhik，1820—1850 年）在波斯创立的泛神论教派。——译者

于保罗的一卷，几乎是和《耶稣传》同样不完备的。他宣称，保罗对基督教的影响是完全不利的：他是神学的创始人，他把基督教从伦理转化为教条。他是一个伟大的实行家，但他既不是圣徒、学者，也不是诗人。他对宗教很少贡献，他在基督教名人等级中的地位低于圣法兰西斯和托马斯・肯佩斯[①]。《反基督》描述尼禄的迫害。第五、六两卷包括图拉真和哈德良的统治时代并概述诺斯替教的兴起。第七卷，标题为《马尔克斯・奥里利厄斯》，是描述异教世界的，当时基督教的胜利已经在望。这整个戏剧的突出的重要性、他的广博的知识和对各种思想的同情论述、对历史性地点的生动描写和优美的文笔，这一切使这部著作立即名噪一时。鲍尔记录的是教义的兴衰，而勒南则在舞台上展览出活生生的人物。

近几十年来，我们借助考古学和铭文，已大大增加了关于早期教会的知识。在奥克塞林库斯所发现的第3世纪纸草卷页，由于包括某些被认为是耶稣的言论，已引起全世界的注意。拉姆齐在小亚细亚，尤其是在弗里吉亚的考察，发现了若干几乎未被知道的历史事实，因而他能够对圣保罗的旅行作出新的说明，并对《罗马帝国的教会》一书提供一幅生动的图画。居蒙描写太阳神崇拜及其他和基督教相竞争的教派。莱特富特关于克莱门、伊纳爵和波利卡普[②]的卓越版本，阐明2世纪的生活与组织；格沃特金关于

① 圣法兰西斯（约1182—1226年），著名的意大利圣芳济修会的创立者。托马斯・肯佩斯（约1380—1471年），德国神学家神秘主义者。——译注

② 伊纳爵，安提阿主教，为罗马皇帝图拉真投入斗兽场，以身殉教。波利卡普（69—约155年），相传是使徒约翰的门徒，士每拿（今斯米尔纳）主教，在迫害基督教时被烧死。——译注

阿里乌教派[①]的论著，是一部优秀的著作。《基督教传记辞典》是英国学术研究的一部杰出的不朽的作品。无论是活着的或已故的，没有人在研究早期教会方面像哈那克那样[②]做了这样多的工作。1882年后他编辑《原文与研究》并为这部著作写过无数专著，
499 该书阐明了最初三个世纪的各个方面。他发起并指导由普鲁士科学院出版的关于尼西会议前的教父的著作。作为《神学文献报》的编辑，他记录了研究工作的每一项进展。他关于《新约全书》的论著，虽然是他的成就中最小的，却充满锐利的分析。他的《教条史》是穿过推测的迷宫的一个不可少的向导。他的《攸希比厄斯[③]比以前的基督教文献》概论，是关于正确的学识与锐敏的批判的一部具有永久价值的著作。他的《早期教会组织》的论著总结了两个世代的研究结果。他的《基督教的使命与扩张》试图第一次详细概述君士坦丁皈依基督教以前各基督教团体在许多地方的实际成长。他宣称，基督教具有各种使人欢迎的特点——救世主与治病者的品德、慈悲的福音与纯洁的生活，以及同化外来成分的惊人力量。基督教包括人类生活的一切方面，并为全世界正在探索的一神教提供了形式。

英国读者在半个世纪中，主要是通过米尔曼的《拉丁基督教史》[④]知道一些关于中世纪时代的教会史。他的成名是由于一部

① 阿里乌教派，在东罗马帝国分裂为若干支派，337年以后其中一派被认为是正教，于此时传入哥特人中间，与罗马正教互争雄长。——谭注

② 参阅他的女儿爱尼斯·冯·察恩-哈纳克所作的全传，1936年。——原注

③ 攸希比厄斯(约260—340)，是基督教史学的奠基者。著有《编年史》，用综合年代法为基督教历史提供了统一纪年方法，还著有《教会史》、《巴勒斯坦殉道者列传》、《君士坦丁大帝本纪》等。——谭注

④ 参阅A.米尔曼，《H.H.米尔曼的回忆录》，1900年，以及莱基，《历史论文集》，1908年。——原注

具有特殊独立性的著作:《犹太人史》。洛克哈特写道,“它是宏伟的,但有些聪明人对于若干有关神迹的记载却不赞成。你应该写一部基督教史来消除他们的反对态度”。这位圣保罗教堂的教长依从劝告,写了一部关于早期教会的历史,其书平平无奇。然而,他后来以这篇概论作为具有开拓性的著作,却可与早期维多利亚时代突出的史学成就并列。他的《拉丁基督教史》从狄奥多西叙述到宗教改革前夕为止,使英国免于纽曼说它除了吉本的著作外没有什么教会史的指责。他的朋友斯坦利教长称之为“必不可少与无可估价的著作,一部关于中世纪基督教国度的完整的史诗与哲学”。弗劳德的证词同样漂亮。“你撰写了英语中最优美的历史作品。一个伟大作家必须具备的要素是:沉着与公正,相信在神所支配的世界上,没有任何信仰或政策的体系对于人类能保有持久的影响,除非其中包含的真理大于谬误;而在这些方面,你是胜过任何处理这类问题的作家的”。米尔曼并不想教诲他的读者:他是把教会作为一种机构而不是作为一种影响来描述的。他对于行动比对于思想
或感情更感兴趣,因为他的精神基本上是属于世俗的。他和斯坦 500
利一样,对于教义的争论很少关心。教长丘奇虽承认他的力量和公正,却抱怨说,他不能恰当地认识神学所由形成的思想和感情上那些永恒问题是多么真实而深刻。可是,这个超脱态度使他避免了当时流行于新教徒历史家中间的敌视天主教的情绪;他憎恶轻信、不能容纳异己与僧侣制度,不论他们出现在什么地方都毫不例外。他承认若干教皇的伟大以及寺院制度和中世纪教会对欧洲文明的巨大贡献。麦考莱宣称,这部书的主旨是很好的,但它的文笔是拙劣的。的确,它既不优雅,色彩也过于单调,不过,它却是具有

格罗脱的论据严肃性。莱基证明说，在认识他的人们看来，他的人品甚至比他的著作还要伟大。他补充说，“很少历史家能在更大程度上把知识丰富、立论严密与坚持真理这三项主要条件结合在一起”。

关于中世纪教会的最佳著作，出现于专著方面。罗伊特写了亚历山大三世的详细传记，吕歇尔写了英诺森三世的传记。萨巴提埃写了世人期待已久的关于圣法兰西斯的引人入胜的传记。豪克一生从事概述直到中世纪结束为止的德意志教会的历史。胡克写坎特伯雷诸大主教的传记。里希特和他最大门生欣席乌斯追述了教会法的演进过程。勒南衡量了阿维罗伊[①]的影响；勒希勒衡量了威克利夫的挑战。没有人像亨利·查理·利[②]那样完成过这样多的工作；他的《中世纪异端裁判所史》被阿克顿正确地称为新教新世界对天主教旧世界宗教史之最重要的贡献；他关于僧侣独身制、西班牙宗教法庭、忏悔与赦罪券以及神裁判法的著作没有枉费心血。他的博学愈加使人惊奇，因为那是他在出版生活的余暇中获得的，而且，他所引用的资料大部分是必须经过抄写从大西洋彼岸寄来的。这些巨大的专著虽然文体缺少特色，却能阐明人类经验中许多奇异的领域。1881年梵蒂冈档案的开放，还给中世纪史学者以数量浩瀚的新资料；罗马的法国学校出版了关于教皇的文件的许多宝贵卷帙。保罗·凯尔开始出版关于意大利方面的《罗马

① 阿维罗伊(1126—1198年)，出生于西班牙的阿拉伯大学问家。通晓天文、医学、法学，精研哲学，对亚里士多德学说所作的解说对中世纪经院哲学、神学有很大的影响，形成了一个学派。——谭注

② 参阅布雷德利：《H. C. 利》，1931年，以及鲍姆加滕的攻击：《H. C. 利的历史著作》，1909年。——原注

教廷的记录》;继之而起的有布拉克曼关于德意志方面的汇编。芬克一生致力于收集为编写康斯坦茨宗教会议史所需要的资料。 501

当然,新教徒对宗教改革的特别注意,绝不亚于旧教徒[①]。在研究这个冲突的新教历史家中间,没有人像梅耳·多比涅那样享有盛名;他在描写路德与加尔文时以光环套在他们的头上。这个虔诚的瑞士牧师曾留恋不舍地研究过宗教改革家的著作,但他的作品属于说教的文学,现在已被遗忘。更富于批判性的一代人是从克斯特林、科尔德、卡韦劳获得关于路德的知识的。克斯特林所作传记的最新版本[②],提供了关于路德研究的最后定论;它的第二卷经卡韦劳修订过。后者充分注意到宗教改革家们的弱点和他们的反对者的优点,因而他比任何新教历史家更能以冷静的观点来对待这个冲突。关于伊拉斯谟与梅兰克希通的权威性的传记尚未出现,但施特劳斯关于胡滕的赞颂和巴奇关于卡尔斯塔特[③]的传记,具有突出的重要性。路德全集的魏玛版于1883年开始出版;宗教改革史学会也从路德诞生四百周年起,出版了一系列专著。杜梅尔格关于喀尔文的豪华版本[④],为这位日内瓦宗教改革家树碑立传,他是当之无愧的。卡农·狄克逊与盖尔德纳从高级英国国教的立场描述了英国的宗教转变过程。卡尔·哈泽的《新教论战手册》分析了各教派间的历史、教义和道德方面的争论。最近三个世纪关于教会史的著名著作中有:多尔内尔的新教神学概论、施韦策的《新教的中心教条》的巨著、普夫莱德雷尔的《宗教哲学

① 关于宗教改革运动的天主教作家,将于下章叙述。——原注

② 克斯特林著《马丁路德传》,卡韦劳修订本,共二卷,1903年。——谭注

③ 卡尔斯塔特(约1480—1541年),反对路德的威腾堡新教教士领袖。——谭注

④ 杜梅尔格著《让·喀尔文传》,共七卷,1899—1927年。——谭注

史》、塔洛克关于剑桥柏拉图主义派[①]的杂记和利茨尔关于虔信派的著作。尼波尔德从一个充满活力的新教的角度来论述从18世纪中期起的整个领域。艾比和奥弗顿探索了从“不肯宣誓者”[②]到改革法案为止的英国宗教史。教长丘奇写了关于牛津运动的简史，该书把稳妥可靠的判断和他个人的记忆结合了起来。关于新教研究最伟大的不朽之作，是赫佐格的《新教神学百科全书》，该书的第三版是在豪克的指导下出版的。

① 剑桥柏拉图主义派是一批与剑桥大学有联系的哲学家、神学家。他们主张宗教宽容，思想自由，认为教义与真正的宗教有别，前者是外表的，后者才是发自灵魂的精神生活。他们的思想对17世纪后期宗教界和思想界颇有影响。——谭注

② 指英国那些在革命后拒绝宣誓效忠于新政府的牧师(1691年)。——译者

第二十六章　天主教史学 502

I

在新教学者完成关于教会史的大量有价值的著作的同时，敌对阵营也作出了重要的贡献。在拿破仑失败后的一个世代里，罗马教会的复兴不仅在历史研究的领域里被感觉到，同时也在社会生活里被感觉到。这一复兴最早的中心是在南德意志，它的最早和最有才华的人物是默勒[①]；他在鲍尔之前不久开始在图宾根大学 827
讲授教会史。1825 年《教父著作中所揭示的教会的统一》的出版，是天主教德意志生活中的一件大事。“凡是真能过目前教会生活的人，也能过最早时期的教会生活并能了解它；凡是不能过目前教会生活的人，就不能过古代教会的生活，也不能了解它，因为它们是完全一致的”。该书第一部分讨论教会的精神统一；第二部分讨论教会的形体统一。此书的魄力与雄辩产生了深刻的印象。五十年后德林格尔对弗里德里希说道，“他使我们青年人着了迷。我们

① 参阅弗里德里希：《J. A. 默勒》，1894 年；克内普弗勒：《J. A. 默勒》，1896 年；以及费格纳：《近代天主教的三个形式》，1927 年。关于德意志天主教复兴，可从下列著作来研究：威尔纳：《天主教神学史》，1866 年；弗里德里希：《梵蒂冈会议史》，第Ⅰ卷，1877 年；以及戈约：《德国的宗教》，第Ⅰ—Ⅱ卷，1905 年。——原注

觉得，默勒发现了一个新鲜的而又充满生气的基督教。关于一个清除了弊端的教会这个理想，成了我们的目标，神学科学的复兴会同时带来教会的改革”。两年后，一部更加宏伟的著作《亚塔纳西与他时代的教会》出版，显示出这个历史家在刻画人物和分析哲学概念方面的能力。他最著名的作品《信条神学》，即关于新教与天主教之间教条分歧的研究，是自博塞特以来对宗教改革运动的最难对付的攻击。它的目的，是要根据教父们的著作来证明新教对原始教会的教训是不忠实的。他的同事鲍尔写了一篇尖锐的批评文章；他在补编里给予答复，争论说，他的对手是根据施莱尔马赫
503 与黑格尔的观点，而并非根据宗教改革者的观点进行辩论；而且仅仅是以误述新教的教义来为它辩护。默勒和鲍尔的决斗，发生在施特劳斯的《耶稣传》出版的同一时期，因而它进一步推动了对教会史和教义的研究。

默勒因受到他的图宾根大学同事尖酸刻薄的攻击而深感伤心，所以他接受了慕尼黑大学的聘书。德林格尔是他最忠实的敬佩者之一，他让出教会史讲座给他，而自己担任教会法与教义讲座。但是这位有才华的学者在他的新领域里的生涯是短促的，因为他在四十一岁时即死于肺病。天主教德意志对他的早逝所感到的悲伤，正如在古典研究的圈子里对奥特弗里德·缪勒的死亡所感到的哀悼一样。这两人好像一股春风进入尘土飞扬的学术研究领域，以饱满的热情鼓舞着青年和老人。默勒遗著的出版使世人能够甚至更充分地认识到由于他的去世而遭受的无可弥补的损失。他关于教父学的巨著，概述起初三个世纪的基督教著作；一个世代后，他关于教会史的讲稿，根据他学生的笔记出版问世。虽然他的主要力量是放在早期教会史，但是他对宗教改革运动也有丰富的知识。他严厉地批评路德，称之为利己主义的巨人，把他比诸

那些带来破坏的世界征服者。他享有如此巨大的威望，以致当天主教研究队伍被梵蒂冈的命令分裂后，两派都寻求他的支持。他对教廷的态度，当然是不属于教皇极权论派的；因为他曾宣称，宗教大会是教会的最高法庭也是教会的唯一合法权力机构；他对耶稣会会士的敌视也是直言不讳的。当耶稣会被召回到卢塞恩[①]城这个问题发生的时候[②]，他的一个门生出版了他在 1831 年所发表的演讲笔记，在这些演讲中他曾把耶稣会会士与新教徒相提并论，并宣称解散这个教派是对它的正当处罚。但是施特劳斯[③]宣称默勒闭眼不看他教会的缺点，并且从未在那里感到很愉快，却是说得过火了。默勒的地位，是处在教会极权论派和天主教阵营之间的中道，他的朋友和门生以后也分别属于这两派。

当默勒昙花一现的生涯结束以后，他作为德国天主教神学领导人的地位即为德林格尔[④]取代。他最早的朋友普拉滕，是维茨
堡大学一个教授的儿子，一个怀疑派诗人。他称德林格尔是“很开 504
明而又宽容，但还是一个天主教徒”。另一个对他产生更重要影响的是巴德尔[⑤]，后者引导他爱好神秘主义者。十八岁时德林格尔

① 原文 Lucerne，曾译琉恩。——译者

② 18 世纪末至 19 世纪初耶稣会徒失势，在欧洲各国先后被驱逐出境。1814 年后，随着反动势力的抬头他们回到瑞士天主教占优势的卢塞恩等邦，成为导致 1847 年该国内战的原因之一。——谭注

③ 参阅《杂文》，第二卷。——原注

④ 参阅弗里德里希的大传记，共三卷，1899—1901 年；阿克顿：《德林格尔的历史著作》，见《自由的历史与其他论文》，1907 年；施蒂韦：《论文》，1900 年；科内利乌斯：《历史著作》，1899 年；卢伊斯·冯·科贝尔：《多林格尔博士的谈话》，1892 年；费格纳：《三种形式》，1927 年。关于教皇极权论派的攻击，参阅米夏埃尔：《多林格尔》，1892 年，与耶尔格：《历史—政治文选》，1890 年，第 237—262 页。——原注

⑤ 巴德尔，F. X.（1765—1841 年），德意志哲学家。其哲学思想是以罗马正教为基础而形成的，带有通神论性质。——谭注

潜心于萨尔皮的著作,并航行于巴罗尼著作的汪洋大海上。他看出教会间的斗争必须以历史家的武器而不能以玄学家的武器来解决。当德·梅斯特尔[①]关于教廷的论著出现时,他冷淡地说道,它缺少历史的证明。1826 年,他的第一部书出版后,他被聘任慕尼黑大学讲座,从此,他使之成为天主教世界中最有影响的讲座。他已担负起这个任务而他对天主教的忠诚将引导他的船舶航行于波涛汹涌的海面上。他宣称,天主教会最重要最圣洁的法规,是不接受任何并非建立在一切时代传统基础上的教条。他的演讲包括教会史的全部领域,因而写一部手册是一件轻而易举的事。这部著作[②]在他的笔下越来越大,以致他在叙述到宗教改革时就决定不再继续写下去。它被译为英文、法文和意大利文,因而使它的作者名声广播于整个天主教世界。

德林格尔在发表他的《教会史》后不久,开始出版一部关于宗教改革的更为重要的著作[③]。在他看来,理性主义的增长与教派间的争吵似乎是宣布新教的迅速垮台。罗马和维滕堡之间共同的基督教的纽带正在松解。他指出,一个研究新教神学的天主教徒,好像一个人站在海岸上瞭望在浪潮激荡中不知去向的一叶扁舟,他打定主意要证明兰克关于民族生活的描写是多么错误,新教神学是多么浅薄,路德反叛的道德和智慧的成果又是多么有害。他收集一切可能找到的关于灾祸与混乱的证据,并把它归咎于宗教

① 德·梅斯特尔(1754—1821 年),法国政治家,哲学家,保皇党人和教皇极权主义者。——谭注

② 《教会史手册》(*Lehrbuch der kirdengeschichte*),共四卷,1833—1838 年。——谭注

③ 书名《宗教改革》(*Die Reformation*),共三卷,1846—1848 年。——谭注

改革，首先是归咎于路德所爱好的“因信称义”的教义和他对“功德”的攻击。然而，这样的偏袒论证是绝不能说明一个伟大的历史运动的。该书在天主教德意志受到热烈的欢迎，而在新教徒中则激起了愤怒的敌意。但是由于篇幅冗长和编排拙劣，它不可能成为受欢迎的作品。当第三卷销路不畅的时候，作者就停止了这项工作。它仍然是一部各派历史家所钻研的资料来源，一所储藏稀有珍奇学识的宝库。当时德林格尔是关于天主教研究的无可争辩的领袖，并在法兰克福议会上表达了教会的要求。1851 年，《驳斥异端》[①]的发现导致关于它的作者的激烈争论。德林格尔接受把它归于希彼律图所作的说法，但他仍为教会名誉辩护。随后不久，505
他即出版了他的《基督教的前厅》，即古代文明的概论，该书在新教徒中引起的称赞不亚于天主教徒的称赞。纽曼由于不懂德文，叫人在祈祷室内翻译它，并欣然阅读它。继后不久，德林格尔又出版了他的《基督教的最早时代》的论著，该书也获得保守圈子里的赞赏。这是这个伟大学者所写的最后一部作品，在这之后，他就走上了那条引导这个天主教的老卫士被逐出教门的道路。

除默勒与德林格尔之外，在学术界里最有声望的要数黑费累[②]。他在二十年中研究早期教父著作、礼拜仪式和历史，并撰写一部西梅内斯传记因而赢得了盛名；随后，在 1855 年，他出版了他的《宗教会议史》的第一卷。在后来出版的此卷序言中，他宣称，他的愿望是要提供一部客观的巨著；的确，他的著作是他那时代一个

① 《驳斥异端》(*Philosophumena*)，系古希腊基督教作家希彼律图(Hippolytus)所作。据传说，他约于公元 235 年在撒丁尼亚殉道。该书的 14 世纪手抄本在 1842 年发现于希腊东北部阿索斯山(Mount Athos)。——译者

② 参阅文章，见《全德名人传记集》与赫措格的《百科全书》。——原注

天主教徒在宗教史领域内所写的最有权威的作品。他原定的计划是集中于教条方面，但他最后决定把教会法、礼拜仪式和道德都包括在内，因而这部作品对于宗教法学家和文化史学家都是有用的。“直到现在为止，宗教会议是被个别地论述的。我试图把每次会议作为发展过程中的一个环节”。这样，这部著作就变得有些像一部教会史了。它的价值迄今仍得到普遍承认。到了第五卷，叙述范围扩大成为教皇和皇帝之间的斗争史；这一卷包括从希尔得布兰德到霍亨斯陶芬王朝末期的世纪，即“中世纪的最伟大的时期”。在完成康斯坦茨会议史后，他被任命为罗滕堡的主教；由于职务上的责任和缺少到大图书馆去的机会，他的研究工作发生了困难，于是他就把著作结束于佛罗伦萨和巴塞尔会议。在回顾他七大卷著作时，他重复说，他不觉得有什么偏见。“我一贯是成功的吗？有任何历史家历来是一贯成功的吗？‘有志者事竟成’”。这部著作的校订工作于1873年开始，由克内弗勒完成。

慕尼黑圈子的第四个成员，是阅历丰富的雄辩家格雷斯[①]。因为他是莱茵地区的产儿，他曾欢迎过法国革命，但是他后来站在反
506 拿破仑的领导地位。他以同等毅力攻击神圣同盟，并宣称，既然各国君主一致反对自由，人民就须仰仗罗马。他以天主教的热情拥护者的身份，接受慕尼黑大学的历史讲座，但他的思想不适于从事系统研究工作。他主要的历史工作，是广泛论述基督教神秘主义。他评述早期圣徒与教父，接受圣安东尼的奇迹[②]，并追述各时代中的

① 参阅泽普：《格雷斯》，1877年。——原注

② 圣安东尼（约251—约350年），埃及隐士，基督教寺院的首创者。曾隐居山中十余年，自称经历了魔鬼多方诱惑与威胁的考验。——谭注

异象和使人心醉神迷的事物。这部著作的后半部专述恶魔——魔鬼作祟、巫术和魔术。格雷斯的名字和声誉促使慕尼黑成为天主教德意志的首都，但是却没有增加它的学术声望。

这个圈子由于有一个来自北方的热心改宗者而获得了进一步的加强。乔治·菲利普斯[①]的父母是住在柯尼斯堡的英国人。他跟从萨维尼和艾希霍恩学习，1827 年在柏林大学开始讲授法律。次年，他加入罗马教会，不久就接受慕尼黑大学的聘请。1845 年，他开始出版关于教会法的巨著，并终生致力于这一工作。他把一切好事都归之于教廷，他相信它从一开始就是一贯正确绝对无误的，而且处于世界上的至尊无上的地位；所以，他的著作是教皇极权论派的宣言书。1848 年，他移居奥地利。他的著作在德意志和奥地利的影响是巨大的，而且是那在 1870 年达到高潮的运动的一个主要源泉。1838 年时慕尼黑圈子感到已有足够力量来创办一份杂志。原有的《图宾根季刊》是代表学术研究的，默勒和黑费累是该刊经常的撰稿人；而现在创立的《历史政治杂志》则要在各个领域捍卫天主教会。这个学派的次要成员中，还可举出雅尔克、赫夫勒和拉沙尔克斯。第一个人，是菲利普斯在柏林大学的至交和共同改宗者并伴随他到南德。赫夫勒是一个十分认真的历史学家，是德林格尔的门生。他以一部关于德意志人教皇的历史而成名；1851 年他被召唤到布拉格对帕拉茨基及胡司的拥护者进行论争。拉沙尔克斯[②]对历史研究并不比格雷斯更有才能。当他把他的《希腊化时代的衰亡》读给德林格尔听时，这个大学者为其中日期

① 参阅许尔特的文章，见《全德名人传记集》。——原注

② 参阅斯特尔兹尔：《沙拉尔克斯》，1904 年。——原注

和资料的混乱而不胜震惊，他的讲演也同样是毫无条理的。可是，所有这些学者都有助于使慕尼黑大学成为天主教学术研究中心，而且教会的未来拥护者，包括克特勒与穆方在内，都来到这个学府以求得到培养。

天主教的复兴在南德意志是发展到了最高峰，但在法国也有一个相应的运动。当夏多布里昂使基督教成为时尚时，响应他的
507 呼声迅即兴起。博纳尔要求恢复耶稣会；德·梅斯特尔为承认教皇辩护，认为它是欧洲的依靠；拉梅内攻击主张限制教皇权力的运动和对宗教的冷淡态度。后者与罗马决裂后退出了战线，但是青年人包括他的若干门生在内，又挺身而出。那为天主教学校争取自由的斗争和教皇对《未来》杂志的谴责，曾使蒙塔朗贝尔[①]的名字在他三十岁以前就已传遍法国全境。由于失望，他把目光转向中世纪时代。他在德意志旅行，于圣·以利沙伯[②]节到达马尔堡，但他发现她已被遗忘，连她的圣像路德教徒也不去理睬。他追寻她足迹所曾到达过的地方，并撰写了她的传记。“我对于毁坏了的机构倒没有什么惋惜，但是我深深地痛惜那曾经使它们生气勃勃的神圣精神的丧失。过去人人都懂得他应该信仰什么，他能够知道什么，他应该怎样看待所有那些有关生活与命运的问题，这些问题今天正是苦恼的根源。当时有一种非常健全的道德，是以抵消社会机体的弊病。我相信，人类总有一天会要求离开它现在所陷入的凄凉的荒野，它将请求再听听它婴儿时代的歌声，再把它饥

① 参阅下列作家所写的传记：奥利芬特夫人，1872年，富瓦塞，1877年，以及勒卡尼埃，三卷，1900—1902年。——原注

② 圣·以利沙伯，犹太祭司撒迦利亚之妻，施洗者约翰之母，参见《新约全书·路加福音》第一章。——谭注

渴的嘴唇凑到母亲的胸怀。而那个母亲会比以往更加美丽、更加有力、更加慈悲”。这篇传记，是训世的著作而非科学的著作，但它给天主教复兴以推动力。它最重要的结果，也许是它有助于促使那无与伦比的斗士路易·弗约[①]的改宗。

还有一部更加宏伟的著作，即《西方僧侣的历史》。蒙塔朗贝尔的初衷是要撰写圣贝尔纳的全传，但他写了导论以后，终于改变计划而写一部综合性的寺院制度史。提出“我们是十字军的后裔；我们绝不会向伏尔泰的子孙投降”这一著名的战斗口号的作者，当然不是一个客观地进行研究的人；他也坦白地声称，这部著作是“一部天主教书”。他宣称，中世纪时代已遭到荒谬的污蔑。“急切要求学习和工作的愿望当时鼓舞着每个有才智的人”。该书以一幅关于垂死的罗马帝国的暗淡图景作为开始。他宣称，文明是由于蛮族和僧侣的共同努力而得到拯救的。在略谈沙漠隐士后，他即描述本尼狄克，这是他所描绘的形象中第一个有威仪的人物。他 508

的叙述在关于爱尔兰传教士的几卷里达到了最高峰。虽然他为他们的勇敢而欢呼，但并未打算把他们描绘成毫无瑕疵的人。高隆班与科伦巴[②]两人都是完全合乎人情的，不过科伦巴与其说是一个和平使者，倒不如说是一个战士更恰当得多。他同样注意到威尔弗里德[③]的缺点；对于他的经历他也恋恋不舍地加以追述。他

① 路易·弗约(1813—1883年)，法国政论家，原奉新教，1833年在罗马皈依天主教，成为教皇极权派。——谭注

② 高隆班(Columbanus)，爱尔兰教士。6世纪末在欧洲传教，建立了许多据点。科伦巴，爱尔兰僧，是集战士、政治家、传教士于一身的人物。约533年在爱尔兰创建寺院制度，约565年来苏格兰西部传教，感化匹克特王奉教。——谭注

③ 威尔弗里德，英国贵族，大主教。在664年惠特比宗教会议上站在罗马一边。665年以来任约克大主教，多次被放逐。——谭注

追述了希尔德布兰德从寺院到教皇宝座的历程，并热烈地支持他同皇帝的生死搏斗。在他即将着手描写贝尔纳的伟大形象时，这项工作由于他的去世而中断。这位著名演说家，在讲坛上比在书室内更为从容自如；他对于资料的使用，是完全不加批判的。奥萨南[①]是一个较严肃的研究者，他的博士论文是关于《但丁与天主教哲学》的研究。1844 年，他在巴黎大学接受替福里尔担任外国文学教授；在他短暂的余生中，他写出了大量精彩的作品。他的《日耳曼研究》和关于第 5 世纪文明的概论，略述了中世纪的开始时期。他的《法兰西斯派诗人》，对于教会史和文学史都有所贡献。1853 年，他四十岁时死于肺病，长使后人追念他高雅的人品和罕见的学术造诣。他对中世纪时代的热爱和蒙塔朗贝尔相等，但是他能摆脱那使他这位朋友的著作往往遭受损害的过分热情的影响。他的主要工作，是强调指出基督教对未开化的民族的功绩。吉本曾认为教会是古文化的破坏者之一，但是奥萨南却宣称它是从罗马文明到近代世界的桥梁。

阿尔贝·德布罗利[②]精心创作的《第四世纪的教会与帝国》极为重要。他后来以他关于路易十五的外交记录以及他在第三共和国时期的政治活动而赢得了全欧的声誉。关于教会从来没有人写过更有说服力的申辩书。他在承认“对天主教会的事业抱有深刻虔诚”的同时，把教会描绘成人类的贤明而又慈爱的母亲。在她遭受异教帝国的无情迫害后，她原可进行报复，但是她宁愿采取说服的方法而不愿使用武力。她把十字架标志树立在罗马文明上，并

---

① 参阅奥米拉(O'Meara)，《奥萨南》，1878 年。——原注

② 参阅法尼埃：《布罗利公爵》，1902 年。——原注

通过教义的道德影响来转化整个社会,因而拯救了古代世界里一切值得保存的东西。她深信:人类的缺点从来不能危害她教义的纯洁性。所以布罗利能很自由地论断剧中的演员。在舞台上站着三个伟大的统治者:君士坦丁、朱里安和狄奥多西[①],但三个非凡 509
的教士阿塔纳修斯、巴西勒和安布罗斯[②]却占据了舞台。他承认君士坦丁的罪行[③]、优西比乌斯的卑鄙[④]和朱里安的德行[⑤],但他从来不容许我们忘记教会拯救了世界。书中浸润着下列思想:法国像罗马帝国一样需要改变信仰。法国既然没有堕落也没有信奉异教,但是它已经和教会疏远;因而促使它重新投入教会怀抱,是一个善良爱国者的行为,也是一个善良天主教徒的行为。

克雷蒂诺-若利[⑥]属于另一个不同的学派;他选择较近时期的论题来撰写著作。他的令人钦佩的传记作者坦白承认,对他来说,历史不是一个满足好奇心的对象,而是一种武器。他本人是旺代人,他的《军事的旺代》是一部历史,同样也是一篇论战文。他的朋友兼庇护人格列高里十六世喜欢该书,建议他应成为关于耶稣会

① 狄奥多西(345—395年),罗马皇帝,支持阿塔纳西教派,引起罗马教会的强烈反抗。——谭注

② 巴西勒(约329—379年),即圣大巴西勒,该撒利亚主教,以积极反对阿里乌教派闻名。圣·安布罗斯(约340—397年),米兰主教,毕生以维护正教,抨击异端为己任。——谭注

③ 君士坦丁,以所谋叛罪先后将其岳父与长子处死,喜怒无常,嗜杀成性。——谭注

④ 优西比乌斯,世传其在宗教迫害时,因有背教言行而获免,终其一生对正统教义怀有二心,不够坚定。——谭注

⑤ 似指其宗教宽容政策而言。——谭注

⑥ 参阅梅纳尔神父:《克雷蒂诺-若利》与德律费尔,见《历史杂志》,第LII卷。——原注

会士的编年史家。难道他们不是教会的旺代人吗？他响应了这个要求，并很快写出一部多卷集的历史。耶稣会会士帮助这项工作，因为他们相信一个不属于这个教派的人所提供的证明，将给公众以深刻的印象。在完成这项工作以后，他接受耶稣会会士的邀请，撰写关于他们遭受取缔的历史。因为该书激烈攻击克莱门特十四世，它在教皇国内被禁止出售；梵蒂冈的档案家泰勒并发表了一篇答辩。克雷蒂诺-若利在晚年潜心论述教会和法国革命之间的斗争。他是一个新闻记者而不是一个历史家，是一个近似于路易·弗约甚于近似蒙塔朗贝尔或奥萨南的人，但是由于他能使用文献，使他的著作获得了一定的重要地位。

当这些作家在喜欢争论又有文化的广大读书界中广为流传的同时，公众不大知道的学者们正进行一种不很受欢迎的工作。
838 盖朗热决心恢复法国本尼狄克派在大革命前所占有的地位，他买下了从 1802 年以来即已荒废的本尼狄克派的索列姆寺院。他写的关于早期教会和宗教仪式史的著作为研究工作树立了榜样；但是这所寺院最出色的人物，是他的门生和同事皮特拉[①]；他在许多档案库中所做的研究工作使他获得了一顶红衣主教帽子的酬报。米涅[②]在写作他的史诗般的著作《希腊与拉丁的教父学》时，曾获得索列姆寺院学者们的宝贵帮助。勒·布朗出版的《基督教高卢铭文集》开辟了一个新世界。他宣称，孤立地研究一个铭文时没有多大意义；集合在一起研究，就揭示出他们祖先的信仰、希望

① 参阅卡布罗尔：《红衣主教皮特拉》，1893 年。——原注

② 此米涅系法国天主教教士。——译者

和秘密。他的目的，是要为一般信徒做本尼狄派的《基督教高卢》为神职人员做过的事情。1893 年这位年迈的学者还出版了一本论“迫害”的作品，进行了去粗取精的工作，并为有批判地认识早期殉道者打下了基础。

在意大利，德·罗西[①]对教会史作出了无法估计的贡献；他最早系统地考察了罗马城陵寝内的宝藏。“永恒之城”奇异的地下世界，在 16 世纪曾被重新发现过并在 17 世纪由博西奥描写过；后者被他的这个伟大后继者称赞为基督教考古学上的哥伦布。德·罗西引起了庇护九世的注意；后者供给他发掘的经费。1852 年他在圣卡利斯塔寺院的陵寝内发现了第 3 世纪若干教皇的墓；这件事轰动了全世界；在他后来的四十年生涯中，一次胜利接着另一次胜利。1861 年，他开始出版《罗马基督教铭文集》；在他逝世时，这部著作几乎已告完成。但是德·罗西最大的成绩是附有精美插图的《地下罗马城》分为四开本三大册，出版于 1846 到 1877 年间；它描述陵寝的历史、地形、建筑和壁画。在他的其余贡献中有：创立《基督教考古学通报》季刊，设立拉特蓝博物馆以及关于罗马教堂中镶嵌工艺的详尽研究。他在编辑铭文集的工作中曾与蒙森合作，后者强调指出这个基督教考古学和铭文学的创立人得以成为当时伟大人物之一的各种条件——他关于基督教和古典文学的知识，他对古文书法和铭文的精通，以及他对罗马帝国和古典时期与中世纪城市的深切了解。

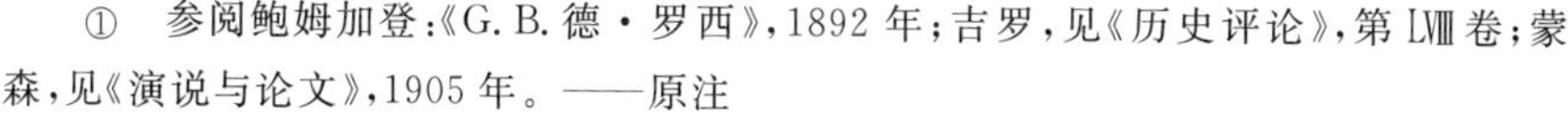

① 参阅鲍姆加登：《G. B. 德·罗西》，1892 年；吉罗，见《历史评论》，第 LVIII 卷；蒙森，见《演说与论文》，1905 年。——原注

Ⅱ

天主教徒只能在一个短短的时期内为历史研究的复兴而自己庆幸。在50年代已有些关于风暴来临时的隆隆响声，在60年代就出现了一次自相残杀的斗争。1870年，梵蒂冈教谕体现了教皇极权论派的胜利，并把老天主教派驱入荒野。这些大事件，对历史研究产生了极大的影响。

511 在德林格尔和梵蒂冈决裂后，教皇极权论圈子里流行着他原来就是一个异端的说法，虽然他仍然被看作自称为天主教的拥护者。然而，在他1861年的著名演讲之前，还没有决裂的公开迹象；在这些演讲里，他宣称，教皇世俗权的失误和堕落不是不可能的，但也不会是致命的。同一年，他撰作《天主教会与诸教会》，打算把它作为天主教的自辩书，这部书是他演讲的扩充和说明。庇护九世宣称，虽然他不能同意它的全部论点，但它只有好处没有害处。可是他关于宗教改革的论述表明：他已抱有一种不同的精神；他的演讲所引起的怀疑，又由于他的《中世纪时代的教皇传说》这一引人注目的著作而被证实。他尖锐地攻击1864年《要目》[①]，1867年他对特兰托宗教会议在世界范围的代表性提出了挑战，理由是它是受罗马控制的并且为意大利主教们所把持。1868年，他写道，“如果我的老友默勒和格雷斯在世而能看到这个时代，他们会怎样说呢？他们会对教皇极权论者说，‘滚出去，我们跟你们没

① 纲领(Syllabus)，教皇庇护九世于1864年公布当代最大的谬论八十条，称为“要目”。——译者

有什么好谈的'"。

当梵蒂冈会议召开并宣告它的目的时，德林格尔用雅努斯笔名写了他所有著作中最著名的一本：《教皇与宗教会议》；该书是为反对教皇极权论所曾提出过的最强烈的历史性控诉。它虽被列入《禁书目录》，但却传诵于全世界，并且在会议召开之前已动员舆论来反对"教皇无谬"论。在会议开会期间，他在《通报》上发表他的《基林努文件》来保持蔓延着的火势；这些文件，是根据阿克顿、弗里德里希和斯特罗斯梅耶从罗马送来的消息编写的。在教皇极权论派胜利之后，这个历史家就被逐出教会而"老天主教派"教会也创立了起来（他从未参加过这个教派）。在他《论重新联合的演讲》和他对慕尼黑科学院的演说中，他的熔炉里飞出了珍贵的火星。但是虽然他以毫不减退的精力工作到九十高龄时逝世为止，如果没有罗伊施[①]的帮助，他那渊博的知识也很难传给世人；罗伊施曾帮助他准备出版他关于中世纪教派的早期研究著作，刊印贝拉敏的《自传》，以及撰写关于罗马教会在17、18世纪时期在精神上的争论的详细概述。

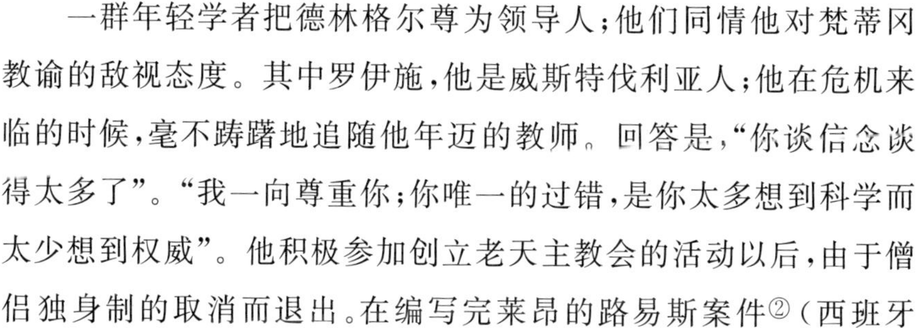

一群年轻学者把德林格尔尊为领导人；他们同情他对梵蒂冈
教谕的敌视态度。其中罗伊施，他是威斯特伐利亚人；他在危机来 512
临的时候，毫不踌躇地追随他年迈的教师。回答是，"你谈信念谈得太多了"。"我一向尊重你；你唯一的过错，是你太多想到科学而太少想到权威"。他积极参加创立老天主教会的活动以后，由于僧侣独身制的取消而退出。在编写完莱昂的路易斯案件[②]（西班牙

① 参阅戈茨，《F. H. 罗伊施》，1901年。——原注

② 莱昂的路易斯（1527—1591年），西班牙著作家、神学家。1544年加入奥古斯

异端裁判所著名案件之一)的专著之后,他对伽利略的审判作了深入分析。但是他的声誉之所以能够持久,是由于他关于《禁书目录》的巨著①。它的二千多页的篇幅广泛地阐明了最近三百年的时期,深刻地刻绘了罗马(教廷)蒙昧主义的形象。虽然罗伊斯的特长在于资料收集而不在文学艺术,这部著作也许是老天主教派在学术研究上的最伟大的成就。

同德林格尔联系得甚至更亲密的,是他的门生、同事和传记作者弗里德里希·弗里德里希曾伴随红衣主教霍恩洛厄作为他的神学顾问,参加梵蒂冈会议。他出版了他在罗马所写的关于几个多事月份的日记,编辑了正式文件,然后进而撰写这次会议的历史。它长篇的导论卷综述教皇极权论的来龙去脉;尽管有明显的偏见,却具有持久的价值。在他的老师死后,他写了一部纪念传记,该书既证明他们之间的友谊,同时也是对19世纪教会史的一个极为重要的贡献。在这圈子内的其他成员中间,再没有人比约翰内斯·休伯更有价值了。虽然他从未撰写过大部头的著作,但他关于教会史的知识是渊博的;他帮助他的老师撰写《教皇与宗教会议》的工作。当"教皇无谬"论正式宣布后,他继续写他关于耶稣会的著作。他把这部书题词献给德林格尔。后者同罗伊斯、弗里德里希和阿克顿一起在这项工作中帮助过他。他说明,自从克莱门特十四世解散这个教派以来刚刚历时百年;但它已死灰复燃;现在自由

丁派修士团,并执教于萨拉曼加大学讲授神学。1572年因异端分子嫌疑,被宗教法庭判处囚禁。——谭注

① 《禁书目录》(*Index der Verbotnen Bücber*),共二卷,1883—1885年。——谭注

与文化又有受到它完全掌握的威胁。

同样地由于友谊和共同原则而同德林格尔联系在一起的，还有科内利乌斯[①]；他在1855年关于闵斯德的再洗礼派的论著而成名。次年，他和西贝尔一起被聘到慕尼黑大学，在那里他在他的门生中间默默无闻地工作到1903年去世，他只不过编写了一些未完成的作品。在这圈子内年轻的成员中间，还有洛森和德鲁费尔；后者的早逝是对自由天主教派学术研究事业的一个打击。洛森的专 513
著《科伦之战[②]》，是探索反宗教改革的一个重要插曲；他作为慕尼黑科学院秘书，还帮助德林格尔出版了他的学术讲稿。德鲁费尔为写反宗教改革和特兰托会议史，进行了资料搜集工作。为了完成我们关于老天主教派学术研究的概述，还有三个名字必须提出。格拉茨大学法学教授马森，出版了关于教会法的资料和著作的第一卷；这一著作虽然没有完成，却是一个知识渊博的不朽作品。朗根的大部头著作《教会史》叙述到英诺森三世为止，它之所以有意义，是因为它出于一个老天主教派手笔的关于中世纪时代的唯一详细论著。最后还有舒尔特，他出版关于教会法资料的详史，并编辑出关于老天主教派运动的最可靠的记载。

在德林格尔、罗伊斯、舒尔特以及他们的绝大多数朋友拒绝梵蒂冈教谕的时候，其他几乎同样知名的学者却接受了它们。黑费累的屈服虽然很勉强，却使他的朋友感到惊讶。教谕的最积极捍

① 参阅弗里德里希，《关于科内利乌斯的演说》，1904年。——原注

② 1688年春，路易十四支持一名亲法的红衣主教竞选科伦教区大主教，以教皇和皇帝的反对而失败。于是法军进驻该市，给帝国、荷兰及新教事业造成严重威胁。荷、德、西、瑞典乃组成奥格斯堡同盟以抗法国。——谭注

卫者是赫根勒特尔；当“雅努斯”〔德林格尔的笔名〕正在以突击方式鼓动舆论的时候，他挺身而出，发表答辩；他宣称：教皇极权论的世系比德林格尔所愿意承认的更为长久。他在晚年致力于续编黑费累关于宗教会议史的杰作。他的著作包括整个15世纪和16世纪初期，以使用梵蒂冈图书馆内的文献而获得价值；他被任命为该图书馆的总监。为了他的功绩，他被赐给一顶红衣主教帽。

在欢迎新的教皇极权论的历史家中间，最有影响的是扬森①。他出生于莱茵地区，在浓厚强烈的天主教气氛中成长起来；他的母亲还带领他朝谒圣地。他不相信那建造了哥特式大教堂的中世纪是一个黑暗时期。1854年，他二十五岁时被法兰克福高等学校聘为天主教学生的历史教授，他有生之年都在这个帝国首都度过。对他的生活起主导作用的是博默，此人虽然名义上不是天主教徒，但天主教气息十足。博默停留在查理大帝雕像前时说，“这表明我们所缺少的是什么——一部出于天主教历史家手笔的德意志人民史；因为据我们所知，所谓德意志史是一出滑稽戏”。这些话决定
514 了这个年轻教士的职业，而《德意志人民史》就在他的心里形成起来。在安定下来专心致志于他一生的主要工作之前，他写了博默的传记，收集他的信札并编辑法兰克福帝国会议代表的报告。博默曾提示写一部德意志人民的通史，但是扬森决定从中世纪时代末期开始。1874年他把第一章读给帕施特尔听，后者说，“它是开辟了一个新世界”；作者回答道，他完全具有同感。1875年，第一卷的前半部问世，受到天主教世界的热烈欢迎。1891年他去世时，已写到三十年战争的前夕。人们爱不释手地阅读这部八大卷

① 参阅帕施托尔，《约翰内斯·扬森》，1894年。——原注

的著作。在 19 世纪的天主教历史巨著中，再没有获得过这样巨大的成功，或者引起过这样多的争论的著作。

德林格尔曾着重指出路德新教运动所引起的混乱状况，但是新教历史家对他的结论置之不理。扬森更向后追溯；他以详细研究 15 世纪作为他研究宗教改革的前导。他的目的，是要确定这个时代（即宗教改革时代）不是一个道德或智慧衰败只有少数“宗教改革前的改革家”发出像在荒野里呼喊的声音的时代，而是一个有着健康活动的繁荣的时代。他描述宗教教育和世俗教育的欣欣向荣的状况，并宣称，在路德之前至少已有十五种《圣经》全译本。艺术富有活力和创造性。他的著作在纠正新教传统的说法方面的价值得到普遍承认的。在第一卷的后半部里，他讲述农业、工业和贸易，并指出农民的安适生活和城市的繁荣景象。在画面上第一次出现了阴影——财富导致奢侈和道德败坏、资本主义垄断、重利盘剥的可怖情况。祸害又由于罗马法的复兴而加剧，因为它的经济学说是违反基督教原则的。十分奇怪，他未曾描述宗教状况；扬森的辩解理由是：他不是在写教会史；路德的革命是属于经济、社会和法律方面的而不是属于教会或智慧方面的。

第一卷在新旧教会都找到了赞赏者，第二卷包括宗教改革的早期，当然在新教圈子内就不大受欢迎了。德林格尔追述教义的发展；兰克叙述政治史；扬森则不然：他的注意力主要放在文化和社会生活方面。他对人文主义者提出了严厉的几乎是粗暴的控诉。他宣称，伊拉斯谟怀疑、轻浮、自私；较年轻的人文主义者是异
教徒而非基督教徒，而且其中有些人品性不良。最坏的是胡滕。515
扬森对路德本人不多作评论，他也避免咒骂，但是他描绘出一幅在

宗教冲突发生时物质和道德方面可怕的混乱图景。虽然他没有把农民暴动完全归因于宗教改革，他却主要从这个原因来追溯这次叛乱的残暴行为。第三卷，叙述到查理五世退位为止，本卷对待剧中的新教徒虽然很严厉，可是对天主教徒也毫不留情地给予批评。他承认天主教会中所存在的弊端；并尖锐地指责德意志主教是带着宗教头衔的世俗王公。后面诸卷，论述反宗教改革与三十年战争前的世代。这是一幅漆黑一团的画面——道德败坏与酗酒、愚昧、残暴和迷信。他用几百页篇幅来叙述通俗文学，用几百页来叙述那些使国家蒙受耻辱的骇人听闻的罪行，还用半卷篇幅来叙述蔓延于全部居民中间的对巫术迷信。这样看来，该书是以 15 世纪的鲜明色彩开篇，而以深暗的阴影作为终篇的。它的要旨是：德意志不是毁于三十年战争而是毁于宗教改革。

扬森的博学确是值得注意，他那独出心裁的方法和结论也引起了普遍的兴趣。天主教徒终于能有这个历史家而自豪，因为他可以和新教学者平起平坐。他的著作的重要地位，由于他激起了攻击而更加突出。鲍姆加滕（即查理五世传记的作者）、卡威劳和克斯特林、科尔德和伦茨（即路德传记的作者）群起猛攻这个狂妄的反对崇拜偶像者。德尔布吕克宣布，他是一个以伪乱真者，并指斥他的著作是一个大骗局。扬森连续写了两卷著作来答复他的批评者；他虽然接受若干小的纠正，却指出他们所犯下的错误。现在，争论的尘雾已经澄清，我们不难估计该书的特点。第一，它确实增加了我们关于德意志人民生活的知识。第二，它修正了新教徒关于 15 世纪是一个堕落与混乱的时代的传统看法。第三，它证实了德林格尔的论点：路德运动带来了大混乱和文化与繁荣的暂

时衰退。泰纳说得对，没有人在将来谈论宗教改革时，能不去钻研并衡量天主教方面的论点和看法。另一方面，扬森不能算作第一流历史家。他虽以“让史料说话”而自豪，但却堆砌一切有损于新教的引文而不提很多不利于旧教的事实，这一作法产生了使人误 516
解的结果。他报道真实，但不是全部的真实。他使用资料常常不加批判。他把可靠的和不可靠的资料堆在一起，往往把孤立的特殊事件用作重要概括的根据。一句话，这部书的甚至经过帕施特尔修订的版本，也还是一部手法巧妙的论战之作，而不是一部公正无私的研究结晶。

继梵蒂冈会议后的一个世代里，在教皇极权论派历史家中间，第二个著名的历史家是帕施特尔，他是扬森传记的作者和研究文艺复兴时期诸教皇的历史家[①]。他的目的是要描写16世纪重大的宗教斗争怎样反映在教廷史上，正像扬森描写这场斗争怎样反映在德意志人民生活上一样。兰克和克赖顿都未能使用梵蒂冈档案。帕施特尔在这个取之不尽的知识宝库中汲取他的大部分资料，还从拉特兰大教堂、异端裁判所和宣传机构的档案库、王公贵族的藏书室，意大利、法国和德国、奥地利和瑞士的各大城市中进行探索，加以补充。扬森很少使用未刊印的资料，而帕施特尔却宁愿采用手稿中的证词。虽然他宣称，为教皇所作的最好的申辩就是出示他们所做过的事情，但他也不是全无保留地称赞某些教会王公。他的早期诸卷描写“新学”时期，它的影响在梵蒂冈是深深地感觉到的。他对艺术和文化深感兴趣，因而详细论述庇护二世的人文主义、他的继承人的艺术活动，以及教廷中举世闻名的绘画

① 参阅巨著：《帕施特尔，日记、通讯、回忆》，1950年。——原注

家、雕刻家和建筑师。他区别异教和基督教的文艺复兴;区别瓦拉和波基奥[1]的一方与尼古拉五世和维托里诺[2]的另一方。他承认,这些教皇欢迎所有的人文主义者,而不考虑他们的异教信仰,因为教皇本身也是世俗王公而对异教文艺复兴的唯一强烈的攻击则来自萨沃纳罗拉方面。他以利奥一世的名言作为掩护:“彼得的圣职有时会落到不合适的继承者身上”。他哀叹教皇选举中的贿赂和阴谋。在第三卷,即叙述亚历山大六世和尤利乌斯二世[3]的一卷里,他在态度上不如克赖顿那样宽大。第一次使用《博尔吉亚[4]家族记录》时,他宣称,这些文献使之不可能为〔亚历山大六世〕辩护。可是,他宣布教皇是当时最好的世俗君主,把他的罪行归咎于他姑息自己的家族;并称赞他注意保持对教会教义的纯洁性。他承认尤利乌斯的性格是不配做教皇的[5],但暗示在一个暴
517 力时代,一个好战的教廷卫士也许是必要的。他责备利奥十世所结交的朋友[6]和克莱门特七世在德意志和英国所推行的政策[7]。他哀叹教会在它命运攸关的时刻缺少主张改革的教皇,他也不想

---

① 波基奥,B. G. F.(1380—1459 年),意大利人文主义史学家,著有《佛罗伦萨史》,并以搜集和发现古罗马文献知名。——谭注

② 维托里诺,da Fettre,真名 Vittorino Ramboldinic(1378—1446 年),意大利人文主义者,教育家和语言学家。——谭注

③ 尤利乌斯二世,罗马教皇,1503—1513 年在位,被认为是教皇国真正的创建人,历史上最伟大的教皇之一。——谭注

④ 亚历山大六世,原名为罗德里戈·博尔吉亚(Rodrigo Borgia,1431—1503 年)。——译者

⑤ 指尤利乌斯二世。他任主教时以教区收入营造宫室,任教皇后扶植人文主义文学艺术,怠于教务。——谭注

⑥ 利奥第十,出身佛罗伦萨美第奇家族,生活方式及趣味深受文艺复兴思想熏陶,厌恶清修生活,任教皇后,广交文艺名流,罗马成了当时欧洲的文化中心。——谭注

⑦ 指克莱门特七世联合法国、威尼斯、米兰反对皇帝查理五世,及拒绝英国亨利八世离婚申请等事。——谭注

掩饰保罗三世的过失[①]。

帕施特尔的著作是极其勤奋地进行研究的结果，其中包括大量新资料，但是他也不是属于第一流的历史学家。他关于文化复兴的双重性的概念是站不住脚的，因为基督教成分和异教成分是这样地交织在一起，所以必须把这个时代作为一个整体来考虑。按照他的观点和信仰，他是不会同情于一个首先是反对“信仰时代”的运动的。他从未认真正视这一事实：宗教会议运动和德意志人的反叛都是由于根深蒂固而又生死攸关的信念而产生出来的。他用世俗性和社会的道德堕落来解释教皇的缺点，但是他从未想到，教会本身的腐化却正是社会道德堕落的原因之一。他对待萨沃纳罗拉很严厉，把他的所作所为比诸救世军，谴责他不服从罗马和参与政治活动。他对教会堕落的指责非但不比对世俗的指责更严厉，反而暗示种种可以原谅的理由，对它的责备只是轻描淡写。他的著作尽管语调温和，但受到基本偏见的损害。像其他天主教历史学家一样，他未能使人真正理解宗教改革运动。

属于奥地利多明我会的德尼弗尔[②]是一个更有影响的人物。他最早的重要著作是叙述德意志的神秘派。和新教传统相反，他认定神秘主义是以经院成长出来的，神秘派绝不是反僧侣派，也不是宗教改革的先行者。在被他的教派召唤到罗马后，他被利奥十三世请去帮助编辑阿奎纳著作的正式版本，因为1879年的教皇敕谕提出对最伟大的经院哲学应进行特别研究。为了进行这项工

① 保罗三世在位期间(1534—1559年)，将英国亨利八世驱逐出教，支持耶稣会的创立，在罗马设立宗教异端裁判所，依靠耶稣会操纵特兰托宗教大会。——谭注

② 参阅格拉布曼，《海恩里希·德尼弗尔》，1905年。——原注

作，他访问了欧洲各地的档案馆，他收集资料不仅是为了这部著作，也是为了他自己的计划。在被任命为梵蒂冈档案馆馆长后，他看到有关中世纪大学的资料是如此丰富，于是着手撰写它们的历史[①]。第一卷于 1885 年出版；它是关于大学的辩解，并附带地为教会和中世纪时代辩解，但也是一个关于知识的庞大的提纲。他原计划写五卷，但大半由于第一卷的成功，后面几卷他就难以为继
518 了。最显著的赞扬来自巴黎，法国政府邀请他编辑巴黎大学的文献史。他接受了这项工作，在十年期间出版了六卷文献。由于原始稿件的发现，大量伪造和窜改的文件被一扫而空。这项著作也是对法国史的一个贡献，它对法国朝廷和教会同教廷的关系，对各个教派、对亚里士多德学说的接受以及对中世纪神学，都作了说明。在这样地从事工作的时候，这个孜孜不倦的学者还偷闲写了一部附有文献的作品：《十四、十五世纪法国教会的瓦解》；该书是关于艺术和宗教仪式、圣徒和圣物、教会财产和组织的资料的源泉。像所有他的其他著作一样，这部著作也是未完成的，因为他对15 世纪的研究使他的思想转到了路德方面。

德尼弗尔的《路德与路德教》于 1904 年出版，证明他在梵蒂冈和德意志档案库曾作过深刻的研究。他说由于新教历史家对天主教会的恶毒攻击和他们对路德的盲目的偶像崇拜，他不得不写这部著作。他痛心地宣称，新教神学家被容许怀疑基督的神性，但对于这个宗教改革家却不得有任何触犯之处。路德和他的朋友们为了道德的原因而丧失了他们的信仰。谁能如实地了解路德，就可

① 《中世纪文学的兴起至 1400 年》(*Die Entstehungder unicersitaten des Mittelalters*)。——谭注

以了解他的反叛。“本书不是打算为年轻人写的。真正的路德就是这样！”他在结束一篇愤激的序言时说，“愿上帝使新教徒睁眼看看他〔路德〕的品质，并指引他们回到天主教会来”。这部长达八百页的厚书，竭力损害这个宗教改革家的遗名，这是最令人厌恶的历史著作之一。他宣称，宗教改革家们是肉欲的使徒；他们的哲学总结成一句格言，就是“顺应自然”，而路德本人就是一个肉欲最强烈的人。不是因为他太好而不能留在教会里面，相反，是教会太好而不能容留他，因为他是被一种粗俗、淫荡的本性支配的。该书的一大部分是用在分析路德关于“僧尼誓约”的论著[①]，路德在其中宣布自然的本性是不可能的，因而教士的结婚，引用德尼弗尔的轻蔑的话来说，被鼓吹为破坏誓约的疗法。德尼弗尔还告诉我们路德嗜酒；在关于他的相貌的一章里，他还强调有书面根据的诛语。

这部著作像一颗炸弹投入了路德派的阵营。这场攻击比扬森的攻击更加集中；德尼弗尔还对路德派专家表示轻蔑。他宣称，“他们的原始罪孽是：他们是不科学的。要是他们对待路德像对待基督那样该多好啊！”他指出他们所编路德著作的魏玛版本中的错误，来
在编辑技术上给他们一个教训。这项猛烈的攻击引起了无数的答 519
辩和反击，尤其是来自哈纳克、泽贝格和科尔德的答复。他们逐一指出他们的错误，指出他删略有利于路德证据，忽视新旧教标准的比较。豪斯拉茨于 1904 年出版了路德传记，他宣称，德弗尔故意曲解了词句，对戏言和悲叹语也太拘泥于文字。路德的讲话远比他的行动激烈，他的粗暴言论原是要鼓动他的同胞的唯一方法。

① 路德在瓦德堡期间写有《论僧尼誓约》一文，指出天主教会因纪律废弛，乃借誓约以挽回颓风。文中鼓励僧尼诸众，走出庵堂，自行婚配。——谭注

他是用英雄的模型铸成的；用迈科尼厄斯的话来说，他是“上帝的奇人”他是一个天才，有一颗赤子之心。德尼弗尔在针对哈纳克和泽贝格的一本小册子[①]里作了答复；然后在他旅行德、法、英三国搜集关于圣保罗的手稿评注之后，很快写成一卷关于路德时期论述“因信称义”的著作。在他的发现中，有路德本人早期所作的《罗马书》评注。

天主教历史学家追随扬森和德尼弗尔的领导，特别注意德意志的宗教改革[②]。帕施特尔发起出版一套有用的专著丛书，称为《扬森历史的例解》。一个改宗者埃尔维斯很详细地探索了路德的一生；格里萨以大规模著作来叙述他的人格和他思想的发展。一个“文化斗争”运动中的斗士马容克认为，路德曾经自杀；这一传奇最后由尼古拉斯·保罗斯揭穿。加斯基特叙述英国寺院的解散；埃塞斯根据梵蒂冈档案对阿拉贡的凯瑟琳的离婚作了新解释。杜尔大力为耶稣会会士作出辩护。他从“几千种传说”里精选出几种，来论述克莱门特十四世的中毒案[③]、“只要目的正当，可以不择手段”、暗杀暴君、蒙昧主义、爱国心的缺乏、贪婪与财富，以及三十年战争的责任等各种问题。他作出结论说，耶稣会会士虽然未能免除人类的缺点和错误，他们却是没有什么可以害怕的。希尔格斯为《禁书目录》辩护。美因茨的主教布吕克叙述19世纪德意志教会的命运；威尔弗里德·沃德在他为怀斯曼、纽曼和他父亲W. G. 沃德所作的传记里，描述教会在英国的复兴运动。

① 《按理性主义与基督教来看路德》，1904年。——原注

② 参阅克勒，《天主教与宗教改革》，1905年。——原注

③ 克莱门十四世于1774年9月病死，传闻死于中毒。——谭注

格雷斯学会成立于1876年，它创办历史评论杂志，在罗马创办一所研究院及其自己的机关报，并出版关于特兰托宗教会议的 520
资料。在重要性上稍次的是马利亚-拉克的耶稣会士进行的活动。在1864年《要目》发表后，它开始出版不定期的小册子《马利亚-拉克的呼声》。在梵蒂冈宗教会议后《马利亚-拉克的呼声》发展成为定期刊物。韦策尔和韦尔特的百科全书修订版衡量了从19世纪中叶它出现以来所取得的进展。比利时的耶稣会会士在德·斯梅和德勒阿耶领导下继续撰写《圣徒传》，现在已写到“十一月份”。本尼锹克派有自己的评论杂志；它的内容由于唐·莫林的渊博论著而更加丰富。法恩巴勒的修道院长唐·卡布罗尔已着手编写《基督教考古学辞典》这一巨著。格里萨和姆格尔·曼已开始撰写广泛论述中世纪教皇的生平。

还有少数历史家站在教皇极权论派和老天主教派的中间；他们虽未公开反抗，但不赞同最近的倾向。其中最重要的，有克劳斯和迪歇纳。克劳斯在波恩大学研究过语言学，在那里他开始和罗伊施结成终身友谊[①]。刚过三十岁时，他出版了《教会史手册》；这本手册替代了阿尔措格的教会史简编，后者是克劳斯在弗赖堡的导师。1882年出版的第二版是这样地富于批判性，以致梵蒂冈请他停止发行。他曾尖锐地评述教廷的要求，批评耶稣会和经院哲学，并埋怨说，教皇极权论已把教会带到悬崖绝壁的边缘。他迫于形势屈服于梵蒂冈的要求，收回了这一版而出版一种经过删节的版本，声明一个军官必须服从他的将领，但是后来他后悔作了这

① 参阅豪维勒，《F. X. 克劳斯》，1904年；布赖格，《对于 F. X. 克劳斯的回忆》，1902年。——原注

样的让步，在谈及它时称之为“娼妇版”。主要是想逃避麻烦，他在晚年从事于危险性较少的题材：基督教艺术。他关于阿尔萨斯-洛林古迹的概述为概述其他省区的古迹作出了样板。他在罗马碰到德·罗西，并刊印了诺斯科特和布朗洛的《地下罗马城》删节本的德文版，附以自己撰写的重要文章。他还编辑《基督教古文物辞典》，包括考古学和关于最初六个世纪的基督教的组织、仪式和教徒的私人生活。由于他的《莱茵兰基督教铭文集》的出版，他被委派为巴登宗教古迹的保管员。他最大的著作《基督教艺术史》于1896年开始出版。该书是以动人的观察力写成的，并附有精彩插图；它不仅是关于基督教艺术的一部最好的概览而且是对于教会史的有重要价值的贡献。在他关于但丁的专著里，他自称为奎柏
521 林派〔皇帝派〕，因为他对于无论在中世纪时代或在他那时代的教皇的控制，都是很不喜欢的。他首先是一个人文主义者，是一个文化史家而不是一个教会史家。他与教皇极权论没有共同之处。他的英雄是罗斯米尼①；他写了一篇最长的论文来论述后者。在他的喀富尔传记里，他尖锐地攻击政治性的教会并欢迎这种教会的倾覆。他认为耶稣会会士是毫无希望的蒙昧主义者，他是红衣主教霍恩罗厄及其他梵蒂冈所厌恶的教士的朋友。他赞赏哈纳克，并使迪歇纳与卢瓦齐于德意志闻名。他的热烈愿望，是要调和基督教与文化、教会与民族、梵蒂冈教廷与意大利皇宫奎里纳尔。但是他不属于为了自己的信仰而走上火刑柱这种类型的宗教改革家。

迪歇纳关于资料的批判研究和《教廷圣务录》的出版获得了酬

① 罗斯米尼，R. S. A.（1797—1855年），西班牙哲学家、神学家，创慈善兄弟会教派。他的一些宗教观点有背离正教教义之处，其著作被列为禁书。——谭注

报:他被聘为巴黎天主教学院教会史教授。他的授课激起了学生的热情,其中有卢瓦齐;但是他的方法太独出心裁,因而不为教皇极权论派教会所容忍[1],于是他转到空气较温和的高级学术学校去。他的《教廷圣务录》版本得到蒙森的赞赏。同样重要的,还有他的《古高卢的主教年表》;它是按照省份排列的,揭穿了关于圣徒的若干神话。他关于早期基督教礼拜仪式的论著更为著名;它评论弥撒的起源、礼拜仪文的发展、圣职任命的仪式、法衣的使用、节日的庆祝仪式以及有组织的基督教生活的其他方面。在关于公元754—1073年间教皇世俗权之起源的一卷演讲稿里,他宣称,即使抛开那些下流的丑事不谈,在那些时候几乎所有教皇的品质也都是远离使徒理想的。关于"分裂的教会"这一卷,加深了他更严格的教友圈子对他所抱的疑虑。1905年他开始出版他的《早期教会史》;这是根据他的已在传阅的手稿讲义写成的。他精通新教的学术研究;哈纳克和舒勒尔、察恩和李普西、卢大斯和克吕格诸人的名字出现在他作品的脚注内。哈纳克说,任何新教学者都会因写出这部书而自豪。迪歇纳承认:教会起初既无教会法又无信条;主教制度是为防止异端而兴起的。他的文字缺乏热情;他仿佛是在
薄冰上轻轻地滑行。在讨论君士坦丁的异象[2]时,他审慎地说,要 522
衡量这类证明的价值和检查这种内心深处的事情是困难的。君士坦丁本人在这个历史家看来算不了一个英雄;因为他的故事沾染着太多的血腥。第五世纪是悲惨、毁灭与堕落的时代。这部书是

① 参阅乌坦,《十九世纪天主教徒中的圣经问题》,1902年。——原注

② 传说君士坦丁在进军罗马时看到天空中出现一个发光的十字架,乃仿此式样制作军旗,一战而胜。遂定基督教为国教。——译者

为学者写的；在我们的时代没有一部天主教徒的巨著能达到这样高度的客观叙述标准。

该书最初两卷在“现代主义”被谴责①之前不久出版；它们是获得“圣宫长”，即教皇神学顾问批准的。它们作为学识与正教能结合起的证明而受到天主教报刊的欢迎；卢万大学还赠给他博士学位。当它们被译成意大利文时，迪歇纳作了少许修改，再一次获得批准。他送了一本给庇护十世；后者也宣称自己对该书的正统观念感到满意，但当译本出现后，批判的风暴立即在他头上爆发开来。“红衣主教九人法庭”指斥该书是“危险的有时甚至是致命的”，禁止它在意大利神学院使用。译本确是不完善，因而立即被收回。一个耶稣会会士博塔吉西奥在佛罗伦萨报刊上发表了一系列批判文章，并把这些文章重印成书，题词献给教皇。迪歇纳写了一封《给天主教会主教的密函》来进行答辩，宣称这个耶稣会会士的书歪曲了他的意见。但是搜查现代主义信徒的运动正处于高潮，他的老支持者如红衣主教梅尔切尔已经失势。虽然对他未曾提出特殊异端罪行的控诉，但他被指责为轻率无礼和缺乏尊敬态度。他的仇敌在1912年如愿以偿，把这个最伟大的近代法国天主教学者的主要著作列入“禁书目录”。这部主要著作的第四卷，直到他死后才于1922年出版。

---

① 现代主义是基督教新教及圣公会的一种教义，主张把教义与现代科学结论相调和；庇护十世（1903—1914年在位）曾予以谴责。——译者

第二十七章　文　明　史 523

I

历史的范围一直在逐渐扩大，直到它包括了人类生活的每一个方面。现在没有人敢再同意西利和弗里曼的主张：前者说，历史是列国的传记；后者说，历史是过去的政治。各民族和帝国的成长、活动家的功绩和各党派的兴衰，依然是最能吸引历史家注意的问题。但是，自然界的影响，经济因素的压力，思想和理想的起源和转化、科学和艺术、宗教和哲学、文学和法律的贡献、物质生活条件以及群众的命运，这一切现在也同样要求历史家的注意。历史家必须不断地观察生活，也必须全面地观察生活。

这类包括文明之中各个非政治方面的著作，最好称之为文化史[1]。它的创立人是伏尔泰；他的《路易十四时代》是一部描述一个民族的全面生活的著作。他的《论风尚》是第一部真正的文明史，这本书第一次企图把无数条线织成一幅单独的图案。伏尔泰

---

① 参阅约德尔：《文化史的编纂》，1879 年；绍姆克尔：《德意志文化史编纂的历史》，1905 年。——原注

开风气之先，其他历史家接踵追随。温克尔曼①把古代艺术史作为希腊精神的表现来论述。黑伦②探索了商业的发展。尤斯图斯·莫泽尔③探索了农民的状况，并揭示出经济组织与政治组织之间的联系。赫德尔和浪漫主义派倾听了民族精神的微弱呼声。虽然施洛塞尔和基佐的历史著作④已在广大的前线上进军，但在19世纪上半期文化史的全部重要性还是很少得到承认的。

1848年的革命使政治家和历史家们的注意力转到了第四等
524 级。这件事大体上决定了里尔的终身工作⑤；他是三大历史家之一⑥，他们被后来的文化史家看作是自己行业的开拓者。洛伦茨选择他作为这个历史类型的主要代表，而施泰因豪森则认为布克哈特和古斯塔夫·弗赖伊塔格应占首席地位。的确，里尔从未写出过一部第一流的著作，而且在德国以外他也很少为人所知；但是他在长期的教授、作家和巡回讲演者的工作上竭力宣传了历史社会学的重要性。他的父亲是拿骚公爵城堡的总监，他在作视察旅行时带着这孩子。那个热情对待人民创造力的浪漫主义运动以及在格林兄弟鼓舞下的日耳曼派研究的发展又影响了这个莱茵兰青年的思想。他由于住在奥格斯堡，也加强了对老德意志城市生活

① 温克尔曼的代表作《古代艺术史》(共二卷，1764年)是希腊文化史最早的著作之一。——谭注

② 黑伦著有《论古代主要国家的政治、交通和商业》，1796年。——谭注

③ 莫泽尔著有《奥斯纳布律克史》一书，在书中提出了一国的政治组织来源于深厚的社会经济力量之中的观点。——谭注

④ 施洛塞尔比较重视民族文化对政治史的影响，著有《世界史》、《十八世纪史》等。基佐著有《欧洲文明通史》、《西罗马灭亡后的法国文明史》等。——谭注

⑤ 参阅西蒙斯费尔德：《W. H. 里尔》，1898年；戈泰因，见《普鲁士年鉴》，1898年4月；洛伦茨，《历史科学》，1886年。——原注

⑥ 指他和下文介绍的弗赖塔格和伯克哈特三人，都是文化史专家。——谭注

的兴趣。1854年，他三十一岁时被马克西米利安二世召到慕尼黑，并成为后者圆桌上的贵宾。阿克顿曾听过他的讲课，很久以后他记下了对里尔的印象。“一个活着的人对于社会的流动力和固定力都能同样地理解。三十多年前，在布克哈特或弗里兰德、巴克尔或西蒙之前，里尔已开始讲授文明史，向他的幸运的听众显示出对历史的新看法；那是比任何以前的著作中的看法都更深刻的。”

他宣称，民俗的研究是在前一世纪创始的，但它的资料则与历史同样古老。荷马诗篇和《旧约全书》原料丰富；希罗多德对于人种志具有清晰的概念，他不仅是历史学的创始人，也是民俗研究的创始人。塔西佗在他的《日耳曼尼亚志》里最早系统地叙述了居民与国土的联系。直到社会史的真正创立人尤斯图斯·莫泽尔，才又向前迈出了一步[①]。《奥斯纳布律克史》是人民群众取得他们应有地位的一部历史著作。在以后半个世纪里，对历史社会学的贡献，从各方面源源而来——来自阿肯沃尔所创立的统计科学、亚当·斯密的经济生活的论著、卡尔·里特尔对地理学的重视[②]、萨维尼的自然法学史方面，尤其是来自格林弟兄的神话学和语言学的研究方面。现在一般人已承认，人类只能在大自然所规定的限度内获得发展。里尔正是在这些基础上写出了他的主要著作：《德意志人民的自然史》。在该书的第一卷《土地与人民》的序言里，他说：他在国内漫游时了解到，人民的类型和性格有其明确的历史的和自然的根源。人民以前在图画中仅仅是一个点缀的背景，而现在他们成了主要的形象；历史家和政治家都应以了解他们成长的

① 参阅克拉森，《尤斯图斯·莫泽尔》，1936年。——原注

② 里特尔(Karl Ritter，1799—1859年)，德国著名地理学家，持地理决定论的观点。——谭注

525 规律作为主要任务。其中最基本的是自然因素。他把德意志分成三个地区:气候、土壤、山区或平原的差别导致风俗、土地的使用、食品、衣服、房屋甚至信仰的差别。市镇很快摆脱地域偏见,而乡村生活却还照旧进行,这种状况取决于政府的行动或思想的渗入少,取决于自然因素的影响多。他关于自然对社会和经济生活的作用的分析,富于启发性;读他的文字,有登高望远的感觉。

里尔在第二卷里进而系统地阐述了社会的规律。在社会生活中有两大势力,各自体现于两个阶级中。第一种,即惰性或社会的保守力,主要由农民代表,但它是一种民主的保守力。在法国革命时期,当城市为要求人权而沸腾时,农民则要求森林和草地的特权。第二种代表执著或惰性的,是贵族阶级。施泰因明智地承认:除去贵族的压迫性特权便是加强并永远保持它的社会影响和政治影响。第二种基本力量,即运动的力量,主要是在城市里起作用,国家的健全和幸福取决于能否维持执著的力量与运动的力量二者之间的平衡。按照从一般到特殊的原则,里尔在第三卷内进而论述了"家庭",即社会的最后的希望。他宣称,"我们在国家和社会里改变越多,我们就越依附于家庭。"家庭是根据两性间的自然分工的;而文化的发展使他们更进一步分工,因为妇女在原始社会里的工作是和男人一样的。他还使人们注意那些使各个家庭各有特性的传统的或非传统的因素。这种家庭的个性反映在路德维希·里希特的图片上①;他恳求他的同胞保持它。他称这一卷为"德意志家庭的田园诗"。

里尔关于法尔茨州的研究,是打算作为对集团心理学的一种

① 里希特(Richter, Adrian Ludwig,1803—1884 年),德国画家和插图专家。——译者

贡献；他在那里精确地应用了《自然史》中所推荐的方法。关于这个地区的自然特征、居民的历史、罗马帝国和中世纪时代的名胜古迹、村庄和城市、服装和食物、政治和社会特点、宗教和方言，他都加以评述。他在研究奥格斯堡时也做了一个类似的尝试，这本著作有时被称为他的杰作。他宣称：“在民风的研究里像在自然科学里一样，不存在什么微不足道的事情。”他在任何地方都看到自然 526
与人类之间的有机联系。他的方法应用于一部奉国王之命编辑的巨大的集体著作《巴伐利亚的土地和人民》里，也用在慕尼黑国立博物馆的创立方面，他是这个博物馆的第一任馆长。他在文化史工作上的一个主要部分，是他对艺术的特别重视。他本人就是一个音乐家和音乐批评家，他主张音乐也像诗或科学一样，在文化中是一个巨大的因素；音乐形式的演进解决了德意志民族感情史上的许多问题。其次，他认为，过去时代的大教堂和其他古迹构成关于土地和人民的一部附有插图的历史。除了他写历史著作外，他还写了很多故事书，旨在说明德国千余年时期的生活。“每一篇只是一小幅风俗画，但他们合起来就成了一大幅历史全景画。”

里尔对自然与人类之间的联系虽然有锐利的洞察力，但并没有同时认识到其他一些因素。相形之下他对国家的态度漠不关心，这使特赖奇克轻蔑地称他为“沙龙”政治家。与雅各布·格林相同，他宁取典型而舍个别。他先看活着的人民而后才看刊印的文字。他是最缺少职业特性的历史家。他的成绩，在于强调了对人民生活的无穷无尽的兴趣，并查究它被什么影响所决定，并通过什么途径表达自己。戈泰因证明了他同时代的人怎样愉快地欢迎里尔的描写，他们怎样进行旨在观察和发现的徒步旅行。他从最

枯燥乏味的地方和人民中间找到兴趣和意义，并化腐朽为神奇。自由主义的批评家们有时称他为1848年后反动势力的理论家，但他属于那种温和的、诗意的保守主义，他留恋“美好的昔日”。他为文化史提出了最高要求，称之为真正的历史哲学。他拒绝承认政治与文化间的矛盾。“这种二元论将消逝，文化史将成为一根树干，以国家、教会、艺术及其他部门作为它的分支。”

古斯塔夫·弗赖伊塔格[1]和里尔同样是热爱祖国的德意志人，他在塑造德意志人民的历史生活的尝试上赢得了比里尔大得多的声誉。他出生于西里西亚，在那里，斯拉夫世界的阴影使种族的自觉心激化起来，因而他在早年时期已对德意志文学和历史发生了浓厚的兴趣。在被拉克曼引入中世纪语言学领域后，他以关

527 于德意志戏剧诗起源的论文获得了博士学位，继之以研究罗斯威塔[2]的论文。他在早年时期关于半异教、半基督教的古老祝祭剧、神秘剧、喜剧的探索，使他领会了人民的生活和呼声。1848年的事件使他走上了论坛。他买下了《边境邮报》，迁到莱比锡，使它成为鼓吹德意志在普鲁士霸权下完成统一这一原则的喉舌。从此，他把政治与历史结合在一起。就在他自己的报纸栏内，他从1852年开始发表他的《德意志历史图景》。很久之后，他在自传里写道，“在政治事件的暗流中流逝的人民的生活——千百万微贱男女们的境地、悲哀和欢乐对我来说一向是有巨大吸引力的。”他收集了

[1] 参阅弗赖伊塔格：《回忆录》，1887年；阿尔伯特：《古斯塔夫·弗赖伊塔格》，1885年；汉施泰因：《古斯塔夫·弗赖伊塔格》，1895年；林道：《古斯塔夫·弗赖伊塔格》，1907年；多费：《弗赖伊塔格和特赖奇克的通讯选集》，1900年。——原注

[2] 罗斯威塔（Roswitha，约932—1002年），德意志修女，拉丁语诗人。——译者

很多小册子、传单、木刻及其他珍品。“我从这些小书里获得了关于风俗和生活方式的各种知识；关于这方面，大书是不谈的。”他开始时只写16、17世纪的概述，到后来，由于它们受到热烈的欢迎，他才决定写全部德意志史。

弗赖伊塔格的《图景集》共分五册，概述了德意志人民从古至今的生活，普通读者和学者都给予高度的赞扬。这本书既是爱国主义的，又是科学和艺术的著作。舍雷尔宣称，“这本书是我们有过的最好德意志历史；如果这话说得过分，我们可以说，从那里可以比任何别的历史著作找到更多的我们要求于一本好的德意志史的东西。”埃里希·施米特把他列入第一流的日耳曼学家和历史家中间。直至今天，这本书还是无与伦比的。他曾希望这本书成为“家庭之友”，这个希望实现了。由于把人民放在画面的前景，他使两千年时期的历史有了统一性；通过摘录当代人的证词，他使过去活现在眼前。特赖奇克说，“笔锋所及之处，你总是注入一片赤心。”舍雷尔写道，“在雅各布·格林之后，没有任何人像你那样使我满怀对我国人民的热爱”。可是，他坚持不把过去理想化。他宣称，德意志人要寻找美好的昔日，是徒劳无益的。在过去，任何时代的生活都比今天艰苦得多。在过去，很少安全，很少权利，没有舆论，个人也较少自由。他避免了只谈群众而忘却个人这种危险。他有一次谈到文化史时说，他是多半像一爿估衣铺——堆着服装而没有人穿。他充分认识到卓越人物的重要性。他所叙述的第一个威风凛凛的人物是查理大帝；他以爱护的心情描写了红胡子，528
“最后的真正的德意志皇帝”。整个著作的中心是路德，他关于这个宗教改革家的描写成了新教德意志的宝贵财富，正像米什莱关

于贞德的描写向法国学校里注入了爱国理想主义那样。在重要性上稍逊的，是关于腓特烈大帝的功绩和性格的详细论著。如果说这些描写是该书最受欢迎的部分，它最有价值的部分则是关于三十年战争的图景。他描绘了军队、兵营生活、村庄、城市、迷信和恶习、盗贼和警察。在历史家中间，再没有人更现实地显示出一场斗争的精神的和物质的灾难；这场斗争使德意志倒退了一个世纪。

该书是在1866年完成的，当时德意志的统一已经在望。弗赖伊塔格写道，"这一年，德意志人重新得到了在许多人看来已经变得像民族大迁移或十字军运动一样陌生的东西——他们的国家。做德意志人已成为一种幸福；德意志人不久将被看作世界各民族中的一个巨大的光荣。"他还写了一部关于他朋友马蒂的传记，该书可以看作是这个故事在另一种形式下的续编；马蒂是巴登的一个大臣，德意志统一拥护者之一。但是弗赖伊塔格的著作就阐明德意志人民生活来说，是不完备的。在他的自传里，他叙述了1870年的战役怎样使他产生了一些幻象，后来这些幻象在《祖先》里又有显著发展；在这次战役中他曾陪同皇太子到过前线。这个种族的整个历史好像在他的眼前展开了一幅地图。他写道，"我历来深感兴趣的是人和他的祖先的联系以及他们对他身心的神秘影响。科学所不能测度的事情，诗人可以尝试。"他制订了一个计划，按照这个计划一个单独的家庭应参加德意志历史上一些决定性的事件。维利巴尔德·阿列克西斯的小说曾讲述勃兰登堡，其他各邦的成员对之没有多大兴趣，可是弗赖伊塔格决心要使统一的德意志的每一个公民都感到兴趣。第一分册于1872年出版，叙述英

戈[①]在罗马危险时期的命运；第二分册叙述斯拉夫人的侵入东方和卜尼法斯的来临[②]；第三、四分册叙述骑士制的兴起和衰落；第五分册，《马尔库斯·柯尼希》，叙述到宗教改革运动，以托伦的一个商人的事业来反映这一运动；这个商人受波兰的统治，但他的感情则属于德意志方面；第六分册描述三十年战争；第七分册描述腓特烈·威廉一世的统治；第八分册包括解放战争并包括有关他自己家庭的事情。这个家庭的最近成员维克托·柯尼希于1848
年成为新闻记者。弗赖伊塔格称自己的著作是分为八个乐章的交 529
响曲。但个人虽然被描写成时代的继承人，他却从来不受传统的长链所限制或阻碍。祖先是一种鼓舞力量，而不是一种负担。虽然珍珠是串在一条几乎看不见的线上，但这一连串却具有情绪的统一性。在1870年德意志统一后的时期中，《祖先》被热烈地阅读；它使关于过去时代的无数回忆生动地呈现在统一的德国眼前。这部书的地位可作为《图景集》的诗的释文，正像席勒的华伦斯坦剧本产生于他的《三十年战争》那样。他的这两部著作使全世界的德意志男女都对他们国家的历史感兴趣；在这方面，它们所做的工作比任何别人的工作为多。

在里尔和弗赖伊塔格致力于德意志人民和平常人的命运的时候，一个比他们更有声望的同时代人（瑞士人）布克哈特[③]促使人

① 英戈是生活在日耳曼历史萌芽时期的本册的主人公。——谭注

② 卜尼法斯，盎格鲁-撒克逊人，723年来到大陆，在法兰克人，巴伐利亚人，图林根人中间创建克尔特式的居留地。——谭注

③ 参阅特罗格：《雅各布·布克哈特》，1898年；纽曼，见《全德名人传记集》；格尔策：《小品文选集》，1907年；戈泰因，见《普鲁士年鉴》，第XC卷；迈内克：《兰克与布克哈特》，1948年；克里特迈尔：《雅各布·布克哈特》，1949年；威纳·基吉：《雅各布·布克哈特》，第Ⅰ卷，1947年；第Ⅱ卷，1951年。他著作的十四卷精装本，出现于1929—1934年。他的《通信集》，第Ⅰ卷，由马克思·布克哈特编辑，出版于1949年。——原注

们注意思想和行为、宗教和艺术、研究和思索——他要重现过去时代的精神和道德气氛。里尔喜欢农民，弗赖伊塔格喜欢市民，而布克哈特偏爱优秀分子。这三个人都扩大了历史的范围，但这两个德意志人只叙述了他们本国的历史，而这个瑞士学者的叙述则包括文明的整个领域，他的名声也传播于各国。在柏林，他听过博克、雅各布·格林和兰克的讲课，但弗兰兹·库格勒[①]对他具有最大的吸引力；后者的《艺术史》那时正开始出版。在二十岁的青年时期，他已写了关于瑞士大教堂的论著；在进入波恩大学后，他又写了关于莱茵兰教会的著作。在 1844 年，他被聘为巴塞尔大学的历史和艺术讲师；他开始吸引好学的听众；尔后，在半个世纪里他的教室里经常满座的。1847 年，应作者的请求，他编订了库格勒的《绘画手册》，并加上了他自己的资料。

虽然布克哈特的研究工作以前大部分是在艺术界里，但他第一部相当大的著作表明：他是锐敏地注意文明的其他方面的。1842 年，他写道，“对我来说，背景是主要的考虑；而背景是由文化史提
530 供的；所以我愿致力于这一方面。”他的《君士坦丁大帝时代》，于 1852 年出版，旨在抓住一个迅速过渡的时代的各种特征。当他为演讲而研究第四世纪时，他痛感一般人对这个时代的气氛一无所知。他想描写出这个时代的心理状态，在这个时代里主要的特征是不安全，而支配的倾向是对新奇事物的渴望。旧的和新的世界集中表现于戴克里先和君士坦丁身上。他评述了在旧世界中酝酿着，并为基督教准备了道路的各种要素，但他认为君士坦丁本人是

---

① 库格勒(Kugler，F. T.，1808—1858 年)，德国艺术史家，《艺术史手册》(*Handbuch der Kunstgeschifche*，1841—1842 年)是其代表作。——谭注

一个精于计算的现实主义者。有些人认为：这个统治者的宗教信仰是一个秘密；而他却回答说，他是没有什么信仰的。而且，当基督教成了官方宗教以后，它本身就很快地堕落了，一些优秀分子则躲进了禁欲主义和修道生活里。该书全面地综述了帝国和它的政府、行省和大都会的生活、异教、新柏拉图主义和秘密的宗教仪式、对基督教徒的迫害、教会与国家的关系。他作出结论说，旧世界既不是被蛮族，也不是被基督教，而是被它本身破坏的。这本著作受到了学者们的欢迎，但是，它虽然使作者一跃而成为第一流的历史家，它却从来没有成为一部普通人爱好的读物[①]。

布克哈特的最主要，最强烈的爱好是艺术。他已经走马看花地访问过意大利；在完成《君士坦丁》以后，他又在半岛上住了一年多。结果是他编成了他的《古迹指南》，即意大利艺术古迹的指导书；它是长千余页的一种小型本，分成建筑、雕刻和绘画各篇。这本著作赢得了库格勒和其他艺术史家的热烈称赞；它以后的版本经过别人修订，成了无数旅行者的向导、哲人和伴侣。虽然他的早期建筑学著作是专讲哥特式的，他却热烈地欣赏文艺复兴时期的艺术，强调指出它在处理空间上能别出心裁。他对于雕刻不太熟悉，但他关于绘画的论断却是具有鼓舞力的。在全书里，他提出了自己的印象，而不拘泥于传统或专家的意见。在研究了文艺复兴时期的艺术以后，他转而探索它的生活的其他方面。他决定使意大利也受到像他曾对君士坦丁时代所做的同样深刻的分析，而这个新题目比那个旧题目更适合于他。他对基督教不太同情，所以不能了解第四世纪的某些方面；但是他非常熟悉 15 世纪的精神上

① 英文译本于 1949 年出版。——原注

的勇气、它的艺术和学术。他的《文艺复兴时期的文化》[①]出版于1860年，立即跻于第一流历史著作之列，因为它向世人显示了文
531 化史的潜力，并把它提升到史学著作类型中的一个权威的地位上。没有任何历史学家曾以更大的魄力和洞察力来抓住并解释一个时代的心理。他宣称，在中世纪时代，一个人是一个阶级的成员、一个社团和一个家族的成员；社会是一种等级制度，传统是至高无上的。随着文艺复兴的出现，人发现了自己，而成了一个精神上的个人。千余年来的锁链从此被打破，自我实现成了目标；对于世界和人的重新估价也风行一时。像皇帝腓特烈二世这一类型的令人眼花缭乱的人物，在中世纪时代曾出现过一两次，而现在在行动、思想和艺术世界里，这种“全面的人物”已是司空见惯。“15世纪首先是一个产生多才多艺的人的时代。”这些奇葩异卉所由成长的土壤包含了许多因素——城市国家的紧张生活、古代艺术和哲学的复兴、权威的削弱和信仰的瓦解。暴君和雇佣兵队长，尽管有残暴行为，却是政治艺术家，是从庞大模型内铸出的人物。贵妇人中发出了一种以前或以后的妇女所未曾有过的才华的异彩。

布克哈特是一个伟大的历史家，所以中世纪时代与宗教改革时期之间所闪出的光彩并未能使他对其他事物视而不见。本书以关于道德和宗教的详细分析作为终篇；它并不企图掩盖当时的野蛮和兽性，以及同无限怀疑并存的粗野迷信。他由于切萨雷·博尔贾和西吉斯蒙多·马拉泰斯塔[②]的“肆无忌惮地耽于作恶”而感

---

① 此书的全名是《意大利文艺复兴时期的文化》(*Die Kultur der Renaissance in Italien*)。——谭注

② 博尔贾，C.(约1476—1507年)，教皇亚加大六世之子，枢机主教。凶狠奸诈，孤立其父，谋杀其兄弟与部属，攻城略地，自封为罗马尼阿公爵，试图在中意建立独立

到震惊，可是他认识到，上层阶级的基本的恶习，即放纵的个人主义，倒是这个时代之所以伟大的一个条件。“文艺复兴时代的意大利人，必然要承受一个新时代的第一次强大冲击。通过他的才干和他的热情，他成了他的时代内容的所有高度和深度的最有特色的代表。”文艺复兴时期尽管有自己的缺点，但却是近代世界的春天。布克哈特的杰作是历史文献中最有创见的著作之一。许多读者惋惜书中略去了艺术；泰纳回答说，我们并不为此而觉得不足，因为我们感兴趣于人之为人甚于人之为艺术家；尽管如此，略去艺术毕竟使这本著作美中不足。另外有些人认为他过分夸张了那从中世纪晨光熹微到文艺复兴时期骄阳普照的过渡的速度。他极其熟悉文艺复兴的文献资料，但对中世纪时代却从未作过深刻的研究。有些批评家说，他对文艺复兴的看法失于过分颂扬，另外有些人认为，书中关于政治诸章不够充实。他所在的国度对国家的重 532
视比欧洲任何别的地方都少，他作为这样一个国家的公民，对于政 869
府问题也就不大感兴趣，而对于帝国，无论新的或旧的，他都觉得没有什么用处。有些读者埋怨说，他过高估价了关于重新发现古典世界①的影响；也有人认为他忽略了意大利文化的物质基础；而且他的论述把各个不同的时代混在一起。这些批评意见虽然都不是完全没有道理的，却无伤于这本书的声誉，用阿克顿的话说，它依然是“现有的关于文明史的著作中最精辟、最精微的”。

布克哈特虽然后来还活了近四十年，但却没有再出过另一本

的王朝。马拉泰斯塔（1417—1468 年），文艺复兴时期意大利最强大的雇佣军头目之一。因反对教皇庇护二世被逐出教会。——谭注

① 塞勒里：《文艺复兴的性质和起源》，1950 年，这本书对布克哈特关于这个时期突然变为光明的说法提出了最新的反驳。——原注

书。他为演讲而殚精竭虑;关于这些演讲的丰富内容和创造性,尼采及其他听讲者都能证明。当兰克退休以后,柏林大学卑辞厚礼地聘请他接替这个老历史家的讲座;他却拒绝了。他晚年的主要工作是根据自己的讲义来编著关于希腊文明的百科全书式的概述。1897 年他逝世时,有两卷已经编成多年,另外两卷是由他的一个门生编好付印的。1868 年,他曾提纲挈领地讲授过一个关于"古代精神"的课程;后来他还常常以希腊为题作讲演。由于听讲者的坚决要求,他编成了讲义,但他始终认为这些讲义太不完备,不宜出版;直到弥留之际,他才允许出版。在被敦促的时候,他总是讽刺地回答道,"不——这样一个可怜的门外汉可不敢,我是旁门左道,不学无术;我将被万家硕学攻击得体无完肤的。"如果我们要了解他的著作的不完备处和专家们的尖锐批评,必须记住这些事实。当这份手稿放在他的书桌上时,对希腊的研究正在大踏步前进。他知道自己是已经落后了,但他相信只要完全掌握文献资料就足以防止严重错误。他从未领会到铭文及其他新证据的重要性。

他的《希腊文明史》是一部详细的综合性概述[①]。他宣称,"最高级的文化只能在那由强权保护的安全的土地上兴起。"但是,他
533 并不把文化与政治联系在一起;他还承认天才至高无上。特别是,在国家衰弱的时候,艺术是可以繁荣的。他以整个一卷篇幅来论述宗教。第三卷叙述了艺术和文学、科学和哲学,第四卷描写了个别的希腊人从荷马到保塞尼亚斯各个接续阶段中的发展。布克哈

① 关于本书的最好评论,是卡尔·纽曼的《布克哈特关于希腊文化史的概念》,《历史杂志》,第 XXXV 卷。——原注

特反对像库齐乌曾从奥弗里·缪勒、歌德和温克尔曼所沿袭下来的那样，把希腊世界理想化。他不是一个专家，他在研究了其他领域以后较晚才来研究希腊；正是这一事实，使本书格外新鲜。它最突出的特征，是揭示阴暗面的深度。他曾受到指责，说他目眩于文艺复兴；但他肯定没有被希腊所眩惑。他强调指出它的残暴、不容忍态度和奴隶制的污点。虽然他有时被称为"异教徒"，但他对基督教伦理的接受是不让于任何人的。威拉莫威兹竟斩钉截铁地宣称：这本著作不是为科学而写的，但像霍尔姆和卡斯特这样优良的判断者却都称颂它。在布克哈特看来，内部生活比起形式和制度等外部世界具有更多的意义；他之所以重视外部世界，主要是因为它们为表达内部生活提供了有利条件。正是他这种深入一个时代的灵魂的能力曾鼓舞起泰纳的热情。他是过于独往独来，因而不能组成一个学派，但哪里有从事解释一个时代，或一个民族的心理的历史家不为他的泉源所沉醉呢？

Ⅱ

当里尔、弗赖伊塔格和布克哈特使文化成为一时风尚的时候，涌现出一批研究工作者，把他们的方法带入新的领域。弗里德兰德对罗马帝国的文明作了无与伦比的描述，继他之后[①]，出现了勒启的有吸引力的著作：关于理性主义和道德的历史。像格雷戈罗维的巨著《中世纪时代罗马城的历史》、沃斯勒关于但丁与其时代

① 弗里德兰德著有《早期罗马帝国的生活与风习》，共四卷，1862—1871 年。——谭注

的论著、拉希达尔的中世纪大学总论、桑代克关于中世纪科学与幻术的详细记录①，亨利·亚当斯的《圣密歇尔山与夏尔特尔》②（即关于13世纪基督教国家的一个同情的解释）以及孔帕雷蒂关于《中世纪的维吉尔》的影响的惊奇故事等，这类著作都丰富并扩大了历史的概念。在为理解近代欧洲思想所作出的著名贡献中，可以举出下列著作：西蒙的《意大利文艺复兴》、鲁菲尼的《宗教自由的历史》、鲍尔森的《德国高等教育史》、莱斯利·斯蒂芬的《十八世纪英国思想》和《英国功利主义者》、库诺·费希尔的《近代哲学史》
534 （根据他在海德堡大学的讲稿编写）、梅尔茨的《十九世纪欧洲思想史》、海姆关于赫德尔和洪堡的传记、尤斯蒂关于温克尔曼与他的时代的出色描写以及迪尔泰的《从宗教改革到施莱尔马赫的德意志思想家》的解释性论著。罗舍尔③把历史的方法引入了经济学研究，这就把人们的注意力转到了社会史方面。哈兰曾叹息说，我们永远无法知道中世纪的英国农村生活；而在半个世纪以后，索罗尔德·罗杰斯以他的七卷《农业和物价史》奠定了英国农业史的基础。坎宁安和阿什利第一次企图综合地论述我们的经济发展④。

---

① 拉希达尔的著作为《中世纪欧洲的大学》(*Universities of Europe in the Middle Ages*)，共二卷，1895年。——谭注

② 圣密歇尔为法国诺曼底之著名寺院，山以此寺为名。夏尔特尔，法国西部城市，有建于13世纪的著名教堂。此书以游记而涉及11至13世纪法国建筑、文学、哲学诸多方面，将中古文化与20世纪文明进行对照，探索两种文化的一致性。1913年初版。——谭注

③ 罗舍尔(Roscher, W. 1817—1894年)，兴起于19世纪40年代德国经济学界中的"历史学派"代表人物。这派重视经济史，提倡采用历史方法，强调个别记述和研究，忽视理论与概括否认历史发展的普遍规律。——谭注

④ 坎宁安著有《英国工商业的发展》(*Growth of English Industry and Commerce*)，共二卷，1882年，阿什利著有《英国经济的历史与理论导论》(*Introduction to English Economic History and Theory*)，共二卷，1888—1893年。——谭注

勒瓦瑟长期从事追述法国工人阶级的命运[①]。尼茨在柏林大学讲演德意志人民的社会史[②]。伊纳马-施特内尔格写了第一部有学术性的德意志经济史[③]。科瓦列夫斯基回溯了欧洲从西罗马帝国灭亡以来的经济发展[④],桑巴特和马克斯·韦伯追述了16世纪以来资本主义的演进[⑤]。施莫勒学派以施莫勒[⑥]早期关于斯特拉斯堡的织布工业的论著作为典型,编写了一些最高标准的专著来阐明每个国家的经济情况。这位柏林大学的年高望重的教授的学术讨论班曾吸引了来自各地的学生。没有人像他那样有力地强调指出经济现象与国家和社会之间的密切关系。

还有一些人热心地研究文明史,他们是在19世纪中期科学的发现和总结的冲击之下写作的。孔德的有限的历史知识使他的关于文明发展概论的价值打了折扣;他的三阶段规律也是过分简单化了[⑦]。马克思拘泥于他的经济决定论的体系。巴克尔[⑧]的未完

① 勒瓦瑟著有《1789年以前的法国工人阶级与工业》(*Histoire de classes ouvrières et de l'industrie en France avant 1789*),1859年;《1789—1870年的法国工人阶级与工业》(*Histoire de classes ouvriers et de l'industrie en France depuis 1789 à 1870*),1867年等。——谭注

② 尼茨著有《德国人民史》(*Geschichte des deutschen Volkes*),共三卷,1883—1885年。——谭注

③ 《德意志经济史》(*Deutsche Wirtschafts geschichte*),共三卷,1879—1901年。——谭注

④ 《欧洲经济发展史》,共七卷。——谭注

⑤ 桑巴特著有《近代资本主义》(*Der moderne Kapitalismus*),共二卷,1902年。马克斯·韦伯著有《经济通史》(*Wirtschafts geschichte*),1923年。——谭注

⑥ 施莫勒著有《斯特拉斯堡行会史》、《十九世纪德国手工业史》等。——谭注

⑦ 孔德把社会历史发展分为:神学的、形而上学的和实证的即科学的三个阶段。——谭注

⑧ 参阅L. M. 罗伯逊的挑战性著作:《巴克尔及其批评者》,1895年。——原注

成著作①，在刺激人们思考事件的原因和联系以及强调自然条件的持久影响方面，具有较大的影响；同时，他关于英格兰与苏格兰，法国与西班牙的智慧发展的精彩叙述，可以列入最有吸引力的历史著作之林。他的雄心是要对政治和文化的整个广袤领域进行比较和归纳，以此为坚实基础把文明史从编纂转化为一种类似科学的东西。他曾主张进步就是知识增长的成果，这个论点受到了尖锐的责难；但他虽然同意维多利亚时代中期的不花力气的教条主
535 义，他的书却在许多读者的生活中标志着一个时代，并为历史的社会学调查方法提供了极大的推动力。赫尔瓦尔②是著名的旅行家和地理学家；由于拥护一个类似的自然主义观念，他在 1874 年写了《文明的自然发展史》。他写道，“我试图考查超自然力量在说明文明现象上是否必要这个问题”。他给以否定的回答，并宣称，文化发展是一个自然的过程，它是以种族、地理和气候为条件的。文明意味着控制自然和开化人类，而不是指道德的增长。为生存而斗争支配着历史生活的整个过程。该书最好的部分是讲述史前时期的部分，那时自然力在统治着像一个专制君王，而不像一个立宪君主。虽然赫尔瓦尔关于世界史的知识是有限的，他的语调是可商榷的，他的哲学是肤浅的，但这本书却大受欢迎。在他死后刊行了第四版，经过专家修订，并附有精彩的插图。黑尔莫尔特也编辑了大部头的集体著作：《人类的历史》；它同样强调自然界和地理的绝

① 这里指的是巴克尔的《英国文明史》(*History of Civilization in England*，共二卷，1857、1861 年)一书。巴氏立志研究世界文明历史，以上两卷仅仅是其计划撰写的专著的一个序论。——谭注

② 参阅《全德名人传记集》。巴尔特在他的《作为社会学的历史哲学》(1897 年)里，讨论自然主义学派。卡洛·安托尼，《关于历史主义与社会学》，1940 年，这本书是有用的。——原注

对的影响。原始文明已经被包括进历史研究的范围。布歇·德·佩尔特斯在索姆河流域的发现和皮特-里弗斯在英国的发现[①]，把人类戏剧的开幕时间提前了几千年，并开创了史前时期的考古科学。在泰勒和麦克伦南、曼哈特和拉策尔·弗雷泽和威斯特马克等人[②]笔下，人类学成了一门科学；我们祖先的习惯和信仰变成可以理解的了。梅因[③]以他的广博知识从事解释古代的法律。

由于文明史日益受到欢迎，就引起了关于它的性质和重要性的长期争论。戈泰因与舍费尔之间的争论以及由兰普雷希特的《德意志史》所带来的争论引起了最广泛的兴趣。迪特里希·舍费尔[④]是以研究汉萨同盟知名的；他于1888年在图宾根大学的就职演说中宣称：如果历史要有统一性和科学性，它就必须集中注意力于国家方面。在我们的民主时代，许多著作家认为，历史的关键在于群众，因而他们所研究的人类的习惯和生活情况，而不是研究人类的最高才能的表现。卷帙浩繁的著作竟用于叙述中世纪时代的房屋这类琐事。现在应该重申：生命的呼吸永远必须来自国家；没有这种呼吸，历史只是一大堆死的知识。甚至文艺复兴也大部分 536

① 德·佩尔特斯，法国考古学家。1830年在索姆河流域的文化遗址发现了燧石工具和武器，被学术界审定为旧石器时代人的遗物。皮特·里弗斯，英国将军、考古学家以搜集史前遗物和人种志标本知名。——谭注

② 泰勒（Taylor，E.，1832—1917年），英国人类学家，首先提出人类社会进化经由蒙昧、野蛮、文明三阶段的观点。麦克伦南（McLennan，J. F.，1827—1881年），英国人类学家，以研究婚姻进化史知名。拉策尔（Ratzel，F.，1844—1904年），德国人文地理学家，强调地理环境对社会发展的决定性作用。威斯特马克（Westermarck，E. A. 1862—1939年），芬兰人类学家，以研究人类婚姻进化与伦理观念的起源与发展知名。——谭注

③ 梅因（Maine，H.，1822—1888年），英国法制史家，著有《古代法律》（*Ancient Law*，1861年），通过古代法律研究文明的起源。——谭注

④ 《历史研究的适当范围》。——原注

是政治性的;它的典型人物是马基雅维里。宗教改革使人们有了民族自觉;路德还宣布了国家的神圣的起源。“历史家的任务是使国家了解它的起源、它的任务和它的生活条件。”如果他进入了宗教或法律、文学或艺术的领域,他就必须记住:他是走在岔路上了。

这种对传统的政治的坚持,引起了德国的一个最有才干的年轻的文化史研究者的答复[①]。戈泰因曾以研究南意大利文明的论文而引起注意;他的声誉又因关于罗耀拉和反宗教改革的巨著[②]而得到提高。他宣称,对于日益增长的科学,我们无需急于限制其范围。国家只是人类社团的一种形式。它可能是最大的,但一切都是必不可少的。历史生活的各个方面——国家、宗教、艺术、法律、经济——包括并预先假定一个它们都是结合在一起的更高的统一体;那是一个有机体,它们是它的肢体。舍费尔曾谈到文化史,好像它只是讲述物质生活条件。戈泰因驳斥文化史忽略个人这种说法;他宣称:弗赖伊塔格最能接近个人生活与群众生活关系的大奥秘;他所描写的路德与腓特烈高耸于人群之上,就像橡树在矮林中一样。对于文化史会缩小国家作用这个批评意见,他回答道,在人类发展的许多紧要时刻,主要关键都不在政治领域。在君士坦丁时代,基本事件是从异教向基督教的过渡。在文艺复兴、宗教改革和反宗教改革时期,思想的力量捣毁了古代的模型,并改变了世界的面貌。关于这些时期,只有文化史家才能够从政治的混乱状态里找出条理来。普鲁士的成长基本上是一个政治问题,但

① 《文化史的任务》,1889 年。——原注

② 《罗耀拉与反宗教改革》(*Ignatius Loyola und die Gegenreformation*),1895 年。——谭注

这样的例外是罕见的。事件是力量的产物，而力量乃是思想的产物。舍费尔的答复[1]结束了这项争论。他承认，历史包括生活的一切方面，但他争论说，没有一个人的思想能够掌握全部；并指出，兰克及所有其他伟大的历史家都把他们的视线集中于国家方面。他对认为有些时代几乎完全是文化期[2]这一论点提出挑战。他宣称，如果没有民族感作为后盾，路德是永远不会成功的。如果没有墨西哥和秘鲁的财富，反宗教改革也是永远不会赢得轰动的成功 537
的。争论双方各执己见，谁也不能说服对方，因而他们各自继续研究自己最感兴趣的问题。但是戈泰因要求扩大历史家的任务的概念是有益的，因为这种要求不仅扩大了政治学派的眼光，而且提醒文化史拥护者注意他们更重大的责任。

那由于兰普雷希特的《德意志史》[3]的出版而引起的争论，是更激烈更持久的。兰普雷希特曾以论述中世纪时代摩泽尔河与中莱茵河流域经济生活的厚本专著[4]而赢得声名。他把一个德意志地区所曾有过的最大量的原始资料汇编成册，这项工作的辛苦，是得到一般承认的，但他在使用他的资料方面却受到尖锐的批评。贝洛夫宣称，他的方法是武断的；他的解释是反复无常的。基尔克惋惜说，他的法律概念是不清晰的。施莫勒声称，这本书出版得太

① 《历史与文化史》，1891 年。——原注

② 按兰普雷希特采用文化分期的概念即所谓“文化期”(Kulturperiode)。——译者

③ 关于论述兰普雷希特的著作很多。关于争论的有用的随笔，见哥德弗里德里希：《德国的历史思想》，第 431—465 页，1902 年；贝尔海姆：《历史方法教程》，第 710—718 页，1908 年；克茨希克与蒂尔：《卡尔·兰普雷希特》，1915 年；《近代欧洲的若干历史家》，施密特编辑，第 10 章。——原注

④ 《中世纪德意志经济生活》，共三卷，1886 年。——谭注

快，思想模糊，阅读困难。1891年，《德意志史》开始出版。它原来没有序言来说明作者的目的，但在三年后出版的第一卷的第二版里，他补充了几句导言。他宣称，纯粹政治历史家应同兰克一起追问，“它实际是怎样的？”他自己要知道“它为何成为那样的？”这个发生学（Genetic）方法，必须替代叙述法，而这个方法包括论述事件所由发生的物质方面和精神方面的整个情况。生活在一个科学时代里历史家必须考查因果关系。关于该书的政治部分，他未曾声称做过研究工作，但关于论述社会组织和文化方面，他却是有充分根据的。该书的主要目的是追述德意志意识的发展。他相信，一个民族的民族精神虽然受到外界势力的影响，但它却是按照它固有的规律发展起来的。

兰普雷希特从皮特亚斯[①]讲起，叙述他的时代和我们的时代之间自然界的差别。人类学和语言学都被利用了，但他关于原始
878 538 德意志生活的描写，却比不上像威廉·阿诺德这样的大师那样透彻。那从恺撒和发禄[②]开始的政治叙述，既缺乏力量又枯燥无味，而对各种形式的艺术，他却留恋地加以评述。查理大帝是我们在这本书中所看到的第一个血肉之躯，但他却未被描写成具有很强的活力。时势的历史代替了人物的历史；文化也占着政治的上风。他对10世纪的两个统治者——猎禽者亨利和短命的鄂图三世感兴趣，前者是“帝国的真正缔造者”和城市的庇护人；后者是一个希腊母亲的孩子。在亨利四世和希尔德布兰特之间的冲

① 皮特亚斯（Pytheas），希腊航海家，约生于公元前第4世纪后半期，考察过西班牙、高卢及不列颠沿海。——译者

② 发禄，古罗马将军。公元9年为日耳曼人击溃，使奥古斯都深入征服日耳曼的计划受挫，退守莱茵河。——谭注

突中，他几乎未曾觉察到这个最伟大的教皇的伟大。第三卷是以关于 11 世纪的城市及其政治影响的有价值的论述开始的。“红胡子”是查理大帝以后的最伟大的人物，但他三言两语地把他说成是属于沃尔夫拉姆或哈特曼小说中的浪漫主角这一类型的人。腓特烈二世是中世纪时代最突出的人物，被他的同时代人称为“世界奇人”；但他像一个影子般地一掠而过。在霍亨斯陶芬朝倾覆后德意志缺少伟大的政治人物，因而我们也不大觉得这个历史家的缺陷，但是就连他自己的文化史领域内，他也不是经常令人满意的。他很少谈到那些 14 世纪引以为荣的伟大的神秘学家[①]。关于中世纪末期的叙述，我们觉得，这个向导缺少一把揭开它们深一层秘密的钥匙。到了路德，我们看到第一个其重要地位似乎被他充分认识到的人物。他提供了关于路德著作的一个公正的叙述；在这方面，他还离开他的惯例，竟摘引《席间闲谈》[②]的段落。在指出这个宗教改革家未能了解 1525 年的反叛的性质时，他仔细研究了它的社会与经济原因。

这一阶段在很快地连续出版了五卷以后，兰普雷希特停下来答复那些蜂拥而来的批评者。伦茨[③]宣布，虽然非专业历史家称赞他，但学者们必须提出抗议。他对“是”与“成为”之间所作的区别是可笑的，因为兰克原是擅长应用发生学方法来论述历史问题的。兰普雷希特所说明的比兰克说明的要少得多，因为他没有打

① 14 世纪起源于德国，流行于欧洲的，神秘主义以抛弃天主教种种仪节，通过“内心启示”和与上帝直接交感，以寻求信仰与安慰为特征，反映了人们对旧教和现实生活不满的心情，是新教教义的一种表现。——谭注

② 路德的弟子记其日常生活言谈汇为一篇，名曰《席间闲谈》。——谭注

③ 《历史杂志》，第 LXXVII 卷。——原注

算把德意志的历史与欧洲事件的主流联系起来，而且他闭眼不看民族伟人的重要性。在检查他关于宗教改革时代即他所研究的特殊时期这一卷以后，伦茨宣称，他的每一页甚至每一行都可引起抗议。腊赫法耳把他关于16世纪几页上的错误列成一张表，并在每一行旁边标出他抄袭其他学者著作的地方。巴塞尔会议法令集的编辑约翰内斯·哈勒宣称：关于这次会议的叙述，几乎每一句都有
539 错误。芬克还写了一小卷来改正他关于中世纪时代末期的宗教情况的描写。[①]

兰普雷希特的第一次综合答复，发表在他的题为《新旧趋势》[②]的论文集上。他宣称，在写《德意志史》时，他已知道他会同主要的学派发生冲突，但是如果没有某种思想观点，是不可能写出严肃的历史的。以前的各学派曾以个人行动即以个人心理来说明历史事件；现在由于研究社会和经济的发展，已经开辟了一条新的道路。凡是承认经济影响的作用的人，常被认为是唯物主义者，因为经济现象，就其对艺术、文学或哲学而言，是"物质"的，可是每种经济的行为与改变，同任何脑力劳动一样，是以心理为条件的。因果关系的方法，最容易应用于社会现象和经济现象，也应在那里开始。关于人物的历史，必然经常包含一种传奇的或推测的成分，因为我们只能猜测他们的动机；但关于时势的历史总有一天会达到接近科学的真实性。所以我们理解历史的关键，存在于集体心理方面。后来，他写了一篇关于兰克的长篇论文，把战斗推进到敌人阵营里。他宣称，这个大历史家在他的著作中夹杂着一些哲学见

① 《兰普雷希特关于中世纪末期教会情况的描写》，1896年。——原注

② 《历史学上的新旧趋势》，1896年。——原注

解;他是一个神秘主义者,相信人类的发展是依循未知的法则而进行的。所以第一项任务,是分析历史生活的各种因素。他在《德意志史》里企图做的正是这项工作;《德意志史》与其说是一篇叙述,不如说是一篇解释发生学的论文。

这项争论在小册子和杂志上进行了若干年;这个莱比锡教授下定决心对抗一群进攻者为自己辩护。他最全面的意见,是1904年在美国发表的关于近代历史科学的演讲[①]。他宣称,这项论战是个人心理的拥护者和社会心理的拥护者之间的斗争,是那些认为动力在于英雄的人和那些认为动力在时势的人之间的斗争。赫德尔曾发现群众的心灵,而浪漫主义派继续了他的工作。兰克,尤其是普鲁士学派,曾复兴个人主义的方法。“这几乎是纯政治活动
的时期。民族正在渴望那在其灵魂深处长期企求的政治统一。跟 540
着它的实现,出现了·种新的心理正像出现了一个新的政治世界。于是,描叙不复是口号而是理解了”。兰普雷希特宣称,原始德意志是象征性的,当时,想象力强而个人淹没于家庭和民族之中。早期中世纪目睹了等级类型的发展。后期中世纪,即一个地域统治和城市生活的时代,是一个墨守成规的时代。例如,城市和居民不是完全自由的;这个时期是一个转到个人主义时代的过渡时期,个人主义开始于文艺复兴和宗教改革,在启蒙运动时达到顶点。第五个阶段,或者说主观主义的阶段,开始于浪漫主义运动,这是在感情上反对理性崇拜的反映。我们现在生活于神经紧张的时代,以冒险、投机、忙乱和焦急的精神为特征,而没有受到具有支配力的理想的鼓舞。上述各个心理的阶段在所有的国家都出现过。在评

① 《什么是历史?》,1905年。——原注

价经济改变对社会生活和心理生活的作用方面，还有大量的工作要做。虽然它们不是唯一的因素，但是物质和因此产生的社会进步，是对一般进步的主要刺激力。

在重新开始写《德意志史》时，兰普雷希特表现出人们对他的前五卷的批评意见并未留下什么影响。在论述宗教改革时期以来各世纪的诸卷里，可以看出它们和前面诸卷有着同样的缺点。他对自己感兴趣的方面，都详细论述，而对其他同样重要或更重要的方面，则很少给予注意。例如，在第六卷里，我们看到关于早期音乐和乐器发展的很长的一章；在第七卷里看到关于艺术的详细论述。在叙述拿破仑时代时，我们看到他在政治方面已尽量叙述，但他虽以热烈的爱国心来论述解放战争，却很少谈到施泰因及其同僚。那些论述哲学、文学和艺术、论述康德和贝多芬的部分，是有力而又富于思想性的；关于19世纪的诸卷，在很大程度上还证明了他对近代世界具有多方面的兴趣。这部著作是以关于1870年以来德意志历史的三卷补编而完成的。"我懂得，我描述我们时代的历史是大胆的，因为许多人对部分事件，有些人对整个事件比我熟悉得多。为了这些原因，我迟迟没有动笔。"我们所需要的是：深入观察那些精神的推动力。第一卷，论述艺术、文学和理论，并讨论瓦格纳[①]、尼采、斯特凡·乔治[②]及其他先驱者。冯特[③]被誉

① 瓦格纳(Wagner, R.,1818—1883年)，著名德国作曲家。尼采(Nietzsche, F. W. 1844—1900年)，有名的德国唯意志论哲学家，鼓吹"自我扩张"，宣扬"超人"哲学。

② 斯特凡，乔治(George Stephan, 1868—1933年)，德国抒情诗人，象征主义文艺运动的主要代表人物。——谭注

③ 冯特(Wundt,W.,1832—1920年)，德国心理学家、生理学家、实验心理学的创始人。——谭注

为自康德以来的最伟大的哲学家，实验心理学的创立者，哲学上的继续进步是有赖于这门科学的。第二卷是围绕需要和享受这两个 541
原则分门别类地论述经济生活的现象；描述交通的扩充，国际信用的发展，在生产、发明和技术教育上的进步，化学在工业和农业上的应用，第四等级的发展，移民、帮会、波兰劳动者及其他许多问题。第三卷，讨论党派的成长、对外关系、殖民地与世界政治的发展。著作终止于略述对政治历史家的挑战；对于他们，兰普雷希特一生不停地进行斗争。“人类的发展不是奴隶式地依靠政治命运的。政治的自我保存依靠艺术和科学、宗教、法律和道德的理想价值的发展；因为只有在这些方面的培养，才能使民族倾向与世界倾向结合起来”。

《德意志史》是一部稀有的智慧力和创造力的作品。它对经济因素的坚持、它关于有规律的心理转变的理论，以及它对艺术和文化的强调，都有助于扩大历史的概念，但由于存在严重的错误，它不得归入第一流作品之列。关于德国文明的整个过程之详细论述，只有通过集体的方法才能成功地尝试。兰普雷希特精通经济和艺术，但是研究政治史和宗教史的人从他的著作中所能获得的帮助却很少。该书对于学者没有什么价值，而它的大胆概括判断对初学者是一个陷阱。由于他对政治学派抱着反感，他描述德意志而没有说明它的政治骨干。他对人物因素的忽视是一个严重的缺点。最后，他所用的抽象术语和不雅致的混合名词，使这部著作带有使人讨厌的气息。可是，不管人们对他的理论和著作的看法如何，文化史之所以日益受到欢迎，部分是由于他的奋斗。在这个领域里的最有才干的工作者中间，有他的门生施泰因豪森，后者于

1903 年创立了“文化史文库”。他最重要的专著《德意志书信程式史》,是关于一个很少为人所知的范围的漫谈。这本书的价值立即得到承认,作者在出版中世纪时代德意志书信方面获得了柏林科学院的帮助。

如果说政治史和文化史有时看来是有矛盾的,那是因为对于两者所下的定义太狭窄的缘故。为了达到这个无异于记录和解释人类生活的目标,两者都是同等需要的。时间已消除了两个敌对
542 学派之间的猜忌:一派不一定是要忽略时势,正像另一派不一定要漠视个人。方法是跟着论题而变化的,因为文明是沿着许多路线所做的日常工作的努力与成就的结果。在历史科学这样地向各方面扩大它的优势的时候,历史哲学却落在后面了。我们继续分析、概括和思考,但它还是一项推测的工作。可是,现在虽然不可能制定出足以满意地解释人类演化的模式的规律,每个真正的历史家对于我们关于人类上升过程的知识却都做出了贡献。

索　引

编　后　记

译者耿淡如教授学风严谨，对译事不惮其烦，反复修改，不幸未竟其功而去世。我们请世界历史研究所卢继祖同志赓续其事，再作校订，不幸她校了九章后，因病逝世。本书的问世对殁者应是一个纪念。

卢继祖同志去世后，又承世界历史所的同志承担了余下未校的章节，译稿分别由高健（14—20 章）、张志（21—23 章）、宋蜀碧（24—27 章）、李家骅（7 章）、张自谋（序言、导论，3—5 章）等同志负责校订。

古奇的作品是一部学术专著，内容比较艰深，为便于一般读者研读，我们请四川大学历史系谭英华教授从专业方面作了大量校注，其中与宗教有关的个别章节，谭教授还邀请了原华西大学神学院的吴福临先生校注。

对以上诸位先生的辛劳，我们谨此表示深深的谢意！

由于此稿前后多人过手，译笔文风不尽一致，译名亦多未统一，编辑部虽勉力统校，难免仍有纰漏，请读者指正。

图书在版编目(CIP)数据

十九世纪历史学与历史学家/(英)乔治·皮博迪·古奇著;耿淡如译.—北京:商务印书馆,2017
(汉译世界学术名著丛书:120年纪念版:珍藏本)
ISBN 978-7-100-14392-9

Ⅰ.①十… Ⅱ.①乔… ②耿… Ⅲ.①史学理论—西方国家—近代 ②史学家—评传—西方国家—近代
Ⅳ.①K0

中国版本图书馆CIP数据核字(2017)第152371号

汉译世界学术名著丛书
(120年纪念版·珍藏本)
十九世纪历史学与历史学家
(上下册)
〔英〕乔治·皮博迪·古奇 著
耿淡如 译
卢继祖 高健 校
谭英华 校注

商 务 印 书 馆 出 版
(北京王府井大街36号 邮政编码100710)
商 务 印 书 馆 发 行
北京中科印刷有限公司印刷
ISBN 978-7-100-14392-9

2017年12月第1版 开本710×1000 1/16
2017年12月北京第1次印刷 印张57¾
定价:330.00元